Thomas Heider,
Markus Stegmann,
René Zey

Lexikon Internationales Design

Designer,
Produkte, Firmen

rororo
Rowohlt

Idee und Konzeption: René Zey
Bildredaktion: Königsdorfer Verlagsbüro, Frechen
Redaktion im Verlag: Wolfgang Müller
Umschlaggestaltung: Walter Hellmann

Für Bodo Harenberg

Originalausgabe
Veröffentlicht im Rowohlt Taschenbuch
Verlag GmbH, Reinbek bei Hamburg,
Februar 1994

Satz (Aldus PostScript, PageMaker 4.2) und
Umbruch: Königsdorfer Verlagsbüro, Frechen
Belichtung: Grafische Werkstatt
Christian Kreher, Hoisdorf
Druck und Bindung: Clausen & Bosse, Leck
Printed in Germany
2690-ISBN 3 499 16346 2

Vorwort

Das Design ist eine junge Disziplin, deren Anfänge mit der technischen und industriellen Entwicklung im 19. Jahrhundert verbunden sind. Eine Eigenständigkeit, die Architektur, Malerei oder Grafik seit Jahrhunderten besitzen, kam dem Design erst im 20. Jahrhundert zu, nicht zuletzt durch den Einfluß des Jugendstils und des 1919 gegründeten Bauhauses, das versuchte, Kunst und Technik zu vereinen und die verlorengegangene Gleichberechtigung zwischen Entwerfern und den ausführenden Handwerkern wieder herzustellen.

Weltweit war Anfang der achtziger Jahre dieses Jahrhunderts ein wachsendes Designinteresse in der Öffentlichkeit und zugleich ein zunehmendes Designbewußtsein in der Industrie festzustellen, das bis heute anhält. Gründe dafür liegen in der Erkenntnis, daß Design ein unverzichtbarer Bestandteil der Produktqualität geworden ist und zunehmend die Kaufattraktivität beeinflußt. Bewegungen wie «Memphis» oder das «Neue Design» fanden breiten Niederschlag in den Medien und größte Resonanz auf Möbelmessen oder Ausstellungen, wo eine neue Generation von Designern – von Ron Arad über Michele de Lucchi bis zu Massimo Iosa-Ghini und Philippe Starck – mit neuen Formen, Materialien und technologischen Möglichkeiten ihre Entwurfsvisionen verwirklichte. Gleichzeitig boomte der Markt für klassisches Design. Auf den großen New Yorker Auktionen waren Möbel der Wiener Werkstätte und Bauhaus-Klassiker wie der «Wassily»-Stuhl von Marcel Breuer gefragt. Auch Frank Lloyd Wrights Entwürfe oder Stühle von Charles Eames wurden konstant weit über Schätzung verkauft.

Der hohe Kenntnisstand in Design- und Einrichtungsfragen hat bei gutsituierten Konsumenten zu einer generellen Einstellungsänderung geführt: Man kaufte Designermöbel – einen Stuhl von Mario Botta, ein Sofa von Peter Maly (oder Reeditionen von Le Corbusier), einen Küchenbaum von Stefan Wewerka, Table Top Design von Alessi, Hi-Fi-Geräte von Bang & Olufsen, Künstlertapeten von Rasch ... Namen waren gefragt und wurden gleichermaßen zu Statussymbolen und bestimmenden Marketingfaktoren.

Wer die Namen hinterfragte und mehr über die Designer oder Hersteller wissen wollte – Details über Vita, Werdegang und weitere Entwürfe – wurde auf schwer zugängliche Monographien oder englischsprachige Publikationen verwiesen. Ein deutschsprachiges Designlexikon gab es nicht.

Dieses Buch hat sich daher ganz bewußt zum Ziel gesetzt, sich den Namen, die das weite Feld des Design bietet, erklärend und darstellend zu nähern und sowohl die wichtigsten internationalen Designer mit ihren Biografien und Entwürfen als auch die designorientierten europäischen Herstellerfirmen vorzustellen. Erläuterungen zu Stilbegriffen und wichtige Fachtermini sollen darüber hinaus das Verständnis des Lesers vertiefen und die Hintergründe bestimmter Entwicklungen und Gruppierungen transparent machen.

Bei der Auswahl der Stichwörter haben wir vereinzelt Namen und Strömungen des späten 19. Jahrhunderts (wie etwa die Arts-and-Crafts-Bewegung) berücksichtigt, uns aber im wesentlichen auf Industriedesigner des 20. Jahrhunderts konzentriert, deren Entwürfe Designgeschichte machten und deren Entwurfsphilosophie nachhaltig auf die Designtheorie und -praxis der Gegenwart wirkte. Neben Vertretern der Wiener Secession, der Wiener Werkstätten, des Deutschen Werkbundes oder des Bauhauses gehören hierzu Impulsgeber der Hochschule für Gestaltung Ulm, der Hochschule der Künste Berlin oder Firmen wie Braun, Knoll, Olivetti, Thonet oder Vitra, die als Pioniere moderner Formgebung und ihrer technischen Umsetzung gelten.

Darüber hinaus haben wir Gestalter und Firmen in dieses Lexikon aufgenommen, deren Produkte kommerziell so erfolgreich sind, daß sie einer Vielzahl von Designinteressierten bekannt sind und inzwischen vielfach Eingang in den privaten oder gewerblichen Wohnbereich gefunden haben. Designern von Gebrauchsobjekten und Einrichtungsgegenständen wurde daher quantitativ der Vorrang vor Grafik-, Glas-, Textil- oder Modedesignern gegeben, wenngleich führende Vertreter dieser Disziplinen auch in diesem Lexikon vertreten sind.

Der Aufbau der biografischen Artikel (verfaßt von Thomas Heider und René Zey) folgt dem schulischen und beruflichen Werdegang, nennt Auftraggeber und wichtige Entwürfe sowie – falls dies in Museen, Ausstellungskatalogen oder in den von den Herstellern zur Verfügung gestellten Publikationen zu ermitteln war – das Produktionsjahr der Entwürfe. Wichtige Designprodukte werden illustriert und/oder erläutert und um Material-, Farb- oder Maßangaben ergänzt.

Die Firmenartikel (von René Zey) gehen auf den Gründer und die Firmenphilosophie ein und thematisieren Dekade für Dekade charakteristische Entwürfe, wichtige Designer oder den Einsatz bestimmter Materialien wie schichtverleimtes Holz, ABS, Bakelit, Polyurethanschaum oder Cromargan.

Die Artikel zu den Sach- und Stilbegriffen (von Markus Stegmann und René Zey) klären die Begriffsbildung, arbeiten grundlegende Charakteristika, Einflüsse, Auswirkungen und historische Entwicklungen heraus und verweisen auf zentrale Theoretiker und Designerpersönlichkeiten.

Durch seine spezielle Konzeption ermöglicht das Lexikon einen umfassenden Überblick über alle wichtigen Entwürfe eines Designers und bietet Querverweise zu den jeweiligen Herstellerfirmen. Damit wird dieses Buch nicht nur zu einem Lesebuch des Biografischen und Historischen, sondern auch zu einem pragmatischen Führer, der darüber informiert, welcher Designer was bei welchem Hersteller entworfen hat.

Thomas Heider/Markus Stegmann/René Zey

A

Aalto, Alvar (*1898 Kuortane, †1976 Helsinki)

Der finnische Architekt Alvar Aalto studierte von 1918 bis 1921 Architektur bei Armas Lindgren am Polytechnikum in Helsinki und machte sich 1923 selbständig. Mit seiner ersten Frau, Aino Aalto-Marsio, und seiner lebenslangen Förderin, der Industriellengattin Mairea Gullichsen, gründete er 1935 die Möbelfirma → Artek (bis heute Hersteller der Aalto-Möbel) in Helsinki.
Aalto setzte in seiner sehr subjektiven Formensprache (→ Form) vor allem auf natürliche Materialien (Holz), was nicht zuletzt auf die Landschaft seiner Heimat Finnland zurückzuführen ist. Seine eleganten Bauten fanden schnell internationale Beachtung, so das Lungensanatorium in Paimio (1929–33), die Bibliothek in Wiborg (1927–35), das Studentenwohnheim in Cambridge, Massachusetts (1947–49), die Maison Carrée bei Paris (1956–58) und – als berühmteste Bauten in Deutschland – das Kulturzentrum in Wolfsburg (1958–62) sowie die Essener Oper (die erst 1989 fertiggestellt wurde).
Spezialisiert auf öffentliche und Industriebauten, hat er das Bild Finnlands entscheidend geprägt. Seine Hinwendung zum modernen Stil schreibt man dabei vor allem dem Einfluß des Architekten Erik Bryggman zu. Aaltos Liebe zum detaillierten Arbeiten führ-

Freischwinger-Liege «43» für Artek. Foto: Artek

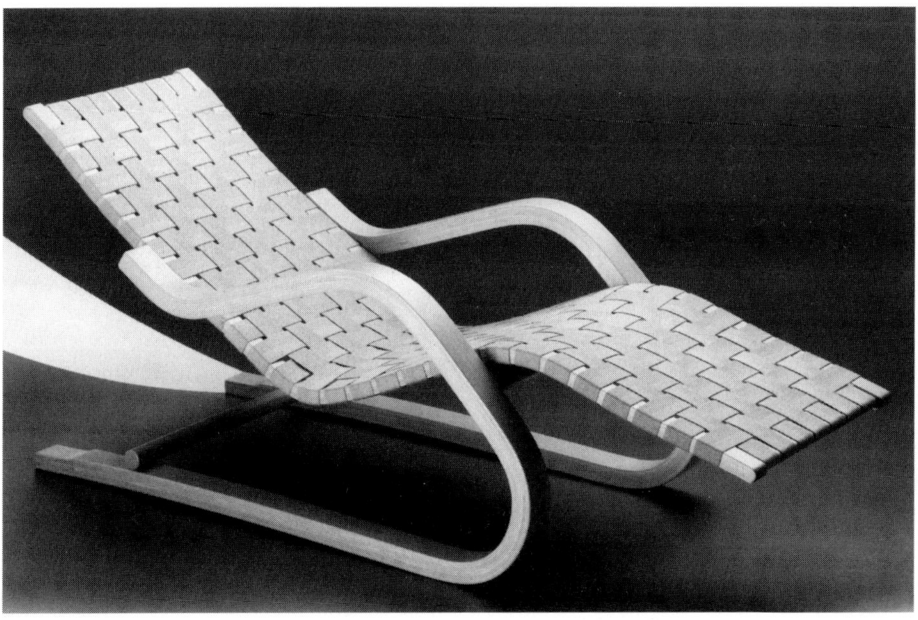

te ihn ab 1927 zum Entwurf von modernen Holzmöbeln, wobei er die ausgereiftesten Techniken seiner Zeit nutzte und vor allem verleimtes, biegbares Schichtholz einsetzte, das bis dato ausschließlich für die Skier-Produktion verwendet worden war.
Seit den dreißiger Jahren experimentierte er mit Holz und lernte dabei die natürliche Feuchtigkeit des finnischen Birkenholzes schätzen, das er der wasserdampfgebogenen Holzverformungstechnik → Michael Thonets vorzog. Seit 1929 arbeitete er eng mit dem Möbelhersteller Otto Korhonen zusammen. Eine wichtige Leistung Aaltos besteht im Transfer der konstruktiven Ideen der Bauhaus-Stahlrohrmöbel (→ Bauhaus) auf Holzmöbel. Die in dieser Zeit entworfenen Serien von Tischen, Sesseln und vor allem Stühlen mit gekrümmten Schichtholzbeinen gelten heute als Klassiker des modernen Möbels. Ein Beispiel dafür ist der freischwingende «Sessel 406», den Aalto von 1935 bis 1939 für die Firma Artek entwarf. Es war sein erster Freischwinger überhaupt. Die Kufen und Armlehnen bestehen aus sieben Birkenholzlamellen. Den Sitz und die Rückenlehne gibt es wahlweise als Gurte oder Rohrgeflecht. Ein Prototyp des Sessels aus gebogenem Schichtholz war bereits einige Jahre zuvor (1929–1933) der «Sessel 41» (Paimio), den Aalto für das Lungensanatorium in Paimio entworfen hatte. Der Sessel hat ein Gestell aus laminiertem und schwungvoll gebogenem Birkenholz; Sitz und Lehne bestehen aus schwarz oder weiß lackiertem Schichtholz. Dieser Holzsessel wirkte schon in den frühen dreißiger Jahren stark futuristisch, vor allem durch den harmonischen Sitz- und Rückenlehnenteil, der wie ein gewelltes Stück Papier aussieht. 1930 waren Aaltos Arbeiten in der Stockholm-Ausstellung vertreten. Er stand zu dieser Zeit in Kontakt mit den Architekten Sven Markelius und → Gunnar Asplund.

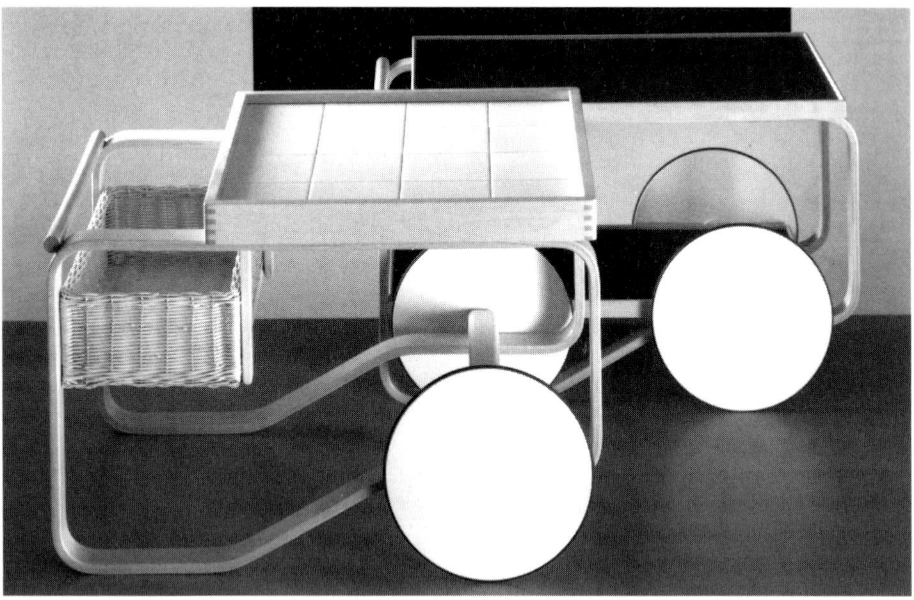

Servierwagen «900» und «901» für Artek. Foto: Artek

Sehr populär wurde auch Aaltos Servierwagen «98» aus dem Jahr 1936 (mit praktischer Linoleumplatte), den es in einer größeren Version mit offenem Korb unterhalb der Griffleiste gibt (anstelle der unteren Ablagefläche) und seine Hocker «60» (1930 – Sitz aus Linoleum, → Laminat oder Kunststoff), «K 65» (1933 – mit kurzer, aufgeschraubter Rückenlehne) und «X 600» (1954 – mit drei Fächerbeinen aus gebogenem Schichtholz). Darüber hinaus entwarf Aalto Beistelltische, Wohnzimmertische, Betten, die Liege «39» (Geflecht: Gurte oder Leder), Schränkchen und diverse Steh- und Hängeleuchten für Artek. 1930 realisierte er für die amerikanische Firma ICF die «Aalto Bettcouch» (aus verchromtem Stahlrohr und Armlehnen aus Buche). Aaltos Möbel waren besonders in Amerika und England erfolgreich und fanden Nachahmer (z.B. Jack Pritchard) oder beeinflußten Designer wie → Marcel Breuer und → Charles Eames. Berühmt geworden sind seine Holzmöbel für die Bibliothek in Viipuri (heute Rußland). Seit 1936 entwarf Aalto auch Glaswaren. Seine Vasen für das Savoy-Restaurant in Turku wurden von den Iittala-Glasworks produziert und 1937 in Paris und 1939 in New York gezeigt. Zahlreiche Preise, Medaillen, Ehrendoktorwürden und andere Auszeichnungen dokumentieren Alvar Aaltos internationalen Rang als Architekt und Designer.

Aarnio, Eero (*1932 Helsinki)

Der finnische Industrie- und Einrichtungsdesigner Eero Aarnio wurde von 1954 bis 1957 am Institut für industrielle Kunst in Helsinki ausgebildet und arbeitete anschließend als freier Inneneinrichter und Industriedesigner, daneben als Fotograf und Grafikdesigner. 1962 machte er sich in Helsinki mit einem eigenen Büro selbständig. Aarnio zählt zur Generation finnischer Architekten und Designer, die in ihrer Arbeit von den Strömungen der fünfziger Jahre geprägt wurden, als sich Finnland im internationalen → Design zu etablieren begann.
Seit den sechziger Jahren experimentierte Aarnio beim Möbelentwurf mit Naturmaterialien wie Holz und Peddigrohr. Zu seinen frühen Arbeiten gehören der «Jattujakkare-Flecht-Stuhl» und der «Apfelbaum-Stuhl». Aarnio brach jedoch in den sechziger Jahren aus der finnischen Tradition der Verarbeitung von Naturmaterialien aus und beschäftigte sich zunehmend auch mit künstlichen Materialien, vor allem mit Plastik. Wie weit er sich von den Formen traditioneller Sitzmöbel entfernte, zeigen Namen wie «Tomate», «Pastille», «Blase» oder «Thunderball», die er seinen Entwürfen gab.
Berühmt geworden ist sein «Ball Chair» von 1963, eine Sitzschale aus glasfaserverstärktem Polyester mit runder Öffnung, durch die man sich in sein gepolstertes Inneres zurücksinken lassen kann. In diesem Möbel erreicht Aarnio beispielhaft visuelle Modernität, Sachlichkeit und Sitzkomfort bei logischem und ökonomischem Gebrauch des Materials. Als Ergebnis seiner computergestützten Möbelherstellung gilt der 1983 entworfene «Kimara-Stuhl», ein Cocktail-Stuhl für Asko-Möbel.
1968 gewann Aarnio für seinen «Pastilli»-Stuhl den International Design Award. Seine Arbeiten sind u.a. im Louisiana Museum in Humlebaek/Dänemark, im Pariser Centre Georges Pompidou, im Amsterdamer Stedelijk Museum und im Israel Museum in Jerusalem ausgestellt.

Abet Laminati

Der italienische Kunststoffhersteller Abet Laminati wurde 1957 in Bra (Piedmont) gegründet und machte sich mit der Marke «Print» bereits in den sechziger Jahren einen ausgezeichneten Namen. In den siebziger Jahren erfand Abet das Laminat-Produkt (→ Laminat) «Folden», das durch seine große Formbarkeit bei relativ geringen Temperaturen und durch seine ungewöhnlich große Formatpalette auffiel. Abets Schichtstoffplatten, Kraft- und Dekorpapiere werden seit 1969 in einem firmeneigenen Labor hergestellt, das eng mit Designern aus aller Welt zusammenarbeitet und für sie die unterschiedlichsten Dekore entwickelt. Vor allem die Gruppe → Memphis fand hier einen potenten Partner für ihre eigenwilligen Möbeloberflächen. Daneben arbeitete Abet u.a. für → Gae Aulenti, → Andrea Branzi, → Mario Bellini, → Achille Castiglioni, → Michele de Lucchi, → Lodovico Magistretti, → Alessandro Mendini, → George James Sowden und die Firmen → Alessi, → Driade, Fiat, → Olivetti und Viking.

Accessoires (frz. accessoire = nebensächlich)

Sammelbezeichnung für dekoratives und/oder funktionales Beiwerk bzw. Gegenstände. Accessoires verbinden oft Schmuckformen mit einer gewissen Funktionalität, wobei die Grenzen zwischen Dekor und Funktion fließend verlaufen.

Der Begriff wird einerseits im Textil- und Modebereich gebraucht, um Gürtel, Schals, Handschuhe, Tücher, Schmuck etc. zu bezeichnen. Andererseits beschreibt er im → Interior Design kleine Gegenstände, die als Ergänzungen bzw. Ausschmückungen von Innenraumgestaltungen dienen. Allerdings findet die Bezeichnung Accessoires manchmal auch als beschönigende, geradezu veredelnde Umschreibung von Kitsch und Nippes Verwendung.

Accessoires sind als modische Artikel eng mit dem herrschenden Zeitstil verbunden, dem sie bezüglich Material und → Design nicht immer in letzter Qualität entsprechen. Die stilistische Bandbreite spannt sich vom streng geometrischen Kerzenleuchter der → Art Déco über den Gummibaum der fünfziger Jahre bis zur schrillen, buntfarbigen Tischuhr im Stile von → Memphis. Accessoires können für den atmosphärischen Eindruck eines Innenraumes (→ Ambiente) eine wichtige Rolle spielen, indem sie ihn entweder wirkungsvoll akzentuieren oder durch Über-

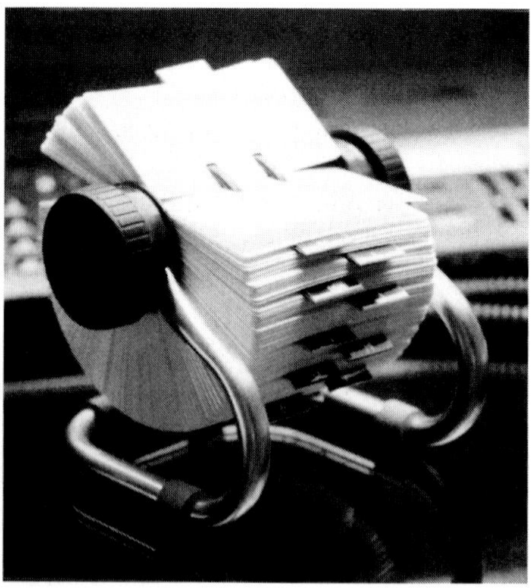

Karteikartensystem der Firma Rolodex. Foto: René Zey

frachtung hoffnungslos erschlagen. Besonderer Beliebtheit erfreuten sich in den letzten Jahren Schreibtischaccessoires wie beispielsweise Brieföffner, Schreibunterlagen, Zettelkästen, Tischkalender oder Utensilienbehälter (→ Danese, → Michele de Lucchi, → Enzo Mari, → Teunen & Teunen). Zu modernen Klassikern wurden der «Boston»-Bleistiftanspitzer, der 1920 von Olve Solozabal entworfene «El Casco Sharpener» oder das rotierende Karteikarten-System der Rolodex Corporation (1958), dessen verchromtes Rohrgestell an den → Bauhaus-Stil der zwanziger Jahre erinnert.

Achtziger, Hans (*1918 Selb)

Der deutsche Designer Hans Achtziger war von 1937 bis 1939 Schüler an der Staatlichen Fachschule für Porzellan-Industrie in Selb und trat 1946 für kurze Zeit in die Kunstabteilung bei → Hutschenreuther ein. Von 1946 bis 1948 studierte er an der Bau- und Handwerkerschule in München (bei Hans Panzer), kehrte aber dann zu Hutschenreuther zurück. 1959 trat Achtziger dem → Deutschen Werkbund bei, 1972 wurde er zum Direktor der Kunstabteilung bei Hutschenreuther bestellt, 1980 in das Produktmanagment des Formen- und Dekorateliers berufen. Sein erstes Service schuf Achtziger 1953 («Princess»), dem bis Mitte der achtziger Jahre ca. 20 ausgeführte Tafelgeschirre (u.a. «Teeservice 710», 1960; «Poesie», 1967; «Rendezvous», 1970; das populäre «Desirée/ Porcellain rosé», 1973; oder «Comtesse», 1982) und ca. 150 Porzellanfiguren folgten.

AEG

Die «Allgemeine Elektricitäts-Gesellschaft», die sich aus der DEG (Deutsche Edison Gesellschaft für angewandte Elektrizität) entwickelte, wurde 1883 von Emil Rathenau gegründet und stellte weltweit eine der ersten Firmen dar, die dem → Design ihrer Produkte allergrößte Wichtigkeit beimaßen (wie beispielsweise in den verchromten Haartrocknern aus den dreißiger Jahren). An diesem Grundsatz hält die Firma auch heute noch fest, sieht sich allerdings inzwischen der Konkurrenz von Unternehmen wie → Braun, Krups, → Philips oder Siemens ausgesetzt.

→ Peter Behrens, der Anfang des 20. Jahrhunderts die → Corporate Identity der AEG schuf, entwickelte zwischen 1907 und 1912 verschiedene Variationen des Firmenlogos (die bis dahin 1896 von Franz Schwechten und 1900 von Otto Eckmann entworfen worden waren), baute in Berlin die AEG-Turbinenfabrik und prägte die → Form zahlreicher elektrischer Haushaltsgeräte und Leuchten (etwa die «Flammenbogenlampe» von 1909). Berühmt wurde sein vernickelter achteckiger Tee- und Wasserkessel (1909) mit rohumwickeltem Henkel und tief ansetzender, weit ausschwingender Ausgußtülle, sein «Geschwindigkeitsmesser für Kraftwagen» von 1912, seine elektrische Heizsonne aus dem Jahr 1920 (das dreieckig geformte Gehäuse stand auf zwei Kugelfüßen und einem rückwärtigen Ständer) und der «Tischventilator für Wechselstrom» (1908).

Agnoli, Tito (*1931 Lima)

Der peruanische Industriedesigner Tito Agnoli studierte am Polytechnikum in Mailand, wo er 1959 mit dem Diplom abschloß. Er arbeitet heute als Dozent in Lissone/Italien. Ein früher Entwurf des Peruaners war die Stehleuchte «Agnoli 387» (1955) für die Firma → O-Luce in Mailand, die heute zu den Raritäten der Fünfziger-Jahre-Objekte zählt. Agnoli verzichtete bei diesem Modell auf den Lampenschirm sowie auf jegliche Verkleidung von Einzelteilen (Verstellschrauben, Kabel), was damals besonders ungewöhnlich war. Daß die 1,90 m hohe Stehleuchte trotz ihrer Nacktheit Eleganz ausstrahlt, verdankt sie dem mattvernickelten Metall und ihrem Marmorfuß. 1962 realisierte Agnoli die Liege «Ottomana P 3/S» aus Rundstahl und Peddigrohrgeflecht für Pier Antonio Bonacina. Das Möbel ist so gebogen, daß es auf den Schmalseiten steht und ohne Beine oder separates Gestell auskommt. Ein flaches Polster kann ans Kopfende geknöpft werden. Ein vor allem in Deutschland populär gewordenes Möbel ist Agnolis «Bettcouch» von 1968. Das Sofa beherbergt in seinem Inneren eine Matratze, die wie in einer Schachtel liegt. Will man das Sofa in ein Bett verwandeln, werden die losen Sitzkissen herausgenommen und die Seitenlehnen umgeklappt, die an Beschlägen befestigt sind. Beim Abklappen kommen zwei Holzflächen zutage, die als Ablagen genutzt werden können. Für → Poltrona Frau schuf Agnoli u.a. die Sessel «THF» und «Europa 80», die Sitzgruppen «Capanelle», «Petronio», «Serenade» und «Walse» sowie die Tische «Boulevard» und «IDC». Sehr populär wurde auch sein Bett «Rondo».
1969 entwarf Agnoli für die Firma → Arflex das modulare Sitzsystem «9000». Die Polster dieser Serien ruhen auf einer Spanplattenbasis und haben in Sitz und Rücken ein mit Polyurethanschaum ummanteltes Stahlrohrgestell. Die Sitzhöhe läßt sich durch verschieden hohe Kunststoffüße variieren.

Aicher, Otl (*1922 Ulm, †1991 Rotis)

Der Grafikdesigner Otl Aicher studierte von 1946 bis 1947 an der Akademie der Bildenden Künste in München. 1948 gründete er ein eigenes Studio in Ulm, ein Jahr darauf gehörte er zu den Mitbegründern der → Hochschule für Gestaltung, Ulm (HfG). 1952 heiratete er Inge Scholl, die Initiatorin der Hochschule. An der HfG arbeitete Aicher ab 1954 als Dozent für Visuelle Kommunikation, von 1962 bis 1964 war er ihr Rektor. Ein Lehrauftrag als Gastdozent führte ihn 1958 an die Yale University, 1959 war er in Rio de Janeiro am Museo de Arte Moderna tätig. Aichers Kompetenz in designtheoretischen Fragen sowie sein Eintreten für eine klare geometrische → Form waren so hoch geschätzt, daß er 1967 den Auftrag für die visuelle Gestaltung der Olympischen Spiele 1972 in München erhielt. Besonders populär wurden dabei seine Piktogramme der verschiedenen Sportarten, die er auch für die Olympischen Spiele 1976 in Montreal entwarf.
Aicher schuf darüber hinaus die → Corporate Identity für bedeutende deutsche Firmen wie Blohm & Voss, BMW, → Braun, → Erco, Lufthansa und die Westdeutsche Landesbank. Außerdem entwarf er die Informationsanlage des Frankfurter Flughafens.
Wesentliche Ideen Aichers flossen in das 1992 von → Bulthaup produzierte Küchen-

programm «System 25» ein. Seit 1993 vertreibt der → Marlboro Design Shop Aichers fahrbaren Beistellwagen aus verchromtem Stahldraht. In ihn kann man neben den üblichen DIN-A4-Mappen Drahtbrücken zur Umrüstung auf Überformate einhängen. Als Typograf entwarf Aicher das Schriftbild der «Allgemeinen Sonntagszeitung». Im Jahre 1988 präsentierte er eine neue Schrift, die «Rotis», benannt nach dem Dorf im Allgäu, wo er bis zu seinem Tod lebte.
Otl Aicher nahm an zahlreichen Ausstellungen teil, seine Arbeiten wurden mehrfach prämiert. Er erhielt den Prix d'Honneur auf der Triennale 1954 in Mailand, den Preis für das beste deutsche Plakat 1955 sowie den Ersten Preis beim Europäischen Typografie-Wettbewerb in Innsbruck.

Albers, Josef (*1888 Bottrop, †1976 New Haven)

Josef Albers studierte von 1913 bis 1920 an den Kunstakademien in Berlin, München und Essen, von 1919 bis 1920 in Franz von Stucks «Münchner Studio». In den Jahren 1920 bis 1923 war er Student am → Bauhaus, wo er anfangs vor allem Glasbilder entwarf, nachdem er Johannes Ittens «Vorkurs» absolviert hatte. 1923 wurde Albers Lehrer am Bauhaus. Sein pädagogisches Ziel stand dabei unter dem Motto «erfindendes Bauen und entdeckendes Aufmerken», ein induktiver Weg in der Gestaltung, wobei dem Experimentieren hohe Bedeutung zukam. Albers leitete am Bauhaus den praktischen Vorkursus als Ergänzung zu → László Moholy-Nagys Seminar. Seit 1923 entwarf Albers Möbel, z.B. Vitrinen und Kirchenstühle,

Obstschale (1924), reediert von Tecnolumen. Foto: Tecnolumen

darüber hinaus beschäftigte er sich mit Glas (bekannt wurde sein «Teeglas mit Metallbügel und Ebenholzgriffen»), Metall und Typografie. Von 1928 bis 1930 führte er den Möbel-Workshop von → Marcel Breuer fort. Nach der Auflösung des Bauhauses im Jahre 1933 wurde Albers als Lehrer an das Black Mountain College in North Carolina berufen, wo er bis 1949 arbeitete. Er bekleidete in dieser Zeit mehrere akademische Ämter, so war er von 1936 bis 1940 Lektor an der Graduate School of Design in Harvard. Nach seiner Professur im Jahre 1950 lehrte er von 1953 bis 1954 auch an der → Hochschule für Gestaltung Ulm. Von 1950 bis 1959 las Josef Albers an der Yale University in New Haven, Connecticut. Dort schrieb er seine berühmte Abhandlung über Farbtheorie «Interaction of Colour», die noch heute für die Ausbildung von Designern zu Rate gezogen wird. Seine designtheoretischen Überlegungen waren vor allem in der → Pop-art der sechziger Jahre hoch angesehen.
Als → Reedition fertigt die Firma → Tecnolumen derzeit Albers' «Obstschale» aus dem Jahr 1924.

Albini, Franco (*1905 Robbiate, †1978 Mailand)

Der italienische Architekt und Designer Franco Albini studierte am Mailänder Polytechnikum Architektur, wo er 1929 promovierte. 1930 gründete er ein eigenes Studio für Architektur, → Design und Städtebau, das seit 1977 von seinem Sohn Marco geleitet wird. Seit 1930 arbeitete Franco Albini mit → Giovanni Ponti und Giancarlo Palanti zusammen.
Bedingt durch die wirtschaftlich und politisch schwierige Zeit der dreißiger Jahre blieb dem jungen Albini zunächst das Betätigungsfeld der Architektur verschlossen. Er arbeitete in diesen Jahren als Inneneinrichter und Möbeldesigner und gestaltete mehrere Ausstellungen, so die Triennalen in Monza (1930) und in Mailand (1936).
Seine ersten Möbel zeigen in ihrer Eleganz Anklänge an die → Art Déco. 1941 entwarf Albini ein bemerkenswertes tragbares Radio, dessen Komponenten zwischen zwei Spiegelglasscheiben befestigt waren. Ebenso innovativ waren sein x-förmiger Tisch mit Glasplatte sowie sein Sessel «Margherita» aus phantasievoll gebogenem Malakkarohr. Albinis Bücherregale, von denen er ganze Serien entwarf, wurden sehr populär. Das Modell aus dem Jahre 1957, aus Nußbaum und Palisander, ist ein typisches Fünfziger-Jahre-Möbel. Es ist leicht, zerlegbar, beliebig zu erweitern und steht auf sich verjüngenden Stützen. Es wird heute von der italienischen Firma Poggi vertrieben. Die frühen Modelle aus Messing und Holz hatten Borde aus Glasplatten, die an Metallketten aufgehängt waren. Die Neuheit an diesen Bücherregalen war, daß sie auch als Raumteiler verwendet werden konnten.
1967 entwarf er (gemeinsam mit der Designerin Franca Helg) für die Firma Poggi den Sideboard «Credenza», der durch seine ausgewogenen Proportionen und seine feinen Beschläge bestach. Bei der Firma → Teunen & Teunen ist derzeit die «Silberschale» im Programm, die Albini 1971 zusammen mit Franca Helg entwarf.
Als Architekt entwarf Albini u.a. Wohnsiedlungen in Mailand und Ausstellungsgebäude. Nach Kriegsende widmete er sich auch dem sozialen Wohnungsbau.
Zwei seiner Arbeiten sind heute in Italien besonders populär: das Kaufhaus Rinascente

(1957) in Rom und die Stationen der Linie 1 der Mailänder U-Bahn von 1962/63.
Mit Franca Helg arbeitete Albini seit 1952 zusammen; sie restaurierten die Museumsgebäude Palazzo Bianca und Palazzo Rosso in Genua. Von 1963 bis 1975 war Franco Albini Professor für Architekturdesign am Mailänder Polytechnikum.

Alessi

Alessi wurde 1921 von Giovanni Alessi Anghini in Bagnella/Omegna gegründet. Die ersten Produkte waren Kaffeekannen und Tabletts aus Neusilber und Messing, später wurde eine Reihe von Tischzubehörteilen gefertigt, wie beispielsweise das «Programma 1». 1928 wurde die Firma nach Crusinallo verlegt, wo sie auch heute noch ihren Sitz hat. In den dreißiger Jahren entstand das «Programma 2», das bereits einige der für Alessi kennzeichnenden formalen Linien aufwies. 1945 folgte die berühmte «Bombé»-Serie nach Entwürfen von Carlo Alessi Anghini. 1938 wurden erste Experimente mit Edelstahl durchgeführt, der nach dem Zweiten Weltkrieg zunächst das versilberte (1950) und dann das verchromte Messing (1954) ersetzte.
Alessi gehört mit seinem umfangreichen Angebot an → Table Top Design zu einer der international respektiertesten Firmen. Namhafte Designer wie → Achille Castiglioni, → Michael Graves, Carlo Mazzeri, → Alessandro Mendini, → Aldo Rossi, → Richard Sapper, → Ettore Sottsass, → Philippe Starck oder → Matteo Thun gestalten seit Jahren ein Programm, das zwischen Massenproduktion und Avantgarde-Design liegt.
Vor allem in den achtziger Jahren war Alessi ein Aushängeschild für postmoderne Design-Experimente (→ Postmoderne), etwa durch das 1979 initiierte Projekt «Tea and Coffee Piazza», das Haushaltswaren als Mikroarchitektur entstehen ließ (beispielsweise die auf 99 Exemplare limitierten Tee- und Kaffee-Services von Michael Graves, Alessandro Mendini oder → Paolo Portoghesi, alle aus dem Jahr 1983).
Diese Kollektion wurde die erste Aktion der Tochterfirma «Officina Alessi», die seit 1983 ihre Ideen mit neuesten industriellen Technologien und handwerklichen Verfahrensweisen realisiert. Hierbei werden u.a. «historische Materialien» wie Alpaka, Messing, Kupfer, Silber oder Zinkbech verwendet. Im Gegensatz zu Alessi, die sich mit der Produktion großer Serien an ein breites Publikum wendet, wagt die «Officina Alessi» auch → Kleinserien oder → Unikate; sie bietet derzeit sieben Produktlinien an, darunter «La Tavola di Babele», «Archivi», «La Cintura di Orio-

Platte «Girotondo» (1989–90) von King-Kong-Design. Foto: René Zey

ne» oder «Alessi d'après». «La Tavola di Babele» wurde 1983 mit der «Rosenschale» ins Leben gerufen, die nach einem Prototyp von → Josef Hoffmann aus dem Jahre 1906 von zwei jungen amerikanischen Architekten (Peter Arnell und Ted Bickford) rekonstruiert wurde. Die Absicht dieser Serie ist die eines «intellektuellen Spaziergangs durch die Geschichte der kleinen Haushaltsgegenstände aus Metall». Man findet hier Produkte wie den Kessel «Mama-ò» (1988) von → Andrea Branzi, den Kerzenständer «Tlemcen» (1985) von Paolo Portoghesi, die Espressokanne «La conica» (1982) und den Wasserkessel «Il conico» (1984) von Aldo Rossi; ferner «Max le chinois» (1987) von Philippe Starck, das Tablett «The Campidoglio» (1983) von → Robert Venturi, die Dose «Kalistò 1» (1993) von Clare Brass, aber auch Reeditionen wie den 1925 von → Marianne Brandt entworfenen «Cocktail Shaker».
Reeditionen bietet auch die Serie «Archivi», mit Marianne Brandts «Tee- und Kaffee-Service» von 1924 und → Eliel Saarinens «Tee-Service mit Samowar» von 1933/34.
Seit 1989 hat Alessi die Kollektion «Twergi» im Programm, die aus der 1865 von Battista Piazze gegründeten Holzmanufaktur hervorging. Neben wichtigen Beispielen der Handwerkerkunst bietet «Twergi» Arbeiten von → Milton Glaser, Kuno Prey, Ettore Sottsass oder Marco Zanini an.

Alfi

Die Firma Alfi wurde 1914 von Carl und Sophie Zitzmann als «Aluminiumwarenfabrik Fischbach» gegründet. Schwerpunkt der Produktion war die Herstellung von Isoliergefäßen. 1948 wurde die Firma in einen «volkseigenen Betrieb» umgewandelt und die Familie Zitzmann enteignet. Ein Jahr später siedelten die Firmengründer nach Wertheim über und begannen in der dortigen Messehalle mit der Neuproduktion. 1960 zählte Alfi 150 Mitarbeiter und konnte eine Palette von mehr als 500 Isoliergefäßen aufweisen; 1987 wurde die Firma Teil der Württembergischen Metallwarenfabrik, Geislingen (→ WMF).
In den zwanziger Jahren hatte Alfi großen Erfolg mit der Isolierkanne «Doublette», die mit zwei aufschraubbaren Trinkbechern versehen war. Ebenso erfolgreich war die «Labeflasche» (1928), die «Isolierkanne» (1956) im Fünfziger-Jahre-Design oder der am amerikanischen Lifestyle orientierte «Auto-Imbiss» (1961) – ein Picknickkoffer mit Kühlfach und zwei Thermoskannen.

Isolierkanne «Modern Classic No. 1» von Ole Palsby. Foto: Alfi Zitzmann GmbH

Mit dem Modell «Juwel» wurde bereits Mitte der zwanziger Jahre eine klassische → Form der Isolierkanne gefunden, die nach dem Neubeginn der Firma in Wertheim ständig modifiziert wurde. Anstelle des Korkstopfens trat ein Scharnier-Patentverschluß; in den fünfziger Jahren wurden der Griff verändert und die Farbpalette des Modells erweitert. Heute gibt es die Isolierkanne «Juwel» in Messing, Aluminium oder in reinem Kupfer. → Tassilo von Grolman aktualisierte für das Schwestermodell «Juwel-Tee» eine Isolierkannenform aus den fünfziger Jahren. Von Grolman stammt auch der moderne Klassiker «Achat», der entweder in glatter, längsflächiger oder quergeriffelter Ausführung angeboten wird. Das bekannteste Alfi-Modell dürfte die Kanne «Modern Classic No. 1» sein, die Ole Palsby entworfen hat und die 1987 vom Design Center Stuttgart ausgezeichnet wurde. Von Palsby stammen auch die Modelle «Modern Classic No. 10» (eine Kegel-Isolierkanne mit geradliniger Formgebung) und die Kunststoffkanne «Oktagon».
Zu den neueren Entwürfen gehören die Isolierkanne «Opera» (Design: Makio Hasuike, 1992), das von Lovegrove & Brown entwikkelte Modell «Basic» (1993 – aus einem hochwertigen, kratzfesten Acrylglas-Körper) sowie die von Tassilo von Grolman gestalteten Isolierkannen «Big Mama» (1993) und «Hotel Design» (1993).

Alias

Die italienische Möbelfirma Alias, die 1979 gegründet wurde, konzentriert sich im wesentlichen auf die Designer → Giandomenico Belotti, → Mario Botta, → Carlo Forcolini, → Alberto Meda und → Paolo Rizzatto, die überwiegend mit Stahl, Marmor, Leder und Glas arbeiten. Sehr populär wurden der Alias-Stuhl «Spaghetti» (Belotti) sowie Bottas Stuhlserien «Prima», «Seconda», «Quarta», «Quinta» und «Latonda». Sowohl das Museum of Modern Art als auch das Metropolitan Museum in New York haben den «Seconda» inzwischen in ihre Sammlungen aufgenommen. Mit → Re-Designs von Man Ray, → Gerrit Rietveld, Theo van Doesburg oder → Pierre Chareau hat sich Alias einen Namen als «Archäologe der Designgeschichte» gemacht; ironische Querverweise finden sich aber auch in modernen Produkten. So bezeichnet Belotti seine Möbel – in Anspielung auf die Wiener Secession – «Wagner», «Hoffmann» oder «Moser» bzw. «Omaggio a Man Ray«.

Sessel «Quarta» von Mario Botta.
Foto: Alias

Ambasz, Emilio (*1943 Resistencia)

Der argentinische Industrie- und Grafikdesigner Emilio Ambasz studierte an der Princeton University Architektur. Von 1970 bis 1976 war er Kurator für → Design am Museum of Modern Art, New York. Dort inszenierte er 1973 die Ausstellung «Italy – The New Domestic Landscape» – die spektakulärste Präsentation italienischen Designs des 20. Jahrhunderts, bei der das «Bel Design», «Counterdesign», → «Archizoom», → «Superstudio», «Strum» und «9999» mit Projekten vertreten waren. Die Ausstellung wurde wegweisend für die siebziger Jahre. Emilio Ambasz war Herausgeber des Ausstellungskatalogs und gestaltete den Umschlag.
Im Jahre 1967 lehrte er als Gastprofessor an der → Hochschule für Gestaltung, Ulm. 1977 machte er sich als Industriedesigner selbständig. Seit 1982 ist Emilio Ambasz Organisator im Komitee für Architektur und Design am Museum of Modern Art, New York.
Als moderner Möbel-Klassiker gilt sein «Vertebra»-Stuhl, den er 1977 zusammen mit → Giancarlo Piretti entwarf; er wird von der Firma → Castelli vertrieben. Seine Intention war es, einen Bürostuhl zu kreieren, der sich wie ein Handschuh den Körperbewegungen anpassen sollte. Der Stuhl war trotz seiner Rückführung auf essentielle funktionale Eigenschaften von ansprechender Ästhetik und gewann 1981 den → Compasso d'Oro. Ebenfalls in Zusammenarbeit mit Giancarlo Piretti entwarf Ambasz 1983 den Schwachstrom-Scheinwerfer «Osiris» für die Firma → Erco. Für diese Kreation erhielten sie 1983 den Designers Choice Award for Excellence. 1991 kreierte er für die Firma → Tecta den Stuhl «Qualis».
Als Architekt entwarf Emilio Ambasz unter anderem das Computercenter in Las Promesas, Mexico (1975), das «Haus für ein Paar» in Córdoba (1979) sowie das San Antonio Botanical Garden Conservatory, Texas (1982).

Ambiente

Der vieldeutige Begriff Ambiente (ital. Umwelt, Atmosphäre) bezeichnet die Umgebung oder das Milieu, in dem eine Person lebt und durch das sie geprägt wird. Ebenso beschreibt er die spezifische Atmosphäre, die unverwechselbare Charakteristik eines Innenraumes oder auch eines Kunstwerks. So spricht man von einem angenehmen Ambiente, wenn eine bemerkenswerte Innenarchitektur oder eine gelungene Ausstattung eines Raumes mit Kunstwerken, Mobiliar, → Accessoires etc. gemeint ist. «Ambiente» lautet ferner der Titel einer 1980 in München gegründeten Zeitschrift (erscheint zehnmal jährlich), deren Themenspektrum auf die Bereiche Haus und Wohnung, Architektur und → Design sowie Kunst und Kultur ausgerichtet ist. Die Zeitschrift stellt in reicher fotografischer Dokumentation, in Interviews und Artikeln neue Stilrichtungen und Tendenzen, junge sowie etablierte Künstler, Sammler und Firmen vor. Darüber hinaus findet man Reisetips und Hinweise zum Sammeln, Einrichten und Dekorieren.

Anarcho Design → Neues Design

Angelpoise

Der Begriff «Angelpoise» (Winkelgleichgewicht) geht auf das Wort «equipoise» (Gleich-, Gegengewicht) zurück und meint das Gelenkprinzip der von George Carwardine 1933 für die britische Firma Herbert Terry & Sons entwickelten Tischleuchte, die auf den Abmessungen und den Gelenkprinzipien des menschlichen Armes beruhte. Als einfache und effiziente Gebrauchsleuchte, die problemlos an Werkbänken oder an Schreibtischen zu befestigen war, wurde die als Markenname eingetragene «Angelpoise»-Leuchte weltweit zum Klassiker. 1993 wurde sie als Modell «L 10» reediert (erhältlich bei → Tecta). Ihr Mechanismus wurde später auf andere Artikel wie Spiegel, Mikrofone oder Lautsprecher übertragen. Ende der dreißiger Jahre vergab Terry & Sons Lizenzen für das Angelpoise-Prinzip. Der Norweger Jac Jacobsen (→ Luxo) entwickelte auf dieser Grundlage die «Luxo»-Leuchte (mit verändertem Schirm gegenüber dem «Angelpoise»-Modell) und führte sie nach dem Zweiten Weltkrieg erfolgreich in den USA ein. Die Leuchte gewann inzwischen u.a. den norwegischen Designpreis und den Bundespreis Gute Form.

«Angelpoise»-Leuchte (Reedition, 1993; bei Tecta). Foto: Tecta

aplati

Der Begriff «aplati» oder «Tube aplati» (franz. aplatir = abplatten, breit drücken) meint eine 1924 von Jean Prouvé entwickelte Idee, Rundrohre zu pressen und damit abzuplatten. Die Anwendung dieses Prinzips am → Kragstuhl führt zu einer Stabilitätserhöhung der Rohre im gefährdeten Querschnittsbereich. Das Ergebnis ist eine Form, die den Kraftverlauf sichtbar macht (patentiert für → Tecta).

Arad, Ron (*1951 Tel Aviv)

Der israelische Architekt, Designer und Bildhauer Ron Arad studierte zunächst an der Jerusalemer Kunstakademie, anschließend an der Architectural Association London, einer privaten Architektur-Schule, die vor allem die Avantgarde fördert. 1981 gründete Arad in London die Designergruppe und -galerie «One Off Ltd». Das Atelier wurde in den

«Soft Little Heavy» für Moroso.
Foto: Moroso

achtziger Jahren zum Symbol für die Erneuerung des englischen Designs. Es verstand sich als Experimentierstudio für die Synthese von → Design, Musik, Mode und Way of Life, wodurch es vor allem viele junge Designer anzog und für manche Kritiker zum Geburtsort des sog. Anarcho-Designs wurde. Die Entwürfe von «One off» stammen in erster Linie von Arad, in zweiter von Tom Lynham. In seinen Objekten experimentierte der Israeli anfänglich mit Metall, Industrieglas und Beton, seit einigen Jahren auch mit Holz und Textilien. Er bezeichnet seinen Stil prägnant als «post all & neo-nothing», wobei er besonderen Wert auf den → Unikat-Charakter seiner Arbeiten legte. Bekannt gewordene Objekte sind sein Sessel «Rover-Chair», mit einem aus einem Geländewagen herausmontierten Sitz, sowie sein Hi-Fi-System «Concrete Sound» von 1985; bei dieser Anlage sind die Komponenten (Plattenspieler und Boxen) in Beton gegossen. Arad destruiert somit hochwertige Technik in ihrer Mustergültigkeit und ersetzt sie quasi durch eine neue: Beton ist ein hervorragender Schwingungsabsorber. Für die italienische Firma → Moroso schuf Arad die Kollektion «Spring» (mit vorwiegend Schaumstoffkubussen oder Schaumstoffsitzschalen), darunter die Sessel «Chair on a Pedestal», «Soft Little Heavy», «Off Spring», «Size Ten», «Soft Heart», «No Spring Chicken» oder «Soft Big Easy». Als Sofa hat er das «Double Soft Big Easy» und die Metallbank «Spring» konzipiert.
Bei → Vitra ist der «Well Tempered Chair» von 1986/87 im Programm, den Arad aus Edelstahl-Blechbahnen faltete und dann mit Flügelschrauben zusammenschraubte. Ebenfalls für Vitra entwarf Arad den teilbaren, aus Multiplex-Profilteilen geformten Stuhl «Schizzo» (1989) und den «School Chair» (1988). Weitere bekannte Objekte sind die Metallsessel «Looming creature comfort» und «After spring» (1992) sowie Entwürfe für → Ritzenhoff, → Sawaya & Moroni (Sessel «Crust») und Zeus.

Archizoom

Die italienische Architekten- und Designergruppe wurde 1966 in Florenz von → Andrea Branzi, Gilberto Coretti, → Paolo Deganello, → Massimo Morozzi sowie Dario und Lucia Bartolini gegründet. Archizoom, die bereits 1974 wieder aufgelöst wurde, gilt als Initiator des Anti-Designs. Ihre Mitglieder stellten die althergebrachte Statusfunktion sowie den Fetischcharakter von Design-, Inneneinrichtungs- und Architekturprodukten radikal in Frage. Mit ironisch-provokanten Entwürfen arbeiteten sie gegen Mode, Konsum und → Funktionalismus. In dieser Ausrichtung ist Archizoom als Antwort auf die englische Architektengruppe Archigram zu verstehen. Auf der Mailänder Triennale 1968 inszenierten sie das «Zentrum für eklektische Konspiration» und präsentierten 1970 den «Mies»-Stuhl – in seiner Unbenutzbarkeit eine respektlose Antwort auf → Mies van der Rohes Funktionalismus. Ebenfalls zum Begriff geworden sind die kunststoffbeschichteten, poppig bemalten Wandschirme aus den frühen siebziger Jahren, eine Synthese von britischer → Pop-art und italienischem Flair; sie werden von der Firma → Abet Laminati hergestellt. → Cassina produziert gegenwärtig Deganellos Sessel «AEO» (1972), die Firma Fulfram legte 1986 die Modelle «Cactus» und «Capitello» neu auf. Neben Design- und Bauprojekten hat sich Archizoom auch mit Gebäuderestaurierung und Stadtplanung befaßt. Nach der Auflösung der Gruppe lebte Archizooms avantgardistische → Designtheorie fort, besonders in den Designgruppen Alchimia und → Memphis.

Arens, Gerd → Pentagon

Arflex

Die 1950 gegründete Möbelfirma Arflex verzeichnete ihre ersten großen Erfolge auf der 9. Triennale in Mailand (1951), auf der → Marco Zanusos Armlehnensessel «Lady» auf Anhieb eine Goldmedaille gewann. Schaumgummi und elastisches Gewebe, das von der Firma Pirelli entwickelt wurde, waren die Hauptbestandteile dieses Sessels und wurden die bestimmenden Materialien auch für andere Hersteller.
Bis Ende der fünfziger Jahre arbeitete Arflex mit zahlreichen Designern zusammen, die Armlehnstühle oder Sofas für die Firma entwarfen, unter ihnen → Franco Albini («Fiorenza»), Erberto Carboni («Delfino»), Robert Menghi («Hall»), Carlo Pagani («Campanula»), Gustavo F. Pulitzer («Alba») oder Alberto Rosselli («Ibis», «Condor», «Airone»). Marco Zanuso entwarf während dieser Zeit die Sessel «Martingala» (1954), «Milord» (1957), «Regent» (1960) und das Schlafsofa «Sleep-o-matic» (1954). In den sechziger Jahren stellte Arflex neben Sitzmöbeln auch Schreibtische (etwa «Direzionale» von Alberto Rosselli), Regale («Cambridge» von

Armsessel «Lady» (1951) von Marco Zanuso. Foto: Arflex

Marco Zanuso), Betten («Paradigma» von Mario Maioli/Maurizio Calzavara) und Sideboards her. Als neue Designer gewann die Firma → Tito Agnoli («Serie 9000»), → Cini Boeri (Sofa «Borgogna« und den Monoblock «Bobo»), Carlo Bartoli (Polyester-/Fiberglas-Stuhl «Gaia») und → Joe Colombo, der 1965 Aufsehen mit seinen zusammenklappbaren Containern erregte.
Die siebziger Jahre intensivierten die Zusammenarbeit mit Cini Boeri, die 1971 ihre Sitzschlange «Serpentone» vorstellte, die aus beliebig verlängerbaren, 38 cm breiten gummiähnlichen Segmenten bestand. Berühmt wurden auch ihre Sitzmöbelserien «Strips» (1972) und «Bengodi» (1974). 1975 produzierte Arflex u.a. die Stuhlserie «O-Line» von → Herbert Ohl und Zanusos «Nuovasquare».
Arflex prägt bis heute entscheidend das Bild des modernen italienischen Designs. Mit → Anna Castelli-Ferrieri, Yaacov Kaufman, Jesse Marsh, → Isao Hosoe und → Michele de Lucchi entwarfen in den achtziger und neunziger Jahren führende Designer für Arflex.

Armani, Giorgio (*1935 Piacenza)

Nach einem zweijährigen Medizinstudium und der Ableistung des Wehrdienstes nahm der italienische Modeschöpfer Giorgio Armani zu Beginn der fünfziger Jahre einen Job als Fensterdekorateur am berühmten Kaufhaus La Rinascente in Rom an. Dort arbeitete er sich in die Modeabteilung ein und wurde ihr Chef-Einkäufer. 1961 begegnete er Nino Cerrutti und arbeitete für ihn bis 1970. Mit Sergio Galeotti gründete er Anfang der siebziger Jahre eine kleine Firma, die in Lizenz Kleidung herstellte. 1974 eröffnete er eine Ladenkette mit dem Namen «Giorgio Armani», für die er zunächst Herren- und ab 1975 auch Damenmode entwarf. Sein Stil – zeitlos und lässig geschnitten – beeinflußte in den achtziger Jahren maßgeblich die internationale Herrenmode. Nach einer kurzen Periode, in der er figurenbetonter arbeitete, kehrte Armani Ende der achtziger Jahre zu einer Linie natürlicher Eleganz zurück. 1989 entwarf er fast 3000 verschiedene Modelle, von denen die meisten allerdings in Lizenz produziert wurden (von derzeit 23 Firmen).

Arp, Hans (*1887 Straßburg, †1966 Basel)

Der Bildhauer, Grafiker, Maler und Dichter Hans Arp begann sein Kunststudium in Weimar. 1910 gehörte er zu den Mitbegründern des «Modernen Bunds» in Luzern. 1911/12 traf Arp in München mit Wassily Kandinsky und Künstlern des «Blauen Reiter» zusammen. Er setzte seine Studien an der Académie Julien in Paris fort, wo er durch die Vermittlung des Dichters Guillaume Apollinaire mit Pablo Picasso, Paul Klee, Georges Braque und Amedeo Modigliani in Kontakt kam. 1915 begegnete er in Zürich der Textildesignerin Sophie Taeuber, die er 1921 heiratete. Von 1916 bis 1920 war das Künstlerpaar in der Dada-Bewegung aktiv, die sie mitbegründet haben. In dieser Zeit widmeten sich die Arps besonders abstrakt-geometrischen Textil- und Stickereientwürfen. 1919 traf Hans Arp

in Köln mit Max Ernst und Kurt Schwitters zusammen. Von 1926 bis 1940 lebte das Paar in Meudon bei Paris.
Als bildender Künstler schuf Hans Arp nach 1916 vor allem Holzreliefs und Collagen. Sie waren farbig, später weiß bemalt und zeigten schichtweise übereinander eingeschnittene abstrakte Formen (→ Form). Seine «synthetische Dichtkunst» steht den Dadaisten nahe. Innerhalb der gegenstandslosen Kunst gehört er der «konkreten» Richtung an. Seit 1930 schuf Arp in erster Linie abstrakte Vollplastiken aus poliertem Stein, aus Holz und Bronze. Neben diesen Arbeiten entwarf er seit 1930 auch Teppiche für Aubusson sowie Silber für Christofle. Durch sein abstrakt-elegantes Spiel mit Formen ist Arps Kunst für das Grafik-, Architektur- und Industriedesign (→ Industrial Design) des 20. Jahrhunderts von nachhaltigem Einfluß gewesen.

Art Déco

Stilbezeichnung für eine französische und internationale Richtung in → Design, → Kunstgewerbe, Architektur und bildender Kunst der Jahre 1920–1940. Der Begriff Art Déco (abgeleitet von frz. l' art décoratif = dekorative Kunst) entstand im Zusammenhang mit der Ausstellung «Exposition Internationale des Arts Décoratifs et Industriels Modernes», die 1925 in Paris stattfand.
Die Art Déco steht in direkter Nachfolge des → Jugendstils, von dem sie zahlreiche Stilmerkmale aufnahm. Formale Ähnlichkeiten zu den → Wiener Werkstätten und dem → Deutschen Werkbund sind nicht zu übersehen. Neben kubistischen und futuristischen Einflüssen sowie Formelementen des → Bauhauses und des niederländischen → De Stijl sind insbesondere stilistische Impulse fremder Kulturen zu erwähnen, z.B. der afrikanischen, altägyptischen oder chinesischen Kunst.
Die Art Déco bewegt sich zwischen den floralen, rankenden Formen (→ Form) des Jugendstils und den strengen, geometrischen Elementen des Internationalen → Funktionalismus, wie sie beispielsweise am Bauhaus

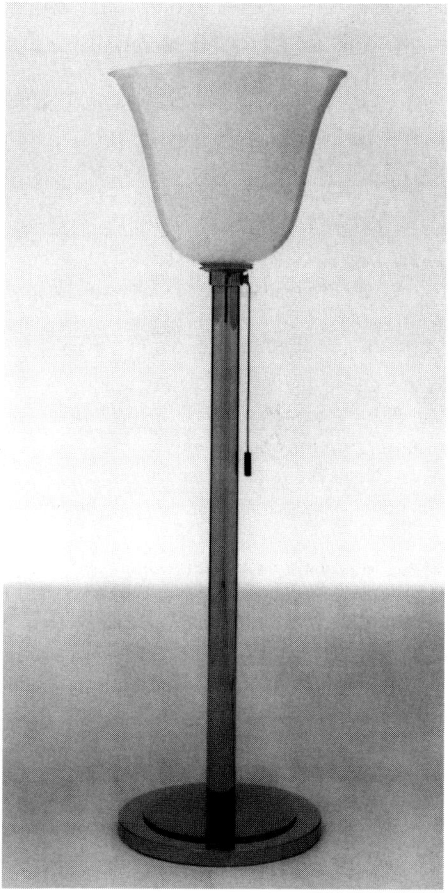

Art-Déco-Leuchte (1930), reediert von Tecnolumen. Foto: Tecnolumen

oder innerhalb des De Stijl entwickelt wurden. Kennzeichnend ist sowohl ein ausgeprägter ornamentaler Sinn, der sich in üppiger, reicher Dekoration ausdrückt, als auch eine Vorliebe für kostbare, luxuriöse Materialien, wie z.B. Bronze, Ebenholz, Elfenbein, Glas, Kristall, Leder oder Silber.
Ihren größten Einfluß entfaltete die Art Déco in der Gestaltung von Mobiliar, Einrichtungsgegenständen (z.B. Keramik), Stoffen und nicht zuletzt im Bereich der Innenarchitektur, die von edlen, spiegelnden Materialien und einem bevorzugten Einsatz geometrischer Hell-Dunkel-Kontraste geleitet wird. Aber auch in der Architektur, Bildhauerei, Gebrauchsgrafik (z.B. Plakatkunst) sowie der Dekorations- und Bühnenmalerei zeigt sich ihre unterkühlte Ästhetik. Während sich die Strömung von Frankreich ausgehend in viele Länder ausbreitete, erreichte sie in den USA ihre größte künstlerische Resonanz. In Design und Kunstgewerbe sind die Glasarbeiten von → René Lalique, die Silbergegenstände von Jean Puiforcat, Mobiliar von → Pierre Chareau oder Emile-Jaques Ruhlmann, Stoffe und Textilien von Hélène Henry, Keramik von Clarice Cliff und Innenraumgestaltungen von Oliver Bernard oder Donald Deskey hervorzuheben. Außerdem sind die Architekten Robert Mallet-Stevens, Auguste und Gustave Perret sowie weitere Designer wie Jean Dunand, Pierre Legrain oder Paul Follot zu nennen.
In den achtziger Jahren wurde die Art Déco von Architektur und Design der → Postmoderne wiederentdeckt, wobei gewisse Gestaltungselemente (wie z.B. spiegelnde Oberflächen oder wertvolle Materialien) Einzug in die künstlerische Formgebung hielten. Als Beispiel mag das Österreichische Verkehrsbüro in Wien (1978) von → Hans Hollein erwähnt sein.

Art Nouveau → Jugendstil

Artek

Die Firma Artek (damals noch Artek Oy) wurde im Oktober 1935 von Aina und → Alvar Aalto, Mairea Gullichsen und Nils-Gustav Hahl gegründet. Vordringliches Ziel der Firma war der Export von Aalto-Möbeln, insbesondere nach Großbritannien, wo der Architekt und Designer Aalto 1933 erste größere Erfolge verzeichnen konnte. In den dreißiger Jahren richtete Artek Sitzungssäle, Hotels und Restaurants (z.B. das «Savoy» in Helsinki) ein und arrangierte Möbel-Ausstellungen. Daneben kümmerte sich Artek vor allem um die moderne französische Kunst.
Als der Zweite Weltkrieg ausbrach, hatten Aino und Alvar Aalto die Basiskollektion von Artek entworfen; Aalto selbst hatte zu dieser Zeit den internationalen Durchbruch als Designer durch die Weltausstellungen in Paris (1937) und New York (1939) geschafft.
Nach dem Zweiten Weltkrieg engagierte sich Artek in den USA und gründete in Hedemora (Schweden) die Schwesterfirma «Svenska Ab Artek». Der Export in europäische Länder wie Großbritannien oder Frankreich verlief jedoch schleppend und brachte erst in den sechziger Jahren Erfolge, als finnische Möbel generell gefragt waren.
Der Aufwind für Artek war jedoch nur kurz, da der Zeitgeschmack bald die einfache und schlichte Linie der Aalto-Möbel verschmähte und nach exotischen oder romantischen Kollektionen verlangte. Eine Fusion mit der

Billnäs-Möbelfabrik war nötig, um wirtschaftlich überleben zu können. Alvar Aalto, der gegen diese Fusion war, zog sich Anfang der sechziger Jahre aus der Firma zurück; seine zweite Frau (Elissa Aalto) behielt jedoch die Direktorenfunktion bis 1977.
Mit Ben af Schultén, dem künstlerischen Direktor, erlebte Artek Ende der siebziger Jahre einen neuen Aufschwung. Man schuf zeitlose Klassiker (vor allem Sofas, Tische und Stühle), die zusammen mit den Aalto-Produkten die Firma konsolidierten.

Die aktuelle Produktpalette von Artek umfaßt Möbel aus größtenteils gebogenem Schichtholz, darunter das Paravent «Modell 100», Garderoben («109» und «160») sowie die Freischwinger-Modelle «41», «42» und «43» – letztere mit einem Geflecht aus Gurten oder Leder. Von den klassischen Aalto-Möbeln sind u.a. der Dreibein-Hocker «60», die Modelle «Y61», «65», «N65», «68» und «X600» bzw. «X601» im Angebot, ferner die beiden Servierwagen-Varianten «900» (Platte gekachelt) oder «901» (Platte aus Linoleum).

Arteluce

Die Firma Arteluce, die 1939 in Mailand gegründet wurde, galt in den Jahren von 1945 bis 1950 als Inbegriff für «Licht der Moderne». Designer der ersten Stunde war → Gino Sarfatti, der Leuchten für Arteluce schuf, die an den Mobiles Alexander Calders orientiert waren (etwa das Modell «2097» aus dem Jahr 1957). 1978 gelang Arteluce der Stehleuchten-Klassiker «Jill» (von → Perry A. King, S. Miranda und G. L. Arnaldi). Das Trio schuf ferner die Stehleuchten «Mantis» (1979), «Palio» (1985), «Fritz» (1987), die Wandleuchten «Murana» (1985), «Diva» (1987) oder «Aura» (1989) sowie das Niedervoltleuchten-System «Expanded Line Kit». Weitere herausragende Produkte sind die Hängeleuchte «Eurora» (1983) von Perry A. King, die aus drei Niedervolthalogen-Leuchten und einem Diffusorenpaar aus Glas besteht, die Schreibtischleuchten «Ring» (1979) von → Bruno Gecchelin, «Ciao» (1983) von Ezio Dodone und das Modell «613» (1975) von → Paolo Rizzatto. 1989 kam die Niedervolt-Tischleuchte «Zoom» von Patrick Magnin auf den Markt, die mit ein oder zwei verstellbaren Reflektoren lieferbar ist. Ebenfalls aus dem Jahr 1989 stammt die Tischleuchte «Tango» von Stephan Copeland.
1991 entwarf Ezio Dodone die Stehleuchte «Corolle» für Arteluce, → Matteo Thun kreierte die Stehleuchte «Pao» (1991).

Tischleuchte «Tango» (1989) von Stephan Copeland. Foto: Arteluce

Artemide

Die Mailänder Leuchtenfirma Artemide wurde 1959 von Ernesto Gismondi gegründet, der in den achtziger Jahren als Direktor von → Memphis wichtige Kontakte zum italienischen Design-Establishment (→ Design) und zur Avantgarde herstellte. Zu Artemides Designern der ersten Stunde gehörten → Vico Magistretti («Eclisse», «Chimera», «Teti», «Kalea») und → Angelo Mangiarotti («Lesbo», «Egina 28/38»). → Ernesto Gismondi selbst bereicherte die Produktpalette seiner Firma um die Leuchten «Alistro», «Camera», «Tholos», «Aton terra», «Ettore», «Sintesi», «Tebi», «Utopia terra» und «Zen».
Mit der Niedervolt-Halogenleuchte «Tizio» von → Richard Sapper gelang Artemide in den siebziger Jahren ein weltweiter Erfolg, der bis heute andauert. Ähnlich populär wurden die Leuchten «Mélanos» von → Mario Botta, «Callimaco» und «Pausania» von → Ettore Sottsass, «Tolomeo» von → Michele de Lucchi/Giancarlo Fassina, «Montjuic» von Santjago Calatrava oder «Nestore» und «Polifemo» von → Carlo Forcolini. Für Artemide arbeiteten außerdem → De Pas/D'Urbino/Lomazzi, → Örni Halloween, Francesco Castiglione Morelli, → Enzo Mari und Pierluigi Nicolin. Über «Artemide litech» wird seit einigen Jahren eine Serie mit Niedervolt-Strahlern vertrieben, die vor allem für den Einsatz in Großbauten gedacht sind. → F. A. Porsche hat für diese Kollektion den Metalldampfstrahler «Choreograph I», die Leuchte «MÖWE» und das System «Mikado» (1985) entwickelt.

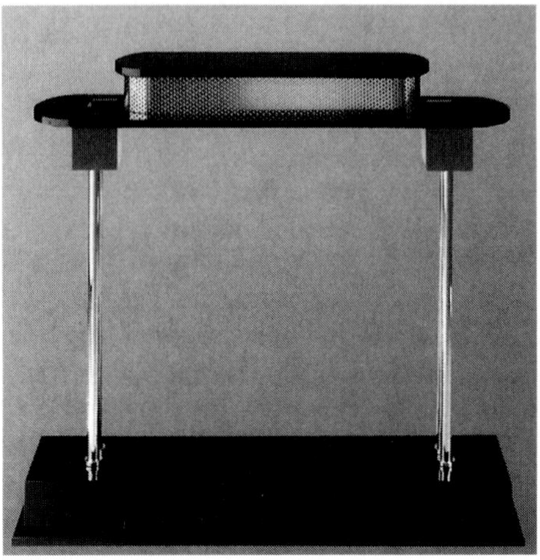

Tischleuchte «Pausania» von Ettore Sottsass. Foto: Aldo Ballo

Arts and Crafts Movement

Diese englische Reformbewegung des → Kunsthandwerks und der (Innen-)Architektur in der zweiten Hälfte des 19. Jahrhunderts wurde von Kunsthandwerkern, Künstlern und Architekten getragen. Sie entstand in Opposition zu der raschen Entwicklung der industriellen Massenproduktion von Gebrauchsgegenständen. Eine ästhetisch ansprechende Gestaltung von → Kunstgewerbe und Innenarchitektur ging unter der zunehmenden Industrialisierung mehr und mehr verloren. Erstmals enstand die Frage nach dem Verhältnis von Kunst und Industrie. Durch eine Rückbesinnung auf solide, handwerkliche Qualitäten, durch die Forderung nach Materialgerechtigkeit und die Absage an historisierende Stilimitationen und überbordende ornamentale Wucherungen suchte man zu einer neuen Definition des Kunsthandwerks zu gelangen. Das die Bereiche Möbeldesign, Innenraumgestaltung, Architektur, Produktdesign und sogar die Buch-

kunst erfassende Arts and Crafts Movement zeigt eine Vorliebe für klare, einfache Formen (→ Form), für ein sparsames, geometrisierendes Dekor und puristische, tektonische Gliederungssysteme. Aber auch Bemühungen um eine praktikable Funktionalität der Gegenstände werden sichtbar.
1861 gründete → William Morris die Firma Morris & Co., die sich mit der Herstellung von Kunstgewerbe beschäftigte und zu der anfänglich noch einige der an der Romantik orientierten Präraffaeliten zählten.
Der Wunsch nach einer neuen harmonischen Einheit von Kunsthandwerker und Werkstück basierte darüber hinaus auf mittelalterlichen Vorbildern. In diesem Zusammenhang trug der im neogotischen Stil bauende Architekt und Architekturkritiker Augustus Welby Pugin wichtige Anregungen bei. Die insbesondere von John Ruskin eingebrachten theoretischen Forderungen gingen über eine Erneuerung des Kunsthandwerks hinaus und zielten auch auf die Vermittlung allgemeiner gesellschaftlicher Impulse. In den achtziger Jahren des 19. Jahrhunderts wurden in Anlehnung an mittelalterliche Traditionen verschiedene Kunsthandwerker-Gilden gegründet, u.a. «The Art Workers Guild», aus der 1888 «The Arts and Crafts Exhibition Society» mit ihrem Präsidenten Walter Crane als die bedeutendste hervorging. Damit war zugleich der Höhepunkt der Bewegung erreicht, die in den folgenden Jahren und Jahrzehnten wesentlichen Einfluß auf den → Jugendstil, den → Deutschen Werkbund und das → Bauhaus ausübte.
Neben Morris, Ruskin und Crane zählen Charles R. Ashbee, H. M. Baillie Scott, Ernest Gimson oder Philip Webb zu den wichtigsten Vertretern.

Arzberg

Die 1890 gegründete Porzellanfabrik Arzberg gehört zu den Wegbereitern zeitgemäßer Formen in Porzellan. 1927 wurde die Firma in den Kahla-Konzern eingegliedert, der damals zu den größten Porzellanherstellern Europas zählte. Nach dem Zweiten Weltkrieg blieben aus diesem Unternehmensverbund lediglich die beiden Fabriken Arzberg und Schönwald übrig. 1972 fusionierte die Firma mit der → Hutschenreuther AG, behielt aber innerhalb der Gruppe einen selbständigen Platz mit eigener Linie und Marke.
Entscheidende Impulse für Arzberg gingen Ende der zwanziger Jahre vom deutschen Designer → Hermann Gretsch aus, der die ersten Geschirrformen moderner Gestaltung entwickelte. Sein «Arzberg 1382» fand durch Funktion, Form, Qualität und Preis größte Marktakzeptanz, so daß sich Arzberg dazu entschloß, das Service über 50 Jahre lang unverändert zu produzieren und anzubieten.
Gretschs Linie wurde mit Erfolg durch → Heinrich Löffelhardt fortgeführt, der 1952 als künstlerischer Leiter für Arzberg tätig wurde. Seine ersten Entwürfe – «Schönwald 398» oder «Arzberg 2000» (1954) – waren noch an den Modellen seines Vorgängers orientiert, ersetzten aber schon deren Behäbigkeit durch einen eleganten Schwung. Eine neue Linie zeigte Löffelhardt dann mit den Zylinder- und Kegelstumpfformen von «Arzberg 2050/2075» (1959, 1963) und «Schönwald 511».
Der Erfolg von «Arzberg 2075» war so groß, daß dieses Produkt 1969 mehr als 25 Prozent des gesamten Firmenumsatzes bestritt.
Renommierte Designer wie → Hans Theo Baumann, Werner Bünck oder → Hans-Wilhelm Seitz führten die Arzberg-Linie fort

Teeservice «6050» (1984) von Ulrike Bögel. Foto: René Zey

und schufen Formen wie das Geschirr «Delta» (Baumann, 1979), «Corso» (Bünck, 1980) oder «Swingline» (Seitz, 1983). Mit den Formen «City» (Lutz Rabold, 1985), «Daily» (Seitz, 1988), «Viva» (Ulrike Umlauf-Orrom, 1989) und «Europe» (Seitz, 1991) manifestierte Arzberg seinen Anspruch, Porzellangeschirre in zeitgemäßer Form, mit hohem ästhetischem Niveau, guter Qualität und großem Gebrauchswert anzubieten. Für Arzberg entwarfen u.a. Ulrike Bögel («Teeservice teaworld», 1984), Christer Holmgren und Christel Holmgren-Exner (Rauchset «3072» von 1979 oder die Vasenserie «Margerite» von 1980), → Matteo Thun (vor allem sein Service «Le petit café» und das Service «Tea for one», beide 1987) und Marianne Westman (rustikales Geschirr «Kristina», 1975, und das Service «hot set», 1984).

Ashley, Laura (*1926 Merthyr Tydfil, Wales, †1985 Coventry)

Laura Ashley startete ihre Karriere in den fünfziger Jahren, als sie in London mit ihrem Mann Bernard Textilien zu bedrucken begann. Sie orientierte sich in ihrem → Design und in ihren Mustern streng an den Vorbildern des 18. und 19. Jahrhunderts und schuf einen floralen, ländlich-naiven Look, der von vielen als bewußte Kritik an der Glätte und Kälte moderner Industrieprodukte verstanden wurde. Dieser Anti-Stil war so erfolgreich, daß Laura Ashley 1968 ihr erstes eigenes Geschäft in London eröffnete, dem in den nächsten Jahrzehnten zahlreiche Filialen folgten. Ashleys Produktpalette, vor allem die 1977 gegründete «Home Collection», umfaßt heute Stoffe, Kleidung, Tapeten, Tischdecken, Gardinen, Bettwäsche, Sofas («Felton», «Snowdon», «Milord», «Montgomery»), Armsessel, Stühle («Denbigh», «Slipper») und Lampenschirme.

Asplund, Erik Gunnar (*1885 Stockholm, †1940 Stockholm)

Obwohl er eigentlich eine Laufbahn als Maler einschlagen wollte, begann Gunnar Asplund 1909 an der Stockholmer Akademie der Künste Architektur zu studieren. 1913 bereiste er Griechenland und Italien. Nach Schweden zurückgekehrt, arbeitete er mit Sigurd Lewerentz zusammen. Von 1917 bis 1920 war er Herausgeber des Magazins «Arkitektur». Als Möbel- und Inneneinrichtungsdesigner trat Asplund erstmals 1917 an die

breitere Öffentlichkeit, als er in der Stockholmer Liljevalch-Galerie Wohnräume gestaltete. Sie waren mit blauen und weißen Tapeten und Vorhängen dekoriert, die Möbel aus schlichtem Fichtenholz.
Die dort ausgestellten Schränke, ebenfalls Fichte, waren mit Geschirr von → Wilhelm Kåge gefüllt. Asplunds frühe Möbelstücke, die er für die Firma Nordiska Kompaniet entworfen hatte, werden heute von → Cassina hergestellt. 1921 gestaltete Gunnar Asplund die Inneneinrichtung und sämtliche Möbel für die Stockholmer Stadthalle.
Ein Großprojekt für den Architekt und Designer war von 1920 bis 1928 die Stockholmer Stadtbibliothek, deren größten Lesesaal er in Form eines monumentalen Rundbaus anlegte. Er stattete die Bibliothek mit neoklassizistischen Möbeln aus, aber auch kleinste Details wie Türklinken wurden von Asplund selbst entworfen. Bekannt geworden ist sein «Senna»-Stuhl von 1925, Walnußholz mit Lederbezug, der heute von Cassina produziert wird. Er gilt als Prototyp des neoklassizistischen Stils der zwanziger Jahre. Zwischen 1934 und 1937 entwarf Asplund die Stühle «Göteborg 1» und «Göteborg 2». Von Gregor Paulsson wurde Gunnar Asplund zum Chefarchitekt und -designer der Stockholmer Ausstellung 1930 ernannt, die dem schwedischen Modernismus zu weltweiter Anerkennung verhelfen sollte. In seinen späteren Arbeiten beschäftigte sich Asplund mit der Gestaltung von Kirchenbauten und Friedhöfen, wobei der von ihm gestaltete Stockholmer Südfriedhof besonders bekannt wurde.

Asti, Sergio (*1926 Mailand)

Von 1947 bis 1953 studierte Sergio Asti Architektur am Polytechnikum in Mailand. Er war dort fünf Jahre als Assistent tätig. Seit 1953 ist er unabhängiger Architekt, Ausstellungs- und Industriedesigner. Asti war vornehmlich an den Fragen des Industriedesigns (→ Industrial Design) interessiert; 1956 gehörte er zu den Mitbegründern der Gesellschaft der Industriedesigner (ADI). Im selben Jahr war die ADI mit der Organisation der 11. Triennale beschäftigt, wobei Asti in Zusammenarbeit mit A. T. Anselmi und → Gian Franco Frattini die Internationale Ausstellung des Industriedesigns ausrichtete. Asti unternahm zahlreiche Reisen nach Nordeuropa, Nordafrika und Indien, um dort seine Kenntnisse von Architektur und → Design zu vertiefen. Er leitete Seminare für Designer in Italien, Japan und Portugal.
Als Architekt entwarf Asti zahlreiche Häuser, gestaltete Inneneinrichtungen, organisierte Ausstellungen und Messen. Als Designer entwarf er Leuchten, Elektrogeräte, Glas- und Keramikwaren bis hin zu Bestekken und Aschenbechern. Leuchten kreierte er für die Firmen → Arteluce und → Artemide. Seine Glasvase «Marco» für den Hersteller Salviati gewann 1962 den → Compasso d'Oro. Astis Einrichtungsgegenstände und Leuchten gelten als typisch für das organische Mailänder Nachkriegsdesign.
Berühmt wurde seine Leuchte «Daruma» von 1969, die heute in sechs verschiedenen Größen von der Mailänder Firma Candle hergestellt wird. Die Kugelleuchte, deren Prototyp aus mundgeblasenem Opalglas gefertigt wurde, besticht durch ihre bauchige → Form. Eine kleine Haube sitzt auf einem Hals, der in die Kugel (sie besteht aus zwei Glasschichten) eingesenkt ist. Asti setzt mit diesem Modell auf Einfachheit und zeitlose Schönheit, was zugleich die Leitlinien seiner Designphi-

Tisch «Alice's» für Up & Up. Foto: Up & Up

losophie sind. Aus dem Jahr 1969 stammt auch der Klappstuhl «Navy». Bei → Up & Up ist derzeit Astis Tisch «Alice's» (1991) im Programm.

Im Auftrag der italienischen Regierung leitete Sergio Asti zahlreiche Konferenzen zum Thema Industriedesign, so in Berlin, Köln, Paris, Peking und Chicago. In der Mailänder Designszene war er drei Jahrzehnte lang die führende Persönlichkeit.

Astori, Antonia (*1940 Mailand)

Die Möbel- und Ausstellungsdesignerin Antonia Astori gründete zusammen mit ihrem Bruder Enrico Astori und dessen Frau Adelaide Acerbi die italienische Designfirma → Driade, die zu den führenden Herstellern des neuen Designs zählt. Die Astori sind spezialisiert auf Möbelserien im Wohn- und Bürobereich. Ihre enge Mitarbeiterin bei Driade ist Fiorella Gussoni. Die populärsten Entwürfe Antonia Astoris, die Wohnmöbel «Oikos» und «Kaos», sind so konzipiert, daß sie als feststrukturierte «Räume im Raum» fungieren, jedoch mit größtmöglicher Freiheit weiter möbliert werden können. Sie bestehen aus beschichteten oder lackierten verschiedenfarbigen Spanplatten und Stahlrohrsäulen. Als Container im Raum sind sie mit Glastüren versehen. «Oikos» wurde 1973 erstmals vorgestellt und fand viele Nachahmer. Das Produkt wird deshalb ständig auf den neuesten Stand gebracht, um konkurrenzfähig zu bleiben. Bei Driade sind von Antonia Astori ferner Entwürfe in den Kollektionen «Aleph – Aforismi» (1984) und «Aleph – Sans Souci» (1990) erhältlich, darunter behagliche Möbel wie die Spiegelkommode «Alma Ditha», das Bett «Franz Joseph» oder der Schreibtisch «Carlotte»

Auböck, Carl (*1925 Wien)

Der Industriedesigner, Architekt und Unternehmer Carl Auböck studierte Architektur an der Technischen Universität in Wien. 1949 wurde er als Diplomingenieur examiniert. Von 1950 bis 1955 war Auböck als Assistent bei Professor Merinsky am Institut für Hochbau tätig. 1952 absolvierte er ein Postgraduate Studium am Massachusetts Institute of Technology (MIT). An der Hochschule für angewandte Kunst, Wien, lehrt er seit 1969 als Professor für Architektur und Design. 1973 wurde er Präsident des International Council of Societies of Industrial Design (ICSID).
Neben seiner akademischen Laufbahn war Auböck seit 1955 als unabhängiger Architekt und Designer beschäftigt. Er entwarf Möbel, wissenschaftliche Arbeitsgeräte, Fertigteile für das Bauwesen, Beleuchtungskörper sowie Geschirr und Bestecke. Darüber hinaus arbeitete er an der Verbesserung von Sportartikeln, zum Beispiel an Skibindungen und Skibekleidung (für die Firma Tyrolia). Seine besonderen Fähigkeiten im Umgang mit Metall verdankt Auböck seinem Vater, der Student am → Bauhaus war und dort eine Werkstatt für Bronzegußarbeiten leitete. Carl Auböcks Geschirr- und Besteckserien, die er für die Firmen → Rosenthal, das Neuzeughammer Amboßwerk und die Tiroler Glashütte/Claus Riedel AG entwarf, waren sehr erfolgreich. Sein Edelstahlbesteck «2060» von 1957 gewann 1958 auf der Brüsseler Weltausstellung die Goldmedaille. Auböcks «Cocktail-Shaker» ist in der Designsammlung des New Yorker Museum of Modern Art ausgestellt.
Auböck war in seiner gestalterischen Arbeit stets an Problemlösungen interessiert. Zukunftsweisend war dabei sein Entwurf des Mikroskops «Neopan» für die Firma C. Reichert/Optische Werke. Es brachte durch seine neuartige Justierung eine deutlich erleichterte Handhabung sowie bessere Reinigungsmöglichkeiten.

Aulenti, Gae (Gaetana) (*1927 Palazzolo)

Die italienische Architektin und Designerin Gae Aulenti studierte am Mailänder Polytechnikum Architektur und promovierte 1954. Von 1964 bis 1969 war sie am Polytechnikum als Dozentin tätig. Parallel dazu arbeitete sie als freie Architektin und Designerin. Bei der Zeitschrift «Casabella» war Gae Aulenti von 1955 bis 1965 Redakteurin. Als eine der wenigen Architektinnen Italiens ist sie sehr vielseitig tätig. Sie baut Schulen und Wohnhäuser, plant Gartenanlagen und entwirft als Designerin Möbel und Leuchten. Ihr bedeutendstes Bauprojekt, mit dem sie 1986 international Aufsehen erregte, war das Musée d'Orsay in Paris, das aus der Umgestaltung des Bahnhofs Gare d'Orsay hervorging. In diesem Museumsbahnhof werden auf unkonventionelle Weise Architektur, Malerei, → Design und Skulpturen des 19. und frühen 20. Jahrhunderts ausgestellt. 1988 wurde Aulenti mit der Umgestaltung des Katalanischen Museums in Barcelona beauftragt.
Als Möbeldesignerin ist Gae Aulenti Vertreterin des → Konstruktivismus, wobei sie darauf bedacht ist, Material und Konstruktion ihrer Objekte offen sichtbar darzulegen. Der Armlehnstuhl «Solus 220» aus dem Jahr 1964 gehört zu einer Sitzgruppe, die Aulenti ursprünglich als Gartenmöbel geplant hatte.

Stuhl «4873» für Kartell. Foto: Kartell

Die Serie war dann als Innenraumversion sehr erfolgreich. Der Stuhl besteht aus verchromtem Stahlrohr, das Sitzpolster ist mit Leder oder Stoff bezogen. Dem Entwurf liegt Aulentis Idee zugrunde, die Stahlrohre so zu formen, daß sie in ununterbrochenen Linien verlaufen. «Solus 220» gewann 1964 den Preis der Triennale in Mailand und steht heute im Museum of Modern Art, New York. Ebenfalls vom Museum of Modern Art aufgenommen wurde die Stehleuchte «Pipistrello», die Gae Aulenti 1967 für Martinelli Luce entwarf. Fuß und Kugelgriff der Leuchte sind aus Metall, der ausfahrbare Teleskopstab (mit dessen Hilfe sich die Leuchte um 20 cm höher stellen läßt) ist aus Stahl; der große Schirm aus weißem Metacrylat.

Gae Aulenti arbeitete darüber hinaus für → Artemide (Stehleuchte «Oracolo»; Tischleuchten «Pileno» und «Patrocolo»), Kartell (Sessel «4794» – ausgewählt für den → Compasso d'Oro 1979), → Fontana Arte (Leuchten «Bugia» und «Parola»; Tisch «Lapsus»), → Knoll (Tisch «Jumbo», 1965; Sitzgruppe «Aulenti Collection», 1975), → Poltrona Frau (Sessel «Sgarsul», 1962 – aus dampfgebogener Buche), Stilnovo (schwenkbare Tischleuchte «Minibox»), Rossi & Arcandi (sechsteiliges Teeservice aus 800er-Silber), → Tecno (Rattansessel «TLINKIT», 1991) und für die Firma → Zanotta (Couchtisch «San Marco», 1984; Klappsessel «Tripolina» und «April»; Tisch «San Marco», 1984; und «Cardine», 1983).

International bekannt ist Gae Aulenti auch als Ausstellungsdesignerin. Für → Olivetti gestaltete sie 1968 den Ausstellungsraum in der Pariser Rue Faubourg St. Honoré sowie ein Jahr darauf die Olivetti-Wanderausstellung, die in Barcelona, Madrid, London, Edinburgh, Tokio und in Hamburg Station machte. Auch für Knoll war Aulenti als Showroom-Gestalterin tätig. Sie machte sich darüber hinaus als Bühnenbildnerin einen Namen. Für den Regisseur Luca Ronconi und dessen Experimentiertheater «Prato» entwarf sie den Bühnenraum. Sie gestaltete die Bühnenbilder für viele Inszenierungen Ronconis von Stücken Büchners, Hofmannsthals, Euripides' und Calderóns u.a.

Gae Aulenti ist durch ihre zahlreichen architektur- und designtheoretischen Schriften für die Architektur der italienischen Nachkriegszeit von herausragender Bedeutung. Nach einer ihrer vielen Studienreisen ins Ausland schrieb sie eine bedeutende Monographie über sowjetische Architektur.

1991 gestaltete sie die Ausstellungen «Die Kelten» in Venedig sowie «Zaubertöne – Mozart» in Wien.

B

Banal Design → Mendini, Alessandro

Bang & Olufsen

Die dänische Firma wurde 1925 von den Radiopionieren Peter Bang und Svend Olufsen gegründet, deren Geräte von Beginn an durch ein innovatives → Design gekennzeichnet waren. Zu den Klassikern der ersten Stunde gehörten die Radios «3-lamper» (1927), «Hyperbo 5 RG» (1934), «Master deLuxe» (1938) und «Beolit» (1939). In den vierziger und fünfziger Jahren wurde die Produktpalette um Tonbänder («Beocord 840», 1948; und «Beocord Correct Stereo», 1959) sowie Fernseher erweitert; in den sechziger Jahren kamen Hi-Fi-Komponenten wie Plattenspieler, Kassettenrecorder und Lautsprecher (z.B. der «Beovox Cube», 1967) hinzu. 1968 entwikkelte Bang & Olufsen die Hi-Fi-Kompaktanlagen-Serie «Beomaster», die über den «Beomaster 3000» (1969), den «Beomaster 6000» (1974) und den «Beomaster 1900» (1976) zum aktuellen «Beosystem 2500» (Design: David Lewis) führte. Dieses halbportable, um 13 Grad nach hinten geneigte Audiosystem besteht aus einem Radio, einem CD-Player, einem Kassettenrecorder und eingebauten (abkoppelbaren) Lautsprechern. Wenn man sich dem Gerät auf etwa 10 cm nähert, öffnen sich automatisch die beiden Glastüren. Mit seinen matten Aluminiumelementen und auswechselbaren Lautsprecherabdeckungen (in sechs Farben) spielt das «Beosystem» subtil mit Stilelementen des → Art Déco. Die Design-Abteilung von Bang & Olufsen, der gegenwärtig Eigil Thomsen vorsteht, entwickelte Ende der achtziger Jahre mit den Lautsprechersystemen «Beovox» und «Beolab» vielbeachtete Modelle. Als vorbildlich wurden auch die Fernsehgeräte der «Beovision»-Serie und die Design-Telefone «Beocom 1000» und «Beocom 1500 TL» (mit Druckkammerlautsprechern und integrierter Tastatur) eingestuft. 1993 brachte Bang & Olufsen das «Beosystem AV 9000» (ein vollintegriertes Surround Sound Audio-Video-System) und das Pocket-Telefon für das D-Netz «Beocom 9000» auf den Markt. Zu den bekanntesten Designern der Firma zählen E. Rørbaek Madsen, Anton Bjørn und der Chef-Designer → Jakob Jensen («Beogram 4000», 1972; Plattenspieler mit Tangential-Tonabnehmer).

Bass, Saul (*1920 New York)

Der Grafik- und Industriedesigner Saul Bass wurde in der Art Students League bei Howard Trafton ausgebildet. Von 1944 bis 1945 studierte er am New Yorker Brooklyn College bei Gyorgy Kepes. Nach Abschluß seiner Studien (1946) arbeitete er zunächst als freiberuflicher Grafiker. 1952 eröffnete er in Los Angeles ein eigenes Atelier. Bass er-

hielt Aufträge von namhaften Firmen, für die er die → Corporate Identity gestaltete. Zu ihnen gehören Alcoa Aluminium, Minolta, American Telegraph and Telephone (Bell), Celanese Corporation, Rockwell Int., Continental Airlines, United Airlines, Quaker Oates und Warner Communications. Seine Firmenlogos (→ Logo) sind durch ihre flächige, aussagekräftige Linienführung gekennzeichnet.
Bass begann seine Karriere als gefragter Kommunikationsdesigner beim Medium Film, wobei er als Grafiker zu jenen amerikanischen Designern – u.a. Paul Rand, Bradbury Thompson, Alvin Lustig – gezählt wird, die Amerika nach dem Zweiten Weltkrieg an das moderne Grafikdesign heranführten. Seine grafische Gestaltung des Films «The Man with the Golden Arm» (1955) von Otto Preminger, zu dem er als → Logo einen gezackten, eckigen Arm entwarf, der die Filminhalte bildlich symbolisierte, bedeutete eine neuartige Synthese von Kunst und Film und verdrängte die althergebrachte banale Letterngrafik.
Bass war seit 1955 mit Werbespots, Filmposterentwürfen und Logos in der visuellen Kommunikation beschäftigt. Darüber hinaus entwarf er Verpackungsdesign für amerikanische Lebensmittelfirmen sowie für Wesson Oil und Dixie Paper Products. 1962 schuf er für den Film «A Walk on the Wild Side» einen sehr suggestiven Vorspann mit einem schwarzen Kater.
Saul Bass' Entwürfe wurden vielfach ausgestellt, 1957 nahm er an der XI. Triennale in Mailand sowie an der ADI-Ausstellung (Associazone per il disegno industriale) in Lausanne teil und wurde zum Art Director of the Year gewählt. Er ist Exekutiv-Mitglied der International Design Conference in Aspen, Colorado.

Bauhaus, Staatliches

1919 gründete → Walter Gropius in Weimar das Staatliche Bauhaus, eine interdisziplinär konzipierte Hochschule der Künste, des → Kunsthandwerks und des Industriedesigns (→ Industrial Design). Das Bauhaus gilt als das führende intellektuelle und kreative Zentrum des Modernismus, es legte die Grundlagen des modernen Designs, wie es bis in die sechziger Jahre international gepflegt wurde. In seinem Gründungsmanifest formulierte Gropius die Ziele des neuen Instituts, die er in erster Linie in der Einheit der Künste unter der Führung der Architektur sowie in der Synthese von Handwerk und Kunst sah. Auf diese Weise sollten einerseits im Bereich von Kunsthandwerk und → Design grundsätzliche Erneuerungen eingeleitet, andererseits die Kunst aus ihrer Wirklichkeitsdistanz befreit werden. Ein zentrales Ziel bestand in der engen Zusammenarbeit von Kunst und Industrie, um neue ästhetische Prinzipien für die Massenherstellung von Gebrauchsgegenständen nutzbar zu machen. Ebenso wichtig wie neuartig war das kunstpädagogische Konzept, das eine sechsmonatige Vorlehre, eine dreijährige handwerkliche und eine abschließende künstlerische Ausbildung vorsah.
Die Bauhauslehrer im Bereich von Handwerk und Kunst waren der Idee nach als «Meister des Handwerks» und «Meister der Form» einander gleichgestellt, was sich in der Praxis indes nie ganz durchhalten ließ. Der Begriff Bauhaus deutet auf den Gemeinschaftssinn und die Gleichstellung von Kunst und Handwerk unter Führung der Architektur, wie sie in mittelalterlichen Dombauhütten

Deckenleuchte von Marianne Brandt (1926), reediert von Tecnolumen. Foto: Tecnolumen

gepflegt wurden. Als wichtige Vorläufer sind die Erneuerer des englischen Kunsthandwerks → William Morris und John Ruskin (→ Arts and Crafts Movement) anzuführen. Maßgeblichen Einfluß auf Gropius übte die Darmstädter Künstlerkolonie (gegründet 1898/99) mit → Joseph Maria Olbrich und → Peter Behrens aus; nicht zuletzt auch der → Deutsche Werkbund (gegr. 1907), dem Gropius selbst angehörte und der nachdrücklich die Verbindung von bildender Kunst und Industrie forderte.
Die Entwicklung des Bauhauses von 1919 bis 1933 läßt sich in vier verschiedene Phasen unterteilen, wobei bis etwa 1925 eine Dominanz der bildenden Kunst und des Kunsthandwerks, danach eine zunehmende funktionalistische Ausrichtung und eine Stärkung des Industriedesigns zu beobachten ist. Die Gründungsphase zwischen 1919 und 1924 ist durch den Einfluß des Expressionismus und durch die besondere Wirkung der künstlerischen Ausbildungsfächer gekennzeichnet.

Seit 1919 waren als Lehrer Lyonel Feininger, Johannes Itten, Gerhard Marcks und Adolf Meyer unter der Führung von Walter Gropius tätig. 1920 wurden Georg Muche, 1921 Paul Klee und Oskar Schlemmer, 1922 Wassily Kandinsky und schließlich 1923 → László Moholy-Nagy an das Bauhaus berufen. Moholy-Nagy löste Itten und dessen meditativ geprägten Unterricht ab und nahm statt dessen rationale, konstruktive Ausrichtungen vor, wodurch sich bereits eine Tendenzwende zum → Funktionalismus abzeichnete. 1921/22 hielt Theo van Doesburg vielbeachtete Seminare, in welchen er die Theorien des Neoplastizismus des niederländischen → De Stijl vorstellte.
1924 machte dem Bauhaus in Weimar konservative und reaktionäre Polemik zu schaffen, so daß 1925 der Umzug nach Dessau vollzogen wurde, womit zugleich die zweite Phase von 1925 bis 1928 einsetzte. Gropius hatte 1925/26 den Gebäudekomplex in Dessau errichtet; er zählt heute zur bedeutendsten Avantgarde-Architektur der zwanziger

Sessel «D 4» (1927) von Marcel Breuer, reediert von Tecta. Foto: Tecta

Tapete von Walter Gropius, um 1928/29. Aschenbecher von Marianne Brandt, 1924. Foto: Studio Seekamp, Bremen

Jahre in Deutschland. 1925 stießen → Josef Albers und der erst 23jährige → Marcel Breuer, ehemaliger Bauhaus-Student, zum Lehrkörper. Letzterer schuf mit seinen Stahlrohrsesseln Design-Klassiker von enormer Ausstrahlung auf die internationale Möbelproduktion der folgenden Jahrzehnte. Die Ausbildungsmethodik wurde zugunsten von Architektur und Design verändert, was eine Zunahme sachlicher, auf industrielle Verwertung ausgerichteter Konzeptionen bedeutete. Unter → Herbert Bayer (ab 1928 unter Joost Schmidt) verfolgte die Abteilung für Typografie und Reklame ein rationales, an den Forderungen der Massenkommunikation orientiertes Grafik-Design. Gunta Stölz betrieb als Leiterin der Textilabteilung Forschungen nach neuen (synthetischen) Fasern für eine industrielle Nutzung.
1928 legte Gropius den Vorsitz nieder, der bis 1930 von dem Architekten Hannes Meyer übernommen wurde. Diese dritte Phase ist von einem großen Umschwung gekennzeichnet, indem die bildenden Künste weitgehend einer Technisierung und Funktionalisierung zu weichen hatten. Ludwig Hilbersheimer wurde als Leiter der Abteilung Wohnungsbau und Städteplanung, Walter Peterhans als Leiter der Werkstatt für Fotografie berufen. Nach dem Motto «Volksbedarf statt Luxusbedarf» leitete Meyer die systematische Erforschung von Bedürfnissen eines breiten (Käufer-)Publikums ein. Bauhausprodukte wie preiswertes Mobiliar, Lampen, Industrietextilien oder die berühmten Bauhaustapeten (→ Rasch) behaupteten sich erfolgreich auf dem Markt. (Sofern diese Produkte noch heute in Lizenz hergestellt werden und vom Bauhaus-Archiv in Berlin genehmigt wurden, tragen sie das 1922 von Oskar Schlemmer entworfene Bauhaus-Signet.) Die Analyse gesellschaftlicher Faktoren war für Meyers «funktionelles Bauen» von zentraler Bedeutung.
Unter diesen Vorzeichen spitzte sich der Konflikt zwischen den Vertretern der bildenden Kunst und denjenigen des Funktionalismus immer weiter zu, so daß schließlich 1930 → Ludwig Mies van der Rohe als neuer Leiter berufen wurde, unter dessen Führung das Bauhaus zwar eine Entpolitisierung, jedoch nicht die erhoffte Rückbesinnung erfuhr, da er einen Richtungswechsel zur Architektur vollzog. 1932 wurde das Bauhaus in Dessau geschlossen. Ein Umzug nach Berlin in eine stillgelegte Telefonfabrik konnte das Ende nicht mehr abwenden: Am 20. Juli 1933 wurde das Bauhaus auf massiven Druck der Gestapo aufgelöst.
Die Wirkung des Bauhauses auf die künstlerische Situation der zwanziger Jahre, auf Design, Kunsthandwerk und Architektur, kann gar nicht überschätzt werden. Zwischen 1925 und 1931 erschienen 14 Bauhausbücher, die

– ebenso wie die Bauhaus-Zeitschrift (1926–1931) – die rasche Verbreitung der neuen künstlerischen Konzepte bewirkten. Die Emigration fast aller Bauhauslehrer in die USA, die dort an verschiedenen Hochschulen unterrichteten, setzte den Einfluß des Bauhauses nachhaltig auf internationaler Ebene fort. Nicht zuletzt gewann es für Design und die Architektur der USA initiierende Bedeutung. 1937 gründete beispielsweise Moholy-Nagy in Chicago ein → Bauhaus (heute das Chicago Institute of Design). In Deutschland kam der 1955 von → Max Bill u.a. in Ulm gegründeten → Hochschule für Gestaltung die Rolle der wichtigsten Nachfolgeinstitution zu. Die oft radikalen Ideen der HfG wurden jedoch vor allem Ende der siebziger Jahre angegriffen, als der Funktionalismus durch neue Tendenzen und Gruppierungen in Frage gestellt wurde.

Baumann, Hans Theo (*1924 Basel)

Hans Theo Baumann studierte nach einer Textiltechnikerlehre von 1943 bis 1946 Kunst, Bildhauerei und Malerei an der Akademie für bildende Künste in Dresden sowie Grafik und Innenarchitektur an der Kunstgewerbeschule in Basel. 1953 arbeitete Baumann mit → Egon Eiermann im Bereich des Industriedesigns (→ Industrial Design), aber auch der angewandten Kunst an öffentlichen Gebäuden im In- und Ausland zusammen. 1954 begann Baumann als freier Mitarbeiter für die Firma → Rosenthal (bis 1970 u.a. Entwürfe aus Porzellan und Glas für die «Studio-Line», darunter Dekore, Bestecke und das Teeservice «Berlin», 1961 – mit zylindrischen Formen; Dekor mit Texten und Bildmotiven von Bele Bachem). 1955 gründete er ein eigenes Werkstudio und entwarf u.a. Services und Geschenkartikel für die Königlich Preußische Porzellan-Manufaktur, Berlin. Von 1951 bis 1961 war Baumann Präsident des von ihm mit gegründeten Deutschen Design-Verbandes (VDID). 1970 wurde er an das National Institute of Design im indischen Ahmredabad berufen und begann seine Zusammenarbeit mit den Porzellanfabriken Schönwald und → Arzberg. 1977 fertigte er Entwürfe für die Firma Süssmuth und entwickelte die in Freihandarbeit entstandene Glaskollektion «Iquasu», die den Beginn mit der Karlsruher Majolikamanufaktur einleitete. Seit 1983 ist Baumann Dozent an der Hochschule für bildende Künste in Berlin, seit 1985 Honorarprofessor.

Für Arzberg schuf Baumann u.a. die Services «3000» (1970), «Donau» (1973), «Turku» (1973), «Brasilia» (1975) und «Delta» (1977) sowie Vasen, Dosen, Leuchter, Schalen und einen Fisch-Set.

Service «Brasilia» (1975) für Arzberg. Foto: Arzberg

Bayer, Herbert (*1900 Den Haag, †1985 Montecito, Kalifornien)

Der österreichische Grafikdesigner und Typograf Herbert Bayer lernte ab 1919 bei Georg Schmidthammer Architektur und dekorative Gestaltung. 1920 siedelte er nach Darmstadt über, wo er bei Emanuel Margold als Assistent für Grafikdesign und Typografie arbeitete. Von 1921 bis 1923 studierte er bei Wassily Kandinsky und → László Moholy-Nagy Wandmalerei und → Design am → Bauhaus in Weimar. 1923 wurde er v.a. durch den Titelentwurf des Buches «Bauhaus 1919–23» und seine Wandmalereien im Ausstellungsgebäude des Bauhauses bekannt. Am Bauhaus Dessau lehrte Bayer von 1925 bis 1928 Typografie und Design. Er leitete dort den Typografie-Workshop und war Verfechter der serifenfreien Antiquaschrift. Darüber hinaus war er Gegner von Großbuchstaben, was sich später in den Publikationen des Bauhauses durchsetzen sollte. 1925 kreierte Bayer die Schrift «Universal», serifenfrei und in der Linienführung stark vereinfacht. Seit 1927 beschäftigte sich Bayer stärker mit Fotografie; er entwarf Plakate und den Titel der ersten Ausgabe des Bauhaus-Journals 1928. Von 1928 bis 1938 arbeitete er als Art Director für die Werbeagentur Dorland in Berlin. 1938 mußte Herbert Bayer in die USA emigrieren. Dort bemühte er sich um die Verbreitung des Bauhaus-Gedankens und gestaltete noch im selben Jahr die erste Bauhaus-Ausstellung am Museum of Modern Art in New York.
1945 wurde er Direktor der Dorland International Design Company in New York. Bei Walter Paepckes Container Corporation of America arbeitete Bayer von 1946 bis 1976 in beratender Funktion. Seit 1966 war er beim Ölkonzern Atlantic Richfield für die → Corporate Identity zuständig.
Als Architekt wurde Herbert Bayer Ende der vierziger Jahre in Aspen, Colorado, erfolgreich, wo er zahlreiche Gebäude für das Aspen Institute for Humanistic Studies entwarf. Darüber hinaus entwarf er Theatergebäude, Industriebauten, Museen und Kirchen.

B&B Italia

Die italienische Möbelfirma wurde 1966 als «C&B Italia» von Piero Busnelli und Cesare Cassina gegründet und zeichnete sich von Beginn an durch ausgereifte Produktionstechniken und ein sensibles Gespür für den Einsatz neuer Materialien aus. Man kooperierte mit der Bayer AG (wegen Polyurethanschaum) oder Du Pont (wegen des Materials Dacron) und arbeitete schon früh mit Designern wie → Mario Bellini, Paolo Caliari, → Gian Franco Frattini, → Lodovico Magistretti und → Tobia Scarpa zusammen.
Zu den Erfolgsmodellen der ersten Stunde gehörte das Polstermöbel «Coronado» (1966) von den Scarpa-Brüdern sowie das Sofa «Amanta» (1966) und die «Le Bambole»-Serie (1972) von Bellini. 1973 zog sich Cassina aus der Firma zurück; ihr Name änderte sich in «B&B Italia» (Banks und Busnelli). Mario Bellini schuf für B&B u.a. die Sesselgarnitur «Camaleonda» (1970), die aus verschiedenen Einzelelementen bestand, die Garnitur «Le Stelle» (1974) und das Sofa «Excelsior» (1984) mit markanter Kopfrolle.
→ Antonio Citterio und → Paolo Nava entwickelten 1977 den Bürostuhl «Project 345», der durch seine innovative Mechanik und seine eigenwillig geometrisch gestaltete

Rückenstütze und Sitzfläche gefiel. Soloprojekte Citterios sind der Stahlrohrstuhl «Eridiana» (1982) und das Sofa «Ottomana» (1982). Ludovico Magistretti bereicherte die Produktionspalette von B&B um die Tische «Tema», «Quartetto», «Sestetto» und «Coda» (alle 1974), Gaetano Pesce erregte 1969 durch die anatomisch geformte Polstermöbelserie «Up» Aufsehen. Ein Klassiker wurde auch sein «Yeti»-Armsessel aus dem Jahr 1968. → Paolo Piva schuf das Sofa «Alanda» (1980), das durch seinen intelligenten Klappmechanismus auffiel. 1981 entwarf er das «Alanda»-Bett, 1985 die Stuhlserie «Arcadia» und den Tisch «Arcana» (mit Stahlfüßen und transparenter Kristallplatte). Afra und Tobia Scarpa entwarfen für B&B u.a. die spektakulären Polstermöbel «Bonanza» (1979) und «Project 220/230» (1972) sowie die Stühle «Dialogo» (1973), «New Harmony» (1979) und «Artona» (1985) – ein Armsessel aus gebogenem Sperrholz, der mit Stoff oder Leder bezogen war. → Marco Zanuso kreierte als eines der ersten Sofas für B&B das «Lombrico» (1967), das vornehmlich für öffentliche Gebäude gedacht war. Der Rahmen bestand aus verstärktem Polyester, die Sitzfläche aus Polyurethanschaum. Als drittes Element kam ein schmaler Seitentisch hinzu, der die Sofas jeweils harmonisch verband.

Becchi, Alessandro (*1946 Florenz)

Der Möbeldesigner Alessandro Becchi studierte am Staatlichen Kunstinstitut in Florenz Architektur und legte 1966 sein Examen ab. In den Folgejahren sammelte er praktische Erfahrung in Architektur, → Design, Inneneinrichtung und im Restaurieren von Gebäuden. In dieser Zeit kam Becchi in Kontakt mit Designergruppen wie → Archizoom und → Superstudio, deren avantgardistische Entwürfe ihn faszinierten.
Ein frühes Möbelstück Becchis ist die Kombination «Anfibio» von 1969, die er für den Hersteller Benito Giovanetti entwickelte. Die Firma Giovanetti/Bottegone stellt dieses erfolgreiche Schlafsofa bis heute her. Das Besondere an «Anfibio»: Es ist trotz seiner Größe leicht von einer Person zu handhaben und hat eine Matratze aus Schaffell, die von einem dicken, wulstigen Polster umrandet ist. Becchi gelang dadurch, den nachteiligen Kompromißcharakter der meisten Kombinationsmöbel zu vermeiden. «Anfibio» besteht aus einem Profilstahlgestell und ist mit Polyurethanschaum verschiedener Stärken gepolstert. Neben weiteren Kombinationsmöbeln entwarf Becchi den Binsengeflecht-Stuhl «Toscanello» mit dicken, sich nach oben verjüngenden Beinen. Die bedeutendsten Arbeiten Becchis sind in Museen in New York, Tokyo, São Paulo und in Paris zu sehen.

Behr

Die Wendlinger Möbelfirma wurde 1912 von Erwin Behr gegründet, der im selben Jahr auch den Verband für Wohnkultur (WK) ins Leben rief – einer der anfänglich wichtigsten Auftraggeber für die junge Firma. Die erste große Design-Innovation brachte Behr 1921 mit dem An- und Aufbau-Möbelprogramm von Franz Schuster auf den Markt (die Mo-

Möbelprogramm «Metrix» (1992) von Peter Maly. Foto: Behr

delle stehen heute im Berliner Bauhaus-Museum). Im Zuge der in Deutschland neu entstandenen Rundfunkindustrie stieg Behr 1931 mit wegweisenden Technologien der Holzverformung und -verleimung in die Gehäusefertigung ein und stellte später Nasen und Leitwerke für Flugzeuge (Heinkel, Messerschmidt) sowie Spinde und Beschläge für die Schiffsindustrie her.
Ein Meilenstein in der Geschichte des Unternehmens war 1950 die Erfindung der Dreischicht-Spanplatte, für die weltweit Lizenzen vergeben wurden; 1956 machte die Firma durch das Anbaumöbel «BMZ» (Behr Möbel Zerlegbar) auf sich aufmerksam, das 1965 eine wesentliche Erweiterung erfuhr. 1968 entwickelte Behr das Wandmöbel «Waeckerlin» und das Alu-Rundstollenprogramm «1750», 1969 folgte das Schrankmöbelprogramm «Behr 1600», das 1978 Erweiterungen und Verbesserungen erfuhr und noch heute unter «behr change» im Programm ist. In den sechziger Jahren schuf das Unternehmen die «Behr Collection» (Sitzmöbel, Sideboards, Auszieh- und Stecktische) und mehrere Einzelmöbel-Programme (etwa «Behr 2002» oder «Behr 4004»). Außerdem fertigte Behr für Audi, Mercedes und Porsche die Holz-Innenausstattungen von Automobilen. In den achtziger Jahren machte die Firma durch die eigenständigen Möbelprogramme «Swingform» (1981) und «System» (1988) auf sich aufmerksam. Neue Maßstäbe setzte → Jürgen Lange 1982 mit dem Programm «Behr Headline», vor allem wegen der markanten Funktionssäulen. 1992 entwarf → Peter Maly für Behr das Möbelprogramm «Metrix», das durch seine eigenwilligen Wangen und durch seine Variationsbreite der Maße, Materialien und Farben gefiel.
Zu den bekanntesten Entwerfern Behrs gehören neben Schuster, Lange und Maly das Designer-Ehepaar Bär, Harald Hirche und Teamform Schweiz.

Behrens, Peter (*1868 Hamburg, †1940 Berlin)

Der Architekt, Grafikdesigner und Maler Peter Behrens, der als einer der führenden Wegbereiter des modernen Industriedesigns (→ Industrial Design) gilt, studierte von 1886 bis 1889 Malerei an der Kunstakademie in Karlsruhe. 1889 setzte er seine Studien in Düsseldorf bei Ferdinand Brütt fort. 1890 ging er nach München und war dort als Maler und Schriftsteller tätig. Er gehörte 1897 zu den Mitbegründern der → Vereinigten Werkstätten für Kunst im Handwerk in München. In dieser Phase war er vor allem mit der Umschlaggestaltung von Büchern und Magazinen beschäftigt, etwa mit Otto

Julius Bierbaums Literaturmagazinen oder der Zeitschrift «Pan».
1899 wurde Behrens nach Darmstadt berufen, um dort der Künstlerkolonie Mathildenhöhe beizutreten. Er entwarf in dieser Zeit Keramik und arbeitete als künstlerischer Berater für Steinzeugfirmen in Bonn und im Westerwald. In Darmstadt baute er 1901 sein «Peter-Behrens-Haus», das er von der Fassade bis zum Eßbesteck selbst gestaltete und das als einziges in Darmstadt nicht von → Josef Olbrich entworfen wurde. 1901/02 leitete Behrens Kurse an der Düsseldorfer Kunsthochschule. Im selben Jahr gestaltete er auf der Turiner Ausstellung die deutsche Eingangshalle, deren Möbel mit Lederarbeiten von Georg Hulbe ausgestattet waren.
Von 1903 bis 1907 war Behrens Direktor der Düsseldorfer Kunstgewerbeschule. Im Jahre 1906 wurde er von der Allgemeinen Elektricitäts-Gesellschaft (→ AEG) mit dem Entwurf von Werbematerial beauftragt und schließlich als künstlerischer Berater engagiert. Sein Aufgabenfeld bei AEG war sehr weit: Er entwarf Fabrikgebäude (1908/09 die AEG-Turbinenhalle in Berlin), Ausstellungsräume, Arbeiterwohnungen, Werbemittel (Kataloge, Preislisten u.ä.), elektrische Haushaltsgeräte, schließlich die gesamte → Corporate Identity.
Seine Arbeit für AEG (bis 1914) machte Behrens zum Pionier der modernen Industriekultur. Er konzipierte dort Massenprodukte, die kostengünstig und leicht in Handhabung und Wartung waren, wandte sich dabei künstlerisch vom → Jugendstil zur schlichteren, sachlicheren Formensprache (→ Form) des → Bauhauses. Ein Beispiel dafür sind seine Serien von Elektro-Kannen für AEG, die durch ihre sechseckige Form sehr funktional wirken und in ihren verschiedenen Ausführungen als Massenartikel den unterschiedlichen Ansprüchen genügen sollten.
1907 gehörte Behrens zu den Begründern des → Deutschen Werkbundes.
Neben seiner Beschäftigung mit Glas, Porzellan (Kaffeeservice für die Porzellanmanufaktur Selb, 1910), Schmuck, Möbeln und Silberwaren («Ovale Bratenplatte» für → Villeroy & Boch, 1898; Besteck für die Sächsische Metallwarenfabrik, 1902) befaßte sich Behrens auch mit dem Entwurf von Leuchten (1900 bis 1903) sowie mit Buchbinderei und Schriftentwürfen.
Er kreierte 1908 für Klingspohr/Offenbach vier Schrifttypen: die Behrensschrift sowie die Behrens-Antiqua-, -Cursiv und -Mediäval. Auch das → Logo des Insel-Verlags, das Inselschiff, ist ein Entwurf von Behrens. Im Jahre 1910 arbeiteten → Walter Gropius, → Ludwig Mies van der Rohe und eine kurze Zeit auch → Le Corbusier in Behrens' Büro.
1912 entwarf Behrens eine Möbelserie für Arbeiterwohnungen, die vom Stil her an Biedermeier und → Arts & Craft erinnerten.
Von 1922 bis 1936 war Behrens Professor für Architektur an der Wiener Akademie der Künste, von 1936 bis zu seinem Tod leitete er die Architektur-Meisterklassen an der Berliner Akademie der Künste.

Bel Geddes, Norman (*1893 Adrian, Michigan, †1958 New York)

Der amerikanische Industriedesigner und Bühnenausstatter Norman Bel Geddes studierte an der Kunsthochschule in Cleveland und am Art Institute Chicago. Er lernte den Maler Hendrik Lund kennen, wurde Freiberufler und arbeitete dann als Werbedesigner.
1917 ging Bel Geddes nach Los Angeles und inszenierte Theaterstücke für das Los Ange-

les Little Theatre. Darüber hinaus war er Drehbuchautor und Regisseur von «Nathan Hale» für Universal-Film.
1918 wurde Bel Geddes Bühnenausstatter bei der New Yorker Metropolitan Opera, wo er eine moderne Bühnenausleuchtung durchsetzte. Er entwarf in dieser Zeit Bühnenbilder für zahlreiche Aufführungen und gestaltete bei einigen Filmen die Ausstattung.
Bel Geddes arbeitete auch für den Zirkus und war Bühnenausstatter am Theatre Guild (New York), Roxy Theatre (New York) sowie am Copa City in Miami. Außerdem gestaltete er immer wieder Schaufenster von New Yorker Kaufhäusern. 1927 begann Bel Geddes seine Karriere als Industriedesigner, wobei er neben → Henry Dreyfuss und → Walter Dorwin Teague zur Richtung der «Streamline Decade» gezählt wird. Er entwarf Eisenbahnzüge, Busse, Autos und Ozeandampfer in der charakteristischen Stromlinienform und übertrug diese → Form auch auf Einrichtungsgegenstände. Seine Designphilosophie und seine Zukunftsvisionen schrieb Bel Geddes 1932 in seinem Buch «Horizons» nieder, das ebenso wie sein Werk «Magic Motorways» (1940) richtungsweisend wurde. Er kreierte Meßgeräte für die Toledo Company, Radiogehäuse für PHILCO und RCA sowie Prototypen für den Autokonzern Graham Paige Company. In den frühen dreißiger Jahren war → Eero Saarinen Bel Geddes' Schüler. 1939 erregte Bel Geddes Aufsehen auf der New Yorker Weltausstellung, wo er für General Motors das Futurama-Haus einrichtete. In diesem Raum wurden die Besucher durch eine imaginäre Modellbau-Landschaft des Jahres 1960 geführt, deren Hauptelemente ein System von Super-Highways sowie eine Stadt im Stil → Le Corbusiers waren. Während des Zweiten Weltkriegs war Bel Geddes hochgeschätzter Berater der amerikanischen Regierung in Sachen Fahrzeugtarnung, -kennzeichnung und -wiedererkennung. In den späten vierziger Jahren war → Eliot Noyes sein Mitarbeiter. In dieser Zeit arbeite Norman Bel Geddes kurzzeitig für die Firma → IBM.

Bellini, Mario (*1935 Mailand)

Der Industriedesigner und Architekt Mario Bellini studierte am Mailänder Polytechnikum Architektur und promovierte im Jahre 1959. Drei Jahre später gründete er zusammen mit Marco Romano ein eigenes Architektur- und Design-Büro.
1963 wurde Bellini Designberater für → Olivetti, von 1962 bis 1965 war er Professor am Institut für Industriedesign in Venedig. Für Olivetti entwickelte er Rechenmaschinen, elektrische Schreibmaschinen und Computer, wie den ersten Arbeitsplatzcomputer der Welt, den «Programma 101» von 1965. Dieser Desk-Computer, der 1970 in Mailand den → Compasso d'Oro gewann, wurde von der NASA für die kartografischen Projekte des ersten Mondflugs verwendet. Weitere erfolgreiche Maschinen für Olivetti waren die Rechenmaschinen «Alfanumerico 250», «A 4», «Logos 50/60» und «Divisumma 18» (1972) sowie die Schreibmaschine «Lexikon 83» von 1976. 1983 entwarf er die tragbare Schreibmaschine «Praxis 20», 1985 die elektronische Schreibmaschine «ETB 250» (mit integrierter Diskette). Zu seinen spektakulärsten Projekten gehörte das alternative Automobil «Kar-a-Sutra» (1972), das er zusammen mit Giorgio Origlia und seinem Bruder Dario entwarf. Als Möbeldesigner war Bellini 1966 mit seinem Armsessel «Amanta» (für

Freischwinger «Onda» für Vitra (zusammen mit Dieter Thiel). Foto: Vitra

→ B&B Italia) erfolgreich. Die Elemente liefen auf Kugelrollen und konnten beliebig aneinandergereiht werden. Das Gestell des Sessels bestand aus Stahl und war in kaltgeschäumtes Polyurethan eingebaut. Die Schale des «Amanta» bestand aus Fiberglas, die Polster waren aus Dacron. Ebenfalls 1966 entwarf Bellini für B&B die Plastiktische «Quattro Gatti», die es in verschiedenen Größen und Farben gab. Sehr erfolgreich wurden außerdem die Sitzmöbelserie «Le Bambole» (1972) und der Stuhl «Cab» (1977), der heute von der Firma → Cassina hergestellt wird. Bellini beschreibt ihn wie folgt: «Ein Overall-Anzug, aus Leder genäht, wird mit vier Reißverschlüssen über ein leichtes Stahlgestell gezogen wie eine Haut über ein Skelett, zu einer strukturellen und organischen Symbiose.» Ähnlich mit Reißverschlüssen und Leder umhüllt sind die Stühle seiner Serie «Break» (bei Cassina). Für Cassina entwarf Bellini außerdem die Stühle «Lira» (1989) und «Liuto» (1989) sowie die Sofas «Char-a-banc» und «685». Für → Vitra entwickelte Bellini die Bürostühle «Imago», «Figura» und «Persona» sowie die Besucherstühle «Onda» und «Summa». 1990 kreierte Bellini für → Lamy den Füllhalter «Lamy persona». Weitere Entwürfe schuf Bellini für die Firmen → Artemide (Hängeleuchte «Area», 1974 – mit Reflektor aus gesteiftem, synthetischem Gewebe), → Brionvega (Fernseher «Color Spot 16»; Hi-Fi-Set «RR 130»; Antenne «Robot»), Bras (Espresso- und Getränkemaschinen «MB 200» und «MB 700»), → Bulthaup, Erco (Strahlerserie «Eclipse», 1986), → Flos Italia (Leuchte «Chiara»), Fuji (Autofocus-Kamera «Fujica DL 100»), → Marcatré (Bürosystem «Il Planeta Ufficio»), Minerva, → Poltrona Frau (Billardtisch), → Rosenthal, Triplex Italia, → Up & Up (Bank «Forte Rosso») und Yamaha (Kassettenrecorder «TC 800»; Orgel «PS 6100»).

Als Inneneinrichter gestaltete Bellini Ausstellungsräume für Cassina in Mailand und für Interdecor in Tokio. Als Architekt entwickelte er Büro- und Industriegebäude in Cassano d'Adda und in Mailand sowie einen Ausstellungspavillon im Park der Villa Erben in Cernobbio.

Mario Bellini ist Gründer der Umweltforschungseinrichtung «Environmedia» sowie der Gruppe «Habitat Workshop». Er erhielt für seine Konzeptionen zahlreiche Auszeichnungen (u.a. zwischen 1962 und 1971 sechsmal den → Compasso d'Oro, eine Goldmedaille auf der Industrial Design Biennale in Ljubljana, 1968 oder den Delta de Oro-Preis in Barcelona, 1977 und 1979). Eine besondere Ehre wurde Bellini im Juni 1987 zuteil, als ihm – als erstem lebendem Designer nach → Charles Eames – das Museum of Modern Art in New York eine Retrospektive widmete. In der ständigen Ausstellung dieses Museums sind mehr als 30 seiner Arbeiten zu sehen.

Belotti, Giandomenico (*1922 Bergamo)

Nach einer Ausbildung als Bildhauer und einem Architekturstudium am Polytechnikum in Mailand und in Venedig beteiligte sich Belotti an verschiedenen Wettbewerben (u.a. am R. S. Reynolds Memorial Award) und entwarf Einfamilienhäuser, Industriegebäude und öffentliche Gebäude. Ab 1984 leitete er das Labor für Städtebau, Architektur und Industriedesign (→ Industrial Design) einer Planungsgesellschaft in Genua, ab 1992 arbeitete er verstärkt städteplanerisch und als Industriedesigner.
1979 begann Belottis Zusammenarbeit mit der Firma → Alias, die seinen berühmten «Spaghetti-Chair» (Sitz und Rücken mit PVC-Geflecht; als Modell «Odessa» 1970 für die Firma Pluri entworfen) in leicht modifizierter Version ins Programm nahm. 1983 wurde der Stuhl in die ständige Sammlung des New Yorker Museum of Modern Art aufgenommen.
Weitere Entwürfe für Alias sind der Sessel «Hommaggi a Man Ray» (verchromte Stahlstruktur; Sitzfläche aus Purschaumstoff; Dekor: Leopardenfell), die Tische «Four Balls», «Outdoor Collection» (Tischplatte: Drahtglas) und «Consolle», der Servierwagen «Cricket Collection», die Garderobe «Tower» und der Nachttisch «Wagner» (mit Platte aus Granit).

Stuhl «Spaghetti» für Alias. Foto: Alias

Belux

Die Schweizer Firma Belux wurde 1971 von Thomas Egloff und Heinrich Richner in Wohlen gegründet, wo sie bis Ende der siebziger Jahre Leuchten für Büros und Werkstätten produzierte. 1980 begann man mit der Fertigung hochwertiger Designleuchten, zunächst mit der Boden- und Tischleuchte «Ball» (von Hannes Wettstein), die den Reflektor auf feinen Stäben trug, dann mit der Leuchte «Snodo» (ebenfalls von Hannes Wettstein). 1982 entstand das weltweit erste Seillichtsystem «Metro», das vor allem in Galerien, Museen und Restaurants zum Einsatz kam. 1984 baute Belux die «Collection International» auf, für die Jo Niemeyer seine vielfach ausgezeichnete Halogen-Leuchte «Tubo» entwarf. → Michele de Lucchi steuerte für die «Collection» die Tischleuchte «Meccania» bei, die durch ihren Zahnradmechanismus faszinierte. Albert Schuppli entwarf die Steh-/Wandleuchte «Classic» (1979), Jürgen Medenbach konzipierte die Bodenleuchte «Stele», die wie eine Skulptur im Raum steht. Von Medenbach stammt auch das patentierte Lichtsystem «Contacto», das aus 14 verschiedenen, zusammensteckbaren Grundelementen besteht. Gegenwärtig vertreibt Belux auch Objekte des → Studio Alchimia, wie die Leuchte «Sinerpica» (1979) von Michele de Lucchi oder die Klassiker «Le strutture tremano» und «Factotum» (1980) von → Ettore Sottsass.

Bennett, Ward (*1917 New York)

Der Designer, Innenarchitekt und Bildhauer Ward Bennett bildete sich zunächst als Autodidakt aus. Nachdem er von 1933 bis 1937 Europa und die Mittelmeerländer bereist hatte, studierte er 1937 an der Kunsthochschule Porto Romano in Florenz, schließlich an der Académie de la Grande Chaumière in Paris, wo er Schüler des Bildhauers Constantin Brancusi war. 1938 lernte er für eine kurze Zeit bei → Le Corbusier. 1943 studierte Bennett zusammen mit Hans Hofmann Malerei in New York. Nach dem Zweiten Weltkrieg konzentrierte er sich auf Inneneinrichtungsdesign. Er entwarf das Interieur zahlreicher Privathäuser sowie seiner eigenen Wohnungen in East Hampton, Long Island, und auf dem New Yorker Dakota-Hochhaus. Darüber hinaus arbeitete er für die Gensler Company, für die Familien Agnelli und Rockefeller.
Von 1943 bis 1945 war Bennett in New York als Mode- und Schaufensterdesigner für Hattie Carnegie tätig. 1945 und 1946 war er in Mexico, wo er sich mit Schmuckdesign befaßte. Von 1948 bis 1950 lebte und arbeitete er in Europa, seit 1950 als freier Designer wieder in New York. Seit Anfang der sechziger Jahre ist Bennett Professor an der Yale University in Connecticut sowie Ausbilder am Pratt Institute in New York. Er kreierte allein 150 Stuhlmodelle (zumeist Büromöbel) für das Unternehmen Brickel Associates (berühmt wurde der «University 1550»-Armsessel aus dem Jahr 1978), daneben Porzellan, Stoffe, Silberbroschen und Glas für die Firma Tiffany (1961–73).
Bei der Architekturfirma Skidmore, Owings & Merrill war er als Designberater tätig und gestaltete die gesamte Inneneinrichtung der New Yorker Chase Manhattan Bank.
Bennetts Stil ist ruhig, zurückhaltend und elegant; vielen Kritikern gilt er als Meister des → Minimalismus. Seine Stühle für Brickel zeigen eine Synthese von moderner → Form und traditionellem Bewußtsein. In den achtziger Jahren genoß Bennett den Ruf eines «Papstes» des → High Tech, 1990 entwickelte er für Geiger International eine Möbelkollektion aus 22 Elementen, darunter seinen Stuhl «Wraparound».

Benz

Die 1959 von Rolf Benz gegründete Firma fertigte bis Anfang der sechziger Jahre Polstergestelle als Zulieferer. 1964 rief Benz den Zweig «bmp» (Benz-Möbel-Programme) ins Leben und begann mit der Produktion der variablen Polsteranbauprogramme «Addiform» und «Pluraform», die erstmals Polstereckelemente anboten. Als mobile «Benz-

Kollektion «Forum» (1993). Foto: Benz

Ecke» machten diese Kreationen zehn Jahre lang Möbelgeschichte. Ende der sechziger Jahre ging Benz eine erfolgreiche Partnerschaft mit Musterring ein, 1974 übernahm das Unternehmen die Firma Dieterle als Produktionsort für Gestelle. 1986 begann man mit dem Aufbau von «Rolf Benz Shops» in ausgewählten Einrichtungshäusern. 1989 kooperierte Benz mit der Firma Yamaha (die inzwischen zum führenden japanischen Hersteller von Wohnwänden, Küchen- und Badeinrichtungen wurde) und schloß mit ihr einen Vertrag über Lizenzfertigungen. Zu den erfolgreichsten Designern von Benz gehören Mathias Hoffmann und Wolfgang Setz.
In Europa wendet sich Benz gegenwärtig mit seiner «bmp»-Linie an eine breitere Käuferschicht, wogegen die «Creation»-Linie für anspruchsvollere Konsumenten gedacht ist. Zu ihr gehört u.a. das Sofa «Creation 2500», das als großflächige Winkelliege, als Longchair oder als Eckgruppe fungieren kann. Die losen Rückenkissen sind höhenverstellbar und vom stufenlos schwenkbaren Chrombügel abnehmbar. Ein Klassiker wurde die «Creation 4500», die mit wenigen Anreiheelementen sehr großzügige Gruppierungen zuläßt. Der Hocker paßt sich ideal den Rundungen der Polster an, die Tische «1200» und «1220» sind in → Form und Maß harmonisch auf das Polster-System abgestimmt. Als exklusive Modelle gelten ferner die Granitat-Tische «1270» und «1271», das Tischset «1030», der Beistelltisch «1040» und der Beistellwagen «1020».
Zu den jüngsten Produkten der Firma gehört die Kollektion «Forum» (1993) und das System «Creation 1000» (1993). Grafikfronten mit goldfarbigen Feldern oder Nußbaum-Wurzelmaser (in Lasertechnik eingearbeitet) setzen bei dieser auf Symmetrie bedachten Kollektion neue Akzente. Materialgerecht wurde streifenverleimtes, verzahntes Massivmaterial in Französisch Nußbaum und Schweizer Birnbaum für die Frontpartien eingesetzt. Glasfronten mit speziellem Rillenschliff wurden in filigrane, schwarz eloxierte Aluminiumrahmen eingefaßt.

Berghof/Landes/Rang

Die 1981 von Norbert Berghof (*1949), Michael A. Landes (*1948) und Wolfgang Rang (*1949) in Frankfurt gegründete Architektengruppe steht für eine Frankfurter Spielart der deutschen Postmoderne. Zusammen mit dem Architekten-Duo Jourdan & Müller erhielt das Trio Mitte der siebziger Jahre den Auftrag, einen viergeschossigen Flachbau für die Frankfurter Landeszentralbank zu erstellen. Als erste große Bank in Frankfurt, die nicht als Hochhaus geplant war, erregte das Gebäude auch wegen seines gewölbten, gläsernen Tonnendachs Aufsehen, das von innen Ähnlichkeiten mit den Passagen des 19. Jahrhunderts assoziierte. Ihr Möbelprogramm bei → Draenert, insbesondere die «Frankfurter Schränke» (1985–87» und die «Frankfurter Stühle F 3, F 5 und F 12» (1985–90) ist ebenfalls einer narrativen Sprache verpflichtet und besteht aus poetisch aufgeladenen, sinnlichen Einzelstücken. Ihr ästhetisches Denken ist einer manieristischen Geometrie verpflichtet und in dieser Hinsicht dem Formenrepertoire von → Hans Hollein und → Robert Venturi, Robert Stern und → Michael Graves verwandt: Restformen von Radien (Kreis, Parabel, Kugel, Kegel, Tonne und Zylinder) werden mit Restformen kristalliner Körper (Rechteck, Quadrat, Würfel und Pyramide) kombiniert. Berghof/Landes/Rang kombinierten verschiedene Materialien wie Marmor, edle Furniere oder Vergoldungen für ihre Möbel, darunter der «Frankfurter Bilderschrank» (1991 für Draenert) oder das Paravent «Paradies» (1987 für Melchers). Für → Rasch kreierte das Trio 1992 die mehrfarbige Tapete «Fries oder stirb».

«Frankfurter Schrank» (1985–87) für Draenert. Foto: Draenert Studios

Bertoia, Harry (*1915 San Lorenzo, †1978 Barto, Pennsylvania)

Der Möbeldesigner, Bildhauer und Maler Harry Bertoia verließ seine italienische Heimat im Alter von 15 Jahren und studierte von 1932 bis 1936 Malerei und Bildhauerei an der Technischen Hochschule in Detroit. 1936 wurde er Lehrer an der Detroit School of Arts and Crafts. Ein Jahr später begann er ein Studium an der traditionsreichen Cran-

brook Academy of Art in Bloomfield Hills in Michigan. An dieser Akademie, die als erste in Amerika Produktsemantik lehrte, machte Bertoia die Bekanntschaft mit → Charles Eames sowie → Eliel und → Eero Saarinen, die dort lehrten. 1939 wurde Bertoia Dozent für Metallbearbeitung an der Cranbrook Academy, daneben richtete er Workshops für Schmuckdesign ein. 1943 verließ er die Akademie und ging nach Kalifornien, um dort mit Charles Eames für die Evans Products Company an Möbelentwürfen aus gebogenem Sperrholz zu arbeiten. Im selben Jahr stellte er in New York selbstkreierten Schmuck aus und arbeitete als Grafiker für US Electronics Laboratory. Mitte der vierziger Jahre legte Bertoia den Schwerpunkt seiner Entwurfstätigkeit auf Möbel und gründete 1950 ein eigenes Studio in Bally, Pennsylvania. In diesem Jahr begann auch seine Zusammenarbeit mit → Florence und Hans Knoll, die er an der Cranbrook Academy kennengelernt hatte. Bertoias erster Stuhl für → Knoll, der «420», wurde ein großer Erfolg und wird seit 1952 unverändert hergestellt. Bertoias Drahtgitterstühle «420» und «421» sind heute Ikonen des Fünfziger-Jahre-Designs. Der «421» besteht aus hochglanzverchromtem Rundstahl, hat ein Sitzkissen mit Stoffbezug und ist 76 cm hoch. Dieser Stuhl, wie auch alle anderen Drahtgitterstühle Bertoias, wird in einem diffizilen Verfahren von Hand gezogen und geschweißt. Sein oberer Teil besteht aus einem muschelförmig gebogenen Stahlquadrat.
Ein weiterer Klassiker der fünfziger Jahre ist die «Bank 400». Die ursprünglich als Sitzmöbel konzipierte Bank wurde vom Verbraucher oft als Tisch oder Ablage verwendet, da sie gut zu den dünnbeinigen Stühlen der Zeit, vor allem aber zu Bertoias Drahtstühlen paßte. Seit Mitte der fünfziger Jahre konzentrierte sich Harry Bertoia stärker auf seine Arbeit als Bildhauer. Er hat für seine Entwürfe zahlreiche internationale Preise erhalten und gilt als einer der führendsten Möbeldesigner der amerikanischen Nachkriegszeit.

«Bertoia Kollektion» (1952) für Knoll.
Foto: Knoll

Bieffe

Stuhl «OMKStack» von Rodney Kinsman. Foto: Bieffe

Bieffe wurde 1953 von Bruno Ferrarese gegründet, der mit einem kleinen Team hochwertige Zeichentische produzierte. Grundlage dieser Tische war zunächst Holz, ab 1957 dann Preßstahl, was den Markt für mehr als ein Jahrzehnt revolutionierte. Bieffe produziert heute mehr als 40 verschiedene Zeichentische (darunter «Bieffe 3T», «Opus», «Tondo 2» oder die «Lumi bieffe TRS»-Serie) sowie großformatige Archivsysteme aus Metall. Außerdem Handwagen (wie den legendären «Boby» von → Joe Colombo) und Schreibtischstühle (etwa den «IB» von Ib und Jørgen Rasmussen). Mit «Draftline» hat Bieffe in den achtziger Jahren ein modernes Einrichtungssystem für Arbeitsräume geschaffen, das aus zahlreichen miteinander kombinierbaren Elementen (Zeichentische, Computerträger, Schreibtische, Metallcontainer, Ablagegitter u.ä.) besteht.
Die Sektion «Bieffeplast», die von Anna Anselmi ins Leben gerufen wurde, produziert seit Anfang der achtziger Jahre exklusive Möbel und Leuchten und hat eine Reihe von internationalen Designklassikern hervorgebracht. Von Anselmi stammen Tische wie der «Yucca» oder «Etoile», Stühle wie der «Kite», der «Sardegna», «Alfa» oder die Barhocker «Alfa» und «Wiz». → Michele de Lucchi hat den Hocker «Clock», den Stuhl «Abate» und die Garderobe «Trock» entworfen. Zu den kreativsten Designern von Bieffeplast zählt → Rodney Kinsman, der mehr als 20 Produkte für die Firma gestaltet hat, darunter das Regalsystem «Graffiti», die Sitzsysteme «Transit» (1981) und »Trax» (1981), die Stühle «Tokyo», «Tractor» und «OMKStack» sowie die Tische «Trestle» (Platte aus Bedrucktglas), «Vienna» und «Detroit». → Matteo Thun hat u.a. die Metallschränke «Cassettiera« sowie die Tischleuchten «Valigetta» und «Topolino» entworfen.

Bieffeplast → Bieffe

Bill, Max (*1908 Winterthur)

Der Schweizer Maler, Architekt, Designer und Theoretiker Max Bill wurde von 1924 bis 1927 an der Kunstgewerbeschule Zürich zum Silberschmied ausgebildet. Danach studierte er Kunst am → Bauhaus in Dessau. Seit 1929 arbeitete er als freier Architekt sowie als Ausstellungs- und Grafikdesigner. 1951 gehörte Max Bill zu den Gründern der →

Hochschule für Gestaltung Ulm (HfG) und leitete sie bis 1956 als Rektor. Im Jahre 1953 wurde mit dem Bau des Ulmer Hochschulgebäudes begonnen, das Bill selbst entworfen hatte. Mit seiner Malerei («Stabilisierte weiße Kerne», 1964/71), Plastik («Unendliche Schleife», 1935/53) und Grafik gilt Bill als Vertreter der konkreten Kunst.
Als Möbeldesigner schuf Bill zusammen mit → Hans Gugelot und Paul Hildinger den «Ulmer Hocker» für das Interieur der Hochschule. Der Stuhl, der heute von der Firma → Zanotta hergestellt wird, gilt wegen seiner funktionalen Ästhetik und seines asketischen Materialbewußtseins als Emblem der Designphilosophie der HfG Ulm.
Bill verließ 1957 die Hochschule, weil er ihr inhaltliches Konzept nicht länger akzeptieren konnte, und kreierte im selben Jahr für den Uhrenhersteller Junghans die «Alu-Uhr» sowie die Wanduhr «Ato-Mat» mit weißem Zifferblatt und schwarzer Strichskala unter Glas, in verchromter Metallfassung (heute reediert bei → Teunen & Teunen; → Reedition). Diese Uhr war auf der Weltausstellung 1958 in Brüssel zu sehen und gewann mehrere Preise. Für Omega realisierte Bill 1988 die Uhr «Edition Max Bill I» in der «Art Collection». Gegenwärtig ist sein Hocker «Sgabillo» (1950) bei Zanotta im Programm.
Als Architekt schuf Bill u.a. das Cinevox-Kino in Neuhausen am Rheinfall (1957/58), das Imbau-Gebäude in Leverkusen (1960/61), die Denise René/Hans Mayer-Kunstgalerie in Düsseldorf (1971) sowie die Brücke über den Lavinatobel in Tamins, Schweiz.
Als Grafikdesigner hat Max Bill das Schweizer → Design der zwanziger Jahre entscheidend geprägt, für seine Entwürfe erhielt er zahlreiche Auszeichnungen, allein dreimal den Großen Preis der Mailänder Triennale, 1936, 1951 und 1954.

Bing & Gröndahl → Royal Copenhagen

Boeri, Cini (*1924 Mailand)

Nach ihrem Architekturstudium am Mailänder Polytechnikum und ihrem Diplom im Jahre 1951 arbeitete die Architektin, Möbel- und Produktdesignerin Cini Boeri von 1952 bis 1963 im Studio von → Marco Zanuso in Mailand.
1963 gründete sie ihr eigenes Atelier und arbeitete fortan auf nahezu allen Gebieten der Architektur und des modernen Industriedesigns (→ Industrial Design).
Ihrer Architektur und ihren Designprodukten lag stets der Gedanke der «Lebenserleichterung» zugrunde, z.B. durch einfache Bedienbarkeit oder großzügige Raumgestaltung – ein Grundsatz, der auch in ihrem Buch «Die menschlichen Dimensionen des Wohnens» zum Ausdruck kommt. So hat sie luftig-geräumige Ferienhäuser gebaut und bedienerfreundliche Beleuchtung für → Artemide und → Arteluce entworfen.
Als Möbeldesignerin wurde sie vor allem durch ihren Monoblock-Sessel «Bobo» (1967; aus Polyurethan, ohne jedwelchen inneren Rahmen) und durch ihr Sofa «Strips» (1972) bekannt, das 1979 den → Compasso d'Oro gewann. Es wird heute von den Firmen → Arflex hergestellt und gehört zu einer Serie mit Sessel, Hocker, Anbauelementen und einem Loungechair. Es hat ein Holzgestell, an dem die Steppdeckenbezüge mit Druckknöpfen befestigt werden. So lassen sich die Bezüge, die es in verschiedenen Farben und

Sitzschlange «Serpentone» (1970) für Arflex. Foto: Arflex

Mustern gibt, leicht auswechseln oder reinigen. 1971 erregte Boeri Aufsehen durch ihre beliebig verlängerbare Sitzschlange «Serpentone» (aus aufgeschäumtem Polyurethan, in konvexen oder konkaven Formen). Populär wurden auch ihr «Botolo»-Stuhl, ihr Tisch «Babele» (1973), ihre «Bengodi»-Serie (1974) mit Sofas und Armsesseln, ihre «Talete»-Tische (1976) und ihr Tisch «Malibu» von 1983 (bei Arflex). Cini Boeri entwarf darüber hinaus Möbelprogramme für → Rosenthal und → Knoll (z.B. die Sofa-Kollektion «Brigadier», 1977); Lesesessel, Lesepulte, Servier- und Wäschewagen sowie Regale, handliche Thermoskannen, oder Motorboote. 1976 gestaltete sie Showrooms für den Möbelhersteller Knoll International in Stuttgart, München und Los Angeles.
Zusammen mit Laura Griziotti gründete sie 1979 in Mailand eine eigene Firma: die Cini Boeri Associati.

Bonet, Pep → Studio Per

Bonetto, Rodolfo (*1929 Mailand)

Der italienische Industriedesigner Rodolfo Bonetto begann seine Laufbahn als Designer im Studio für Automobildesign bei Pininfarina. 1958 gründete er ein eigenes Büro in Mailand. Von 1961 bis 1965 war er an der → Hochschule für Gestaltung, Ulm, als Gastdozent tätig. Seine Arbeit als Entwerfer ist sehr breit gefächert und umfaßt Elektrogeräte, Heizungsgeräte, Hi-Fi-Anlagen, Sanitärbedarf, Musikinstrumente, Aufzüge und Leuchten.
Bekannt wurde Bonetto durch seine Entwürfe im Autodesign, die ihm so viele Aufträge einbrachten, daß er neben seinem Studio in Mai-

land ein weiteres in Turin gründete. Für Fiat entwickelte er eine völlig neue Fahrzeug-Innenausstattung, speziell für die Modelle «Fiat 131 Super Mirafiori» (1977) und den «Fiat 132 Bellini». Weitere Auftraggeber Bonettos waren → Brionvega, → Driade, Siemens und → Olivetti. Seinen ersten → Compasso d'Oro gewann Bonetto 1964 mit dem «Sfericlock»-Wecker für die italienische Firma Borletti. 1969 entwickelte er für die Firma Autovox den Fernseher «Linea I», 1972 für Voxson den Fernseher «TV 1202». 1970 entwarf er als Auftragsarbeit für den Hersteller Bellato Hotelschränke – das sog. Linearsystem aus Nußbaumholz in vier verschiedenen Farben, das aus Kommoden, Truhen und Schränken bestand. Für Hotels waren diese Möbel zu teuer, sie hielten jedoch in Wohnhäusern Einzug, wo sie nahezu in jeden Raum paßten, auch als Raumteiler. Als Leuchtendesigner entwarf Bonetto Ende der achtziger Jahre die Modelle «Ala» und «Tineka» für → I Guzzini.

Bonsiepe, Gui (*1934 Glücksburg)

Der deutsche Designtheoretiker, Dozent und Designer Gui Bonsiepe (Georg Bonsiepe) studierte bis 1955 Grafik und Architektur an der Akademie der Schönen Künste, München, und an der TU in München. Danach begann er ein Studium an der → Hochschule für Gestaltung Ulm (HfG) und lernte bei Tomás Maldonado → Designtheorie. Sein Diplom legte er 1959 ab.

Bonsiepe blieb bis 1968 Lehrer für Produktgestaltung und Visuelle Kommunikation an der HfG. Neben seiner Lehrtätigkeit arbeitete er als freier Industriedesigner und schuf Entwürfe für Standardmöbel, Kinderspielzeug, Schreibutensilien, Werkzeuge und medizinisches Gerät. 1968 zog es Bonsiepe nach Südamerika. Von 1987 bis 1989 entwickelte er in den Vereinigten Staaten → Computerdesign. Als Designtheoretiker ging Bonsiepe an der HfG zusammen mit Tomás Maldonado Fragen der Designmethodologie nach, wobei er 1963 auf die Bedeutung der Semiotik für das Industriedesign (→ Industrial Design) hinwies. Seiner Abhandlung «Wissenschaft und Design» von 1964 (mit Maldonado) lag das Bestreben zugrunde, → Design rational-mathematisch gegen das «Ad-hoc-Design» abzusichern. Durch seine Forderung nach einer mathematisch-ästhetischen Gestaltungsmethode prägte Bonsiepe später den sog. Ulmer Funktionalismus. Seine Arbeit in Südamerika war von dem Ziel geprägt, das Industriedesign in der Dritten Welt zu etablieren. So war er 1968 im Rahmen eines technischen Entwicklungshilfeprogramms UNO-Experte für Industriedesign in Chile.

Bonsiepes Ausspruch, daß das Design der Metropole nichts mit dem der Peripherie zu tun habe, wurde in diesem Zusammenhang berühmt. Mit Hilfe des Industriedesigns sollten in den Entwicklungsländern die Industrialisierung, Verkaufskapazitäten, Produktivität sowie die Gebrauchsqualität der Produkte gesteigert werden.

Seine sparsame Möbelserie von 1971 für billiges Wohnen in Chile, entwickelt am Comité de Investigaciones Technológicas (INTEC), ist ein beredtes Beispiel für ein Design der Peripherie.

1982 schrieb Bonsiepe in Mexico City sein Buch «El déseño de la periferia». Er hat darüber hinaus zahlreiche Publikationen zur Designmethode und -praxis veröffentlicht; als Berater ist er in vielen internationalen Instituten gefragt.

Borsani, Osvaldo (*1911 Mailand, †1985 Mailand)

Osvaldo Borsani studierte am Polytechnikum in Mailand Architektur. Nach seiner Promotion gründete er in den frühen fünfziger Jahren die weltbekannte Möbelfirma → Tecno in Mailand, die heute Borsanis Bruder, Fulgenzio Borsani, leitet. 1966 gründete er zusammen mit anderen italienischen Möbelherstellern die Zeitschrift «Ottagono», mit der er zeitgenössische italienische Möbel international wettbewerbsfähig machen wollte. Das Fabrikgebäude von Tecno sowie die Zweigstelle in Mailand entstanden nach Entwürfen Borsanis.
Ein frühes Möbel Borsanis ist der Ruhesessel «P 40» aus dem Jahr 1954/55, der auch heute noch von Tecno hergestellt wird. Er besteht aus einem Metallgestell (schwarz oder chrom) und hat stoff- oder lederbezogene Polyurethanschaumpolster. Auf der Londoner Ausstellung «Modern Chairs» (1970) wurde der Sessel im Katalog als «Sitzmaschine» bezeichnet: Er hat eine einziehbare Fußstütze; seine Sitzpartien können in fast 500 verschiedene Positionen gebracht werden. Die Armlehnen aus Gummi sind so auf Stahlfedern gezogen, daß sie eine Parabel bilden. Besonderes Aufsehen erregte 1953 Borsanis Sofa «D 70», das auf der 10. Triennale in Mailand einen 1. Preis erhielt und sofort ein weltweiter Verkaufsschlager wurde. Das «D 70» ist nach beiden Seiten klappbar, wobei per Knopfdruck einmal die Rückenlehne zum Sitz und ein anderes Mal der Sitz zur Lehne wird. Für den Transport kann es durch Einklappen der Beine zusammengefaltet werden. Die Polyurethanpolster sind wahlweise mit Leder oder Stoff bezogen, die Bezüge mit sechs Druckknöpfen am Gestell befestigt.
Von Borsani sind gegenwärtig bei Tecno mehrere Sessel im Programm, darunter der «P 36» (zusammen mit Carlo De Carli) und der «P/Pa 110»; ferner der Drehstuhl «P 32» (1956), der dreibeinige Stuhl «P 31» (1963 – aus Stahl und gebogenem Sperrholz), die Tische «T 1 – T 2» (1949–50) und das Bürosystem «Graphis» (1968).
Aus den frühen sechziger Jahren stammen die Aschenbecher «Ab», der Bleistifthalter «Pm» und der höhenverstellbare Kleiderständer «AT 16».

Bosch

Als «Werkstätte für Feinmechanik und Elektronik» gründete Robert Bosch 1886 in Stuttgart einen kleinen Handwerksbetrieb, der sich auf die Installation von Telefonen, Haustelegrafen und Blitzableitern spezialisiert hatte. Bis 1900 entwickelte die Firma Zündapparate für die Automobilindustrie und ermöglichte durch die Bosch-Hochspannungsmagnetzündung erstmals die Konstruktion hochtouriger Motoren. In den zwanziger Jahren hatte die Firma Vertretungen in aller Welt aufgebaut und sich mit Scheibenwischern, Winkern, Scheinwerfern, Generatoren, Startern und dem legendären «Bosch-Horn» als einer der wichtigsten Zulieferer der Kraftfahrzeugindustrie etabliert. Große Bedeutung hatte in den zwanziger Jahren die Entwicklung von Einspritzpumpen, die als technische Voraussetzung des Dieselmotors dienten.
Bosch, heute der größte europäische Hersteller von Kraftfahrzeugelektronik und elektrischen Haushaltsgeräten, begriff → Design schon sehr früh als einen wichtigen Bestand-

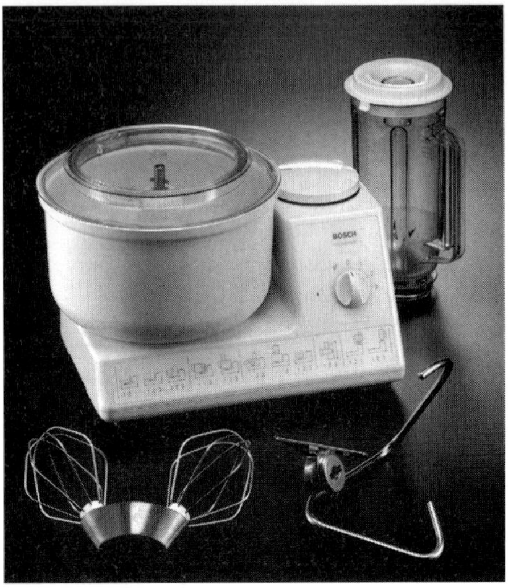

Küchenmaschine «Bosch universal».
Foto: Bosch

teil seiner Firmenphilosophie. So war Bosch einer der ersten Förderer des 1907 gegründeten → Deutschen Werkbundes und entwikkelte dessen Gestaltungsgrundsätze konsequent weiter. Bosch-Produkte erhielten allein in den letzten 30 Jahren über 500 Design-Auszeichnungen im In- und Ausland. Vor allem durch die 1930 vollzogene Verbindung mit der Idealwerke AG, deren Produkte unter dem Namen «Blaupunkt» auf den Markt kamen, leitete Bosch eine Ära beispielhaften Designs bei Fernsehgeräten und Autoradios ein. Gegenwärtig sind insbesondere der Geschäftsbereich Mobile Kommunikation (Unterhaltungselektronik, Mobilfunk, Breitbandkommunikation) und der Unternehmensbereich Gebrauchsgüter (Elektrowerkzeuge für Hobby, Handwerk und Industrie sowie Haushaltsgeräte) vom Willen zur guten → Form bestimmt.
Zu den beispielhaften Bosch-Produkten der letzten Jahre gehörten die Filmkamera Bauer «C 700» (1980), der «Bandschleifer» (1984), das «Handsprechfunkgerät» (1984), das Autoradio Blaupunkt «Bamberg», die Telefone der «Telenorma»-Serie, der Mikrowellenherd «Gourmet 2210» und die Küchenmaschinen «Bosch electronic» und «Bosch universal».
Zu den produktivsten Bosch-Designern gehört → Erich Slany, der u.a. Elektro- und Druckluftwerkzeuge für den Heimwerkermarkt (vor allem Bohrmaschinen) für die Firma entwarf.

Botta, Mario (* 1943 Mendrisio)

Der Schweizer Architekt und Designer studierte an der Mailänder Kunstakademie und an der Architekturhochschule in Venedig. 1965 arbeitete er in Venedig im Büro → Le Corbusiers, 1969 bei Louis Kahn. Seit 1969 unterhält er ein eigenes Architekturstudio in Lugano. Mit seiner Arbeit als Möbeldesigner begann er 1982.
Bottas Architektur ist geprägt von elementaren geometrischen Formen (→ Form) und einer additiven Bauweise, besonders auffällig an seinem Quaderhaus in Cadenazzo (1970/71) und an seinem Zylinderhaus in Stabio (1980/82).
Bei seinen Möbeln fallen Sparsamkeit in Material und Form sowie eine gelegentliche Nähe zur Bauhaus-Tradition (→ Bauhaus) auf. Seine Stahlrohrstühle «Prima» und «Seconda» von 1982, die er für die Firma → Alias entwarf, belegen das. Ihre Stahlrohrgestelle sind epoxylackiert in Schwarz oder Weiß, haben Sitze aus schwarzem, gelochtem Stahlblech und zweiteilige Rückenrollen aus ebenfalls schwarzem Polyurethanschaum.

Stuhl «Seconda» für Alias. Foto: Alias

23 Kilogramm schwer ist der Sessel «Quarto», den Botta ebenfalls für Alias schuf. Ihn gibt es verchromt oder schwarz lackiert wie auch den leichten Stuhl «Quinta» (1986). Herausragende Produkte bei Alias sind ferner das Sofa «Sesto: Re e Regina», das Stahlrohrsofa «Vis à Vis», der Sessel «Obliqua 1» und die Tische «Terzo» und «Tesi». Spektakulär war Bottas «Bibliothek» für zwei Personen, die 1985 auf der 17. Triennale zu sehen war. Die Bibliothek, ein kleiner transparenter Rundbau, hat im Innern einen Lesesitz samt Pult und bietet sowohl Kontemplation als auch «Durchblick». Botta entwarf darüber hinaus Beleuchtungskörper für die Firma → Artemide (Wandleuchte «Fidia», Tischleuchte «Melanos», 1987 – mit Gelenkarm aus schwarzem Kunststoff, Deckenleuchte «Zefiro» – mit Schirm aus weißlackiertem Gitterblech) und einen Türgriff (Modell «1104» – aus mattschwarzem Stahl mit rotem Quadrat im Drehpunkt) für die Firma → FSB. Für die Firma → Melchnau entwarf Botta die Teppiche «Verde rame» (1991) und «Marenza» (1991), die beide auf 99 Exemplare limitiert sind. 1986 erhielt Mario Botta den Chicago Architectural Award. Seine Arbeiten sind im Museum of Modern Art in New York aufgenommen worden, in der Kollektion des Virginia Museum of Modern Art, New York, und in der 20th Century Design and Architecture Gallery des New Yorker Metropolitan Museum.

Brandt, Edgar (*1880, † 1960)

Edgar Brandt, der als einer der berühmtesten Kunstschmiede des 20. Jahrhunderts gilt, stammt aus dem französischen Konzernhaus «Brandt». 1919 eröffnete er ein Atelier für Schmiedeeisen. Die Entwürfe des Ateliers stammten zumeist von Louis Favier, die Ausführung von Brandt selber.
Erste Erfolge als Designer hatte Brandt 1925 auf der großen Ausstellung in Paris, was ihm ein Jahr später Aufträge für die Innen- und Außendekoration für das Kaufhaus Cheney in New York einbrachte. Aus der Firma Brandt stammten zahlreiche Leuchten mit zunächst noch naturalistischen, dann aber zunehmend geometrischen Motiven. 1925 schuf Brandt eine Wandapplique mit einer getönten Glasschale, die bei Beleuchtung ein schmiedeeisernes, stilisiertes Blumenbukett effektvoll ins Licht setzte. Berühmt wurde Mitte der zwanziger Jahre die Stehleuchte «Cobra» aus in Altgold patinierter Bronze (ihr Gestänge stellt eine naturalistisch nach-

gebildete Schlange dar) mit einem aus Metall gedrückten, teilweise mit Plastikstreifen eingelegten Schirm. Die Leuchte steht auf einem Fußteller, der einen Korbdeckel imitiert; der Leuchttrichter wurde von der lothringischen Glasfirma Daum hergestellt.

Als Variation zur «Cobra» ließ Brandt die sog. «Schlangenlampe» fertigen. Sie bestand aus einem geschliffenen Marmorsockel, einer aus patinierter Bronze nachgebildeten Schlange und einem orange-rot gefleckten trompetenförmigen Lampenschirm.

Brandt, Marianne (*1893 Chemnitz, †1983 Halle)

«Cocktail Shaker» (1925) von Marianne Brandt; 1989 reediert von Alessi. Foto: Sammlung Harder

Die Designerin und Künstlerin Marianne Brandt studierte von 1911 bis 1914 Malerei und Bildhauerei bei Fritz Mackensen, Richard Engelmann und Robert Weise an der Kunsthochschule in Weimar. 1919 bereiste sie Norwegen und Südfrankreich, wo sie bis 1922 als Malerin arbeitete.

Am → Bauhaus begann sie 1923 zu studieren, ab 1924 in der Metallwerkstatt, die von → László Moholy-Nagy und → Wilhelm Wagenfeld geleitet wurde. Sie übernahm die Werkstatt bis 1928 als stellvertretende Leiterin und schuf zusammen mit Hin Bredeniek mehrere Zweckleuchten, darunter die «Pendelleuchte» von 1924 und die Nachttischleuchte (1927), die erfolgreich von der Firma Körting und Mathiesson in Leipzig vertrieben wurde.

Nach der Übernahme des Bauhauses durch Hannes Meyer ging Marianne Brandt nach Berlin und wurde Mitarbeiterin im Entwurfsbüro von → Walter Gropius. Sie arbeitete dort in erster Linie an der Entwicklung von Serien- bzw. Anbaumöbeln und der Innenausstattung einiger Siedlungshäuser für die Bauausstellung Karlsruhe-Dammerstock. Von 1929 bis 1932 war sie als Designerin für Rüppelberg Metallwaren in Gotha tätig. Einige ihrer Entwürfe wurden auch von der Leipziger Firma Körting und Matthiesson produziert.

Seit 1933 lebte Marianne Brandt als freie Malerin, Bildhauerin, Grafikerin und Buchillustratorin zurückgezogen im Kreis ihrer Familie. 1949 erhielt sie einen Lehrauftrag an der Hochschule der Bildenden Künste in Dresden. Von 1951 bis 1954 arbeitete sie in Berlin (Ost) am Institut für angewandte Kunst. 1954 zog sie wieder nach Chemnitz, von 1976 bis zu ihrem Tod im Jahre 1983 lebte und arbeitete sie in Kirchberg. → Alessi reediert gegenwärtig in der Kollektion «La Tavola di Babete» Brandts «Cocktail-Shaker» aus dem Jahr 1925. In der Kollektion «Archivi» wird ihr Tee- und Kaffeeservice von 1924 angeboten (aus 925/1000er-Silber).

Bei → Tecnolumen sind ihre Aschenbecher und ihre Deckenleuchte von 1926 erhältlich, die sie zusammen mit Hans Pržyrembel entworfen hat. Die 40 cm große Opalkugel wird durch drei Stäbe und einen Ring als Haltevorrichtung an der ebenfalls 40 cm großen Deckenplatte gehalten, die das Licht nach unten reflektiert. Alle Metallteile hat man anstelle des ursprünglichen Aluminium mit vernickelter Oberfläche hergestellt.

Branzi, Andrea (*1938 Florenz)

Der Architekt und Designer Andrea Branzi studierte in Florenz und gründete 1976 zusammen mit Gilberto Coretti, → Paolo Deganello und → Massimo Morozzi die Gruppe → Archizoom, eine der wichtigsten Gruppierungen des → Radical Design. Seit 1972 beschäftigte er sich neben seiner Entwurfstätigkeit mit theoretischen Fragen des → Neuen Designs (u.a. war er Redakteur der Zeitschrift «Casabella»). Ende der siebziger Jahre gründete er die Gruppe CDM (Consulenti Design Milano), mit der er am Konzept des Primärdesigns, der Umweltdekoration und den Farben für die Industrie arbeitete. 1977 koordinierte er für das Centro Cappa die Ausstellung «Il design italiano degli anni Cinquanta». 1983 wurde er Leiter der «Domus Academy» in Mailand (bis 1987), deren Vizepräsident er heute ist; von 1983 bis 1987 leitete er die Zeitschrift «Modo». 1987 wurde Branzi für sein Gesamtwerk als Theoretiker und Designer der → Compasso d'Oro Speciale verliehen. Seit 1986 gehört Andrea Branzi der EG-Kommission für Entwicklung und Förderung des → Design in Europa an. Branzi hatte zahlreiche Ausstellungen an der

Couch «Axale» für Cassina. Foto: Cassina

Mailänder Triennale und in Galerien und Museen auf der ganzen Welt, darunter das Lijnbaan Centrum in Rotterdam, das CAYC Buenos Aires, das Musée St. Pierre in Lyon oder das Musée des Arts Décoratifs in Paris. 1987 wurde ihm der Compasso d'Oro verliehen.
Bei → Alessi wird Branzis Wasserkessel «Mamma-ò» (1992) aus 18/10-Stahl hergestellt, außerdem hat die Firma seine Schale aus schwarz gefärbtem Holz («CT 1350»), seinen Nußknacker «SN 1320» sowie eine Pfeffer- und Salzmühle im Programm. Für → Cassina entwarf Branzi Ende der achtziger Jahre das dreisitzige Sofa «Axale» (mit sichtbarer Metallstruktur und abgerundeter, gepolsterter Rückenstange). Weitere Entwürfe schuf er für → Memphis, → Ritzenhoff (Milchglas, 1992), → Up & Up (Tisch «Quadro», Brunnen «Martina», Konsole «Quadrio») und → Zanotta (Sessel und Sofa «Berlino», 1986; Couchtisch «Catai», 1991).

Braun

Die Firma Braun wurde 1921 von Max Braun in Frankfurt am Main gegründet und produzierte bis Anfang der dreißiger Jahre Bauteile (Drehknöpfe, Skalenschieber, Transformatoren, Röhrensockel u.a.) für die aufstrebende Rundfunkindustrie. Als erstes eigenes Gerät wurde 1929 ein Kraftverstärker gebaut, dem weitere Radioempfänger sowie Plattenspieler folgten. 1932 brachte Braun eine Radio-Phono-Kombination auf den Markt, die als Gerätetypus fast ein halbes Jahrhundert lang für die Firma charakteristisch werden sollte. 1936 baute Braun einen der ersten Batterie-Kofferempfänger.
Während des Zweiten Weltkriegs mußte Braun Rüstungsaufträge übernehmen und fertigte vor allem Funkgeräte und Funksteuergeräte. 1941 stellte Max Braun erste Überlegungen und Versuche zur Konstruktion eines Scherblatt-Trockenrasierers an, der 1950 als «S 50» die entscheidende Diversifikation im bis dahin eindimensionalen Firmenprogramm einleitete. Gleichzeitig schuf sich Braun mit Küchengeräten eine dritte Produktlinie, von denen insbesondere der «Multimix» zu einem Design-Klassiker wurde. 1951 übernahmen die Söhne Artur und Erwin Braun die Firma und erweiterten die Programmlinie um die neue Gerätegattung der Elektronenblitzgeräte. Wesentlich kleiner, leichter und billiger als die bis dahin ausschließlich für den professionellen Gebrauch

Tischfeuerzeug Cylindric »TGF 2» (1968), entworfen von Dieter Rams. Foto: Braun

bestimmten Blitzgeräte war das Braun «Hobby deLuxe» (1952), das erste Amateurblitzgerät, das in Serie produziert wurde. Ebenfalls 1952 brachte Braun das Kofferradio «Commodore» und die Saftzentrifuge «Multipress» heraus, die amerikanischen Vorbildern folgte.
Mitte der fünfziger Jahre überraschte Braun durch eine radikale Umgestaltung des Programms, das gemeinsam mit den Designern → Hans Gugelot, → Herbert Hirche und → Wilhelm Wagenfeld entwickelt worden war. Auf der Funkausstellung 1955 wurden die ersten Ergebnisse auf dem von → Otl Aicher kongenial gestalteten Braun-Stand vorgestellt, u.a. der Phonokoffer «Combi» (von Wagenfeld), das Tischradio «TS-G» und der «Musikschrank PK-G» (von Gugelot) sowie das von Artur Braun und Fritz Eichler gestaltete Kleinradio «SK 2». Bis Ende der fünfziger Jahre übernahmen unter der konzeptionellen Leitung der Unternehmer sowohl externe Designer als auch die im eigenen Hause wachsende Designabteilung die gestalterische Weiterentwicklung des Programms. Zu den Geräten, die in dieser Zeit Geschichte machten, gehört das Steuergerät «Atelier 1», der von Hans Gugelot und Dieter Rams gestaltete «Phonosuper SK 4» (1956) und die Taschenradios «T 3» und «T 4». Revolutionär war der von Rams entworfene «TP 1» (1959), eine tragbare Kombination von Taschenradio und Plattenspieler (mit Abtastung von unten!). «Studio 2» (1959) hieß die erste Hi-Fi-Anlage aus Einzelbausteinen im Braun-Programm. Eine Spitzenposition am Markt eroberten Ende der fünfziger Jahre aber auch die Küchengeräte von Braun, allen voran die Küchenmaschine «KM 3» und der aktualisierte und verbesserte «Multimix», deren → Form über Jahrzehnte fast unverändert blieb.
Seit 1957 errang Braun weltweites Ansehen durch internationale Designpreise, u.a. den Grand Prix auf der 11. und 12. Triennale in Mailand (1957, 1960), den → Compasso d'Oro (1962) und den Interplas (1963) in London. 1964 eröffnete das New Yorker Museum of Modern Art eine Galerie mit einer Ausstellung des kompletten Braun-Programms.
Zu den ab 1959 neu aufgebauten Produktlinien gehörten Haarpflegegeräte (z.B. der Haartrockner «HLD 2» aus dem Jahr 1964), Lüfter und Heizlüfter (erstmalig mit Tangentialgebläse wie beispielsweise der von Dieter Rams 1959 gestaltete Heizlüfter «H 1» und der Tischlüfter «HL 1» von Reinold Weiss, 1961) und Foto- und Filmgeräte wie der Diabetrachter «D 5» (1962), die redesignte (→ Re-Design) Nizo-Kamera «FA 3» (1963) oder die «Nizo S 8» (1965). Design-Klassiker wur-

Kaffeemaschine Aromaster 10/plus «KF 45» (1985), entworfen von Hartwig Kahlcke. Foto: Braun

Weckuhr Voice Control «AB 30 vs» (1984), entworfen von Dietrich Lubs. Foto: Braun

den in dieser Dekade der Elektrorasierer «Sixtant» (1962), mit dem der eigentliche Siegeszug der Braun-Rasierer begann, der Weltempfänger «T 1000» (1963), das kompakte Tonbandgerät «TG 60» (1965), das drehbare, auf eigenem Fußgestell gelagerte Fernsehgerät «FS 80» (1965), die Schlagwerk-Kaffeemühle «KSM 1» (1965) sowie das Tischfeuerzeug «TFG 2», später «Cylindric» (1968) – ein Modellfall der Firmenökonomie, die für Braun charakteristisch wurde. So besteht der Körper des «TFG 2» aus einem schlichten Zylinder, aus dem sich die ovale Bedienungstaste nicht als zusätzliche Gestalt addiert, sondern einfach aus dem Zylinder «herausgeschnitten» wurde.

Nachdem die Gillette Company 1967 die Aktienmehrheit von Braun übernommen hatte, begann eine Ära der lebhaften Umschichtungen im Produktprogramm.

Als neue Produktlinie wurden Tisch-Weckuhren entwickelt (wie 1971 «Phase 1», 1972 «Phase 2» und 1975 der Batterie-Quartz-Wecker «Exact»).

Als Fotoneuheiten brachte Braun 1974 das Elektronenblitzgerät «F 900», den Tonfilmprojektor «Visacustic» (1976) und die Universalkamera «Nizo 4080» (1978) auf den Markt. Als erste Braun-Armbanduhr erschien 1976 die «Quartz LCD»; im selben Jahr begann die Firma auch eine neue Produktlinie mit Taschenrechnern (etwa mit dem legendären «ET 22»).

In den achtziger Jahren wurde vor allem die Produktpalette der Elektrorasierer (Bartschneider, Ladyshaver, Folienrasierer) ausgebaut und technisch auf dem neuesten Stand gehalten. Ein immer wieder wichtiges Feld für das → Design ist die → Haptik der Geräte, was bei den Gehäusen der Spitzenrasierer zu einer neuentwickelten, speziellen Spritzgießtechnik führte: gute Stabilität einerseits und, durch Verwendung weicher Kunststoffe für die durchgespritzten Noppen, angenehme und sichere Griffigkeit.

Große Fortschritte im Handhabungskomfort wurden durch wahlweisen Netz- oder Akkubetrieb erreicht.

Zu den jüngeren Produktlinien bei den Haushaltsgeräten gehören Bügeleisen (etwa der «Vario 6000») und Kaffeemaschinen (z.B. «KF 80»), die vor allem durch ihre Formberuhigung (Säulenform) und ihre Bedienungsvereinfachung gefielen. Große Umsätze bescherten dem Unternehmen auch Haarpflegegeräte (Lockenstäbe, Haartrockner, Haarstyler, Warmluftbürsten, Schwebehauben) und die Produktlinie Mundpflege.

Glatte, klar gegliederte Flächen ohne schmutzfangende Kanten, Vorsprünge oder Winkel kennzeichneten diese Geräte.

Durch innovative Technik und ansprechendes Design setzte sich Braun in den achtziger Jahren auch bei Weckuhren sowie Reise- und Wanduhren durch. So erfand die Firma die Nachweckfunktion, die Voice-Control und 1988 die Reflex-Control. Aus dem Foto-

Geschäft zog sich Braun 1987 und aus dem Hi-Fi-Geschäft Anfang der neunziger Jahre zurück. Als letzte Edition wurden 1990 numerierte und signierte Modelle der Serien «R 2», «R 4» und «CC 4» herausgegeben, die durch ihre sinnvolle Gruppierung und ergonomische Form bestachen.
→ Dieter Rams, der 1955 zu Braun kam, war ab 1968 Direktor für das Braun Produktdesign, ab 1988 Generalbevollmächtigter der Braun AG. Hans Gugelot stellte allgemeine Gestaltungsrichtlinien für das Unternehmen auf und prägte vor allem in den fünfziger Jahren ihr Erscheinungsbild.
Für oder als Mitarbeiter bei Braun arbeiten oder arbeiteten außer den genannten Designern auch → Rido Busse, → Richard Fischer, Jürgen Greubel, Ullrich Haase, Hartwig Kahlcke, Herbert Lindinger, Ludwig Littmann, Dietrich Lubs, → Gerd Alfred Müller, Robert Oberheim, Peter Schneider, Florian Seiffert, Roland Ullmann, Reinold Weiss u.a.

Breuer, Marcel (*1902 Pécs, †1981 New York)

Der ungarische Designer und Architekt Marcel Breuer nahm 1920 an der Akademie der bildenden Künste in Wien sein Studium auf, während dessen er mit dem Architekten Bolek zusammenarbeitete. Noch im gleichen Jahr zog es ihn jedoch ans Weimarer → Bauhaus, wo er in der Möbelwerkstatt von → Walter Gropius arbeite. 1922 und 1923 fertigte er Möbel für das Bauhaus-Modellhaus

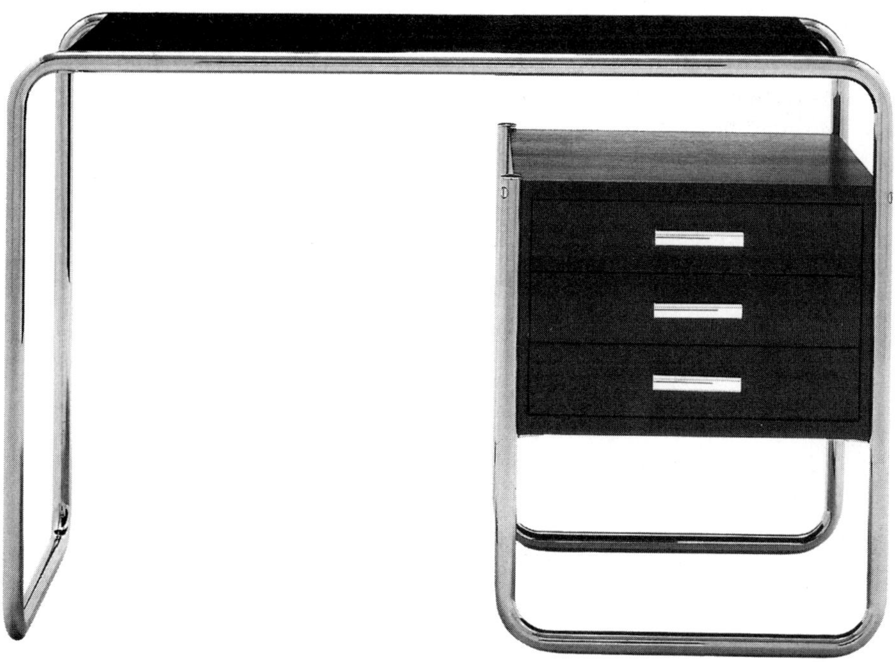

Schreibmaschinentisch «S 285» (1929/30), reediert bei Thonet. Foto: Thonet

«Am Horn»; an dieser Arbeit war auch Georg Muche beteiligt. 1925 übernahm Breuer die Leitung der Möbelwerkstatt und entwarf die ersten Stahlrohrmöbel, die bereits ganz im Sinne der Bauhaus-Philosophie gefertigt waren. In diesen Jahren war er auch als Innenausstatter tätig und gestaltete u.a. die Meisterhäuser für die Bauhausmitarbeiter und die Wohnung des Berliner Regisseurs Erwin Piscator.

Von 1928 bis 1931 leitete Breuer ein eigenes Büro in Berlin, anschließend bereiste er Nordafrika, Spanien, Griechenland, den Balkan, die Schweiz und Italien. 1932 entstand nach seinem Entwurf «Haus Harnischmacher» in Wiesbaden, das im Krieg nahezu völlig zerstört wurde.

Nach Schließung des Bauhauses 1933 durch die Nationalsozialisten emigrierte Breuer 1935 nach England und arbeitete dort als Architekt zusammen mit F. R. S. Yorke, für eine kurze Zeit auch mit Maxwell Fry. In England entwarf er auch für Jack Pritchards → Isokon-Company. 1937 emigrierte Breuer in die USA, wo er mit Walter Gropius bis 1946 an der Harvard University of Architecture lehrte. Seine Schüler waren unter anderen I. M. Pei, Paul Rudolph, Philip Johnson und → Eliot Noyes.

In Cambridge führte er zusammen mit Gropius ein Architekturbüro, 1946 gründete er sein eigenes in New York, bevor er 1956 zusammen mit Beckhardt, Gatje und Smith seine Firma Marcel Breuer and Associates ins Leben rief. Neben Wohnhäusern, Universitäts- und Bürogebäuden entwarf Breuer das Unesco-Gebäude in Paris (1953–58, mit P. L. Nervi und B. Zehrfuss), das Whitney-Museum of American Art in New York (1966), das Sportgelände in Flushing Meadow, New York, sowie Laboratoriumsgebäude für den Konzern IBM in La Gaude, Frankreich (1960/61); darüber hinaus die Botschaft der USA in Den Haag und das «De Bijenkorf»-Kaufhaus (1953) in Rotterdam.

Breuers erster Stuhl aus gebogenem Stahlrohr war der «Wassily-Sessel» (1925), den er für seinen Bauhaus-Kollegen Wassily Kandinsky entwarf. Die Idee, hierfür Stahlrohr zu verwenden, entsprang Breuers Begeisterung für das Fahrrad, das sich in den zwanziger Jahren bei vielen Künstlern einer großen Beliebtheit erfreute. So offerierte Breuer seinen «Wassily» auch zuerst der Fahrradfabrik Adler-Werke.

Der Grundgedanke bei diesem Stuhl, wie auch bei allen später daraus entwickelten Modellen, war die → Form eines gebogenen, linienbildenden endlosen Stahlrohrs, nach Breuers Aussage «sozusagen in den Raum gezeichnet ... Die schwere anspruchsvolle Polsterung eines bequemen Sessels ist durch eine straffgespannte Stofffläche (Rindkernleder) und einige leichtdimensionierte fe-

Stuhl «D 40» (1928), reediert von Tecta. Foto: Tecta

«Wassily Sessel» (1925), reediert von Knoll. Foto: Knoll

dernde Rohrbügel ersetzt ... Die Schlittenform erhöht die Beweglichkeit. Sämtliche Typen sind aus denselben normierten, elementar gehaltenen, jederzeit zerleg- und auswechselbaren Teilen konstruiert. Diese Metallmöbel sollen nichts anderes als notwendige Apparate heutigen Lebens sein.»
1926 fand der «Wassily»-Sessel bei einer Breuer-Ausstellung in der Kunsthalle Dessau begeisterte Zustimmung. Der Stuhl wurde anfangs von der Firma → Thonet, danach von Dino Gavina hergestellt, der seine Firma 1969 an → Knoll International verkaufte.
1926 kreierte Breuer den Klappstuhl «D 4», zwei Jahre später den Freischwinger «D 40» (heute bei → Tecta) mit Armlehnen, die betont über die Rückenlehne hinausragen. Sitz und Rücken des Stuhls bestehen aus Eisengarn, Leder oder Naturrohrgeflecht.
Bei der Firma Thonet sind derzeit Breuers Beistelltische «Laccio» (1925/26 – Gestell aus Stahlrohr, Platte aus Kunststoff laminiert oder aus Holz) und der Stahlrohr-Schreibtisch «S 285» von 1929/30 (mit der etwas größeren Version «S 285/1») im Programm. Die Firma Tecta fertigt den Schubladen-Container «S 41 E» (1926) aus Edelstahl (mit drei schwarzen und drei weißen Schubladen), das freistehende Regal «S 44» (entworfen für das Haus Clarté), den Drehtisch mit Container «M 20» (1924), den Glastisch «K 40» (1927/28) sowie die Vitrine «S 40» (1925), die Breuer für das Bauhaus Weimar entworfen hatte.

Brionvega

Die italienische Firma wurde als «B. P. Radio» Mitte der vierziger Jahre von Leone Pajetta und Giuseppe und Rina Brion gegründet. 1952 wurde das Unternehmen in «Vega Radio-Televisione» umbenannt, 1960 in «Brionvega». Mit ihren Rundfunk- und Fernsehgeräten, darunter «Doney 14» (1970), «Algol 11» (1970), «Black 12» (1972) oder den jüngsten Modellen «Opera 34», «Best 15» und «Quadro 25–28», erreichte die Firma internationale Anerkennung und wurde in Sammlungen fast aller wichtiger Museen aufgenommen, so vom Hamburger Museum für Kunst und Gewerbe oder vom Museum of Contemporary Art in Chicago. Als Design-Klassiker Brionvegas gelten der Plattenspieler «126» (1966) von → Achille Castiglioni und das batteriebetriebene Klappradio «TS 502» (1965) von → Marco Zanuso und → Richard Sapper, das auch heute noch produziert wird. Mit → Franco Albini, → Mario Bellini, → Michele de Lucchi und → Sottsass Associati haben die führendsten Designer Italiens für Brionvega entworfen.

Bulthaup

Die 1949 gegründete Firma wurde durch Herstellung hochwertiger Kücheneinrichtungen und -werkzeuge (Messer, Siebe, Pfannen, Töpfe u.a.) zum Inbegriff design-orientierter Küchen. Bulthaup erfand den «butcher block», ein in der Raummitte plazierter, robuster Arbeitstisch aus massivem Holz; 1989 schuf die Firma die «Küchenwerkbank», eine wandunabhängige Funktionseinheit, in der alles vereint ist, was man zum Kochen benötigt. Die Werkbank wurde vielfach prämiert und 1989 mit dem Prädikat «Design des Jahres» ausgezeichnet. 1990 präsentierte Bulthaup eine neue Generation von Küchenmöbeloberflächen (ein feinstrukturiertes, matt schimmerndes Material), 1991 einen in → Form und Technik völlig neuartigen Dunstabzug (als Wand- oder Insellösung). Das «Bulthaup Küchensystem 25», das u.a. von Hans Neudecker, Claus A. Froh und → System Design M entworfen wurde, gefällt durch eine Fülle gut überlegter, funktionaler Details und durch die Möglichkeit, unterschiedliche Farben und Materialien miteinander zu kombinieren. Es erhielt 1992 den Corporate Design Award.

Busse, Rido (*1934 Wiesbaden)

Guido Busse studierte an der Ulmer → Hochschule für Gestaltung und schloß dort 1959 mit Diplom ab. Im selben Jahr gründete er die Firma «Busse Design Ulm», die u.a. für → AEG (Mobiltelefon «Telecar C»), BBC, → Braun, Kässbohrer, Osram (Halogenstrahler «Minispot»), → Pelikan, Siemens, Stihl und Vaillant entwarf. Für J. A. Henckels Zwillingswerk gestaltete Busse die «Vier Sterne»-Messerserie, die «Twin»-Vielzweckschere, den «Twinsharp»-Messerschärfer und das Maniküre «Top Set». 1978 rief der Designer den «Busse Longlife Design Award» ins Leben, eine Auszeichnung für Produkte, die in ihrer Funktionalität, Qualität, Handlichkeit und Gestaltung vorbildlich sind und ihre Marktgültigkeit länger als zehn Jahre bewiesen haben. Von 1980 bis 1984 war Busse Präsidiumsmitglied im Verband Deutscher Industriedesigner, ab 1985 Gutachter, Publizist und Lehrbeauftragter an verschiedenen Fach- und Kunsthochschulen.

C

CAD/CAM

Die Abkürzung CAD steht für Computer Aided Design (engl., computergestützter Entwurf), CAM für Computer Aided Manufacturing (engl., computergestützte Herstellung). Als neue Planungs- und Herstellungsmethoden eignen sich CAD und CAM in besonderer Weise für die in den letzten Jahren enorm gestiegenen Anforderungen an Rationalität und Ökonomie der industriellen Massenproduktion. Im Gegensatz zu herkömmlichen Entwurfsverfahren wie Zeichnung, Holz- oder Tonmodell vollzieht sich die Konzeption neuer Produkte nicht «materiell», sondern gewissermaßen als Simulation am Computerbildschirm. Die Vorteile bestehen beispielsweise in der problemlosen, schnellstmöglichen, beliebig oft durchführbaren Korrektur, aber auch in der nahezu endlos variierbaren räumlichen Darstellung. Gleichwohl gehen dadurch Individualität und künstlerische Originalität der traditionellen Planungsmethoden verloren.

Cappellini

Die italienische Möbelfirma wurde 1946 gegründet und produziert heute Tische, Sitzmöbel, Betten, Bücherschränke und Schreibtische, die von namhaften Designern entworfen wurden. 1987 riefen Giulio Cappellini, Paola Navone und Rodolfo Dordoni die Tochterfirma Mondo ins Leben, die sich auf → Reeditionen klassischer Möbel spezialisiert hat. Besondere Beachtung schenkte Mondo der traditionellen Drahtflechtkunst, etwa in der Serie «Filo di Ferro».
Für Cappellini entwarfen u.a. Michele Barro (Tisch «Datong», 1988 – mit Füßen aus verchromtem Drahtnetz; Stühle «Chiavari», 1988, und «Xi'an», 1990), Giulio Cappellini (Tischserie «Cenacolo», 1975, und «Dolmen», 1977), Tom Dixon (Stühle «S. Chair», «Fat Chair» und «Bolide», 1991 – aus lackiertem Metall, bezogen mit Wicker; Leuchte «Brancusi column», 1993), → Michele de Lucchi (höhenverstellbarer Tisch «Tecnico», 1988 – Gestell und Gegengewichtszylinder aus Metall bzw. Blei), Rodolfo Dordoni (Schränke «Aliante», «Baltimora», «Colombia» und «Passepartout», 1980–86; Stuhl und

Tisch «Tecnico» (1988)
von Michele de Lucchi. Foto: Cappellini

Sofa «Cina», 1985; Stuhl und Tischkollektion «Lipsia», 1984–86), Renata Fusi (Tischserie «Ketch», 1983), Anna Gili (Hocker, Sessel und Sofa «Tonda», 1991), Geert Koster (Tisch «Tonal», 1988 – Gestell aus brüniertem Stahl, Tischplatte aus transparentem Kristall oder mit Sand abgestrahlt), → Shiro Kuramata (Kommoden «Side 1», «Side 2», «Dinah» und «Solaris», 1986), → Alessandro Mendini (Reedition des ursprünglich für → Studio Alchimia produzierten Armsessels «Poltrona di Proust», 1993 – mit handbemaltem Holzrahmen), → Jasper Morrison (Metallsessel «Thinkingman's Chair», 1988, und «One-Legged Table», 1989; Sofa «Day Bed», 1989 – aus Holz und Strukturpolyurethan; «Bed II», 1993; «Big Wood Table», 1993), → Marc Newson (Glasharz-Chaiselongue «Orgone», 1991), → Daniela Puppa (Tisch «Oslo» und Bank «Newport», 1983), Franco Raggi (Polsterkollektion «Linate», 1986, und Sessel «Elba Cuoio», 1984), Kris Ruhs (Bank und Aschenbecher «Kris Ruhs», 1991 – aus bruniertem Metall) und Studio Cappellini (Behälterserie «Windows», 1992, sowie die Schrankserie «Box», 1990).

Cardin, Pierre (*1922 San Andrea da Barbara, Italien)

Der französische Modeschöpfer Pierre Cardin absolvierte vor dem Zweiten Weltkrieg eine Schneiderlehre und arbeitete von 1947 bis 1949 für Pariser Modehäuser wie Dior, Paquin und → Schiaparelli. Ende der vierziger Jahre entwarf Cardin die Kostüme für Jean Cocteaus surrealistischen Film «La Belle et la Bête» und eröffnete 1949 ein eigenes Modehaus auf der Pariser Rue Faubourg Saint-Honoré.

Cardin war der erste Pariser Modedesigner, der bewußt «männliche Stoffe» kreierte und sie – in Opposition zum Establishment – mit abstrakten Formen (→ Form) kombinierte. Eine Vorreiterposition hatte er auch bei der Erfindung des Partnerlooks und beim sog. Astronauten-Look (mit Helmen, Schutzbrillen und futuristischer Kleidung aus Vinyl). Mitte der sechziger Jahre sorgte er für Aufsehen mit durchsichtigen Blusen und Kleidern mit gewagten Ausschnitten.
Gegenwärtig stellt Cardin seinen Namen weltweit mehr als 500 Firmen zur Verfügung. Nach wie vor beweist er eine besondere Sensibilität für Modetrends und auch für neue Talente; so engagierte er 1969 den jungen → Philippe Starck als Art Director. 1981 erwarb Cardin das Pariser Luxusrestaurant

Service «Maxime's de Paris» (1985) für Hutschenreuther

«Maxims» und ist seitdem auch mit der Kreation von extravaganten Spirituosen und Feinschmeckerkonserven für die Lebensmittelbranche tätig. Seinen Namen findet man darüber hinaus auf Lederwaren, Brillen, seit kurzem auch auf einer Kollektion der deutschen Textilfirma Unland. Für → Hutschenreuther entwarf Cardin 1985 das Service «Maxime's de Paris», für → WMF das Cromargan-Besteck «Maxime's Rue Royale» sowie Platzteller, Gläserteller, einen Serviettenring und eine Messerbank.

Cassina

Die italienische Möbelfirma wurde 1927 von Umberto und Cesare Cassina gegründet und machte sich erstmals in den fünfziger Jahren einen Namen durch die Serienproduktion von Polstermöbeln, Stühlen und Tischen, die in Zusammenarbeit mit renommierten Designern entstanden. In den sechziger Jahren ergänzte Cassina sein Programm durch die (noch heute erhältliche) Kollektion «Cassina I Maestri», die Rekonstruktionen von Möbelklassikern von → Gunnar Asplund, → Le Corbusier, → Gerrit Rietveld, → Charles Rennie Mackintosh und → Frank Lloyd Wright umfaßt.
Jedes Möbelstück der «Maestri»-Serie ist mit einem Zeugnis versehen, das Informationen über Ursprungsjahr, Biografie, Konstruktionsschema, verwendete Materialien u.ä. enthält. Als unauslöschliche Markierungen tragen die Möbel die Unterschrift des Designers, das «Maestri»-Logo und die jeweilige Produktionsnummer.
Gegenwärtig bietet Cassina vor allem Achtziger-Jahre-Entwürfe von → Mario Bellini (Stuhl, Sessel und Sofa «CAB», Sessel und Sofa «685», die Sitzelemente «Char-a-Bang» sowie die Stühle «Lira» und «Liuto»), → Andrea Branzi (dreisitziges Sofa «Axale», mit sichtbarer Metallstruktur und abgerundeter, gepolsterter Rückenstange), → Paolo Deganello (Sessel und Sofa «Torso»), → Toshiyuki Kita (verstellbare Sesselliege «Wink», mit zweiteiliger Kopfstütze), → Gian Franco Frattini (Stuhl «Caprile», mit Sitz und Rücken aus Kernleder), → Lodovico Magistretti (Sessel und Sofas «Veranda», «Cardiagan», «Fiandra», «Maralunga», «Portovenere»), Piero de Martini (Polsterelemente «Sampan») und → Afra und Tobia Scarpa (Stuhl «121») an.

Castelli

Die Firma Castelli wurde 1877 als Tischlerwerkstatt von Caesare Castelli in Bologna gegründet, spezialisierte sich aber ab Mitte der vierziger Jahre ausschließlich auf die Büromöbelfabrikation. In den sechziger Jahren errang Castelli internationale Erfolge mit dem Sitzmöbelsystem «DSC» und dem Klappstuhl «Plia» (von → Giancarlo Piretti), der noch heute im Programm der Firma ist. 1971 begann man mit der Produktion des Schrank- und Trennwandsystems «SPI», 1976 wurde das Büromöbelsystem «Pert» vorgestellt, das aufgrund seines Baukastensystems große Planungsmöglichkeiten zuließ. In Zusammenarbeit mit → Emilio Ambasz und Giancarlo Piretti entstand 1979

die Drehstuhlfamilie «Veterba», die sich durch ihre dynamische Mechanik allen Sitzpositionen anpassen kann. Die Sitzfläche des «Veterba» neigt sich – je nach Bewegung – um 6 Grad nach unten; die Rückenlehne schwingt durch sanften Druck bis zu einem Neigungswinkel von 12 Grad nach hinten. 1982 entwickelte Castelli den aus Stahlnetz geflochtenen Stuhl «Penelope» (Design: → Charles Pollock), der heute im New Yorker Museum of Modern Art ausgestellt ist. 1986 entwarf → Richard Sapper das Büromöbelsystem «Von neun bis fünf», dessen Besonderheit in einer dreieckigen Metalltraverse liegt, die sowohl ausreichend Platz für die Führung von Kabeln bietet als auch als Achse für die in der Höhe verstellbare Arbeitsplatte dient. 1987 entwickelte das hauseigene «Centro Studio Castelli» den Bürodrehstuhl «Guya» (mit beweglicher Sitzschale), den es als Drehstuhl, als Besucherstuhl oder als Freischwinger gibt.
Als neuestes Produkt der Firma gilt der in Zusammenarbeit mit Dirk Schmauser und dem → Porsche Design Studio entwickelte Chef-Schreibtisch «F. A. Porsche» (1989), dessen charakteristisches Element ein verchromter Säulenfuß ist, der als Gelenk für die kommunikationstechnischen Anbauteile (schwenkbare Platten, Ablagen, Leuchten u.ä.) dient.
Richtungweisend ist ferner das modulare Büromöbelsystem «Programma Status» von → Rodolfo Bonetto, das aufgrund seiner sechseckigen Trägerplatte eine überaus variable Anbaugeometrie ermöglicht.

Castelli-Ferrieri, Anna (*1920 Mailand)

Die italienische Architektin, Publizistin und Industriedesignerin Anna Castelli-Ferrieri studierte von 1938 bis 1943 am Mailänder Polytechnikum Architektur. 1946/47 war sie Mitherausgeberin der Architekturzeitschrift «Casabella-Construzioni» in Mailand. 1946 gründete sie ihr eigenes Büro in Mailand. Anna Castelli war mit Städteplanung befaßt, sie baute Wohn- und Krankenhäuser, Kirchen und Industriegebäude.
Für → Kartell war sie seit 1966 als künstlerische Leiterin und Designberaterin tätig. Sie kreierte dort Blumenkästen aus ABS (einem plastisch verformbaren Kunststoff) und Polyurethan, Tabletts, Tischaschenbecher, Spiegel («4718» bis «4733»), Wäschekörbe sowie Stapelelemente aus ABS (Serie «4984», die 1973 den Bundespreis → Gute Form bekam). Noch heute werden ihr leiterähnlicher Behälter «Tiramisù» sowie ihr Kleiderständer «4787» produziert.
Zu einem großen Erfolg wurden ihr Stapelstuhl «4780» (aus thermoplastischem Technopolymer), ihre Tischserie «4581» und ihre Hocker «4822/23/24/25» (1979). Es waren die ersten Kunststoffhocker auf langen Beinen (Höhe der Modelle von 58 bis 88 cm). Da das herkömmliche Polyurethan für die starken Zugspannungen nicht geeignet war, führten Techniker bei Kartell eine Reihe von Versuchen durch, bis das beste Material gefunden war: glasfaserverstärkter Polypropylenschaumstoff. Darin konnten die Metallbeine des Hockers eingelassen werden, da dieses Material hart wie Zement ist und die Stoffe bindet.
Anna Castelli-Ferrieri lehrt seit 1987 an der Domus-Akademie, sie war Mitbegründerin und Vorsitzende (1969–71) der Gesellschaft für Industriedesign ADI. Ihre Entwürfe erhielten zahlreiche internationale Preise. 1973 gewannen ihre «Stapelelemente 4970»

Sessel «4814» für Kartell. Foto: Kartell

den deutschen Bundespreis Gute Form, 1979 erhielt sie den → Compasso d'Oro, 1982 den Design-Preis auf der Kölner Möbelmesse. Anna Castelli gilt als einer der wichtigsten Vertreter des italienischen Designs der sechziger und siebziger Jahre, auch weil sie sich beim Entwerfen nicht nur für Ästhetik, sondern vor allem für Praktikabilität, Serienherstellung und Preiswürdigkeit der Produkte einsetzte. Einige ihrer Arbeiten sind in New York in der ständigen Ausstellung des Museum of Modern Art zu sehen.

Castiglioni, Achille (* 1918 Mailand)

Der italienische Architekt und Industriedesigner Achille Castiglioni studierte am Mailänder Polytechnikum Architektur und promovierte 1944. 1945 gründete er zusammen mit seinen Brüdern Pier Giacomo (*1913, †1968) und Livio (*1911, †1979), die bereits 1938 mit ihrem Kombiradio «Phonola» aufgefallen waren, ein eigenes Architekturbüro.
Castiglioni prägte durch seine designtheoretische Grundlagenforschung und seine vielseitigen Produktentwürfe nachhaltig das italienische Nachkriegsdesign. Dabei steht sein Name besonders für die Entwicklung moderner Beleuchtung (Klassiker wurden seine 1962 für → Flos entworfene Tischleuchte «Taccia» in Form einer beweglichen Glasschale mit aluminiumeloxierter Sockelmanschette und das Modell «Noce 1» von 1972, deren Preßglasschale in → Form und Struktur einer Nuß nachempfunden ist).
Er entwarf aber auch Möbel und technische Geräte, baute Kirchen, Privathäuser und den «Permanente»-Turm in Mailand; darüber hinaus gestaltete er Ausstellungsgebäude

Tischleuchte «Taccia» (1962) für Flos.
Foto: Flos

und -stände. In den fünfziger Jahren arbeitete er als Kritiker für die Zeitschrift «Stile Industria», 1956 war er Mitbegründer der Gesellschaft für Industriedesign, ADI, ab 1969 ist er als Privatdozent tätig. 1981 wurde ihm der Lehrstuhl für Inneneinrichtung und Industriedesign der Fakultät für Architektur am Mailänder Polytechnikum anvertraut.
Castiglionis Kunden waren die Firmen → Brionvega (Radio- Schallplattenkombination «RR 126», 1966), Flos, Gavina (→ Knoll), → Kartell, → Zanotta, → B&B, Ideal Standard, Phoebus (Kopfhörer, 1967), Siemens und Fiat.
Ein früher Möbelentwurf Castiglionis, der international Furore machte und heute in der ständigen Ausstellung des Museum of Modern Art in New York zu sehen ist, war der Hocker «Mezzadro» aus dem Jahre 1957. Das Originelle daran: Der Sitz (aus Metall) stammt von einem Trecker und ist nur mit einer Flügelschraube an der gebogenen Stützstange aus Stahl festmontiert. Sein Fußteil ist aus Buchenholz, seine Höhe beträgt 51 cm. Der Hocker wird heute von Zanotta hergestellt, ebenso wie das Modell «Sella» (1957; mit Pier Giacomo Castiglioni), das aus einem Fahrradsattel auf einer Stahlstange besteht und als Sitz zum Telefonieren gedacht ist. Mobiles und legeres Wohnen war Castiglionis Leitgedanke beim Möbelentwurf. Als engagierter Befürworter des → Re-Design kreierte er 1979 den Klapptisch «Cumano» (bei Zanotta), eine originelle Neuauflage französischer Bistrotische. Das Besondere am «Cumano»: Er hat ein kleines Loch in der Tischplatte und kann, wenn er nicht mehr gebraucht wird, daran an der Wand aufgehängt werden.
Als Beleuchtungsdesigner entwarf Castiglioni 1962 zusammen mit seinem Bruder → Pier Giacomo das Modell «Arco» für Flos. Die Leuchte hat wegen der großen Ausladeweite (max. 200 cm) einen schweren Marmorsockel. In ihrem Sockel befindet sich ein Loch, durch das man eine Stange schieben kann, um sie von einem zum anderen Ort tragen zu können. Spektakulär ist Castiglionis Stehleuchte «Toio» von 1962, die heute ebenfalls von Flos produziert wird: ein Autoscheinwerfer auf einem höhenverstellbaren Messingschaft.
Weitere Entwürfe schuf Castiglioni für die Firmen Bernini («San Luca»-Sessel, 1961, und Hängeregal aus Buchensperrholz bzw. → Laminat), → Driade (Sessel «Sancarlo»), → Danese (Glasserie «Ovio»; Kelch «Paro», 1983), → Fontana Arte (Tisch «Tangram»), Flos (Hängeleuchte «Splügenbräu», 1961, und «Frisbi», 1978 – Diffusor aus Metallacryl opal, von drei dünnen Stahlfäden getragen, Reflektor aus verchromtem Metall; dimmbare Tischleuchte «Gibigiana», 1981 – Re-

flektor aus verspiegeltem Metall, tragende Struktur aus Aluminium), → Marcatré (Bürosystem «Solone»), → Olivetti Synthesis (Büromöbel-Kollektion «Sangirolamo», 1991 – zusammen mit → Michele de Lucchi), → Up & Up (Tische «Ovale del Giardiniere» und «Ipaz»; Brunnen «Fontana»). Für Zanotta schuf er die Stühle «Allunaggio» (1965), «Primate» (1970) und «Rosamuna» (1982), das Paravent «Servento» (1986), das Drehregal «Joy» (1989), die Kommode «Isi» (1990) und den Tisch «Servomute». Mit seinen Objekten gewann er mehrmals den → Compasso d'Oro, einige seiner Kreationen sind in der ständigen Ausstellung des Museum of Modern Art in New York zu sehen.

Castiglioni, Pier Giacomo (*1913 Mailand, †1968 Mailand)

Der italienische Architekt, Möbel- und Produktdesigner Pier Giacomo Castiglioni studierte am Mailänder Polytechnikum Architektur und promovierte 1937. Seit 1945 arbeitete er zusammen mit seinen Brüdern Livio und → Achille Castiglioni als freier Designer und Architekt. Das Trio war vor allem auf dem Gebiet des Beleuchtungsdesigns tätig, entwarf aber auch Möbel und technische Geräte, z.B. das Radio «Phonola» (1938) mit Kunststoffgehäuse. Von 1950 bis 1968 war Castiglioni Designberater für Associazione Nazionale Industrie Elettroniche Radio und für Televisione Italiana. Am Mailänder Polytechnikum war er von 1946 bis zu seinem Tod Professor für → Design.
Castiglioni arbeitete u.a. für → Arteluce, Bernini, → Brionvega, → Cassina, → Flos, → Kartell und → Zanotta; er erhielt zahlreiche Auszeichnungen, u.a. fünfmal den → Compasso d'Oro.
1961 entwarf Pier Ciacomo Castiglioni zusammen mit seinem Bruder Achille die Aluminiumleuchte «Splügenbräu» für Flos.
Sie hat innen eine verspiegelte Lampe, ihr Schirm erscheint als nach außen gestülpte, verlängerte Fassung. Das Gewicht der Leuchte hat die Form der herkömmlichen Keramikzylinder, besteht aber aus Stahl und wird mit Stahlkügelchen gefüllt. In der → Alessi-Kollektion «Officina» wird derzeit das Besteck «Caccia» reediert (→ Reedition), das Pier Giacomo Castiglioni 1938 zusammen mit seinem Bruder Livio und mit Luigi Caccia Dominioni entworfen hat.

Stehhilfe «Sella» (1957) für Zanotta. Foto: Masera

Chareau, Pierre (*1883 Bordeaux, †1950 Easthampton, New York)

Der französische Architekt, Designer und Maler Pierre Chareau arbeitete vor dem Ersten Weltkrieg als Zeichner für den Möbelhersteller Waring & Gillow in London. 1919 machte Chareau erstmals als Möbeldesigner auf dem Pariser Herbstsalon auf sich aufmerksam, als er eine Möbelkollektion präsentierte, die er für das Privathaus von Dr. Dalsace entworfen hatte. Die Möbel aus Ebenholz zeichneten sich durch eine streng funktionalistische (→ Funktionalismus) Ausführung und eine sehr weiche Linienführung aus. Anlehnungen an die Kunstrichtung des → Art Déco sind auch für die späteren Möbelentwürfe Chareaus bestimmend.
Sein berühmter Tisch in Fächerform sowie sein T-förmiger Hocker (Gestell aus Metall, Sitz aus Holz – Palisander oder schwarz lackiert) werden heute von der französischen Firma → Ecart International hergestellt.
Chareaus populärste Architekturschöpfung ist das «Maison de verre» (Glashaus) in Paris, das in den Jahren von 1928 bis 1932 in Zusammenarbeit mit dem Architekten Bernard Bijvoet entstand. Bekannt wurde auch sein Haus für den Maler Robert Motherwell in Easthampton, das im Zweiten Weltkrieg leider zerstört wurde. 1930 gehörte Pierre Chareau neben Francis Jourdain und anderen zu den Gründern der Union des Artistes Modernes. In dieser Zeit entwarf er Metallmöbel, abstrakte Beleuchtungsarrangements aus Opalglas sowie Textilien – allesamt im Stil des Modernismus. 1938 gestaltete er das Interieur des Collège de France in Paris. 1940 emigrierte er nach Amerika.

«T»-Stuhl, reediert von Ecart.
Foto: Ecart International

Chermayeff, Serge (*1900 Grosby Dagestan/Kaukasus)

Der amerikanische Architekt, Maler, Schriftsteller und Industriedesigner Serge Chermayeff studierte von 1922 bis 1925 Kunst und Architektur in Deutschland, Österreich, Frankreich und den Niederlanden. Von 1924 bis 1927 war er Chefdesigner bei der Firma E. Williams Limited; 1928 wurde er Leiter des Modern Design Studio, das von der Möbelfirma Waring & Gillow eingerichtet worden war. Von 1931 bis 1933 arbeitete Chermayeff als freier Architekt, u.a. für die BBC, für die er Interieurs gestaltete. Er arbeitete bis 1936 mit Erich Mendelsohn zusammen, ihr berühmtestes gemeinsames Werk ist der «De La Warr-Pavillon» in Bexhill, Sussex. Chermayeff emigrierte 1939 in die USA, wo er →

Design und Architektur lehrte: zunächst an der Harvard University (1953–56), dann am Brooklyn College in New York, am Institute of Design in Chicago (wo er von 1946 bis 1951 Präsident war) und zuletzt an der Yale University (1962–71). Chermayeff entwarf Möbel für die Firmen Pel Limited, Plan Limited und die Wilton Royal Carpet Factory. Er kreierte Leuchten für Best and Lloyd (1933), darüber hinaus Radios für Ekco, wobei sein Radio «AC 74» (1934) als erstes Radio mit Plastikgehäuse der Welt gilt.

Christensen, Georg → Mawa

Cimini, Tommaso (*1947 Pineto)

Der italienische Designer Tommaso Cimini war sieben Jahre lang Techniker beim Leuchtenhersteller → Artemide, wo er mit bedeutenden Designern wie → Gae Aulenti, → Vico Magistretti und → Richard Sapper zusammenarbeitete.
Ein großer Erfolg, vor allem in Deutschland, wurde seine zierliche Stehleuchte «Daphine» (1976), die von der Firma → Lumina hergestellt wird und von der es inzwischen auch eine kleinere Version gibt. Beim Entwurf schwebte Cimini eine vernünftig proportionierte Leuchte mit sparsam angebrachtem Transformator vor. Die «Daphine» hat einen Drehpol am Transformator, so daß der Metallstiel auch seitwärts bewegt werden kann. Sie ist im Brooklyn Museum, New York, ausgestellt, ebenso im Pariser Musée des Arts Décoratifs und in der Neuen Sammlung, München.

Cirici, Christián → Studio PER

Citterio, Antonio (*1950 Meda)

Der italienische Architekt und Designer Antonio Citterio gründete 1972 zusammen mit → Paolo Nava ein eigenes Studio und kooperierte ein Jahr später mit der Firma → B&B Italia. Trotz seiner Nähe zu den Mailänder Avantgardegruppen geriet Citterio in keinerlei stilistische Abhängigkeit. Gerade wegen seines konsequent persönlichen Stils gehört er heute zu den bedeutendsten Designern der jüngeren italienischen Generation. Bei seinen Entwürfen von Polstermöbeln, Tischen und Kücheneinrichtungen legt Citterio großen Wert auf Modernität, das heißt auf Verwendung neuester Techniken und Materialien, etwa beim Sofa «Diesis» (1979) für B&B Italia. Citterio und Nava orientierten sich bei diesem Entwurf am Typus des Zwanziger-Jahre-Möbels und strebten eine klare visuelle Trennung von Polstern und Gestell an. Der Rahmen des «Diesis» besteht aus Leichtmetall, die Polster sind aus Daunen und Polyurethan mit Leder- oder Stoffbezügen. Zum «Diesis» entwarfen Citterio und Nava auch Sessel, eine Ottomane und einen elliptischen Glastisch.
Seitdem Citterio eigene Wege geht – er hat ein großes Atelier in Mailand –, hat er für verschiedene Firmen in Deutschland, Holland

«Citterio Collection» (1990) für Vitra. Foto: Vitra

und Italien auch Showräume gestaltet, so für Esprit in Amsterdam. Citterios größter Erfolg wurde 1986 «Sity», eine Kollektion von unterschiedlichsten Polsterelementen, die individuell kombiniert werden können. «Sity» erhielt 1987 den → Compasso d'Oro und wird heute von B&B vertrieben. Citterio entwarf 1990 die Bürostühle «AC 1» und «AC 2» sowie den Freischwinger «AC 3» und das Sitzmöbelsystem «Area» (zusammen mit Glen Oliver Löw) für die Firma → Vitra. Bei → Kartell sind Citterios Klapptisch-Serie «Leopoldo» und die Klapp-Servierwagen «Gastone» (Platte aus thermoplastischem, kratzfest lackiertem Technopolymer) und «Filippo» (mit Zentralgriff) im Programm. Für → Moroso entwickelte Citterio die Sitzgruppe «Ready Made», für → Olivetti Synthesis 1992 das Bürosystem «Ephesos», für Arc Linea 1993 einen altarförmigen Gasherd.

ClassiCon

Die deutsche Möbelfirma ClassiCon wurde 1990 von Stephan Fischer von Poturzyn ins Leben gerufen, der u.a. Gründungsmitglied des Design Zentrum München ist und Vorstandsmitglied bei den Vereinigten Werkstätten AG war. Das Unternehmen hat mit der Kollektion «Die Klassiker» eine Produktlinie der Vereinigten Werkstätten übernommen, darunter Entwürfe von → Eileen Gray, → Walter Gropius, → Otto Krüger, → Eckhart Muthesius und → Bruno Paul.
Für die Edition «Contempora» beauftragte ClassiCon moderne Designer wie Heiko Bartels und Harald Hullmann (Leuchte «Ate», «Rhea», «Tyr» und «Wotan»), Stephan Braunfels (Wandleuchte «Ares»), Hans Dinnebier (Leuchte «Clips»), Flexis (Leuchtenserie «Nox»), Harald Gruber (Wandleuchte «Janus»), → Michele de Lucchi (Hängeleuchte «Si Gira», mit austauschbarem Schirm), Peter Naumann (Schreibtischleuchte «Ran»), → Danilo Silvestrin (Kaminset «Vulcanus»), Claudius Walter (Tischleuchte «Tokso»), Andreas Weber (Steh- und Hängeleuchte «Wara»), Franz Xaver Vetter (Hängeleuchte «Lindos») und Yamada Studio (Leseleuchte «Comodino», mit verstellbarem Reflektor und kabellosem Akkubetrieb). Von Takenobu Igarashi stammen die gußeiserne Hängeleuchte «Mogami» und der Hocker-Klassiker «Zao» (mit rundem, drei- oder viereckigem Sitz aus schwarzem Gußeisen).
Herbert H. Schultes entwarf für ClassiCon die Stehleuchte «Orion» sowie die Leuchten «Olymp» und «Orbis». Ein anderer produktiver Designer ist → Kurt Ziehmer, der u.a. den Tisch und gleichnamigen Stuhl «Pontos» sowie die Leuchte «Puck» entwarf.

Coates, Wells (*1895 Tokio, †1958 Vancouver)

Der amerikanische Architekt und Industriedesigner Wells Coates studierte von 1914 bis 1921 Maschinenbau an der Universität von British Columbia in Vancouver, Kanada. In London setzte er seine Studien fort (1922–24) und promovierte dann. 1924 arbeitete er mit Maxwell Fry als technischer Zeichner im Architekturbüro Adams and Thompson, parallel dazu war er als Journalist für den «Daily Express» tätig. 1928 gestaltete er eine Filiale für die Seidenmanufaktur Crysede, 1929 entwarf er die Fabrikhalle für Cresta Seidenwaren. In dieser Zeit machte Coates die Bekanntschaft mit Jack Pritchard, mit dem er 1931 die Möbelfirma → Isokon Company gründete – eine «Institution für modernes, funktionales Design von Häusern, Wohnungen, Möbeln und Beleuchtung». Coates' berühmtestes architektonisches Projekt wurden die Lawn Road Flats (1932) in London, zu deren ersten Mietern → Walter Gropius, → Marcel Breuer und → László Moholy-Nagy gehörten. Coates entwarf für Isokon Bücherregale, wobei er als Spezialist für Sperrholz- und Stahlrohrverarbeitung im Bauhaus-Stil (→ Bauhaus) galt. 1931 gestaltete er für die BBC (British Broadcasting Corporation) Tonstudios in Portland Place. 1933 war Coates Gründungsmitglied des Modern Architecture Research (MARS), im selben Jahr schloß er sich auch → Paul Nashs Künstlergruppe → «Unit One» an. 1934 entwarf er für den Gründer der Ekco-Company, Eric Kirkham Cole, das Radio «AD 65», ein kabelloses Radio in einem Bakelitgehäuse, das wegen seiner Rundform das Radio-Design revolutionierte. 1935 entwickelte Coates Stahlrohrmöbel für die Firma PEL, ein Jahr darauf Holzmöbel für Ganes of Bristol. Neben zahlreichen Elektrogeräten für Ekco entwarf Wells Coates in seinen späteren Jahren auch Flugzeuginnenräume für die Firmen De Havilland und die Fluglinie BOAC. Obwohl Coates 1944 zum Royal Designer for Industry ernannt wurde, war seine Nachkriegskarriere nur wenig erfolgreich.

Colani, Luigi (* 1928 Berlin)

Lutz (Luigi) Colani nahm 1946 ein Studium der Malerei und Bildhauerei in Berlin auf, wechselte aber schon zwei Jahre später an die Sorbonne in Paris, wo er sich für den Studiengang Aerodynamik einschrieb. 1953 wurde er Leiter der Abteilung «New Materials» beim Flugzeughersteller Douglas in Kalifornien, 1954 erhielt er in Genf die «Goldene Rose» für eine Fiat-Sportkarosserie. In den sechziger Jahren trat Colani mit seinen typischen organischen (→ Organisches Design) Formen in den Blickpunkt, dem sog. Bio-Design, das der Natur nachempfunden war. So entwickelte er Autos (vor allem Rennwagen), die aus der Beschäftigung mit in der Natur vorkommenden Käfern entstanden; Haifische und Vögel dienten ihm als Vorbilder für seine Flugzeugentwürfe, z.B. das Modell «Shark Plane» (1977) oder der «Kormoran» (1986). Nach Erfolgen als Möbeldesigner (1965 für Asko) baute er 1968 ein Designteam in Nordrhein-Westfalen auf. 1972 zog er nach Schloß Harkotten, wo er u.a. für BMW, Boeing, → Rosenthal, VW und Thyssen arbeitete. 1982 siedelte Colani nach Japan über und errang dort einen Welterfolg mit seinen Brillenkollektionen. 1986 erhielt er die «Goldene Kamera» für das Ca-

Teeservice «Zen» (1973) für zwei Personen. Foto: Friesland

non-Modell «T90», 1990 entwarf er Uniformen für Swissair und eine Schmuckkollektion. 1992 entwickelte er ein neues → Design für die Computer der Firma Vobis. 1993 schuf er den Highscreen «Colani Organizer». Zu Colanis herausragenden Studien gehört die Serie «Automorrow» (1989), die aus Prototypen für Zwei- und Viersitzer, aber auch aus einsitzigen Dreirädern (z.B. «Utah 1») oder Zweirädern («Utah 2») bestand. Durch ihre aerodynamische Verschalung gefielen die Motorräder «Münch Mammut» (1972) oder «Frosch» (1973). Für Rosenthal entwarf Colani 1974 das Teeservice «Drop», für die Firma Friesland das an fernöstliche Traditionen anknüpfende Teeservice «Zen» (in schwarzem Ceracron-Steinzeug, mit auf Gummimuffen gelagerter, nach zwei Seiten benutzbarer Teekanne). Für → Grohe entwarf Colani eine Badezimmerarmatur und einen Doppelwaschtisch mit Spiegel (1975), für → Villeroy & Boch eine spezielle Badezimmer-Keramik (1973).
Neben der bereits erwähnten «Canon T 90» entwickelte Colani die vollelektronische Kamera «H.O.M.I.C.» (1985) mit Memochips bis zu 300 Aufnahmen, eine Unterwasserkamera und die Damen-Kamera «Lady» (1985). Berühmt wurden ferner seine Uhr für Citizen, seine Computer-Maus und der Leichtkopfhörer für → Sony, den das New Yorker Museum of Modern Art 1983 in seine ständige Sammlung aufnahm.
1993 stellte Colani auf der Internationalen Funkausstellung (IFA) Prototypen einer neuen Fernsehgeräte-Reihe für den ehemaligen DDR-Monopolisten RFT-Rundfunk-Fernseh-Telekommunikation AG vor, die 1994 eingeführt werden soll.

Colombo, Joe (*1930 Mailand, †1971 Mailand)

Der italienische Produktdesigner, Architekt, Maler und Bildhauer Joe Colombo studierte Kunst und Architektur an der Brera-Akademie und am Polytechnikum in Mailand. Von 1951 an arbeitete er mit den Malern Enrico Baj und Sergio Dangelo zusammen. 1961 wandte er sich von Malerei und Bildhauerei ab und gründete ein eigenes Designstudio, in dem er Möbel, Leuchten, Glasobjekte, Küchensysteme sowie verschiedene Gebrauchsgegenstände entwarf. Colombo galt vor allem in den sechziger Jahren als ein Designer, der auch experimentellen Arbeiten im Inneneinrichtungsbereich gegenüber aufgeschlossen war. Bekannt geworden ist sein Kunststoffstuhl «4867» (1968), der heute von → Kartell

produziert wird. Der stapelbare Stuhl ist an den Seiten abgeflacht und hat spezielle Einbuchtungen, die das Übereinandersetzen von weiteren Stühlen erlauben.
Aus dem Jahr 1966 stammt die C-förmige Tischleuchte «Colombo 281» mit Metallfuß und Leuchtkörper aus Acrylglas. Bei diesem Modell, das von → O-Luce hergestellt wird, strahlt das Licht aus einer Leuchtstoffröhre von der Bodenplatte aus durch den Acrylglaskörper nach oben, was der Leuchte eine futuristische Ausstrahlung verleiht. Weitere vielbeachtete Modelle für O-Luce sind die Leuchten «Colombo 626» (1971), «Coupé» (1967), «Spider» (1966) und «Wing».
Das Ergebnis von Experimenten mit Plastiklaminat – einer Versuchsreihe, die Colombo für die erste «Eurodomus» 1966 in Genua durchführte – ist der von → Zanotta produzierte Spieltisch «Poker 251» (aus Inox-Stahl). Seine obere Platte ist mit grünem Filz bezogen, ledergekäntelt und abnehmbar. An jeder Ecke des Tischs läßt sich eine Ablage herausschwenken, auf der z.B. Gläser oder Rauchutensilien Platz finden. Der «Poker 251» wurde in das Museum of Modern Art in New York aufgenommen und erhielt 1973 eine Auszeichnung auf der Ausstellung BIO in Ljubljana/Jugoslawien. Bei Zanotta ist darüber hinaus Colombos Barhocker «Brillo» (1971 – Fuß aus Fiberglas, Bein aus Inox-Stahl) in Produktion. Für → Bieffeplast entwarf der Designer den rollbaren Beistellschrank «Boby» (aus ABS-Kunststoff) mit zwei drehbaren Schubladen und Seitentaschen, für → Wittmann die Sitzgruppe «Central Living».
Colombo gewann mit seinen Entwürfen zahlreiche internationale Preise, u.a. 1967 den → Compasso d'Oro, Mailand.

Compasso d'Oro

Der italienische Designpreis Compasso d'Oro wurde 1954 ins Leben gerufen und seit 1956 jährlich für Produkte vergeben, die sowohl ästhetisch herausragen als auch kommerziell erfolgreich sind. Er wurde u.a. → Mario Botta für seinen Desk-Computer «Programma 101» und → Cini Boeri für ihr Sofa «Strips» verliehen.

Computerdesign → CAD/CAM

COR

Die deutsche Möbelfirma COR wurde 1959 von Adolf Fürst zu Bentheim-Tecklenburg und Leo Lübke gegründet.
Durch Entwürfe von Michael Bayer (Sessel «Quinta») und Friedrich Wilhelm Möller (Sitzgruppe «Consenta») konnte sich COR bereits in den sechziger Jahren einen Namen als Hersteller hochwertiger Produkte machen. Gegenwärtig bietet die Firma Designermöbel u.a. von Jan Armgardt (Sessel, Couch und Hocker «Aranda»), Gabriele Assmann und Alfred Kleene (Sessel und Couch «Orbis» und «Corner»), Jo Otterpohl (Hochlehner «Famula»), Burghard Vogtherr (Sofa und Sessel «Gallo») und dem COR-Team (Freischwinger «Sinus») an.

Simon Desanta hat für COR den faltbaren Freischwinger «Faltschwinger» geschaffen, der aufgrund seiner Handlichkeit und → Form mehrfach ausgezeichnet wurde. → Hartmut Esslinger und sein → Frogdesign-Team schufen 1989 das Schreibtischsystem «COR project», das aus Drehsesseln, Freischwingern, einem Schranksystem und einem vielfältig kombinierbaren Tischsystem (Glasplatten oder Furnier; in diversen Farben, mit zahlreichen Anbauten und einzeln ansetzbaren Tischbeinen) besteht. Einer der produktivsten Designer für COR ist → Peter Maly, der u.a. die Ausziehtische «Combra» und «Taurus», die Sitzliege «Cirrus», die Sessel «Vega» und «Pando», die Sitzgruppen «Tarbo» und «Tarbo plus» sowie den Sesselklassiker «Zyklus» entworfen hat.
Von Maly stammt auch die neueste Produktserie von COR, die aus Beistelltischen sowie aus Tischen zum Anstellen an Polstermöbel und Bistrotische besteht, so die Modelle «Tarbo» (ein Zwei-Platten-Glastisch mit zwei Kegelfüßen und einem Laufrad), «Zelda» (mit furnierten oder farbigen Beinen) oder «Delta».

Coray, Hans (*1907 Wald, Schweiz)

Der Schweizer Designer, Bildhauer und Maler Hans Coray wurde als Grafiker ausgebildet, promovierte aber parallel zum Doktor der Literaturwissenschaft. Als Industriedesigner (→ Industrial Design) war er vor allem mit mathematisch-stereometrischen Problemen befaßt. In den dreißiger Jahren schuf er Arbeiten in Aluminium, poliertem Metall und Acrylglas. Weltbekannt wurde sein «Landi-Stuhl» von 1938, der heute von der Firma → Zanotta (Modell «Spartana») hergestellt wird. Coray hatte diesen Stuhl für die Schweizerische Landesausstellung 1939 in Zürich entworfen, wo er aufgrund seines Materials – einer damals in Europa neuartigen Leichtmetallegierung, die in Kanada entwickelt worden war – Aufsehen erregte. Der «Landi» (eine Abkürzung von «Landesausstellung») ist leicht, standfest, stapelbar, körpergerecht und dabei gut federnd. Das Leichtmetall wird in der Sonne nicht heiß, weil es Wärme abstrahlt. Da der Stuhl auch rostfrei ist, wurde er ein ideales Sitzmöbel für die Terrasse.
Außer dem «Landi» hat Coray Stühle aus Drahtgitter und Holz entworfen, so 1952 den «Landa» (er wird von Zanotta hergestellt), dessen Sitz und Rückenlehne aus gebogenem Schichtholz bestehen.

Stuhl «Spartana» (1938) für Zanotta. Foto: Masera

Corporate Identity

Unter Corporate Identity versteht man das einheitliche Erscheinungsbild einer Firma, das eine klare und schnelle Identifikation nach außen hin ermöglicht. Hierzu gehört die Vereinheitlichung von Kommunikationsmitteln, aber auch von Fahrzeugen, Firmenkleidung, Verpackung u.ä.

Die erste Corporate Identity schuf → Peter Behrens für die → AEG; für → Olivetti war → Hans von Klier erfolgreich tätig. Für den Bereich Corporate Identity arbeiteten bei namhaften internationalen Firmen ferner die Designer → Otl Aicher, → Saul Bass, → Herbert Bayer und → Massimo Vignelli.

Création Baumann

Die Schweizer Textilfirma Création Baumann hat ihren Ursprung in der Leinen- und Halbleinenfabrik Brand & Baumann, die 1886 in Langenthal gegründet wurde. Bis 1930 produzierte die Firma vorwiegend Leintücher und Küchenwäsche, in den dreißiger Jahren setzte man Schwerpunkte im Entwurf von Mustern für Damenkleiderstoffe. In den vierziger Jahren konzentrierte sich Baumann auf Möbel- und Vorhangstoffe (Entwürfe von Cornelia Forster) und setzte in den fünfziger Jahren den Akzent auf Dekostoffe. Der Entwurf für den erfolgreichen «Ascona»-Stoff stammt aus dem Jahr 1935, wurde aber erst 20 Jahre später gewoben. 1952 erfand Baumann den Markennamen «Goldfaden», der die Firma weltbekannt machte. Zu den Kreationen, die aus der von Jörg Baumann geleiteten Entwicklungsabteilung stammen, gehören die Baumwollgewebe «Piega/Palito» (1986) und «Varia». In den achtziger Jahren wurde das Vertikallamellen-System «Fretic» (mit echten Textilstreifen) entwickelt, das heute mehr als 250 verschiedene Bänder umfaßt. Baumanns aktuellster Produktzweig sind hochwertige textile Tapeten.

Czeschka, Carl Otto (*1878 Wien, †1960 Hamburg)

Der österreichische Designer, Illustrator und Buchkünstler Carl Otto Czeschka studierte von 1894 bis 1899 an der Akademie der Bildenden Künste in Wien bei Christian Griepenkerl. Von 1901 bis 1907 lehrte er an der Wiener Kunstgewerbeschule, wo Oskar Kokoschka zu seinen Schülern zählte. Seit 1905 arbeitete Czeschka mit → Josef Hoffmann, → Koloman Moser und anderen für die → Wiener Werkstätten.

Er entwarf Postkarten, Bildbände, Schmuck, Stickereien und beschäftigte sich mit den Verarbeitungsmöglichkeiten von Buntglas. Einige Glasfenster in Hoffmanns «Palais Stoclet» in Brüssel stammen von Czeschka. Darüber hinaus entwarf er Geschäftseinrichtungen, Theaterausstattungen (für Max Reinhardt 1907 und 1917), Möbel, Metallarbeiten und Spielzeug.

Für den Insel-Verlag und für den Verlag Gentzsch & Heyse arbeitete Czeschka als Buchkünstler. 1907 wurde er an die Hamburger Kunstgewerbeschule berufen, wo er bis 1943 als Professor lehrte.

D

da Costa, Marc
→ Serien Raumleuchten

Danese

Die Danese-Produktion, die 1957 von Bruno Danese und Jacqueline Vodoz gegründet wurde, stellt Objekte nach Entwürfen von → Achille Castiglioni, Marco Ferreri, → Angelo Mangiarotti, → Enzo Mari, Franco Meneguzo, → Bruno Munari und Kuno Prey her.

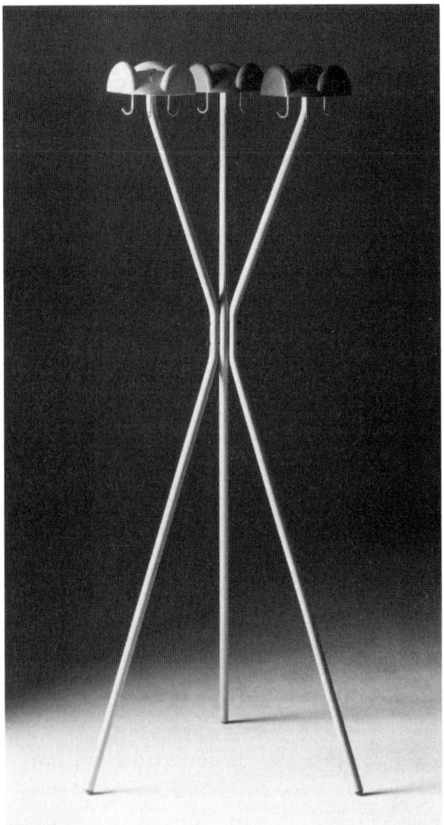

1959 begann Danese als eine der ersten Firmen in Europa mit der Produktion seriell gefertigter Kunstobjekte (Multiples). Mit den «Kinderausgaben» entwickelte die Firma ab 1967 eine Reihe von Spielen (Entwürfe von Mari und Munari, in Zusammenarbeit mit Giovanni Belgrano), so das «Fabelspiel», die «Spielecke» oder «16 Tiere».
Zu den bekanntesten Produkten von Danese gehören die Aschenbecher-Serien «Uno e Mezzo» (Mari, 1989), «Griglia» (Mari, 1973), «Ponza» (Munari, 1958), «Paros» (Mari, 1964), der Kelch «Paro» (Achille Castiglioni, 1983), der Tischkalender «Timor» (Mari, 1967), der Wandkalender «Formosa» (Mari, 1963), die Tischuhr «Tino» (Prey, 1986), die Brieföffner-Serie «Amaland» (Mari, 1962), das Schreibtisch-Set «Canarie» (Munari, 1958), die Schreibtischablage «Sumatra» (Mari, 1976) bzw. «Suva» (Mari, 1987), der Papierkorb «Chio» (Mari, 1987), die Kleiderständer «Tricorno» (Mari, 1980) und «Kerguelen» (Mari, 1968) sowie die Box «Flores» (Mari, 1992).
Von den Kunstausgaben sind derzeit Seidendrucke, Serigrafien und Handpressendrucke von Enzo Mari im Programm, ferner diverse Bilderrahmen (von Munari und Mari) sowie die schmiedeeisernen Objekte «Mazzucco», «Dronero», «Viticcio» und «Sboccio» (alle Enzo Mari, 1989).

Kleiderständer «Tricorno Uno» (1980) von Enzo Mari. Foto: Ballo & Ballo

Day, Robin (*1915 High Wycombe, Buckinghamshire)

Der englische Industrie- und Möbeldesigner Robin Day studierte von 1930 bis 1933 an der High-Wycombe-Kunstschule, von 1934 bis 1938 am Royal College of Art in London. Seit 1945 arbeitete Day als freier Industrie-, Ausstellungs- und Möbeldesigner in einem eigenen Büro in London. Bekannt wurde Day 1948, als er in New York mit einem Stuhl den Ersten Preis des Internationalen Wettbewerbs für Low-Cost-Möbeldesign gewann, den das Museum of Modern Art ausgeschrieben hatte. Der englische Möbelhersteller Hille wurde dadurch auf Day aufmerksam und nahm ihn unter Vertrag.
Robin Days bevorzugte Materialien sind Preßkunststoff, Spanplatten und gepolsterte Metallrahmen. 1963 entwarf er einen der erfolgreichsten Stühle der Nachkriegszeit, den stapelbaren «Polypropylen-Stuhl» für Hille. Der Prototyp, der seit 1963 vielfach abgewandelt wurde, besaß eine Art Sitzmuschel aus speziellem Propylen, das 1954 in Italien entwickelt worden war und wegen seiner Leichtigkeit, Stabilität und Flexibilität für Day das optimale Material darstellte.
Robin Day arbeitete seit 1962 für verschiedene Firmen als Designberater, er entwarf das Sitzmobiliar der Londoner Royal Festival Hall (1951), war mehrfach für die Ausgestaltung des Festival of Britain zuständig und kreierte Ausstellungsdesigns für Imperial Chemical Industries, London, sowie für mehrere Mailänder Triennalen. Robin Day hat zahlreiche Designpreise erhalten, zwei Medaillen der Triennalen in Mailand sowie viermal den Design-Centre-Award.

Deganello, Paolo (*1940 Este)

Der italienische Architekt und Designer Paolo Deganello studierte in Florenz Architektur und promovierte 1966. Im selben Jahr gehörte er neben → Andrea Branzi und Gilberto Coretti zu den Gründern der Designergruppe → Archizoom, die sich mit Stadtplanung, Restaurationen, Industrie- und Ausstellungsdesign befaßte. Zu Deganellos frühen architektonischen Projekten gehörte die Restaurierung des Oratoriums Orsanmichele in Florenz, den er zusammen mit → Massimo Morozzi zu Ausstellungsräumen ausbaute. Nach Auflösung von Archizoom im Jahre 1972 gingen die Mitglieder eigene Wege, Deganello zog es nach Mailand, wo er für die Firmen → Cassina und → Driade als Industriedesigner arbeitete. Mit Ennio Chiggio gab er dort seine wissenschaftlichen Abhandlungen «Quaderni del progetto» («Notizen über Entwurf») heraus und publizierte in verschiedenen Zeitungen. Zwischen 1972 und 1974 arbeitete Deganello als Designdozent in Florenz und bei der Londoner Architectural Association. Er nahm an zahlreichen Ausstellungen teil, u.a. an «Italy, a New Domestic Landscape» in New York, an der Biennale 1978 in Venedig sowie an den 14. und 17. Mailänder Triennalen. In Deutschland waren Arbeiten von Paolo Deganello 1987 auf der 8. documenta in Kassel zu sehen.
Als Ergebnis seiner Experimente im Möbeldesign entwarf Deganello 1973 den Sessel «AEO» für Cassina, nachdem er zuvor mit Studenten zahlreiche Versuche (Gipsabdrükke von Sitzpositionen u.ä.) durchgeführt hatte. Der «AEO» (A steht für Archizoom, E für italienisch e – «und» –, O für Null) sollte auf seine Grundfunktionen beschränkt, aber doch

«Documenta Chair» (1987) in der Vitra Edition. Foto: Vitra

so bequem sein wie ein klassischer Liegestuhl. 1977 gründete Deganello mit drei Kollegen das «Collettivo Technici Progrettisti» («Kollektiv Technik und Planung»), eine Art Designforschungsstudio, in dem sowohl Techniker als auch Künstler arbeiteten. Diese Gruppe war in mehreren Wettbewerben erfolgreich.
1983 arbeitete Deganello für «Schöner wohnen»: Er rekonstruierte in der historischen Altstadt von Zürich zwei Stockwerke eines Gebäudes und richtete dort einen Ausstellungsraum ein.
Paolo Deganellos Entwürfe werden heute von den Firmen Cassina (Sessel und Sofa «Torso»), Driade (Sessel «Backbottom»; Couch «Squash»), → Marcatré (Bürostühle «Archizoom», «Uno» und «Duo»), → Vitra («Documenta Chair», 1987 – Fußgestell aus Stahlrohr bzw. Aluminiumprofil, Sitz aus Korbgeflecht, Rückenlehne dreiteilig und aus Leder) sowie → Zanotta (Stuhl «Regina», 1991) hergestellt.

Dekonstruktivismus

Internationale Strömung in der Architektur seit Beginn der achtziger Jahre, die eine Zersplitterung des architektonischen Körpers und eine heterogene, wie «zusammenstürzend» wirkende Neuordnung der Bestandteile verfolgt. 1988 organisierte der amerikanische Architekt Philip Johnson in New York die Ausstellung «Deconstructivist Architecture», wodurch der Begriff endgültig als internationale Stilbezeichnung festgeschrieben wurde. Dekonstruktivistische Architektur zeichnet sich durch einen bemerkenswert freien, spielerisch leichten Umgang mit architektonischen Elementen und Gliederungsstrukturen aus. Gewohnte Kategorien wie Regelmäßigkeit, Reihung oder Symmetrie sind ihr weitgehend fremd. Im Gegensatz zur traditionellen Architektur durchbricht der Dekonstruktivismus die feste Ordnung von oben und unten, widersetzt sich orthogonalen Fassaden- oder Raumstrukturen und verwandelt die architektonischen Elemente (z.B. Dächer, Treppen, Türen, Fenster) in autonome, der Skulptur und dem Industriedesign (→ Industrial Design) nahestehende Formwerte.
So nimmt beispielsweise ein Dach zwar die Funktion eines Daches wahr, doch zugleich zeigt es sich als ein selbständiges Gestaltelement, das auch außerhalb seines Architekturkontextes für sich Bestand haben würde, der Skulptur oder dem → Design verwandt. Das dekonstruktivistische Gebäude stellt sich als

ein zerklüftetes, heterogenes Formenkonglomerat dar, das nicht nur höchste Labilität dokumentiert, sondern auch den Eindruck erweckt, es stürze jeden Augenblick in sich zusammen.
Ein weiteres Charakteristikum besteht in dem ausgeprägten, feinnervigen Licht- und Schattenspiel der architektonischen Bestandteile, verbunden mit einer für Architektur ungewöhnlichen Dynamisierung.
Wenngleich bevorzugt mit geometrischen Formen (→ Form) gearbeitet wird, setzt sich der Dekonstruktivismus gegen die rationale, ausbalancierte Ordnung architektonischer Massen des → Konstruktivismus und der Gruppe → De Stijl zur Wehr. Dennoch dient insbesondere erstgenannter als Quelle: Ungeachtet des Umstands, daß den allermeisten konstruktivistischen Architekturprojekten eine Ausführung jenseits von Entwurf oder Modell verwehrt blieb, zählen Arbeiten von Wladimir Tatlin («Eck-» und «Konterreliefs», «Denkmal der III. Internationale»), → El Lissitzky («Prounen»), Kasimir Malewitsch («Architektona»), Wladimir und Georgij Stenberg («Konstruktionen»), Jakob Tschernikow oder Iwan Leonidow zu den wichtigsten Anregungen. Auch der Bildhauer Gordon Matta-Clark vermittelte mit seinen aufgeschlitzten, aufgeschnittenen Häusern der siebziger Jahre wesentliche Anregungen. Zu den bekanntesten Vertretern des Dekonstruktivismus zählt die österreichische Architektengemeinschaft Coop Himmelblau. Als eine ihrer prominentesten Arbeiten gilt die Fabrikanlage Funder Werk 3 in St. Veit/Glan (1988–1989). Herausragende Bedeutung kommen ferner dem 1987 von Behnisch & Partner errichteten Hysolar-Forschungsinstitut der Universität Stuttgart oder verschiedenen Bauten des Amerikaners → Frank O. Gehry zu . Nicht zuletzt sind → Zaha Hadid, Daniel Libeskind und Bernard Tschumi aufzuführen.

Delaunay, Sonia (*1885 Gradizhsk, †1979 Frankreich)

Die russische Malerin und Designerin Sonia Delaunay studierte von 1903 bis 1904 in Karlsruhe Malerei. 1905 ging sie nach Paris und setzte an der Académie de la Palette ihr Studium fort. 1909 heiratete sie Robert Delaunay, nachdem sie sich von ihrem ersten Mann, dem Galeriebesitzer Wilhelm Uhde, getrennt hatte. 1913 entwarf sie kolorierte Collagen aus Papier für Bucheinbände, Plakate, Vorhänge und Lampenschirme, die in Berlin präsentiert wurden. Während des Ersten Weltkriegs lebte sie in Spanien und Portugal, 1918 eröffnete sie ein Geschäft in Madrid (die Casa Sonia), in dem sie ihre Kreationen verkaufte. Nach ihrer Rückkehr nach Paris war Sonia Delaunay in den zwanziger Jahren stark an den Kunstrichtungen Dada und Surrealismus interessiert. 1922 entwarf sie die Inneneinrichtung einer Buchhandlung in Neuilly, 1925 gestaltete sie den Innenraum des «Citroën B 12». Ab 1923 arbeitete Delaunay als Textildesignerin für einen Lyoner Fabrikanten, wobei sie Wert auf fröhlich-bunte und abstrakte Muster legte. Auf der Pariser Kunstgewerbeausstellung 1925 präsentierte sie sowohl Textilkreationen als auch Möbel mit geometrischen Einlegearbeiten. 1930 veröffentlichte sie ihre «Compositions Couleurs Idées», 40 Bilder in abstraktem Design. Auf der Pariser Ausstellung von 1937 dekorierte die Delaunay den Air-Pavillon. In ihren späteren Jahren entwarf sie unter anderem Spielkarten, Mosaike, Buntglas und Keramik.

De Lucchi, Michele (*1951 Ferrara)

Der italienische Architekt und Designer Michele de Lucchi studierte in Padua und an der Universität Florenz Architektur, wo er 1975 abschloß und bis 1977 als Assistent lehrte. Seit 1978 arbeitete er zusammen mit → Ettore Sottsass für → Olivetti, in deren Möbelabteilung («Olivetti Synthesis») er 1979 als Designberater tätig wurde und die Büromöbelserie «Icarus» entwarf. Anfang der achtziger Jahre schloß sich de Lucchi der Designergruppe → Studio Alchimia an, schließlich der Gruppe → Memphis, die aus Alchimia hervorgegangen war. Für Memphis entwarf er einige der bedeutendsten Objekte, wie das «Lido»-Sofa und den Beistelltisch «Kristall» (aus Plastiklaminat, lackiertem Holz und Metall), die 1981 auf der ersten Memphis-Kollektion in Mailand vertreten waren. Für die Möbelfirma → Moroso kreierte de Lucchi das Sofa und den Sessel «Dublino», für den italienischen Hersteller Glass Design den Schreibtisch «Celeo» (mit Untergestell aus Kristallglas sowie Fächern und Schubladen aus Birnbaumholz). 1984 schuf er weitere Objekte für Memphis, von denen die Beistelltische «Flamingo» und «Continental» (aus Plastiklaminat) besonders auffielen. Für die Leuchtenfirma → Artemide entwarf de Lucchi das Modell «Cyclos» und – zusammen mit Giancarlo Fassina – den Klassiker «Tolomeo» (Leuchtenschirm und Fuß aus satiniertem Aluminium, Leuchtenarm über sichtbare Aluminiumführungen und Drahtseile verstellbar, Farben: glanz-alumi-

Leuchte «Tolomeo» (zusammen mit Giancarlo Fassina) für Artemide. Foto: Artemide

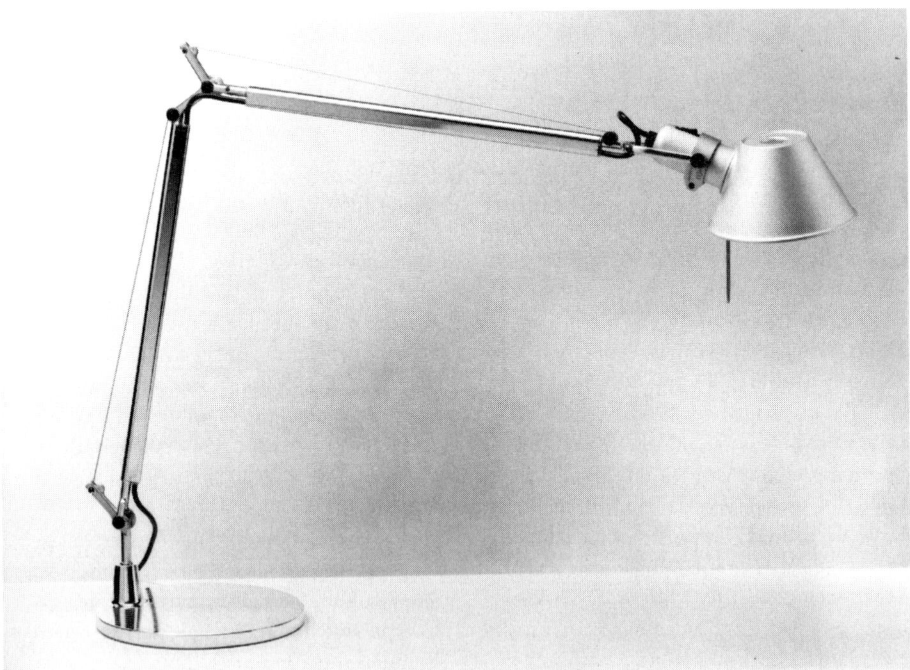

nium, grau, schwarz, hellblau und rot). Für → Kartell entwickelte er 1989 eine Schreibtisch-Serie (Behälter, Aschenbecher, Fotohalter, Schreibtischunterlage) aus thermoplastischer Technopolymer sowie Papierkörbe und Kleiderständer.
Weitere Entwürfe schuf er für → Belux (Tischleuchte «Meccanica» – mit markantem Zahnrad-Mechanismus), → ClassiCon (Hängeleuchte «Si Gira», 1992 – mit austauschbaren Schirmen), → Fontana Arte (Leuchte «Vega» und Badezimmerserie «De Lucchi»), → Morone, → Olivetti Synthesis (Büromöbelserie «Delphos», «Icarus» – zusammen mit Ettore Sottsass; Büromöbelserie «Sangirolamo», 1991 – zusammen mit → Achille Castiglioni) und → Up & Up (Tische «Calcutta» und «Kampur»; Bank «Delhi»).

De Padova

Die italienische Möbelfirma, die 1958 von Maddalena und Fernando De Padova gegründet wurde, machte sich in den sechziger Jahren einen Namen durch den Import der amerikanischen → Herman-Miller-Möbel. 1983 wurde die «Edizioni De Padova» eingeführt, die neben Entwürfen zeitgenössischer Designer vor allem die schlichten und funktionalen Möbel der amerikanischen Shaker-Sekte reedierte (→ Reedition).
→ Achille Castiglioni schuf für De Padova das Paravent «Screen». Von → Dieter Rams stammt das universale Regalsystem «606». Einer der produktivsten Designer für De Padova ist → Vico Magistretti, der u.a. die fahrbaren Regale «Shigeto» und «Shigeto Box», die Sofas «Divano Express» bzw. «Raffles», die Stühle «Main», «Silver» und «Marocca» sowie die Tische «Shine» und «Vidun» entwickelt hat. Weitere Entwürfe stammen von Ingar Klinkenberg (Tisch «Klin»), Gunther Lambert (Rattansitzmöbel «Heavy-Cane») und → Marco Zanuso (Servierwagen «Trolley» und «Trolley 3»).

De Pas/D'Urbino/Lomazzi

Das italienische Architekten- und Designertrio, das von Gionatan de Pas (*1932 Mailand), Donato d'Urbino (*1935 Mailand) und Paolo Lomazzi (*1936 Mailand) gebildet wird, konstituierte sich 1966 in Mailand und befaßte sich mit Möbeldesign, Architektur (Industrie- und Wohnbauten), Stadtplanung und Ausstellungsgestaltung.
Bekannt wurden de Pas/D'Urbino/Lomazzi durch ihre Möbel aus aufblasbarem Plastik, die sie in den sechziger Jahren im Stil der → Pop Art entwarfen. Neben ihrem aufblasbaren Sofa von 1967 erregte vor allem ihr Stuhl «Blow» (1967) Aufsehen, der aus PVC-Folie besteht und heute von der Firma → Zanotta hergestellt wird. 1973 entwarfen die Designer das Sesselbett «Flap», das derzeit bei der italienischen Firma → B&B in Produktion ist. Es besteht aus einem Metallgestell, Gleitern aus ABS-Kunststoff und ist mit Polyurethanschaumstoff und Dacron gepolstert (Bezüge aus Steppstoff). Durch Druckausübung am hinteren Ende der Seitenwände können die Armlehnen heruntergelassen werden, was das Sofa in ein 2 m langes und 90 cm breites Bett verwandelt.

Kleiderständer «Sospiro» (1988) für Ligne Roset. Foto: Ligne Roset

Für Zanotta entwarf das Trio 1975 den dreibeinigen, höhenverstellbaren Hocker «Giotto». Für ihren zusammenfaltbaren Kleiderständer «Sciangai» – aus acht fächerartig angeordneten, 150 cm langen Holzstäben – erhielten de Pas/D'Urbino/Lomazzi 1979 einen → Compasso d'Oro. 1980 präsentierten die Mailänder das Gestellsofa «Grand'Italia» (bei Zanotta), das als erstes italienisches Sofa mit sichtbarem Metallgestell galt. Passend zum «Grand'Italia» entwarf das Designertrio einen Gestellsessel und zwei weitere Sofas mit sichtbaren Metallgestellen. Ebenfalls bei Zanotta ist der Sessel «Campo» in Produktion, den de Pas/D'Urbino/Lomazzi 1984 entwarfen.

Der «Campo» hat eine 110 cm hohe, biegsame Rückenlehne mit Lederbezug, allerdings nur eine Sitzhöhe von 42 cm. Weitere wichtige Entwürfe des Designer-Trios sind die Deckenleuchte «Faretra 25/48» für → Artemide, der Sessel «Joe» (1970) für die Firma → Poltrona Frau sowie die Tische «Festival» (1975, mit roten oder schwarzen Zugstangen) und «Rio» für Zanotta. Für → Ligne Roset schuf das Trio den spiralförmigen Kleiderständer «Sospiro» (1988), das Sofa «Flou Flou» (1982), die Tische «Cone» (1988) und «Cable» (1986) sowie den Bridgestuhl «Larry» (1991, mit drei unterschiedlichen Rückenlehnen).

DeSede

Die schweizerische Möbelfirma wurde 1965 im Klingnau gegründet und spezialisierte sich von Beginn an auf die Fertigung von Polstermöbeln aus Leder, die ergonomisch durchdacht waren und ästhetisch hohe Ansprüche erfüllten. Entwürfe von Jan Armgardt, → Gae Aulenti, Jean-Pierre Dovat, → Vico Magistretti, → Andrée Putman, → Paolo Piva, Franz Romero und Stefan Zwicky verschafften der Schweizer Manufaktur international einen Ruf als Qualitätsgaranten anspruchsvoller Möbel. 1992 teilte DeSede sein Programm in die Produktsegmente «Classic», «Modern», «Avantgarde» und «Retro».
Zu einem Klassiker wurde das Multifunktionssofa «DS-142» (Entwurf: Winfried Totzek), das 1992 in einer ähnlichen → Form («DS-144») von Stefan Heiliger auf den Markt kam. Die Verwandlung des Sofas zur Liege geschieht beim «DS-144» durch eine speziell entwickelte Armlehne, die durch Bewegung zur Rückenlehne werden kann.

Sofa «DS-144» von Stefan Heiliger.
Foto: DeSede

Die Zwischenstellungen erlauben Positionen halb im Liegen, wobei die beweglichen Seitenkissen den Komfort noch erhöhen. Anita Schmidt stellte 1992 neben dem multifunktionalen Sessel «DS-25» und der Sitzgruppe «DS-97» die Sitzgruppe «DS-90» vor (Sessel, Hochlehner, Zweier- und Dreiersofa, Hokker), die durch ihre schneckenförmigen Seitenteile, die nach unten in einer weichen Linie in die schmalen Füße übergehen, gefällt. Von → Kurt Ziehmer stammt die Chaiselongue «DS-137» (1992), durch ihre extreme Schräganordnung auffällig.

De Stijl

Unter der Bezeichnung De Stijl (holl., der Stil) gründeten Theo van Doesburg und Piet Mondrian 1917 in Leyden/Holland eine künstlerische Bewegung, der u.a. die Architekten Cornelis van Eesteren, Robert van' t Hoff, → J. J. P. Oud, → Gerrit Rietveld und Jan Wils sowie die bildenden Künstler Vilmos Huszár, Bart van der Leck, Georges Vantongerloo und der Dichter Anthony Kok angehörten. Als Theoretiker und Organisator der (lose miteinander verbundenen) Gruppe gab van Doesburg eine gleichnamige Zeitschrift heraus, die als Sprachrohr und programmatisches Forum von 1917 bis zu seinem Tode 1931 erschien und damit zugleich Beginn und Ende der Bewegung markiert. Das Ziel des Stijl bestand in einer elementaren Erneuerung von Architektur, Malerei, Bildhauerei, → Design, Typografie und Dichtung. Strenger Gegenstandslosigkeit

De Stijl-Nachttischleuchte, reediert von Tecnolumen. Foto: Tecnolumen

verpflichtet, suchte man in radikaler Reduktion von Farbe und Form auf die drei Primärfarben Rot, Gelb und Blau (sowie die Nichtfarben Schwarz, Grau und Weiß) und in einer geometrischen Ordnung aus horizontalen und vertikalen Elementen die Bildfläche zu autonomer Selbständigkeit zu beleben. Dabei sollte jede individuelle Handschrift zugunsten umfassender Allgemeingültigkeit und höchster Objektivität vermieden werden. Die elementare Ordnung diente der Veranschaulichung universaler Lebensprinzipien und transzendenter Harmonie. Diese theoretischen Grundlagen entwickelte Mondrian in seinem Konzept des Neoplastizismus. In Formensprache und Intention dem russischen → Konstruktivismus vergleichbar, wandte sich De Stijl gegen jede traditionelle Stilanbindung und suchte in letzter Konsequenz eine enge Verflechtung der Gattungen Malerei, Architektur und Bildhauerei im Sinne eines Gesamtkunstwerks.

Neben der Malerei (van Doesburg, Mondrian) nimmt die Architektur einen besonderen Rang ein. Sie zeichnet sich durch ihre kühle, sachlich-distanzierte Funktionalität und ihr Interesse an sozialen Fragen aus. Bereits in der 1915 bis 1919 entstandenen Villa Henny in Huis ter Heide bei Utrecht von Robert van' t Hoff künden sich die rationalen Prinzipien des Stijl an, die in dem bekannten Haus Schröder in Utrecht (1924) von Gerrit Rietveld in reinster Ausprägung verwirklicht wurden. Neben Arbeiten der Textilkunst zählt im → Design der streng konstruktive «Rot/Blau»-Stuhl (1917/18) von Rietveld zu den markantesten Beispielen.

Nach Auseinandersetzungen mit van Doesburg verließ Mondrian 1925 die Bewegung. Zwischen seinem orthogonalen System und den von van Doesburg neu eingeführten diagonalen Strukturen konnte keine Vermittlung gefunden werden. Doch die Konzepte des Stijl wirkten sich nicht nur in Architektur und Design, sondern auch in der bildenden Kunst als fruchtbare Impulse aus und vermittelten beispielsweise dem → Bauhaus wichtige Anregungen.

Design (engl. Entwurf, Plan; engl. industrial design, frz. esthétique industrielle)

Der Begriff Design bezeichnet die Gestaltung von Gegenständen aller Art nach den Kriterien von Funktionalität (z.B. → Ergonomie) und Ästhetik. Nicht zuletzt in Hinblick auf die Marktchancen eines Produkts zielt der Designer auf eine möglichst optimale Verschmelzung beider Kategorien. Je nach inhaltlicher Ausrichtung unterscheidet man in

Display- (Verpackung), Foto-, Grafik-, Industrie-, Kraftfahrzeug-, Mode-, Produkt-, Textil-, Schmuckdesign etc.
Das Design ist eine relativ junge Disziplin, deren Anfänge eng mit der technischen und industriellen Entwicklung des 19. Jahrhunderts verbunden sind. Das englische → Arts and Crafts Movement schuf mit den Forderungen seiner Hauptvertreter → William Morris und John Ruskin nach handwerklicher Qualität, Materialgerechtigkeit und einem schlichten Formenvokabular (→ Form) erste Grundlagen. Der darauffolgende → Jugendstil (z.B. Darmstädter Künstlerkolonie) und vor allem der → Deutsche Werkbund knüpften unmittelbar an diese Ideen an, wobei letzterer die Gegensätze von ästhetischer Gestaltung und industrieller Massenproduktion miteinander zu verbinden suchte. Eine entscheidende Erweiterung der inhaltlichen Bereiche im Zuge systematischer Forschungen erfuhr das Design in den zwanziger und dreißiger Jahren am → Bauhaus und innerhalb der niederländischen Gruppe → De Stijl. Hier wurden die ästhetischen Normen des modernen Designs entwickelt, die bis weit in die sechziger Jahre hinein Gültigkeit besaßen. Während sich das zeitgleiche → Art Déco von Stilprinzipien der Vergangenheit leiten ließ, vollzogen Bauhaus und De Stijl eine Abkehr von historischen Vorbildern. Die meisten Bauhauslehrer emigrierten in den dreißiger Jahren in die USA, wo sie an vielen Instituten weiterwirkten. 1955 griff unter → Max Bill die → Hochschule für Gestaltung in Ulm die Bauhausideen wieder auf, allerdings ohne den erhofften Erfolg.
Mit dem Beginn der achtziger Jahre löste sich das Design unter dem Einfluß der Mailänder Designergruppe → Memphis von den Prioritäten Funktionalität, → Ergonomie und soziale Verantwortung. Statt dessen erlebte es eine heftige Tendenzwende hin zu schrill bunter Farbigkeit, überraschenden Materialkonfrontationen oder effektvollen Oberflächenreizen, wobei eine ungezügelte Experimentierlust der Designer zum Ausdruck kam, die weitgehend von funktionalen Anforderungen befreit war. Seit den späten achtziger Jahren treten zunehmend Fragen nach der Umweltverträglichkeit in den Vordergrund (→ Ökodesign).

Design M → Maurer, Ingo

Designum → Teunen & Teunen

Deutscher Werkbund

Eine Vereinigung von Architekten, Künstlern, Kunsthandwerkern (→ Kunsthandwerk) und Unternehmern, die das Ziel einer «Veredelung der gewerblichen Arbeit im Zusammenwirken von Kunst, Industrie und Handwerk» (Auszug aus der Satzung) verfolgte. 1907 wurde der Deutsche Werkbund von → Peter Behrens, Theodor Fischer, Wilhelm Kreis, → Hermann Muthesius, → Joseph Maria Olbrich, Karl Ernst Osthaus, → Richard Riemerschmid, → Henry van de Velde u.a. in München gegründet.
Unter der rasch fortschreitenden Industrialisierung des späten 19. Jahrhunderts hatten insbesondere Architektur und → Kunstgewerbe zu leiden, insofern die originäre,

künstlerische Idee durch das blinde Repetieren historistischer Stilimitationen verlorenging. Hier setzte der Werkbund ein, um in Anlehnung an das → Arts and Crafts Movement ein neues, eigenständiges → Form- und Qualitätsbewußtsein zu schaffen. Im Unterschied zu der englischen Bewegung wurde ein noch stärkerer Akzent auf die industrielle (Massen-)Fertigung gesetzt. Für eine offensive Vertretung der Werkbundkonzepte in der Öffentlichkeit setzten sich Hermann Muthesius, Karl Schmidt (Leiter der Deutschen Werkstätten) und der Reformpolitiker Friedrich Naumann ein. Gewissermaßen als «Gütezeichen» propagierte der Werkbund den Begriff «Deutsche Wertarbeit». Seinen größten Einfluß entfaltete der Werkbund um das Jahr 1914. Auf der groß angelegten «Ersten Deutschen Werkbundausstellung» (1914) in Köln erfuhren die Arbeiten und Pläne breites Publikumsinteresse. Viel beachtete Ausstellungsgebäude schufen Peter Behrens, → Walter Gropius, Bruno Taut und Henry van de Velde. Im selben Jahr entwickelte sich zwischen Muthesius und van de Velde eine öffentlich ausgetragene Debatte um die Frage, ob der Werkbund künftig einer standardisierten, industriellen Massenproduktion (Muthesius) oder einer individuellen, künstlerisch geprägten Haltung (van de Velde) folgen sollte. Die breite Popularisierung der Werkbundideen wurde einerseits durch weitere Ausstellungen erreicht (z.B. 1924 in Berlin, 1927 in Stuttgart, 1929 in Breslau, 1930 in Paris), andererseits durch Jahrbücher (1912–1920), das «Deutsche Warenbuch» (1915) – eine katalogähnliche Zusammenstellung vorbildlich gestalteter Gebrauchsgüter – und nicht zuletzt durch die Zeitschrift «Die Form» (1926–34) erzielt.

In den zwanziger Jahren rückte die Problematisierung von sozialgerechten Formen der Architektur in den Vordergrund. Unter der Leitung Mies van der Rohes wurde diese Frage 1927 in Gestalt der Stuttgarter Weißenhofsiedlung beispielhaft gelöst. Die Siedlung, an deren Planung und Bau zahlreiche namhafte Avantgardearchitekten beteiligt waren, vermittelte dem → Bauhaus und dem internationalen → Funktionalismus wichtige Impulse. 1930 besaß der Werkbund etwa 3000 Mitglieder gegenüber 500 zu Beginn. 1934 wurde die Vereinigung aufgelöst, 1947 erfolgte die Wiedergründung, die jedoch – trotz der seit 1952 publizierten Zeitschrift «Werk und Zeit» – die in sie gesetzten Erwartungen nicht erfüllen konnte.

Der Deutsche Werkbund zählt neben dem Bauhaus zu den herausragenden Institutionen in der ersten Hälfte des 20. Jahrhunderts, die die Grundlagen des modernen Designs schufen.

Diffrient, Niels (*1928 Star/Mississippi)

Der amerikanische Industriedesigner Niels Diffrient besuchte von 1943 bis 1946 die Technische Hochschule in Detroit. Von 1948 bis 1953 studierte er an der Cranbrook Academy of Art in Michigan, wo er auch Kontakt zu → Florence Knoll und → Charles Eames hatte. 1954/55 studierte Diffrient in Italien, zusammen mit → Marco Zanuso. Von 1946 bis 1951 war er für → Eero Saarinen Associates, Michigan, tätig; von 1956 bis 1981 für → Henry Dreyfuss Associates in New York.

Diffrient gilt als einer der bedeutendsten Möbeldesigner der USA, nicht zuletzt wegen seiner Professionalität in der → Ergonomie, die ihm weltweit Anerkennung verschaffte.

«Humana»-Bürostuhl-Kollektion (1979) für Knoll. Foto: Knoll International

Er gestaltete zusammen mit Dreyfuss Flugzeuginterieurs für die Konzerne Honeywell, Lockheed und Learjet, daneben auch medizinische Geräte für Litton Industries und Honeywell. Sein Hauptinteresse galt jedoch stets dem Möbeldesign. Nach Beendigung der Kooperation mit Dreyfuss ging Diffrient eigene Wege und entwarf Büromöbel für → Knoll sowie Stühle für Sunar-Hausermann. Sehr erfolgreich wurde sein «Helena»-Stuhl (1982) für Sunar – ein komfortabler Bürostuhl aus Stahl und Leder, der bis ins kleinste Detail verstellbar und somit für jede Körpergröße und jedes Körpergewicht geeignet ist. Große Beachtung fand auch sein «Jefferson»-Stuhl (1983) für Sunar, eine Art «Sitzmaschine», die auf einer zentralen Achse steht und sich wie der «Helena»-Stuhl jeder Sitzposition anpassen kann. Sein futuristisches Outfit wird durch die Beistellelemente verstärkt, auf denen Telefone, Computer und ähnliches untergebracht werden können. Bei Knoll ist gegenwärtig Diffrients Sitzsystem «Humana» (1979) in Produktion.
Auch auf dem Gebiet der → Designtheorie, wo er zahlreiche Schriften veröffentlichte, war Diffrient tätig. Er veröffentlichte zusammen mit Alvin R. Tilley «Humanscale 1-2-3» (1974), «Humanscale 4-5-6» (1981) und «Humanscale 7-8-9» (1981). Diffrient nahm an zahlreichen Ausstellungen teil und erhielt über 20 Auszeichnungen, darunter 1957 den → Compasso d'Oro (für eine Nähmaschine für die Firma Borletti, die er zusammen mit → Marco Zanuso entworfen hatte).

Dior, Christian (*1905 Grandville, †1957 Montecatini)

Christian Dior studierte von 1920 bis 1925 Politikwissenschaft an der Pariser Sorbonne, ehe er Anfang der dreißiger Jahre Hüte für das Modehaus Agnes und andere entwarf. Von 1937 bis 1939 arbeitete er für Robert Piguet, von 1940 bis 1946 für Lucien Lelong. 1946 finanzierte der Textilfabrikant Marcel Boussac die Gründung der Firma Dior in

Paris, die Christian Dior bis zu seinem Tod im Jahre 1957 leitete.
1947 kreierte Dior mit der «Corolle-Linie» den sog. New Look, den er bewußt gegen die burschikose und pragmatische Mode der Kriegsära setzte.
Mit schmal geschnittenen Schultern und Taillen, betontem Busen und weiten Röcken, die er mit eleganten Pumps kombinierte, entsprach er exakt den Bedürfnissen der modernen Frau und trug Entscheidendes dazu bei, daß Paris wieder zum Zentrum der internationalen Modewelt wurde. Jede seiner zahlreichen Kollektionen – «Princess-Linie» (1951), «H-Linie» (1954), «A-» und «Y-Linie» (1955) – wurden große Erfolge.
Gegen Ende der fünfziger Jahre erfand Dior den Hemden-Look und nahm damit die lässig-sportliche Mode der sechziger Jahre vorweg. Nach seinem Tod führten → Yves Saint-Laurent, Marc Bohan und Gianfranco Ferré die Tradition des Hauses Dior fort.

Draenert

Der deutsche Möbelhersteller Dr. Peter Draenert, der 1968 in Friedrichshafen seine Werkstätten eröffnete, hatte von Beginn an das Ziel, modernes → Design deutscher und deutschsprachiger Entwerfer in der Bauhausnachfolge (→ Bauhaus) zu verwirklichen. Die Draenert Studios unterhalten in Immenstaad am Bodensee u.a. eigene Werkstätten zur Verarbeitung von Stein, insbesondere von Granit, sowie Werkstätten zur Verarbeitung von Holz und zur Herstellung hochwertiger Polstermöbel und Stühle.
Draenert kümmert sich heute um die Verwirklichung des klassischen modernen Designs und hat mit dem Architektentrio → Berghof/Landes/Rang sowie E. Herzberger herausragende Vertreter der deutschen → Postmoderne gewonnen.
Mit → Danilo Silvestrin, einem in Deutschland ausgebildeten italienischen Architekten, erarbeitete sich Draenert die sogenannte Neue Einfachheit, eine Kunstrichtung, die sich am deutschen Biedermeier orientiert und mit den noch sehr jungen Entwerfern Gerald Wagner und Manfred Hülsewig individuelle Linien schafft, die mit ihrer prallen Bildhaftigkeit das pure Gegenteil der Bauhaustradition darstellen.
Zu den bekanntesten Möbeln der Draenert Studios gehört die Serie von Schwenktischen («Metamorphosen»), die Georg Appeltshau-

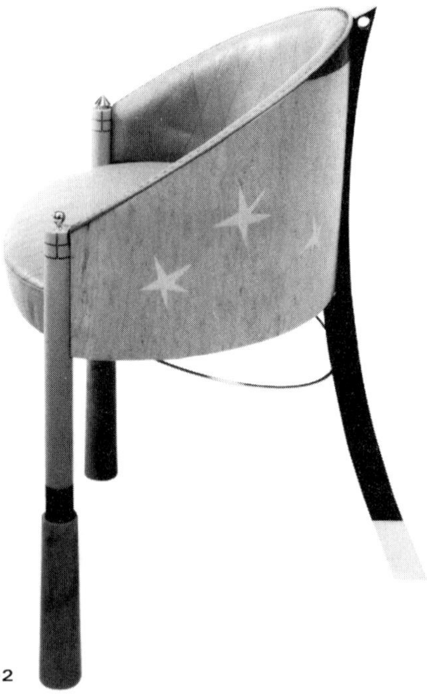

«Frankfurter Stuhl F 3» (1985–90) von Berghof/Landes/Rang. Foto: Draenert Studios

Schubladenturm «1211» (1990) von Peter Draenert. Foto: Draenert Studios

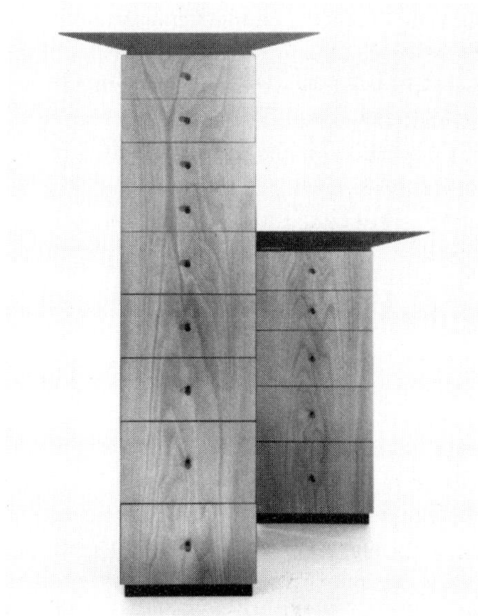

ser zwischen 1987 und 1991 entwarf, ferner die «Frankfurter Stühle» (von Berghof/Landes/Rang, 1985–90) sowie die «Frankfurter Schränke» (1985–87). Von Peter Draenert stammen u.a. der Couchtisch «Zentralknoten» (1988), der Clubtisch «1020» (1988), der preisgekrönte Beistelltisch «Lift» (1983) und der Schubladenturm «1211» (1990).
Die Firma Draenert ist in vielen öffentlichen Sammlungen und Ausstellungen vertreten, so unter anderem im Metropolitan Museum of Modern Art in New York, im Museum für angewandte Kunst in Tokio, im Victoria and Albert Museum in London sowie im Deutschen Architekturmuseum, Frankfurt a.M.

Draftline → Bieffe

Dreyfuss, Henry (*1903 New York, †1972 New York)

Der amerikanische Industrie- und Theaterdesigner Henry Dreyfuss stammte aus einer Familie, die eng mit dem Theater verbunden war. Er begann 1921, nach Abschluß der Ethic Culture School in New York, seine Laufbahn als Bühnendesigner und arbeitete mit → Norman Bel Geddes am Broadway. 1924 gestalteten die beiden die Bühne für die erfolgreiche Broadway-Show «The Miracle». Nach einer ausgedehnten Reise über Paris, Tunis und Algerien kehrte Dreyfuss 1927 nach New York zurück und blieb als Bühnendesigner viel beschäftigt, bevor er 1929 sein eigenes Atelier für Industriedesign in New York eröffnete. Er entwarf Pianos, Traktoren (den «John Deere 720» von 1956), Schmuck, Feuerzeuge sowie Türscharniere und arbeitete zeitweilig für den Konzern Bell Telephone Laboratories, wobei sein Telefon «Bell 300» einen Typus verkörperte, der bis weit in die achtziger Jahre hinein gefragt war.
Dreyfuss gehört – wie Norman Bel Geddes und → Walter Dorwin Teague – zu den Hauptvertretern der «Streamline Decade», der Stromlinienform, die vor allem an seinem Telefon «Trimline» (1965) für Bell ins Auge fällt. Einen noch deutlicheren Niederschlag fand die Stromlinie in seinen Entwürfen von Eisenbahnen, etwa bei der berühmten «Twentieth Century Limited» für New York Central Railroad (1938) oder bei der Interieurgestaltung von Flugzeugen. So half er dem Konzern Lockheed bei der Umrüstung der Militärmaschinen auf die zivile Luftfahrt. Er gestaltete den Innenraum der Boeing 707, entwarf Staubsauger für die Firma Hoover,

Fernseher für RCA und Rasierapparate für die American Safety Razor Company.
1965 wurde Dreyfuss erster Präsident der Industrial Designers Society of America. Seine Entwürfe erhielten weltweit zahlreiche Preise. 1969, als er sich aus der aktiven Beschäftigung mit → Design zurückzog, veröffentlichte er die Früchte seiner Arbeit, darunter aufschlußreiche technische Tabellen und Diagramme («The Measure of Man»). 1972 nahm sich Henry Dreyfuss zusammen mit seiner Frau das Leben.

Driade

Die italienische Möbelfirma wurde 1968 gegründet und errang im selben Jahr mit dem modularen, auf Quadraten, Rechtecken und Kreisen aufgebauten Wohnsystem «Driade I» (Entwurf: → Antonia Astori) einen respektablen Erfolg. Als sog. Monoblock-Möbel fanden auch die Entwürfe von Franco Fraschini (Sessel «Maia» und «Cherea», 1968), Antonia Astori («Canopo»-Bar, 1970) und → Rodolfo Bonetto (Stuhl «Melaina», 1970) internationale Beachtung.
Neben → De Pas/D'Urbino/Lomazzi (Sessel «Duecavalli», 1969, und «Pomora», 1977; Sofa «Ipercubo», 1971) konnte Driade 1972 mit dem Minimalisten (→ Minimalismus) → Enzo Mari einen der führenden italienischen Designer für seine Produktion gewinnen. Mari entwarf in den siebziger Jahren u.a. den Stuhl «Sof Sof» (1972), die Couch «Day Night» (1972), die Tische «Fratello» (1974) und «Capitello (1977) sowie den Stuhl-Klassiker «Delfina» (1974), für den er 1979 den → Compasso d'Oro erhielt. Als weitere herausragende Designer, die in den siebziger Jahren für Driade entwarfen, sind Giotto Stoppino (Stuhl «Alessia», 1970; Tisch «Febo», 1970), Nanda Vigo (Stuhl «Wright-Wright», 1971; Tisch «Essential», 1971), → Lella und Massimo Vignelli (Couch und Eßgruppe «Ara», 1974) sowie Gigi und Pepe Tanzi (Kücheneinheit «Gabbia libera», 1977) zu nennen. Antonia Astoria entwickelte 1973 das von → Le Corbusier beeinflußte Möbelsystem «Oikos», das bis 1986 mehrfach umgearbeitet und ergänzt wurde (und noch heute in zahlreichen Farb- und Materialvarianten angeboten wird).
In den achtziger Jahren gelang Driade der Durchbruch zur internationalen Design-Spitze durch Entwürfe von → Achille Castiglioni (Sessel «Sancarlo», 1982), → Paolo Deganello (Sessel «Backbottom», 1982), → Alessandro Mendini (Sofa «Sabrina», 1982),

Variante «Cubo» des Systems «Oikos» (1972–86) von Antonia Astori.
Foto: Tom Vack und Corinna Pfister

→ Massimo Morozzi (Sofa «Winston», 1983, und «Identikit», 1984), → Sottsass Associati (Sofas «Sacher» und «Demel», 1981) und → Borek Šipek (Stühle «Anebo Tak», «Jansky», «Liba», «Prorok»; Sessel «Sedni»; Chaiselongue «SNI»).
Ab 1984 stellte die Firma Trend-Kollektionen vor, darunter «Aleph – Sans Souci» mit Entwürfen von Antonia Astori (u.a. das Stehpult «Eloise», den Tisch «Charlotte», das Doppelbett «Franz Joseph» oder das Schrankelement «Barnaba con Belos»), «Aleph – Ubik» mit Entwürfen von → Philippe Starck (u.a. die Tische der «Serie Lang» und «Clown»; die Stühle «Costes», «Pratfall», «Sarapis», «Von Vogelsang», «Ed Archer» und «Mickville») sowie «Aleph – Solaria» mit Entwürfen von → Oscar Tusquets (u.a. die Stühle «Abanica» und «Lucas» sowie die Tische «Gacela», «Astrolabio» und «Tabula magna»). Mit der Table-Top-Kollektion «Follies» (1988–91) brachte Driade Arbeiten von Pietro Derossi, Gavino Falchi, Borek Šipek, Oscar Tusquets und Nanda Vigo heraus.
Mit dem Möbelsystem «Kaos» entwarf Antonia Astori Ende der achtziger Jahre einen Nachfolger für ihr erfolgreiches System «Oikos».

Duravit

Die Firma wurde 1817 als Steingut-Geschirrfabrik von Georg Friedrich Horn gegründet und widmete sich bereits 1912 der Herstellung von Sanitär-Keramik. 1957 wurde die Fertigung von Steingut auf Porzellan umgestellt, 1977 begann die Firma (1988 in Duravit AG umgewandelt) mit der Herstellung hochweriger Badmöbel und → Accessoires. Mit → Dieter Sieger, gewann Duravit einen Designer, der das Programm der Firma nachhaltig prägte, vor allem durch die Serien «Ceno», «Dellarco» und «Giamo». Mit «Bagnella» entwickelte Sieger Mitte der achtziger Jahre einen Waschtisch aus der Tradition der Waschschale und dem konstruktiven Element der klassischen Säule. Chrom bzw. Holz und Keramik wurden bei diesem Produkt zu einer idealen Synthese zusammengefügt. Mit der «Serie 1930» reedierte (→ Reedition) Duravit eine Waschkonsole aus den dreißiger Jahren (mit achteckigem Waschtisch, Kristallspiegel und Möbeln aus rotem Ahornholz).

Keramikschale «Laura Bagnella» von Dieter Sieger. Foto: Duravit

E

Eames, Charles (*1907 St. Louis/Missouri, †1978 St. Louis/Missouri)

Der amerikanische Architekt und Designer Charles Eames studierte von 1924 bis 1926 an der Washingtoner School of Architecture. 1930 gründete er die Firma Gray and Eames, 1935 die Firma Eames and Walsh. Von 1933 bis 1934 entwarf er Bühnenbilder, malte und nahm Gelegenheitsarbeiten an. 1937 verschaffte ihm → Eliel Saarinen eine Stelle als Leiter des Experimental Design Workshop an der Cranbrook Academy in Bloomfield Hills, Michigan. Im Dezember desselben Jahres schloß sich Eames dem Architektenbüro von Eliel Saarinen und dessen Sohn → Eero Saarinen an. 1940 nahmen Eames und Eero Saarinen am Design-Wettbewerb «Organic Design in Home Furnishings» teil, der vom Museum of Modern Art in New York ausgeschrieben worden war. Das Designer-Duo wurde dabei von Ray Kaiser (Eames' späterer Lebensgefährtin; *1912, †1988) unterstützt, die engagiert die Arbeiten für die Vorbereitung des Wettbewerbs geleitet hatte. Eames und Saarinen gewannen erste Preise in zwei Kategorien; eine industrielle Fertigung wurde wegen des Eintritts der USA in den Zweiten Weltkrieg zunächst aber verhindert. Prototypen der prämierten Sitzmöbel wurden jedoch in den Jahren 1941 und 1942 mit großem Erfolg auf Ausstellungen in New York, Cincinnati und anderen Städten gezeigt. 1941 heirateten Charles Eames und Ray Kaiser. Das Ehepaar zog nach Südkalifornien, wo Charles für die MGM-Filmstudios Kulissen und für die US-Navy Krankentragen und Beinschienen aus geformtem Schichtholz entwarf. Während dieser Zeit experimentierten beide Designer mit Verformungstechni-

«Aluminium Group», reediert von Vitra. Foto: Vitra

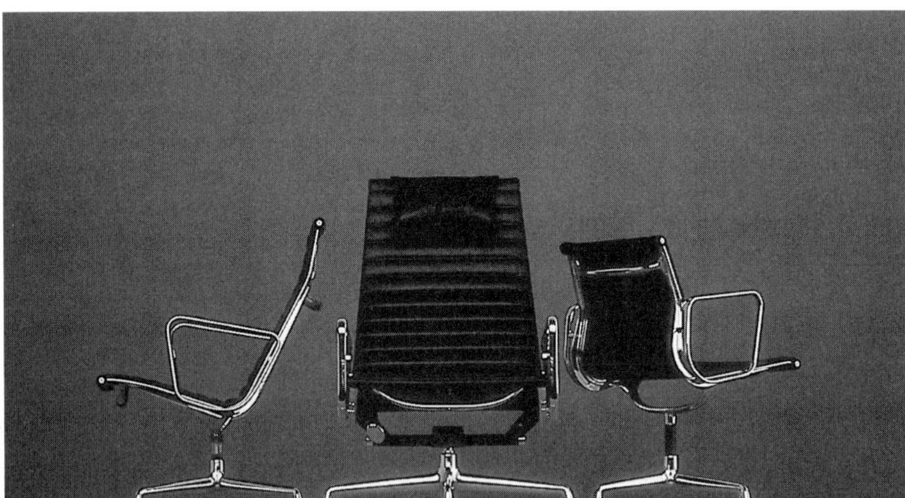

ken für Schichtholz und Fiberglas (sie führten später zu den Modellen «La Chaise», 1948, und «DAR», 1950). 1946 zeigte das Museum of Modern Art die Ausstellung «New Furniture Designed by Charles Eames». Diese Ausstellung enthielt unter anderem Möbelstücke, die Charles Eames zusammen mit der Evans Products Company in Detroit gefertigt hatte. Der Stuhl «LCM» von 1946, aus verchromten Metallgestell, Sitz und Rückenlehne aus Eschenholz, war wegen des gebogenen Schichtholzes mit geschweißten Gummiverbindungen eine Sensation. Ein großer Erfolg wurden aber auch die anderen Stühle, die Eames auf dieser Ausstellung zeigte. Sie waren für draußen und drinnen konzipiert und bestanden aus Schichtholz bzw. aus einer Kombination von Schichtholz und Metall. Die Sitzflächen und eigenwillig geschwungenen Rückenlehnen waren harzimprägniert und rot, gelb oder blau gebeizt. Zwei dieser Stühle sind so berühmt geworden, daß sie synonym als Eames-Stühle bezeichnet werden. Der eine ist der 1946 entwickelte «Dining Chair», der andere der «Lounge Chair» (aus gebogenem Schichtholz, mit Lederpolstern und Aluminium-Untergestell), der erst 1956 in die Produktion kam und heute bei → Vitra (zusammen mit der Ottomane) reediert wird.

Aufgrund des geringen Gewichts, der einfachen → Form und des niedrigen Preises wurden die Eames-Stühle Verkaufserfolge in Millionenhöhe. Zusammen mit seiner Frau Ray entwarf Charles Eames in den folgenden Jahren zahleiche Hocker, Sessel, Sitzsysteme und Liegen. Nach ersten Versuchen im Jahr 1948 begann Herman Miller 1949 die serienmäßige Produktion von Sesseln aus glasfaserverstärktem Kunststoff. Der «Fiberglass Chair» (heute bei Vitra) hatte eine körperangepaßte Sitzschale aus fiberglasverstärktem Polyester. 1951 entwarf das Designer-Duo den sog. «Wire Chair» (mit organisch verformter Sitzschale aus verchromtem Stahldraht. Seine klare und kompromißlose Form ist von einer beinahe körperlosen Transparenz und reiht sich in die Linie der Drahtgitterstühle ein, die u.a. → Harry Bertoia Anfang der fünfziger Jahre schuf.

1958 entwarf Eames die «Aluminium Group», 1960 den «Lobby Chair» (ein Executive Chair, der in Konferenzräumen, in Empfangszimmern und Büros eingesetzt wurde), 1962 das «Tandem Sling Seating», ein System für bequemes und entspanntes Sitzen, das einen hohen Sitzkomfort durch seine großzügig dimensionierte Sitzfläche und seine Sandwich-Polster bot.

1969 entwickelte Charles Eames die «Soft Pad Group» (Stühle und Sessel mit mittelhoher oder hoher Rückenlehne; Seitenprofile, Spannbügel, Armlehnen und Fußgestelle aus Aluminium-Druckguß), 1972 den «Executive Oval Table». Sein letztes Design war das «Soft Pad Sofa», das Eames 1982 zusammen mit der Firma Vitra beendete.

Neben dem Möbeldesign widmete sich das Ehepaar dem Experimentalfilm, der Gestaltung von Ausstellungsräumen für Möbel, der Gestaltung von Anzeigen und dem Entwurf von Kinderspielzeug (etwa «Little Toys»).

Zahlreiche Möbel des Designer-Duos werden heute von der Firma → Herman Miller und von → Vitra reediert (→ Reedition).

Zu den frühen Ausstellungsbeiträgen der Eames gehörte die Multi-Screen-Präsentation für die American National Exhibition (1959) in Moskau. Diese Dia-Show («Glimpses of the USA») zeigte sehr lebendig den Alltag des Durchschnittsamerikaners und wurde begeistert von den sowjetischen Zuschauern aufgenommen. Eine Serie ähnlicher Ausstellungen, gesponsert von → IBM, folgte zwischen 1961 und 1971.

Charles und Ray Eames brillierten auch durch mehrere Kurzfilme. «Powers of Ten», produziert 1968, erklärt komplexe mathema-

tische und technische Konzepte, «Toccata for Toy Trains» (1957) ist ein Animationsfilm mit Objekten der Spielzeugsammlung von Ray und Charles Eames. Elmer Bernstein schrieb dazu die Musik.
Eames' Werke sind u.a. im New Yorker Museum of Modern Art und im Philadelphia Museum of Art dokumentiert. 1979 erhielt das Eames Office die englische «Royal Gold Medal for Architecture» in Anerkennung seiner Leistungen auf den Gebieten der Architektur, des Möbeldesigns sowie der Kommunikation durch die Medien Film, Grafik und Ausstellungen.

Ecart

Die Ecart-Gruppe wurde 1978 von der Designerin und Innenarchitektin → Andrée Putman in Paris gegründet, die den drei Firmen Ecart S.A., Ecart International und Licences Andrée Putman als Artdirektorin vorsteht. Das Design-Büro Ecart S.A. entwickelt in erster Linie Produktdesign, richtet aber auch Hotels, Museen oder Ministerien ein, so das Hotel im Wasserturm (1989) in Köln, das Contemporary Art Museum (1990) in Bordeaux oder das Museum of Fine Arts (1992) in Rouen. Bekannt wurde Ecart darüber hinaus durch die Einrichtung der Thierry-Mugler-Boutiquen in Paris, Mailand und Brüssel (1980–83) und der Yves-Saint-Laurent-Läden in den USA (1980–84).
Licences Andrée Putman entwickelt Designobjekte für den Wohnbereich und vergibt dafür weltweit Lizenzen. Ecart International hat sich auf → Reeditionen bekannter Designer aus der ersten Hälfte des 20. Jahrhunderts spezialisiert, darunter Felix Aublet, → Pierre Chareau («T-Stuhl»), Michel Duffet, Mariano Fortuny, Jean-Michel Frank, → Eileen Gray (Armlehnsessel «Transat», Vergrößerungsspiegel «Satellite» sowie die Teppiche «Black Magic», «Feston», «Méditerranée», «Irish Green», «La Bastide Blanche« und «La Ronde»), Paul Mathieu, Mallet Stevens und Ched Berenguer Topacia.

Metall-Leuchte von Felix Aublet (um 1925), reediert bei Ecart. Foto: Ecart International

Edra

Die italienische Firma übertrug Mitte der achtziger Jahre dem Architekten und Designer → Massimo Morozzi die künstlerische Leitung und erregte seitdem durch eine Reihe außergewöhnlicher Polstermöbel internationales Aufsehen. Morozzi verlieh der eher konservativ eingestellten Möbelfirma durch sein Vertrauen in junge und zum Teil unbekannte Designer ein avantgardistisches Image und verantwortet zahlreiche moderne Klassiker. Das Sofa «Tatlin», 1989 von Mario Canazi und Roberto Semprini entworfen, macht durch seine markante Spirale (als Rückenlehne) und seine konstruktivistischen (→ Konstruktivismus) Anklänge das Sofa zum Mittelpunkt des Raumes. Das futuristische «Wawy», 1988 von → Zaha M. Hadid entworfen, gilt aufgrund seiner Fiberglas-/Stahlkonstruktion als modernes Habitat und wird seit Anfang der neunziger Jahre durch den Tisch «Metal Carpet» ergänzt. Von Masanori Umeda stammt die Sessel-Serie «Fiori» (1989/90), die durch ihre Rosen- und Lilienform besticht. Hierzu gehören die Modelle «Cherry» (1991), «Getsuen» (1990) und «Rose Chair» sowie der Tisch «Anthurium» (1990). Weitere Entwürfe stammen von Clare Brass (Sessel «No Step Aft», 1987), Marteen Kusters (Couch «No Stop», 1987), Massimo Morozzi (Couch «Topolone», 1991), Terry Pecora (Strukturtische «Chama-leon», 1991), Giancarlo Vegni (Sofas «Bilbò», 1983, und «Lerici», 1986) und Leonardo Volpi (Sofa «Master», 1985).

Eiermann, Egon (*1904 Neuendorf, †1970 Baden-Baden)

Egon Eiermann studierte von 1923 bis 1927 bei Hans Poelzig an der Technischen Hochschule Berlin-Charlottenburg. Bereits in den dreißiger Jahren baute er Industrie- und Wohngebäude, in den fünfziger Jahren die Fabrikanlage für die Taschentuchweberei Blumberg (1949/51), die Pforzheimer Matthäuskirche (1953) sowie zahlreiche Verwaltungsgebäude (u.a. für die Steinkohle-Bergwerke, Essen). Zusammen mit Sep Ruf gestaltete Eiermann 1958 den deutschen Pavillon für die Brüsseler Weltausstellung. Besonderen Ruhm erlangte Eiermann durch den Wiederaufbau der Kaiser-Wilhelm-Gedächtniskirche in Berlin (1961–63). Von 1962 bis 1964 baute er die Deutsche Botschaft in Washington, 1965 konzipierte er ein Fertighaus in Atriumform, das beim Versandhaus Neckermann in Serie ging. Als Designer trat Eiermann durch seinen «Korbsessel E 10» (1954) aus naturlasiertem Peddigrohr hervor, der seit 1956 unter Musterschutz steht. Den Prototyp hatte Eiermann 1948 in Karlsruhe für die Ausstellung «Wie wohnen?» entwickelt. Sehr populär wurde auch sein Klappstuhl «SE 18» von 1952 (bei der Firma Wilde & Spieth, Esslingen), der eine Auszeichnung des Museum of Modern Art, New York, erhielt und auf der Mailänder Triennale 1954 die Silbermedaille gewann. Der Klappstuhl wurde später vielfach variiert. Bei → Tecnolumen ist Eiermanns «Deckenstrahler» im Programm, den er 1958 für die Weltausstellung in Brüssel entworfen hatte.

Ekuan, Kenji (*1929 Tokio)

Der japanische Industriedesigner Kenji Ekuan studierte am College für Buddhismus in Kyoto und bereitete sich von 1947 bis 1949 auf die Priesterschaft im Chioin-Tempel der Jodo-Sekte vor. Von 1950 bis 1955 studierte er → Design an der Universität für Kunst und Musik in Tokio, 1956 Industriedesign in Kalifornien am College für Design in Pasa-

dena. Nach einem Aufenthalt in Los Angeles gründete er 1957 in Tokio sein Büro GK Industrial Design Associates, das sich zu einem der größten unabhängigen Designbüros in Japan entwickelte.
Ekuan arbeitete für Yamaha, → Sony und Olympus (für deren Fotoabteilung entwarf er eine der ersten Kompaktkameras). Darüber hinaus entwarf er Musikinstrumente für Nippon Gakki (seit 1953), Fahrräder für Maruishi (seit 1955), Büromöbel für Okamura (seit 1961), Ferngläser für Hoya (seit 1963), Reis-Pflanzmaschinen und Mähdrescher für Iseki (seit 1963) und Uhren für die Firma Seiko (seit 1970).
Ekuan bewirkte durch seine wiederholten Reisen in den Westen eine Annäherung westlicher und japanischer Entwurfs- und Produktionstechniken. Er erhielt für seine Entwürfe eine Vielzahl an Auszeichnungen und ist Mitglied in vielen bedeutenden Design-Organisationen.

Erco

Die Firma wurde 1934 von Paul Buschhaus, Karl Reeber und Arnold Reininghaus gegründet (heutiger Firmensitz: Lüdenscheid) und stellte in den ersten Jahren Teile für Leuchten, vor allem Federzüge, her. Nach dem Zweiten Weltkrieg gelangen Erco Erfolge mit Badezimmerleuchten, Nachttisch- und Wandleuchten sowie Zugleuchten für die Küche. 1968 stellte die Firma ihr bahnbrechendes Konzept vor, «Licht statt Leuchten zu verkaufen», das bis heute Grundlage der

Strahler «Domotec» von Alois Dworschak. Foto: Erco

Produktphilosophie geblieben ist und Erco nicht nur zum Impulsgeber machte, sondern auch zu einem Forschungszentrum auf dem Gebiet von Licht, Beleuchtung und psychischen Wirkungen von Helligkeit und Lichtstärken. Die neue Erco-Konzeption setzte an die Stelle der Einzelleuchte das «Lichtsystem» und entwickelte aus der Verknüpfung solcher Systeme konsequent ihr Lichtprogramm, das aus Stromschienen und Strahlern, Einbauleuchten und Lichtstrukturen (z.B. Rohrsystemen) besteht.
In den siebziger Jahren prägte → Otl Aicher das Erscheinungsbild des Unternehmens; als Designer gewann Erco u.a. Terence Conran, → Ettore Sottsass, → Roger Tallon («Tallon»-Strahler, 1973) und Dieter Witte («TM-Spot», 1974). Zu den Design-Klassikern von Erco gehört die modulare Strahler-Serie «Eclipse» (1986) von → Mario Bellini, die größte Freiheiten bei der Wahl von Gehäusen und Lichtköpfen sowie Zusatzelementen wie Filter oder Blendschutzvorsätzen ließ. Die Tragsysteme «Axis» und «Gantry», 1988 von Roy Fleetwood und dem Büro Ove Arup entwikkelt, erlaubten es erstmals, Leuchten unabhängig von Wand oder Decke zu plazieren, und bedeuteten eine Weiterentwicklung der sog. Stromschiene. Weitere wichtige Entwürfe stammen von → Emilio Ambasz und → Giancarlo Piretti (Strahler «Oseris», 1982), Alois Gangkofner (Pendelleuchten-Serie «6000», 1962) sowie Alois Dworschak (Strahler «Domotec», 1980, «Wandfluter», 1982 und «Pendeldown-lights», 1988).
Das jüngste Strahlerprogramm der Firma Erco («Quinta», 1993) entstand in Zusammenarbeit mit → Knud Holscher. Bestimmend für das Aussehen der «Quinta»-Serie sind mechanische Grundfunktionen, die das Drehen und Neigen des Lichtstrahlers in definierbaren Winkeln ermöglichen. Zum anderen kann die einmal gewählte Fokussierung fixiert werden, um unbeabsichtigte Veränderungen einer eingestellten Beleuchtungsanlage zu vermeiden.

Ergonomie

Die Ergonomie beschäftigt sich als Teilbereich der Arbeitswissenschaften mit der Anpassung der Arbeit an den Menschen. Sie bedient sich der Erkenntnisse von Arbeitsmedizin und -psychologie, um den Arbeitsprozeß humaner und körpergerechter zu gestalten. Dabei stehen die Gesundheit des Arbeitenden, aber auch dessen kontinuierliche Leistungsfähigkeit im Vordergrund.
Die Ergonomie ist ein wesentliches Kriterium des Industriedesigns (→ Industrial Design). Die Konstruktion von Arbeitsgeräten, z.B. Werkzeugen, Büromöbeln, Griffen, Autositzen etc., nach ergonomischen Gesichtspunkten bedeutet deren materielle Anpassung an die jeweiligen Körpermaße, so daß unter allen (Umwelt-)Bedingungen eine sichere und effektive Bedienung bzw. Benutzung gewährleistet ist. In den sechziger und siebziger Jahren wurde im → Design auf Aspekte der Ergonomie großer Wert gelegt, in den achtziger Jahren folgte eine Phase radikaler Ablehnung. Als Gegenreaktion entstanden beispielsweise Sitzmöbel, die nur unter Schmerzen (wenn überhaupt) zum Sitzen geeignet sind.

Esslinger, Hartmut H. → Frogdesign

F

Fabricius, Preben (*1931 Odense, † 1984 Kopenhagen)

Nach einer Tischlerlehre (bei Arne Vodder) studierte Fabricius von 1954 bis 1957 an der Innenarchitekturschule Kopenhagen. Von 1957 bis 1964 arbeitete er als Innenarchitekt im Büro von Ole Hagen, von 1965 bis 1969 hatte er (mit Jørgen Kastholm) ein eigenes Entwurfsbüro in Kopenhagen und arbeitete mit verschiedenen dänischen Möbelherstellern zusammen.
Bis 1984 war Fabricius Dozent an der Skolen for Bolingindreting in Kopenhagen. Als Designer machte Fabricius 1962 durch den Schalensessel «6725 Tulpe» (bei der Firma Alfred Kill) auf sich aufmerksam, den er mit Kastholm entworfen hatte. Das Polster ist am Gestell aufgehängt, der Fuß als geschlitztes, dreistrahlig aufgefaltetes Rohr gestaltet. Besondere Nähe zum → Bauhaus zeigt das Sofa «6722 A» (1964) aus speziell entwickeltem Federstahl.
Für → Knoll entwarf Fabricius 1947 den «Hall Chair», der bewußt seine tragenden Elemente (geschwungene Stahlrohrelemente) sichtbar macht.

Fiorucci, Elio (*1935 Mailand)

Der italienische Modedesigner Elio Fiorucci richtete 1967 seinen ersten Modeshop in der Galleria Passarella in Mailand ein. Er verkaufte dort u.a. Kreationen von Ossie Clark und Zandra Rhodes, «um die King's Road nach Italien zu bringen». 1970 stellte er in Eigenproduktion Jeans, Modeaccessoires und Haushaltsartikel her und vertrieb sie in Boutiquen in den USA, Japan, Libyen, Südostasien und auf den Antillen.
Die Fiorucci-Shops wurden schnell zum Inbegriff für Pop, Punk und jede Art von frecher Mode, zum Symbol des «junky chic». Insbesondere seine Läden in New York und Mailand gefielen durch ihre bizarre Innenausstattung; Stroboskoplampen und Diskomusik waren ihr optisches und akustisches Markenzeichen.
Fioruccis Ursprünge liegen in der Popkultur, wie sie das «Swinging London» der sechziger Jahre hervorgebracht hat. Mit sicherem Auge verlieh er dabei einfachen, preiswerten Dingen eine eigene Note: So wurden aus Aluminiumeimern chice Damenhandtaschen, aus simplen Basketballhosen Shorts aus Satin. Vor allem aber machte Fiorucci das T-Shirt salonfähig, indem er es mit abstrakten Mustern bedruckte und mit seriöser Kleidung kombinierte.
Seit den späten sechziger Jahren ließ Fiorucci → Accessoires, Socken, Hüte, Notizbücher, Kalender, Bleistifte u.ä. mit seinem Markennamen bedrucken und weltweit vertreiben. 1974 wurde Fiorucci von der führenden italienischen Handelsgesellschaft Montedison übernommen, 1981 stieg Benetton mit einer 50-%-Beteiligung in das Unternehmen ein. Zu Fioruccis populärsten Kunden gehörten Brooke Shields, John Travolta, Jackie Onassis und Prinzessin Diana.

Fischer, Richard (*1935 Neumarkt)

Der Produktdesigner und Designtheoretiker Richard Fischer studierte von 1952 bis 1955 Maschinenbau in Neumarkt, danach Produktdesign an der → Hochschule für Gestaltung, Ulm, wo er 1959 sein Diplom erlangte. Seine Arbeit als Designer begann er im selben Jahr für die BASF-Chemiewerke in Ludwigshafen. 1960 wechselte er zur → Braun AG in Frankfurt, für die er bis 1968 tätig war. Er entwarf dort die Rasierapparate «Sixtant», «Sixtant S» und «Sixtant 606».
Seit 1968 ist Fischer als freiberuflicher Designer und Dozent an der Hochschule für Gestaltung in Offenbach tätig. Hier begann er in den siebziger Jahren mit der Erforschung der Anzeichenfunktionen eines Produkts (Abgrenzung, Kontrast, Oberflächenstrukturen, Gruppenbildung, Farbkontraste, Ausrichtung, Standfunktion, Bedienbarkeit und der Bezug eines Produkts zum menschlichen Körper) auf der Grundlage geisteswissenschaftlicher Erkenntnismethoden. Sehr umfassende Ergebnisse zu diesem Thema legte er 1984 zusammen mit Gerda Mikosch vor. Die unterschiedliche Gewichtung der Anzeichenfunktionen hat Fischer beispielhaft an seiner Kleinbildkamera «Minox-EL-35» (1972) klargemacht, die vor allem «taschengerecht» ist und die Anzeichen «Präzision» bzw. «Leistungsfähigkeit» sekundär erscheinen läßt.
Richard Fischer entwarf Keyboards und Receiver für Canton, computergesteuerte Heimtrainer für Keiper (1979) sowie Geräte für Demolux (1982). 1965 erhielt er den Berliner Kunstpreis «Junge Generation», 1980 den Preis für Produktdesign des Design Centers Stuttgart. Seit den achtziger Jahren beschäftigt sich Fischer mit der Bedeutung der Mikroelektronik für das → Design, speziell für die Produktsprache. 1988 legte er eine umfassende Darstellung dieser Problematik vor.

Flos

Die italienische Leuchtenfirma, die 1962 gegründet wurde, zeichnete sich von Beginn an durch gutes → Design aus. Mit den Modellen «Viscontea» und «Taraxacum» gelang Flos auf Anhieb der internationale Durchbruch. → Tobia Scarpa schuf Anfang der sechziger Jahre eine Serie von Beleuchtungskörpern aus elastischen Synthetikfasern, die als «Fantasmi» oder «Cocoon» berühmt wurden. Mit «Arco» (1962) von → Achille und → Pier Giacomo Castiglioni produzierte die Firma ein Objekt, das gleichzeitig die Vorteile einer Steh- und Hängeleuchte vereinte. Als weitere Leuchtenklassiker der ersten Flos-Dekade gelten «Parentesi» (die an einem Stahlseil verschiebbar war) und «Teli», eine 1973er Auflage einer bereits 1957 geborenen Idee für die Triennale in Mailand. 1974 erwarb Flos die Firma → Arteluce und begann mit dem Aufbau eines internationalen Vertriebnetzes, dem gleichzeitig eine Leuchtenkollektion folgte, die sich verstärkt an den Privatbenutzer richtete. Heute arbeitet Flos vor allem mit Designern wie Achille und Pier Giacomo Castiglioni, Fabrio Lombardo, → Pio Manzù, → Afra und Tobia Scarpa und → Philippe Starck zusammen, die Leuchtenklassiker schufen wie «Arco» (Lombardo, 1989; Wand- und Stehleuchte mit Streuscheiben aus farbigem, metallisiertem Glas), «Bollo» (Scarpa, 1978; Wandleuchte mit Körper und Träger aus

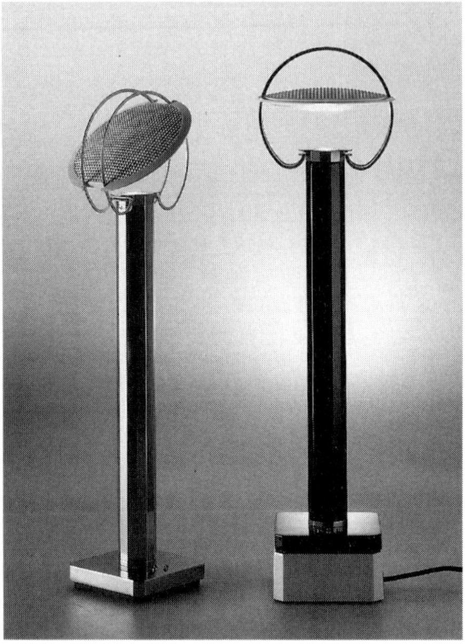

Leuchte «Perpetua» (1982) von Tobia Scarpa. Foto: Flos

lackiertem Metall und Diffusor aus prismatischem, klarem Glas), «Arà» (Starck, 1988; Tischleuchte aus verchromtem Metall), «Perpetua» (Scarpa, 1982; Tischleuchte mit Reflektor aus Renal und einem Schaft aus eloxiertem Strangusprofil), «Gibigiana» (Achille Castiglioni, 1981; dimmbare Tischleuchte mit Reflektor aus verspiegeltem Metall), «Taccia» (Achille und Pier Giacomo Castiglioni, 1962; Tischleuchte mit einem Lichtstreuer aus Glas) oder «Pierrot» (Afra und Tobia Scarpa, 1990; Tischleuchte mit Armen aus Verbundmaterial).
Zu den jüngsten Entwürfen der Firma gehört die Pendelleuchte «Brera» (1992) von Achille Castiglioni, die u.a. aus einem Stahlseil und einem ovalen Glaskörper (ähnlich dem Ei von Piero della Francesca in der Pala dei Montefeltro) aus geätztem, geblasenem Glas besteht. Aufgrund der speziellen Konstruktion der Teile kann das Glas in verschiedenen Positionen befestigt werden, was zu «Brera»-Varianten wie Decken-, Wand- und Stehleuchten führte.

Fontana Arte

Die italienische Firma wurde 1932 von → Giovanni Ponti gegründet und spezialisierte sich zunächst auf die Herstellung von Glasfenstern, u.a. für den Mailänder Dom und die Kathedrale von Brasilia. Mit Pietro Chiesa fand Ponti in den dreißiger Jahren einen Partner, der ein breit gefächertes Angebot von Leuchten, Kleinmöbeln und → Accessoires entwarf, das Glas als bestimmendes Material enthielt.
Nach einem Ausflug in die Serienproduktion, der den Verkauf von Fontana Arte an die französische Industriegruppe Saint-Gobain nach sich zog, gelang es den Italienern Guglielmi, Gagliardi und Ferrario 1979, die Firma wieder in Privatbesitz zu bringen und bekannte Designer an sie zu binden. So wurde → Gae Aulenti als Artdirektorin und → Piero Castiglioni als Lichtberater verpflichtet. Franco Raggi und → Daniela Puppa kümmerten sich um Öffentlichkeitsarbeit und Präsentationsstrategien.
In den achtziger Jahren entwickelte Fontana Arte ein solides Programm, an dem zahlreiche renommierte Designer mitwirkten, u.a. Gae Aulenti (Leuchten «Parola» und «Bugia»; Tisch «Lapsus»), → Achille Castiglioni (Tisch «Tangram»), Piero Castiglioni (Leuchten «Sillaba» und «Scintilla»), Pietro Chiesa (Vase «Cartoccio»; Tisch «Fontana»), → Michele

de Lucchi (Badezimmerserie «De Lucchi» und Leuchte «Vega»), → Vittorio Gregotti, Pierluigi Cerri (Leuchten «Mozia» und «Hera»; Tisch «Orio»; Vitrine «Entasis»), Giovanni Ponti (Leuchte «Bilia» und «Pirellone»; Tisch «Tavolini»), Daniela Puppa (Leuchten «Plutone», «Ondina», «Olampia» und «Ullisse»; Badezimmer-Kollektionen «Pierre» und «Ritz», zusammen mit Franco Raggi; Serie «Altair»), → Ettore Sottsass (Tabletts «2670/2671», Vase «2664/2665», Tisch «Aspic»), Renzo Piano, Franco Raggi (Leuchte «Velo», Servierwagen «Uno/Due/Tre», Tisch «Invidia») und Umberto Riva (Leuchten «E 63», «Dilem», «Gi-Gi» und «Francechina»; Tisch «Adanna»).

Zu den aktuellen Produktlinien von Fontana Arte gehört die Kollektion «Arredo» (Wohnzimmermöbel), «Bagno» (Badezimmermöbel), «Luce» (Licht), «Oggetti» (Objekte und → Accessoires) sowie «Tecnica» (Lichtsysteme wie beispielsweise «Palio»).

Forcolini, Carlo (*1947 Como)

Der italienische Maler und Designer Carlo Forcolini leitete nach seinem Kunststudium eine linksradikale italienische Tageszeitung, seit 1975 arbeitete er mit → Vico Magistretti und kurzzeitig auch mit → Achille Castiglioni zusammen. 1979 gründete er die Firma → Alias, die 1983 mit → Artemide fusionierte. Gleichzeitig begann er, seine Arbeiten in zahlreichen Ausstellungen und Veranstaltungen zu zeigen, u.a. in Montreal («Vio Design»), London («Design Saturday») oder Hamburg («Designers Weekend»).

Für Alias entwarf Forcolini einen sichelförmigen Liegesessel, dessen Armlehnen ein leichtes Gefälle nach hinten hatten. Sein Leuchtentisch «Apocalypse Now» (1984) bestand im wesentlichen aus einer quadratischen Blechplatte auf verzinktem Stahlrohrgestell, die bewußt naturbelassen war und im Laufe der Zeit Rost ansetzte. Sitz und Rückenlehne seines Sessels «Signorina Chan» (ebenfalls bei Alias) bestehen aus Polyurethan bzw. aus gespanntem Polyesterstoff, der abnehmbar und waschbar ist. Die Füße sind aus Stahl, die Armlehnen aus Gummi. Herausragende Entwürfe für Alias sind ferner der Stuhl und Hocker «Mirò», das Sofa «Uni-X», der Tisch «Karate» (mit einer 15 mm starken Platte aus Sicherheitskristall) und der Kleiderständer «Bukowsky's Holiday» (mit Parabolspiegel und silberner Fußplatte). Für Artemide entwarf Forcolini

Stehleuchte «Nestore Terra» für Artemide. Foto: Artemide

die «Icaro»-Wandleuchte (1985) aus lackiertem Metall und geschliffenem Glas. Ihren Namen hat sie von dem Lochblechschirm, der sich rechts und links der Mittelachse flügelförmig ausbreitet.
Weitere Objekte für Artemide: die höhenverstellbare Niedervolt-Hängeleuchte «Alesia», die Stehleuchten «Olimpia» (Schirm aus getempertem Klarglas) und «Polifemo» (der Schirm ist mit einem Prisma versehen, das durch die Lichtzerlegung ein Farbspiel auf die Decke projiziert) sowie die Modelle «Delo» und «Nestore».
Carlo Forcolinis Entwürfe stehen heute im Pariser Musée des Arts Décoratifs, im New Yorker Museum of Modern Art und in der ständigen Kollektion des Cooper Hewitt Museums in New York.

Form

Im → Design bezeichnet der Begriff Form die Gestaltung von Gegenständen nach optischen und ästhetischen Gesichtspunkten. Dem steht das Kriterium der reinen Funktion diametral gegenüber, beispielsweise repräsentiert durch die Berücksichtigung ergonomischer Anforderungen. Grundsätzlich bewegt sich jede Produktgestaltung zwischen den Polaritäten von Form und Funktion. In Abhängigkeit zur inhaltlichen Aufgabenstellung, zur jeweiligen Zeitströmung und nicht zuletzt auch nach dem persönlichen Stil des Designers überwiegen einmal funktionale Aspekte (z.B. → Bauhaus, → Hochschule für Gestaltung, Ulm), oder es steht die Form im Vordergrund (z.B. → Memphis).
In der Geschichte des Designs ist die Frage, ob die Form oder die Funktion Vorrang bei der Gestaltung genießen sollte, häufig und kontrovers diskutiert worden. Der 1894 von dem Architekten Louis Henry Sullivan eingeführte Satz «form follows function», der die Abhängigkeit der Form von der Funktion festschreibt, besaß lange Zeit allgemeine Gültigkeit, wurde aber seit den siebziger Jahren durch Abwandlungen wie «form follows fun», «form follows emotion» oder «form follows fiction» in Frage gestellt.

Formgestaltung → Design

Frattini, Gian Franco (*1926 Padua)

Der italienische Architekt und Designer Gian Franco Frattini studierte von 1946 bis 1953 am Mailänder Polytechnikum Architektur und schloß als Diplomarchitekt ab. Von 1951 bis 1953 arbeitete er als Assistenzdesigner im Mailänder Studio von → Giovanni Ponti und gründete anschließend ein eigenes Designbüro. Seit Mitte der fünfziger Jahre arbeitet er als Designer und Designberater. Frattini ist Mitbegründer der Industriedesign-Organisation ADI (Associazione Disegno Industriale) und hat die Mailänder Triennalen organisatorisch mitgestaltet.
Entscheidende Anregungen als Designer erhielt Frattini bei den Unternehmen Bernini und → Cassina, wo er zwar für ein ausgeklügeltes, formal aber eher unspektakuläres → Design eintrat. 1957 entwarf er für Cassina

den «Sekretär 804» aus Palisander- und Eschenholz, mit einer Schreibfläche aus Leder. Auf der Rückseite hat das Möbel Fachböden und kann deshalb auch mitten im Raum stehen. Von erlesener handwerklicher Qualität sind die winzigen Schubladen, die in beliebiger Reihenfolge eingeschoben werden können, da sie keine Zwischenwände zur Führung haben. Ebenfalls für Cassina kreierte Frattini 1966 das Tisch-Set «780», das aus vier dreibeinigen Rundtischen besteht, die wie ein dreidimensionales Puzzle übereinandergestellt werden können. Die Tische haben ein Gestell aus lackiertem Buchenholz, die Platten sind aus Kunststoff.

Für → Artemide entwarf Frattini 1970 die spektakuläre Lichtschlange «Boalum» – ein von innen beleuchteter Plastikschlauch, der «Atmosphäre» schaffen sollte. 1979 entwickelte er die Leuchte «Megaron» (aus glanzlackiertem Preßaluminium und gummiüberzogenem Stahlfuß). Sehr erfolgreich wurde auch die Deckenleuchte «Acheo».
Weitere Entwürfe schuf Gian Franco Frattini für Bernini (Regal «Practica», 1981; drehbarer Sekretär «Sesamo», 1984), Fantoni (Bürostuhl, 1980), → Knoll (Bürosystem, 1988; Tisch «Kyoto», 1974), → Molteni (Serie «Larco», 1970) und Progretti (Eisschale, Aschenbecher, 1977).

Fritz Hansen

Die dänische Möbelfirma wurde 1872 gegründet und spezialisierte sich früh auf komplizierte Formholztechniken und Holz-/Metallrohrkonstruktionen. In den dreißiger Jahren lancierte das Unternehmen die enge Zusammenarbeit mit Architekten und Designern, von denen → Kaare Kint zu den ältesten gehört (sein «Kirchenstuhl» von 1936, ein Buchenholzstuhl mit Sitz aus geflochtenem Papiergarn, ist noch immer in Produktion und in Museen der ganzen Welt zu sehen). Als Mitarbeiter Kints entwarf → Børge Mogensen 1945 den Klassiker «Sofa für zwei Personen». Hans Jorgensen Wegner kreierte für Hansen den «Chinastuhl» (1944). In den fünfziger Jahren gelang → Arne Jacobsen der Durchbruch mit dem Stuhl «Ameise» (1952), der bis heute in zahlreichen Varianten hergestellt wird. Auch Jacobsens Stühle «3102» (1955), «3107» (1955) und «Grand Prix» (1957) sind bis heute in Produktion. Poul Kjærholm entwarf für Hansen die «PK»-Serie, die 1951 begann und bis Ende der siebziger Jahre kontinuierlich weiterentwickelt wurde. Die Architekten Henning Jensen und Torben Valeur entwickelten

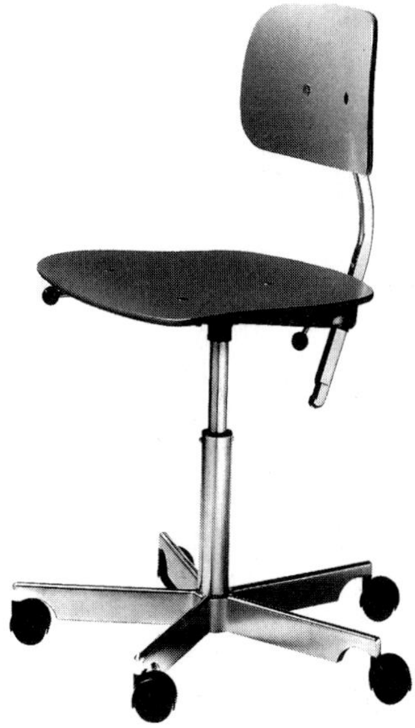

Schreibtischstuhl der Serie «2003» von Jørgen Rasmussen. Foto: Fritz Hansen

die «M 40»-Serie, die 1962 den Preis des Dänischen Kunstgewerbes und 1988 den ID-Klassikerpreis bekam.
Die sechziger Jahre waren für Fritz Hansen von Möbeln bestimmt, die → Piet Hein und → Bruno Mathsson («Superelliptischer Tisch», 1968), Henning Larsen und → Verner Panton («V-Sessel») entwickelten.
In den siebziger Jahren schuf Sidse Werner ihren berühmten vielarmigen «Kleiderständer», Piet Hein den «Barhocker» (1971) aus rostfreiem Stahl, Jens Ammundsen die Stuhlserie «38/39» und Jørgen Rasmussen die Bürostuhlserien «2003» und «2007». Von Lawrence David Minsker stammt der «Minsker»-Stuhl (1983), der auch für Sitzreihen konzipiert wurde; Niels Jøgen Hangesen entwarf den Tisch «9290» (mit schwenkbaren Platten), der 1986 mit dem dänischen ID-Preis ausgezeichnet wurde. Leif Erik Rasmussen und Henrik Rolff entwickelten in den achtziger Jahren die «2R»-Tischserie. Von → Niels Gammelgaard und Lars Mathiesen stammen die «Café»-Serie (1983) aus Stahl und Gummi sowie die Sitzmöbelserie «Decision» (1986).
Zu den aktuellsten Produkten Fritz Hansens gehört die Bürosesselserie «Independence» (1990) von Burkhard Vogtherr, der Mehrzweckstuhl «Ensemble» (1993; Sitzschale aus formgespritztem Kunststoff) von Alfred Homann und der Sessel «4411» von Søren Koch.

Frogdesign

Die Firma wurde 1969 von Hartmut H. Esslinger in Altensteig gegründet, der seine Produkte von Beginn an gegen das Establishment entwarf. Esslinger verstand → Design im Kontext einer allgemeinen Produktstrategie, die industrielle Fertigungsmethoden ideal mit den Bedürfnissen des Konsumenten vereinte. Dem Motto der vierziger Jahre – «form follows function» – setzte er den Wahlspruch «Design follows emotions» entgegen.
Zu den größten Designerfolgen der Firma gehörten die Arbeiten für → Wega in den frühen siebziger Jahren (u.a. die Fernsehgeräte «3020», «3071» und die Kompaktanlage «Concept 51 K»), die sich bewußt vom bis dahin führenden Braun-Design abhoben und die Entwürfe für Apple Computer (seit 1982 u.a. «SE/30» und «Mac II»). Für die Firma Hansgrohe entwickelte Frogdesign einen multifunktionalen Duschkopf und das System «Uno», für die Firma Louis Vuitton die Kofferserie «Challenge», die speziell für

Freischwinger «64124» aus dem Programm «COR project» für COR. Foto: COR

Flugreisende konzipiert wurde. 1987 kreierte Thomas Gerlach für Fissler die Topfserie «Magic», die durch ihre markanten Griffe gefiel. Das jüngste Produkt von Frogdesign ist das Service «Avenue» (1992) für → Rosenthal, das als gestalterisches Leitmotiv die Diagonale hat. Im Relief vorgegeben, setzt sie ihre auf- und abwärtsstrebende Bewegung in den parallel verschobenen Henkeln fort und läßt die Tellerfahnen mit rasantem Schwung ansteigen. Von den mehr als 1200 Objekten, die Frogdesign mit Design-Teams in sechs Ländern schuf, sind insbesondere zu nennen: die Aluminium-Platte «Faro» (1991) für → Alessi (mit Griff aus Ebenholz), die Bürosysteme «King Alpha» und «King Z» sowie die Stühle «Arc», «Sigma 1» und «Sigma 100» für → König & Neurath, das Bürosystem «Project» für → COR, das Autotelefon «Telecar» für → AEG, der «Eierkocher» für AEG, der Organizer «Touch me» für Hexaglott, die Computer für NeXT, der Waschtisch «Zenith» für → Villeroy & Boch sowie zahlreiche Studien (u.a. ein drehbarer Fernseher und ein Bügeleisen für Elderly oder der Walkman «Museman»).

Fry, Roger → Omega Werkstätten

FSB

Die 1881 gegründete Firma FSB (Franz Schneider Brakel) entwickelte sich in den achtziger Jahren des 20. Jahrhunderts zu einem designorientieren Unternehmen, das sich vor allem außergewöhnlichen Formen (→ Form) von Baubeschlägen (Türklinken, Türgriffe, Fensteröffner, Handläufe, Möbelgriffe u.ä.) zuwandte.
Neben Entwürfen von → Mario Botta (Modell «1104»), → Hans Hollein und → Alessandro Mendini führt FSB Griffprogramme von → Jasper Morrison (Fenster- und Türgriffe, Garderobenhaken, Bad-Rosetten, Boden- und Wandstopper), Johannes Potente (Türdrücker, Schilder, Rosetten und Einlaßmuscheln), → Dieter Rams (Serie «rgs» aus einer Kombination von Aluguß und Thermoplast in den Farben Silbergrau und Schwarz) und → Philippe Starck (Serie «PS 1» aus Aluminium).

Funktionalismus

Eine wichtige Strömung in Architektur und → Design, die technische, funktionale Aspekte gegenüber der (ästhetischen) → Form betont. Wenngleich sich der Funktionalismus bisweilen auch ästhetischen Positionen annähert, herrscht in der Ablehnung von → Ornament, Dekor oder der Betonung emotionaler Dynamik durchgängige Übereinstimmung. Mit dem Funktionalismus verbindet sich der Glaube an technische Machbarkeit, das Vertrauen in die neuesten Erkenntnisse der Wissenschaft, allgemein die Überzeugung, daß mit Verstand und Logik die Probleme des modernen Zeitalters lösbar seien – eine Position, die das frühe 20. Jahrhundert eindrücklich charakterisiert. Daraus leitet sich die ausschließliche Fragestellung nach Zweck- oder Nützlichkeitsaspekten ab.

Die Suche nach der «reinen Form» fand im Zusammenhang mit Architektur bereits bei Kant, Schelling oder Schopenhauer eine philosophische Reflexion. Ende des 19. Jahrhunderts formulierten der amerikanische Architekt Louis Henry Sullivan («form follows function») und zu Beginn des 20. Jahrhunderts sein Schüler → Frank Lloyd Wright funktionalistische Architekturtheorien, die sie in Gestalt sachlicher, dem reinen Zweckgedanken folgender Gebäude verwirklichten. Innerhalb des → Deutschen Werkbunds wurden Form und Funktion unterschiedlich bewertet. → Hermann Muthesius und → Peter Behrens setzten sich für eine Architektur der Sachlichkeit und Funktion ein, unter der Verwendung moderner Materialien wie z.B. Beton, Glas oder Stahl, während → Henry van de Velde formalästhetische Gesichtspunkte bevorzugte. In den zwanziger Jahren erreichte der Funktionalismus unter → Walter Gropius am → Bauhaus, unter → El Lissitzky im russischen → Konstruktivismus oder unter Theo van Doesburg und → J. J. P. Oud innerhalb der De Stijl-Gruppierung (→ De Stijl) seinen internationalen Durchbruch. Dabei rückten innerhalb jeder der genannten Strömungen soziale Bauaufgaben (z.B. Arbeitersiedlungen) oder übergreifende städtebauliche Fragen in den Vordergrund.
Nach 1945 kam es bis in die siebziger Jahre hinein zu einer undifferenzierten, pauschalen Verabsolutierung funktionaler Prinzipien, worin sich nicht zuletzt auch einseitige wirtschaftliche Interessen spiegeln. In den fünfziger und sechziger Jahren erreichte der Funktionalismus seinen quantitativen Zenit. Mit allgemeinen gesellschaftlichen Wandlungsprozessen der Jahre um 1968 setzte eine breite Funktionalismuskritik ein. In den achtziger Jahren stellten die → Postmoderne in der Architektur und eine umgreifende Trendwende im Design – wie sie sich beispielsweise im italienischen → Memphis manifestierte – die zur Konvention erstarrten Muster des Funktionalismus grundsätzlich in Frage. Ein Kritikpunkt wendet sich dabei gegen das funktionalistische Postulat, daß die richtige Form gewissermaßen notwendig auch deren Schönheit enthalte.

G

Gaggenau

Die 1655 als Eisenwerke Gaggenau und 1975 in Gaggenau Werke umbenannte Firma gilt als einer der führenden europäischen Anbieter von Kücheneinbaugeräten. Hierzu gehören Kochmulden, Abzugshauben, Spülbekken, Gefriergeräte und Backöfen, die seit 1990 von der Firma → Phönix Design entworfen werden. Aufgrund der hohen Qualität und Verarbeitung sowie der schlichten Schönheit der funktionellen → Form wurden Gaggenau-Geräte mehrfach mit dem Design-Prädikat → Gute Form ausgezeichnet.

Gammelgaard, Niels (*1944)

Nach seinem Studium an der Kopenhagener Royal Danish Academy of Fine Arts und Tätigkeiten in verschiedenen Architekturbüros gründete Niels Gammelgaard 1978 zusammen mit Lars Mathiesen das Büro Pelikan Design (bis 1987). Für die schwedische Firma → Ikea schuf Gammelgaard ab 1975 mehrere Objekte, darunter das Sofa «Moment», die Klappstühle «Ted» (1976) und «Isak» sowie die Serie «Roma» (Tabletts und Behälter aus Metall und Glas). 1983 entwickelten Gammelgaard und Mathiesen für die Firma → Fritz Hansen die «Café»-Serie – Stühle und Tische aus Stahl und Gummi, robust konzipiert und sowohl für Innenräume als auch für Außenzwecke benutzbar.

Gatti/Paolini/Teodoro

Die italienischen Architekten-, Industrie- und Grafikdesigner Piero Gatti (*1940 Turin), Cesare Paolini (*1937 Genua, †1983 Turin) und Franco Teodoro (*1939 Turin) schlossen sich 1965 zu einem Trio zusammen und arbeiteten fast drei Jahrzehnte erfolgreich in den Bereichen Städtebau, Produktentwicklung, Fotografie und Grafik. Als Ikone des Pop-Designs gilt ihr Sitzsack «Sacco 28» (1968), der heute von der italienischen Firma → Zanotta hergestellt wird. Es gibt ihn

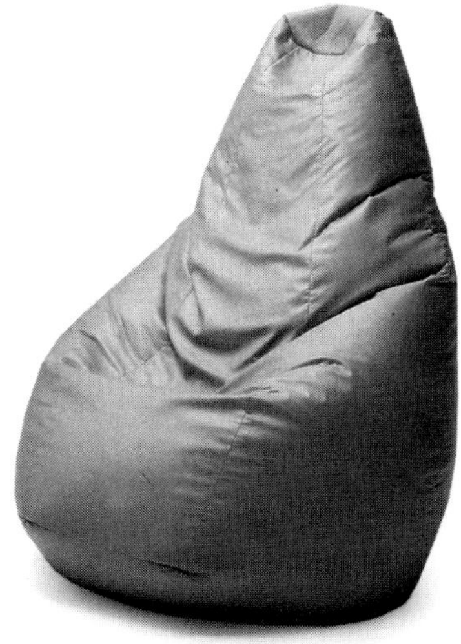

«Sacco 28» (1968). Foto: Zanotta

mit Leder-, Segeltuch- oder Kunstlederbezug; gefüllt ist er mit Kunststoffkügelchen.
In den sechziger und siebziger Jahren entwarfen Gatti/Paolini/Teodoro klare und natürliche Produkte, die sich in jedes → Ambiente einfügten, etwa das Klappbett «Sudanese» aus Buche natur, das heute ebenfalls von Zanotta produziert wird.

Gaudí, Antonio (*1852 Reus/Tarragona, †1926 Barcelona)

Der Spanier Antonio Gaudí y Cornet arbeitete seit 1878 als Architekt, wobei er besonderen Wert auf expressive Gebäude, Interieurs und Möbel legte. Sein Verdienst ist es, dem katalanischen → Jugendstil, dem Modernisme, zu Weltruhm verholfen zu haben.
1883 übernahm Gaudí den Neubau der «Sagrada Familia» in Barcelona, die von J. de Villar in neogotischen Formen begonnen worden war. Gaudí setzte sich dabei intensiv mit der Verbesserung der gotischen Bauformen, dem Konstruktionssystem der Strebepfeiler und Strebebogen, auseinander. Sein Hang zum Experimentieren sowie seine äußerst reiche Erfindungsgabe führten ihn zu Bauformen, mit denen er seiner Zeit weit voraus war und den → Historismus überwand. Weitere bedeutende Bauwerke Gaudís in Barcelona sind die «Casa Milà» (1905–10), die «Casa Batlló» (1904–06) sowie der «Park Güell» (1900–1904), der durch seine abstrakten Mosaiken berühmt wurde.
Als Verfechter des Gesamtkunstwerks entwarf Gaudí auch Möbel für seine Bauten, wobei er Naturformen wie bizarre Wurzelformen oder knochige, knorpelige Stämme bevorzugte. Seine «Muebles Batlló» aus dem Jahre 1906 kreierte er speziell für die «Casa Batlló». Diese Garnitur aus Armlehnstühlen, Hockern, Bänken und Stühlen war aus amerikanischer Eiche handgefertigt und wird heute von B. D. Ediciones hergestellt. Weitere Gaudí-Entwürfe bei der spanischen Firma: die Metall-Accessoires (→ Accessoires) «Calvet» (1904) aus handpoliertem Messing sowie die Griffe und Haken «Milá» (1910), ebenfalls aus Messing; ferner der Spiegel «Calvet» (1904)

Gaultier, Jean Paul (*1952 Paris)

Der Modedesigner Jean Paul Gaultier arbeitete für → Pierre Cardin, Jacques Esterel und Patou, bevor er sich 1976 selbständig machte. Als Enfant terrible der Pariser Szene kreierte Gaultier mehrere Modewellen, in denen er abwechselnd Naturfasern, Lederimitat, Kunstpelz, Nylon, Metall oder sogar Latex als Grundmaterial verarbeitete und sich in seinen Entwürfen vom Surrealismus, vom Punk und vom Zeitgeist der fünfziger Jahre inspirieren ließ.
Jean Paul Gaultier ist berühmt für seine schrillen Kombinationen und exzentrischen Modenschauen. 1985 entwarf er Röcke für Männer und sog. Rockhosen aus Nadelstreifen und Kammgarn.
Ab Mitte der achtziger Jahre kleidete Gaultier internationale Stars der populären Muszikszene (Nina Hagen, Madonna) ein und schuf Kostüme für Filme (u.a. für Peter Greenaways «Der Koch, der Dieb, seine Frau und ihr Liebhaber»).

1993 kreierte er das Parfum «Jean-Paul Gaultier» und entwarf das Flakon (eine Frauenbüste mit Korsett) samt Verpackung (eine geriffelte zylindrische Stahldose). Im selben Jahr entwarf er das vielbeachtete (und u.a. vom britischen Popstar Elton John getragene) Brillengestell «55-1171» mit Jugendstilbügel und Schraubfassungen unterhalb der Gläser.

Gecchelin, Bruno (*1939 Mailand)

Der italienische Architekt und Designer Bruno Gecchelin begann seine Karriere 1962 mit Entwürfen von Haushaltsgeräten, Elektrogeräten, Klimaanlagen, Bestecken und Heizkesseln. Ende der sechziger Jahre wandte er sich dem Leuchtendesign zu und arbeitete für → Arteluce, → Venini, → O-Luce, → Olivetti, Busnelli und Skipper. Sehr erfolgreich wurde Gecchelins Niedervolt-Tischleuchte «Wing» (1973) für O-Luce. Aus demselben Jahr stammt auch sein Modell «Mezzaluna» für Skipper, eine Hochvolt-Stehleuchte, die heute zu den Klassikern des italienischen Bel Designs zählt.
Eine leichte Abwandlung ist die «Mezzaluna T» von 1974, eine bis zu 2,13 m höhenverstellbare Stehleuchte aus lackiertem und verchromtem Metall, die ebenfalls von Skipper hergestellt wird. 1974 präsentierte Gecchelin das Modell «Domea» (für O-Luce), eine 2,35 m hohe Leuchte, die sehr hohe Wattstärken liefert. Der Ständer besteht aus einem 4,60 m langen Eisen, das in der Mitte geknickt und an beiden Enden zusammengepreßt wurde, so daß das Kabel in der entstandenen Nut optimal versteckt werden konnte. Der Reflektor der «Domea» ist wie ein Blatt geformt, zwischen dessen beiden Teilen die Glühlampe montiert wurde. Für → Artemide entwarf Gecchelin die Leuchtenserie «Bis» (1981, deren verstellbarer Reflektor auf einer Aluminiumstange entlanggleitet) und die Tischleuchte «Ring» (1979). Bei → IGuzzini sind Gecchelins Leuchtensysteme «Il prisma», «Sella» und «XO» sowie die Stromschienen-Systeme «Challenger», «Focus», «Limelight», «Wing» und «Zoom» im Programm; ferner die Strahlerserien «Mago» und «Shuttle» sowie die Außenleuchten «Appliques», «Ciak» und «Open».

Gehry, Frank Owen (*1929 Toronto)

Der kanadische Architekt und Designer Frank Owen Gehry (eigentlich: Frank Goldberg) wurde an der University of Southern California und an der Harvard Graduate School of Design ausgebildet. Anschließend arbeitete er für verschiedene Architekturbüros an der Westküste, bevor er sich 1962 als Architekt selbständig machte. Von 1972 bis 1973 und von 1988 bis 1989 war Gehry Assistant Professor an der University of Southern California. 1989 erhielt er den Pritzker Architekturpreis. Gehrys Arbeiten haben Aufsehen erregt, weil sie experimentell sind und aus Elementen bestehen, die gebrochen oder zerrissen erscheinen.
Seine Bürogebäude für Mid-Atlantic Toyota (1978) in Glen Burnie, Maryland, sowie die Renovierung seines eigenen Hauses (1978–79) in Santa Monica, Kalifornien, gelten als Beispiele des Ad-hoc- oder Punk-Designs,

wodurch Gehry zu einem der wichtigsten amerikanischen Architekten am Übergang von → Postmoderne zum → Dekonstruktivismus wurde. Seine komplex aufgebaute, verschachtelte Architektursprache hat auf die Diskussion um eine neue Architektur und → Neues Design stark eingewirkt.
1983/84 arbeitete Gehry mit dem → Pop Art-Künstler Claes Oldenburg an einem Architekturprojekt für die Biennale in Venedig,

«Frank O. Gehry Collection» (1992) für Knoll. Foto: Knoll

im selben Zeitraum entstand das California Aerospace Museum in Los Angeles. 1989 baute Gehry das Vitra Design Museum in Weil am Rhein (→ Vitra).
Seit 1969 beschäftigte sich Frank Gehry mit Möbeldesign, wobei er häufig Wellpappe benutzte, die er mit anderen Materialien kombinierte. Auch wenn diese Möbel einfach wirken, sind sie doch auf der Grundlage intensiver Materialanalysen exakt geplant und in ihrer Konstruktion auf das statisch Notwendige reduziert. Ihr subtiler Reiz besteht im absichtlich belassenen Rohzustand des Materials. Der Karton ist bearbeitet, aber nicht veredelt – was seine eigentliche ästhetische Qualität ausmacht. Beispiele sind der Pappsessel «Little Beaver» (1989) für Vitra oder die Serie «Easy Edges» (1971–72) für Cheru Enterprises. Vitra legte 1992 vier Modelle dieser Serie in einer → Reedition neu

Sessel «Little Beaver» (1980–87) in der Vitra-Edition. Foto: Vitra

auf: den «Side Chair» aus 50 verleimten Kartonagen (Abschlußkante aus lackierter Hartfaserplatte), den «Dining Table» und das in drei Größen erhältliche, ineinander stapelbare «Low Table Set».
1983 wurden Gehrys Leuchten in New York ausgestellt – Konstruktionen aus gerissenen, gebrochenen Materialfragmenten, die von innen beleuchtet werden. Zu Gehrys jüngsten Entwürfen gehört eine Stuhlserie aus gebogenen Holzfurnierstreifen (1992) für → Knoll, die bereits vor ihrer Markteinführung mit einer Ausstellung im New Yorker Museum of Modern Art gewürdigt wurde.

Georg Jensen Silberschmiede

Die 1904 von Georg Jensen gegründete Silberschmiede gilt als eine der innovativsten Silbermanufakturen der Welt und als eine der Hauptstützen der dekorativen Kunst Skandinaviens. Sie machte den schlicht-eleganten dänischen Stil populär und produziert heute (seit 1985 Mitglied der Royal Copenhagen Group) Schmuck, Tafelsilber und Armbanduhren.
Zu den wichtigsten Designern der Firma gehörten neben Georg Jensen der Künstler Johan Rohde sowie Harald Nielsen und Sigvard Bernadotte.
In der Nachkriegszeit schufen vor allem → Henning Koppel (fünfziger Jahre) und die schwedische Designerin Viviana Torun Bülow-Hübe (sechziger und siebziger Jahre) bedeutende Entwürfe für Georg Jensen.
Von Bülow-Hübe ist derzeit die berühmte Armbanduhr «051» (mit halboffenem Armband und Ziffernblatt ohne Zeiteinteilung), die zu einem der größten kommerziellen Erfolge von Georg Jensen wurde, im Programm.
Zu ihren jüngsten Entwürfen gehört ein silberner Brieföffner, eine Leselupe, Manschettenknöpfe für Herren sowie die Porzellantasse «My favourite cup» (1989). Die Architekten Claus Bonderup und Torsten Thorup, die weltweit die «Georg Jensen Shops» konzipiert haben, entwarfen 1985 ihre Armbanduhr «093» (aus Stahl), die 1990 als Bronzeversion «155» mit dem «Design Plus»-Preis ausgezeichnet wurde.
Bo Bonfils schuf neben seinen Armbanduhr-Modellen «135», «136» und «146» (die formal und grafisch bewußt auf die zwanziger Jahre anspielten) 1988 ein Besteck für Georg Jensen, das durch seine klaren, leicht gerundeten Linien bestach und 1990 den dänischen Industrie-Preis erhielt.
Weitere Entwürfe für Georg Jensen schufen → Arne Jacobsen (sein futuristisch anmutendes Besteck von 1957, das in → Form und Funktion auf den → Minimalismus reduziert ist), Henning Koppel («Fischplatte», 1954; Tafelgeschirr «1124», 1968 – mit skulptura-

Besteck «Arne Jacobsen» (1957) von Arne Jacobsen. Foto: Royal Copenhagen

len Formen und Griffen aus Holz; Wetterstationen und Wanduhren; die Armbanduhren «000», «001», «002», «011» und «020» sowie die Bestecke «Caravel», 1957, und «New York», 1963), Jørgen Møller (Niedervoltleuchte «Flamingo»; Kerzenleuchter-Serie «3586500 bis 506»; Armbanduhr «111/112») und Allan Scharff (Brieföffner «Wagtail», Briefbeschwerer «Scent Falcon», Dose «Powder Piper» und die Armbanduhr «134» bzw. «157» – mit miniaturisierten Vogelflügeln).

Giacosa, Dante (*1905 Rom)

Der italienische Automobildesigner Dante Giacosa studierte von 1922 bis 1927 Maschinenbau am Polytechnikum in Turin. Bereits 1926 hatte er seine Arbeit für Fiat begonnen, wo er zunächst flüssiggekühlte Flugzeugmotoren entwarf, bis er seinen Weg als Autodesigner einschlug.
In den frühen dreißiger Jahren erhielt er von Fiat den Auftrag, ein qualitativ hochwertiges, aber kleines und einfaches Auto zu entwikkeln. Dem Unternehmen schwebte dabei ein Modell ähnlich Boulangers «Citroen 2CV» und Porsches «Volkswagen» vor. Giacosa löste das Problem durch den Entwurf des «Fiat 500 A» (1936), der als «Topolino» («kleine Maus») 1938/39 einen grandiosen Siegeszug in die USA antrat und zum erfolgreichsten Kleinwagen seit dem «Austin 7» (1922) wurde.
Das Folgemodell des «Topolino», der «500 B», kam 1948 auf den Markt und wurde weltweit zum Synonym für das italienische Nachkriegsdesign, ähnlich wie der legendäre «Vespa»-Roller und die → Olivetti-Schreibmaschine.
Nach dem Verkauf von 3,7 Millionen «Topolinos» bis zum Jahr 1955 entwarf Giacosa den «Nuova 500», in den folgenden Jahren die Modelle 124, 128 und 130.
Dante Giacosa war Mitglied in zahlreichen Automobilorganisationen; von 1947 bis 1967 hatte er eine Professur für Maschinendesign an der Universität Turin inne. 1974 wurde er Präsident der Società Industriale Ricerche Automotoristiche in Turin. Er erhielt zahlreiche Auszeichnungen, darunter einen → Compasso d'Oro (1959) und eine Goldmedaille auf der Biennale 1968 in Rimini.

Gismondi, Ernesto (*1931 San Remo)

Als Ingenieur für Raumfahrttechnologie gründete Ernesto Gismondi zusammen mit Sergio Mazza die Firma → Artemide und führte völlig neuartige und richtungsweisende Technologien in die Leuchtenherstellung ein. Von 1964 bis 1984 war Gismondi Universitätsprofessor in Mailand, 1981 gründete er zusammen mit → Ettore Sottsass die Gruppe → Memphis.
Als Designer entwarf Gismondi für Artemide zunächst unter dem Pseudonym Örni Halloween, später unter seinem eigenen Namen, darunter den Stehleuchtenklassiker «Zen» (Fuß und Profilstab aus schwarzlackiertem Metall, Schirme aus eloxiertem Aluminium), die Hängeleuchte «Macumba» (mit höhenverstellbarem Schirm) sowie die Modelle «Aton», «Mitasi», «Sintesi», und «Tebe».

Giugiaro, Giorgetto (*1938 Garresio)

Der italienische Automobil- und Industriedesigner Giorgetto Giugiaro begann 1955 seine Arbeit als Designer für Fiat, in Kooperation mit → Dante Giacosa. Von 1959 bis 1965 war er Designer bei Nuccio Bertones Carrozzeria-Bertone-Styling-Center in Turin. Von 1966 bis 1968 war er Leiter des Ghia-Designstudios in Turin. 1968 gründete er mit Aldo Mantovani seine eigene Automobildesign-Firma ItalDesign in Moncalieri bei Turin. 1970 erweiterte er sein Unternehmen um die Abteilung Industriedesign (→ Industrial Design).

Nach frühen Entwürfen (850-Spider für Fiat und Alfa Romeo Giulia GT) arbeitete Giugiaro in den siebziger Jahren auch für die Volkswagen-Werke. 1973 entwarf er den VW Passat, 1974 den VW Golf und den VW Scirocco. 1978 folgten Modelle für Audi (Audi 80) und BMW (M 1). Bedingt durch die Ölkrise änderte Giugiaro Anfang der siebziger Jahre seine Entwurfsphilosophie zum sparsamen, praktisch-funktionalen Auto. So konzipierte er 1980 den Fiat Panda und 1983 den Fiat Uno.

Als Industriedesigner entwarf Giugiaro Möbel für → Tecno, Uhren für Seiko (die hochtechnisierte «Chronograph» und das Modell «Speedmaster Sport», 1982) und Kameras für Nikon, etwa den → Re-Design-Entwurf «F 3» (1982).

Er arbeitete außerdem für Suzuki, → Philips, → Sony (Fernseher), Necchi (Nähmaschinen), Isuzu, Seat und Renault.

Glaser, Milton (*1929 New York)

Der amerikanische Grafik- und Industriedesigner Milton Glaser besuchte von 1943 bis 1946 die Hochschule für Kunst und Musik in New York. Von 1948 bis 1951 studierte er an der Cooper Union. Als Fulbright-Stipendiat setzte er seine Studien von 1952 bis 1953 an der Academia delle Belle Arti in Bologna fort, wo er Drucktechnik bei Giorgio Morandi lernte. 1954 war Glaser zusammen mit Seymour Chwast und Edward Sorel Gründer der Push Pin Studios in New York. 1968 begann er seine Arbeit für das «New York Magazine», dessen Chefdesigner und Vorsitzender er später wurde.

1973 layoutete Glaser das französische Wochenmagazin «Paris Match» sowie das «Village Voice» neu. Bald folgten Zeitschriftenlayouts für «L'Europeo», «Le Jardin des modes», «New West», «L'Express» und den «Esquire».

Glaser gilt als der bedeutendste lebende Grafikdesigner der USA, der mit seinen Entwürfen die Ästhetik der Pop-Ära maßgeblich beeinflußte. Als Präsident der Milton-Glaser-Incorporate (1974) widmete er sich verstärkt der Innenarchitektur und entwarf im selben Jahr ein Fresko für das New-Federal-Bürogebäude in Indianapolis. Außerdem gestaltete er die Interieurs der Restaurants im New Yorker World Trade Center.

1980 erhielt er vom englischen Finanzier Sir James Goldsmith den Auftrag, die gesamte → Corporate Identity von Goldsmith's Grand-Union-Supermarktkette zu entwerfen. Glaser gestaltete diese Einkaufscenter vom Preisschild bis zum Firmenlogo.

Nach zahlreichen Plakat-Entwürfen («Bob Dylan», «Amber Music Festival», Olympische Winterspiele 1980 in Sarajevo) gestaltete Milton Glaser 1987 die Innenarchitektur des wiedereröffneten «Rainbow Room» im New Yorker Rockefeller Center, mit deutlichen Anklängen an → Art Déco. 1989 entwarf Glaser für die deutsche Firma → Vorwerk ein Teppichmuster für die Serie «Dialog 2» und für die italienische Firma Alessi die Schneidebretter «TGO901» bzw. «TGO911» (Kollektion «Twergi»).

Glaswerke Holmegaard → Royal Copenhagen

Global Tools → Sottsass, Ettore jr.

Graves, Michael (*1934 Indianapolis)

Der amerikanische Architekt, Inneneinrichtungs- und Möbeldesigner Michael Graves studierte von 1954 bis 1959 an der Universität von Cincinnati, Ohio, und an der Harvard Universität in Cambridge, wo er mit Diplom abschloß. Seit 1962 lehrte Graves Architektur an der Universität Princeton. Nachdem er eine Zeitlang für → George Nelsons Design- und Architekturfirma gearbeitet hatte, gründete er sein eigenes Büro. An die Öffentlichkeit trat Graves erst Anfang der siebziger Jahre, als er Mitglied in der Architekten- und Designergruppe «New York Five» wurde, der Peter Eisenman, John Heyduk, → Charles Gwathmey und → Richard Alan Meier angehörten. Durch ihren Rückgriff auf die zwanziger Jahre (vor allem auf die Architektur → Le Corbusiers und → Josef Hoffmanns) machte die «New York Five» die → Postmoderne einem breiten Publikum zugänglich. Zu Graves' frühesten Projekten gehörte das «Hanselmann House» (1967) in Indiana. Anfang der siebziger Jahre entfernte sich Graves von der Entwurfsphilosophie der zwanziger Jahre und entwickelte seinen eigenen Stil, eine verspielt-dekorative Formen- und Farbsprache, die er 1972 im komplexen, farbenfrohen «Snyderman House» in Fort Wayne verwirklichte. Es folgte das «Portland Building» (1979 bis 1982) in Portland, Oregon, dem man deutliche Einflüsse des visionären Architekten Claude-Nicolas Ledoux, des → Art Déco und der klassisch-römischen Architektur zuschreibt.

Anfang der achtziger Jahre wandte sich Graves verstärkt dem → Design von Inneneinrichtungen, Möbeln, Decken, Teppichen, Schmuck, Leuchten und Stoffen zu, nicht zuletzt als Folge seiner großformatigen farbigen Wandgemälde und Tafelbilder.

Milchglas (rechts) der 1992-Kollektion für Ritzenhoff. Foto: Sieger Design

Tee- und Kaffeeservice» «Graves Family» (1989–93) für Alessi. Foto: Alessi

Berühmt wurden sein «Wasserkessel mit vogelförmiger Flöte» (1985) und das postmoderne «Tee- und Kaffee-Service» (1983) für → Alessi, mittlerweile Ikonen des Designs. Das auf 99 Exemplare limitierte Service wurde in 925/1000er Silber hergestellt. Henkel und Halbkugeln des Services bestehen aus lackiertem Aluminium, die Füße der Kaffeekanne, des Milchkännchens und der Zuckerdose sind aus schwarzem Bakelit. Jedes Teil der Serie trägt ein Monogramm des Künstlers, den Stempel «Officina Alessi», das Produktionsjahr und die fortlaufende Nummer. Sehr erfolgreich wurde auch Graves' Kaffeeservice aus Inox-Stahl (Griffe aus blauem Polyamid), das er von 1988 bis 1993 entwarf und komplettierte. Zu der Serie gehören u.a. die Kaffeemaschine «Pressofilter», Kaffee- und Teegläser, aber auch eine Butterdose, eine Küchenuhr, eine Pfeffermühle oder die runde Platte «MGVASS» (1990; mit markanten Erhebungen am Rand). Graves entwarf darüber hinaus Möbel aus Vogelaugenahorn («Scroll» und «Fret», 1982) sowie Baumwollstoffe («Sessel», «Sofa» und «Tisch» von 1982 für Sunar), Leuchten (Stehleuchte «Ingrid» für → Sawaya & Moroni), Teppiche (1988 für → Vorwerk) und Gläser (in der Kollektion «Milchgläser», 1992 bei → Ritzenhoff).

Gray, Eileen (*1879 Enniscorthy, †1976 Paris)

Die irische Designerin und Architektin Eileen Gray begann ihre Studien 1898 an der Londoner Slade School und entdeckte dort ihre Vorliebe für Lackmalerei und Lackkunst. 1902 ging sie nach Paris und studierte bis 1905 Zeichnen an der Académie Colarossi und an der Académie Julien. In Paris lernte sie den japanischen Lackmaler Sugawara kennen, der sie in die Feinheiten ostasiatischer Lackkunst einweihte.
Mit ersten Arbeiten trat Eileen Gray 1912 an die Öffentlichkeit, als sie auf einer Ausstellung von Innenarchitekten einige Lackschirme und Lacktische zeigte, die dem Couturier und Kunstsammler Jacques Doucet auffielen. Nach Ende des Ersten Weltkriegs eröffnete sie in Paris ein Atelier und entwarf von 1919 bis 1922 eine Wohnung für die Modistin Suzanne Talbot. In der Rue du Faubourg St. Honoré eröffnete Eileen Gray 1922 ihre Galerie «Jean Desért», wo sie eigene Möbel, Leuchten und Paravents zum Verkauf anbot. Während der zwanziger und dreißiger Jahre galt Eileen Gray als eine der wichtigsten Repräsentantinnen der neuen Design- und Architekturtheorien. Sie arbeitete eng mit

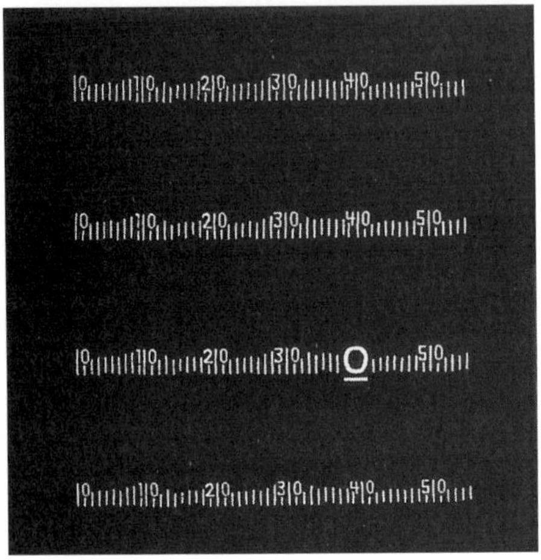

Teppich «Black Board» (250 x 230 cm), reediert bei Ecart. Foto: D. von Schaewen

Persönlichkeiten der Moderne zusammen, darunter → Le Corbusier und → J. J. P. Oud. Dieser Gruppe weit voraus, stellte sie 1925 Möbel aus Chrom, Stahl und Glas aus – im selben Jahr wie → Mies van der Rohe und → Marcel Breuer.

Bis Ende der zwanziger Jahre schuf die Designerin ihre bedeutendsten Objekte, darunter «Daybed» (1925), den Tisch «E 1027» (1927), den «Bar Stool Nr. 1» (1927) und das Sofa «Monte Carlo» (1929), die heute bei → ClassiCon erhältlich sind. Berühmt wurde ihr Sofa «Lota» (1924), dessen Seitenteile mit Scharnieren und speziellen Magneten befestigt waren und zum Transport abgenommen werden konnten. Mit diesem Entwurf verabschiedete sie sich von den Extravaganzen ihrer früheren Arbeiten und vollzog einen Wandel zum eher streng funktionalen Möbel. Ein weiterer Klassiker von Eileen Gray ist der Stahlrohrsessel «Nonconformist» (1926), der nur eine Armlehne hat. Weitere → Reeditionen bei ClassiCon sind der Sessel «Bibendum» (1929 – mit zwei wuchtigen, runden Armlehnen), der Tisch «De Stijl» (1929), der «Occasional Table» (1927), die Stehleuchte «Tube Light» (1927), das Paravent «Folding Screen» (1930), der Klapptisch «Lou Perou» (1932), der Tisch «Menton» (1932) und der Stuhl «Roquebrune» (1932). In den dreißiger Jahren schuf Eileen Gray den Vergrößerungsspiegel «Satellite» und diverse Teppiche, darunter «La Ronde», «Black Magic», «Feston» und «La Bastide Blanche» (heute reediert bei → Ecart International).

Den Sprung in die Architektur wagte Eileen Gray 1925, nachdem sie für ihr «Bedroom-boudoir for Monte Carlo» (1923) höchstes Lob der De-Stijl-Gruppe (→ De Stijl) erhalten hatte. So baute sie an der Mittelmeerküste in Roquebrune ein Haus für sich (das sog. E-1027), eine Villa mit großzügigen und praktischen Abmessungen, die mit vielen

«Adjustable Table E 1027» (1927), reediert von ClassiCon. Foto: ClassiCon

raffinierten Details bestückt war. In Castellar an der Riviera baute sie von 1932 bis 1934 ihr zweites eigenes Haus. Nach dem Krieg (und bis zu ihrem Tod) führte sie ihre Arbeit als Designerin fort – an größeren Projekten (wie einem Kulturzentrum und einem Sozialzentrum), aber auch an kleineren Aufträgen, wie Möbelentwürfen. 1972 wurde sie vom Londoner Royal Society of Art zum Royal Designer of Industry ernannt. 1978 nahm das New Yorker Museum of Modern Art ihren «Adjustable Table» in die Sammlung auf.

Gregotti, Vittorio (*1927 Novara)

Der italienische Designer, Architekt und Publizist Vittorio Gregotti studierte von 1948 bis 1952 Architektur am Mailänder Polytechnikum, wo er als Diplomarchitekt abschloß. Von 1952 bis 1967 kooperierte er mit Lodovico Meneghetti und Giotto Stoppino in der Architetti Associati, danach arbeitete er freiberuflich als Architekt und Designer in Mailand, bis er 1974 mit Pierluigi Carri, Augusto Cagnardi und Hiromichi Matsui eine eigene Architekturfirma, die Gregotti Associati, gründete.
Gregotti gilt als einer der wichtigsten Designtheoretiker Italiens. Er war von 1952 bis 1960 (zusammen mit Ernesto N. Rogers) Herausgeber des «Casabella»-Magazins und von 1962 bis 1964 Herausgeber des «Edilizia Moderna»; gegenwärtig ediert er zwei der bedeutendsten und einflußreichsten Design-Journale Italiens, «Rassegna» und «Lotus». Mit seiner Firma Gregotti Associates entwarf Gregotti Möbel, Beleuchtung und Eisenwaren für die Firmen Candle (Leuchte «Bino»), Rossi & Arcandi («Kaffeeservice»), Fusital, → Zanotta, → Fontana Arte, B. D. Ediciones und Casa Nova (Sofas «Pesco» und «Girasole»). Die farbenfrohen und unter ergonomischen Gesichtspunkten konzipierten Türgriffe «Otto G.», die er 1981 für Fusital entwarf, gehören zu Gregottis populärsten Arbeiten.
Der Designer erhielt zahlreiche Auszeichnungen, 1963 den Großen Preis der Mailänder Triennale, 1968 den Compasso d'Oro, 1971 den ersten Preis der Universität Florenz.

Gretsch, Hermann (*1895 Augsburg, †1950 Stuttgart)

Hermann Gretsch studierte von 1918 bis 1922 Architektur an der Technischen Hochschule in Stuttgart. 1922 ließ er sich als freier Architekt nieder und besuchte parallel dazu die Kunstgewerbeschule in Stuttgart, die er als Keramiker abschloß. 1928 promovierte Gretsch zum Dr. Ing., 1929 wurde er Gewerbeschulrat an der Weimarer Gewerbeschule, Stuttgart. 1931 begann seine Zusammenarbeit als künstlerischer Berater und Mitarbeiter mit der Porzellanfabrik → Arzberg. 1935 wurde Gretsch zum Vorsitzenden des Bundes Deutscher Entwerfer gewählt, ab 1937 arbeitete er intensiv mit der Porzellanindustrie zusammen, vor allem als künstlerischer Berater der Fabriken Schönwald und Kahla. 1942 wurde er Mitglied der Akademie für Wohnungswesen und des Reichsausschusses für kulturelle Werkgestaltung im Handwerk. Ab 1945 war er wieder als freier Architekt in

Service «1382» (1931) für Arzberg. Foto: Arzberg

Stuttgart tätig. Zu Gretschs bedeutendstem Entwurf gehört das Porzellangeschirr «1382» (1931 für Arzberg), das eine neue Epoche der Porzellangestaltung einleitete (es wird bis heute produziert!) und 1936 eine Goldmedaille auf der VI. Triennale in Mailand und 1937 eine Goldmedaille auf der Weltausstellung in Paris bekam. Die Eiform der Kaffeekanne, die durch das waagerechte Abschneiden von Spitze und Fuß stabilisiert wird, gibt dem Geschirr sein markantestes Merkmal. Weitere Entwürfe für Arzberg sind das Service «1350» (1936), «1840» (1938), das Tafelservice «1495» (1940) sowie zahlreiche Vasen aus dem Jahr 1937. Für → Villeroy & Boch überarbeitete Gretsch ab 1930 mehrere traditionelle Formen und entwarf selber die Services «3460» (zylindrische Form, oben und unten abgerundet) und «3480». Darüber hinaus arbeitete er für Firmen wie Bauscher und die Gral-Glasstätten. Auf Anregung → Wagenfelds entwarf Gretsch Metallarbeiten für C. Hugo Pott und Glas für die Vereinigten Lausitzer Glaswerke. Darüber hinaus kreierte er Möbel für den → WK-Verband.

Grohe, Friedrich

Die Firma, die 1911 in Hemer gegründet wurde, fertigte zunächst Klavierbeschläge und Leuchten. Mit der Übernahme des Betriebs durch Friedrich Grohe begann Ende der dreißiger Jahre die Spezialisierung auf Sanitärarmaturen, die mit einer ständigen Weiterentwicklung der Thermostat-Regeltechnik einherging. Ein weltweiter Erfolg gelang Grohe mit der Armatur «Atlanta»; bedeutende Designauszeichnungen erhielt Grohe vor allem für die Armaturen «Ladylux» (mit aufsteckbaren Elementen wie Wasserfilter oder Pfannenschaber), «Ladyline», «Automatic 2000» (mit integriertem Thermostat), «Florida» und «Europlus» (mit integrierten Keramikscheiben und «Click»-System).

Grolman, Tassilo von (*1942 Iserlohn)

Nach einer Lehre als Maschinenschlosser bei → AEG studierte Tassilo von Grolman Ende der fünfziger Jahre Maschinenbau und Industriedesign. Nach mehreren Jahren der Mitarbeit in verschiedenen Architekturbüros und Werbeagenturen (u.a. TBWA und Lürzer Conrad) machte er sich 1975 mit einem eigenen Designstudio selbständig und arbeitete in

Teekanne «2 LAB» für Mono.
Foto: Bossert, Graumann & Partner

den Bereichen Industriedesign (→ Industrial Design), Ausstellungskonzeption, Packungsdesign, Grafikdesign und → Corporate Identity. Seinen größten Erfolg hatte von Grolman mit einer «Teekanne» für die Firma → Mono. Die bauchige, transparente Glasschale mit großem Sieb und Gestell aus Stahldraht gibt es in verschiedenen Ausführungen (u.a. mit Kunststoffgriffen und -deckel oder in der Version «filio»).
1993 kreierte Grolman für Mono die Kaffeekanne «mono cafino». Für → Alfi entwarf von Grolman in den achtziger Jahren die Isolierkannen «Juwel Tee», «Achat», «Lipstick», «Big Mama» (1993 – mit doppelwandigem Edelstahl-Vacuum-Körper) und «Hotel Design» (1993). Für die Firma Allibert entwickelte der Designer ein Waschbecken und einen Haartrockner; für → Ritzenhoff ein Objekt aus der 1992er-Serie der «Milch-Gläser»-Kollektion.

Gropius, Walter (*1883 Berlin, †1969 Boston)

Der Architekt, Designer und Dozent Walter Gropius studierte von 1903 bis 1907 Architektur in München und Berlin, von 1908 bis 1910 war er Mitarbeiter von → Peter Behrens. 1911 gründete Gropius sein eigenes Architekturbüro und arbeitete zunächst mit Adolf Meyer zusammen, mit dem er einen der Schlüsselbauten moderner Industriearchitektur entwarf – die Faguswerke (1911–16) in Alfeld/Leine. Ein weiterer Entwurf des Architektenduos war der Pavillon für die Kölner Werkbund-Ausstellung (1914).
1919 wurde Gropius als Direktor an die Kunstgewerbeschule in Weimar (als Nachfolger → Henry van de Veldes) und an die dortige Kunsthochschule berufen. Beide vereinte er unter dem Namen → Staatliches Bauhaus, das er bis 1928 leitete. 1926 baute Gropius das neue Dessauer Bauhaus-Gebäude sowie die Siedlung Dessau-Törten. Als weitere Großsiedlung entwarf er Karlsruhe-Dammerstock, die noch heute als Vorbild des sozialen Wohnungsbaus gilt. Von 1928 bis 1934 arbeitete Gropius in Berlin, emigrierte aber dann nach London (wo er für zwei Jahre mit Maxwell Fry zusammenarbeitete und Möbel für → Isokon entwarf) und in die USA, wo er schnell als überragende Autorität moderner Architektur anerkannt wurde.
Von 1937 bis 1952 leitete Gropius als Professor die Graduate School of Design der Harvard-Universität, in dem Bestreben, die Ideen des Bauhauses zu vermitteln. Von 1937 bis 1944 arbeitete er mit seinem ehemaligen Bauhaus-Kollegen → Marcel Breuer zusammen. 1946 rief Gropius sein Büro TAC («The

Teeservice «TAC I» (1969) für Rosenthal, zusammen mit Louis McMillen. Foto: Rosenthal

Architects Collaborative») ins Leben und verwirklichte damit zahlreiche Projekte, wie etwa die Wohnbebauung Britz-Buckow-Rudow in Berlin (seit 1959), die «Gropiusstadt» in Berlin-Britz (seit 1962), das Harvard University Graduate Center, Cambridge/Massachusetts (1949–50), das PanAm-Hochhaus in New York (1958), die amerikanische Botschaft in Athen (1957–61) oder die Universität in Bagdad. Im Jahre 1966 baute Gropius zusammen mit A. Cvijanovic die Porzellanfabrik «Rosenthal am Rotbühl» in Selb. Als Produktdesigner entwarf Gropius Möbel, Keramik, Textilien und Beleuchtung, u.a. für → Rosenthal, → Tecta und die → Vereinigten Werkstätten in München. Verschiedene Fenster- und Türgriffe werden gegenwärtig von der Firma → Tecnolumen reediert (→ Reedition). Aus dem Jahr 1920 stammt sein Sessel «F 51», der bei Tecta hergestellt wird. Der kubusförmige Sessel hat ein U-förmiges Gestell aus Eschenholz und Polster, die mit Leder oder Kavallerietuch bezogen sind. Die Enden des Gestells sind offen und mit zwei senkrechten Winkelelementen versehen, die dem Sessel seine eigenwilligen, freischwingenden Kragarme verleihen. Aus dem Jahr 1910 stammt der Sessel «D 51», mit dem Gropius Jahre später die Schuhleistenfabrik Fagus möblierte. Der Stuhl, ebenfalls bei

Sessel «F 51» (1920), reediert von Tecta. Foto: Tecta

Tecta in Produktion, besteht aus schwarz gebeiztem Eschenholz und hat lose Sitz- und Rückenkissen.
1913 entwarf Gropius für die Vereinigten Werkstätten den Sessel und das Sofa «Gent» (Gestell aus gebeizter oder lackierter Buche; Sitz, Rücken und Armlehnen in Polyätherschaum), die heute bei → ClassiCon reediert werden. Sehr populär wurde auch Gropius' futuristisches Teeservice «TAC I» (1969) für Rosenthal, das er mit seinem Büro für die «Studio-Linie» entworfen hat. Die Hohlformen entwarf Gropius mit flachem, konisch auslaufendem Bauchansatz und halbkugelig aufgewölbtem Körper mit kleinen, eingepaßten Scheibendeckeln. Die Teile sind schwarz glasiert und zum Teil mit schwarzer Aufglasurfarbe mattiert. Das Kaffeeservice «TAC II» (1969) besticht durch glatte, zylindrische Hohlformen.

Grundig

Das Unternehmen wurde 1945 in Fürth von Max Grundig ins Leben gerufen, der in den ersten Jahren Transformatoren für Rundfunkempfänger sowie Prüf- und Meßgeräte für die Reparatur von Rundfunkempfängern herstellte. Der Radio-Bausatz «Heinzelmann», der 1947 produziert wurde, sowie der «Weltklang» (1948) und der Kofferempfänger «Grundig-Boy» (1948) machten die Firma Ende der vierziger Jahre bekannt.
In den fünfziger Jahren fertigte Grundig in großen Stückzahlen UKW-Empfänger (mit Drucktasten anstelle der bis dahin üblichen Drehknöpfe), Heim-Tonbandgeräte («TK 9», 1953), Autoradios («AS 248», 1951) und Fernsehgeräte. Eine begeisterte Aufnahme fanden die Reiseempfänger «Boy-Junior» (1952) und «Transistor-Boy» (1956) sowie das erste Tonbandgerät für Batteriebetrieb: «Niki SK» (1959). 1954 machte Grundig den 3-D-Klang durch Einbau von dynamischen Seitenlautsprechern in Tisch- und Musikschränken populär. Im selben Jahr kam das «Heinzelmann»-Schaltuhrenradio, ein Vorläufer der heutigen Sonoclocks, auf den Markt; ferner gelang der Firma die Einführung der «Stenorette», die seitdem den Weltruf von Grundig-Diktiergeräten begründet. 1960 kam der kleinste deutsche Taschenempfänger «Mini-Boy» auf den Markt, 1961 bot Grundig den «Solo-Boy» und die erste transistorisierte Fernsehkamera an. 1962 startete man die Hi-Fi-«Baustein-Serie» mit den Komponenten HF 1/2 und NF 1/2. Bei den Tonbandgeräten gelangen mit dem «TK 6» (1962) erstmals der Senkrechtbetrieb und die automatische Aufnahmeaussteuerung.

Fernseher «55-CM-Monolith» von F. A. Porsche. Foto: Grundig

1965 stellte Grundig mit dem «Satellite 205» (mit gespreizten KW-Bändern im separaten Empfangsteil) Maßstäbe bei Weltempfängern; 1967 präsentierte man das elektronische Notizbuch «EN 7» sowie den Kassettenrecorder «C 200».
In den siebziger Jahren gelang Grundig mit dem volltransistorischen Chassis in servicefreundlicher Modulbauweise («Super-Color»-Geräte) ein Markstein in der Technikgeschichte des Fernsehens. 1973 brachte die Firma den ersten Farbfernseh-Portable auf den Markt, 1976 die erste tragbare Farbfernseh-Aufzeichnungseinheit nach dem VCR-Standard, 1979 das System «Video 2000» mit Wendekassette und automatischem Spurnachführungssystem für Heimvideorecorder. 1973 präsentierte Grundig mit der «Stenorette 2000» das erste Diktiersystem mit eingebauter Minutenanzeige, 1976 erschien das aufwendig konzipierte Spulentonbandgerät «TS 1000», das zum Synonym für → High-Tech, Klang und Komfort wurde. 1979 wurden die erfolgreiche Reiseempfängerserie «Yacht-Boy» und der Anrufbeantworter «Tele-Boy 2000» vorgestellt.
In den achtziger Jahren erweiterte Grundig die Palette der Autoradios durch neue Spitzenmodelle (u.a. «WKC 3867 VD», 1982), neue Technologien (Autoradios mit zwei Empfangsteilen, die Verkehrsfunkdurchsagen Vorrang verschafften) und → Accessoires (Equalizer und Booster). Im Videobereich entwickelte die Firma ein Bildschirmtext-Editiersystem («BT 2000», 1983), im TV-Bereich Techniken der Digitalisierung bis hin zum IDTV-System für ein flimmerfreies Fernsehbild. Zu den herausragenden Produkten der achtziger Jahre gehörten die Weltempfänger «Satellit 300» und «Satellit 600» (1983), die Hi-Fi-Serie «Fine Arts» (1987), der Hi-Fi-Tuner «T 8200» (1988) und der DAT-Recorder «9000». 1990 begann Grundig mit der konsequenten Überarbeitung seiner Produktpalette sowie mit der Ausrichtung der Geräte auf ein formschönes → Design und auf gemeinsame Erkennungszeichen. Als besonders gelungene Ergebnisse gelten das Uhrenradio «Sonoclock 380», die Anrufbeantworter und Diktiergeräte der «Office Line», die Car-Audio-Serie «5000» (Design: → F. A. Porsche) sowie der von Porsche gestaltete und mehrfach ausgezeichnete Fernseher «Monolith M 55–911». 1993 brachte Grundig in der Exclusive Line die von Porsche gestalteten Fernsehgeräte «E 72-911 TOP» und «E 63-911 TOP» heraus, die durch leichte Handhabung und durch ein zeitloses Design bestachen.

Gugelot, Hans (*1920 Makassar/Indonesien, †1965 Ulm)

Der Architekt und Designer Hans Gugelot studierte von 1940 bis 1942 Architektur in Lausanne und Zürich (an der Eidgenössischen Technischen Hochschule) und arbeitete nach seinem Examen als freier Architekt, zeitweise zusammen mit → Max Bill. 1954 wurde er als Dozent an die → Hochschule für Gestaltung, Ulm, berufen, wo er als Industriedesigner und engagierter Vertreter des → Funktionalismus schnell zu einer Zentralfigur wurde. 1954 begann Gugelot seine Zusammenarbeit mit der → Braun AG, für die er die formale Entwicklung der ersten neuartigen Geräte im Systemverbund, Radios, Fernseher und Speichergeräte, initiierte. Er stellte allgemeine Gestaltungsrichtlinien für das Unternehmen auf und prägte vor allem auch das neue Erscheinungsbild der Firma. 1956 entwarf er in Kooperation mit seinem Schüler und Kollegen → Dieter Rams die Radio-Plattenspie-

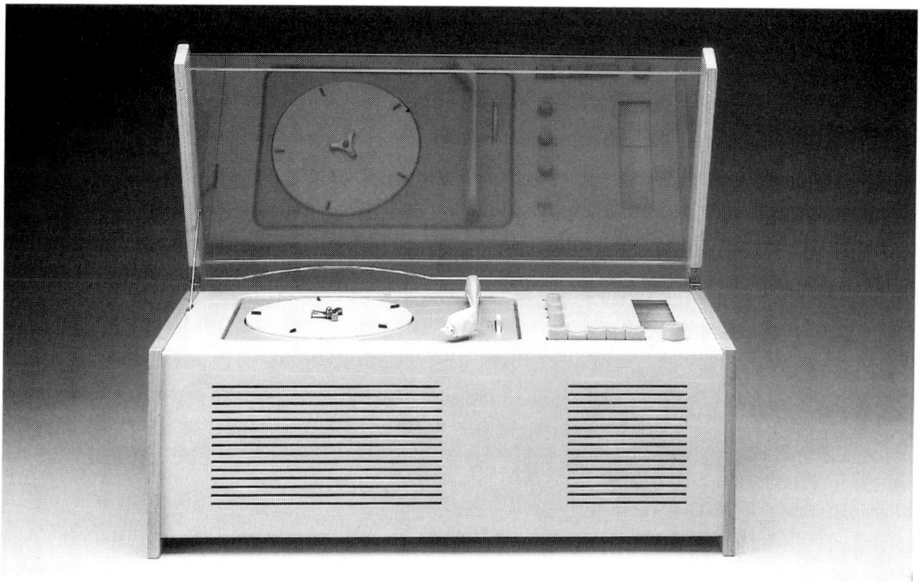

Phonosuper «SK 4» (1956; zusammen mit Dieter Rams) für Braun. Foto: Braun

ler-Kombination «SK 4», populär und bekannt geworden unter dem Namen «Schneewittchensarg». 1961 folgte ein Modell aus der «Braun Sixtant»-Reihe, an der neben Gugelot auch → Richard Fischer mitarbeitete. Daneben entwarf er Feuerzeuge und Taschenlampen für Braun. Für Kodak gestaltete Gugelot den Diaprojektor «Carousel S» (1962), der – als weltweite Neuheit – über ein rundes Diamagazin verfügte. Für die Hamburger Hochbahn AG konzipierte er, zusammen mit Herbert Lindinger und Helmut Müller-Kühn, die Wagen der U-Bahn. Als Architekt beschäftigte sich Gugelot schon früh mit der Entwicklung eines Konzepts für vorgefertigte Bauteile, was er an Häusern in Zürich erproben konnte. Dieselbe Entwurfsphilosophie lag auch seinem Möbelsystem «M 125» zugrunde, das 1956 als erstes Möbel-Element-System auf den Markt kam (heute bei der Firma → Habit in Produktion). Gugelot war bis zu seinem Tod Professor für Produktdesign an der HfG Ulm, wo er die «Entwicklungsgruppe 2» leitete, der Ingenieure, Konstrukteure und Modellbauer angehörten.

Guimard, Hector (*1867 Paris, †1942 New York)

Der französische Architekt und Designer Hector Guimard studierte von 1882 bis 1885 an der Ecole des Arts Décoratifs, danach an der Ecole des Beaux Arts in Paris. Sein Lehrer dort war Gustave Raulin, der Nachfolger Eugène Viollet-le-Ducs, dessen Schriften auf Guimard großen Einfluß hatten. Seit 1890 war Guimard Dozent an der Ecole Nationale

des Arts Décoratifs, wo er einen neuen Stil in der Architektur entwickelte, der auch Asymmetrien und verspielt-originelle Ornamentik (→ Ornament) zuließ. Diese als → Art Nouveau bekannt gewordene Stilrichtung hat sich u.a. in Guimards «Hotel Jassedi» niedergeschlagen, das er 1893 fertigstellte.
Von 1894 bis 1897 arbeitete Guimard an seinem Hauptwerk, dem «Castel Béranger» in Paris – ein Mietshaus-Block, den er im Auftrag einer Mme. Fourier entworfen hat. Während der Bauzeit bereiste Guimard England und Belgien, wo er Paul Hankar und Victor Horta begegnete, von denen er weitere Anregungen für die Ornamentik des Castel Béranger erhielt.
1898 veröffentlichte er seine Schrift «Le Castel Béranger – L'art dans l'habitation moderne», in der er jeden Aspekt und jedes Detail des Projekts ausführlich darlegte.
Nach Fertigstellung des Wohngebäudes und positiven Echo der Kritiker war Guimard als Architekt sehr gefragt und viel beschäftigt. So erhielt er u.a. von Adrien Bénard den Auftrag, einige der Pariser Metro-Eingänge zu gestalten.
Als Designer entwarf Guimard Porzellan, Möbel und Vasen für Sèvres, später kreierte er Keramikplatten für Alexandre Bigot. 1907 zeigte Guimard Möbel, Schmuck, Textilien und Tapeten im Salon des Artistes-Décorateurs.

Guldbrandsen, Julius-Vilhelm (*1896 Stagelsee, †1960 Humblebaek)

Der dänische Kunst- und Porzellanmaler Julius-Vilhelm Guldbrandsen besuchte nach einer Lehre als Dekorationsmaler die Kunstschule Kopenhagen und studierte anschließend in Dresden, Nürnberg und Wien.
1909 trat er in die Firma → Rosenthal ein und war von 1910 bis 1924 künstlerischer Leiter der Kunstabteilung des Werkes in Selb. Er schuf zahlreiche Dekore für Zier- und Gebrauchsporzellan und führte u.a. neue Farbtechniken für die Unterglasurmalerei ein. Sein berühmtestes Produkt für Rosenthal war das «Weißdornservice» (1910).
Nach 1924 war Guldbrandsen für → Hutschenreuther in Selb tätig, ab 1936 versuchte er sich in einer eigenen Steingutproduktion in Herrsching am Ammersee.
Darüber hinaus war Guldbrandsen Lehrer und Leiter der Kopierabteilung der Königlichen Porzellanmanufaktur Kopenhagen.

Vase «K 229» (1917) mit Dekor von Julius-Vilhelm Guldbrandsen. Foto: Rosenthal

Gute Form

Der Begriff wurde im Zusammenhang mit dem → Funktionalismus gebraucht, um ein → Design zu charakterisieren, das den Kriterien von hoher Nützlichkeit, Lebensdauer, Sicherheit, → Ergonomie, Sparsamkeit, Sachlichkeit und Vernunft entsprach. Dabei war «gut», was sowohl funktionalen als auch ästhetischen Forderungen genügte und den Anspruch an zeitlose Gültigkeit dokumentierte. Der Begriff «Die Gute Form» leitet sich von einem gleichnamigen Buch → Max Bills (1957) ab, das wesentlich zur Verbreitung des Schlagworts beitrug.
Mit der in den späten sechziger Jahren einsetzenden Funktionalismuskritik schwand jedoch die dominierende Postition der Guten Form, die in den achtziger Jahren durch eine neue Designergeneration (beispielsweise die Vertreter des → Neuen Design) scharfe Kritik erfuhr.

Gwathmey, Charles (*1938 Charlotte/USA)

Der amerikanische Architekt Charles Gwathmey studierte an der University of Pennsylvania und in Yale. Er war vorübergehend Mitglied der New Yorker Architektengruppe «New York Five», der Peter Eisenman, → Michael Graves, John Hejduk und → Richard Meier angehörten, und arbeitete eng mit Robert Siegel zusammen. Ein frühes Bauwerk der beiden ist das Haus für Gwathmeys Eltern in Amagansett, New York (1966). Es zeichnet sich durch eine phantasievolle, abstrakte Raumgeometrie aus, die an den Stil → Le Corbusiers in den zwanziger und dreißiger Jahren erinnert.
Gwathmey und Siegel realisierten zahlreiche Projekte, darunter groß dimensionierte Gebäude und Inneneinrichtungen – die meisten im Stil des frühen Modernismus, mit Halbkreisformen, weißen Wänden und Einsätzen von Glasbausteinen.
Zu den bekanntesten Architekturprojekten gehören das «Cogan House» in East Hampton (1972), die «Whig Hall» an der Princeton University (1972), das «Pearl's Restaurant» in New York (1972) und der Showroom für → Knoll in Boston (1978).
Als Designer entwarf Gwathmey Möbel für Knoll (Schreibtische und mehrteilige Büromöbelsysteme). Populär wurden darüber hinaus seine Porzellandesigns für → Alessi und Swid Powell. Zusammen mit Siegel kreierte er für Swid Powell das Geschirr «Tuxedo», das zu den bedeutendsten → Mikroarchitekturen der Gegenwart zählt.

H

Habit

Die deutsche Firma Habit, die sich auf die Herstellung hochwertiger Möbel (v.a. im Holzbereich) spezialisiert hat, wurde 1971 von Ulrich Lodholz gegründet.
Tata Ronkholz entwarf für die erste Kollektion die Wohnlandschaft «Podien»; später folgten der «Champagner Chair» von Laverne, das → Systemmöbel «M 125» von → Hans Gugelot, die Habit-Küche von → Rolf Heide, das «UPW-Regal» von Ueli Wieser und die «Wackenhut»-Kollektion. 1980 profilierte sich die Firma durch die Vermarktung des klassischen Bistro-Stuhls und durch → Reeditionen von Arbeiten → Jean Prouvés, → René Herbsts und → Richard Neutras.
1989 begann Habit mit Nachbauten der Shaker-Möbel und arbeitete eng mit dem Shaker-Workshop bei Boston zusammen.

Hadid, Zaha (*1950 Bagdad)

Die irakische Architektin und Designerin Zaha Hadid studierte Mathematik an der amerikanischen Universität in Beirut, wo sie 1971 graduiert wurde. Von 1972 bis 1977 studierte sie an der Architectural Association in London und trat schon bald in das von Elia Zenghelis gegründete Office for Metropolitan Architecture (OMA) ein. 1982 entwickel-

Sofa «Red» für Edra. Foto: Edra

te sie einen groß dimensionierten Plan für komfortable Wohnanlagen, Freizeit- und Clubräume («The Peak»), 1986 entwarf sie ein vielbeachtetes Bürogebäude für den Berliner Kurfürstendamm. Hadids Popularität erreichte 1988 ihren Höhepunkt, als ihre Entwürfe auf der Philip-Johnson-Ausstellung «Dekonstruktivistische Architektur» im Museum of Modern Art in New York präsentiert wurden. Die meisten ihrer Entwürfe wurden trotz zahlreicher gewonnener Preise leider nicht ausgeführt. Daß ihre Architektur jedoch funktioniert und nicht nur auf dem Papier Bestand hat, bewies Hadid mit ihrem jüngsten Projekt, dem Werksfeuerwehrhaus für → Vitra in Weil am Rhein (1993).
Seit 1988 entwirft Zaha Hadid auch Möbel, so das «Wavy Back Sofa» (1988 für → Edra) sowie das futuristisch anmutende, dekonstruktivistische «Projection Sofa» aus demselben Jahr. Darüber hinaus kreierte sie Teppiche für → Vorwerk.

Haller, Fritz (*1924 Solothurn)

Der Architekt und Designer Fritz Haller arbeitete in verschiedenen Schweizer und niederländischen Architekturbüros (u.a. bei Tijen und Maaskant), ehe er 1949 sein eigenes Büro in Solothurn eröffnete. Er entwarf Schulen, Fabrikgebäude, Verwaltungs- und Wohnkomplexe und lehrte an den Universitäten von Southern California (am Bauforschungsinstitut von Konrad Wachsmann), Stuttgart und Karlsruhe (ordentlicher Professor seit 1977). Bekannte Veröffentlichungen Hallers sind die «Totale Stadt» und «Allgemeine Lösungen in der Bautechnik».
Anfang der sechziger Jahre übertrug Haller die Konstruktionsprinzipien der architektonischen Trag- und Fassadensysteme auf den Entwurf von Möbeln, wobei er rationell ge-

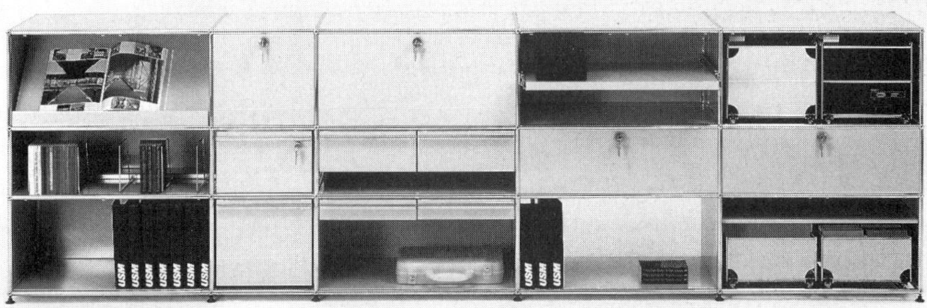

Systemmöbel «USM Haller» von Fritz Haller. Foto: USM Haller

staltete Einzelteile bevorzugte, die sich variabel kombinieren ließen.
Das Möbel-Bausystem «USM Haller» (USM steht für den Produzenten Ulrich Schärer AG, München), das er 1962 entwarf (und das bis heute produziert wird), besteht aus zusammenschraubbaren, verchromten Stahlrohren und Baugruppen wie Einbauten, Verkleidungen, Tischen, Akustikwänden, Elektroinstallationen, Beleuchtung und Zusatzteilen für Bildschirmarbeitsplätze.
Mit den Elementen des Möbelbausystems lassen sich die unterschiedlichsten Objekte bauen: Akten- und Geräteschränke, offene oder geschlossene Korpusse, Rollboys, Empfangstheken, Wandverkleidungen und Deckenroste. Diese Objekte lassen sich jederzeit wieder zerlegen und erneut zu anderen Objekten zusammenbauen.
Das «USM Haller» avancierte zu einem Universalmöbel, das sich in Arztpraxen, in Schulen, Empfangshallen sowie im Privatbereich durchsetzte. Im Jahr 1980 wurde es in die Neue Sammlung des Staatlichen Museums für angewandte Kunst in München aufgenommen.

Halloween, Örni → Gismondi, Ernesto

Hansen, Fritz → Fritz Hansen

Haptik

Als «Lehre vom Tastsinn» spielt die Haptik insbesondere in der → Ergonomie eine zentrale Rolle. So entscheidet der Tastsinn des Konsumenten über die Griffsicherheit eines Geräts. Emotional wirken zu glatte Oberflächen kalt und abstoßend, ein zu rauhes Material verletzend. Die Firma → Braun hat beispielsweise für ihre Spitzenrasierer spezielle Kunststoffe entwickelt, die eine angenehme und sichere Griffigkeit bieten.

Hardoy, Jorge Ferrari (*1913, †1975)

Der Argentinier Jorge Ferrari Hardoy studierte an der Universität in Buenos Aires Architektur, wo er 1937 sein Diplom ablegte. 1939 gründete er mit Antonio Bonet und Juan Kurchan die Architekten- und Designergruppe Austral, um sich intensiv mit Problemen der Stadtplanung und des Städtebaus auseinandersetzen zu können.
Als Designer wurde Hardoy 1938 durch seinen Sessel «Hardoy», bekannt, den er zusammen mit seiner Gruppe entworfen hatte. Der sog. Fledermaussessel hat ein phantasievoll verschlungenes Metallgestell, das mit Segeltuch bespannt ist. 1946 nahm ihn Hans → Knoll in die Kollektion seiner Firma auf, in den fünfziger Jahren wurde der Sessel zum Kultobjekt vor allem bei Intellektuellen in den USA. Der «Hardoy», der von der Firma Stöhr in Besigheim hergestellt wird, wurde vom Museum of Modern Art in New York in die ständige Ausstellung aufgenommen; er hat zahlreiche Kopien nach sich gezogen.

Haug, Axel → Phönix Design

Haussmann, Robert (*1931 Zürich) und Trix (*1933 Chur)

Der Schweizer Architekt und Designer Robert Haussmann, ein führender Vertreter der → Postmoderne, besuchte die Kunstgewerbeschule in Zürich, wo er Schüler des → Bauhaus-Dozenten Johannes Itten war.
Nach Absolvierung des Militärdienstes ging er nach Amsterdam und studierte an der Kunstnijverheidschool (die heutige Rietveld Academie) bei → Gerrit Rietveld und dem Bauhäusler Johan Niegemann. 1951 machte Haussmann sein Diplom als Innenarchitekt. In der Folgezeit arbeitete er als Assistent am Kunstgewerbemuseum in Zürich und bei einem Eternitwerk, wo er Ausstellungsarchitektur konzipierte und als Redakteur tätig war. Ab 1953 leitete er mit seinem Bruder das Einrichtungsgeschäft seines Vaters.
1967 heiratete Haussmann die Architektin Trix Högl (*1933 Chur), mit der er im selben Jahr das Büro Allgemeine Entwurfsanstalt gründete, das sich mit Stadtplanung, Innenarchitektur, Industriedesign (→ Industrial Design) und Möbelentwürfen beschäftigte. Durch ihre Anwendung von Materialien, Farben und Formen (→ Form) destruierten die beiden Designer althergebrachte Sichtweisen im Sinne eines postmodernen Entwurfskonzeptes.
Zu den wichtigsten Projekten von Robert und Trix Haussmann gehören die Boutique Lanvin in Zürich (1977), das Restaurant Agnes in Amberg (1980), der Hauptbahnhof in Zürich (1983), die Ladenpassage Galleria in der Hamburger Innenstadt (1983) sowie die Erweiterung des Museums Allerheiligen in Schaffhausen (1989).

Robert Haussmann lehrte von 1979 bis 1981 Innenarchitektur und Produktdesign an der Kunstgewerbeschule in Zürich, seit 1985 ist er Professor an der Kunstakademie in Stuttgart. 1978 trat das Designer-Ehepaar der Gruppe → Alchimia bei.
Als eines der bekanntesten Objekte des Ehepaars Haussmann gilt der «Rolladenschrank» aus dem Jahr 1977, den sie wie alle anderen Möbel für → Röthlisberger entworfen haben. Er gehört zu einer Kollektion, die den Anspruch hat, den klassischen Rolladenschrank neu zu interpretieren. So laufen die Rolladen (aus einzeln gekehlten Massivholzstäbchen) horizontal und sehr leicht außerhalb des Schrankkörpers, der wahlweise Glas, Holztablare oder Schubladen enthält. Ursprünglich für die Serienfertigung konzipiert, wird der Schrank aufgrund seiner makellosen Verarbeitung inzwischen zu den noblen Versionen der Kontormöbel gezählt. Weitere populäre Objekte aus der Kollektion «Möbel als Architekturzitat» sind der

Teppich «Stripes» (1991) für Melchnau.
Foto: Melchnau

Schrank in Säulenform (aus Olivenesche) aus dem Jahr 1977 sowie die «Kommoden»-Serie (1991) und der Schrank «Sesam» (1991). Robert und Trix Haussmann entwarfen darüber hinaus für die Firmen Mira-X (Textilkollektion «Marmoreum», 1981), Swid Powell (Kerzenhalter und Teller «Broken», 1984), → Knoll («Haussmann Sofa System», 1988), → Melchnau (auf 33 Exemplare limitierte Teppiche «Degradé» und «Stripes», 1991) und → Ritzenhoff (Trinkglas in der Kollektion «Milchgläser», 1992).

Heide, Rolf (*1932 Kiel)

Der Innenarchitekt und Ausstellungsdesigner Rolf Heide, der u.a. an der Muthesius-Werkschule ausgebildet wurde, realisierte Ausstellungsbauten und Innenarchitekturprojekte für → Alfi und → Vorwerk. Als Designer hat er vor allem Beleuchtungskörper und Möbel für → De Padova und → WK entworfen.
Aus dem Jahr 1967 stammt seine «Stapelliege 223/224» für die Müller Möbelwerkstätten in Bockhorn. Die Liege – für mobiles und unkonventionelles Wohnen entworfen – besteht aus Schichtholz, Buche oder Eiche, und ist naturfarben, schwarz oder braun gebeizt. 1969 entwarf Heide die von der Firma ICF hergestellte «Sofabank», ein Möbel für praktische, modern-legere Wohnkultur. Es hat ein Gestell aus Furnierplatten und einen Federrahmen, auf dem lose Kissen liegen. Winkelverbindungen halten die einzelnen Teile zusammen. 1986 entwarf Heide das Niedervolt-Halogensystem «Tantra» für die Firma Anta. Es besteht aus verschiedenen Reflektoren, die an einem Spezialseil mit Montageteilen aus Metall befestigt sind. Das Parallelseil dieser Leuchtenkonstruktion hat eine Länge von 8 Metern.

Hein, Piet (*1905 Kopenhagen)

Der dänische Mathematiker, Philosoph, Cartoonist und Designer Piet Hein studierte an der Universität Kopenhagen und an der dortigen Technischen Lehranstalt Philosophie und Theoretische Physik.
Anfang der sechziger Jahre, als die Stadtplaner von Stockholm für den Sergelsplatz im Zentrum der Stadt nach einer neuen Straßenführung suchten, löste Hein das Problem durch eine Form, die er «Superellipse» nannte und die seitdem fast alle seine Entwürfe bestimmte.
So gibt es von ihm superelliptische Tische in Restaurants, superelliptische Teller, Salatschüsseln, Tischsets, Lampenschirme, Teppiche und selbst Stoffe mit superelliptischen Mustern.
Als Möbeldesigner wurde Hein 1968 durch seinen Tisch «Superellipse B 4» bekannt, der heute bei → Fritz Hansen in Dänemark als Variante «B 412» produziert wird. Der große Eßtisch, an dem acht Personen Platz finden, besteht aus Buchen- und Teakholz, die Platte ist aus Plastiklaminat gefertigt. Durch ein stabiles Spannbein aus verchromten Stahl kommt der Tisch ohne Zargen aus. Ebenfalls bei Fritz Hansen ist Heins «Bar Stool» aus rostfreiem Stahl (1971) im Programm. Darüber hinaus entwarf Hein Leuchten, Textilien, Bestecke und Spielzeug.

Helit

Die deutsche Firma Helit, die sich seit Jahrzehnten auf den Büro- und Organisationsbereich spezialisiert hat, erhielt seit 1968 fast 200 Auszeichnungen für gutes → Design, darunter den Corporate Design Award für die vorbildliche Gesamtkonzeption von Produktdesign, Produktinformation und -präsentation. Zahlreiche Objekte wurden in die ständige Sammlung des New Yorker Museum of Modern Art sowie von den Designzentren in Berlin, Essen und Stuttgart aufgenommen.
Derzeit bietet Helit Ordnungs- und Ablagesysteme, EDV-Zubehör, Karteigeräte, Aschenbecher, Papierkörbe und Schreibtischzubehör an, wovon die «Visitenkartenbox» (mit Rollverschluß), die «Disketten-Flexibox», das Schreibtisch-Set «62580», die Stehsammler «63610» und «63611» sowie der «Dauerkalender» besonders ins Auge fallen.

Henningsen, Poul (*1894 Kopenhagen, †1967 Kopenhagen)

Der dänische Architekt und Designer Poul Henningsen studierte von 1911 bis 1914 Malerei an der Technischen Hochschule in Kopenhagen und von 1914 bis 1917 Architektur am Polytechnikum in Kopenhagen. Nach einer Tätigkeit als Kunstkritiker und Journalist wandte er sich ab 1924 dem Entwurf von Leuchten zu und legte besonderen Wert auf eine effektvolle Licht- und Schattengebung. 1925 entwarf Henningsen die berühmt gewordene «PH 4/3»-Deckenleuchte für die dänische Beleuchtungsfirma Louis Poulsen. Die formschöne Leuchte gewann 1925 die Goldmedaille auf der Pariser Weltausstellung. Das Nachfolgemodell, die «PH 5» von 1957, wird heute ebenfalls von Poulsen hergestellt und ist auch als Steh- und Tischleuchte erhältlich. 1958 kreierte Henningsen die Deckenleuchte «PH Zapfen», die das Licht durch einen artischockenähnlichen Aufbau streute. 1962 realisierte er das Modell «PH Kontrast», das aus zehn Schirmsätzen bestand und in dem die Glühbirne höhenverstellbar war. Die inneren Ringe gestaltete er farbig – von Orange bis Blau –, so daß sich das Licht beliebig variieren ließ.
In den zwanziger Jahren war Henningsen als Publizist engagiert. So arbeitete er zwischen 1921 und 1925 bei den Kopenhagener Zeitungen «Politiken» und «Extra Bladet». Von 1926 bis 1928 war er mit → Kaare Klint Herausgeber des Architekturmagazins «Kritisk Revy». Seit 1935 widmete er sich verstärkt dem Thema Film, schrieb Drehbücher und arbeitete als Filmdesigner für Soren Melson, Lau Lauritzen und Bodil Ipsen.

Henrion, Henri Kay Frederick (*1914 Nürnberg)

Der britische Grafik- und Industriedesigner H. K. F. Henrion ging 1933 nach Paris, wo er als Textildesigner ausgebildet wurde und an der Ecole Paul Colin Grafikdesign studierte. 1936 ging er nach Palästina und arbeitete dort als Plakatdesigner. Während des Zweiten Weltkriegs kam Henrion nach England, wo er Plakate für die britische Regierung entwarf, neben kommerziellen Entwürfen auch solche, die direkten Bezug zum Krieg hatten. Als bedeutender Pionier der → Corporate Identity arbeitete er unter anderem für die → Braun AG, für Blue Circle Cement, die BBC, BEA, KLM, die Volkswagen AG und für → Vorwerk. Henrion hatte zahlreiche internationale Lehraufträge und erhielt für seine Entwürfe mehrere Preise. 1973 wurde er wegen seines herausragenden Corporate-Identity-Entwurfs für die British European Airways mit dem DADA-Preis in Silber ausgezeichnet. Er war u.a. Präsident der International Council of Graphic Design Associates und der Society of Industrial Artists and Designers in London.

Herbst, René (*1891 Paris, †1982 Paris)

Der französische Innenarchitekt und Möbeldesigner René Herbst studierte in Frankfurt und London Architektur und arbeitete nach ausgedehnten Reisen ab 1919 in Paris als Designer. 1925 gestaltete er auf der Pariser Weltausstellung einige Stände, 1930 gehörte er neben Francis Jourdain, Robert Mallet-Stevens, Raymond Templier und Hélène Henry zu den Gründern der Union des Artistes Modernes (UAM), die vor allem in den vierziger Jahren Ausstellungen unter dem Thema «Nützliche Formen – neue Sachlichkeit» ausrichtete.
1930 entwarf Herbst den «Vernickelten Stuhl», den er für seine eigene Ausstattungsfirma, die Etablissements René Herbst, Paris, konzipiert hatte; er wird heute von der französischen Firma → Ecart hergestellt und von → Habit importiert. Der 81 cm hohe, funktionale Stuhl besteht aus vernickeltem Stahlrohr, die Lehne wird durch schwarze, weiße, blaue, rote und gelbe Gummizüge elastisch gehalten. Ein weiteres populäres Möbel von 1930 war die «Chaiselongue» (bei Habit), deren Sitz und Lehne ebenfalls von dicken Gummizügen überspannt waren.

Herlow, Erik (*1913 Helsingor)

Der dänische Industriedesigner und Architekt Erik Herlow studierte von 1936 bis 1944 an der Bauschule und an der Royal Academy of Fine Arts in Kopenhagen. Neben zahlreichen Architekturprojekten, die er in Kopenhagen, Schweden und den Vereinigten Staaten realisierte, war Herlow Produktdesigner für Dansk Aluminium Industri, → Georg Jensen Silberschmiede, A. Michelsen, I. G. Schwartz & Sons und die Universal Steel Company in Kopenhagen. Herlow, der mit seinen Entwürfen dem dänischen → Design internationale Anerkennung verschaffte, hat vor allem auf die Materialien nichtrostender Stahl, Sterling-Silber und Aluminium gesetzt, woraus er formschöne Arrangements, Bestecke, Kaffee- und Teeservice kreierte. Besonders bekannt wurden sein «Obelisk»-Besteck für die Universal Steel Company, seine gußeisernen Pfannen mit hitzebeständigen Griffen für Ribe Jernstoberi und die «Aluminium-Kaffeekanne» für Dansk Aluminium Industri (1952/53).
Neben seiner gelegentlichen Tätigkeit als Ausstellungsdesigner (Triennale Mailand 1951, «Design in Scandinavia» 1954, «Formes

scandinaves», Paris 1958) war Herlow vor allem als Berater eine wichtige Figur im dänischen Design. So war er seit 1955 bei der Royal Danish Porcelain Factory und seit 1968 bei den Dart Industries tätig. Von 1959 bis 1979 war Herlow Professor und Direktor des Departement of Industrial Design. Als Dozent war er sehr gefragt; er lehrte in Finnland, Norwegen, Schweden, Niederlande, Irland, Italien, England, den Vereinigten Staaten und Japan. Erik Herlow nahm zahlreiche internationale Designpreise entgegen, 1954 und 1957 die Goldmedaille und 1960 die Silbermedaille der Mailänder Triennalen; außerdem 1948 den C. F. Hansen Preis und 1958 die Eckersberg-Medaille.

High-Tech

Abgeleitet von dem Buchtitel «High-Tech – the Industrial Style and Source Book for the Home» von Joan Kron und Suzanne Slesin (New York 1978), bezeichnet der Begriff eine Strömung in Architektur und → Design, die in den siebziger und achtziger Jahren bevorzugt Materialien aus Industrie und Technik verwendete. Charakteristisch für das High-Tech ist die offene, transparente Präsentation der Materialien, die auf den schönen Schein verzichtet und statt dessen die nackte Materialität wirkungsvoll offenlegt.
Eines der wichtigsten Beispiele stellt das Centre Georges Pompidou in Paris dar, 1971 bis 1977 von Renzo Piano und Richard Rogers erbaut. Durch die Verwendung von Glas wird einerseits eine außergewöhnliche Transparenz erreicht, andererseits wurden sämtliche Installations- und Versorgungsrohre nach außen an die Fassade verlegt. Statt einer (sonst üblichen) Kaschierung der Technik wird sie hier effektvoll und farbig akzentuiert zur Schau gestellt. Ferner sind das 1975 bis 1978 von → Norman Foster in Norwich erbaute Sainsbury Centre oder das von Richard Rogers 1986 errichtete Gebäude der Lloyds of London zu erwähnen. Im Bereich des Interieur- und Möbeldesigns finden beispielsweise gestanzte Bleche, Aluminiumprofile, Panzerglas oder unterschiedlichste Kunststoffe Verwendung. Der technologische Eindruck dieses Designs rührt nicht zuletzt auch von der minimalistischen (→ Minimalismus) Formgebung (→ Form) her. Die Stühle «Prima» (1982) und «Seconda» (1982) von → Mario Botta gelten als zentrale Beispiele. Ferner können das Büromöbelsystem «Nomos» (1987) von Norman Foster oder der «Containerschrank» (1985) von → Matteo Thun angeführt werden.

Hirche, Herbert (*1910 Görlitz)

Nach einer Tischlerlehre studierte Herbert Hirche von 1930 bis 1933 bei → Mies van der Rohe und Lily Reich. 1938 machte Hirche sich selbständig und begann ein Jahr später die Zusammenarbeit mit → Egon Eiermann (bis 1945). 1946 war er Gründungsmitglied der Berliner Werkkunstgruppe, von 1946 bis 1948 für den Wiederaufbau Berlins verantwortlich; parallel entwarf Hirche Messestände und Möbel für die Deutschen Werkstätten bzw. für Scharouns Kunststoffhäuser.
Das Jahr 1948 markiert den Beginn seiner

freiberuflichen Tätigkeit als Architekt und Designer und die Berufung an die Hochschule für angewandte Kunst in Berlin-Weißensee. 1950 nahm Herbert Hirche wieder die Zusammenarbeit mit Egon Eiermann auf. 1952 übernahm er die Gesamtgestaltung der Designausstellung «Gute Industrieform» in Mannheim und wurde an die Staatliche Akademie der bildenden Künste nach Stuttgart berufen (deren Rektor er von 1969 bis 1971 war). 1960 wurde er Präsident des Verbandes Deutscher Industrie Designer (VDID), 1971 Ehrenpräsident, 1961 Mitglied im Rat für Formgebung. 1970 gründete Hirche zusammen mit Claus-Peter Klink und Karl-Georg Bitterberg das «Hircheteam».
Als Designer entwarf Herbert Hirche für die Akademie-Werkstätten (Glastisch, 1953), für die Firmen → Behr und → Braun (vor allem im Bereich Unterhaltungselektronik, etwa das Fernsehgerät «HF 1», 1958, das als erstes Fernsehgerät mit Kunststofffront galt). Für die Firma Christian Holzäpfel entwarf er 1956 einen Barwagen (später bei → Rosenthal in Produktion) und das Büromöbelprogramm «DHS 30». Für → Knoll kreierte Hirche 1956 einen Schalensessel im typischen Fünfziger-Jahre-Look.

Historismus

Mit Historismus werden allgemein stilistische Rückgriffe auf historische Kulturepochen bezeichnet.
Der Historismus im eigentlichen Sinne ist eine Strömung des 19. Jahrhunderts, die sich bereits im 18. Jahrhundert ankündigte, ihre Hauptbedeutung – unter dem Eindruck der dem Mittelalter zugewandten Romantik – in der zweiten Hälfte des 19. Jahrhunderts entfaltete und bis zum Ende des Ersten Weltkriegs fortbestand. Der Historismus wirkte sich vor allem in der Architektur, aber auch im → Kunstgewerbe und in der bildenden Kunst aus. Historistische Kunstwerke leiten ihr stilistisches Formenvokabular (→ Form) direkt aus vergangenen Epochen ab, wobei es häufig leicht modifiziert auftritt und/oder verschiedene Stile miteinander kombiniert. Als typisches Kennzeichen gilt der Stilpluralismus, d.h., verschiedene «Stile» erscheinen zeitgleich. Insbesondere in der Architektur unterscheidet man – je nach inhaltlicher bzw. formaler Anbindung – in Neoromanik (Kaiser-Wilhelm-Gedächtnis-Kirche, Berlin, 1891–1895), Neogotik (Votivkirche, Wien, 1856–1879), Neorenaissance (Gemäldegalerie, Dresden, 1847–1855) und Neobarock (Reichstag, Berlin, 1884–1894).
In der bildenden Kunst läßt sich diese Unterteilung kaum vornehmen, wenngleich Maler wie Jean-Baptiste Carpeaux, Hendrik Leys, Hans Makart oder Karl Theodor von Piloty auf unterschiedliche Weise an historische Stoffe und Darstellungsformen anknüpften. Das → Kunsthandwerk orientierte sich bevorzugt an außereuropäischen Vorbildern, wie z.B. an der indischen oder japanischen Kunst. Besondere Bedeutung kam darüber hinaus bezeichnenderweise dem Denkmal zu, das im 19. Jahrhundert eine nie dagewesene Blüte in allen denkbaren Stilen erlebte.
Die Überlegungen des Historismus zielen darauf ab, den stilistischen Unsicherheiten und kulturellen Orientierungsschwächen des 19. Jahrhunderts durch den Rückgriff auf bereits «bewährte» historische Stilmuster stabile Werte entgegenzusetzen. Oder anders formuliert: Die Thematisierung der Geschichte, der vergangenen Kulturleistungen genoß höhere Priorität als die Bemühung um

neue, der Zeit entsprechende Kunstformen. Davon hebt sich die Moderne grundsätzlich ab, da sie mit der Tradition bricht und nach einer die Bedingungen der Zeit reflektierenden künstlerischen Sprache sucht.
Bis zum Beginn der → Postmoderne wurde der Historismus durchgängig negativ bewertet, insofern man ihm eine epigonale Haltung, einen Mangel an kreativer Phantasie und Originalität zum Vorwurf machte. Erst durch die Postmoderne, die ihrerseits historische Stilelemente zitiert, wandelte sich diese Auffassung, so daß heute der Historismus ausgewogener beurteilt wird.

Hochschule für Gestaltung, Ulm (HfG Ulm, 1953–1968)

Die Hochschule für Gestaltung in Ulm gilt als das international bedeutendste, neugegründete Design-Institut nach dem Zweiten Weltkrieg. In direkter Nachfolge des → Bauhauses stehend, wurde der dort gelehrte → Funktionalismus in Theorie und Praxis weiterentwickelt und für breite Anwendungsbereiche popularisiert.
1947 formulierte Inge Aicher-Scholl im Gedenken an ihre im Nationalsozialismus hingerichteten Geschwister Hans und Sophie Scholl die Idee einer Schule für Gestaltung, die sich der politischen Verantwortung stellen sollte. An der Konzeption waren ferner ihr Mann → Otl Aicher sowie der Bildhauer und Kunsttheoretiker → Max Bill beteiligt. Nach dieser Planungsphase wurde 1953 provisorisch mit dem Unterricht und dem Bau der Schulgebäude durch Max Bill begonnen. Das Lehrangebot war in die vier Disziplinen Produktdesign, Architektur, Visuelle Kommunikation und Information unterteilt. Im Gegensatz zum Bauhaus wurden jedoch keine künstlerischen Fächer oder Kunsthandwerk etc. zum Studium angeboten. 1954 wurde Bill zum ersten Rektor ernannt, 1955 erfolgte in den neuen Gebäuden die offizielle Eröffnung. Zugleich wurden → Hans Gugelot, Tomás Maldonado u.a. als Dozenten an das Institut berufen, dem Max Bill allerdings nur bis 1956 vorstand. 1957 verließ er die HfG, da er mit der zunehmenden Einführung verschiedenster wissenschaftlich-technischer Disziplinen nicht einverstanden war. Seit den späten fünfziger Jahren entwickelte sich eine immer stärkere Zusammenarbeit mit Auftraggebern aus der Wirtschaft, die insbesondere innerhalb des Produktdesigns die sachlichen, funktionalen, zeitlosen Gestaltungsprinzipien der

Saftpresse «MP 32» (1957) für Braun.
Foto: Braun

HfG für ihre Produkte nutzbar machten. Das wichtigste Beispiel bietet die → Braun AG, deren Küchenmaschinen, Fernsehgeräte oder Rasierapparate in die Designgeschichte eingingen. 1968 wurde die Hochschule aus finanziellen und politischen Gründen von der Landesregierung geschlossen. Allerdings war es den Dozenten bis dahin nicht gelungen, geeignete neue Gestaltungskonzepte zu entwerfen, um der einsetzenden Funktionalismuskritik konstruktiv begegnen zu können. Für den gleichwohl bedeutenden internationalen Ruf der HfG war nicht nur ein streng formalisierter Lehrplan verantwortlich, der für viele andere Designschulen vorbildlich wurde, sondern auch die umfassende, wissenschaftliche Ausbildung der Studenten, die zahlreiche Randgebiete des Designs wie Psychologie, Semiotik oder Soziologie berücksichtigte. In den späten siebziger und frühen achtziger Jahren erfuhr das funktionalistische → Design der HfG von einer jüngeren Designergeneration, die sich radikal von zweckorientierter, sachlicher Gestaltung entfernte, herbe Kritik und Ablehnung.
1987 wurde das Internationale Forum für Gestaltung (IFG) in Ulm gegründet, das mit Symposien und Fortbildungsveranstaltungen an grundsätzliche Konzepte der HfG anzuknüpfen sucht.

Hoesch

Die Ursprünge der Firma Hoesch gehen ins 17. Jahrhundert zurück, als Jeremias Hoesch mit der Errichtung einer Eisenhütte einen Weg beschritt, der die deutsche Industriegeschichte mehr als 200 Jahre lang bestimmte. 1871 teilten sich die unternehmerischen Wege der Familie und führten zur Gründung der Eisen- und Stahlwerke Hoesch AG sowie des Zinkwalzwerks, das heute mit Titan-Feinzink und Hoesch Kupferbauteilen erfolgreich ist.

Luxuseckwanne «Kreta». Foto: Hoesch

Einen zukunftsweisenden Schritt machte die Firma 1972, als sie als erstes Unternehmen in Deutschland mit der Produktion von Acryl-Badewannen begann. Unter dem Markennamen «Sanicryl» lief eine Produktion an, mit der sich Hoesch eine neue Dimension bei der Formen- und Farbgebung für Sanitärprodukte erschloß. 1979 machte Hoesch Furore mit Luxuswannen («Barbados», «Gran Canaria», «Kreta», «Surabaya», zuletzt «Fiji», 1993), in denen ein komplettes Wirbelsystem eingebaut war. Ebenfalls 1979 präsentierte die Firma ihre großräumigen Whirlpools (u.a. die Modelle «Alamba», «Dakota», «Nevada» oder «Minnesota»). 1981 baute das Unternehmen sein «Fitline»-Programm mit

Dampfbädern für den privaten und öffentlichen Bereich aus (Modelle «Abano Classic» und «Abano 2000»). 1982 übernahm Hoesch das Aco-Duschtrennwand- und Duschkabinenprogramm und schuf erstmals rahmenlose Duschabtrennungen (Serie «Chic» oder «Corona 3», 1993).
Zahlreiche Hoesch-Entwürfe stammen von → Dieter Sieger, der sich seit 1981 auf den Sanitärbereich spezialisiert hat.

Hoffmann, Josef (*1870 Pirnitz, †1956 Wien)

Sessel «Kubus», reediert von Wittmann. Foto: Wittmann

Der österreichische Architekt, Designer und Dozent Josef Hoffmann studierte bei → Otto Wagner an der Wiener Akademie, wo er zeitweise auch Schüler von Karl von Hasenauer war. Nach seinem Diplom im Jahr 1895 bereiste Hoffmann Italien und arbeitete bis 1899 in Wagners Büro. 1895 gründete er den «Siebener Club», dem → Joseph Maria Olbrich und → Koloman Moser angehörten. 1897 schlossen sich Hoffmann, Wagner und Moser zur → Wiener Secession mit Gustav Klimt als Präsidenten zusammen, um fortan eine reduzierte Formensprache und geometrische Ornamentik (→ Ornament) zu verfechten. Die erste Ausstellung der Gruppe wurde 1898 von Hoffmann gestaltet, was ihm großes Lob von → Adolf Loos einbrachte. 1899 wurde Hoffmann Professor für Architektur an der Wiener Kunstgewerbeschule, wo er bis 1936 lehrte. Im Jahre 1903 gründete er zusammen mit Koloman Moser und Fritz Wärndorfer die → Wiener Werkstätten, wo kunstvolle Objekte – Möbel, Keramik, Metallarbeiten, Leder und Glas – für das gehobene Bürgertum produziert wurden. Hoffmann blieb bis 1931 deren künstlerischer Leiter. 1905 trat Hoffmann zusammen mit Gustav Klimt aus der Wiener Secession aus und gründete 1912 den Österreichischen Werkbund, den er bis 1920 leitete. Hoffmanns bedeutendste architektonische Projekte sind die Villa für Koloman Moser (1901–1904), das Sanatorium Purkersdorf (1903–06), das Palais Stoclet in Brüssel (1905–11, für den Bankier Adolphe Stoclet), die Villa Ast in Velden (1924) sowie Privathäuser für den Schriftsteller Richard Beer-Hofmann in Wien und für den Maler Ferdinand Hodler in Genf (1913). Darüber hinaus gestaltete er Ausstellungspavillons in Venedig und Rom und baute das Café Graben in Wien (1912).
Ganz im Sinne seiner Auffassung von der Verschmelzung des → Kunsthandwerks und der Architektur zu einem Gesamtkunstwerk entwarf Hoffmann auch Möbel, Tapeten (bei → Rasch), Tafelgeschirr (1929 ein Moccaser-

vice für Augarten), Leuchten (für Woka und für die Wiener Werkstätte), Glas (heute bei → Bieffeplast), Stoffe (für Bachhausen und → Wittmann), Teppiche (heute bei → Vorwerk) und Schmuck. Die Firma → Alessi ließ 1983 Hoffmanns «Rosenschale» von 1906 nach einer Fotografie von Peter Arnell und Ted Bickford rekonstruieren. Populär wurde sein Eßzimmerstuhl «Armlöffel» (1908), der heute bei Wittmann in Österreich hergestellt wird. Durch seine Rechtwinkligkeit, durch die strenge Linienführung und Dominanz des Quadrats hat dieser Stuhl eine Vorläuferrolle für die späteren Bauhaus-Möbel (→ Bauhaus). Ein populäres Möbel ist auch das Sofa «Kubus» (1910 – ebenfalls Wittmann). Es hat ein Holzgestell und Quadratpolster aus Leder und erweist sich durch seine Schmucklosigkeit als Produkt des Wiener → Konstruktivismus. Weitere Hoffmann-Möbel, die Wittmann in der Kollektion «Recreation Josef Hoffmann» anbietet, sind die Sitzgruppen «Haus Koller» (1911) und «Villa Gallia» (1913), der Armlehnsessel «Palais Stoclet» (1905) und die Stühle «Purkersdorf» (1903), «Villa Ast» (1910), «Biach Interieur» (1905; aus Bugholz) und «Fledermaus». Darüber hinaus produziert Wittmann verschiedene Holztische, die Hoffmann zwischen 1901 und 1907 entworfen hat.

Hollein, Hans (*1934 Wien)

Der österreichische Architekt und Designer Hans Hollein studierte an der Akademie für Graphische Künste in Wien, wo er 1956 graduiert wurde. Anschließend ging Hollein in die Vereinigten Staaten und studierte 1958/59 in Chicago am Illinois Institute of Technology und 1959/60 an der University of California in Berkeley. Von 1960 bis 1964 arbeitete Hollein in verschiedenen Architekturbüros in Australien, Südamerika, Schweden und Deutschland und gründete anschließend in Wien ein eigenes Architekturbüro. Von 1965 bis 1970 war er Redakteur der österreichischen Zeitschrift «Bau», seit 1967 Professor an der Staatlichen Kunstakademie in Düsseldorf, und seit 1976 ist er Professor an der Hochschule für angewandte Kunst in Wien.

Hollein, der aufgrund seiner Vorliebe für Architekturzitate der → Postmoderne zugerechnet wird, baute u.a. das Kerzengeschäft Retti in Wien (1964/65), die Richard Feigen Gallery in New York (1969), gestaltete die Media-Linien im olympischen Dorf in München (1972), das Olivetti-Gebäude in Amsterdam (1970), das Städtische Museum am Abteiberg in Mönchengladbach (1972–82), das Museum für Moderne Kunst in Frankfurt (1983–91) sowie das Haas-Haus in Wien.

Als Designer schätzte Hollein hochwertige

Griff «1103-F4» für FSB. Foto: FSB

Materialien wie Edelholz, Marmor und Messing. Er fertigte Objekte für → Memphis (etwa den Schreibtisch «Schwarzenberg», 1981), für → Alessi (das auf 99 Exemplare limitierte «Tee- und Kaffeeservice in fünf Teilen», 1983) und → Munari. Darüber hinaus entwarf er Musikinstrumente, wie beispielsweise den «Börsendorfer»-Flügel. Für den italienischen Möbelhersteller → Poltrona Frau kreierte Hollein die Chaiselongue «Berggasse Nr. 19», ein Konversationsmöbel aus Holz und Polyurethanpolsterung mit Stoffbezug, dessen Grundkonzept auf ein Möbel aus Sigmund Freuds Behandlungszimmer in Wien zurückgeht. Für die Firma → FSB entwarf Hollein eine Kollektion von Türdrückern (Messing poliert oder aus bronzefarbigem Aluminium: «Modell 1103»).

Holscher, Knud (*1930 Rodby)

Der dänische Architekt und Designer Knud Holscher studierte von 1949 bis 1957 Architektur an der Königlichen Akademie der Schönen Künste in Kopenhagen, wo er seit 1968 einer Lehrtätigkeit nachgeht. 1960 tat sich Holscher mit dem Architekten → Arne Jacobsen zusammen, der den modernen Stil in Dänemark durchgesetzt hatte. Bis 1964 hatten die beiden ein gemeinsames Büro in Kopenhagen und in Oxford. Von 1968 bis 1988 war Holscher Professor an der Architekturhochschule in Kopenhagen.

Bekannt wurde Knud Holscher durch die Zusammenarbeit mit dem englischen Architekten Alan Tye, mit dem er 1964 eine Firma in Kopenhagen gegründet hatte, und durch seine Mitarbeit bei der Designfirma Krohn & Hartvig Rasmussen, die seit 1981 am Nationalmuseum in Bahrain gestalterische Aufgaben übernommen hatte. 1989 wurden diese Arbeiten mit großem Erfolg fertiggestellt.

Mit Tye kreierte Holscher Metallwaren und Keramik für Sanitär- und Küchenbedarf, z.B. die «Meridian One»-Serie (1965) für die Firma Adamsez. Weitere Arbeiten schuf er für Allgood (Armaturen, 1966), → Georg Jensen (Metallwaren, 1974), Folsgaard (Leuchten), Carl F. Petersen, Riscanco («UFO»-Ventilatoren, 1977), Nordisk Solar Lamps («String-Line»-Leuchten, 1983), IFO (Sanitärbedarf, 1977) und → Fritz Hansen («Theater-Stuhl», 1983). Zu den jüngsten Arbeiten des Designers gehört die 1993 entwickelte Lichtstrahler-Serie «Quinta» für → Erco, die das Drehen und Neigen des Lichtstrahlers in definierbaren Winkeln und eine Fokussierung des Strahlers ermöglicht.

Strahler «Quinta» (1993) für Erco.
Foto: Erco

Hosoe, Isao (*1942 Tokio)

Der japanische Industriedesigner und Luftfahrttechniker Isao Hosoe studierte Mechanik und Luftfahrttechnik an der Nihon-Universität in Tokio. 1967 ging er nach Mailand, wo sein Interesse für → Design durch den Architekten Alberto Rosselli geweckt wurde (beide gewannen 1970 auf der Mailänder Triennale den → Compasso d'Oro für den Autobus «Meteor»).
Neben elegant geschnittenen, farblich originellen Bussen und Autos entwarf Hosoe Haushaltsgeräte, Glasobjekte (für Fiam), Möbel, Leuchten, Fernsehgeräte und Ladeneinrichtungen.
1970 schuf er die Tischleuchte «Hebi» (sie besteht im wesentlichen aus einem mit PVC überzogenen Metallschlauch und einem Reflektor aus lackiertem Aluminium) für die Firma Valenti in Mailand. Als «Leuchte ohne Sockel» erhielt die «Hebi» 1973 auf der Biennale in Ljubljana eine Goldmedaille. 1974 entwickelte er für Valenti die kugelförmige Bodenleuchte «Tama» (mit Deckel aus ABS). 1981 gründete Hosoe mit seinen Designer-Kollegen Barrese und Salmoiraghi die Gruppe D-R-C (Design Research Center), die sich u.a. dem Entwurf von Firmenlogos (→ Logo) und Möbeln (insbesondere Büromöbeln nach neuesten ergonomischen und arbeitspsychologischen Erkenntnissen) widmete. 1985 verließ Hosoe die Gruppe D-R-C und gründete in Mailand die Firma Hosoe-Design. Bei → Knoll werden gegenwärtig Hosoes Tischaschenbecher «4632» und «4636» angeboten.

Hutschenreuther

Die Firma Hutschenreuther wurde 1822 von Carl Magnus Hutschenreuther (1794–1845) in Hohenberg gegründet (1857 gründete der Sohn von C. M. Hutschenreuther, Lorenz Hutschenreuther, der von 1817 bis 1886 lebte, in Selb ein eigenes Werk) und stellte zunächst Massenartikel wie Pfeifen- und Puppenköpfe, Badepuppen, Mokkaschalen, Milchtöpfe, Tassen und Teller her. 1850 war die Produktpalette um Kaffee- und Teeservices, Déjeuners, Töpfe, Leuchter, Vasen, Pokale, Tafelaufsätze und Fruchtkörbe erweitert worden. Ab 1860 prägte Philipp Auvera das Unternehmen durch die künstlerische Gestaltung der Produktion. So entstanden bis 1880 u.a. Durchbruch- und Luxusporzellane mit aufgesetzten Blumen und Girlanden. Ende des 19. Jahrhunderts gelang es der Firma, sich mit Gebrauchsporzellan gehobener Qualität am Markt durchzusetzen, das durch außergewöhnliche Stilsicherheit, geschmackvolle Dekore (von Leopold Eduard Gmelin) und höchste Qualität auffiel.
Ab 1900 trug Hutschenreuther der neuen Kunstrichtung des → Jugendstil Rechnung und produzierte in seinen Werken Selb und Hohenberg Formen (→ Form) wie «Niemeyer» (1901) oder «Frauenlob» (1907) – beide von → Adelbert Niemeyer entworfen.
«München» (1901) galt als Paradebeispiel für den neu entwickelten «floralen» Stil, ebenso wie die Formen «Brunhilde», «Charlotte» (ein Tafelgeschirr mit Muschelreliefierung), «V», «45» oder «46».
1918 gründete C. M. Hutschenreuther die Handmalereiabteilung Dresden durch Ankauf der drei bedeutendsten Dresdner Porzellanhandmalereien Richard Klemm, Dönath & Co. und Richard Wehsener. Zu Beginn der zwanziger Jahre machte die 1917 gegründete

Service «Rosé Desirée» (1973) von Hans Achtziger. Foto: René Zey

Kunstabteilung der Lorenz Hutschenreuther AG von sich reden, der Karl Tutter und Carl Werner als technische und künsterlische Leiter vorstanden. 1927 trat → Julius Vilhelm Guldbrandsen als Leiter der dekorativen Gestaltung in die Kunstabteilung ein, ab 1934 war Max Adolf Pfeiffer als künstlerischer Berater für Lorenz Hutschenreuther tätig.
In der Kunstabteilung der C. M. Hutschenreuther AG in Dresden konzentrierte man sich in den zwanziger und dreißiger Jahren auf Ziergegenstände aller Art, vor allem aber auf die Bemalung der klassischen Hohenberger Services (mit Kopien nach Originalwerken, mit historischen Köpfen, Jagdszenen, mythologischen Motiven u.ä.). Zu den bekanntesten Formen dieser Jahre gehören die Services «Brandenstein» (später in «Dresden» umbenannt; Design: Johann Friedrich Eberlein) und «Neuzeit» (Max Fehr), «Sanssouci» (1936), die Teeservices «804» und «Juwel» (1937; Christian Modrack und Fritz Klee) und das Service «Margerete» (1936; Goupy).
Nach Ende des Zweiten Weltkriegs sorgten Christian Modracks «Diamond» (1952), Rolf Lunghardts «Favorit» (1952), vor allem jedoch → Hans Achtzigers Servicesschöpfungen «Diadem» (1953) und «Apart» (1957) für volle Auftragsbücher. Den frühen Dreiecksformen war Ende der fünfziger Jahre der Zylinder in Gestalt der «Noblesse» gefolgt; mit der aus «Poesie» (1967) entwickelten Reliefvariante «Lucina» (1968) hatte Achtziger die Auszeichnung «Gulden Form» verliehen bekommen. Bis heute sehr erfolgreich ist auch Achtzigers Form «Rosé Desirée», die es mit den Decorvarianten «Angélique», «Monique» oder «Uni» gibt.
Erfolgsformen hatte Hutschenreuther auch Heinz G. Engler zu verdanken, der zahlreiche Auszeichnungen mit «Novum» (1958/63) und «Globus» (1959/66) gewann. Franz Kinast trat 1951 erstmals mit der Form «Annabella» an die Öffentlichkeit und schuf bis Ende der sechziger Jahre 15 Services, darunter «Hohenberg» und «Egeria», die ideal die geschwungene, asymmetrische Linienführung der fünfziger Jahre aufnahmen. 1969 wurden die bis dahin voneinander unabhängig produzierenden Fabriken Lorenz und C. M. Hutschenreuther zusammengeführt; 1972 fusionierte die Hutschenreuther AG mit der Porzellanfabrik Kahla AG in Schönwald (der auch Arzberg gehörte).
Bekannte in- und ausländische Designer – unter ihnen → Pierre Cardin (Service «Maxim's de Paris», 1985), Fabius von Gugel (Service «Julia», 1977), Wolf Karnagel (Services «Tavola», 1977; «Scala», 1979; «Galleria», 1989), → Karl Lagerfeld (Service «Fleuron-Chloé», 1981), Günter Lang, Ferdinand Pleyer (Service «Concorde», 1988) und Katherine de Sousa (Teeservice «Coco», 1988) – produzieren seitdem für eine gehobene Käuferschicht.

I

IBM

Die International Business Machines Corporation (IBM) wurde 1911 in New York gegründet und gehört zu den ältesten Büromaschinenherstellern der Welt. Sie liefert heute Magnetbandeinheiten, Systemdrucker, Informationssysteme, Rechner und Mikrocomputer sowie Schreibsysteme, Schreibmaschinen und Zubehör.
Mitte der fünfziger Jahre erkannte Thomas J. Watson, der Sohn des Firmengründers, die Bedeutung des Designs für die Firmenphilosophie von IBM und verpflichtete → Eliot Noyes als Berater.
Noyes heuerte Paul Rand für die Gestaltung des IBM-Logos und → Charles Eames für Präsentationsaufgaben an. Architekten wie → Marcel Breuer, → Mies van der Rohe und → Eero Saarinen bauten weltweit Firmengebäude, später arbeiteten → Richard Sapper (als Designberater und Verantwortlicher für die → Corporate Identity), Edward Tufte, Walter Kraus und der Industriedesigner Tom Hardy (ab 1989) für IBM.
Eine besondere Bedeutung hatte die Firma in den sechziger Jahren als Produzent von Schreibmaschinen. IMB gelang 1961 die Erfindung der Kugelkopfmaschine, gleichzeitig ein neues Produktdesign mit der «Selectic»-Schreibmaschine (1961) von Eliot Noyes, die sich u.a. durch ihre ergonomische Tastatur und ihren homogenen Korpus von bis dahin gängigen Modellen unterschied.
Die ebenfalls von Noyes gestaltete «IBM 72» wurde zur Grundlage einer ganzen Maschinengeneration schreibender, speichernder, korrigierender und sogar satzherstellender Maschinen. 1984 stellte IBM mit der ersten Thermoschreibmaschine der Welt («IBM 6750») eine fast geräuschlose Schreibtechnik vor, ein Jahr später präsentierte sie mit den Modellen «6746» und «6747» die erste Typenrad-Schreibmaschine.

IGuzzini

Die 1963 gegründete italienische Firma bietet ein umfassendes Sortiment von Lichtsystemen an, das sich aufgrund seiner Funktionalität und → Form weltweit einen Namen gemacht hat. IGuzzini bietet darüber hinaus Komplettlösungen für den Hotel-, Laden- und Messebau an.
Zum Produktionssortiment der Firma zählen Beleuchtungssysteme für Halogen-, Niedervolt-Halogen-, Metalldampf- und Leuchtstofflampen; ferner Ein- und Aufbauleuchten, Lichtprofile und Stromschienensysteme, die durch komplette Strahlerserien ergänzt werden – sowie Außenleuchten in verschiedenen Stilen und Größen.
Als Designer konnte IGuzzini Pasquale Ajello (Strahler «Disk»), Tiziano Betti (System «Uplight»), → Rodolfo Bonetto (Tischleuchte «Tineka» und «Ala»), → Pier Giacomo Castiglioni (Straßenlaterne «Livio» und Außenleuchte «Edge»), Devine Design (Außenleuchten «Argo», «Delphi», «Delo» und «Te-

be»), Pierlugi Molinari (Straßenlaternen «Agora», «Exedra», «Forum» und «Public»), Ambrogio Pozzi (Deckenleuchten «Aquilone», «Ken» und «Sun»), Yamada Design (Wandleuchten «Arc», «Bliz», «Ciang», «Corolla» und «Kriss») sowie → Bruno Gecchelin gewinnen, der u.a. die Lichtsysteme «Il Prisma», «Sella» und «XO», die Stromschienen «Challenger», «Limelight», «Wing» und «Focus», die Strahlerserien «Mago» und «Shuttle» sowie die Außenleuchten «Appliques», «Ciak» und «Open» schuf.

Ikea

Das schwedische Möbelunternehmen Ikea wurde 1943 von Ingvar Kamprad gegründet und ab 1947 als Versandfirma geführt. 1950 erschien der erste Ikea-Katalog mit Artikeln für den Heimbedarf; 1958 wurde das erste Einrichtungshaus in Älmhult eröffnet.
Mit montierbaren Möbeln in flachen Paketen (erstmals 1956 auf den Markt gebracht) galt Ikea mehr als drei Jahrzehnte lang als Anbieter preiswerter Möbel, die vor allem bei «Wohneinsteigern» erfolgreich waren.
Mit hellem, kaum oder nicht behandeltem Birken-Massivholz kreierte die Firma einen lichten und funktionalen Einrichtungsstil, der zum Synonym für das skandinavisch-schwedische → Design wurde.
Seit Mitte der achtziger Jahre folgte Ikea zunehmend internationalen Designtrends, was sich u.a. in der häufigen Verwendung von Metall und Stahlrohr (etwa bei den Sesseln «Holk» und «Oti»), bei der Badezimmerserie «Targa» oder den Niedervolt-Halogenleuchten «Megafon», «Prolog» oder «Lur» deutlich zeigte. Als Designer arbeiteten für Ikea: Tord Björklund (Sofa «Polhem», Regalsystem «Akrobat»), Anna Efverlund, → Niels Gammelgaard (Sofa «Moment», Serie «Roma»), Åsa Gray (Stoffe «Pompös» und «Museal»), Knut und Marianne Hagberg (System «Timmermann», Bett «Oslo», Stuhl «Talang»), Thomas Jelinek (Glas «Krona», Eckschrank «Kronoby»), Ehlén Johansson (Barstuhl «Attila», Leuchten «Eon» und «Fluor»), Carina Karlsson (Pendeluhr «Amadeus», Stuhl «Opli»), Karin Mobring (Stühle «Fagerö» und «Stockholm») und Erik Wørts (Möbelserie «Rustik», Klappstuhl «Hans» und Armlehnstuhl «Dorotea»).

Imitation

Mit Imitation (lat. imitatio = Nachahmung) bezeichnet man die minderwertige Nachbildung eines Gegenstands. Im → Design wird der Begriff oft im Zusammenhang mit Möbeln oder → Kunstgewerbe gebraucht, um solche Exemplare zu kennzeichnen, die zwar nicht eine Fälschung des Originals intendieren, gleichwohl den Eindruck zu erwecken suchen, diesem (optisch) möglichst nahezustehen. Somit liegt keine Fälschung, sondern eine epigonale Haltung vor, die auf schnellen ökonomischen Gewinn ausgerichtet ist.
Imitierte (Kunst-)Gegenstände sind aus minderwertigen Materialien gearbeitet, werden häufig in industrieller Massenproduktion statt in kleiner Anzahl unter erhöhtem Einsatz von Handarbeit gefertigt und weisen oft billige Detaillösungen auf.

Industrial Design

Das Industrial Design, auch Industriedesign genannt, beschäftigt sich mit der Gestaltung einer großen Bandbreite von Gegenständen, die in industrieller Massenproduktion hergestellt werden. Wenngleich das Hauptaufgabenfeld die Formgebung technischer Gerätschaften ausmacht – von der Türklinke bis zu Hochgeschwindigkeitszügen –, reicht die Spannweite bis hin zu industriell produziertem → Kunsthandwerk. Wie in anderen Sparten des Designs zeigt sich auch der Industrial-Designer darum bemüht, funktionale und ästhetische Gesichtspunkte gleichermaßen zu berücksichtigen, wobei allerdings eine starke, manchmal sogar ausschließliche Ausrichtung auf Zweck und Funktion vorherrscht. In den letzten Jahren hat gerade im Industrial Design die computergestützte Planung (→ CAD) Einzug gehalten.
Der Begriff wurde erstmals 1919 von Joseph Sinel verwendet. In den dreißiger Jahren kam er in England allmählich in Gebrauch, um sich nach 1945 – nicht zuletzt durch das British Council of Industrial Design (gegründet 1944) – international durchzusetzen.
Das Industrial Design findet seine Wurzeln im englischen → Arts and Crafts Movement und im → Deutschen Werkbund. Nachhaltigen Einfluß auf seine weitere Entwicklung übten das → Bauhaus, die → Hochschule für Gestaltung, Ulm, die Folkwangschule in Essen oder etwa der «Rat für Formgebung» in Darmstadt aus. Während bis in die siebziger Jahre die Prinzipien des → Funktionalismus international maßgeblich waren, änderte sich von da an diese Ausrichtung zugunsten ästhetischer, ökologischer oder sozialer Anforderungen. In diesem Zusammenhang spielt der Begriff des → Styling eine wichtige Rolle, da die Bedeutung optischer Gefälligkeit für die Absatzchancen der Produkte als entscheidender Faktor erkannt wurde.

Industriedesign → Industrial Design

Interior Design

Der Begriff bezeichnet die Gestaltung von Innenräumen (engl. interior = innen) im Sinne der deutschen Begriffe Innenraumgestaltung oder Innenarchitektur.
Die beiden letztgenannten Bezeichnungen erhielten in den letzten Jahren durch den in Mode gekommenen Begriff Interior Design zunehmende Konkurrenz.

Interlübke

Die deutsche Möbelfirma wurde 1937 von Hans und Leo Lübke in Wiedenbrück als «Spezialfabrik für polierte Schlafzimmer» gegründet. Während des Zweiten Weltkriegs mußte das Unternehmen Offiziersmöbel, Mannschaftsschränke und Präzisions-Flugzeugteile fertigen, Ende der vierziger Jahre lief jedoch wieder die rationelle Serienfertigung hochwertiger Schlafzimmer an. 1956 brach Interlübke mit der traditionellen

Schreibtisch aus dem Interlübke-«duo»-Programm. Design: Peter Maly. Foto: Interlübke

Schlafzimmer-Kombination und präsentierte ein lückenloses An- und Aufbauprogramm für Schlaf- und Wohnzimmer, das durch seine sachliche Formgebung (→ Form) bestach. Der eigentliche Durchbruch gelang der Firma 1962 mit der Einführung eines neuartigen Schrankwandkonzepts – in Endlosbauweise und mit variabler Inneneinteilung. Als «Schrankwand 61 cm» machte diese Produktidee Möbelgeschichte.

Im Programm von Interlübke wurden seitdem immer wieder neue Akzente gesetzt, zuletzt durch die «Duo»-Linie, die neue Farb- und Wohntendenzen anzeigte und Einzelmöbel wie beispielsweise den «Pyramidencontainer» (mit Lamellenfront aus Buche) oder den «Cockpit»-Schreibtisch (mit Säulenfuß und rundem Anbautisch) beinhaltete.

Für die Firma Interlübke arbeiteten Siegfried Bensinger (Schlafraumprogramm «Duo-Tatami», 1988; «Duo-Center», 1991), Mauro Lipparini (Schlafraumprogramm «Scala»), → Peter Maly (Schlafraumprogramm «Mutaro», 1979; Schrankwand «40 SN», 1984; Textilkollektionen «Melange» und «Graphis», 1984; sowie Ergänzungen zum «Duo-Programm, wie «Duo»-Forum, Bar, Pyramiden- und Funktionscontainer), Manfred Maurer (Bett «SL» und Beimöbel, 1991), Arnold Merckx (Schlafraumprogramm «Ambiente», 1987; zusammen mit Herman Zeekaf), Wolfgang C. R. Mezger («Top Office», 1992), Ulf Moritz (Textilkollektionen «Nuance», «Impuls», «Medita» und «Domus», 1986–90), Roberto Tapinassi (Schlafraumprogramm «Scala»), Team Form (Schrankwand «40 S», 1965; Schlafraumprogramm «Umgebung 121», 1968; An- und Aufbauprogramm «Médium», 1973; Schrankwand «Alternum», 1975; Wohnwand «Ortus 33», 1976; Schrankwandprogramm «Studimo», 1977; Schreibtische «Top Office», 1985).

1992 führte Interlübke die von Siegfried Bensinger und Dieter Zimmer entwickelte Programmlinie «Uno» (ein vielseitiges Einrichtungssystem in Wangenbauweise) ein, das

1993 vom Design Zentrum Nordrhein-Westfalen mit dem «Roten Punkt für hohe Designqualität» ausgezeichnet wurde. Im Mittelpunkt des Programms «Top Office» (1993) des Designers Wolfgang C. R. Mezger steht eine Reihe neuer, sehr ungewöhnlicher Schreibtische, die für Büro, Praxis und Haus konzipiert wurden. Bei unterschiedlichen Grundformen und Größen ist allen Typen ein Trägerelement gemeinsam («Beam»), das Kommoden und Schreibtischplatten miteinander verbindet und zugleich die zentrale Zuleitung für Elektro- und Kommunikationskabel bildet.

Interprofil

Die 1977 gegründete Schweizer Möbelfirma wurde 1991 von Karl Hartmann und Heinz Flury gekauft und kooperiert seitdem mit namhaften internationalen Designern. Der Amerikaner Brian Kane entwickelte in den achtziger Jahren für Interprofil den Clubsessel «Master» (mit elastischer Spange aus Federstahl, die den markanten Rücken- und Seitenteilen einen flexiblen Halt gibt). Mario Barbaglia und Marco Colombo kreierten den Liegesessel «Libra», der – als bewußtes gestalterisches Element – die ausgefeilte Mechanik an der Unterseite der Sitzschalen sichtbar machte.
Von Jørgen Kastholm, der in den sechziger Jahren mit seinem legendären Schalensessel «Tulpe» Furore machte, stammt der Sessel «Space» (mit Chromfüßen und einer Formschale aus Schichtholz). → Toshiyuki Kita entwarf den Stuhl «Tok» und die Sitzmöbelkollektion «Ara» (mit einer Reling aus Integralschaum und einem Gestell aus Kugelstoppern und Rollen). → Paolo Nava schuf den Sessel «Amadeo» – mit einem kreisförmigen Überwurf, den es unifarben, gesteppt oder mit Bordüren eingefaßt gibt. Ein Baukastensystem von Zusatzteilen (Fußablegern, Beistelltische u.ä.) ergänzt dieses Möbel.

Iosa-Ghini, Massimo (*1959 Bologna)

Der Designer und Innenarchitekt Massimo Iosa-Ghini arbeitete nach seinem Architekturstudium in Florenz und Mailand als Comiczeichner (1982–83) für die Zeitschriften «Alter Alter», «Heavy Metal» (New York), «Frigidaire» (Rom), «Fashion News» (Tokio), «Per Lui» und «Vanity» (Mailand). Ab 1985 war er als Berater für den italienischen Fernsehsender R.A.I. tätig und entwickelte verschiedene Filmdesigns und Studiosets in einer am Futurismus und den fünfziger Jahren angelehnten Formensprache (→ Form). 1986 kooperierte er mit → Memphis und rief in Bologna die Bolidismo-Bewegung aus, die bewußt Kurven, Ellipsen und Stromlinienformen als Gestaltungslemente ihrer Entwürfe verwendete. 1988 entwarf er eine Diskothek in New York sowie zahlreiche Showrooms in den USA. 1989 gründete er mit Andreas Brandolini und → Jasper Morrison die Gruppe «Rastlos».
Für → Moroso schuf Iosa-Ghini neben den Sitzmöbel-Klassikern «Futuro 3», «Velox n 13» und «Disco 16» die Kollektionen «Dinamic» (1987), «Newtone» (1989) und «Big Mama» (1993). Für → Ultima Edizione kre-

Sessel «Numero 1» für Moroso. Foto: Alessandro Bon und Alessandro Paderni

ierte er den Tisch «Berlino» und die Schalen «Portafrutta 2» und «Portapenne 2». 1991 schuf er die erste «Philips Design Edition»: «Futurama» – eine Kombination von 16:9-Breitwandfernseher und Videorekorder im Stromlinien-Look. → Alessi offeriert gegenwärtig in der Kollektion «Twergi» eine Pfeffermühle aus Eschenholz und Kawazingo (1989), → Bieffeplast produziert seine Leuchte «Numero Trenta» (Glashalbkugel und konischer Glaskegel, sandgestrahlt). 1993 überraschte Iosa-Ghini durch seinen stromlinienförmigen Küchenentwurf «Americana» (mit Arbeitsplatten im Metallic-Look) und durch seine limitierte und handsignierte Glasvasen-Serie für → Ritzenhoff.

Isokon

Die Möbelfirma wurde 1931 von → Well Coates und Jack Pritchard gegründet, die von → Le Corbusier und dem → Bauhaus beeinflußt waren. Die erste vielbeachtete Arbeit der beiden war der Wohnblock in der Londoner Lawn Road (1934), der sich zum Refugium der Künstleravantgarde entwickelte, die vor den Nationalsozialisten in Deutschland geflohen war. Hier wohnten u.a. → Walter Gropius, → Marcel Breuer und → László Moholy-Nagy. 1935 beschloß Pritchard, seine Firma auf die Produktion von Möbeln auszurichten, und setzte dabei im wesentlichen auf Schichtholz als Grundmaterial. Bis Ende der dreißiger Jahre entstanden zahlreiche Tische und Stühle, die überwiegend von Marcel Breuer entworfen waren und zu Ikonen des Modernismus in England wurden. Egon Riss und Jack Pritchard entwarfen 1939 den «Penguin Donkey» – eine Vorrichtung zum Halten der Penguin-Taschenbücher. Mit Ausbruch des Zweiten Weltkriegs löste sich die Firma Isokon auf, wurde aber 1963 erneut ins Leben gerufen.

Isozaki, Arata (*1931 Kyushu)

Arata Isozaki, einer der führenden japanischen Architekten der → Postmoderne, studierte an der Universität Tokio Architektur und arbeitete von 1954 bis 1963 im Büro von Kenzo Tange. 1963 gründete er seine eigene Firma (Isozaki & Associates). International bekannt wurde Isozaki durch den Entwurf des Gunma Museums der Schönen Künste in

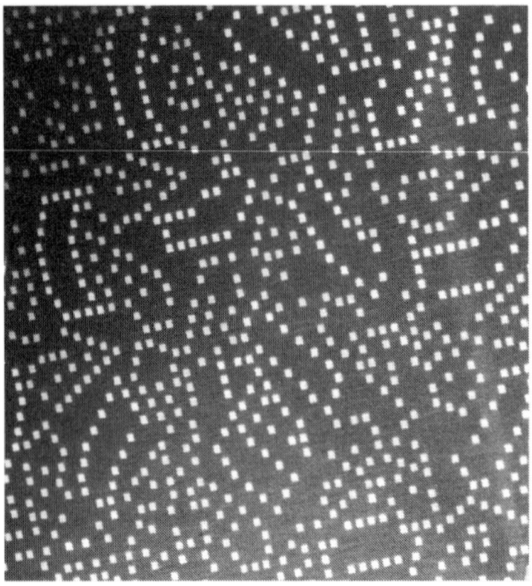

Teppichentwurf in der Kollektion «Dialog» für Vorwerk. Foto: Vorwerk

Takasaki (1971–74), des Palladium Nightclubs in New York (1985), des Museum of Contemporary Art in Los Angeles (1986) und der muschelförmigen Olympiahalle Palau Sant Jordi (1984–90) in Barcelona.
Als Designer entwarf Isozaki Möbel für → Memphis (z.B. 1981 die Schränke «Fuji Cabinets») und Sunar Hausermann (Stuhl und Tisch «Monroe»). Darüber hinaus entwickelte er Türklinken für → FSB, Armbanduhren für den Hersteller Cleto Munari sowie diverse Teppichmuster für → Vorwerk.

Issigonis, Alec (*1906 Smyrna)

Der englische Automobildesigner Alec Issigonis studierte Maschinenbau am Battersea Technical College in London und machte 1928 sein Diplom. Bis 1932 arbeitete Issigonis in Edward Gillets Designbüro in London und begann 1933 seine Tätigkeit als Designer für Roots Motors in Coventry. Drei Jahre später arbeitete er für Morris Motors in Oxford, wo er zum Cheftechniker aufstieg. 1961 wurde er leitender Techniker und technischer Direktor bei der British Motor Corporation.

Bekannt wurde Issigonis durch den Entwurf und die Ausführung der Automobile «Morris Minor» (1948), «Morris Mini» (1959) und «Morris 1100» (1962) – wobei der «Mini» die europäische Autoindustrie mehr als 20 Jahre lang bestimmte. Er wurde zum erfolgreichsten englischen Auto aller Zeiten und reiht sich neben Michael Boués «Renault 5» und Giorgetto Giugiaros «Volkswagen» in die Reihe der Automobilklassiker der fünfziger und sechziger Jahre ein.

J

Jacobsen, Arne (*1902 Kopenhagen, †1971 Kopenhagen)

Der dänische Architekt, Designer und Dozent Arne Jacobsen studierte nach abgeschlossener Maurerlehre an der Technischen Gesellschaftsschule und an der Architekturfakultät der Königlichen Kunstakademie in Kopenhagen, wo er 1928 als Diplomarchitekt examiniert wurde. Von 1927 bis 1930 arbeitete er im Büro des Städteplaners Paul Holsoe in Kopenhagen, anschließend als freier Architekt und Designer. Von 1943 bis 1945 lebte er im Exil in Schweden; von 1956 bis zu seinem Tod hatte er eine Professur für Architektur an der Akademie in Kopenhagen inne.
Jacobsens frühe Bauten (z.B. das Bellevue-Gelände in Kopenhagen, 1923) waren im späten neoklassizistischen Stil gehalten, seit den dreißiger Jahren tendierte er jedoch zum → Funktionalismus und zur Moderne, wobei er die strengen Maximen des → Bauhauses mit Eleganz verfeinerte. Zu seinen Hauptwerken zählen die Rathäuser in Århus, Rødovre, Glostrup und Sollerød (1939–42), die Munkegardsschule in Gentofte (1952–56), das SAS-Hotel in Kopenhagen (1956–59), das Bürohaus der Elektrizitätswerke Hamburg (1966–69), das St. Catherine's College in Oxford (1963–64) und Ende der sechziger Jahre die Zentralbank in Kuwait City.
1932 begann Jacobsen seine Zusammenarbeit mit der Firma → Fritz Hansen, für die er im Laufe von drei Jahrzehnten Stühle und Sessel entwarf, die als Meilensteine des dänischen Designs gelten. 1952 etablierte sich Jacobsen mit dem Stuhl «Ameise» (er erhielt seinen Namen aufgrund der stark taillierten Rükkenlehne und den dünnen Beinen). Der stapelbare, dreibeinige Stuhl hat einen Sitz aus Buchen-Schichtholz sowie ein verchromtes Stahlgestell und war der erste dänische Stuhl, der in Massenproduktion ging. Ein weiterer Klassiker wurde der Stuhl «3107» (1955) für Fritz Hansen (heute in unzähligen Varianten erhältlich: mit und ohne Rollen, Armlehnen oder Polsterung und in einem breiten Farbspektrum), der 1969 mit dem Bundespreis → Gute Form ausgezeichnet wurde.
Für das Flughafen-Hotel SAS in Kopenhagen entwarf Jacobsen 1958 die Ledersessel «Schwan 3320» und «Ei» (ebenfalls bei Fritz

Sessel «Ei» (1958)
für Fritz Hansen. Foto: Fritz Hansen

Stuhl «3107» für Fritz Hansen.
Foto: Fritz Hansen

Hansen), zwei skulpturale Sessel, die ausschließlich aus Kurven aufgebaut sind, ohne eine einzige gerade Linie. Die 1959 für das SAS Royal Hotel entworfenen Beleuchtungskörper – Tischleuchten, Wandleuchten, Steh- und Deckenleuchten – werden heute von der Firma Louis Poulsen hergestellt. Für die Firmen Holmegård und A. Michelsen entwarf Jacobsen Gläser bzw. Bestecke; für Carl F. Petersen Türklinken und für → Stelton of Denmark die sog. Cylinda Line (1967/68). Diese Serie aus zylindrisch geformten Hohlgefäßen wird aus rostfreiem Edelstahl hergestellt (Griffe aus hitzebeständigem Kunststoff) und besteht heute aus mehr als 35 verschiedenen Stücken (Kannen, Saucieren, Servierschüsseln, Toasthalter u.ä.). 1968 wurde Jacobsen dafür der International Design Award des American Institute of Interior Designers zugesprochen.
Bei → Georg Jensen ist derzeit Jacobsens futuristisches Besteck von 1957 erhältlich, bei der Firma → Mawa als → Re-Design die Uhren «Bankers» und «Cityhall».

Jalk, Grete (*1920 Kopenhagen)

Die dänische Möbel- und Ausstellungsdesignerin Grete Jalk machte nach ihrem Abitur eine Lehre als Möbelschreinerin und ging anschließend in die Möbelschule der Kunsthandwerkerschule in Kopenhagen, wo sie bei → Kaare Klint lernte.
Nachdem sie einige Jahre als Assistentin in verschiedenen Designbüros gearbeitet hatte, gründete sie 1954 ihr eigenes Entwurfsbüro in Kopenhagen.
Die Designerin beschäftigte sich hauptächlich mit dem Entwurf von Möbeln, kreierte aber auch Textilien, Tapeten und Bestecke. Für die dänischen Hersteller France & Søn sowie P. Jeppesen schuf sie zahlreiche Stühle (zumeist aus geleimtem Schichtholz) und wurde Anfang der sechziger Jahre international bekannt durch ihren Sessel «Er», der anstelle von Beinen breite, spiralförmige Schichtholzstreifen aufwies. Der dazugehörende Sessel «Sie» gewann 1963 den von der englischen Zeitung «Daily Mirror» ausgeschriebenen internationalen Möbelwettbewerb. Aus dem Jahr 1961 stammte ihr «Stehpult» aus Palisander, das vom dänischen Möbelhersteller Søren Horn gefertigt wurde.
Grete Jalk war von 1950 bis 1960 Lehrerin an der Kopenhagener Kunsthandwerkerschule, später Mitarbeiterin der Zeitschrift «mobilia». 1975 leitete sie eine Wanderausstellung

mit dänischem → Design. 1980 organisierte sie im Bella Center in Kopenhagen das von den Vereinten Nationen angeregte Frauentreffen, wo sie «Design by Danish Women» präsentierte. Ein Jahr später ließ sie die Jahresausstellungen von dänischen Designern und Designfabrikanten wiederaufleben und präsentierte 25 Designer und 25 Hersteller im Ausstellungshaus an der Kopenhagener Heiliggeist-Kirche.

Jensen, Georg Arthur (*1866 Raavad, †1935 Hellerup)

Der dänische Silberschmied, Bildhauer und Keramiker Georg Jensen studierte nach einer Lehre in der Raavad-Fabrik und nach einer Ausbildung als Goldschmied von 1887 bis 1897 Bildhauerei an der Royal Danish Academy of Fine Arts in Kopenhagen. Bis 1900 gestaltete er keramische Waren (zusammen mit Joachim Petersen, dem späteren Leiter der Fayencefabrik Aluminia). Ein Stipendium der Kunstakademie erlaubte Jensen, ab 1900 zwei Jahre lang durch Europa zu reisen und u.a. in Paris, Rom und Florenz seine Kunstkenntnisse zu vertiefen. Wieder in Kopenhagen, setzte er für kurze Zeit seine Arbeit mit Petersen fort und arbeitete als Silberschmied für Mogens Ballin. 1904 eröffnete Jensen seine eigene Werkstatt (mit Laden) in Kopenhagen und schuf in den ersten Jahren Silberschmuck (Broschen, Ringe, Ohrringe, Hutnadeln u.ä.) mit floralen Motiven und Edelsteinbesatz. Ab 1905 spezialisierte er sich auf die Produktion von Hohlwaren und arbeitete (ab 1907) mit dem Maler Johan Rohde zusammen (später auch mit Harald Nielsen). Ab 1912 begann Jensen, einen neuen, zeitgemäßen Entwurfsstil zu kreieren, und setzte sich von seinen bis dahin bestimmenden organischen Formen (→ Organisches Design, → Form) und Mustern ab. 1919 gab Jensen die Geschäftsführung seiner Firma ab, blieb aber ihr Art-director. 1925 zog er nach Paris, um dort künstlerisch zu arbeiten, kehrte aber aufgrund finanzieller Schwierigkeiten 1926 nach Kopenhagen zurück, wo er bis zu seinem Tod zurückgezogen lebte.
Zu Jensens berühmtesten Entwürfen gehören neben Schmuckdesigns die Silberschale «No. 543» und die «Traubenschere» aus der Besteckserie «Magnolie» (1919), die heute bei → Royal Copenhagen im Programm sind.

Jensen, Jakob (*1926)

Jakob Jensen studierte bis 1952 Industriedesign an der Kopenhagener Kunsthandwerkschule und war von 1952 bis 1959 Chefdesigner bei Sigvard Bernadotte. Von 1959 bis 1961 hielt sich Jensen in Chicago auf und arbeitete als Dozent an der Universität von Illinois, 1961 gründete er sein eigenes Büro in Kopenhagen. Bekannt wurde Jensen durch sein minimalistisches (→ Minimalismus) Hi-Fi-Design, das seit den sechziger Jahren vor allem die Produkte von → Bang & Olufsen (deren Chefdesigner er lange Jahre war) geprägt hat.
Hierzu gehören das «Beosystem 1200» (Radio, Verstärker, Plattenspieler und Tonbandgerät), das 1969 den dänischen ID-Preis gewann, der Plattenspieler «Beogram 4000» (1972 – erstmals mit Tangential-Tonarm),

der Schallplattenspieler «Beogram 1800» (1975 – mit extrem flachem Gehäuse aus Kunststoff und gebürstetem Aluminium, Deckel aus graugetöntem Kunstglas) sowie die Musikeinheiten «Beosystem 5500» und «Beocenter 9000».

Jugendstil

Eine Stilrichtung in Kunst und → Kunstgewerbe zwischen 1890 und 1914, die in Frankreich unter dem Begriff «Art Nouveau», in England unter «Modern Style», in Österreich unter «Secessionsstil» und in Spanien unter «Modernismo» bekannt ist. Die deutsche Bezeichnung «Jugendstil» leitet sich von der deutschen Kunstzeitschrift «Jugend» ab, die von 1896 bis 1920 in München erschien, der französische Begriff → Art Nouveau von der gleichnamigen Galerie des Kunsthändlers Salomon Bing in Paris.
Als Reaktion auf den verbrauchten → Historismus des späten 19. Jahrhunderts verstand sich der Jugendstil zunächst als Erneuerungsbewegung des Kunstgewerbes. Nicht mehr das beliebig kombinierbare Stilgemisch vergangener Epochen stand im Vordergrund, sondern die Suche nach originären, zeitgemäßen Formen (→ Form), angeregt durch das Qualitätsdenken des englischen → Arts and Crafts Movement von → William Morris und John Ruskin. Rasch breitete sich der Impuls des Jugendstil auf alle Bereiche der Kunst, auf Architektur und Möbeldesign, Plakat- und Buchkunst, auf Theater, Literatur und Musik aus.
Einflüsse des Neoimpressionismus, des japanischen Farbholzschnitts wie auch des Symbolismus wurden aufgenommen und in pflanzenartig rankende Formelemente, Pastellfarbtöne und bisweilen verspielte Ornamentik (→ Ornament) umgewandelt. Die Liebe zum schmückenden Dekor und zur flächigen Arabeske – aus pflanzlichen Vorbildern entwickelt, oft als gegenstandsloses Ornament – charakterisiert alle Formen der Jugendstilkunst. Die dynamisch geschwungene Linie galt als grundlegendes Element, auf das sich die künstlerische Formensprache gründete. Das Anliegen der Jugendstilkünstler bestand darin, durch eine sinnliche Ausstrahlung ihrer Arbeiten zu überzeugen, wobei den Motiven Bewegung und Metamorphose große Bedeutung zukam.
An der Popularität des Jugendstil waren diverse neugegründete Kunstzeitschriften beteiligt: «Revue Blanche» (1891–1903, Paris), «The Studio» (ab 1893, London), «Pan» (1895–1900, Berlin), «Jugend» (1896–1920, München) oder «Simplicissimus» (ab 1896, München). Als führender Theoretiker übte darüber hinaus → Henry van de Velde zentralen Einfluß auf den deutschen Jugendstil aus, der insbesondere in den Bereichen Architektur, Möbeldesign und Inneneinrichtung sichtbar wird. Grundsätzlich kann der Jugendstil als eine Strömung charakterisiert werden, die sich an der Idee des Gesamtkunstwerks orientiert, dem Zusammenspiel aller Künste und der wechselseitigen Durchdringung von Kunst und Handwerk.
Neben Paris, Brüssel und Barcelona entstanden die großen Zentren des Jugendstil in Darmstadt, München und Wien. Durch mäzenatische Förderung des Großherzogs Ernst Ludwig konnte auf der Mathildenhöhe in Darmstadt die heute noch in ihrer architektonischen Anlage erhaltene «Darmstädter Kolonie» entstehen – ein enger Zusammenschluß verschiedenster Künstler unter → Peter Behrens und → Joseph Maria Olbrich.

In München wirkten neben Behrens auch August Endell, Hermann Obrist und → Richard Riemerschmid, wobei im Bereich der Architektur die Gestaltung des Fotoateliers «Elvira» (1897/98, zerstört) von Endell zu erwähnen ist. Der Wiener Jugendstil ist in seiner strengen, geometrischen Funktionalität von der englischen Variante geprägt. Das ästhetische Prinzip der 1903 von → Josef Hoffmann und → Koloman Moser gegründeten → Wiener Werkstätten beruht auf der Dominanz von horizontalen und vertikalen Gestaltungsprinzipien. Eine fundamentale Rolle spielte überdies die 1897 von Gustav Klimt gegründete → Wiener Secession. Außerdem sind die Architekten → Adolf Loos und → Otto Wagner sowie Frühwerke Oskar Kokoschkas aufzuführen. In Paris genossen das dekorativ-schillernde Schmuckdesign von → René Lalique sowie die farbenreichen Glasarbeiten von Emile Gallé und den Brüdern Auguste und Antoine Daum breite Anerkennung. In der Malerei sind dekorative Bilder von Gustave Moreau und Odilon Redon hervorzuheben, die eine enge Verbindung zum Symbolismus herstellen.
Als wichtige Maler des Jugendstil gelten ferner beispielsweise Pierre Bonnard oder Maurice Denis. In der Plakatkunst sind die be-rühmten Arbeiten von Henry de Toulouse-Lautrec und Alfons Mucha zu nennen, darüber hinaus die Buchkunst Melchior Lechters und die Typografie Otto Eckmanns. Zu den bekanntesten Werken des Kunstgewerbes rechnen die floralen Glasvasen und Lampen des Amerikaners → Louis Comfort Tiffany. Im Bereich des → Interior Designs zählt das Treppenhaus des Hôtel Solvay in Brüssel (1895–1900) von Victor Horta zu den herausragenden Beispielen.
Neben dem Impressionismus hat der Jugendstil an der Entwicklung der Moderne wesentlichen Anteil. Er fand im französischen → Art Déco der zwanziger Jahre seine Fortsetzung, während die Idee der Synthese aller Künste am → Bauhaus weiterlebte.

K

Kåge, Wilhelm (*1889 Stockholm, †1960 Stockholm)

Der Maler, Grafiker und Keramikdesigner Wilhelm Kåge studierte von 1907 bis 1908 an der Tekniske Skolan in Stockholm, von 1908 bis 1910 Malerei an der Wilhelmson's Malarskola in Göteborg.
Kåge setzte seine Studien bis 1912 an der J. Ruhde's Konstskola in Kopenhagen fort und ging dann nach München, wo er bis 1914 Plakatdesign bei Emil Pirchan lernte. Von 1915 bis 1917 arbeitete er als freier Plakatdesigner in Stockholm. 1917 begann Kåge seine Arbeit für den schwedischen Keramikhersteller Gustavsberg in Varmolo bei Stockholm, wo er als künstlerischer Direktor mit Berndt Friberg und Stig Lindberg zusammenarbeitete.
Bei Gustavsberg kreierte Kåge, der einen rustikalen volksnahen Stil bevorzugte, zahlreiche neuartige Keramikwaren, wozu auch sein stapelbares China-Porzellan und sein berühmt gewordenes Geschirr «Liljeblå» («Blaue Lilie») gehörte, das er 1917 als preisgünstiges «Arbeitergeschirr» entworfen hatte. Daneben arbeitete Kåge – nach skandinavischer Tradition – als Töpfer bei Gustavsberg und schuf Objekte im neoklassizistischen Stil mit reicher dekorativer Glasur. Nach seinen Entwürfen entstand auch die formenreiche Steingut-Serie «Farsta».
Seit 1930 experimentierte Kåge im Stil des → Funktionalismus, was u.a. in seinem Tafelgeschirr «Pyro» deutlich wurde, das durch ein schlichtes Muster gefiel, stapelbar und multifunktional war (die Teller konnten als Deckel verwendet werden).
1933 entwarf Kåge das Geschirr «Praktika», das weniger stilisiert wirkte als das «Pyro» und bei Gustavsberg 30 Jahre lang mit großem Erfolg produziert wurde.
1939 schuf Kåge für die New Yorker Weltausstellung das Geschirr «Mjuka» (in weicher Linienführung), das die ästhetische Linie der fünfziger Jahre vorwegnahm. 1949 verließ Kåge die Firma Gustavsberg, um sich wieder stärker der Malerei zu widmen.
Als einer der einflußreichsten schwedischen Keramikdesigner des 20. Jahrhunderts nahm Kåge mit seinen Entwürfen an zahlreichen internationalen Ausstellungen teil und erhielt mehrfach renommierte Auszeichnungen, so 1925 den Großen Preis der Pariser Weltausstellung.

Kaldewei

Die Firma wurde 1918 von Franz Kaldewei gegründet und spezialisierte sich zunächst auf die Produktion von Haus- und Küchengeschirr, ab 1930 auf die Herstellung von gezogenen Waschkesseln, die den Grundstein für die spätere Badewannenproduktion legte.
1934 nahm die Firma die Produktion von freistehenden Badewannen auf und verbesserte durch ein eigenes Schmelzwerk die Emaillequalität. 1953 begann Kaldewei mit der Großserienproduktion von Einbaubadewannen, 1960 wurden die bis dahin üblichen

Künstlerwanne in der
Kaldewei-«Art-Collection». Foto: Kaldewei

Gußwannen durch 3,3 mm dicke Stahlemaillewannen ersetzt.
Ende der siebziger Jahre baute das Unternehmen seine Marktstellung durch exklusive Sondermodelle und eine ungewönliche Farbvielfalt aus.
Technische Innovationen ließen moderne Formen (→ Form) zu, die in Zusammenarbeit mit → Frogdesign und → Phönix Design erstmals Wannen nach ergonomischen Gesichtspunkten entstehen ließen (etwa «Lagoform», «Ergonova» oder «Magnaform»).
In limitierter Auflage bietet Kaldewei eine «Wannen-Art-Collection» mit individuell gestaltetem Dekor an.

Kartell

Die italienische Möbelfirma, die sich von Beginn an auf die Herstellung hochwertiger Plastikmöbel spezialisiert hat, wurde 1949 gegründet. In den fünfziger Jahren war die Produktion im wesentlichen auf Haushaltsgegenstände ausgerichtet, die in funktionaler und formaler Hinsicht durch die Entwürfe von Gino Colombini hervorstachen.
In den sechziger Jahren nahm Kartell Möbel und Leuchten ins Programm und erregte internationales Aufsehen durch den Kinderstuhl (1964) von → Marco Zanuso und → Richard Sapper, durch den Stuhlklassiker «4867» (1968) von → Joe Colombo und die Stapelcontainer von → Anna Castelli-Ferrieri. Der Plastikboom, der das Möbeldesign der sechziger Jahre maßgeblich beeinflußte, wurde vor allem durch Kartell und seine technischen Produktionsmöglichkeiten mitgetragen. In den siebziger Jahren eröffnete die Technik des aufgeschäumten Kunststoffs neue Möglichkeiten des Designs, die → Gae Aulenti für ihren Sessel «4794» (aus ver-

Stuhl «Mauna-Kea» (1992)
von Vico Magistretti. Foto: Kartell

schäumtem, starrem Polyurethan) und Anna Castelli-Ferrieri für ihre berühmte Hockerserie «4822–26» und das «Outline»-System nutzte.
In den achtziger Jahren experimentierte Anna Castelli-Ferrieri mit Polypropylen und Technopolymer, was zum Tisch «4300» (Montage durch einfache Druckverbindung – ohne Schrauben und Metallteile) und die stapelbaren Stühle «4870» bzw. «4873» führte. Mit den Formen (→ Form) dieser Möbel schlug die Designerin eine Brücke zu den neunziger Jahren, die von Entwürfen → Antonio Citterios (Behälter «Oxo» und Klappservierwagen; zusammen mit Oliver Lör), Lodovico Magistrettis (Sitzsystem «Mauna-Kea»), → Philippe Starcks (Regalsystem «Booox», Stuhl «Miss Global», Tisch «Miss Balù» und Stuhlserie «Glob») und → Matteo Thuns (Spiegel «Delphi», «Segesta», «Sounion» und Konsole «Naxos») bestimmt waren und – für Kartell – erstmals den Einsatz von Materialien wie Holz, Aluminium oder Stahl bedeutete. Die genannten Produkte bietet Kartell derzeit in seiner Kollektion «Kartell Casa» (mit weiteren Entwürfen von Carlo Bartoli, Olaf von Bohr, Centrokappa, Joe Colombo, Simon Fussel, Andreas von Onck und Giulio Polvara) an. In der Kollektion «Kartell Ufficio» präsentiert die Firma Schreibtischzubehör von → Michele de Lucchi und Tadao Takaichi (Behälter, Tischaschenbecher, Schreibtischunterlagen, Papierkörbe, Kleider- und Schirmständer) sowie Produkte von Centrocappa, Gino Colombini (Aschenbecher, Schirmständer), Angelo Cortesi (Papierkorb «4745»; zusammen mit Francesco Sconsetti), → Isao Hosoe und → Sergio Asti.

Keler, Peter (*1898 Kiel, †1982 Weimar)

Der deutsche Grafiker und Möbeldesigner Peter Keler beschäftigte sich ab 1919 mit Malerei und Tischlerei und studierte an der Kieler Kunstschule, ehe er 1921 ans → Staatliche Bauhaus Weimar ging. Dort besuchte er den Vorkurs Johannes Ittens und studierte bei Wassily Kandinsky Wandmalerei. Den Umzug des Bauhauses 1925 nach Dessau vollzog Keler nicht mit, sondern gründete in Weimar ein eigenes Atelier für Malerei, Innenarchitektur und Grafik. Hier entwarf er Typensitzmöbel und war für die Dresdner Textil- und Maschinenindustrie als Werbegrafiker tätig. Nach ausgedehnten Reisen in Europa ging Keler 1937 nach Berlin, wo er bis 1942 als Architekt und Ausstellungsdesigner arbeitete. Während des Zweiten Weltkriegs hatte er Ausstellungsverbot, war aber in dieser Zeit als Filmarchitekt bei der Gesellschaft Tobis tätig, u.a. für den Film «Romanze in Moll». Nach Kriegsende unterrichtete Keler an der neugegründeten Hochschule für Architektur und bildende Künste in Weimar.

Sessel «D 1/3» (1925), reediert von Tecta. Foto: Tecta

Seine Lehrgebiete waren Freihandzeichnen und Farbe im und am Bau, später Ausstellungsgestaltung, Licht und Architektur bzw. Licht und Farbe.
Neben seiner Lehrtätigkeit war Keler an architektonischen Projekten beteiligt und arbeitete im Auftrag der thüringischen Regierung an Umbauten oder Neugestaltungen an Kulturgebäuden in Weimar, Jena und Greifswald. 1963 wurde Keler emeritiert, arbeitete aber weiterhin als Maler in Weimar und in Born/Darß und nahm an Ausstellungen teil.
Aus dem Jahr 1925 stammt Kelers Sessel «D 1/3», der heute von der Firma → Tecta hergestellt wird. Der 1,86 m breite Sessel hat ein Holzgestell und mit Leder oder Kavallerietuch bezogene Polster. Keler entwarf den «D 1/3» für ein Haus des Architekten Farkas Molnár. Der «rote Kubus», wie der Sessel auch genannt wurde, ist von der Farbtheorie des Bauhauses beeinflußt, die jeder Grundform eine bestimmte Grundfarbe zuordnete: dem Kreis die Farbe Blau, dem Dreieck Gelb und dem Viereck Rot. Bekannt geworden ist auch Peter Kelers «Wiege nach Wassily Kandinsky» aus dem Jahr 1922 (bei Tecta), die ebenfalls auf die Farblehre des Bauhauses zurückgeht.

Kienzle, Wilhelm (*1886 Basel, †1958 Zürich)

Der Schweizer Innenarchitekt und Industriedesigner Wilhelm Kienzle absolvierte in Basel eine Schreinerlehre und erlernte das Metallhandwerk, ehe er 1908 ein eigenes Designbüro in München gründete. Nach längeren Aufenthalten in Rom und Paris arbeitete er 1914 zusammen mit → Peter Behrens bei der → AEG in Berlin. Für die Kunstgewerbeschule Zürich, an der er von 1916 bis 1951 Innenausbau lehrte, gestaltete Kienzle 1925 in Paris und 1928 in Stockholm internationale Ausstellungen.
Als Möbeldesigner war Kienzle äußerst vielseitig und schuf Telefontische, Holzspielzeug, das Xylophon «Klangtaube», Kindergartentische, Wechselrahmen und eine Schuhkippe. Aus dem Jahr 1930/32 stammt sein «Büchergestell», das heute von der Wohnbedarf AG in Basel hergestellt wird. Es hat schwarz gespritzte Stahlblechstützen und Borde aus Natur-Ahorn, die seidig poliert und so geschlitzt sind, daß die umgebogenen Stahlblechstützen eingesteckt werden können. Dadurch ist das Regal leicht zusammensetzbar und äußerst standfest. Als eine der letzten Arbeiten Kienzles gilt der Entwurf der Abendmahlutensilien für die Baseler Thomaskirche.

Kiesler, Frederick (*1890 Wien, †1965 New York)

Der österreichische Architekt und Designer Frederick Kiesler studierte in Wien an der Technischen Hochschule und an der Akademie der bildenden Künste. 1923 wurde er Mitglied der niederländischen → De-Stijl-Gruppe und entwarf 1925 die «Cité dans l'Espace» – eine Stadt der Zukunft – als österreichischen Beitrag für die Pariser Weltausstellung. Von 1923 bis 1960 arbeitete Kiesler an seinem Projekt «Endloses Haus» mit kurvigbiomorphen Formen (→ Form), das nie gebaut, als Modell aber oftmals ausgestellt

wurde. 1926 ging Kiesler nach New York, wo er das Film Guild Theatre im De-Stijl-Stil entwarf und sich großes Ansehen als Bildhauer und visionärer Architekt verschaffte. 1942 konzipierte Kiesler multifunktionale Möbel für Peggy Guggenheims New York Art of This Century Gallery (u.a. einen Stuhl, der als Tisch und als Aufbewahrungsbehälter verwendet werden konnte). In den späten vierziger Jahren wandte sich Kiesler dem Surrealismus zu, wobei er organische Formen (→ Organisches Design) den geometrischen vorzog. Er veranstaltete regelmäßige Ausstellungen (sog. Gallaxies), in denen er Malereien und Fotografien «von den Wänden» wegholte, um ihnen einen «Platz im Raum» zu verschaffen.
Frederick Kiesler war von 1933 bis 1957 Direktor für → Design an der New Yorker Architekturschule der Columbia-Universität, von 1934 bis 1947 Direktor für Bühnendesign an der Juillard School of Music.

King, Perry A. (*1938)

Der Engländer Perry A. King studierte Anfang der sechziger Jahre am Birmingham College of Art und arbeitete ab 1965 als Designberater für → Olivetti, wo er mit → Ettore Sottsass verschiedene Entwürfe realisierte, darunter die legendäre Schreibmaschine «Valentine» (1969) und das Büromöbelsystem «Synthesis 45». 1972 wurde King Design-Koordinator in der → Corporate-Identity-Abteilung, die → Hans von Klier leitete. 1977 gründete King mit Santiago Miranda ein eigenes Designbüro und spezialisierte sich auf Inneneinrichtungen, vor allem aber auf Lichtsysteme (mehrfach ausgezeichnet wurden die Leuchte «Donald» und das System «Halley»).
Für → Arteluce schuf das Designer-Duo mehrere Niedervolt-Halogenleuchten, darunter die Stehleuchte «Jill» (1978; Fuß und Diffusor aus satiniertem, farbigem Glas), die Wandleuchte «Wall» (1979; ausgezeichnet mit dem Gold Award in New York), die Tischleuchten «Mantis» (1979; mit markantem, dreieckigem Reflektor aus Aluminium, Schirm aus Metacryl) und «Palio» (1985; Diffusor aus Opalglas) sowie die Hängeleuchten «Crisol» (1981), «Tris Tras» (1986; Diffusoren aus opalem Polykarbonat) und «Aurora» (1983; Diffusorpaar aus Glas, ausgeführt mit dazwischenliegendem Ring aus Metacryl, im Glas integriert sind drei Niedervolthalogenlampen). Für → Marcatré entwickelten King und Miranda in den achtziger Jahren das Bürosystem «Cable» und den Bürostuhl «Air Mail». Weitere Entwürfe kreierte das Duo für Black & Decker und McCulloch.

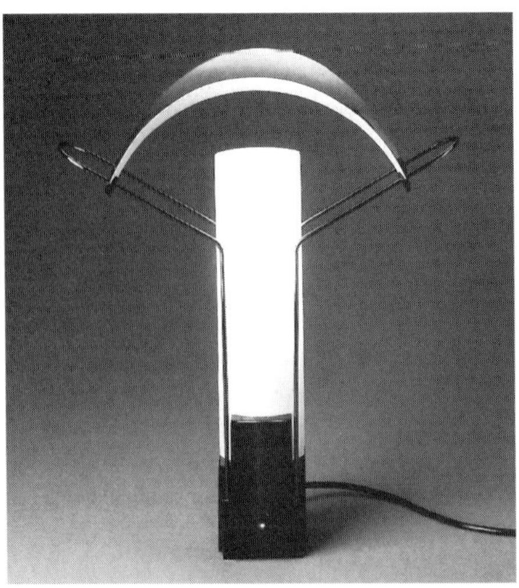

Tischleuchte «Palio» für Arteluce. Foto: Arteluce

Kinsman, Rodney (*1943 London)

Der britische Designer und Architekt Rodney Kinsman besuchte in London die Central School of Art, die er 1965 mit einem Diplom in Möbeldesign verließ. 1966 gründete er mit Jerzy Olejenik und Bryan Morrison die Design-Firma → OMK, die vor allem Tische, Stühle, Regale und Bürosysteme produziert. Berühmt wurde Kinsmans Stapelstuhl «OMK-Stack» aus dem Jahr 1971, der heute von der italienischen Firma → Bieffeplast hergestellt wird. Er besteht aus verchromtem oder epoxylackiertem Stahlrohr und gilt als geistreiche Neuinterpretation von → Hans Corays «Landi-Stuhl». Kinsman entwickelte den «Stack» in Zusammenarbeit mit einer Fabrik für Autoteile aus Preßstahl. Der Sitz ist so geformt, daß er ohne Kreuzzargen auskommt; die markanten Löcher in Sitz und Lehne geben dem Stuhl äußerlich eine gewisse Leichtigkeit, haben aber zugleich auch eine verstärkende Funktion. Kinsman entwarf für den Stuhl, der heute im Victoria and Albert Museum in London, im Philadelphia Museum of Modern Art sowie in der Neuen Sammlung in München steht, ein Rollgestell namens «Dolly», auf dem man bis zu 50 «OMK-Stacks» stapeln kann.
Ebenfalls für Bieffeplast entwarf Kinsman das Regal «Graffiti» (1984; es wird einfach an die Wand gelehnt; runde Gummiteile verhindern ein Wegrutschen), die Bar «Counter» (mit Seitenwänden aus gewelltem Aluminium), die Stühle «Angel» und «Tokio», den Hocker «Tractor» (aus Blech und Stahlrohr) sowie die Tisch-Klassiker «Detroit», «Vienna» und «Trestle» (Gestell aus lackiertem Stahlrohr; Platte aus transparentem Bedrucktglas). Darüber hinaus entwickelte er für Bieffeplast die Sitzsysteme «Transit» (mit perforierten Metallsitzschalen) und «Trax» (mit markanten, offenen spritzgegossenen Aluminiumträgern).

Kita, Toshiyuki (*1942 Osaka)

Der japanische Designer Toshiyuki Kita studierte bis 1964 an der Universität Osaka Architektur und ging 1969 nach Mailand, wo er in den Büros von → Mario Bellini und Silvio Coppola arbeitete, um neue Kenntnisse über Materialien und Techniken des Möbeldesigns kennenzulernen. 1971 eröffnete er in Mailand ein eigenes Designstudio und entwarf seitdem für Firmen wie → De Padova (Tisch «Alto Basso»), Disegno Due (Küchenprogramm «Kyòs», 1993), → Moroso (Stühle «Fido», «Titti» und «Walk»), → Ritzenhoff (Milchglas, 1992), → Tecnolumen (Stuhl «89»; «Wanduhr» aus Aluminiumguß und Gummi; Wandtisch «KitSPT 88» und Beistelltisch «KitRT 88»; diverse Schreibtischutensilien; Tischgeräte-Serie «Ceremony» aus lackiertem Holz) und → Wittmann (Stuhlprogramm «VIP», Sitzgruppen «Hop» und «Step»). Für die Firma → Interprofil schuf Kita den Stuhl «TOK», die Serie «Ara», zu der ein Sessel mit Hocker, ein zweisitziges Sofa und eine Verwandlungsliege gehören. Unkonventionell ist das Fahrgestell von «Ara»: hinten Kugeln, vorne Rollen.
Aus dem Jahr 1980 stammt sein Sessel «Wink», der bei der italienischen Firma → Cassina hergestellt wird. Er besteht aus einem Stahlgestell mit Halbkugelrollen, die Polster sind aus Polyurethanschaum und Dracon. Die Bezüge sind abnehmbar und mit Leder oder Stoff bezogen. Als ironisches →

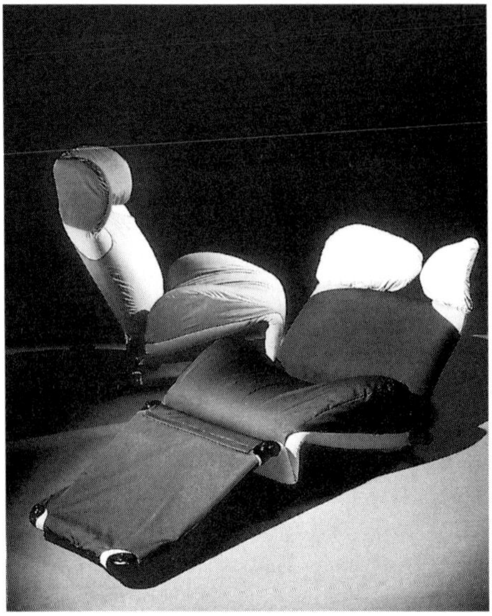

Liegesessel «Wink» für Cassina.
Foto: Cassina

Pop-Art-Zitat gelten die überdimensionierten, ohrenförmigen Kopfstützen und die bunte Farbgebung des Sessels.
Zusammen mit dem New Yorker Künstler Keith Haring kreierte Kita 1988 für die Firma Kreon die Leuchten «On Taro» und «On Giro», wobei die Designer erstmals elektrolumineszierende Schirme für Wohnraumleuchten verwendeten.
1975 erhielt Kita den Japan Interior Design Preis, 1983 den Product Design Preis des Institute of Business Designers. Zwei Arbeiten Kitas wurden 1988 in die ständige Sammlung des New Yorker Museum of Modern Art aufgenommen.

Kjærholm, Poul (*1929 Kopenhagen, †1980 Kopenhagen)

Der dänische Möbeldesigner Poul Kjærholm studierte von 1949 bis 1952 → Design an der Kunsthandwerkschule in Kopenhagen. Von 1953 bis zu seinem Tod arbeitete er als unabhängiger Designer für die Möbelfirmen → Fritz Hansen/Allerød, E. Kold Christensen und Ejnar Pedersons P. P. Møbler. Von 1952 bis 1956 war Kjærholm Dozent an der Kopenhagener Kunsthandwerkschule und seit 1976 Professor und Leiter der Kunstakademie Kopenhagen.
Für seine Möbelentwürfe verwendete Kjærholm ausschließlich natürliche Werkstoffe wie Holz, Stein, Stahl, Glas, Leder oder Peddingrohr. 1960 entwarf er seinen berühmten Falthocker «91», der heute (wie alle Kjærholm-Möbel) von der Firma Fritz Hansen hergestellt wird und in zahlreiche Sammlungen – im Kopenhagener Kunstgewerbemuseum, im Göteborger Röhsska-Konstslöjd-Museum, im Stedelijk Museum in Amsterdam, im Prager Museum der Schönen Künste und im Museum of Modern Art in New York – aufgenommen wurde. Der 37 cm hohe Hokker hat ein mattverchromtes Stahlgestell und einen Sitz aus Rindsleder.
Der sog. Propellerschnitt der gekreuzten Beine, der ein nahtloses Zusammenklappen ermöglicht, geht auf → Kaare Klints Eschen-Klappstuhl von 1933 zurück. Ein schönes Detail am «91» ist die Schraube an der Beinkreuzung.
Als Kjærholms «Ikone» gilt die Liege «24» (1965), die auch als «Hägemattenliege» bezeichnet wurde. Sie hat ein Edelstahl-Gestell, eine Nackenrolle mit Ochsenlederbezug und ein Peddingrohr-Geflecht. Anstelle des bis dahin üblichen Winkels im Kniebereich, hat die Liege eine Art Ruhepunkt nah am Boden, wie bei einer Hängematte. Weil sie im Profil sehr dünn und linear wirkt, hat man sie oft als «Grafik der Erholung» bezeichnet.

Kleinserie

Von einer Kleinserie spricht man, wenn ein Designprodukt in einer sehr geringen Auflage hergestellt wird, die zwischen drei und ungefähr hundert Exemplaren zählt. Die anspruchsvolle Kleinserie steht der billigen, industriellen Massenherstellung gegenüber, unabhängig davon, ob es sich um → Kunstgewerbe oder Mobiliar handelt. Im Unterschied zur Kleinserie gilt für die «limitierte Auflage» eine deutlich größere Stückzahl.

Klier, Hans von (*1934 Teschen)

Der österreichische Industriedesigner Hans von Klier studierte an der → Hochschule für Gestaltung in Ulm (HfG) und schloß 1959 mit Diplom ab. 1960 zog es ihn nach Mailand, wo er bis 1968 im Büro von → Ettore Sottsass arbeitete und neben Möbeln auch technisches Gerät entwarf. Ab 1969 war von Klier bei der Firma → Olivetti für Industriedesign (→ Industrial Design) und → Corporate Identity zuständig. Er modernisierte das → Logo der Firma und brachte zwischen 1971 und 1978 die «Roten Bücher» heraus – Designhandbücher, in denen alle grafischen Mittel aufgeführt sind, die in der Corporate Identity angewandt wurden (z.B. bei Prospekten, Katalogen, Beschriftungen). 1986 wurden die «Roten Bücher» in die Neue Sammlung in München aufgenommen.
Hans von Klier entwarf in den sechziger Jahren für Olivetti die Rechenmaschine «Sum-

Büromöbelprogramm «Linea Direzionale» für Olivetti Synthesis. Foto: Olivetti Synthesis

ma 19 R» (zusammen mit Sottsass) sowie die legendären Schreibmaschinen «Tekne 3» und «Praxis 48».
Von 1973 bis 1975 war von Klier Mitglied in der Jury beim deutschen Bundespreis → Gute Form, außerdem nahm er Lehraufträge in England, Deutschland und den Vereinigten Staaten an. Als Möbeldesigner arbeitete er für die Firmen Skipper («Ponte»-Konferenztisch, 1972), Planula und Rossi-Arredamenti. Für → Olivetti Synthesis schuf er die Sitzmöbelserie «Edys» (1980) und die Möbelserie «Linea Direzionale» (1981) sowie den Stuhl «Astrea» (1991).

Klint, Kaare Jensen (*1888 Fredericksberg, †1954 Kopenhagen)

Der dänische Architekt und Möbeldesigner Kaare Klint studierte Malerei bei Johan Rohde an der Tekniske Skole und Architektur bei seinem Vater P. V. Jensen Klint sowie bei Carl Petersen, dem Architekturprofessor an der Kopenhagener Akademie. Mit Petersen entwarf er 1914 neoklassizistische Möbel für die Kunstgalerie in Fåborg. Seit 1917 bis zu seinem Tod arbeitete Klint als unabhängiger Möbeldesigner für die Firmen → Fritz Hansen und Rudolf Rasmussen, außerdem für das Thorvaldsen-Museum und das Industriekunst-Museum in Kopenhagen. 1924 wurde er Leiter der neugegründeten Möbelschule der Kopenhagener Kunstakademie, wo → Mogens Koch zu seinen Schülern zählte. Klint bildete dort so viele Designer aus, daß man auch von der «Klint-Schule» sprach. Seit 1944 war Klint Professor für Architektur an der Akademie.
Der «Vater des modernen dänischen Möbeldesigns» betrieb an der Kopenhagener Möbelschule mit seinen Schülern bedeutende Studien über die Funktionsweisen eines Möbels, deren Ergebnisse später grundlegend für den skandinavischen Stil wurden. Als erster Designer, der sich ernsthaft mit Anthropometrie auseinandersetzte, hatte er bereits 1913 Forschungen über die Proportionen des menschlichen Körpers angestellt und sie bei seinen Entwürfen umgesetzt.
Aus dem Jahre 1914 stammt Klints «Fåborg-Stuhl», der heute von der Kopenhagener Firma Rasmussen hergestellt wird. Klint entwarf ihn für das neoklassizistische Fåborg-Museum, das Carl Petersen für den Kunstsammler Mads Rasmussen gebaut hatte. Der fein geschweifte Mahagoni-Stuhl mit Geflecht-Lehne und Sitzpolster aus Rindslederbezug gilt aufgrund seiner Synthese aus Tra-

Stuhl «4133» für Fritz Hansen.
Foto: Fritz Hansen

dition und Modernität als typisch für Klints Entwürfe. Als Klassiker des funktionalistischen (→ Funktionalismus) Stuhls wurde Klints «Safari-Stuhl» aus dem Jahr 1933 berühmt (heute bei Rasmussen). Sein Gestell ist aus Eschenholz, Sitz und Rückenlehne aus Leder oder Canvas.
Der Prototyp des «Safari» war zusammenklappbar und hatte einen verstellbaren Sitz, den Klint später jedoch verworfen hat.
Weitere populäre Möbel Klints: der «Klappstuhl» (1927, bei Rasmussen); der «4133»-Kirchenstuhl (1936, bei Fritz Hansen) und der «Deckstuhl» (1933, bei Rasmussen).
Kaare Klint entwarf auch Leuchten, wobei er besonders von handgefalteten Schirmen fasziniert war, eine Technik, die sein Bruder Tage Klint entwickelt hatte. 1943 entstand so die sehr erfolgreiche «101 abc»-Fruchtleuchte, die heute bei der Odenser Firma Le Klint hergestellt wird.
Klint erhielt mit seinen Möbeln viele Auszeichnungen und Ehrungen, so 1935 den Großen Preis der Brüsseler Weltausstellung.

Knoll

«Handkerchief»-Stuhl (1985) von Massimo Vignelli. Foto: Knoll

Die Firma wurde 1938 von Hans G. Knoll als «G. Knoll Furniture Company» in New York gegründet und orientierte sich von Beginn an mit ihrem Möbeldesign am «International Style», den Henry-Russell Hitchcock und Philip Johnson im Amerika der dreißiger Jahre populär gemacht hatten. 1941 lernte Knoll die Innenarchitektin Florence Schust (→ Florence Knoll) kennen, mit der er ab 1943 eng zusammenarbeitete und 1946 – im Jahr ihrer Heirat – die Knoll Associates Inc. gründete. 1951 wurde als erste und wichtigste Tochterfirma die Knoll International GmbH in Deutschland ins Leben gerufen.
Die ersten Möbel, die die Firma herstellte, stammten von → Mies van der Rohe und → Eero Saarinen, der 1946 den breiten Wannensessel «Womb» kreierte und 1956 seinen weltberühmten «Tulpen»-Sessel vorstellte – eine Polyestersitzschale, die auf einer gekehlten, trompetenförmigen Säule aus Metall ruhte. Mit dem «Barcelona»-Programm von Mies van der Rohe, das Knoll 1948 herausbrachte, nahm die Firma Möbel in ihre Kollektion auf, die auf der Suche nach modernen gestalterischen Formen (→ Form) am → Bauhaus entstanden waren. Hierzu gehören auch mehrere Entwürfe von → Marcel Breuer, u.a. der spektakuläre «Wassily»-Sessel von 1925 – das erste Sitzmöbel aus Stahlrohr. In den fünfziger Jahren begann → Harry Bertoias Tätigkeit für Knoll, die 1952 mit dem berühmten Drahtgittersessel ihren Höhepunkt fand. Ähnlich wie Bertoia benutzte → Warren Platner 1966 garbenförmig mit-

einander verbundene Metallstäbe für die Untergestelle seiner Tische und Stühle und erregte damit in den frühen sechziger Jahren internationale Aufmerksamkeit. → Charles Pollock entwarf 1965 seinen Bürostuhl mit Aluminiumrandprofil, Sebastian Matta stellte sein «Sitz-Puzzle» vor, dessen feste Formteile sich zu immer wieder neuen geometrischen Figuren verwandeln ließen.
1968 erwarb Knoll die italienische Avantgarde-Firma Gavina und arbeitete mit einigen ihrer Designer – u.a. → Gae Aulenti – zusammen. Andere italienische Designer, deren Arbeit eng mit Knoll verknüpft war, sind → Tobia Scarpa, → Cini Boeri (Tisch «Lunario», Sofa «Brigadier») und → Vico Magistretti. Tobia Scarpas «Bastiano»-Serie war die erste Sitzgruppe mit vollständig freiliegendem Rahmen, die seitdem in vielen Versionen kopiert wurde.
In den siebziger Jahren gewann Knoll die Designer → Andrew Morrison und Bruce Hannah, die ein leichtgewichtiges Sitzsystem aus gezogenem Aluminium konstruierten. → Otto Zapf entwickelte 1975 ein Bürosystem, das bequeme und humane Arbeitsmöglichkeiten mit den Anforderungen des elektronischen Büros kombinierte. Als Ergebnis umfassender, vor allem ergonomischer Bürostudien kreierte → Niels Diffrient 1979 das Sitz-system «Humana»; → Richard Sapper entwarf ebenfalls 1979 eine Serie von Bürostühlen, die mit dem Bundespreis → Gute Form und der Goldmedaille des Institute of Business Design ausgezeichnet wurde.
In den achtziger Jahren stellte Knoll mehrere Chefbüros (u.a. von Charles Pfister, → Warren Platner und → Gian Franco Frattini) sowie Bürosysteme von Bruce Hannah, Andrew Morrison und Marc Alessandri vor. Darüber hinaus produzierte die Firma spektakuläre Tische von Enrico Baleri, → Hans Hollein, Lucia Mercer, Pascal Mourgue, Joe d'Urso und → Ettore Sottsass (Sofas und Tische «Eastside», «Westside», «Central Park», «Spyder» und «Shift»).
Von den Knoll-Stühlen ragen vor allem die Sottsass-Modelle «Mandarin» und «Bridge» sowie Entwürfe von → Richard Meier, Richard Schultz und → Massimo Vignelli hervor.
Zu den aktuellen Produkten von Knoll gehört die Stuhlserie «Bulldog» (1990) von Dale Fahnstrom und Michael McCoy, die 1990 den Gold Award für das beste Produktdesign erhielt, sowie eine Serie von Stühlen und Tischen aus gebogenen Holzfurnierstreifen (1992) von → Frank O. Gehry.

Knoll, Florence (*1917 Michigan)

Die amerikanische Designerin und Architektin Florence Knoll, geb. Schust, begann 1932 mit architektonischen Studien an der Kingswood School in Bloomfield Hills, Michigan, unter der Leitung von → Eliel und → Eero Saarinen. 1934 setzte sie ihr Studium – mit Unterbrechungen – bis 1939 unter denselben Lehrern an der Cranbrook Academy fort. 1940 studierte sie am Illinois Institute of Technology in Chicago bei → Ludwig Mies van der Rohe und legte dort 1941 ihr Examen ab. In der Folgezeit arbeitete sie in New York für den Architekten Wallace K. Harrison, außerdem in Boston für → Walter Gropius und → Marcel Breuer. 1943 lernte sie den Möbel- und Textilhersteller Hans Knoll in New York kennen, den sie 1946 heiratete. In ihrer gemeinsam gegründeten Firma → Knoll Associates (heute Knoll International) wurde sie Leiterin der Planungsgruppe. Durch ihre

früheren Kontakte an den Akademien konnte sie namhafte Designer wie → Harry Bertoia, Marcel Breuer, Ludwig Mies van der Rohe und Eero Saarinen für ihre Firma engagieren und deren Möbel produzieren. Durch den Kauf der italienischen Firma Gavina wurde auch der Designer → Vico Magistretti Mitarbeiter der Knoll Association.
Zu Florence Knolls bekanntesten Möbelentwürfen gehört das Sofa «1206» aus dem Jahr 1954, das in vielen Farben erhältlich und aufgrund seiner elegant-kühlen Ausstrahlung als Büromöbel geschätzt ist, sowie das «2548 Sideboard» (1961) aus Eiche, Palisander und Nußbaum mit Holz- oder Marmorplatte.
Das 1,90 m breite und 0,65 m hohe Sideboard (mit einem Gestell aus Vierkantstahlrohr) gilt als typisch für den Knoll-Stil: hochwertige Verarbeitung, edle Materialien, Dezenz und schlichte Eleganz.
Nachdem Hans Knoll 1955 durch einen Autounfall ums Leben gekommen war, wurde Florence Knoll Geschäftsführerin des Unternehmens, wobei sie auch die Leitung im künstlerischen Bereich übernahm. 1959 ging die Firma in andere Hände über, und Florence Knoll zog sich nach Florida zurück, wo sie sich aber noch weiterhin mit Möbelentwurf für ihren Bekanntenkreis beschäftigte. (Die deutsche Tochter Knoll International hat ihren Sitz gegenwärtig in Murr.)
Neben Möbeln entwarf Florence Knoll Interieurs und Ausstellungsräume, z.B. im New Yorker CBS-Gebäude und Versicherungsbauten in Connecticut.

Knox, Archibald (*1864 Cronkborne/Isle of Man, †1933 Cronkborne)

Der englische Metalldesigner Archibald Knox studierte von 1878 bis 1884 an der Douglas School of Art, wo er sich besonders mit keltischem → Ornament beschäftigte; bis zum Jahre 1888 war er dort auch als Lehrer tätig. 1898 fertigte er seine ersten Textilentwürfe für das Silver Studio in London, das einige Jahre lang als seine Agentur fungierte. Ein Jahr darauf arbeitete Knox als Designlehrer für die Art School in Kingston-upon-Thames und entwarf als Chefdesigner für Liberty & Company zahlreiche Metallarbeiten, wobei sein Silber- und Zinnschmuck, besonders aber die Objekte aus Cymric-Silber und Tudor-Zinn Berühmtheit erlangten.
Seine Broschen und Halsketten aus Silber verzierte er oftmals mit Halbedelsteinen, hervorgehoben durch einen türkis-blauen Emaillack.
Archibald Knox gilt als der Vater des Celtic Revival, einer Stilrichtung, die keltisch-nordische Ornamentik in das → Design einbrachte. Keltische Ornamente finden sich in Knox' Teegeschirren, auf Dosen, Bilderrahmen, Schmuckstücken und ähnlichem, die zu Klassikern des → Jugendstils wurden.
Von 1900 bis 1904 lebte Knox auf der Isle of Man, wo er weiteres Ornament im keltischen Stil entwarf. Danach arbeitete er wieder für Liberty und nahm verschiedene Lehraufträge wahr. 1912 ging Archibald Knox in die Vereinigten Staaten, entwarf Teppiche für die Firma Bromley & Company und lehrte an der Schule für Industriekunst in Pennsylvania.
Bereits 1913 kehrte er auf die Isle of Man zurück, wo er sich bis Ende seines Lebens mit Malerei beschäftigte. Einige von Knox' Schülern gründeten 1910 die Knox-Gesellschaft für Handwerk und Design, die bis 1939 existierte und zahlreiche Entwürfe im Stil des Celtic Revival hervorbrachte.

Koch, Mogens (*1898 Kopenhagen)

Mogens Koch studierte an der Architektenschule der Kopenhagener Kunstakademie bei → Kaare Klint und bei Carl Petersen. Nach Abschluß des Studiums arbeitete er fünf Jahre lang mit Klint zusammen und wurde mit der Entwurfsmethode des → Funktionalismus vertraut. Ab 1940 lehrte Mogens Koch an der Kunstakademie, von 1950 bis 1968 als Professor.

Berühmt wurde Kochs «MK-Klappsessel», der heute von der Firma Rudolf Rasmussen in Kopenhagen hergestellt wird. Der Designer hatte den Stuhl 1933 für einen Wettbewerb der dänischen Gesellschaft für Kirchenkunst entworfen, die Sitzgelegenheiten benötigte, die schnell aufzustellen und wegzuräumen waren. 1938 wurden die ersten vier Exemplare des Klappstuhls von Jensen Kjær hergestellt, 1959 ging er bei der Firma Interna in Serie (Korpus aus Buchenholz, Sitz/Rückenlehne aus Leinen, Leder-Armlehnen und Messingringe als Verbindung der Streben). Ein weiterer berühmter Entwurf von Koch ist der «Klapptisch» (1932) aus Eschen-, Buchen- und Birnbaumholz. Das Gestell des Tisches schmiegt sich beim Zusammenklappen exakt unter die Tischplatte. Neben Möbeln entwarf Koch Bauten (wie die Landwirtschaftliche Hochschule in Kopenhagen), Orgeln, kunstgewerbliche Gegenstände und Teppiche. Für seine Arbeiten erhielt er u.a. die Eckersberg-Medaille (1938), die C.-F.-Hansen-Medaille (1963) und den Jahrespreis der dänischen Schreiner-Innung (1964).

König & Neurath

Die 1925 gegründete Firma, die sich auf komplexe Einrichtungsaufgaben und Komplettausstattungen spezialisiert hat, erhielt mehrere Auszeichnungen für gutes → Design. Karl Johannes entwarf in den achtziger Jahren das modulare System «King Omega», das Aufbauteile für eine dritte Arbeitsebene bereithielt, sowie das System «King Beta» (mit höhen- und neigungsverstellbaren Tischplatten, horizontalen und vertikalen Kabelkanälen und markanten, farbig gestalteten Bogenelementen). Edgar Zülch entwickelte das System «King Gamma» sowie den Stuhl «King Prisma». Von der Firma → Frogdesign stammen die Mitte der achtziger Jahre entworfenen Bürosysteme «King Alpha» und «King Alpha f», die den höhenverstellbaren Mechanismus unter einem Faltenbalg verstecken, das System «King Zeta» (Fußpaar mit oberem und unteren Drehpunkt) sowie die Bürostühle «King Sigma 1», «King Sigma 100» und das Stuhlsystem «King Arc».

Konstruktivismus

Der Konstruktivismus entstand um 1913 in Rußland und gilt als eine der großen Kunstströmungen zu Beginn des 20. Jahrhunderts. Als streng gegenstandslose Stilrichtung besaß er insbesondere für die Entwicklung und Etablierung der abstrakten bzw. konkreten Kunst fundamentale Bedeutung. Basierend auf geometrischem Formenvokabular (→

Form), reflektiert er einerseits die autonome Wirkung von Farbe und Form, verfügt andererseits über praxisorientierte Tendenzen, welche die neue Ästhetik für gesellschaftliche Aufgaben nutzbar zu machen suchten. Kennzeichnend sind außerdem interdisziplinäre Bestrebungen, Malerei, Bildhauerei, → Kunstgewerbe und Architektur auf eine gemeinsame Grundlage zu stellen. Die Technikbegeisterung des Konstruktivismus führte nicht nur zur Verwendung industrieller Materialien, sondern auch die formalästhetischen Mittel lehnen sich z.B. an den Ingenieurbau an.
Unter dem Eindruck der Begegnung mit Pablo Picasso 1913 in Paris befreite Wladimir Tatlin in seinen «Kontra-Reliefs» die kubistische Technik der Collage von jeder gegenständlichen Bedeutung, um ihr durch Metallplatten, Draht, Holz oder Glas einen reliefartigen Charakter zu verleihen. Im selben Jahr fand Kasimir Malewitsch mit seinem berühmten Bild «Schwarzes Quadrat auf weißem Grund» zu einer extremen Reduktion auf eine einzige geometrische Primärform. Die Bildgestalt – vollkommen gelöst von der Gegenstandswelt – gehorcht allein ihren eigenen, mathematisch-rationalen Gesetzen. Mit Tatlin und Malewitsch stehen sich die funktionalistische (→ Funktionalismus) und die transzendente Ausprägung des Konstruktivismus diametral gegenüber. Die künstlerischen Intentionen Tatlins, → El Lissitzkys und Alexander Rodtschenkos sind geprägt von der Absicht, die Kunst den Bedürfnissen der Gesellschaft zur Verfügung zu stellen, wie Beispiele in den Bereichen (Ausstellungs-)Architektur, Bühnenbild, → Design oder Typografie veranschaulichen. Lissitzky vollbrachte neben seinen bekannten «Prounen» bedeutende Leistungen in Typografie und Ausstellungsarchitektur («Kabinett der Abstrakten», Hannover 1927). Sein Entwurf der «Lenintribüne» (1924) zählt zu den eindrucksvollsten Verbindungen von → Industrial Design, Malerei, Architektur und Skulp-

Anklänge an den Konstruktivismus zeigt das Sofa «Tatlin» (1989) von Mario Canazi und Roberto Semprini. Foto: Edra

tur. Im Grafikdesign verdienen die Plakatentwürfe von Gustav Kluzis Beachtung, im Kunstgewerbe das Porzellan von Nikolai Sujetin und schließlich im Textildesign die streng gereihten Stoffmuster von Ljubow Popowa oder Warwara Stepanowa. Eine überragende Arbeit von großer symbolischer Bedeutung für das neue Verhältnis von Mensch und Technik stellt das «Monument der III. Internationale» (1919/20) von Tatlin dar. Geplant als Denkmal und gigantische Architektur zugleich, sollte es eine Höhe von 400 Metern erreichen, konnte jedoch nicht verwirklicht werden.
Während sich der Konstruktivismus im Sog der Oktoberrevolution rasch entfaltete und ab etwa 1920 wesentlichen Einfluß auf die internationale Kunst ausübte, vereitelten 1921 die Richtlinien der «Neuen ökonomischen Politik» Lenins jede weitere Entwicklung. Gefordert wurde statt dessen die Rückkehr zu einer realistischen Kunst, die wenige Jahre später in den staatlich verordneten Sozialistischen Realismus mündete.
Die Auswirkungen des Konstruktivismus erfaßten bald durch → László Moholy-Nagy das → Bauhaus, während bereits ab 1917 die → De Stijl-Bewegung in Holland unter Theo van Doesburg und Piet Mondrian sehr ähnliche Ziele verfolgte. Sein weitreichender Einfluß erstreckt sich über die Konkrete Kunst auf Op Art und Hard Edge, ebenso wie auf → Minimal Art oder Computerkunst. Innerhalb des Designs fand der Konstruktivismus in dem sich aus industriellen Materialien konstituierenden → High Tech eine Reflexion.
In der Architektur knüpft der Dekonstruktivismus am geometrischen, sachlichen Formenvokabular an, um jedoch nicht zu einer harmonisch ausgewogenen Ordnung der Teile zu gelangen, sondern ein heterogenes, «zusammenstürzendes» Konglomerat neu zu schaffen.

Koppel, Henning (*1918 Kopenhagen, †1981 Kopenhagen)

Der Designer, Grafiker und Bildhauer Henning Koppel studierte von 1936 bis 1937 Bildhauerei an der Königlich Dänischen Akademie der Schönen Künste in Kopenhagen.

Anschließend ging er nach Paris und studierte dort bis 1939 an der Akademie Ranson. Von 1940 bis 1945 arbeitete Koppel in Stockholm, wo er seine ersten Entwürfe für die Firmen Svenski Tenn und Orrefors fertigte. Wieder in Dänemark, begann er 1945 seine Zusammenarbeit mit der Silberschmiede → Georg Jensen. 1954 entwarf er eine Servierplatte aus Silber – in fischähnlichen, organischen Formen (→ Form). Die Glas-, Stahl- und Silber-Kreationen für Georg Jensen erhielten auf den Mailänder Triennalen 1951, 1954 und 1957 Goldmedaillen, 1953 den renommierten Lunning-Preis.

Besteck «Caravel» (1957) von Henning Koppel. Foto: Royal Copenhagen

Seit 1961 arbeitete Henning Koppel für die Porzellanmanufaktur Bing & Grøndahl, 1967 kreierte er Uhren und Leuchten für die Firma Louis Poulsen. Ab 1971 entwarf Koppel für die Glashütte Orrefors.
Die Firma Georg Jensen produziert gegenwärtig Koppels Silberschmuck (Armbänder und Ringe), die Armbanduhren der Serie «357500» bis «357503» bzw. «3575010» bis «3575025», Wanduhren und Wetterstationen sowie die Bestecke «New York» (1964) und «Caravel» (1986). → Royal Copenhagen hat das «Henning-Koppel-Service» aus dem Jahr 1968 im Programm.

Kosta Boda

Die schwedische Firma Kosta wurde 1742 gegründet und 1864 um die Glashütte Boda erweitert. Seit der Pariser Weltausstellung im Jahr 1900 arbeitete das Unternehmen mit namhaften Designern zusammen, die traditionelle und neue Techniken (Graal, Kabale u.a.) einsetzten, um Gläser, Miniaturen, Vasen, Schalen, Papiergewichte u.ä. herzustellen.
In der Kollektion «Table Art» präsentierte Kosta Boda Anfang der neunziger Jahre Gläser u.a. von Anna Ehrner (Serie «Line», «Felicia» und «Viva») und → Bertil Vallien (Serie «Nouveau» und «Ulrica»).
Ausgefallene Champagner-Gläser schufen Monica Backström («Comet» und «Bella Boda»), Ken Done («Palm Trees»), Kjell Engman («Fenix» und «Bon Bon»), Ulrica Hydman-Vallien («Goldie» und «Cleopatra») sowie Ann Wåhlström («Amorina», «Dime» und «Johansfors»).
In der «Artist»- und «Masterpieces»-Kollektion von 1991/92 finden sich Arbeiten von Bertil und Ulrica Vallien («Antikva», «Birdy», «Caramba», «Meridian», «Network», «Open Minds» und «Wind Pipes»), Monica Backström («Pandora»), Elis Bergh, Anna Ehrner, Kjell Engman («Bon Bon» und «Cancan»), Gunnel Sahlin («Joy», «Isadora», «Frutteria» und «Texas»), Ann Wåhlström («Ocean») und Göran Wärff («Ibis» und «Sails»).
Ein Klassiker gelang Arne Branzell mit seiner Kollektion «Marie» (Weingläser, Sektschalen, Karaffen, Bowlen und Kannen).
1993 brachte Kosta Boda u.a. die Glasserien «Amazon» (Design: Gunnel Sahlin), und «Cancan» (Design: Kjell Engman) sowie die Vasenserien «Isis» (Design: Anna Ehrner) und «Nevada» (Design: Ulrica Hydman-Vallien) heraus.

Kollektion «Open Minds» von Ulrica Hydman-Vallien. Foto: Kosta Boda

Kragstuhl

Unter einem Kragstuhl versteht man einen Stuhl mit frei in den Raum kragendem Sitz, ohne daß dieser allseitig durch Beine gestützt wird. Hierzu gehören auch Varianten des sog. Freischwingers, eines zweibeinigen Kragstuhls ohne Hinterbeine, bei dem die Elastizität von kaltgebogenem Stahlrohr genutzt wird und der ein federndes Sitzen ermöglicht. Die Krag-Konstruktion zur Vermeidung störender Stützen wurde v.a. von → Mart Stam, → Ludwig Mies van der Rohe, → Marcel Breuer und → Alvar Aalto realisiert. Als Kragstühle gelten ferner Entwürfe von Aagaard Andersen, Gaston Eysselinck, Hannes Meyer, → Guiseppe Terragni, → Verner Panton und → Stefan Wewerka.

Krüger, Otto (*1868 Deldeleben, †1938 Dresden)

Nach einem Studium der Malerei in München wurde Otto Krüger 1885 Mitglied der Münchner Sezession und entwarf 1898 – als seine erste kunstgewerbliche Arbeit – Bilderrahmen für die Münchner Jahresausstellung im Glaspalast. Im selben Jahr wurde er Geschäftsführer der → Vereinigten Werkstätten für Kunst und Handwerk und machte das Unternehmen weltbekannt als eine «Wirkungsstätte avantgardistischer Künstler». 1901 ging Krüger an die Lehr- und Versuchsstätten nach Stuttgart, kehrte aber 1903 nach München zurück, um sich ganz der Leitung der Vereinigten Werkstätten zu widmen. 1909 siedelte er nach Berlin über, um dort zusammen mit → Bruno Paul dessen Kunstgewerbliches Atelier zu leiten. 1912 legte er die Leitung der Vereinigten Werkstätten nieder und gründete ein eigenes Atelier. Während des Ersten Weltkriegs widmete er sich dem Studium der Ostwaldschen Farbenlehre und wurde 1920 zum Direktor der Deutschen Werkstätte für Farbenkunde in Dresden berufen, wo er bis zu seinem Tod wirkte.

Leuchte «Tragara» (1908), reediert von ClassiCon. Foto: ClassiCon

Kunstgewerbe

Ein Sammelbegriff für (vorwiegend) handwerklich hergestellte Gebrauchs- und Ziergegenstände mit ausgeprägt künstlerischer Formgebung (→ Form), d.h., Zweck- und Kunstcharakter sind eng miteinander verbunden. Gleichbedeutend ist die Bezeichung «Kunsthandwerk». Der Begriff Kunstgewerbe besitzt manchmal auch eine negative Be-

deutung, in dem er für qualitativ abfallende Produkte gebraucht wird. Zum Kunstgewerbe zählen Glaskunst, Goldschmiedekunst, Keramik, Mobiliar, Porzellan, Schnitzerei, Textilkunst u.a. Meist sind entwerfende und ausführende Person identisch. Die Übergänge zu den verschiedenen Disziplinen des Designs sind oft fließend, so daß eine präzise Unterscheidung häufig nicht möglich ist, was besonders für die Bereiche Mobiliar oder Textilkunst zutrifft.
Im frühen 19. Jahrhundert setzte mit der aufkommenden Industrialisierung die Massenproduktion im Kunstgewerbe ein. Das bedeutete zwar eine rasche, preiswerte Herstellung in beliebiger Anzahl, doch zugleich ging die künstlerische Qualität verloren. Erste Erneuerungsbewegungen wurden beispielsweise 1821 durch → Karl Friedrich Schinkel in Berlin eingeleitet. Ende des 19. Jahrhunderts nahm das englische → Arts and Crafts Movement unter → William Morris und John Ruskin durch die Besinnung auf handwerkliche Qualitäten und eine enge Anbindung an die Kunst entscheidenden Einfluß auf eine Neuorientierung.
In den Jahren vor und nach der Jahrhundertwende führte der → Jugendstil das Kunstgewerbe zu hoher künstlerischer Qualität und verhalf ihm zu einer neuen Blüte, besonders in den Bereichen Innenarchitektur, Mobiliar, Keramik und Porzellan. → Peter Behrens, → Joseph Maria Olbrich, → Richard Riemerschmid oder → Henry van de Velde waren an dieser Entwicklung maßgeblich beteiligt.
In den zwanziger Jahren des 20. Jahrhunderts verdienen die funktionsorientierten Bestrebungen am → Bauhaus besondere Beachtung. Kunst und Handwerk sollten durch eine spezifische Ausbildung wieder zusammengeführt werden. Im Gegensatz zum Jugendstil wurde auf jede ornamentale oder dekorative Wirkung verzichtet. Wie die bildende Kunst, so ist auch das Kunstgewerbe durch ein konstruktives, geometrisch reduziertes Formenvokabular bestimmt, wobei insbesondere das Mobiliar erfolgreich war (→ Marcel Breuer u.a.). Bis weit in die sechziger Jahre hinein besaß die am Bauhaus entwickelte Ästhetik geschmacksbildende Wirkung. Ähnlichen Einfluß übte in den Niederlanden ab 1917 die → De Stijl-Bewegung aus.

Kunsthandwerk → Kunstgewerbe

Kuramata, Shiro (*1934 Tokio, †1991 Tokio)

Der japanische Architekt und Designer Shiro Kuramata machte in der Möbelfabrik Teikokukizai in Tokio eine Lehre als Möbeltischler und arbeitete anschließend in den Designabteilungen mehrerer japanischer Warenhäuser. 1965 gründete er sein Kuramata-Designbüro und entwarf Objekte, die westliche Traditionen mit japanischen Sehweisen verbanden. Zeitweise arbeitete Kuramata für die italienische Design-Gruppe → Memphis. Bekannt wurde Kuramata 1970 durch seine Entwürfe für die Ausstellung «Möbel in irregulären Formen».
Er kreierte hierfür seine berühmte S-förmige Kommode mit 18 Schubladen (Korpus in Esche, schwarz gebeizt; Schubladen weiß lackiert; Knöpfe aus bruniertem Stahl; Sockel auf Rollen), die heute von → Cappellini (als «Side 1» und «Side 2») hergestellt wird. Herausragende Entwürfe stellen ferner der Glassessel «Miss Blanche» (mit eingegossenen Rosenblüten) sowie der Sessel «How

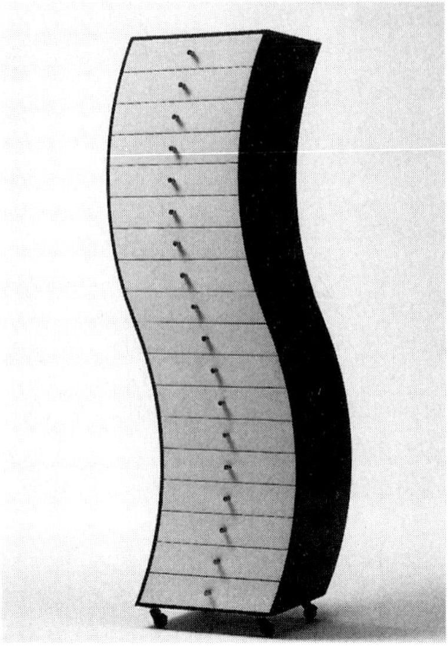

Kommode «Side 2» (1986) für Cappellini. Foto: Cappellini

High the Moon» (aus geformtem und gelötetem Streckmetall-Netz) von 1986 dar, der heute von der deutschen Firma → Vitra produziert wird.
Weitere Entwürfe schuf Kuramata für die Firmen Ishimaru, Aoshima, → Memphis (Tische «Kyoto» und «Sally») und Cappellini (Stuhl «Ko Ko», 1986; Konsole «Solaris», 1986). Für → Pastoe entwarf Kuramata die Stühle «Apple Honey» (1985), «Armchair 401» (1986) und «Sing Sing Sing» sowie den Schirmständer «A 101».
Als Innenarchitekt richtete er 1987 den Issey Miyake Men Shop in Tokio und 1989 eine Bar im Hotel Il Palazzo in Fukuoka ein.

Kurokawa, Kisho (*1934)

Der japanische Architekt und Designer Kisho Kurokawa gehörte 1960 zu den Mitautoren des «Metabolischen Manifests», das eine neuartige japanische Architektur postulierte. Die Gründer der «Metabolisten» strebten eine Synthese der traditionell japanischen Buddhismus-Theoreme mit der stark individualistisch geprägten europäischen Kultur an und forderten einen urbanen Organismus, in dem Mensch, Maschine und Raumdimensionen zu einer Einheit verschmelzen sollten. Zu ihren zum Teil revolutionären Utopien gehören hängende, schwimmende und aufblasbare Städte. Zu den bekanntesten Bauten Kurokawas gehören der Pavillon «Beautilion» der Expo 1970 in Osaka, der Nakagin Capsule Tower in Tokio, das Kapsel-Hotel sowie der Sony-Turm in Osaka.
Als Designer arbeitete Kurokawa vor allem für den japanischen Hersteller Kosuga & Co. Sehr populär wurde die Kombination «Edo», bestehend aus Stuhl, Salontisch, Eßtisch und Sessel, die alle matt urethanlackiert sind. Der Stuhl «Edo 1» mit hoher, hochglanzlackierter Rückenlehne wird heute von der Firma Consonni International hergestellt.

L

Lagerfeld, Karl Otto (* 1938 Hamburg)

Karl Lagerfeld nahm 1958 ein Kunststudium in Paris auf und arbeitete als Assistent in den Modehäusern Pierre Balmain und Jean Patou in Paris. Als freier Modedesigner entwarf er ab 1962 u.a. Pelze für Fendi, Schuhe für Charles Jourdan und Strickwaren für Ballantyne. Von 1970 bis 1983 war Lagerfeld Chefdesigner des Modehauses Chloé und kreierte während dieser Zeit die Parfums «Chloé» und «Lagerfeld». 1983 wurde er Leiter der Modedesign-Abteilung bei Chanel und belebte den Chanel-Look der zwanziger Jahre wieder. Rückgriffe in die Historie und die Wiederbelebung verschiedener Stile wurden seitdem zu seinem Markenzeichen, trugen ihm aber auch den Vorwurf der Beliebigkeit und der Stilmischung ein. Mehr als 20 Filme und Opern, darunter «Hoffmanns Erzählungen», hat er mit Kostümen ausgestattet.
Seit 1984 arbeitet Lagerfeld unter seinem eigenen Namen und vermarktet ihn u.a. für Parfums, Uhren, Brillen, Stoff- und Tapetenkollektionen. Für → Hutschenreuther entwarf er 1981 das Service «Fleuron-Chloé».

Lalique, René (*1860 L'Hay-les-Roses, †1945 Paris)

Der französische Goldschmied und Glasdesigner René Lalique studierte in Paris bei J. M. L. Père Zeichnen und ging beim Goldschmied Louis Aucoc in die Lehre. Ab 1876 belegte er Kurse an der Pariser Ecole des Arts Décoratifs. Von 1878 bis 1880 war Lalique in London, wo er sich weitere grundlegende Kenntnisse in Goldschmiedearbeiten und → Design aneignete. Wieder in Paris, studierte er Bildhauerei bei Justin Lequien an der Ecole Bernard Palissy. 1881 wendete sich Lalique endgültig der Goldschmiedekunst zu und entwarf erste Kreationen für Auguste Petit. 1884 tat er sich mit M. Varenne zusammen, um seine Schmuckentwürfe zu vermarkten, von denen einige im selben Jahr im Louvre ausgestellt wurden. 1885 übernahm Lalique die Werkstatt des Juweliers Jules Destape und begann für namhafte Firmen wie Vever, Boucheron und Cartier Schmuck herzustellen. Seine Ringe, Halsketten, Broschen, Armbänder, Zierkämme, Diademe, Agraffen, Krawattenspangen und Taschenuhren wurden zu Ikonen des Fin de Siècle. Sarah Bernhardt, der Kunstsammler Calouste Sarkin Gulbenkian oder der russische Zarenhof gehörten zu seinen Kunden. Obwohl sein Schmuck bis etwa 1910 produziert wurde und offiziell auf Ausstellungen in Turin, London, Paris, Lüttich und Brüssel gezeigt wurde, verlagerten sich Laliques Interessen seit 1890 auf die Herstellung von Glas. Nach Entwürfen von Vasen und Schalen eröffnete er 1905 am Pariser Place Vendôme einen Glasshop. Für den Parfümeur François Coty entwickelte er phantasievolles Gebrauchsglas, Flakons, Vasen, Karaffen, Tintenfässer und Schalen, für Roger et Gallet, Molinard, Houbigant und

Worth entwarf er neben Glasflakons auch die dazugehörige Verpackung. 1909 gründete René Lalique seine eigene Glasmanufaktur Verrerie de Combs-le-Village bei Paris (1918 eine weitere Fabrik in Wingen-sur-Moder), in der er Lüster, Tischleuchten, Briefbeschwerer, Bilderrahmen, Uhrgehäuse, eingelassene Tintenfäßchen, Kühlerfiguren und ein reichhaltiges Sortiment an Geschirr herstellte. Aus dieser Zeit stammen auch seine berühmten Arbeiten aus buntem, opalisierendem Glas. Auf der Pariser Weltausstellung von 1925 hatte Lalique einen eigenen Pavillon, für Sèvres-Porzellan entwarf er im gleichen Jahr Weingläser, einen Glastisch und Kerzenleuchter. 1930 übernahm Laliques Sohn Marc die Leitung der beiden Glasfabriken, René Lalique blieb jedoch der künstlerische Leiter. 1935 entwarf Lalique die Glaslüster und die Glastäfelung für das Restaurant des Transatlantik-Passagierdampfers «Normandie».

In seiner Stilrichtung wandelte sich Lalique mehrfach. Bis etwa 1890 waren seine Arbeiten stark naturalistisch geprägt, während ihn seine Entwürfe seit 1895 – mit symbolischen, floralen und Insektenmotiven wie Heupferdchen, Libellen und Käfern – zum Hauptvertreter des französischen → Jugendstils machten. Eine besondere Gattung stellten die von Lalique herausgegebenen «Flakonleuchten» dar – Kombinationen aus Glasflakon, Lampe und Glasbild, die aus einem gerippten, von innen beleuchtbaren Körper bestanden. Die Oberfläche der Leuchte war «gefrostet», d.h. durch Säureeinwirkung mattiert, so daß das Licht gestreut wurde. Laliques späteren Kreationen – in naturalistischer Ornamentik (→ Ornament), aber stark geometrischer Formung (→ Form) – sind typisch für das → Art Déco.

Seit 1977 ist Marie-Claude Lalique, die Enkelin des Jugendstil-Designers, Präsidentin der Lalique-Werkstätten in Wingen-sur-Moder. Als Chefdesignerin des Unternehmens entwarf sie Vasen, Kristallfiguren, Tische und Schmuck, zuletzt die Medaillen der Olympischen Winterspiele in Albertville.

Laminat

Laminate sind aus einzelnen und miteinander verklebten Lagen hergestellte, oft plattenförmige Werkstoffe, die Designer und Hersteller als Schutz und/oder Dekor für Möbeloberflächen verwenden. Man unterscheidet Plastik-, Holz-, Metall- oder Glas-Laminate. In vollendeter → Form setzte die Firma → Memphis (von → Abet Laminati produzierte) Laminate für ihre Möbel ein.

Lamy

Das Unternehmen wurde 1930 von C. Josef Lamy gegründet und produzierte in den Anfangsjahren Füllhalter und Füllbleistifte, die unter der Marke «Artus» im Schulfüllerbereich angesiedelt waren. 1952 brachte die Firma mit dem «Lamy 27» den ersten deutschen Füllhalter in Stromlinienform (mit patentiertem Druckausgleich) auf den Markt. 1966 gelang mit dem «Lamy 2000» von → Gerd A. Müller ein Klassiker, der noch heute

«Lamy 2000» (1966) von Gerd A. Müller.
Foto: Lamy

im Programm ist. Mit der Fertigung dieses Schreibgeräts betrat Lamy technologisches Neuland und schuf erstmals eine Verbindung von glasfaserverstärktem Makrolon (Schaft) und einem Clip aus massivem Edelstahl (Endstück), wobei beide Werkstoffe eine exakt gleichmäßige Oberflächenmattierung erhielten.

Der «Lamy 2000» wurde inzwischen in fast jede europäische Design-Auswahl aufgenommen und erhielt 1984 den Busse Long-Life-Design Award. 1974 entstand das Schreibgeräteprogramm «Lamy cp 1» – Ganzmetall-Schreibgeräte mit extrem schlanker, zylindrischer → Form, die ebenfalls von Gerd A. Müller entworfen wurden. Die Serie erfuhr rasch Erweiterungen und Produktvarianten (etwa Mehrfarb-Kugelschreiber, Füllhalter oder Twin-Pen, die es in Sterlingsilber, schwarzer Titanoxidbeschichtung oder mit weißer Oberfläche gab). Mit dem «Lamy safari» (1980; Entwicklungsgruppe Mannheim) – aus schlagfestem ABS-Kunststoff, federndem Clip aus Bronzedraht und markanten Griffmulden – wandte sich das Unternehmen an junge Käuferschichten, errang aber überrachende Erfolge auch bei Erwachsenen (was zur Produktion des umbrafarbenen «Lamy s2» und des weißen «Lamy alpin» führte).

Mit dem «Lamy white pen» (1982; Design: Wolfgang Fabian) aus Makrolon und Griffringen aus Polyurethan wurde das Lamy-Farbspektrum erstmals durch hochglänzendes Weiß erweitert; mit dem «Lamy twin pen» und dem «Lamy unic» (1984; beide von Gerd A. Müller) reagierte das Unternehmen auf die Anfang der achtziger Jahre einsetzende Nostalgiewelle auf dem Schreibgerätemarkt und steuerte mit einer konsequent zylindrischen Form (mit ringförmiger Clipmanschette) bewußt gegen den Strom.

Zu den jüngsten Produkten der Firma zählen der «Lamy swift» (1990; Wolfgang Fabian) und der hochpreisige «Lamy persona», den → Mario Bellini 1990 entworfen hat.

Landels, Willie (*1928 Venedig)

Der Designer Willie Landels schrieb sich nach dem Zweiten Weltkrieg an der Kunstakademie Brera in Mailand ein, brach das Studium nach kurzer Zeit aber wieder ab und bewarb sich an der Mailänder Scala als Bühnenmaler, wo er als Lehrling angenommen wurde. Nach einer weiteren Malerausbildung ging Landels nach London und arbeitete dort 15 Jahre lang bei der Werbeagentur JW Thompson. 1965 begann er seine Tätigkeit beim Magazin «Queen», wo er zunächst als Art-director arbeitete und nach der Fusion von «Queen» mit «Harper's Bazaar» zum Herausgeber aufstieg.

Als Möbeldesigner wurde Landels Mitte der sechziger Jahre durch Entwürfe von Kunststoffmöbeln populär, vor allem durch sein Sofa «Throw Away» (1965/66), das heute beim italienischen Möbelhersteller → Zanotta in Produktion ist. Das 1,50 m breite Schaumstoff-Sofa (aus Polyurethan und einer Polystrolunterlage), das äußerst preisgünstig in der Herstellung war, wurde ursprünglich mit Kunststoffbezügen in Weiß, Schwarz, Pink, Rot, Gelb oder Hellblau produziert (heute mit Leder- oder Stoffbezügen). Seit 1982 wird das «Throw Away» aus unbrennbaren Schaumstoff hergestellt.

Lange, Gerd (*1931 Wuppertal)

Der Designer und Innenarchitekt Gerd Lange studierte an der → Hochschule für Gestaltung in Offenbach und gründete 1961 ein eigenes Design-Studio im pfälzischen Kapsweyer.

Der Flex-Stuhl «2200» für Thonet. Foto: Thonet

1967 entwarf er den stapelbaren Kunststoffstuhl «SM 400 K», der heute bei Drabert in Minden hergestellt wird. Der vor allem für Hallen und Tagungsräume entworfene, 78 cm hohe Stuhl hat ein Stahlrohrgestell und eine (aufgesteckte) Schale aus Polyamid. Seine besondere Körperanpassung erhält er durch den muldenförmigen Übergang von der Rük-kenlehne zum Sitz.

Der «SM 400 K» erhielt den Bundespreis für Arbeitsstühle, den amerikanischen Design-Award und den Industrieform-Preis der Hannovermesse. Er steht heute im Guggenheim-Museum und im Rockefeller-Center in New York.

1973 kreierte Lange den ersten Kunststoffstuhl mit Holzbeinen, das Modell «2200», das von → Thonet in Frankenberg hergestellt wird. Der 80 cm hohe Stuhl hat massive Buchenholzbeine und Seitenteile aus Sperrholz, die einen robusten Rahmen bilden, auf dem der Kunststoffsitz befestigt ist. 1983 entwarf Gerd Lange das «Wogg 1», ein großes Regal aus ummanteltem Postforming-Kunststoff, das bei der Schweizer Firma Wogg im Programm ist.

Lange, Jürgen (*1940)

Nach einer Lehre als Möbelschreiner studierte Jürgen Lange Industriedesign (→ Industrial Design) bei → Arno Votteler an der Hochschule für bildende Künste in Braunschweig. 1968 gründete er ein eigenes Büro für Produktplanung und Produktdesign und entwarf in den folgenden Jahren Wohn-, Küchen-, Büro- und Sitzmöbel, Innenausstattungssysteme und Unterhaltungselektronik. 1972 ging er als Gastdozent an das National Design Institute im indischen Ahmedabad, 1981/82 nahm er eine Gastdozentur für Gestaltung und von 1983 bis 1986 eine Professur für → Ergonomie und Möbeldesign an der Hochschule für Gestaltung in Offenbach wahr.
Zu Langes Auftraggebern gehörten u.a. die Firmen → Behr, → Knoll, Mauser AG, Daimler-Benz, → Interlübke, Loga-Möbel, Goldpfeil, FSM-Frank und → Rosenthal.
Seine bekanntesten Entwürfe waren der Ruhesessel «Unus» für FSM-Frank, die Koffer- und Kleinlederwarenserie «Executive Line» (1981) für Goldpfeil, die «Loga-Liege» für die Loga Möbel GmbH und das Sekretärpult «Privé» (1985) für Rosenthal.

Larsen, Jack Lenor (*1927 Seattle)

Der Stoffdesigner Jack Larsen studierte von 1945 bis 1950 Architektur, Möbel- und Textildesign an der School of Architecture der University of Washington, Seattle. 1951 schloß er sein Studium an der Cranbrook Academy of Art in Bloomfield Hills, Michigan, ab. Ein Jahr später eröffnete er ein eigenes Design-Studio in New York. 1953 gründete er die Firma Jack Lenor Larsen Incorporated, 1958 folgten das Larsen-Design-Studio in New York, 1963 die Jack Lenor Larsen International Branches in Zürich, Stuttgart und Paris. 1973 erweiterte er sein Unternehmen um die Larsen Carpet und Larsen Leather Division, 1976 um die Larsen Furniture Division. Zu Larsens ersten größeren Aufträgen gehörte 1952 der Entwurf der Draperien im New Yorker Lever House, ein Wolkenkratzer des Architektenbüros Skidmore, Owings & Merrill (S. O. M.). Seine frühen erfolgreichen Kollektionen, z.B. «The Andean» (1956), «The African» (1963), «The Irish» (1969) und «The Crystal Palace» (1978), zeigten sich stark beeinflußt von der Textilgestaltung fremder Kulturen. In den siebziger Jahren entwarf Larsen Stoffbezüge für Flugzeuginterieurs (PanAm und Braniff), Theatervorhänge (Concert Hall, Phoenix, Arizona, 1972), Seidentapeten und gesteppte Seidenflaggen für große amerikanische Banken (Sears Bank in Chicago, 1974). 1981 kreierte Larsen eine Stoffkollektion für die italienische Firma → Cassina (die beispielsweise → Vico Magistrettis Sofa «Fiandra» mit ei-

nem Bezug von Larsen produziert). 1989 erwarb die Schweizer Firma Ruckstuhl die Rechte an Larsens Teppich-Firma.
Jack Larsen setzte sich seit den fünfziger Jahren konsequent für umweltgerechte Verarbeitungstechniken und Materialien ein und führte bedeutende Neuerungen der Stoffstrukturen und -herstellung (wie z.B. elektrische Webstühle) ein. Mit seinen Kreationen erhielt er zahlreiche Auszeichnungen, wie die Goldmedaille der Mailänder Triennale (1964), die Goldmedaille des American Institute of Architects (1968) oder den Elsie-de-Wolfe-Preis (1971).
1980 wurde Larsen Honorarprofessor der University of Washington in Seattle. Als Autor verfaßte Larsen zusammen mit Mildred Constantine das Buch «Beyond Craft: The Art Fabric» (1972) und «The Art Fabric: Mainstream» (1981).

Laubersheimer, Wolfgang → Pentagon

Lauren, Ralph (*1939 New York)

Der amerikanische Modedesigner und Unternehmer Ralph Lauren (eigtl. Ralph Lifschitz) wurde an der Gewerbeschule des City College in New York ausgebildet. Nach seinem Militärdienst arbeitete er als Verkäufer bei den New Yorker Modegeschäften Bloomingdale's und bei den Brook Brothers an der Madison Avenue. 1967 kreierte Lauren die berühmt gewordene Modemarke «Polo».
1968 gründete er die Firma Polo Fashions in New York und konzentrierte sich neben Herrenmoden-Entwürfen auf Berufskleidung und Badeanzüge für die Firma Trylon Robes, auf Goldschmuck für den japanischen Hersteller Seibu und auf Krawattenentwürfe für die Firma Hishiya in Tokio, die alle unter der Markenbezeichnung «Polo by Ralph Lauren» in den Handel kamen.
Bis Ende der sechziger Jahre entwarf er Herrenmode für den Hersteller L. Greid sowie Hemden, Sportbekleidung und Krawatten für die C. F. Hathaway Division der Firma Warnaco. 1971 stellte Lauren seine erste Kollektion für Damen vor: maßgeschneiderte Baumwollblusen, Prêt-à-porter-Kollektionen in Baumwolle, englischem Flanell, Harris-Tweed, Kamelhaar und Seide. Lizenzen seiner Prêt-à-porter-Mode vergab er an Seibu und die American Fashion Collection in Kanada. Daneben entwarf er Pelzmäntel für die Firma Tepper-Collection.
In den siebziger Jahren entwarf Lauren auch Kostüme für die Filme «The Great Gatsby» (1974) und «Annie Hall» (1974) und schuf die Uniformen für das Bodenpersonal der Trans-World-Airlines (1978).
1979 erweiterte er sein Unternehmen um die Abteilung Polo-Lederwaren, die kleine Leder-Accessoires (→ Accessoires) sowie Gürtel und Kofferwaren aus Handschuhleder für Damen und Herren produzierte.
Besonders erfolgreich war 1978 seine «Westernwear» aus Wolle und Leinen, die er gleichermaßen für Herren und Damen entwarf: Navajo-Strickwaren, Flickenröcke, Spitzenkragen, die mit Samtschleifen gebunden wurden, oder der Annie-Hall-Look.
1983 führte Lauren eine «Home-Collection» im Country-Stil ein, zu der Laken und Handtücher, aber auch Bestecke, Möbel und dekorative Accessoires gehörten, die in Lizenz bei der J. P. Stevens Company hergestellt wurden. Seit 1978 kreierte Lauren auch Parfums – «Polo» und «Chaps» für Herren,

«Lauren» und «Tuxedo» für Damen. 1981 folgten die Damenkosmetikserien «Day», «Night» und «Active». Ralph Lauren gewann mit seinen Entwürfen, die in mehr als 300 Polo-Boutiquen und 40 Polo-Kaufhäusern vertrieben werden, zahlreiche internationale Preise, so 1976 und 1977 den begehrten Coty-Award.

Leach, Bernard Howell (*1887 Hongkong, †1979 St. Ives, Cornwall)

Der englische Töpfer und Keramikdesigner Bernard Leach wurde zwischen 1903 und 1905 von Henry Tonks an der Londoner Slade School of Art im Zeichnen ausgebildet und absolvierte bis 1908 eine Banklehre. Von 1908 bis 1909 wurde er von Frank Brangwyn in die Technik der Radierung eingeführt, ein Jahr später von Ogata Kenzan mit der Raku-Töpferei vertraut gemacht. 1920 gründete Leach zusammen mit Shoji Hamada in St. Ives, Cornwall, die Manufaktur Leach Pottery, die zum Mekka für Kunsthandwerkstudenten und -sammler wurde. Leach fertigte hier unter anderem handgedrehte Keramikvasen in schlicht-funktionalen Formen (→ Form) wie die Steingut-Vase von 1926 (mit Pinselstrichmusterung auf gedämpft-grauer Glasur), die Leachs Nähe zum orientalischen → Kunsthandwerk verdeutlichte.
1940 schrieb Leach das theoretische Werk «A Potter's Book», das zu einem Standardwerk für Keramikkünstler wurde. Ab 1950 nahm Leach in den USA und Japan Lehraufträge für Töpferei an und avancierte neben den Japanern Shoji Hamada, Kenkichi Tomimoto und Kanjiro Kawai zu einem der bedeutendsten Keramiker und Keramik-Entwerfer der Moderne.

Le Corbusier (*1887 La Chaux-de-Fonds, †1965 Roquebrune-Cap Martin)

Der französisch-schweizerische Architekt, Städteplaner, Maler und Designer Charles-Edouard Jeanneret (seit 1923 Pseudonym Le Corbusier) begann 1900 eine Lehre als Graveur bei Charles L'Eplattenier an der Kunstschule von La Chaux in der Schweiz. 1907 bereiste er Italien, Budapest und Wien und arbeitete anschließend bei → Josef Hoffmann. Von 1908 bis 1909 hielt sich Le Corbusier in Paris auf und war für den Architekten Auguste Perret tätig, der ihm grundlegende Einblicke in die Stahlbetonkonstruktion vermittelte. 1909 kehrte Le Corbusier in seine Heimatstadt zurück, aber schon 1910 reiste er nach Deutschland, wo er mit Wolf Dohrn, dem Direktor der Dresdner Werkstätte, zusammentraf. In Berlin lernte er → Peter Behrens und → Hermann Muthesius kennen, in deren Büro er 1910/11 weitere Erfahrungen sammelte. Bis zum Ausbruch des Ersten Weltkriegs bereiste Le Corbusier Osteuropa und lehrte im Anschluß daran an der Kunstschule in La Chaux. 1917 ließ er sich in Paris nieder, wo er den Maler Amédée Ozenfant kennengelernt hatte. Mit Ozenfant begeisterte er sich für den Kubismus und den Futurismus und gab mit ihm 1918 das puristische Manifest «Après le cubisme» und ab 1920 (zusammen mit Pierre Jeanneret und Ozenfant) die Purismus-Zeitschrift «L'Esprit Nouveau» heraus. Im Jahre 1928 gehörte Le Corbusier zu den Gründungsmitgliedern der

Congrès Internationaux d'Architecture Moderne (CIAM).
Zu den frühen architektonischen Plänen Le Corbusiers gehören die «Domino»-Häuser (1914/15), die im wesentlichen auf Decken, Böden und Stützen reduziert waren und zur Grundlage für industriell entwickelte Fertighäuser wurden, sowie die klassizistische Stahlbetonvilla Schwob in La Chaux.
Le Corbusier spielte hier mit den Möglichkeiten des Stahlbetons, der neuartige, feinere Grundrißlösungen zuließ, weil er tragende Wände durch wenige Stützpfeiler ersetzte. Die daraus resultierenden Konstruktionsprinzipien (etwa vom Erdboden durchlaufende Fenster, Pfosten oder neuartige Fassadengestaltung) verwirklichte Le Corbusier erstmals an zwei Wohnhäusern der Stuttgarter Weißenhofsiedlung (1927) und an der Villa Savoye in Poissy (1929–31). Weitere Bauten dieser Periode sind das Nachtasyl der Pariser Heilsarmee (1929) und der Schweizer Studentenpavillon der Cité Universitaire in Paris (1930–32).

Le Corbusiers Bauten nach dem Zweiten Weltkrieg sind durch skulpturale Formen (→ Form), durch eine bewußtere Linienführung und durch die Verwendung von Naturmaterial (Back- und Bruchstein, Ton, Ziegel) gekennzeichnet. Beispiele dieser «organischen Phase» sind die 337 Wohnungen der Unité d'Habitation (1945–52) in Marseille (mit Ladenstraße und Freizeitanlagen) sowie die Häuser in Nantes (1952–57), Berlin (1956/57) und in Meaux (1957–59). Diesen Wohnkomplexen liegt das von Le Corbusier entwickelte Proportionssystem «Modulor» zugrunde. Als Höhepunkte seiner skulpturalen Architektur gelten die Wallfahrtskirche Notre-Dame-du-Haut in Ronchamp (1950–54), das Dominikanerkloster La Tourette in Éveux bei Lyon (1957–60) und der Justizpalast im indischen Chandigarh (1950–56). Ein bedeutendes Spätwerk Le Corbusiers ist

Liege «LC 4» (1928; zusammen mit Charlotte Perriand), reediert von Cassina. Foto: Cassina

das Visual Arts Center (1964) in Cambridge, Massachusetts, und das Krankenhaus in Venedig (1965).
Als Designer entwarf Le Corbusier seit 1928 (zusammen mit → Charlotte Perriand und seinem Vetter Pierre Jeanneret) Möbel. Sein bekanntestes Stück dürfte die verstellbare Chaiselongue «LC 4» (1928) sein, die aus einem Stahluntergestell, einem verchromten (oder matt lackierten) Stahlrahmen, einer Auflage aus Fell, Leder oder reißfestem Stoff sowie einer Nackenrolle und einem Fußteil aus schwarzem Leder besteht. Ebenfalls aus dem Jahr 1928 stammt der Seessel «LC 3» mit verchromtem, mattschwarzem oder glänzendem Stahlrohrgestell. Die fünf Kissen (aus Leder oder mit Stoffbezug) werden lose in den Rahmen gelegt.
Le Corbusiers Tisch «LC 6» (1925/28) hat eine große langgestreckte Glasplatte und einen Rahmen aus oval geformten Stahl.
Als weitere bedeutende Möbel Le Corbusiers gelten der Sessel «LC 1» (1928), der Drehstuhl «LC 7» (1925/28), die Regal-Elemente «Casiers standard» (1935), der Drehhocker «LC 8» (1925/28) sowie der Hocker «LC 9» (1925/28). Darüber hinaus entwarf Le Corbusier Tapeten («Salubra» für die Firma Salubra-Viacroze) und Bildteppiche für die Firma Aubusson.
1964 erwarb die Firma → Cassina die weltweiten Exklusivrechte für die Reproduktion von Le Corbusiers Möbeln. 1978 wurde die gesamte Kollektion von Charlotte Perriand überarbeitet, wobei auch farbige Versionen bereits in Produktion befindlicher Möbel eingeführt wurden.
Derzeit bietet die Firma in ihrer Kollektion «Cassina I Maestri» folgende Modelle Le Corbusiers an: «LC 1» bis «LC 4», «LC 6» bis «LC 9», «LC 10-P», «LC 11-P» und die Anbauelemente «LC-Casiers Standard».

Ligne Roset → Roset

Lindau, Börge (*1932 Århus)

Der Möbeldesigner Börge Lindau studierte bis 1961 an der Slöjdföreningen School in Göteborg, wo er den Designerkollegen Bo Lindekrantz kennenlernte.
1964 gründeten die beiden ein gemeinsames Büro und begannen wenige Jahre später ihre überaus erfolgreiche Zusammenarbeit mit der schwedischen Möbelfirma Lammhults Mekaniska.
1968 kreierte das Duo den Barhocker «S 70-3», der zu ihrer Möbelserie «S 70» gehört. Der stapelbare, 71 cm hohe Hocker besteht aus einem verchromten und lackierten Stahlrohrgestell und einem Holzsitz. Aus der Möbelserie «X 75» ragt der 1972 entworfene Klappstuhl «X 75–2» heraus, dessen Klappkreuz die Designer unter den Sitz verlagerten, um mehr Platz für die Beine zu lassen. Der Stahlrohrstuhl (mit Sitz und Rücken aus Canvas oder Leder) wurde von zahlreichen Museen aufgenommen und erhielt 1969 den angesehenen Lunning-Preis.
Aus dem Jahr 1985 stammt Lindaus Stuhl «Planke» – eine schräg auf ein Bodenbrett montierte Latte mit Stahlrohrlehnen und einer Nackenrolle.

Lindekrantz, Bo → Lindau, Börge

Lissitzky, El (*1890 Potschinok, †1941 Moskau)

Der russische Architekt und Künstler El Lissitzky (eigentl. Elizer Markowitsch Lissitzki) studierte von 1909 bis 1914 Architektur bei → Joseph Maria Olbrich in Darmstadt und von 1914 bis 1918 am Polytechnikum in Riga, wo er sein Diplom als Ingenieur ablegte. Während seiner Studienzeit hatte er in verschiedenen Architekturbüros mitgearbeitet und sich mit jüdischer Kultur und Geschichte beschäftigt. Von 1917 bis 1919 entwarf er eine Reihe von experimentellen jüdischen Bilderbüchern und wurde Mitglied der Kulturabteilung des Moskauer Sowjet. Im Oktober 1919 gehörte er zur Sektion Bildende Künste des Narkompros. Im selben Jahr wurde Lissitzky von Marc Chagall nach Witebsk berufen, um dort eine Professur für Architektur und Grafik an der Volks-Kunst-Schule zu übernehmen. Hier lernte er den Maler Kasimir Malewitsch und dessen Manifest des Suprematismus kennen, zu dem er einige Plakate beisteuerte. In dieser Zeit entstanden auch seine experimentellen Entwürfe mit dem Namen «PROUN», einem Akronym für «Projekt für die Behauptung des Neuen».
El Lissitzky strebte damit eine Synthese von Malerei und Architektur an, was er in seinen Entwürfen durch die Durchdringung von Statik, Volumen, Flächen und Linien auszudrücken versuchte. Im Jahre 1921 wurde Lissitzky Leiter der Architekturfakultät der Kunst- und Designschule Vkhutemas in Moskau, die neben dem → Bauhaus die einflußreichste Akademie der zwanziger Jahre war. Seit 1920 arbeitete Lissitzky am Kinderbuch «Von zwei Quadraten» und entwarf mehrere Umschläge, Poster und Zeichnungen für Bücher und Kunstzeitschriften. 1922 nahm Lissitzky am Internationalen Kongreß Progressiver Künstler in Düsseldorf und am Konstruktivisten-Kongreß in Weimar teil, wo er mit dem → De-Stijl-Künstler Theo van Doesburg in Kontakt kam. Im selben Jahr wurde in Berlin in der Galerie van Diemen eine Ausstellung mit Werken russischer Künstler eröffnet, in der auch Lissitzky vertreten war. 1923 siedelte Lissitzky nach Hannover über und lernte dort den Dadaisten Kurt Schwitters und seine spätere Frau Sophie Küppers kennen. Im selben Jahr gestaltete er den «PROUN-Raum» für die Berliner Kunstausstellung, hatte seine erste Einzelausstellung in der Kästner-Gesellschaft, publizierte in «De Stijl» und beschäftigte sich mit Fotoexperimenten. 1924 erkrankte Lissitzky an Tuberkulose und mußte ein Sanatorium in Locarno aufsuchen. In Zürich lernte er → Hans Arp und → Mart Stam kennen, an deren Zeitschriften «ABC», «Nasci» sowie an Schwitters' «Merz» er sich wäh-

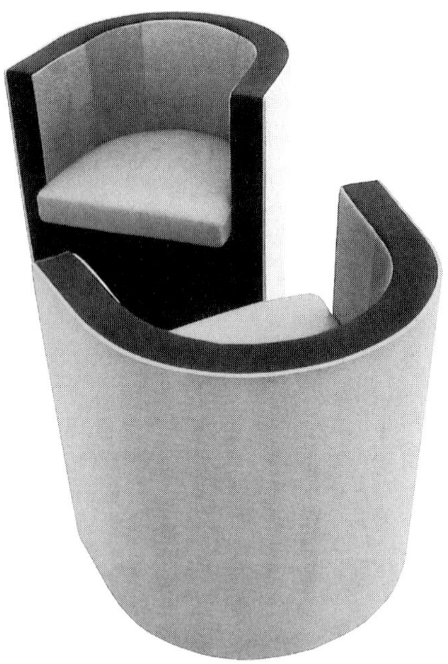

Sessel «D 62» (1928), reediert von Tecta. Foto: Tecta

Werbeplakat von 1925 (H 85 x B 57 cm) für Pelikan. Foto: Pelikan

rend seiner Krankheit mit Entwürfen beteiligte. Daneben war er mit Entwürfen von Werbematerial und Plakaten für die Firma → Pelikan beschäftigt. 1925 gab Lissitzky zusammen mit Hans Arp das Buch «Die Ismen der Kunst» heraus, ein theoretisches Kompendium des Kubismus, Futurismus, Expressionismus, → Konstruktivismus und anderer moderner Kunstrichtungen. 1925 kehrte er aus der Schweiz nach Moskau zurück, wo er an Architekturprojekten beteiligt war und Möbeldesign und Innenarchitektur an der Vkhutemas-Akademie lehrte. Ein Jahr später gestaltete er in Dresden Ausstellungsräume für die Internationale Kunstausstellung. 1927 richtete er in der Niedersächsischen Landesgalerie Hannover sein «Abstraktes Kabinett» ein, eine bewegliche Rauminstallation, die 1937 von den Nationalsozialisten zerstört, 1968 aber wieder rekonstruiert wurde. 1928 gestaltete Lissitzky den sowjetischen Pavillon für die internationale Druckausstellung Pressa in Köln, 1930 wurde er Chefarchitekt des Zentralen Parks für Kultur und Erholung in Moskau. Seit den dreißiger Jahren war er vor allem als Lehrer tätig.
Als Designer entwarf Lissitzky 1928 den hufeisenförmigen Sessel «D 62» aus Vogelaugenahorn und Leder, der heute bei → Tecta in Lauenförde hergestellt wird. 1930 folgte ein Armlehnstuhl aus Plexiglas (Tecta), der deutliche Anklänge an das → Bauhaus zeigte. Ebenfalls bei Tecta – als Rekonstruktion aus der Figurinenmappe von 1923 – wird der «Tisch des Ansagers» reediert (→ Reedition), den Lissitzky 1930 für die Hygieneausstellung in Dresden entworfen hatte, sowie die «Scheren-Lampe» (1923). Darüber hinaus entwarf Lissitzky Möbel für das Narkomfin-Appartementhaus sowie Stühle aus Flechtwerk und Holz für die Internationale Möbelmesse in Leipzig (1939).

Loewy, Raymond (*1893 Paris, † 1986 Monaco)

Der amerikanische Designer und Ingenieur Raymond Loewy studierte von 1910 bis 1918 an der Universität Paris und an der Ecole de Lanneau. 1918 emigrierte er in die Vereinigten Staaten und arbeitete als freier Modezeichner für «Vogue», «Harper's Bazaar» und andere Modemagazine sowie als Schaufenstergestalter für Saks und Macy's. 1929 wurde Loewy Art-director der Westinghouse Electric Company in New York und

Kaffeeservice «2000» (1954) für Rosenthal (zusammen mit Richard Latham). Foto: Rosenthal

gründete im selben Jahr seine Firma Raymond Loewy Associates, die fortan nicht nur sein Charisma aufbaute, sondern durch funktionale, stromlinienförmige Entwürfe brillierte, die innovativ waren und zugleich größte Marktakzeptanz fanden. Mehr als ein halbes Jahrhundert lang setzten Loewy und sein Büro Maßstäbe im Industriedesign (→ Industrial Design).

Zu Loewys ersten Arbeiten gehörten 1929 das → Re-Design der Kopiermaschine «Ream Duplicator 66» für Sigmund Gestetner, ab 1930 Entwürfe für Automobile (etwa das «Hupmobile» von 1934 für die Hupp Motor Company). Seinen Durchbruch erlebte Loewy 1934, als er für die Sears Roebuck Company den Kühlschrank «Coldspot» entwarf und eine Nachbildung seines Büros (mit schwarz-weißem Linoleumboden und eigens entworfenen Metallmöbeln) im New Yorker Metropolitan Museum ausgestellt wurde. Loewy arbeitete als Designberater für zahlreiche Firmen, darunter Coca-Cola, Exxon, Greyhound Coach Corporation, Hupp Motor Company, United Airlines und Shell. Als Berater der National Aeronautics and Space Administration (NASA) hatte er zwischen 1967 und 1973 großen Einfluß auf die Programme «Saturn», «Apollo», «Skylab» und das «Shuttle Orbiter»-Projekt.

Zu Loewys populärsten Entwürfen gehören die stromlinienförmige Lokomotive «S-I» (1937) für die Pennsylvania Railroad, die Zigarettenpackung «Lucky Strike» (1940), der Reisebus «Silversides» (1940) für die Greyhound Corporation, die Verpackung der Zahnpasta «Pepsodent» (1945), die Coca-Cola-Flasche und das Coca-Cola-Zapfgerät «Dole Deluxe» (1947), die Automobile «Avanti» (1945) und «Commander Regal de

Luxe» (1950), der Studebaker Company, das → Logo und die Flasche «Canada Dry» (1954), Logo und Schriftzug «Spar» (1966) und das Logo «Shell» (1971).
Nach zweijähriger Entwicklungsarbeit stellte Loewy 1954 auf der Hannover-Messe sein Kaffeeservice «Form 2000» vor, das er zusammen mit Richard Latham für → Rosenthal entworfen hatte. Glatte, konische Formen (→ Form) kennzeichneten das Service; Zuckerdose und Tasse hatten einen konischen Standring und spitzgeknickte Deckelgriffe, die zur Mitte leicht verdickt waren. Der Dekor «Seidenbast» (von Margret Hildebrand) galt als frühe Variante eines Musters, das sich in den fünfziger Jahren vielfach auf Kunststoffflächen (Resopal) von Küchenmöbeln fand.
Ebenfalls 1954 entwarf Loewy für Rosenthal die Ragoutschüssel «2000» – eine leicht bauchige Schüssel mit flachem Überfangdeckel und spitzgewinkeltem Deckelgriff. Getragen wurde die Schüssel von einem versilberten Metallgestell.
Zu Loewys zahlreichen internationalen Auszeichnungen gehören eine Goldmedaille (für die Elektrolokomotive «GG-1») auf der International Exposition in Paris (1937), der Hall of Fame Award der American Academy of Achievement (1978) und der Grand Prize des International Council of Societies of Industrial Design (1981). Loewy nahm von 1956 bis 1969 Lehraufträge an Akademien, Instituten und Universitäten wahr; 1979 veröffentlichte er sein vielbeachtetes Buch «Industrial Design».

Löffelhardt, Heinrich (*1901 Heilbronn, †1979 Stuttgart)

Nach einer Lehre in der Entwurfs- und Modellierabteilung der Silberwarenfabrik P. Bruckmann & Söhne studierte Heinrich Löffelhardt von 1924 bis 1928 (mit Unterbrechungen) Bildhauerei bei Georg Kolbe in Berlin. Von 1929 bis 1936 lebte er als freier Bildhauer in Stuttgart, seit 1934 entwarf er im Auftrag des Amtes «Schönheit der Arbeit» Geschirre, die u.a. bei den Gebrüdern Bauscher und im → Rosenthal-Zweigwerk Selb ausgeführt wurden. Von 1937 bis 1941 arbeitete er mit → Wilhelm Wagenfeld für die Vereinigten Lausitzer Glaswerke in Weißwasser. Ab 1949 war Löffelhardt Mithelfer beim Aufbau des Referates für Formgestaltung am Landesgewerbeamt Stuttgart (als Assistent Wilhelm Wagenfelds), ein Jahr später übernahm er die Leitung des Referats.
1950 begann Löffelhardt mit Keramik- und Glasentwürfen für die Gral-Glaswerkstätten, seit 1952 arbeitete er für die Porzellanfabriken → Arzberg als deren künstlerischer Leiter (bis 1971). Von 1954 bis 1977 war er

Service «2075» (1963) für Arzberg.
Foto: Arzberg

Formgestalter der Jenaer Glaswerke Schott & Gen. in Mainz und deren Firmentochter Vereinigte Farbenglaswerke Zwiesel.
Für Arzberg entwarf er zwischen 1953 und 1969 zahlreiche Services (u.a. «Form 2000», 1954; «Form 2025», 1957; «Form 2007-Residence», 1969) sowie diverse Dosen, Schalen, Aschenbecher und Leuchter aus Porzellan.
1936 hatte Löffelhardt für fünf Monate einen freien Vertrag mit Rosenthal und schuf hier das Teeservice «Schönheit der Arbeit» (für den damaligen Reichsarbeitsdienst). Charakteristisch waren der zwiebelförmige, glatte Kannenkörper mit fingerbreitem Halsring, die geschweifte Röhrentülle und der Bandhenkel.
Löffelhardt erhielt für seine Entwürfe zahlreiche Auszeichnungen, darunter eine Goldmedaille auf der X. Triennale in Mailand (1954), eine Goldmedaille auf der California State Fair (1961) oder das Gulden Form Certificaat (1963) in Utrecht.

Logo

Unter einem Logo (eigentlich «Logogramm») versteht man ein Bildzeichen, das als Erkennungssymbol einer Firma oder Institution fungiert. Es kann rein grafisch gestaltet sein (wie beispielsweise das Lufthansa-Logo, der weiße «Montblanc»-Stern oder die gelb-rote Muschel der Firma Shell) oder als Schriftzug entworfen sein (wie «Olivetti» oder «Braun») bzw. als Kombination von beidem (wie beim Logo der Firma → Rotring).

Loos, Adolf (*1870 Brünn, †1933 Wien)

Der österreichische Architekt und Designtheoretiker Adolf Loos studierte von 1890 bis 1893 an der Technischen Hochschule in Dresden. Nach einem dreijährigen Aufenthalt in den Vereinigten Staaten ging er nach Wien und arbeitete dort als Architekt. Von 1922 bis 1927 war Loos in Frankreich tätig.
Zu seinen bekanntesten Werken zählen das Café Museum in Wien (1899), die Villa Karma in Clarens/Schweiz (1906), die Kärntner-Bar in Wien (1907), das Haus Steiner in Wien (1910), das Haus Michaelerplatz in Wien (1911), das Haus Rufer in Wien (1922), das Haus Tristan Tzara in Paris (1925), das Haus Khuner in Payerbach/Österreich (1930) und das Haus Müller in Prag (1930).
Als Autor von zahlreichen stiltheoretischen Schriften verfocht Loos eine sachliche Formgebung (→ Form) in Architektur und → Design. Er war ein Gegner dekorativer Strömungen, wie etwa der → Wiener Secession und des → Jugendstils, gegen den er sich 1908 in seiner berühmten Schrift «Ornament und Verbrechen» stellte.
Zum Forum seiner Gedanken über Design, Architektur und Mode wurde ihm die Zeitschrift «Das Andere – Ein Blatt zur Einführung abendländischer Kultur in Österreich», deren Herausgeber er war.
Als Designer entwarf Adolf Loos vor allem Möbel für seine Architekturprojekte, wie beispielsweise die kubischen Sessel (1898) für den Herrenausstatter Goldmann und Salatsch. Für das Café Museum in Wien schuf er Stühle und Tische, die von der Firma Jacob & Josef Kohn hergestellt wurden.

Für das Haus Steiner in Wien entwickelte Loos die Tisch- und Stehleuchten «Villa Steiner», die heute bei der Firma Woka in Produktion sind. Darüber hinaus entwarf er Möbel für die Firma → Thonet sowie ein Glas-Set aus Kristall, das heute von der österreichischen Firma J. & L. Lobmeyr hergestellt wird.

Luceplan

Die italienische Firma wurde 1979 von Riccardo Sarfatti, Sandra Severi und → Paolo Rizzatto gegründet und realisierte zunächst Großprojekte auf internationaler Ebene, wie die Beleuchtung für Schloß Neersen, das Goldhill Center in Singapur oder die Flughäfen Malpensa und Linate in Mailand. Aus diesen und anderen Projekten entstanden Leuchten, die in den achtziger Jahren einem breiteren Publikum zugänglich wurden.
Dem Modell «D 7» (1981 mit dem → Compasso d'Oro ausgezeichnet) folgten zeitlose Leuchten wie «Jack» (→ Alberto Meda), die Gelenkleuchte «Berenice» (Alberto Meda und Paolo Rizzatto), «Constanza» (Paolo Rizzatto), «On-Off» (Alberto Meda und Franco Raggi), «Lola» (Alberto Meda und Paolo Rizzatto; mit Teleskopstange aus Kohlefaser und drehbarem Reflektor), die Alu-Hängeleuchte «Titania» (Alberto Meda und Paolo Rizzatto; mit Baldachin aus ABS, Gegengewicht und Farbfiltern aus Polykarbonat), «Constanzina» (1992; Paolo Rizzatto; mit auswechselbarem Lampenschirm aus farbigem Siebdruckpolykarbonat).
Zu den aktuellen Produkten von Luceplan gehört das System «BAP» (Alberto Meda und Paolo Rizzatto), das speziell für die Anforderungen eines Computerarbeitsplatzes geschaffen wurde, die Deckenleuchtenserie «Ceilingwall» sowie die Stehleuchte «TIBIBI» (1993; Alberto Meda). Die Konstruktion dieses «Lichtbaums» (zur indirekten Beleuchtung) besteht in der Realisierung eines fünfeckigen festen Körpers, der sich aus der Wiederholung von fünf gleichen Flanken aus Aluminiumblech zusammensetzt. Die Flanken, die in sich die Funktionen von Fuß, Ständer und Kopf integrieren, werden miteinander durch beidseitig haftende Strukturbänder in Position gebracht. Weitere Entwürfe stammen von Luciano Baldessari («Luminator»), Luciano Balestrini («Trama»), Sandro Colbertaldo (Leuchten «D 6 – D 9»; mit Paolo Rizzatto), Paolo Longhi («Trana» und «Compasso») sowie Sandra Severi Sarfatti («D 5» und «F 2»).

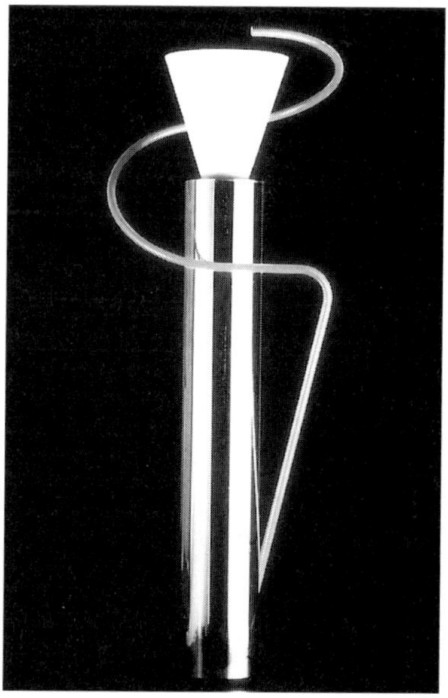

«Luminator» (1929) von Luciano Baldessari. Foto: Luceplan

Lumina

Die italienische Firma, die 1976 von Tommaso Cimini und Ermanno Prosperi gegründet wurde, spezialisierte sich früh auf Halogenleuchten und verzeichnete mit dem Modell «Daphine» ihren ersten internationalen Erfolg. Als Tisch-, Steh- und Deckenleuchte sowie als Mini-Version («Daphinette») ist dieser von Cimini selbst entworfene Klassiker bis heute im Programm.
Mit Riccardo Blumer, Yaacov Kaufman, Giuseppe Linardi, Walter A. Monici, Bruno Negretti, Paolo Salvo und Heinrich Wiederhold hat Lumina junge und unkonventionelle Designer gewonnen, die moderne Klassiker wie die Wandleuchte «Eye 16» (Design: Kaufman), die Stehleuchte «Zeta» (Linardi), die Schwenkleuchte «Zelig» (Monici) und die High-Tech-Leuchte «Multi X» (Kaufman) schufen.
Tommaso Cimini konzipierte in den achtziger Jahren die vielbeachtete Glasfaser-Tischleuchte «Zed 90» (mit zwei Lese-Lichtstärken für diffuses und konzentriertes Licht) und das Modell «Elle» (mit markantem Lichtschattengitter und temperiertem Lampenschutzglas).

Lusso

Die von Hans Kovacs und Klaus Kubasik gegründete Firma hat sich auf die Überarbeitung traditioneller Tresore spezialisiert und bietet Design-Objekte in limitierter Auflage an, die von Klaus und Thomas Keck gestaltet wurden.
Den Anfang machten 13 Modelle, die durch witzige Details (z.B. aufgeschraubte Edelstahlgitter oder Chromhauben) und ein an → Memphis angelehntes Dekor bestachen. Herausragende Modelle: der im Mondrian-Stil bemalte «Mondi», der in bewußter Schräglage konzipierte «Nuvola» sowie der mit Airbrushtechnik verzierte «Al Capone».

Tresore der Firma Lusso. Foto: Lusso

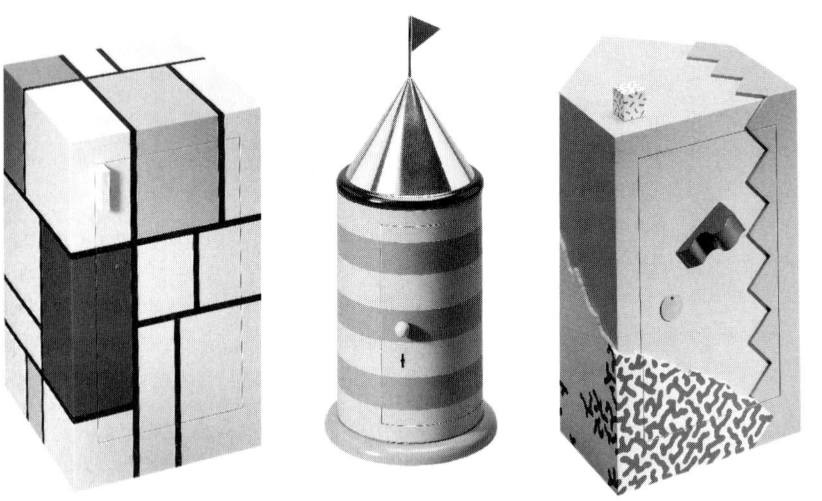

Luxo

Die norwegische Firma Luxo wurde in den dreißiger Jahren von Jac Jacobsen gegründet, dessen Architektenleuchte «L 1 Parabol» mit ausbalancierten, parallellaufenden Gelenkfederarmen den Grundstein für den internationalen Erfolg des Unternehmens legte (→ Angelpoise). Heute ist Luxo einer der größten Hersteller von Arbeitsplatzleuchten (Lichtsysteme wie «Cornice», Inspektionsleuchten, Lupenleuchten wie «LFM 102» oder «W.A.V.E» oder Langfacettenleuchten wie «Jac», «Pinocchio» oder «Sonnet») und Arbeitsplatzzubehör wie beispielsweise Konzepthalter.

In der Kollektion «Linea Interior Design» bietet Luxo Designerleuchten an, von denen die Steh- und Tischleuchte «L-2001» (mit dezent dimensioniertem Leuchtenkopf und farblich abgestimmtem Glasrand), das Modell «Sciopticon» (mit zwei drehbaren Teleskoparmen und zweistufig schaltbaren Mini-Halogenstrahlern) und der Klassiker «Flamingo» (als Tisch- und Stehleuchte; mit Pantograph-Gelenksystem) herausragen.

Leuchtenkopf der Tischleuchte «L-2001». Foto: Luxo

M

Mackintosh, Charles Rennie (*1868 Glagow, †1928 London)

Der Architekt, Maler, Grafiker und Designer Charles Rennie Mackintosh, der als führender Protagonist des britischen → Jugendstils und Wegbereiter des Rationalismus gilt, besuchte von 1877 bis 1884 die Alan Glen's High School und belegte ab 1885 Abendkurse an der School of Art in Glasgow. 1889 wurde er als Zeichner bei der Baufirma Honeyman & Keppie eingestellt. Zusammen mit dem Architekten Herbert MacNair sowie Frances und Margaret Macdonald, seiner späteren Frau, gründete er 1894 die Gruppe «Glasgow Four», um neue Formen (→ Form) der Grafik und Interieurgestaltung einzuführen.

Zwischen 1896 und 1911 gestaltete er u.a. die Innenräume der Tea-Rooms in der Glasgower Buchanan Street und in der Argyle Street. 1897 gewann Mackintosh den Wettbewerb für den Erweiterungsbau der Glasgow School of Art mit dem Entwurf eines (erst 1909 fertiggestellten) Ziegelbaus, der hohe große Fenster und eine asymmetrische Fassadengliederung aufwies.
Im Jahre 1900 wurde er von den Wiener Secessionisten zu deren Ausstellung eingeladen und lernte → Josef Hoffmann, Gustav Klimt, → Koloman Moser und → Joseph Maria Olbrich kennen. Zu bedeutenden Architekturprojekten Mackintoshs um die Jahrhundertwende gehören das Landhaus Windyhill in Kilmacolm (1900), das Hill House in Helensburgh (1902/03) und die Bibliothek in der Art School Glasgow.
Als sich Ende der zwanziger Jahre die Auftragslage des Designers verschlechterte, zog er sich 1923 mit seiner Frau Margaret in die Bretagne zurück und widmete sich bis zu seinem Tod im Jahre 1928 vornehmlich der Aquarellmalerei.
Mackintoshs internationale Bedeutung erklärt sich vor allem durch seine über 400 Möbelstücke, die er als Designer zwischen 1887 und 1905 entwarf – sie werden heute zum Teil von den Firmen → Cassina und B. D. Editiones reediert, → Reedition.
Als einer der ersten Designer in der europäischen Möbelgeschichte präsentierte er 1898 weißlackierte Möbel für das Schlafzimmer

Stuhl «Hill House 1» (1902), reediert von Cassina. Foto: Cassina

Bank «Willow 1» (1901), reediert von Cassina. Foto: Cassina

«Westdel House» des Queens's Palace in Glasgow. In den folgenden Jahren setzte er mal auf dunkle Möbel im Rahmen eines hellen → Ambiente, ein andermal suchte er das umgekehrte Verhältnis. Ein Markenzeichen wurde dabei seine Vorliebe für den rechten Winkel, der seinen Entwürfen die charakteristische Strenge gab und sie von den organischen Formen (→ Organisches Design) des Jugendstils abgrenzte. Mackintoshs bevorzugtes Material war Holz, das er dick lackierte, um die Strebeverbindungen der Möbel zu verdecken.
Zum Designklassiker wurde der Mackintosh-Stuhl «Hill House 1» (1903) aus schwarz gebeiztem Eschenholz. Der Designer hatte ihn mit einer knapp 1 m hohen, leiterförmigen Rückenlehne und extrem niedrigem Sitz für das weiße Schlafzimmer des Hill House in Helenburgh entworfen. Aus dem Jahr 1918 stammt die Anrichte «327 D. S. 5» (mit bleigefaßten Glasstücken und Perlmutteinlagen), die Mackintosh für das Eßzimmer des Waagenfabrikanten W. J. Bassett-Lowke konzipiert hatte. Sie gehört zu einer Serie von Tischen und Stühlen («D. S. 1, 2, 3, 4»), die alle aus schwarzem Eschenholz bestanden. Berühmt wurde darüber hinaus der Sessel «Willow 1» (1901), den Mackintosh für die Willow-Tearooms in Glasgow entworfen hatte. Das Möbel besteht aus schwarz gebeizter Eiche und einer halbrunden, 80 cm hohen Lehne mit geometrischem Gittermuster. Es gilt als erster Sessel, der bewußt die Lehne als Fläche für ein eigenständiges Muster einsetzte. In der Kollektion «Cassina I Maestri» (→ Cassina) werden neben den bereits erwähnten Möbeln die Stühle «Argyle» (1897), «Ingram High» (1900; entworfen für den White Dining Room in den Ingram Street-Tearooms), «Nitshill» (1904) sowie die Tische «G. S. A» (1904, entworfen für die Glasgow School of Art, mit ausfahrbarer, integrierter Servierplatte) und «Hill House 2» (1903) angeboten. Darüber hinaus produziert Cassina das freistehende Bücherregal «House Hill» (1904) und die Jugendstilleuchte «Rose Lamp» (1904).

Magistretti, Lodovico (*1920 Mailand)

Lodovico Magistretti studierte von 1940 bis 1945 Architektur am Polytechnikum in Mailand und arbeitete seit 1946 als unabhängiger Designer. Als Architekt hat Magistretti Wohn- und Bürohäuser, Kirchen und Hotels gebaut, als Städteplaner entwarf er die Zentren der Städte Pineta di Arenzano und Dalmine-Campana in Argentinien. Als Designer entwarf Magistretti Möbel, Leuchten und Keramik für namhafte Firmen wie → Arte-

Sessel «Maralunga» für Cassina. Foto: Cassina

mide, Asko, → B&B (Armsessel «Caledonia», 1968; Tische «Coda», «Quartetto», «Sestetto» und «Trema», alle 1972), → Cassina, Conran, → De Padova, → Knoll International, → O-Luce, Poggi, → Rosenthal und → Ultima Edizione (Schale «Lazy Suzy»). 1960 wurde er Mitglied der Triennale-Kommission und gehörte außerdem zum Gremium des → Compasso d'Oro. Anfang der sechziger Jahre lebte er in Venedig, Florenz, Toronto und Barcelona, seit 1980 lehrt er am Royal College of Art in London.
1967 schuf Magistretti seinen berühmten Plastikstuhl «Selene», der heute von Artemide hergestellt wird, ebenso wie die 1970 entworfenen Plastikstühle «Gaudì» und «Vicario». Sehr populär wurde auch sein 1973 entworfenes Sofa «Maralunga», das von der Firma Cassina produziert wird. Das 1,66 m breite «Maralunga», das u.a. in die ständige Sammlung des New Yorker Museum of Modern Art aufgenommen wurde, hat umklappbare Lehnen, ein Stahlgestell und Polyurethan- und Dacronpolster mit Bezügen aus Stoff oder Leder. Weitere wichtige Entwürfe bei Cassina sind die Stühle «Carimate» (1960) und «115» (1964), die Tische «Demetrio 45 und 70» (1966), das Bücherregal «Nuvola Rossa» (1977), die Sitzgruppe «Sindbad» (1981) sowie der Sessel «Veranda» (1984, mit umklappbarer, in drei Positionen feststellbarer Rückenlehne). Das dreisitzige Sofa «Veranda» ist auf einer schwarz lackierten Holzplattform aufgelegt. Während das mittlere Sitzelement fest ist, sind die beiden seitlichen beweglich und drehen sich um die an der Holzplattform befestigten Zapfen.
Für die Firma O-Luce kreierte Magistretti zahlreiche moderne Leuchten, u.a. das schneeweiße Modell «Snow» (aus Perspex-Kunststoff) sowie die Modelle «Atollo», «Albatross», «Kuta» und «Pascal». Für Artemide entwarf der Designer die Tischleuchte «Nemea», deren Licht von einem kleinen Porzellankopf auf einen weißen Teller fällt, von dem es blendungsfrei reflektiert wird; ferner die Modelle «Eclisse», «Mania» und «Mezzachimera». Für De Padova entwickelte Magistretti das fahrbare Regal «Shigeto Box», die Sofas «Divano Express», «La Serra» und «Raffles», die Tische «Vidun» und «Shine» sowie die Stühle «Maine» und «Marocca». Zu einem Klassiker der Moderne wurde Magistrettis Aluminiumstuhl «Silver».
Vico Magistretti erhielt für seine Objekte zahlreiche Auszeichnungen, so 1967 und 1979 den → Compasso d'Oro und 1982 den ersten Preis der Kölner Möbelmesse.

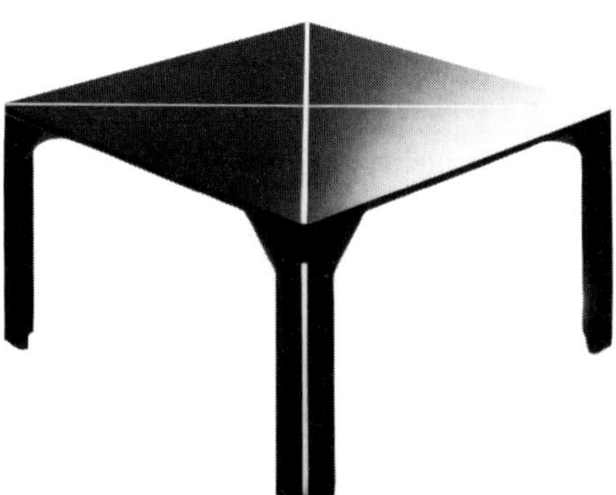

Tisch «Trema» (1972) für B&B Italia. Foto: B& B Italia

Magnussen, Erik (*1884, †1961)

Der dänische Silberschmied und Metalldesigner Erik Magnussen studierte bei Stephen Sindig Bildhauerei und wurde beim Silberschmied Viggo Hansen als Ziseleur ausgebildet. Von 1907 bis 1909 war er in Berlin und studierte an der dortigen Kunstgewerbeschule. Danach kehrte Magnussen nach Dänemark zurück und eröffnete eine eigene Silber-Werkstatt. Anfang der zwanziger Jahre ging er in die Vereinigten Staaten und arbeitete als Silberdesigner für die Firma Gorham in Providence, Rhode Island. Für den deutschen Hersteller August Dingeldein & Söhne, der in Manhattan ein kleines Geschäft hatte, war er von 1925 bis 1929 als Entwerfer tätig. 1932 gründete Magnussen in Chicago eine Werkstatt, arbeitete dann mehrere Jahre in Los Angeles und als Designer für die International Silver Company in Meriden, Connecticut. 1939 kehrte er nach Dänemark zurück und produzierte weiterhin Silberwaren, allerdings in einem eher konservativen Stil.

Neben Georg Jensen gilt Magnussen als einer der wichtigsten Silber- und Schmuckdesigner des → Jugendstils. Er entwarf u.a. Schüsseln, Becher (1926 für Gorham – mit typisch dänischen Perlen- und Schnörkelmotiven) sowie Tee- und Kaffeeservices (u.a. 1930 für Dingeldein). Sein bekanntester Entwurf ist das Silber-Service «The Lights and Shadows of Manhattan», das er 1927 für Gorham schuf. Das moderne Set, dessen geometrische Flächen aus polierten, vergoldeten und oxydierten Silberfacetten bestehen, zeigt deutliche Anklänge an den Kubismus.

Magnussen, Erik (*1940 Kopenhagen)

Nach einer Lehre als Keramiker studierte Erik Magnussen an der Kopenhagener Kunstakademie und legte 1960 seine Prüfung ab. Später war er als Dozent tätig und entwarf für Firmen wie Bing & Grøndahl (Porzellan) oder Kevi A/S (Einrichtungen). Seine Arbeiten wurden 1967 mit dem Lunning-Preis und mehrfach mit dem dänischen ID-Jahrespreis der Gesellschaft für Industrie Design ausgezeichnet. 1983 wurde Magnussen vom Dänischen Designrat zum «Designer des Jahres» gewählt.

Nach ersten Töpferarbeiten Ende der fünfziger Jahre entwarf Magnussen ab 1965 Porzellanservices, richtete dann aber seine Arbeit auf die Verwendung von Plastik (ABS) aus.

Zu einem weltweiten Erfolg wurde Magnussens zylinderförmige Warmhaltekanne aus dem Jahr 1977, die es mit Picknick-Schraubverschluß und mit selbsttätiger Verschluß-Automatik gibt. Die von → Stelton of Denmark produzierte Kanne gibt es als 1/2- und

Isolierkanne (1977) für Stelton of Denmark. Foto: Stelton of Denmark

1-Liter-Version aus Plastik in den Farben Weiß, Rot, Schwarz und Blau (inzwischen mit Serviertablett, Milch- und Sahnekännchen) sowie aus Stahl.
Weitere Entwürfe für Stelton sind doppelwandige Eisbehälter aus ABS, eine Schiffsleuchte aus Stahl (1982), ein Tee-Service aus Stahl (1984) und Salatschüsseln (aus Stahl und Plastik), die 1987 den dänischen ID-Preis gewannen.

1986 erhielt Magnussen von der Firma Royal Selangor den Auftrag, eine neue Serie Zinngeschirr und verwandte Produkte zu kreieren (heute im Vertrieb von → Teunen & Teunen). Hierzu gehören neben Schreibtischaccessoires u.a. ein Tablett, eine Tee- und Teekanne, Platzteller, ein Eiseimer sowie ein Flachmann im Tropfendesign. Die «Erik Magnussen Collection» gewann 1989 und 1991 den Design-Plus-Preis in Frankfurt.

Maly, Peter (*1936 Trautenau/Tschechische Republik)

Der Designer studierte Architektur an der Fachhochschule Detmold und war von 1960 bis 1970 Innenarchitekt in der Redaktion der Zeitschrift «Schöner Wohnen». Seit 1970 ist er selbständiger Designer mit einem Büro in Hamburg. Als Ausstellungsleiter war Maly u.a. für → Benz tätig. Peter Maly erhielt 1985 den Bundespreis → Gute Form, 1986 den Du Pont International Award und 1989 den Grand Prix de la Critique in Paris.
Malys konstruktivistisches (→ Konstruktivismus) Empfinden ließ bei Behr International das Möbelprogramm «Metrix» entstehen, das von einer konsequenten Dualität in → Form und Farbe, Maß und Material sowie Architektur und Ausdruck lebt. Formelemente trennen hier Funktionselemente, Raumtiefen projizieren Variationsbreite, Farbkomponenten spielen mit Materialvielfalt. Für → COR schuf Maly die Sessel «Logo», «Pando», «Vega» und «Zelda» sowie die Sitzgruppen «Tarbo» und «Tarbo plus». Das Diktat dės rechten Winkels hob Maly hier geschickt auf. Großzügige Radien geben der Gruppe Rasanz und Eigenständigkeit. Mehrere individuell gestaltete Tische ergänzen die Sessel und Sitzgruppen.
Für → Interlübke entwickelte Peter Maly das Schlafraumprogramm «Mutaro» (1979), die Textilkollektionen «Melange» (1983) und «Graphis» (1984) sowie das Programm «Duo» (1983), das er seitdem durch das «Duo Forum», die «Duo-Bar» sowie Funktions- und Pyramidencontainer ergänzte. Der Funktionscontainer (mit Lackflächen in Schwarz oder Weiß) zeigt im geschlossenem Zustand ein effektvolles Lamellenband in einer wählbaren Schmuckfarbe; geöffnet werden seine

Sessel «Zyklus» von Peter Maly. Foto: COR

Modell «Luna II» der Kollektion «Facades» für Reim Interline. Foto: Reim Interline

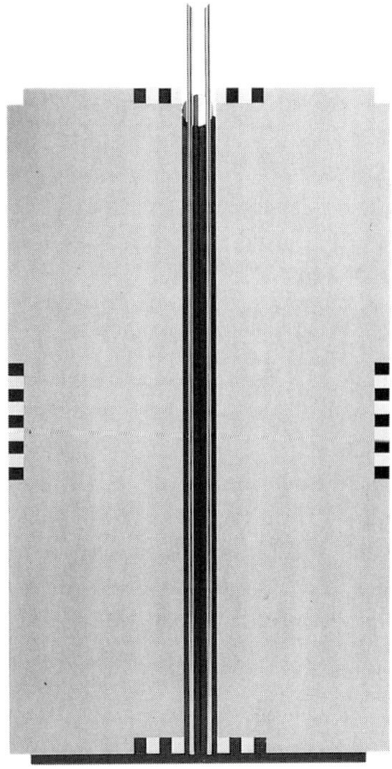

Flügeltüren mit integrierten Fächern (aus Buche oder Eschenholz) sichtbar.
1977 entwarf Maly die Vitrine «Quadrat» (bei → Reim Interline) aus lackiertem Eibenholz und Oregon-Pinie. Die Glasflächen der Vitrine sind in ein 32 x 32 cm großes Quadratraster aufgeteilt. Anstelle von Türknäufen hat der Designer schmale Metallaschen als filigrane «Anfaßhilfen» konstruiert. Die symmetrisch gegliederte Fassade in der postmodernen (→ Postmoderne) Architektur übertrug Maly in der Kollektion «Facades» (bei Reim Interline) auf Möbelfronten. Die Türen der Kollektion öffnen sich in einer Parallelverschiebung und bilden im geöffneten Zustand zwei passepartoutähnliche Flächen, die die Inneneinteilung flankieren. Als Fronten sind die Varianten «Pallas», «Luna», «Cubic», «Nike» oder «Minos» erhältlich.
Die Kollektion «Art Déco Nova» besteht aus einer Gruppe individuell gestalteter Möbelelemente, die aus der geometrischen Formensprache des → Art Déco entwickelt wurden. Für → Ligne Roset schuf Maly das Möbelsystem «Variations» (1984–90), die Serie «Quartz» und das Schlafzimmerprogramm «Onda». Sehr populär wurden sein «Peter Maly Bett» (1983) sowie die Sofas «Prao» (1985; mit herunterklappbaren Seitenpolstern; Stahlrohrrahmen mit schlichten Kufen) und das avantgardistische «Antares» (1989; aus einfachen Formen wie Kubus, Quader, Zylinder oder Halbkreis). 1991 entwickelte Maly für Ligne Roset die Elementgruppe «Koga» (mit Keilkissen aus Superbultex und Kissen aus Komforel).
Weitere Entwürfe schuf Maly für die Firmen Anta, Poliform, → Villeroy & Boch, → WK, → Tecta (Glastisch «M 70», 1976) und → Wittmann (Sessel und Sofa «Contur»).

Mangiarotti, Angelo (*1921 Mailand)

Der italienische Architekt und Designer Angelo Mangiarotti studierte von 1945 bis 1948 Architektur am Polytechnikum in Mailand. Nach einer Gastdozentur in der Design-Abteilung des Illinois Institute of Technology in Chicago (1953/54) arbeitete er von 1955 bis 1960 mit Bruno Morassutti in einem eigenen Büro zusammen. Dort widmete er sich der Urbanistik, der Architektur und dem → Design – unter besonderer Beachtung der mit Industrieproduktionenen und Vorfertigung verbundenen Problematik. Mangiarotti gehörte zu den Gründern des Verbandes für Industriedesign (→ Industrial Design) und

übte eine intensive Lehrtätigkeit im In- und Ausland aus.
Mangiarottis Tischuhr «section T 11» (1964), die heute bei der Firma Portescap in Produktion ist, gilt als exemplarisch für das italienische → Design der sechziger Jahre, das eine Synthese von skulpturaler → Form und Funktionalität anstrebte. Typisch für die rationale Entwurfstechnik Mangiarottis ist die Serie «Eros e Fiorera» (1971), die aus verschiedenen Marmortischen besteht, die von der Firma Fucina/Skipper hergestellt werden. Die Tischplatten dieser Serie haben präzise geschliffene Öffnungen, die paßgenau die Beine der Tische (es gibt sie mit Mittelfuß, Kegelstumpf- oder Dreibein) aufnehmen, ohne daß eine weitere Stütze nötig wird.
Ebenfalls für Skipper entwarf Mangiarotti die Serie «De Nos», Tische, Stühle, Betten und Hocker aus Walnußholz, die Tischreihe «Asolo» aus schwarzem oder rotem Granit sowie eine Vitrine aus Walnuß. Unter Mangiarottis Leuchtenentwürfen ragt neben den Modellen «Egina» und «Pergamo» die pilzförmige «Lesbo» aus dem Jahr 1966 (alle bei → Artemide) hervor, die aus Aluminium und klarem Opalglas gefertigt ist.
Weitere Entwürfe schuf Mangiarotti u.a. für die Firmen → Cassina, Cleto Munari, → Danese, Fratelli, → Knoll, → Poltrona Frau, Portescap, Rossi & Arcandi (dreieckige Blumenvasen, Wasserkrug und Gläser aus 800er-Silber) und Stella (Badezimmerarmatur «Isomix»).

Manzù, Pio (*1939 Mailand, †1969 Turin)

Der italienische Automobil- und Produktdesigner Pio Manzù, Sohn des Bildhauers Giacomo Manzù, studierte von 1960 bis 1964 → Design an der → Hochschule für Gestaltung, Ulm, wo er zeitweise auch als Assistent arbeitete.

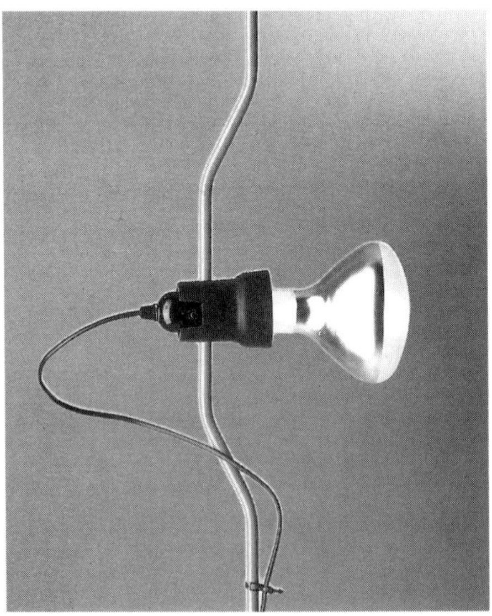

Für Fiat entwarf er das Modell «127», das City-Taxi und einen Traktor. Für Autobianchi konstruierte er verschiedene Prototypen für Kleinwagen und Sportwagen. Als Produkt- und Industriedesigner entwarf Manzù Geräte und Verpackungen für die Firma → Olivetti und kreierte 1966 mit der «Chronotime» die erste italienische Transistoruhr (für die Firma Italoria).
Das Modell besteht aus zwei sphärischen, drehbaren Kunststoff-Gehäuseteilen, die es ermöglichen, das Zifferblatt in verschiedene Winkelstellungen zu drehen. Berühmt wurde Manzùs Leuchte «Parentesi», die er kurz vor seinem Tod als Reflektor an einem senkrecht zwischen Decke und Fußboden gespannten

Leuchte «Parentesi» (1970) für Flos.
Foto: Flos

Seil skizziert hatte. → Achille Castiglioni modifizierte die heute bei → Flos hergestellte Leuchte derart, daß sie nur noch an der Decke befestigt wird. Er gab ihr einen schweren Metallfuß, der das Drahtseil gespannt hielt, und befestigte den Reflektor an einem höhenverstellbaren Klemmrohr, durch das das Kabel lief.

Marcatré

Die italienische Firma, die 1975 gegründet wurde, spezialisierte sich von Beginn an auf die Herstellung von Büromöbeln und arbeitete mit führenden europäischen Designern zusammen. Von Giovanni Carini stammen die in den achtziger Jahren entworfenen Systeme «Zelig» (ein flexibles Modulsystem, das durch seine aufschraubbaren Regale und Ablagen gefällt), «Screen Panels», «102 C» und «Modi». → Achille Castiglioni entwarf die Büromöbelserie «Solone» (mit abgerundeter Schreibtischplatte und markantem Dreibein), → Mario Bellini das System «Il Planeta Ufficio». Von → Perry A. King und Santiago Miranda stammen das System «Cable» und die Schreibtisch-Stuhlserie «Air Mail». → Paolo Deganello und Gilberto Coretti entwarfen für Marcatré die Hartleder-Schreibtischstühle «Archizoom uno» und «Archizoom due».

Mari, Enzo (*1932 Novara)

Der italienische Designer und Illustrator Enzo Mari studierte von 1952 bis 1956 Literatur und Kunst an der Brera-Akademie in Mailand und bildetete sich parallel als Autodidakt in → Design aus. Ab 1956 arbeitete Mari als freier Industrie- und Grafikdesigner, zunächst für → Danese (Metall-, Marmor und Kunststoffobjekte) und → Driade (Möbel- und Textilentwürfe), dann auch für Gabbianelli, wo er ausgefallene Wandfliesen schuf. 1963 koodinierte Mari die italienische Künstlergruppe «Nuove Tendenze» und nahm an der Biennale in Venedig und an der Triennale in Mailand teil. Seit 1963 unterrichtete Mari an verschiedenen Instituten und Universitäten, darunter an der Scuola Umanitaria in Mailand (1963–66), am Insti-

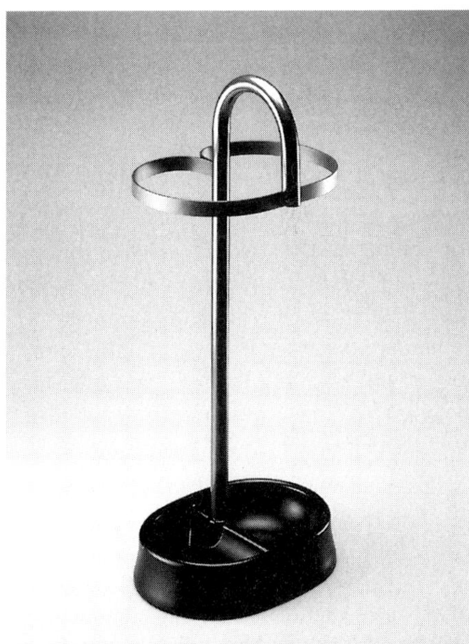

Schirmständer «Baxo» (1992) für Danese. Foto: Benvenuto Saba

Tischkalender «Timor» (1967) für Danese. Foto: Benvenuto Saba

tute of Art in Rom (1970) oder an der Universität von Parma (1972). Von 1976 bis 1979 war Mari Präsident der Associazione per il Disegno Industriale (ADI), heute ist er Vorstandsmitglied des Centro Studi ed Archivio della Communiazione, Parma.
Als Designtheoretiker hat Mari verschiedene Bücher über Ästhetik, die Methoden der Wahrnehmung und des Entwurfs sowie über die Funktion des Künstlers in der modernen Gesellschaft geschrieben (u.a. «Funzione della ricerca estetica»); seine Entwürfe und Forschungsarbeiten wurden weltweit in bedeutende Designsammlungen aufgenommen, etwa ins Museum der Moderne in Stockholm, ins Amsterdamer Stedelijk Museum, ins Institute of Fine Arts in Sydney oder ins Museum für Kunst und Gewerbe, Hamburg. In jüngster Zeit arbeitete Mari mit verschiedenen Kommunen zusammen und war bei der Erforschung und Projektierung von Straßenmöbeln (u.a. Gestaltung des Piazza del Duomo in Mailand) tätig. Er nahm an Konferenzen und Vortragsreihen im In- und Ausland teil und gab Kurse am Institut für Kunstgeschichte der Universität Parma und an der Architekturfakultät des Polytechnikums in Mailand.
Nachdem Mari während des Studiums mit Entwürfen dreidimensionaler Objekte begonnen hatte, schuf er Anfang der sechziger Jahre seine ersten Spiele und Objekte (bekannt wurde vor allem sein Fabelspiel mit 45 verschiedenen Figuren und Symbolen). Seine berühmtesten Möbelentwürfe sind der Stuhl «Sof-Sof» (1971) mit einem tragenden Gestell aus dünnem Rundstahl und extrem weicher Polsterung (bei Driade) und der mit dem → Compasso d'Oro ausgezeichnete Stuhl «Delfina» (1974, ebenfalls bei Driade), dessen Sitz und Lehne aus Segeltuch bestehen, das durch Reißverschlüsse zusammengehalten wird (auch als Aluminiumversion erhältlich). 1972 schuf Mari für Driade das Bettsofa «Day Night» (mit beweglicher Rückenlehne auf zwei gebogenen Metallstangen), 1974/76 die Gelenkleuchten-Serie «Emsta», 1990 die Tische «Ginepro» und «Acanto» sowie den Kleiderständer «Museo» (1991) für → Zanotta.
Für Danese entwarf Mari seit Beginn der sechziger Jahre Schirmständer («Celebes», 1962), Kleiderständer («Kerguelen», 1968; «Tricorno», 1980; aus emailliertem Stahl und farbigen Dreispitzköpfen), Stand- und Wandaschenbecher sowie zahlreiche Schreibtischaccessoires, darunter sein berühmter Tischkalender «Timor» (1967), die Sammelmappenbehälter «Lero» (1965; aus ABS), das Ablagesystem «Sumatra» (1976) und die Brieföffner «Benbecula» (1961), «Ameland» (1962) und «Giglio» (1985). Zu seinen jüngsten Danese-Entwürfen gehört die Box «Flores» (1992), die in mehreren Farben angeboten wird. Weitere Entwürfe schuf Mari für Anonima Castelli und Gavina.

Mariscal, Javier (*1950 Valencia)

Der spanische Grafiker und Industriedesigner Javier Mariscal studierte von 1967 bis 1970 Philosophie an der Universität Valencia und von 1971 bis 1973 Grafikdesign an der Escuela de Grafismo Elisava in Barcelona. 1974 zeichnete er zusammen mit Freunden den ersten Underground-Comic Spaniens («El Rollo enmascarado»), von 1975 bis 1976 arbeitete er als Gärtner und Gelegenheitsarbeiter auf Ibiza, kehrte dann aber nach Barcelona zurück, um sich als freier Designer selbständig zu machen. Mit seinen verspielten, oft als «menschlich» bezeichneten Möbelkreationen – etwa dem Stuhl «Garriri» (mit Ohren an der Rückenlehne und kleinen Schuhen an den Beinen), der Vase «Olé» (mit Hut; derzeit angeboten durch den → Marlboro Design Shop) oder dem Stuhl «Torera» (mit einer Rückenlehne in Form einer Stierkämpferkappe) – machte sich Mariscal schnell einen Namen. Seine erste Einzelausstellung, «Gran Hotel» (mit Glasmalereien, Zeichnungen und Skulpturen) fand 1977 in der Galeria Mec Mec in Barcelona statt. 1980 entwarf er das piktografische Poster «Bar-Cel-Ona» und gestaltete mit Fernando Salas die Duplex-Bar in Valencia, die er mit seinen berühmt gewordenen «Duplex»-Hockern und der «Valencia»-Leuchte (beide bei der Firma B. D. Ediciones) ausstattete. 1981 stellte Mariscal seine «Muebles amorales» in der Galería Vinçon in Barcelona aus und nahm an der Ausstellung «Memphis, an International Style» in Mailand teil. Zusammen mit Pepe Cortés entwarf er für → Memphis den Servierwagen «Hilton», der an ein aerodynamisch gestaltetes Verkehrsmittel erinnert. Es folgten die Ausstellungen «Muebles muy formales» (1983), «Esculturas adelantades en el estilo nuevo postbarroco» (1983) in Barcelona, «Les objets de la fin du XXème siècle» (1987, im Pariser Centre Pompidou) und 1987 eine Teilnahme an der «documenta» in Kassel. 1988 entwarf Mariscal das Maskottchen «Cobi» (heute als Aluminiumfigur bei → Teunen & Teunen im Programm), im selben Jahr richtete er mit Alfredo Arribas das Restaurant El Gambrinus in Barcelona ein. 1989 gestaltete er ein Studio in Palo Alto und stellte seine Skulpturen aus Schrott («Cosquillas para tus ojos») aus. 1990 rief Mariscal die TV-Cartoon-Serie «The Cobi Troupe» ins Leben. Mit Alfredo Arribas gestaltete er im Wissenschaftsmuseum in Barcelona einen Spielplatz für Kinder («Clic dels nens»).
1991 entwarf er das Werbelogo für die Mac-World-Ausstellung der Firma Apple.
Seit 1993 werden im Marlboro Design Shop Mariscals Wollflor-Teppich «Leon Solitario», die Salz- und/oder Pfefferstreuer «Señores con sal», metallene Knopfaufsätze (mit Garriri-Motiven) und Anstecker aus Stahlblech (mit den Figuren «Gambrinus», «Piker», «Fermin» und «Julian Marques») vertrieben.

Marlboro Design Shop

Marlboro Design ist ein Geschäftsbereich der International Design & Entertainment GmbH in München (IDE), die in einem eigenen Katalog ausgewählte Designobjekte (Neuheiten und Klassiker) anbietet und exklusiv vertreibt. Die Auswahl der Objekte erfolgt durch eine Jury aus Designfachleuten, den «Marlboro Design Council». Seit 1988 schreibt die IDE den Marlboro Design Förderpreis für junge Designer aus.

Martinelli, Elio (*1922 Lucca)

Der italienische Architekt, Unternehmer und Designer Elio Martinelli studierte Bühnenmalerei an der Akademie der Schönen Künste und Architektur in Florenz. 1942 arbeitete er in der väterlichen Leuchtenfirma Martinelli Luce mit und kreierte dort seit den fünfziger Jahren eigene Modelle.
Aus dem Jahr 1965 stammt die Leuchte «Bolla» mit einem Schirm aus opalweißem Metacrylat und einer Halterung aus eloxiertem Aluminium. Die Leuchte, die eine markante blasenförmige Ausbuchtung zeigt, ist quadratisch geformt und kann mit Glühbirnen oder mit Leuchstoffröhren bestückt werden. Ebenfalls aus dem Jahr 1965 stammt Martinellis Tischleuchte «599 Serpente tavolo» aus opalweißem Metacrylat (Schirm) und lackiertem oder verchromtem Metallfuß und -schaft. Der halbmondförmige Schirm kann seitwärts weggedreht werden, so daß die Leuchte eine Schlangenform annimmt.
Für die Ausstellung Eurodomus in Turin entwarf Martinelli 1976 seine Klemmleuchte «Flex Calotta» mit flexiblem Kunststoffarm aus Melamin und einem lackierten Metallreflektor, der maximal 1,20 m weit ausgreifen kann. Populär wurde auch Martinellis Aluminium-Hängeleuchte «1849 Lampara» (1974), bei der sich der Designer von typischen Fischerleuchten anregen ließ.

Marx, Enid (*1902 London)

Die englische Grafikerin und Textildesignerin Enid Marx, die von der → Arts-and-Crafts-Bewegung beeinflußt war, studierte 1920/21 Malerei, Zeichnen, Keramik und Stoffdruck an der Central School of Art and Design in London. Von 1922 bis 1925 lernte sie bei → Paul Nash an der Londoner Royal School of Art. 1927 gründete sie in London ein eigenes Atelier, in dem sie bis 1939 Stoffdrucke und Textilentwürfe anfertigte.
Danach arbeitete sie als Grafikerin und Illustratorin. Als Industriedesignerin entwarf sie u.a. Keramik und Tapeten für Firmen wie London Transport, Whatajoy Luggage, Dunbar Hay Textiles Limited, Morton Sundour Fabrics oder Harrison's of High Wycombe. Als Theoretikerin lehrte Enid Marx von 1931 bis 1933 Holzschnitt an der Ruskin School of Art in Oxford, später → Design an der Bromley School of Art in Kent. Von 1965 bis 1970 war Enid Marx Leiterin des Department of Dress, Textiles and Ceramics am Croyden College of Art in London. Als ihr bekanntestes Buch gilt das Werk «English Popular and Traditional Art», das sie 1946 zusammen mit Margaret Lambert schrieb und gestaltete.

Mathsson, Bruno (*1907 Värnamo/Schweden, †1988 Värnamo)

Der schwedische Möbeldesigner Bruno Mathsson lernte von 1923 bis 1931 Kunsttischlerei in der Werkstatt seines Vaters Karl Mathsson in Värnamo. 1928 begann er mit ersten Entwürfen aus gebogenem, verleimten Schichtholz, die zunächst im väterlichen Betrieb und später von der Firma Dux-Möbel hergestellt wurden. Mehrere nationale und

internationale Ausstellungen, darunter die Designpräsentation im Göteborger Röhsska Konstslöjdmuseet (1936), die Ausstellung «Arts et techniques appliqués à la vie moderne» (1937) in Paris oder die New Yorker Weltausstellung von 1939, machten den Designer in den dreißiger Jahren über die Landesgrenzen hinaus bekannt.
Zu Mathssons Popularität trug vor allem die Stuhlserie «Pernilla» bei, mit deren Entwurf er 1933 begonnen hatte. Der Stuhl «Miranda» (1934) aus dieser Serie – Gestell aus Buchenholz, Sitz und Lehne bespannt mit handgeflochtenem Sattlergurt sowie mit an der Lehne befestigtem Kopfkissen aus Lammfell – wird heute von der Firma Mathsson Inter produziert. Zu den mit Gurten bespannten Versionen kamen später auch gepolsterte Versionen hinzu, wie etwa der «Eva»-Stuhl (1941), der heute von Dux-Möbel hergestellt wird.
1938 entwarf Mathsson den Klapptisch «Maria Flap, Mi 901» (ebenfalls bei Dux-Möbel) aus Masurbirke und Buche Natur. Der zusammenklappbare Tisch hat ein Zickzackgestell und vier Platten, die ihn auf eine variable Länge von bis zu 2,80 m bringen.
Neben Schichtholzmöbeln entwarf Mathsson später auch zahlreiche Objekte aus Stahlrohr, wie beispielsweise den Sessel «Jetson» (1966) für Dux.
Mathssons Möbel erhielten zahlreiche Preise, wie 1955 die Gregor-Paulsson-Medaille oder 1974 die Scandinavian Design Trophy. 1978 wurde Bruno Mathsson Ehrenmitglied der Royal Society of Arts in England.

Maurer, Ingo (*1932 Insel Reichenau/Bodensee)

Der deutsche Designer Ingo Maurer ließ sich nach seiner Schulzeit in Deutschland und in der Schweiz zum Typografen ausbilden und studierte von 1954 bis 1958 Grafik in München. Von 1963 bis 1966 hielt sich Maurer in den USA auf und gründete nach seiner Rückkehr die Produktionsfirma → Design M in München, die sich auf Lichtkonzepte und die Konstruktion von Leuchten spezialisierte. Als eine der ersten Leuchten Maurers gilt das Modell «Bulb Opal» von 1970, das wie eine überdimensionale Glühbirne wirkt.
1977 entwarf Maurer die Hängeleuchte «Hana 1» mit einem Schirm aus Bambus und Reispapier, die als «Fächerleuchte» in Europa und in den USA sehr erfolgreich wurde. Für die Herstellung des aufwendigen Fächers hatte Maurer den Japaner Tatsuo Shigeki engagiert, der für Design M Fächer in verschiedenen Farben und Formen (→ Form) für ein Dutzend weitere Leuchten entwarf.
1980 kreierte er die Leuchte «Bulb Bulb» für Design M, 1983 die Leuchte «Light Structure», eine kubistisch anmutende Konstruktion aus Leuchtstoffröhren, die mit Schnüren aneinander befestigt waren. Maurers populärster Entwurf ist neben der Leuchte «One from the heart» das oft kopierte Niedervolt-System «Ya Ya Ho» (1984), das aus mehreren Reflektoren besteht, die an Spezialseilen im Raum hängen. Maurer hat mit diesem System Lichtinstallationen im Pariser Centre Pompidou, im Institut Français d'Architecture und in der Villa Medici in Rom geschaffen. Von Maurers Möbelentwürfen ragt die Klappliege «Tattomi» heraus, die er 1984 mit Jan Armgardt für die Firma Mobilia in Nürnberg und für → De Padova kreierte. Der Buchenholzrahmen der «Tattomi» liegt unmittelbar auf dem Boden auf, hat eine Gurtbespannung und ist mit Bultex-Schäumen verschiedener Härtegrade gepolstert.

Mawa

Die Firma wurde 1977 von Martin Wallroth in Berlin gegründet und entwickelte Leuchten, Uhren, Büroartikel, Tischaccessoires, Möbel und Objekte im Acrylglas- und Metallbereich. Vom Haus Industrieform Essen (1987) und vom Design-Center Stuttgart (1988) ausgezeichnet wurde die bogenförmige Halogen-Schreibtischleuchte «Sirius» (Bernhard Meyer). An die Bauhaustradition (→ Bauhaus) knüpfte die handgeschliffene Aluminium-Stehleuchte «Schliephacke» an, die Fridtjof Schliephacke 1960 entworfen hat. Als erfolgreiche Zeitgeist-Produkte gilt Mawas Aluminium-Büroprogramm (mit Klemmbrettern, Ringbüchern, Bank- und Auftragsordnern aus geriffeltem Aluminium), die Büroablage «Office» (Wolfgang Armgardt) aus Edelstahl und Acrylglas und die Büroacessoires von Hervé Houplain (insbesondere der Stifteköcher, die Drehkartei und der Taschenrechner; alle Artikel aus Aluminium-Kokillenguß). Durch die Übernahme der 1942 gegründeten Uhrenmanufaktur Georg Christensen erwarb Mawa die Rechte für Uhrenmodelle von → Arne Jacobsen («Bankers», 1971 entworfen für die dänische Zentralbank; und «Cityhall», 1961 ent-worfen für das SAS Royal Hotel in Kopenhagen). Von Wilhelm Lauritzen stammt die 1962 für den Flughafen Kopenhagen entworfene Uhr «Station», von Steen Christensen und Erling Andersen die Armbanduhr «pictowatch». Weitere Entwürfe schufen Frank Assmann, Thomas Bley, Hermann Scheidt, Rainer Thiel und Volker Weinert.

Wanduhren «Glas 1/2/3» von Martin Wallroth. Foto: Mawa

Meda, Alberto (*1945 Lenno Tremezzina)

Nach einer Ausbildung am Polytechnikum in Mailand, das Alberto Meda 1969 mit Diplom in Maschinenbau abschloß, arbeitete er bis 1973 in der Produktionsleitung bei Magneti Marelli und übernahm anschließend die technische Leitung und die Verantwortung für den Planungsweg bei → Kartell.
Gleichzeitig war er in der Forschung zur Technologieentwicklung der Polyurethanverarbeitung und in der Koordinierung des Aufbaus der Anlage und dem Anfahren der Produktion tätig. Das Jahr 1979 markiert den Beginn seiner freiberuflichen Tätigkeit als Produkt- und Planungsingenieur.
Von 1981 bis 1985 arbeitete Meda mit Alfa Romeo zusammen, von 1983 bis 1987 war er Dozent für Industrietechnologie an der Domus-Akademie, seit 1986 arbeitete er mit Italtel Telematica auf dem Gebiet → Design zusammen. 1987 begann Medas Zusammenarbeit mit der italienischen Firma → Alias. Medas populärster Entwurf ist die Hänge-

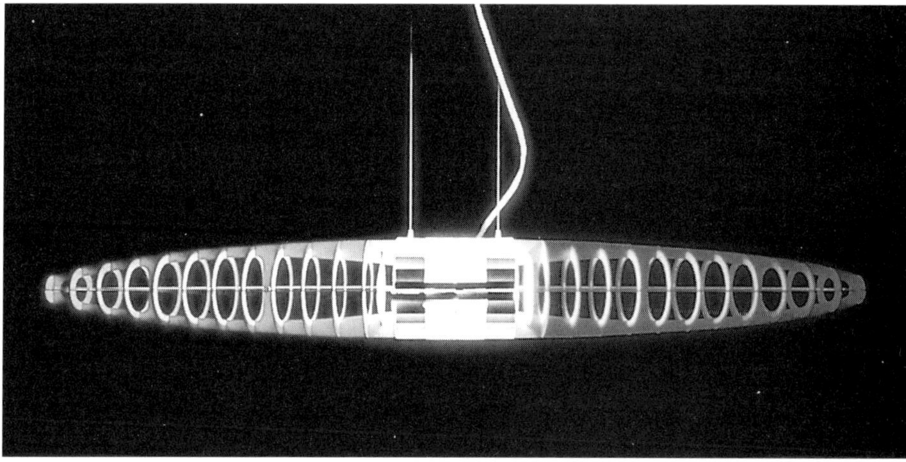

Deckenleuchte «Titania» (zusammen mit Paolo Rizzatto) für Luceplan. Foto: Luceplan

leuchte «Titania» (1989) für → Luceplan (zusammen mit → Paolo Rizzatto), deren reflektierendes Rastergehäuse (aus ellipsenförmigen Aluminiumrippen) in Schwarz oder Silber erhältlich ist. Je nach Standpunkt des Betrachters verändert sich die Gestalt der Leuchte: Von vorn gesehen erscheint sie transparent, von der Seite wirkt sie als dichter Körper.

Fünf unterschiedliche Paare von austauschbaren Farbfiltern (aus Polykarbonat) ermöglichen eine individuelle Beleuchtung des Rastergehäuses, während das gestreute Licht (es strahlt nach oben und unten) weiß bleibt. Eine spezielle Deckenbefestigung erlaubt es, die «Titania» frei im Raum zu montieren (das stromführende Kabel verschwindet unter einem Baldachin aus ABS); ein Aufhängungsseil aus Nylon und ein separat erhältliches Stahlgewicht machen die «Titania» zur flexiblen Zugleuchte.

Sehr populär wurde auch Medas Gelenkleuchte «Berenice» (1986 für Luceplan; zusammen mit Paolo Rizzatto), die sowohl quer- als auch längsverstellbar ist. Markant sind der zahnradähnliche Reflektorstützring (aus Rynite) und der Parabolreflektor, den es aus Aluminium oder auch aus grünem Preßglas gibt.

Weitere Entwürfe Medas für Luceplan sind die Leuchten «Jack», «On-Off», «Lola» (Kopf aus thermoplastischem Polyester, mit chemisch photograviertem Metallreflektor; Ständer aus Glasfaser-Kohlenstoffgewebe; 1989 mit dem → Compasso d'Oro ausgezeichnet) und die Gelenkleuchtenserie «BAB system» (1992). Die in erster Linie als Arbeitsleuchte konzipierte Serie gibt es mit Filtern aus Siebdruckpolykarbonat in den Farben Blau, Grün und Amber. 1993 entwarf der Designer für Luceplan die Stehleuchte «TIBIBI», die sich vor allem zur indirekten Beleuchtung von großen Arbeits- und Ausstellungsräumen eignet.

Für die Firma Alias entwickelte Meda die Stühle «Light Light» (aus Carboniumfaser), «Soft Light» sowie die Tische «Dry» und «X-Light» (Beine aus satiniertem Aluminium, Platte in Sandwich-Struktur, aufgebaut aus Glas- und Kohlenstoffgewebe in einer Matrix aus Epoxyd-Harz). Für → Unifor entwarf Meda das Bürosystem «Misura ST».

Meier, Richard Alan (*1934 Newark/New Jersey)

Der amerikanische Architekt und Möbeldesigner Richard Meier legte 1957 an der Cornwall University sein Examen in Architektur ab und arbeitete anschließend für das Architekturbüro Skidmore, Owings & Merrill (S. O. M.) sowie für → Marcel Breuer. 1963 eröffnete er in New York sein eigenes Architekturbüro.

Erste Erfolge errang Meier mit Einfamilienhäusern wie dem Smith House in Darien, Connecticut (1965–67), dem Saltzman House in East Hampton, NewYork (1967–69), und dem Weinstein House in Old Westbury, New York (1969–71).

1969 nahm er an der Gemeinschaftsausstellung «Five Architects» im New Yorker Museum of Modern Art teil, auf der auch Peter Eisenman, → Michael Graves, → Charles Gwathmey und John Hejduk vertreten waren. Als größere Projekte realisierte er in New York die Siedlungen Twin Parks Northeast Housing (1969–74) und das Bronx Development Center (1970–77).

Zu seinen populärsten Arbeiten zählen das Atheneum in New Harmony, Indiana (1975–79) und das Museum für Kunsthandwerk in Frankfurt am Main, das zwischen 1979 und 1984 entstand. Mitte der achtziger Jahre erhielt Richard Meier den Auftrag, das Paul Getty Center in Los Angeles zu gestalten und das Museum für zeitgenössische Kunst in Barcelona zu bauen.

Als Möbeldesigner machte sich Meier einen Namen durch den Entwurf des «Armlehnstuhls» (1982) für die Bibliothek des Guggenheim Museums. Der Stuhl besteht aus furniertem und massivem Ahorn und ist in schwarzem oder weißem Kunstlack oder in mattglänzendem Vinyl erhältlich. Neben Tischen, Liegen und Hockern für → Knoll (aus massivem Ahorn; alle 1982) entwarf Meyer → Table Top Design für die Firmen Swid Powell und → Alessi, darunter das auf 99 Exemplare limitierte «Tee- und Kaffeeservice» (1983) aus 925/1000er Silber.

Als Architektur- und Designdozent lehrte er an der Cooper Union sowie an der Yale und Harvard University. Seit 1983 ist er Professor an der American Academy und am Institute of Arts and Letters in New York.

Meiré und Meiré → Ritzenhoff

Melchnau

Die Schweizer Teppichfabrik wurde 1925 von Emil Reinhard gegründet und stellte zunächst Türvorlagen, Brossen und Läufer her. 1933 begann man mit der Fabrikation von Woll- und Haargarnteppichen, 1935 mit Axminsterteppichen. Nach dem Zweiten Weltkrieg verlagerte sich der Produktionsschwerpunkt auf hochwertige und strapazierfähige Teppiche, die vorrangig in öffentlichen Gebäuden (Gastronomie, Verwaltungen, Fluggesellschaften u.ä.) Verwendung fanden. 1988/89 lancierte Melchnau erstmals von Künstlern entworfene Editionen, von denen Bruno Gregoris Kollektion «Daidalos» (kalligraphisches Design mit robotorhaften Objekten) und → Marcello Morandinis «Progretti» (zwei- und dreidimensionale Strukturen mit bewußt eingesetztem Schwarz-Weiß- bzw. Schwarz-Grau-Kontrast) hervorstachen. Morandinis «Puzzle Carpet System» ermöglichte

Auf 99 Exemplare limitierter Teppich «Marenza» von Mario Botta. Foto: Melchnau

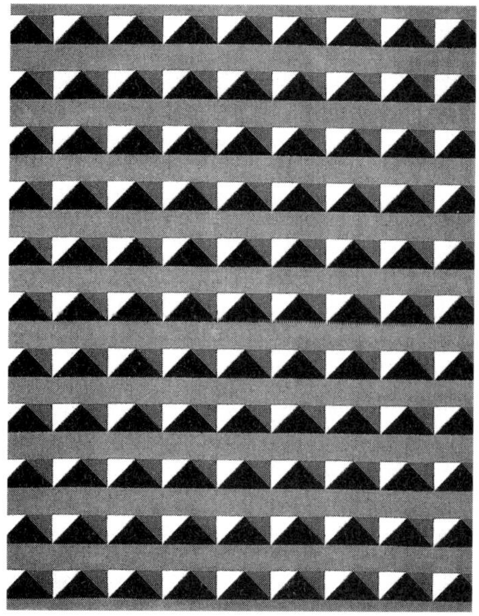

die Kombination von sieben unterschiedlich gestalteten Teppicheinheiten zu Flächen bis zu vier Quadratmetern. Durch die Technik des Handtuft schuf er Dessins in limitierten Auflagen von 33 Exemplaren.
Weitere Arbeiten für Melchnau schufen → Mario Botta (»Verde rame» und «Marenza», 1991; beide limitiert auf 99 Exemplare), Ueli Frauchinger («Playground», 1990), Ernst Giesel («Davos» und «Grünau», 1991; beide limitiert auf 33 Exemplare), → Robert und Trix Haussmann («Degradé» und «Stripes», 1991; limitiert auf 33 Exemplare) sowie Vincent Mangeat («Dimension I/II», 1991; limitiert auf 33 Exemplare).

Mellor, David (*1930 Sheffield)

Der englische Industriedesigner David Mellor studierte von 1950 bis 1954 am Royal College of Art in London, ehe er in Sheffield die David-Mellor-Silberschmied- und Industriedesign-Werkstatt (→ Industrial Design) gründete.
Im Jahre 1957 entwarf er das Silberbesteck «Pride», das im selben Jahr mit dem ersten Design Council Award ausgezeichnet wurde und ebenso zu einem Design-Klassiker avancierte wie das «Symbol» von 1962, das bei der Sheffielder Firma Walker and Hall in Produktion ist.
1965 erhielt Mellor von der britischen Regierung den Auftrag, Silber- und Stahlbesteckserien für Botschaften und Regierungskantinen zu entwerfen, die unter dem Namen «Embassy» und «Thrift» bekannt wurden.
In den siebziger und achtziger Jahren entwarf Mellor Besteckserien wie das «Provençale» (1973) mit Rosenholz- oder Kunststoffgriffen und Messingnieten, «Chinese» (1977) aus Elfenbein und Stahl, «Java» (1982; in zahlreichen Farbvarianten, u.a. in Pink und Blau), «Flute» und «Savoy» (1988).
1962 wurde Mellor der Titel «Royal Designer for Industry» verliehen. 1982 wurde er Vorsitzender des Crafts Council, 1983 Präsident des Design Council Committee. Im selben Jahr wurde er Kurator am Victoria and Albert Museum in London. Seine Arbeiten sind u.a. im Londoner Victoria and Albert Museum, im Sheffield City Museum, im New Yorker Museum of Modern Art und im Philadelphia Museum of Art ausgestellt und erhielten zahlreiche internationale Preise, darunter siebenmal den Design Council Award.
Für den Umbau der Broom Hall erhielt David Mellor 1975 den begehrten Architectural Heritage Year Award.

Memphis

Die Mailänder Designergruppe «Memphis» sorgte in den Bereichen Möbel-, Textil- und Keramikdesign unter → Ettore Sottsass in den achtziger Jahren für weltweites Aufsehen und befreite das bis dahin funktionalistisch (→ Funktionalismus) dominierte internationale → Design von seiner engen industriellen Anknüpfung. Statt dessen zeichnen sich die Entwürfe von Memphis durch eine auffallend bunte, schrille Farbigkeit, gewagte Material- und Formkombinationen (→ Form) sowie einen heiter-unbeschwerten Umgang mit Dekor und → Ornament aus.

Im Dezember 1980 versammelten sich um Ettore Sottsass in Mailand → Michele de Lucchi, Barbara Radice, → Matteo Thun und andere, um bei der aufgelegten Platte von Bob Dylan «Stuck Inside of Mobile with the Memphis Blues Again» – wovon sich der Name der Gruppe ableitet – in euphorischer Atmosphäre neue Horizonte des Designs zu erschließen. Am 18. September 1981 wurde in der Mailänder Galerie Arc '74 die erste Ausstellung von Memphis eröffnet, in der zahlreiche Möbel sowie Keramikarbeiten, Lampen und Uhren der begeisterten Öffentlichkeit vorgestellt wurden. Zu den oben genannten Designern waren u.a. folgende Architekten und Designer hinzugestoßen: → Andrea Branzi, → Michael Graves, → Hans Hollein, → Arata Isozaki, → Shiro Kuramata, → Alessandro Mendini, Masanori Umeda. Ferner schlossen sich an: Aldo Cibic, → Javier Mariscal, Paola Navone, Peter Shire, → George James Sowden, → Marco Zanuso. Memphis ging unmittelbar aus der Gruppierung → Studio Alchimia hervor, die in den späten siebziger Jahren in Mailand als Zentrum der radikalen Designer-Avantgarde bereits antifunktionalistische Tendenzen erprobte. Jenseits allen theoretischen Überbaus verbindet sich mit Memphis die Rückkehr zum kreativen, lebensfrohen Design, das die künstlerische Spontaneität und Individualität über alle industriellen Standards von Zweckmäßigkeit und Funktionalität erhob. Das typische Memphis-Produkt kennzeichnet sich durch eine heterogene Zusammensetzung einzelner, individuell gestalteter Formelemente, so daß nicht eine geschlossene Gesamtgestalt entsteht, sondern ein stark kontrastierendes Konglomerat von Formen, Farben und Materialien. Häufig sind die Flächen überzogen mit einem → Laminat bakterienähnlicher Dessins, z.B. die Entwürfe

Regal «Factotum» (1980), reediert von Belux. Foto: Belux

«Bacterio» oder «Spugnato» von Ettore Sottsass. Die Anknüpfungspunkte an alle Epochen der Kulturgeschichte sind außergewöhnlich vielfältig, wobei Parallelen zur Haltung der → Postmoderne nicht zu übersehen sind. Insbesondere die etwas abgegriffene Plastik-Ästhetik der fünfziger und sechziger Jahre übte eine große Anziehungskraft aus, wobei deren billig und kitschig wirkende Laminate wiederentdeckt wurden.
Bunt bedrucktes Resopal, seit den fünfziger Jahren für öffentliche Räume wie z.B. einfache Restaurants, Bars oder Kinos verwendet und gleichbedeutend mit schlechtem Geschmack, hielt Einzug in den Bereich exklusiver Wohnmöbel. Der Antirationalismus vieler Gegenstände, z.B. in Form einer «falschen» Statik oder Materialverwendung, läßt eine kreative Autonomie erkennen und bewirkte gemeinsam mit einer Abkehr von funktionalen Normen eine Grenzöffnung zur bildenden Kunst. Als prominente Designprodukte gelten beispielsweise das Sofa «Lido» (1982) von Michele de Lucchi, das Bücherregal «Carlton» (1981) und die Tischleuchte «Tahiti» (1981) von Ettore Sottsass oder der Stuhl «Palace» (1983) von George James Sowden. Ende der achtziger Jahre ließ die Innovationskraft von Memphis nach, das sich 1988 mit dem Ausscheiden von Sottsass nicht zuletzt unter einer erdrückenden Flut von minderwertigen → Imitationen auflöste.
Nach der jahrzehntelangen Herrschaft des internationalen → Funktionalismus, etwa in den zeitlos erscheinenden Normen der Hochschule für Gestaltung, Ulm, war dem radikalen Design von Memphis eine nicht mehr für möglich gehaltene Revolution gelungen.

Mendini, Alessandro (*1931 Mailand)

Der Architekt, Designer und Publizist Alessandro Mendini studierte an der Technischen Hochschule in Mailand Architektur. Anschließend arbeitete er mit dem Architekturbüro Nizzoli Associati zusammen. Mendini war Chefredakteur des Architekturmagazins «Casabella» (1970–76) und der Designzeitschrift «Modo» (1977–81) und gab von 1979 bis 1985 das Magazin «Domus» heraus. 1988 gründete er das Magazin «Ollo». 1973 gehörte Mendini zu den Mitbegründern der Gruppe «Global Tools», 1978 rief er mit Alessandro und Adriana Guerriro die Gruppe → «Studio Alchimia» ins Leben, die zum Forum seiner Designphilosophie wurde. Mit dem Studio entwickelte er das sog. Banal Design, indem er Gegenstände des täglichen Gebrauchs mit Farben und Formen (→ Form), die dem tschechischen Kubismus und den fünfziger Jahren entlehnt waren, zu neuen ironischen Objekten verfremdete.
1978 stellte Mendini seine Serie «Metamorphosen» vor, in der er etablierte Möbelklassiker individuell re-designte (→ Re-Design). Einen Kunststoffstuhl von → Joe Colombo bemalte er mit einem Marmormuster, die Stühle «Hill House» von → Charles Rennie Mackintosh und «Superleggera» von → Giovanni Ponti erhielten kleine Wimpel. Stühle von → Marcel Breuer verzierte er mit bunten wolkenartigen Gebilden aus Pappe. Die Firma → Cappellini reedierte 1993 seinen für Studio Alchimia entworfenen Stuhl-Klassiker «Poltrona Proust».
1983 schuf Mendini für → Alessi das postmoderne (→ Postmoderne), auf 99 Exemplare limitierte «Tee- und Kaffeeservice» aus Silber (mit eiförmigen Kannen). 1984 kreierte Mendini vielbeachtete Möbel bei → Zanotta, wie die Kommoden «Calamobio», «Cetonia»

Armsessel «Poltrona di Proust» (1993), reediert von Cappellini. Foto: Cappellini

und «Meligete», den Stuhl «Zabro», den Wandtisch «Agrilo», die Hausbar «Cantaride» sowie die Tische «Hispo», «Macarone», «Papilio» und «Sirfo». Für die Firma → FSB entwarf Mendini seine am → Bauhaus orientierten Türdrücker «Omaggio a Gropius», für → Swatch kreierte er die Herrenuhren «Cosmesis» und «Metroscape» (1990) sowie das Modell «Lots of Dots» (1991/92; als Referenz an den Pointillismus). Für → Rasch entwikkelte er 1992 die Künstlertapeten «Colonna» und «Luna». Weitere Entwürfe schuf Mendini für die Firmen → Abet Laminati, → Driade, Fiat, → Poltrona Frau, → Ritzenhoff (Milchglas, 1992), → Up & Up (Tische «Liberia» und «Templetto Alto»), → Venini (Vase «Berito», 1988), → Vitra (Sessel und Sofa «Maracata», 1988) und Zabro.
Als Architekt baute Mendini von 1983 bis 1988 für Alberto Alessi die Casa della Felicità, das Museum für zeitgenössische Kunst in Merone und – mit → Philippe Starck, Frank Stella und → Michele de Lucchi – das neue Museum in Groningen (1989). In Kooperation mit Yumiko Kabayashi stellte er 1989 auch den Paradise Tower in Hiroshima fertig. Alessandro Mendini ist Mitglied des Wissenschaftsrates der Domus-Akademie sowie Ehrenmitglied der Jerusalemer Belazel Academy of Arts and Design. Seit 1983 lehrt Mendini an der Designschule in Wien.

Meyer-Voggenreiter, Detlef → Pentagon

Metamemphis

Unter der Bezeichnung Metamemphis wird seit 1988 eine von verschiedensten bildenden Künstlern entworfene Möbelkollektion vertrieben. Wie der Begriff anzeigt, steht er in direktem Zusammenhang mit → Memphis, dessen Formenvokabular (→ Form) erweitert werden soll im Sinne einer Neudefinition des Designs, d.h. einer Öffnung in Richtung der bildenden Kunst. Diese Intention einer Verschmelzung von Möbeldesign und Kunst, d.h. der Synthese zweier, ihrem Wesen nach fremder Disziplinen, hat häufig eine begriffliche Ununterscheidbarkeit zur Folge. Wichtigen Einfluß auf die Entstehung von Metamemphis übte 1987 die «documenta 8» aus, die Kunst und → Design in enger Nachbarschaft einander gegenüberstellte. Metamemphis repräsentiert sich durch die Künstler Sandro Chia, Joseph Kosuth, Gerhard Merz, Mimmo Paladino, Bill Woodrow u.a.

Mies van der Rohe, Ludwig (*1886 Aachen, †1969 Chicago)

Ludwig Mies (Künstlername «van der Rohe») lernte von 1897 bis 1900 bei seinem Vater an der Aachener Dombauschule das Steinmetzhandwerk und arbeitete von 1903/04 als Designer für Stuckornament. 1905 ging er nach Berlin und studierte bei → Bruno Paul.
Zwischen 1908 und 1911 arbeitete er zusammen mit → Walter Gropius und → Le Corbusier im Architekturbüro von → Peter Behrens. 1911 wurde Mies van der Rohe mit dem Bau der deutschen Botschaft in Sankt Petersburg und mit dem Entwurf eines Landhauses für das Ehepaar Kröller-Müller in Den Haag beauftragt. 1913 eröffnete er in Berlin ein eigenes Architekturbüro und schuf nach Ende des Ersten Weltkriegs spektakuläre Entwürfe für Hochhäuser, die durch ihre verglasten Außenfassaden bestachen (etwa für die Friedrichstraße in Berlin, 1919).
1922 trat Mies van der Rohe der revolutionären Künstlervereinigung «Novembergruppe» bei. 1923 gab er zusammen mit → El Lissitzky die Zeitschrift für Gestaltung «G» heraus. Berühmt wurden seine beiden Landhäuser aus Backstein, die er im selben Jahr entwarf. 1926 wurde Mies van der Rohe Vizepräsident des → Deutschen Werkbundes, 1927 leitete er eine Ausstellung in der Stuttgarter Weißenhofsiedlung, deren Bau er von 1925 bis 1927 verantwortete. Für die Weltausstellung 1929 in Barcelona entwarf Mies van der Rohe den deutschen Pavillon. 1930 stellte er die Villa Tugendhat in Brünn fertig und übernahm die Leitung des → Bauhauses in Dessau. Nach Auflösung des Bauhauses 1933 arbeitete van der Rohe in Berlin als Architekt und Dozent. 1937 emigrierte er in die Vereinigten Staaten und gründete ein eigenes Architekturbüro in Chicago. Von 1938 bis 1958 war er Direktor der Architekturabteilung des Illinois Institute of Technology.
Von 1946 bis 1959 schuf Mies van der Rohe in den USA vielbeachtete Bauten, wie Haus Farnsworth in Illinois (1946–51), die Lake Shore Drive-Appartements in Chicago (1950–52), das Caine-Haus (1950), die Crown Hall in Illinois (1956), das Quadrathaus «50 by

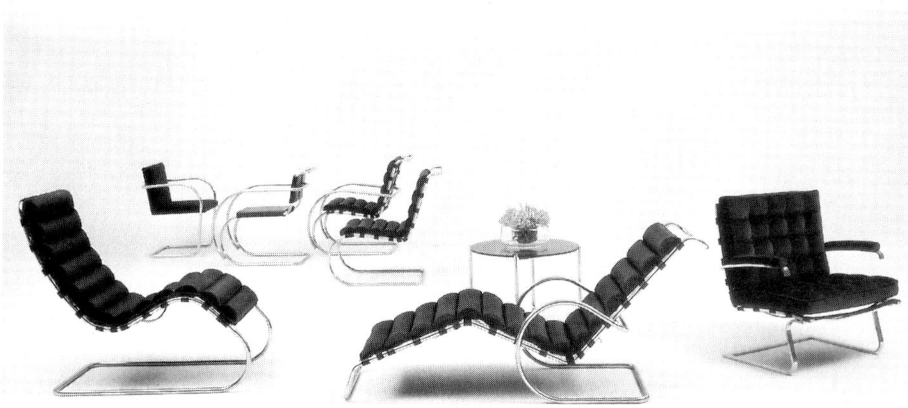

«MR Collection» (1929), reediert von Knoll. Foto: Knoll

Sessel «B 42» (1927), reediert von Tecta. Foto: Tecta

50» (1950/51) oder das Seagram Building in New York (1956–59). Für die Stadt Berlin entwarf er Anfang der sechziger Jahre die Neue Nationalgalerie (1962–68).
Als Möbeldesigner schuf Mies van der Rohe 1927 den berühmten Freischwinger-Sessel «B 42» aus nahtlosen, kalt gezogenen Stahlrohren. Er wird heute bei → Tecta und in Abwandlungen bei den Firmen → Knoll und → Thonet produziert. Der 82 cm hohe Stuhl hat ein Geflecht aus Naturrohr (heute auch mit Lederbespannung). 1929 fertigte Mies für den deutschen Pavillon in Barcelona den «Barcelona-Sessel» (bei Knoll) mit x-förmigem Gestell aus handgeschweißtem Spezialfederstahl, den «251 Barcelona-Hocker» und den «Barcelona-Tisch» mit x-förmigen Gestellen, auf denen eine quadratische Kristallglasplatte aufliegt.
Ebenfalls 1929 entwarf Mies van der Rohe den hinterbeinlosen Sessel «Brno 255» (bei Knoll), der aus hochglanzverchromtem Spezialfederstahl und leder- bzw. stoffbezogenen Polstern besteht. Als weitere Entwürfe sind der «Weißenhofsessel» (1927; bei Knoll, Thonet), der «Verstellbare Liegestuhl» (1931; bei Knoll); der «Beistelltisch» mit Rauchglasplatte (bei Knoll) und die «Couch» mit Sattelledergurten über Gummizügen (bei Knoll) zu nennen.
Mies van der Rohe erhielt zahlreiche internationale Designpreise, wie beispielsweise den Preis der Schönen Künste der Stadt Berlin (1961) oder die Goldmedaille des Bundes deutscher Architekten (1966).

Mikroarchitektur

Der Begriff bezeichnet Gegenstände des → Table Top Designs, die mit → Formen und Details der Architektursprache spielen. 1979 initiierte → Alessi das Projekt «Tea and Coffee Piazza», das Haushaltswaren als Mikroarchitektur (mit Säulen, Giebeln u.ä.) entstehen ließ; so das limitierte Tee- und Kaffee-Services von → Michael Graves (1983).

Miller, Herman

Die amerikanische Möbelfirma wurde 1905 als Star Furniture Company in Zeeland/Michigan gegründet. 1923 wurden Dirk Jan de Pree und sein Schwiegersohn Herman Miller Hauptteilhaber und änderten den Firmennamen in Herman Miller Furniture Company. Einer der ersten Designer, der für Miller arbeitete, war der vom → Bauhaus

beeinflußte Gilbert Rohde, der 1930 ein modernes Möbelprogramm für den Wohnbereich vorstellte und 1933 mit der Präsentation des fortschrittlichen Rohde-/Miller-Design Aufsehen auf der Weltausstellung in Chicago erregte.
1942 stellte Miller das von Rohde entworfene Konzept «Executive Office Group» vor – ein Büromöbelprogramm aus modular zusammengestellten Komponenten, das eine bis dahin nicht gekannte Flexibilität zeigte.
1946 kam → George Nelson, ein junger Architekt (und Herausgeber des «Architectural Forum») zu Herman Miller. Er kreierte seinen berühmten «Schreibtisch in L-Form» und ein neuartiges Schrankwandsystem. Darüber hinaus gewann er bedeutende Designer für Miller, darunter → Isamu Noguchi (dessen «Coffee Table» von 1947 noch heute im Programm ist) und Ray und → Charles Eames, die der Firma fast drei Jahrzehnte lang verbunden blieben und ihren Stil entscheidend mitprägten. Die Möbel, die Ray und Charles Eames für Miller entwarfen – «Molded Plywood Chair» (1946), «Fiberglass Chair» (1950), «Lounge Chair» (1956), «Ottoman» (1958), «Aluminium-Sitzgruppe» (1959), «Tandem-Sling-Sitzgruppe» (1962) – wurden zu Klassikern der Moderne.
1960 übernahm der Forscher Robert Probst die Leitung der neugeschaffenen Herman-Miller-Research Corporation, die erstmals systematisch die Arbeits- und Lebensbedingungen im Büro erforschte. Als Ergebnis stellte Probst 1968 das «Action Office» vor, das weltweit als erstes System für die Büroeinrichtung mit Möbeln, Trennwänden und Zubehör galt.
In den siebziger Jahren stellte Miller das von Don Chadwick konzipierte Stuhlsystem «Modular Seating» (1974) vor und setzte mit dem «Ergon»-Stuhl (1976) neue Maßstäbe für ein ergonomisch ausgefeiltes Stuhlprogramm. Gemeinsam mit Don Chadwick entwickelte Bill Stumpf den «Equa»-Stuhl, der 1984 auf den Markt kam. Durch den H-förmigen Ausschnitt im Schalenkörper konnten sich Sitz- und Rückenteil des Stuhls auf Gewicht, Größe und Bewegung des Benutzers einstellen – was eine komplizierte Mechanik von Hebeln und Knöpfen überflüssig machte. Erfolgreich war auch der «Hollington»-Stuhl (1989 von Geoff Hollington entworfen), der durch eine spezielle Neigungsmechanik auf jede Bewegung des Benutzers reagiert.
In den achtziger Jahren überraschte Miller neben seinen Stuhlserien auch durch funktionell ausgereifte Tische («Burdick Techgroup» von Bruce Burdick, 1980; «Newhouse Group» von Tom Newhouse, 1987; «Jaeger Group» von Harald Jaeger, 1988), wobei die «Burdick Techgroup» – ein flexibles Tischsystem auf Aluminiumträgern – heute bereits zu den Design-Klassikern zählt. Im Bereich der Bürosystemmöbel überraschte Miller 1984 durch die «Ethospace»-Serie von Bill Stumpf und das aktuelle System «Relay» (1990) von Geoff Hollington.

Minimal Art

Die Minimal Art (engl., minimale Kunst) entstand im Laufe der sechziger Jahre in den USA und stellt eine wesentliche Erneuerungsbewegung der Skulptur nach 1945 dar. Die Entstehung des Begriffs ist umstritten, doch viele Hinweise deuten auf eine erste Verwendung 1965 durch den amerikanischen Kunstkritiker Richard Wollheim. 1966 fand im Jewish Museum in New York eine programmatische Ausstellung unter dem Titel

«Primary Structures» («Grundstrukturen») statt. Die gegenstandslosen Skulpturen der Minimal Art bestehen aus (mehreren) stark reduzierten geometrischen Körpern, typischerweise in Gestalt von Primärformen wie Kubus, Kugel, Quader, Zylinder etc. Sie vermeiden symbolische, illusionistische oder metaphorische Bezüge und konzentrieren sich statt dessen auf die Wechselbezüge der einzelnen Elemente untereinander, auf die Licht- und Raumverhältnisse.
Die Minimal Art gründet sich auf bestimmte Bereiche des → Konstruktivismus und der konkreten Kunst. Entstanden als Gegenbewegung zu der dem Alltag entstammenden Gegenständlichkeit der → Pop Art und dem emotionalen Subjektivismus des Abstrakten Expressionismus, erfaßte sie im wesentlichen die Skulptur und entspricht in gewisser Weise dem Hard Edge in der Malerei. Neben dem durch rationale Blockformen in sich abgeschlossenen, hermetischen Charakter ist auch eine spielerische Komponente kennzeichnend. Sie äußert sich beispielsweise in einer bestimmten, mathematischen Gesetzen gehorchenden Zu- oder Abnahme von Elementen bzw. Leerräumen zwischen den einzelnen Teilen einer Skulptur. Dabei spielt das Gestaltungsprinzip der Reihung eine entscheidende Rolle: Gleiche Elemente finden sich in eine reihenartige Anordnung überführt, was die Abhängigkeit des einzelnen Elements gewissermaßen als «Baustein» gegenüber der Gesamtheit der Skulptur unterstreicht. Diese Eigenschaften charakterisieren die Minimal Art als eine präzise kalkulierende, sachlich-rationale, scheinbar objektiven Gesetzmäßigkeiten gehorchende Stilrichtung, geprägt von unantastbarer Zeitlosigkeit und der strengen Vermeidung jeder subjektiven Handschrift des Künstlers.
Zu den wichtigsten Arbeiten zählen die flachen, begehbaren Metallplatten von Carl Andre, die farbigen, kastenartigen Wandobjekte von Donald Judd und die quaderförmigen, durchbrochenen Gitterstrukturen von Sol LeWitt. Weitere wichtige Künstler sind: Dan Flavin, John McCracken, Robert Morris, Richard Serra, Tony Smith u.a. In Deutschland sind Friedrich Gräsel, Alf Lechner, Thomas Lenk, Ansgar Nierhoff oder Heinz-Günter Prager zu erwähnen. Großen Einfluß hatte die Minimal Art auf Concept Art und Land Art. Viele minimalistische Künstler arbeiteten zugleich auch innerhalb dieser benachbarten Strömungen, wobei vielfach die Concept Art als konsequente Weiterführung der Minimal Art verstanden wird.
Im → Design machen sich minimalistische Einflüsse beispielsweise innnerhalb des sog. → Minimalismus bemerkbar, wie z.B. Möbel der Designergruppe Zeus oder → Philippe Starcks vor Augen führen. Auch die der bildenden Kunst besonders nahestehenden Arbeiten von → Metamemphis verarbeiten Stilmerkmale der Minimal Art.

Minimalismus

Der Begriff Minimalismus bzw. Minimalism findet in unterschiedlichen Zusammenhängen Verwendung. Allgemein beschreibt er eine Reduktion der Vielfalt von Farbe und → Form, wobei typischerweise Primärfarben bzw. geometrische Primärformen eingesetzt werden. Damit ist zugleich auch eine kühle, rationale Ausrichtung verbunden, häufig mit funktionalistischer (→ Funktionalismus) Tendenz. In der Architektur bezeichnet der Minimalismus eine Strömung der sechziger und frühen siebziger Jahre in den USA.

Stuhl «Costes» (1988) von Philippe Starck für Driade. Foto: Tom Vack

Zeitgleich zur → Minimal Art wurden sehr vergleichbare formalästhetische Ziele verfolgt. Die Gebäude zeichnen sich beispielsweise durch serielle Reihungen, geometrische Primärformen oder eine glatte Oberflächengestaltung aus. Zu den bekanntesten Architekten zählen Louis Kahn oder Kevin Roche. Im → Design verbindet man mit dem Begriff Minimalismus eine elementare, puristische Tendenz, die sich in den achtziger Jahren bewußt vom → Studio Alchimia und → Memphis absetzte. Im Gegensatz zu diesen Strömungen wird auf die bunte Fülle der Farben und Formen verzichtet und statt dessen einfache, strenge Formstrukturen eingeführt. Zu den wichtigsten Vertretern rechnen unter Maurizio Peregalli die Mitglieder der Designergruppe Zeus; eine ihrer bekanntesten Arbeiten ist beispielsweise der Stuhl «Savonarola» (1984).
Ebenso verdienen die Möbelentwürfe des Franzosen → Philippe Starck Beachtung, z.B. der für ein Pariser Café entworfene Stuhl «Costes» (1985) oder der Tisch «M.» (1986). Ferner können der Armlehnstuhl «Sing Sang» (1986) oder der Stuhl «Apple Honey» (1986) des Japaners → Shiro Kuramata angeführt werden.

Miyake, Issey (*1939 Tokio)

Der japanische Modeschöpfer Issey Miyake studierte von 1959 bis 1963 Grafik an der Tama Art University in Tokio und ging 1965 nach Paris, wo er bis 1968 mit Hubert de Givenchy und Guy Laroche zusammenarbeitete. In New York lernte er 1968/69 in der Textilfirma von Geoffrey Beene. 1970 kehrte Miyake nach Tokio zurück, eröffnete sein Miyake-Design-Studio und gründete ein Jahr darauf die Firma Issey Miyake International Incorporated, die heute die größte Modefirma in Japan ist. 1971 präsentierte Miyake seine erste Kollektion in New York, zwei Jahre später in Paris. Miyakes Mode vereint auf homogene Weise östliche und westliche Traditionen, wie es z.B. an seiner Kollektion «Separates» von 1984 deutlich wird. Ausgehend vom klassischen Kimono schuf Miyake kompromißlos-moderne Kleidung, die im Gegensatz zum westlichen Trend die Körperformen eher versteckt, anstatt sie zu betonen. Er verwendete neben hochwertigen Naturfasern wie Leinen, Seide, Baumwolle, Leder, Pelz, Bambus und Abigurami (eine Art handgemachtes ölgetränktes Papier) auch synthetisches Material. 1977 entwickelte er zusammen mit einem japanischen Drucker Stoffe mit geometrischen Mustern und abgestuften Farbverläufen. Neben Fashion entwarf Miyake auch Alltagskleidung und schuf z.B. für den Sony-Konzern Arbeitsjacken mit abnehmbaren Ärmeln. 1980 arbeitete Miyake mit dem Ballettchoreographen Maurice Béjart an «Casta Diva» mit, 1991 mit William Forsythe an «The Loss of Small Details»; 1990 beteiligte er sich an der Ausstellung «Energien» im Amsterdamer Stedelijk Museum.

Mogensen, Børge (*1914 Ålborg, †1972 Kopenhagen)

Der dänische Möbeldesigner Børge Mogensen absolvierte eine Lehre als Kunsttischler, bevor er von 1936 bis 1938 Möbeldesign an der Kopenhagener Arts-and-Craft-Schule studierte. Von 1938 bis 1941 setzte er sein Studium an der Kopenhagener Royal Academy fort und arbeitete anschließend für verschiedene Architekten, darunter → Mogens Koch und → Kaare Klint (1945–47). 1942 wurde Mogensen Leiter der Möbelfabrik der Verbrauchergenossenschaften Dänemarks (FDB) und entwarf dort eine große Zahl von Anbau- und Einzelmöbeln für den Familienbedarf. Zu seinen ersten bekannten Entwürfen gehören der Anbauschrank «Boligens Byggeskabe» (1952) und das Anbausystem «Øresund» (1955), an dem auch Grethe Meyer beteiligt war. 1953 machte sich Mogensen als Designer selbständig. Mogensen entwarf solide, ästhetisch-funktionale Möbel, wobei er sich stark von traditionellen → Formen, wie z.B. den spanischen Armsesseln oder den englischen Windsor-Stühlen, inspirieren ließ. Eines seiner populärsten Objekte ist das Sofa «1789» aus dem Jahr 1945, das heute bei der Möbelfirma → Fritz Hansen in Produktion ist. Die Seitenlehnen dieses Möbels sind mit Lederriemen am Buchenholzrahmen befestigt, so daß es gleichermaßen als Sofa und Bettliege verwendet werden kann. Ein grober Pferdedeckenstoff verleiht dem strapazierfähigen «1789» eine rustikale Aura. 1964 kreierte Mogensen den Ohrensessel «2204», der heute bei der dänischen Fredericia Stolefabrik hergestellt wird und mit einem Gestell aus Nußbaum, Eiche, Teak oder Mahagoni lieferbar ist. 1965 entwarf Mogensen zwei Shaker-Tische aus Eiche: die Modelle «6288» und «6286». Darüber hinaus Möbel wie den Eichenstuhl «3239», das Sofa «2213», die Satztische «5377 A + B», den klappbaren Rundtisch «6300» und den Schaukelstuhl «2267» (alle bei Fredericia Stolefabrik).

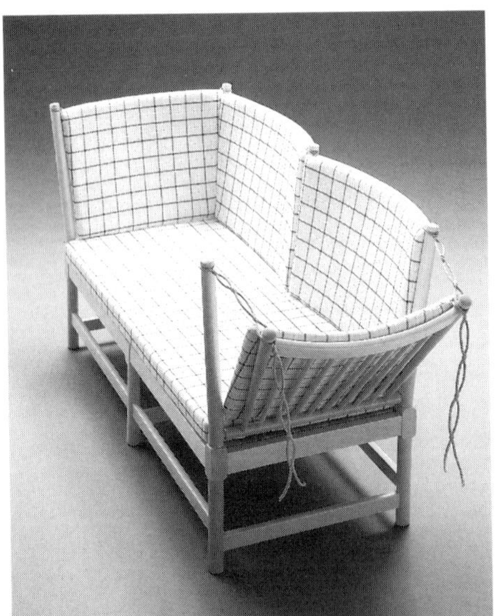

«Sofa für zwei Personen» für Fritz Hansen. Foto: Fritz Hansen

Moholy-Nagy, László (*1895 Bácsborsod/Ungarn, †1946 Chicago)

Der amerikanische Designer, Künstler und Pädagoge Laszlo Moholy-Nagy studierte 1913/14 und 1918/19 Rechtswissenschaften an der Universität Budapest. Parallel zu seinem Studium, das er 1919 abbrach, begann er zu malen und beschäftigte sich mit → Design. Durch längere Aufenthalte in Wien und Berlin bekam er Kontakt zur Avantgarde-Künstlergruppe «MA», für deren Zeitschrift er Artikel schrieb. 1921 nahm Moholy-Nagy am Kongreß progressiver Künstler in Düsseldorf teil, wo er Theo van Doesburg und → El Lissitzky kennenlernte. In Berlin, wo er 1922 in der Galerie «Der Sturm» seine erste Einzelausstellung hatte, machte er die Bekanntschaft mit Kurt Schwitters und → Hans Arp. 1923 wurde er von → Walter Gropius ans → Bauhaus in Weimar berufen, um dort den Grundkurs «Material und Raum» von Johannes Itten zu übernehmen. Darüber hinaus war er am Bauhaus Dozent für Fotografie, Typografie und Bühnendesign und leitete die Metallwerkstatt, in der → Marianne Brandt und → Wilhelm Wagenfeld zu seinen Schülern zählten. Sämtliche Bauhaus-Bücher wurden von Moholy-Nagy herausgegeben und gestaltet.
In den Jahren 1923 und 1924 entwarf Moholy-Nagy die Umschläge der Zeitschrift «Der Sturm», 1925 veröffentlichte er sein gestaltungstheoretisches Buch «Malerei Fotografie Film»; im selben Jahr verließ er das Bauhaus. Von 1928 bis 1934 unterhielt Moholy-Nagy in Berlin ein Büro für Grafikentwurf und gestaltete Bühnenbilder für die Kroll-Oper und die Piscator-Bühne. 1930 präsentierte er mit dem konstruktivistischen (→ Konstruktivismus) «Licht-Raum-Modulator» die erste lichtkinetische Plastik. 1934 emigrierte Moholy-Nagy nach Amsterdam, ein Jahr später nach London, wo er als Schaufensterdesigner (beim Kaufhaus Simpson's) und Buchillustrator (für John Betjeman) arbeitete. Für die → Isokon Company, für Imperial Airways und London Transport war er als Werbegrafiker und Fotograf tätig, darüber hinaus übertrug man ihm die künstlerische Leitung des Magazins «Architectural Review». 1937 emigrierte Moholy-Nagy in die Vereinigten Staaten und gründete in Chicago die Designschule New bauhaus, mit der er das Entwurfskonzept des Bauhauses in Amerika fortsetzen wollte. Nach der Schließung des New bauhaus im Jahre 1938 eröffnete er die School of Design in Chicago, die bis 1944 existierte. Als Industriedesigner entwarf Moholy-Nagy während seiner Chicagoer Zeit Pillendosen aus Kunststoff (1940) für die Firma Foley & Company und 1941 den Füller «51» für Parker (Moholy-Nagy arbeitete Anfang der vierziger Jahre eng mit der Parker Pen Company in Janesville zusammen). Sammlungen von László Moholy-Nagys Werken befinden sich u.a. im New Yorker Museum of Modern Art und im Art Institute of Chicago.

Molteni

Die italienische Firma wurde 1933 gegründet und entwickelte sich vom klassischen Handwerksbetrieb zu einem Industrieunternehmen, das sich auf die Herstellung von Holzmöbeln (gepaart mit anderen Materialien) spezialisierte. 1969 brachte Molteni das modulare Schranksystem «Florenza» von → Tito Agnoli auf den Markt, 1971 das erfolg-

reiche Möbelsystem «Serie 505» (es erlaubt die Konzeption von Anbaumöbeln, Schrankwänden nach Maß, Raumteilern mit beidseitigen Fronten und Ecklösungen) von Luca Meda.
Neben weiteren Entwürfen von Meda (u.a. Tisch «Capotavola», Stuhl «Risiedo», Sofa «Primafila», Modularsystem «7volte7») hat Molteni Arbeiten von Piero de Martini (Polstermöbelanbausystem «Copernico»), → Aldo Rossi (Stuhl, Sessel und Sofa «Teatro», Sekretär «Carteggio» – mit neun Schubladen, ausziehbarer Arbeitsplatte und Rolladenelement) sowie → Afra und Tobia Scarpa (Anbaumöbel «Mount», «Miro», Bett «Marlo 3», Tischserien «Campos», «Marcus» und «Mou» sowie die Stühle «Miss» und «Mastro») im Programm.

Mondo → Cappellini

Mono

Die Mono-Metallwarenfabrik Seibel GmbH stellt seit 1895 Qualitätsbestecke her, verbindet aber seit 1959 mit dem Begriff «Mono» eine Gruppe von Designprodukten, die «für den modernen Tisch» gestaltet wurden.
Als Urtyp der Mono-Besteckfamilie gilt die 1959 von Peter Raacke entworfene Serie «mono-a» mit ihrer klaren und unkomplizierten Grundform (sie erhielt u.a. den Bundespreis → Gute Form und wurde in den sechziger Jahren durch «mono-e» (Ebenholz) und «mono-t» (Teakholz) ergänzt). Mehrfach ausgezeichnet wurden auch die Besteckliniem «mono-k» (von Ralph Krämer) und «filio» (von Fried Ulber) sowie die ebenfalls von Fried Ulber gestalteten Stövchen, Kerzenhalter und Fonduegeräte. Ein Designklassiker wurde die Teekanne, die → Tassilo von Grolman für Mono entworfen hat (Kanne aus feuerfestem Duran-Glas, Rahmen Stahl, Sieb aus rostfreiem Edelstahl). Die Teekanne hat zahlreiche Farb- und Materialvarianten erfahren, zuletzt als Tee-Service «filio». 1993 entwarf Grolmann – als Ergänzung zu seiner Teekanne – die Kaffeekanne «mono cafino» (mit Edelstahl-Doppelsieb).

Montblanc

Die Firma wurde 1908 als Simplo Fillern Company in Hamburg gegründet, mit dem Ziel, hochwertige Füllhalter für den internationalen Markt zu produzieren. Neben Claus-Johannes Voss traten bis 1919 Christian Lausen und Wilhelm Dziambor als Teilhaber in das Unternehmen ein.
1909 wurde der Füllhalter «Rouge et noir» eingeführt, 1910 folgte der legendäre Füllhalter «Montblanc», dessen ursprünglich weißer, runder Kappenkopf ab 1913 in einen Stern (der den schneebedeckten Gipfel des Montblanc-Massivs symbolisiert) umgewandelt und seitdem zum Markenzeichen der Firma wurde. 1924 präsentierte Montblanc den Füllhalter «Meisterstück» (aus schwarzem Edelharz mit goldplatinierten Beschlägen), der aufgrund seines klassischen Designs und seiner Präzisionstechnik noch heute produziert wird (inzwischen in verschiedenen

Füllhalter «Meisterstück» mit handbearbeiteter 14-Karat-Goldfeder. Foto: Montblanc

Größen, Farben und Materialien). 1985 wurde der Füllhalter mit dem Prix Guttemberg ausgezeichnet, außerdem befindet er sich in der ständigen Sammlung des New Yorker Museum of Modern Art.
In den zwanziger und dreißiger Jahren meldete Montblanc zahlreiche Patente an, darunter 1935 die Teleskopmechanik für den Füllhalter-Saugkolben, der eine wesentlich größere Tintenaufnahme ermöglichte, oder den ersten zuverlässig funktionierenden Druckbleistift («Pix»), der auf Knopfdruck automatisch die Mine vorschob. 1952 stellte Montblanc den ersten Tinten-Kugelschreiber vor, 1960 wechselte die Firma in ihrer Technik von Zelluloid auf thermoplastische Materialien und führte das Spritzgußverfahren ein. 1968 folgte die «Classic»-Linie, 1970 die jugendliche «Carrera»-Produktfamilie und 1973 die Kollektion «Noblesse», eine Ganzmetall-Produktlinie, die durch ihr schlankes, zylindrisches → Design einen neuen Trend auf dem Markt der Schreibgeräte initiierte.
In den achtziger Jahren führte Montblanc mit der «S»-Linie (1981) eine moderne, funktionale Produktlinie ein und kreierte die Schreibsysteme «Turbo» (1982) und «Leonardo» (1985). 1984 führte die Firma die «Meisterstück»-Accessoires (Füllhalterständer und Tintenglas-Set) ein.

Morandini, Marcello (*1940 Mantua)

Der Italiener Marcello Morandini eröffnete 1963 ein eigenes Atelier in Varese und begann, Dessins zu entwickeln, die durch eine geometrische, klare Formensprache (→ Form) charakterisiert waren. Sein Prinzip war die «Reihung mit Variationen»; seine Arbeiten entwarf er – zur besseren Sichtbarmachung der Raumstrukturen – in erster Linie in Schwarzweiß. 1964 realisierte Morandini seine ersten dreidimensionalen Strukturen, die ein Jahr später auf Ausstellungen in Genua und 1967 in Lexington gezeigt wurden. 1968 war Morandini auf der 34. Internationalen Biennale von Venedig mit einem eigenen Ausstellungssaal vertreten. Ab 1969 folgten weitere Ausstellungen und Retrospektiven (u.a. im Palais des Beaux Arts in Brüssel und im Museum of Modern Art in Philadelphia),

Stuhl «Bine» für Sawaya & Moroni. Foto: Sawaya & Moroni

1977 folgte eine Einladung zur «documenta 6» in Kassel. Ab 1979 arbeitete Marcello Morandini mit den Architekturbüros Miraglia und Ong & Ong zusammen, entwarf städtische Einrichtungen und beschäftigte sich mit der Integration von Kunstwerken in die Architektur.

Als Designer war Morandini Anfang der achtziger Jahre für die Firmen Girard Peregaux und → Rosenthal tätig (Entwürfe für die limitierte Objekt-Kollektion der «Studio Linie»: «Onda costrutta», 1980; Jahresobjekt 1981 in Porzellan). 1985 realisierte er für die Firma Thomas in Bayern die Fassade der Firmenzentrale, 1986 für Rosenthal die Fassade des Bürogebäudes in Selb. Für die Teppichfirma → Melchnau entwickelte Morandini die Edition «Progretti», in der sein «Puzzle Carpet System» (sieben verschieden gestaltete Teppichteile, die als Teppichcollage in immer neuen Variationen zusammengesetzt werden können) und sein «Teppichalphabet» vertreten sind. 1977 entwarf Morandini für den Inneneinrichter Rudolf Beckmann einen Schrank, der konsequent auf Form und Linie beschränkt war und aus mehreren offenen (rechteckigen und quadratischen) Fächern bzw. Türen bestand. 1993 schuf Marcello Morandini für die Rosenthal «Studio-Linie» das Besteck «Cambio».

Moroso

Die italienische Firma wurde 1952 gegründet und entwickelte sich in den achtziger Jahren vom konventionellen Polstermöbelhersteller zu einem designorientierten Unternehmen. In der Kollektion «Dinamic» präsentiert Moroso Sitzmöbel von → Massimo Iosa-Ghini, der sich wesentlich von den ästhetischen und konzeptionellen Überlegungen des «Bolidismus» (eine Stilrichtung des jungen italienischen Designs) inspiriert zeigt.

Stühle «Walk» und «Fido» von Toshiyuki Kita. Foto: Moroso

Durch ein subtiles und ironisches Spiel mit → Formen wie Bögen oder Ellipsen schuf Iosa-Ghini Möbel, die abstrakten geometrischen Bildern gleichen.
Nicht selten macht er dabei Anleihen beim Stil der fünfziger Jahre, etwa mit dem Liegesessel «Futuro 3», den Stühlen «Velox n 13» oder dem Hocker «Disco 16». In der Kollektion «Big Mama» (1993) präsentiert Iosa-Ghini ein modulares Sofasystem, das er mit kleinen Armsesseln («Baby»), Tischen («Sister», «Ray») und mit Beistelltischen («Bros») komplettiert.
Der Designer → Ron Arad ist bei Moroso mit seiner «Spring»- Kollektion vertreten – Sitzmöbel aus Dacron, Polyurethan und Kaltschaum, die in ihren Formen und Proportionen an den Mikrokosmos der Natur erinnern, wie er sich etwa in den Fotografien von Karl Blossfeldt zeigt.
Zu modernen Klassikern avancierten die Ron-Arad-Möbel «Soft Heart», «Soft Little Heavy», das Sofa «Double Soft Big Easy» und die Bank «Spring».
Eine eigene Kollektion bei Moroso hat auch der australische Designer → Marc Newson, der stromlinienförmige Polster aus Polyurethanschaum um organisch geformte Stahlrahmen arrangiert.
Zu seinen populärsten Entwürfen gehören das Sofa «Gluon», der «TV Chair» und die Stuhl-/Sofaeinheit «Bone».
Erfolgreiche Entwürfe für Moroso schufen auch die Designer → Antonio Citterio (Sitzgruppe «Ready Made»), Rodolfo Dordoni (Sofa «Compact», Sitzgruppe «Waiting»), → Toshiyuki Kita (Stühle «Fido», «Titti» und «Walk»), → Michele de Lucchi (Sitzgruppe «Dedalus», «Plurabella» und «Ulisse»), → Paolo Nava und Franco Perrotti.

Morris, William (*1834 Walthamstow/Essex, †1896 London)

William Morris nahm 1853 am Exeter College in Oxford das Studium der Theologie auf. Unter dem Einfluß der Präraffaeliten wandte er sich eine Zeitlang der Malerei und Dichtung zu, gründete 1861 aber die Firma Morris, Marshall, Faulkner & Co., in der er Möbel, farbige Glasfenster, Tapeten (z.B. «Trellis» und «Michaelmas Daisy»), Seide und Stickereien produzierte, die er mit Edward Burne-Jones, Dante Gabriel Rossetti und Philip Webb entworfen hatte. Weitere Werkstätten folgten in Upton, Bloomsbury (1865), Hammersmith (1878) und in Merton Abbey/Surrey (1881).
Als Gegner maschineller Produktionsweisen, durch die Morris das Handwerk gefährdet sah, gilt er als einer der Väter der englischen → Arts-and-Crafts-Bewegung. Seine Kunstauffassung und seine sozialreformerischen Thesen publizierte Morris in zahlreichen Artikeln und Büchern, z.B. in «The Decorative Arts» (1878) und in «News from Nowhere» (1890). Erste Aufträge erhielt Morris von der Anglikanischen Kirche (Glasfensterentwürfe für die Kirchen St. Michael's in Brighton, All Saints in Selsley und St. Martin's on the Hill in Scarborough) und von J. P. Seddon und Philip Webb, für die er Truhen und Anrichten mit meist allegorischen Szenenfolgen schuf. Auf der Weltausstellung von 1862 präsentierte Morris' Werkstätte Stickereien, Möbel, Glas- und Metallarbeiten, in den folgenden Jahren gestaltete er u.a. das Speisezimmer im South Kensington Museum (heute Victoria and Albert Museum) sowie einige Räume im St. James' Palace. Berühmt wurden die schwarz gebeizten Sussex-Stühle von Morris & Co.

Ab 1874 beschäftigte sich Morris mit Textilfärbung, wobei er natürliche Farbstoffe wie Krapp, Indigo und Koschenillerot verwendete. Im Jahre 1875 wurde die Firma Morris & Co. Morris' alleiniger Leitung unterstellt. Nach Aufnahme der Produktion in Merton Abbey (1881) hatte das Unternehmen großen Erfolg mit der Herstellung von Chintz-Drucken und Wandteppichen, zu denen u.a. Walter Crane und Edward Burne-Jones Entwürfe lieferten. Besonders bekannt wurden der Wandteppich «Der Obstgarten» (um 1890), den Morris zusammen mit J. H. Dearle entworfen hat, sowie die Keramikkacheln von William de Morgans, der zeitweise in Merton Abbey arbeitete. Ende der achtziger Jahre war Morris & Co. zu einem Zentrum der Arts-and-Crafts-Bewegung geworden, die Künstler und Designer wie George Jack, W.A.S. Benson oder Arthur Heygate Mackmurdo hervorgebracht hatten.
1883 schloß sich William Morris der marxistischen Organisation Democratic Federation an, später gründete er zusammen mit Eleanor Marx und Edward Aveling die Sozialistische Liga. Nach der Spaltung der Partei gründete Morris 1890 die Hammersmith Socialist Society. Im Jahr 1891 rief er die «Kelmscott Press» ins Leben, in der er bibliophile Werke mit aufwendigen Prägetechniken herausbrachte, wie die handgedruckte Chaucer-Ausgabe in Schweinsleder (1896).
Nach Morris' Tod wurde die Firma bis 1939 weitergeführt.

Morrison, Andrew Ivar (*1939 Washington D. C.)

Der Amerikaner Andrew Morrison studierte bis 1963 am New Yorker Pratt-Institute, wo er Bruce R. Hannah kennenlernte, mit dem er 1968 erste Entwürfe für → Knoll anfertigte. 1970 machte das Designer-Duo mit einem Polstermöbelprogramm, dessen Rücken und Sitze frei an Aluminiumrahmen aufgehängt waren, auf sich aufmerksam. Im selben Jahr entwarfen sie den Sessel «2031», der zu einer Serie von Sitzmöbeln gehörte, die bei Knoll in Produktion ist. Der «2031» besteht aus rilsanbeschichteten Aluminiumgußteilen (weiß oder schwarz) und hat ein Traggewebe mit Polyäther-Polsterung. Bis zur Aufkündigung ihrer Zusammenarbeit entwarfen Morrison und Hannah ein Büromöbelsystem mit Schreibtischen, Regalen und Schränken.
Nach ihrer Trennung arbeitete Morrison allein für Knoll weiter und schuf u.a. ein vielbeachtetes modulares Büromöbelsystem.

Morrison, Jasper (*1959 London)

Der Möbeldesigner Jasper Morrison, der sich als Vertreter der Neuen Einfachheit einen Namen machte und den Begriff des No-Designs prägte, studierte von 1979 bis 1982 an der Kingston School of Art and Design und später am Royal College of Art in London. 1984 kam er nach Berlin und lehrte als Gastdozent von Andreas Brandolini bei Nick Roericht → Designtheorie. 1986 eröffnete er ein eigenes Büro in London. 1987 nahm er an der «documenta 8» teil und war seitdem in zahleichen Einzelausstellungen vertreten.
1984 entwarf Morrison für die Firma → Vitra Stühle und Tische «Chair and Table»,

«Thinking Man's Chair» (1988) für Cappellini. Foto: Cappellini

minimalistisch-schlicht, aus weiß gestrichenem Schichtholz.
1989 entwarf er für Vitra seine zwei- und dreisitzigen Bänke («Benches»), 1990 den «Ply Table», 1992 sein «Sofa», das Elemente einer in England bekannten Tradition aufgreift: Die Sitzfläche des «Sofas» ist höher gesetzt, seine Armlehnen sind großzügiger geformt. Der Rücken ist beweglich, der Rahmen ruht auf Füßen aus Aluminium.
Seinem Wohnraum-Ensemble «Some New Items for the House» (1988) folgten der «Thinking Man's Chair» (1988 – ein Sessel aus lackiertem Metall mit Gestell aus Stahlrohr und Sitz und Rückenfläche aus flachen Profilen, Armlehnen mit Tabletts zum Abstellen von Gläsern), «Day Bed» (1989; für → Cappellini), «Bed II» (1993), «Ply Chair», die Tische «Flower Pot Table» (1989; mit Basis aus Naturcotta), «One-Legged Table» (1989) und «Big Wood Table» (1993).
Für die Firma SCP kreierte er den «Stacking Chair», das Sofa «jm 510», den Konsolentisch «jm 110» und den Beistelltisch «jm 611».
Weitere Entwürfe schuf Morrison für → Artemide, Arma Design, → FSB (Türdrücker, Fenstergriffe, Rosetten), Neotu, → Ritzenhoff (Milchglas, 1992) und Zeus.

Morozzi, Massimo (*1941 Florenz)

Der Architekt und Designer Massimo Morozzi war 1966 Gründungsmitglied der Gruppe → Archizoom, die er jedoch 1972 verließ. Von 1972 bis 1977 arbeitete er am Centro Design in Montefiore, wo er sich mit systematischer Designforschung beschäftigte, deren Ergebnisse ihm 1979 einen → Compasso d'Oro einbrachten. 1982 gründete er die Firma Massimo Morozzi Design, 1983 die Firma O. T. E., die in erster Linie medizinische Geräte entwarf. Seit Mitte der achtziger Jahre ist Morozzi künstlerischer Leiter der italienischen Firma → Edra.
Zu seinen populärsten Designs zählen der siebenteilige Tisch «Tangram» (1984; aus fünf Dreiecken, einem Quadrat, einem Parallelogramm und verschieden gestalteten Beinen) für → Cassina, die Sofas «Bibò Bibò», «Gilda» und «Winston» (1984; Liegefläche, Kopf- und Fußteil Polyurethanpolster) für → Driade, das Sofa «Domino» (1986; mit umklappbaren Rückenlehnen in zwei verschiedenen Breiten, Polster aus Polyurethanschaum und Polyesterwatte) für Cassina sowie die Couch «Topolone» (1991) für Edra. Für → Alessi entwarf Morozzi 1985 das Edelstahl-«Pasta-Set», 1990 das Kochtopf-Set «Vapor» und 1993 den originellen Flaschenöffner «Stappo» (in Weiß, Pink, Anthrazit oder Blau).

Moser, Koloman (*1868 Wien, †1918 Wien)

Der österreichische Maler und Designer Koloman Moser studierte von 1886 bis 1892 an der Akademie der bildenden Künste in Wien und bis 1895 an der dortigen Kunstgewerbeschule. In dieser Zeit entwarf er Illustrationen für Zeitschriften (u.a. für das Magazin «Wiener Mode») und schuf eine Reihe von → Jugendstil-Exlibris für den Verleger Martin Gerlach. 1894 wurde Moser neben → Joseph Maria Olbrich und → Josef Hoffmann Mitglied in der «Siebener-Gruppe».
1897 gründete er mit Hoffmann, Olbrich und → Otto Wagner die → Wiener Secession. Für deren erste Ausstellung im Jahr 1898 entwarf Moser Postkarten und Vignetten, im selben Jahr fertigte er Dekorationen und Buntglasfenster für das von Olbrich entworfene Secessionsgebäude.
1899 wurde Moser Dozent an der Wiener Kunstgewerbeschule und nahm dort maßgeblichen Einfluß auf die Entwicklung der modernen Grafik. Als markantes Zeugnis des Jugendstils gelten seine Umschlagentwürfe für die Kunstzeitschrift «Ver Sacrum».
Als Designer entwarf Moser ab 1899 für Firmen wie Böck, Bakalovits (Glas), Johann Backhausen & Söhne (Textilien), Jacob & Josef Kohn, Portois & Fix (Möbel) und Prag-Rudniker sowie für die Deutschen Werkstätten. Im Jahr 1900 wurden seine Möbel auf der Secessions-Ausstellung präsentiert. 1903 gehörte Koloman Moser neben Josef Hoffmann und Fritz Wärndorfer zu den Gründern der → Wiener Werkstätte und war bis 1907, als er die Gruppe wegen Streitigkeiten verließ, deren führender Entwerfer.
Zu Mosers bekanntesten Arbeiten gehört die «Wohnung für ein junges Paar» in Wien für die er nach der Jahrhundertwende Schränke, Sofas, Schreibtische und Stühle entwarf. Der Schrank hatte ein Furnier aus gemasertem Rüsterwurzelholz, in den Türen waren kleine Quadrate aus Ahorn eingearbeitet, in denen sich Intarsien aus Perlmutt, Vogelaugenahorn und Palisander befanden. Weitere Einlagen an den Pilastern zeigten kleine Delphine, ein Detail, das Moser auch an den Stühlen für die Wohnung einsetzte. In dem Schreibtisch hatte Moser eine Einbuchtung freigelassen, in die der zugehörige würfelförmige Stuhl eingeschoben werden konnte, so daß er fast bündig mit dem Schreibtisch abschloß. Neben Schmuck entwarf Moser Hänge- und Tischleuchten (1904), die heute von der Firma Wolka hergestellt werden. Ein Teppichentwurf des Designers wurde 1991 in der → Vorwerk-Kollektion «Classic» reediert (→ Reedition).

Mucchi, Gabriele (*1899 Turin)

Der Designer, Maler und Ingenieur Gabriele Mucchi ging 1928 nach Berlin, wo er später an der Hochschule für bildende Kunst Malerei lehrte.
In den dreißiger Jahren war Mucchi eine der Zentralfiguren der italienischen Avantgarde-Bewegung in Mailand. Er arbeitete mit Ernesto Rogers, → Franco Albini und → Marco Zanuso zusammen und beteiligte sich mit seinen Kollegen Piero Bottoni, Lingeri und → Giuseppe Terragni an zahlreichen Wettbewerben. 1934 errichtete er in der Via Marcora in Mailand eines der ersten rationalistischen Bauwerke der Stadt. 1947 eröffnete er zusammen mit Bottoni das Experimentier-Areal «QT 8» in Mailand, wo er u.a. ein Haus

Liege «Genni» (1935) für Zanotta.
Foto: Masera

mit vorfabrizierten Elementen errichtete. Ab 1955 widmete sich Mucchi verstärkt der Malerei. Eine große Ausstellung wurde ihm 1983 vom Berliner Museum für Moderne Kunst und vom Moskauer Puschkinmuseum gewidmet. 1987 gab es in Magdeburg eine Mucchi-Ausstellung, auf der auch Skulpturen seiner ersten Frau, der Bildhauerin Jenny Mucchi-Wiegmann, zu sehen waren. Als Designer war Mucchi, der zwischen 1935 und 1945 für die Möbelfabrik von Emilio Pino gearbeitet hatte, von den Möglichkeiten des Stahlrohrs beeindruckt, wie er sie bei → Le Corbusier und Giuseppe Terragni realisiert fand. 1935 entwarf er den verstellbaren Liegestuhl «Genni», der heute bei der Firma → Zanotta in Produktion ist. Das Gestell besteht aus verchromtem oder feuerlackiertem Stahl, die Bezüge sind aus Alcantara oder Leder, das abnehmbare Kopfteil aus Polyurethan. Der Bezug des «Genni» ist mit Schlaufen am Rahmen befestigt, die Armlehnen sind mit Leder bezogen. 1983 entwarf Mucchi den verstellbaren Stahlrohrsessel «Susanna» für Zanotta, der einen ähnlichen Rahmen wie der «Genni» hat und aus den gleichen Materialien besteht.

Mucha, Alfons Maria (*1860 Eibenschütz, †1939 Prag)

Der Maler, Grafiker und Kunstgewerbler Alfons Mucha studierte von 1884 bis 1887 Malerei an der Kunstakademie in München, ab 1888 in Paris an der Académie Julien bei J. P. Laurens. In der französischen Hauptstadt wurde er schnell als Buchillustrator und Grafiker bekannt und zeichnete u.a. für die Zeitungen «Figaro illustré», «Petit Parisien illustré» sowie für «Quartier Latin». Daneben entwarf er Briefmarken und Plakate.

1894 gelang ihm mit dem → Jugendstil-Plakatmotiv «La Samaritaine», das er für die Schauspielerin Sarah Bernhardt entworfen hatte, der Durchbruch als Künstler. In der Folgezeit entwarf Mucha Kostüme, Bühnenbilder und weitere Plakate für Sarah Bernhardt, wobei der Entwurf für Alfred de Mussets Stück «Lorenzaccio», das die Schauspielerin vor einem goldfiligranen Hintergrund zeigt, zu einem der Höhepunkte seines Plakatschaffens wurde. Sehr populär wurden darüber hinaus der Kalender «La Plume», das Werbeplakat für die französischen Staatsbahnen «Monaco Monte-Carlo» sowie seine Arbeiten für die Fahrradfabrik Waverley und den Spirituosenhersteller Moët & Chandon.
1897 wurde in Paris eine erste Ausstellung mit Muchas Werken gezeigt, die später nach Prag, London, Brüssel, München und New York wanderte. Mucha gründete im selben Jahr in Paris zusammen mit James Whistler die Designschule Académie Carmen. Um 1898 begann Mucha mit dem Entwurf von floralen Motiven für Textilien, die später von dem Schweizer Designer Gustave Forrer in Auftrag gegeben wurden.
1899 begann Mucha mit der Gestaltung des Bosnien-Herzegowina-Pavillon für die Pariser Weltausstellung 1900, wo er Schmuck, Parfümflaschen und einen Teppich von sich präsentierte. Der Schmuck, den er für Georges Fouquet entworfen hatte, wurde 1905 in Lüttich und ein Jahr darauf in Mailand gezeigt.
1910 zog es Mucha wieder nach Prag, obwohl er projektgebunden noch bis 1913 in Paris arbeitete. Zwischen 1908 bis 1928 entstand eine Serie von 20 Gemälden, die Mucha nach einem slawischen Epos geschaffen hatte. Zu seinen letzten Arbeiten gehören der Entwurf der ersten tschechischen Briefmarken sowie ein Fenster in der Prager Kathedrale.

Müller, Gerd Alfred (*1932 Frankfurt a.M.)

Der Industriedesigner Gerd Alfred Müller besuchte nach einer handwerklichen Ausbildung ab 1952 die Werkkunstschule Wiesbaden. 1955 wurde er als einer der ersten Designer Deutschlands bei der Firma → Braun angestellt, für die er einige ihrer erfolgreichsten Produkte entwarf, wie die Küchenmaschine «KM 32» (1957) oder den

«Lamy unic» (1984) für Lamy. Foto: Lamy

Elektrorasierer sixtant «SM 31» (1962) für Braun. Foto: Braun

Elektrorasierer «SM 3» von 1960, der ein Jahr später in der von → Hans Gugelot variierten → Form als «Braun Sixtant» zu einem Welterfolg wurde.
Gerd A. Müller ist seit 1960 als freischaffender Industrie- und Grafikdesigner in Eschborn tätig. Für → Lamy schuf er 1966 den legendären Füllhalter «Lamy 2000» (aus glasfaserverstärktem, strichmattiertem Makrolon, mit massivem Edelstahlclip und 14-Karat-Goldfeder).
1984 entwickelte er den Kugelschreiber «Lamy unic», dessen Mine durch eine ausgeklügelte Teleskopmechanik ausgefahren werden kann; den «Unic» gibt es in mattschwarz-titanoxid-beschichtet, in Edelstahl mattiert oder «gun metal finish». Der dazugehörige Füllhalter ist heute leider nicht mehr erhältlich. Ebenfalls von Müller stammen die Lamy-Modelle «cp 1» und «Lamy twin» (1984), der Kugelschreiber und Druckbleistift in einem vereint.

Munari, Bruno (*1907 Mailand)

Bruno Munari, der als eine der Zentralfiguren des modernen italienischen Designs gilt, machte in den zwanziger und dreißiger Jahren mit futuristischen Experimenten auf sich aufmerksam. 1930 entstand die Maschine «Macchina aerea» (Luftmaschine) als Vorgängerin zu den «Macchine inutili» (nutzlose Maschinen), die sein späteres Interesse an der Zerstörung des traditionellen Kunstwerks vorwegnahmen. 1945 trat er mit seinem ersten kinetischen Kunstwerk an die Öffentlichkeit, 1948 folgten die «Unlesbaren Bücher» aus perforierten schwarzen Seiten mit darunterliegenden Zeichnungen. Im selben Jahr gründete er zusammen mit → Joe Colombo und Gillo Dorfles die Bewegung «Movimento Arte Concreta». Munari betrieb intensive Studien über sinnliche Wahrnehmung und entwickelte daraus sog. Positiv-Negativ-Bilder. Seine Lichtobjekte wurden 1953/54 im Museum of Modern Art in New York ausgestellt. 1962 koodinierte Munari im Auftrag von → Olivetti die weltweit erste große Ausstellung über kinetische Kunst. 1957 begann Munari seine Zusammenarbeit mit der italienischen Firma → Danese, für die er seine berühmte Leuchte «Falkland 2040 A» (1964) entwarf. Die 1,65 m hohe Hängeleuchte besteht aus verschieden großen Leichtmetallringen, über die ein elastisches, weißes Schlauchgewebe gezogen ist. Weitere Produkte für Danese sind die Aschenbecher «Ponza» (1958) und «Levanzo» (1963), der Papierkorb «Sicilia» sowie das Schreibtischset

Leuchte «Falkland» (1964) für Danese. Foto: Danese

«Canarie» (1958), die alle heute noch produziert werden. 1971 entwarf Munari für die Mailänder Firma Robots das stabile Stahlmöbel «Abitacolo», ein «Haus im Haus», das in erster Linie als Bett, aber auch als Schreibtisch oder Sitzplatz genutzt werden konnte. Körbe oder zusätzliche Borde konnten mit Hilfe von Flügelschrauben in jeder beliebigen Höhe eingehängt werden. Das «Abitacolo» erhielt 1979 den → Compasso d'Oro.
Ebenfalls für Robots kreierte Bruno Munari das von allen Seiten zugängliche Rollregal «Vademecum» (1974) aus verchromtem oder beschichtetem Rundstahl.
Bruno Munari war Mitglied der Gesellschaft für Industrie-Design (ADI) und lehrte an der Harvard University und am Polytechnikum in Mailand. Für seine Entwürfe erhielt er zahlreiche Auszeichnungen, darunter fünfmal den Compasso d'Oro.

Muthesius, Eckart (*1904 Berlin, † 1989 Berlin)

Nach seinem Studium an der Vereinigten Staatsschule für angewandte Kunst in Berlin und am Polytechnikum in London arbeitete Muthesius zunächst im Architekturbüro James & Yerbury und später bei Raymond Unwin. Danach wurde er Meisterschüler im Atelier seines Vaters Hermann Muthesius. 1929 beauftragte ihn Prinz Yeshwant Rao Holkar Bahadur, der spätere Maharadscha von Indore (Indien), mit dem Bau und der Ausstattung seines Palastes Manik Bagh. Im Verlauf von vier Jahren entstand ein Juwel des → Art Déco, wobei zahlreiche Möbel und Leuchten von Muthesius selbst stammten, darüber hinaus aber Möbel von → Le Corbusier, → Eileen Gray, Louis Sognot, Charlotte Alix sowie Teppiche von Ivan da Silva-Bruhns integriert wurden. Von 1936 bis 1939 war Muthesius Leiter der Städtebau- und Sanierungsbehörde sowie leitender Architekt des Staates Indore. 1939 kehrte Muthesius nach Deutschland zurück und arbeitete als freier Architekt in Berlin. → ClassiCon reediert (→ Reedition) gegenwärtig einige Möbelstücke von Muthesius, darunter den Tisch «Holkar» (1932), den «Roten Sessel» (1931; mit Leuchten in beiden Ohrenbacken sowie integriertem Ascher mit Utensilienschale), den Stuhl «Sally» (1931; mit Kristallspiegeln an den Außenseiten der drei Stuhlbeine), den Servierwagen «Tiwary» (1932) und den Schirmständer «USHA» (1932).

N

Naef AG

Seit Anfang der sechziger Jahre produziert die Schweizer Firma Naef AG Kinderspielzeug und Spielobjekte für Erwachsene. Aus hochwertigen Materialien (in der Regel Holz) wurden bisher mehr als 120 Produkte entwickelt, die durch ihre einfachen → Formen und ihre Vielzahl von Gestaltungsmöglichkeiten faszinieren.
Hierzu gehört das Objekt «Isomo» von Yasuo Aizawa, das im Betrachter die Illustion einer dritten Dimension erweckt. Durch strenge Reduzierung und Hinwendung zu kristallinen Formen entstehen bei «Zeta» (Friedrich Reinhard Brüderlin) vier Blöcke, die sich jeweils aus drei stereometrisch geschnittenen Formen zusammensetzen. Aus ihnen lassen sich immer neue Kompositionen bilden.
Peer Clahsen entwickelte in den achtziger Jahren für Naef die Objekte «Cella» und «Cubicus», die jeweils feine Farbabstufungen zeigen. An die Kunstwerke Piet Mondrians erinnert das Objekt «Plenus» (Peer Clahsen), das ein Verschieben unterschiedlich großer Quader in einem Holzrahmen zuläßt und Reliefs in zarten Farben hervorbringt. Ebenfalls an Mondrian orientiert ist der Würfel «Modulon» von Jo Niemeyer, der auf der Ordnung des Goldenen Schnitts in verschieden große und farbige Quader zerlegbar ist. Xavier de Clippeleir entwickelte den «Rhombic» und «Ellipso», die durch Experimentieren mit elliptischen Formen entstanden. Die Raupen «Juba» und «Zita» sind dagegen eher figurative Anwendungen.

Als Original-Bauhaus-Modell (→ Bauhaus) produziert Naef das von Josef Hartwig entwickelte «Bauhaus-Schach», den von Ludwig Hirschfeld-Mack entwickelten «Bauhaus-Farbenmischer» und das von Alma Siedhoff-Buscher entworfene «Bauhaus-Bauspiel».
Weitere Designer, die für Naef arbeiten, sind Jean Carle, Miroslav Drobny, Albert Ennemoser, Olivio Ferrari, Jost Hänny, Kurt und Jürg Naef, Ulrich Namislow, Jean-Philippe Rossinelli und Toru Utsumi.
Zu den jüngsten Produkten der Firma gehören das aus 24 Kreissegmenten bestehende Spiel «Circolo» (Design: John Weinstock, 1993), «Vivo» (von Yasuo Aizawa, 1993) und das Objekt «Agon» (Design: Fred Voss, 1993), das vom Tetraeder, Oktaeder und Kubus beherrscht wird.

Schalenelemente «Cella» von Peer Clahsen. Foto: Naef

Nash, Paul (*1889 London, †1946 Boscombe)

Der Grafiker und Industriedesigner Paul Nash studierte ab 1910 an der Londoner Slade School Malerei und beteiligte sich 1914 für kurze Zeit an den → Omega-Werkstätten. Seine ersten Textilentwürfe wurden von Claude Lovat Fraser gefördert und zwischen 1925 und 1936 vom Footprints-Workshop, von Cresta Seiden Ltd. und der Old Beach Linen Company produziert. In den dreißiger Jahren entwarf Nash Decken für R. W. Symonds und Polsterbezüge für London Transport. Von 1932 bis 1937 schuf er Plakate für die Konzerne Shell und BP.

Als Inneneinrichter schuf Nash 1932 ein bemerkenswertes Badezimmer für die Tänzerin Tilly Losch (die Frau von Edward James), das aus einer abstrakten Kombination von Spiegeln, Buntglas und verchromtem Röhrenwerk, schwarz glasiertem Steingut und einem rosafarbenen Gummiboden bestand. 1933 gründete Nash die Künstlergruppe «Unit One», von 1932 bis 1934 war er Präsident der Society of Industrial Artists. 1935 nahm Nash an mehreren Ausstellungen teil, auf denen er mit seinen surrealistischen Bildern vertreten war.

Natalini, Adolfo (*1941 Pistoia)

Der italienische Architekt und Designer Adolfo Natalini gründete 1966 in Florenz zusammen mit Piero Frassinelli, Alessandro und Roberto Magris sowie Cristiano Toraldo di Francia die avantgardistische Designer- und Architektengruppe → Superstudio, die sich mit dem → Design von Möbeln und Objekten, mit Architekturprojekten und theoretischen Studien zur Entwurfstechnik beschäftigte. Superstudio nahm an zahlreichen internationalen Wettbewerben und Ausstel-

Tisch «Antiquaria» für Up & Up.
Foto: Up & Up

lungen teil, veranstaltete Kurse und Vorlesungen an Hochschulen und prägte den Begriff des Anti-Designs. Von 1971 bis 1973 drehte die Gruppe mehrere populärwissenschaftliche Filme und strebte eine «philosophische und anthropologische Wiedergründung der Architektur» an. 1973 gründete Natalini zusammen mit den Mitgliedern von Superstudio die Werkstätten Global Tools. 1981 wurde Natalini Professor an der Architekturfakultät in Florenz, wo → Michele de Lucchi und David Palterer zeitweilig zu seinen Assistenten zählten, und übernahm die künstlerische Leitung der italienischen Firma → Up & Up. Er verantwortete hier u.a. Brunnen, Kamine und Bänke aus Marmor, für die er Designer wie → Andrea Branzi, → Achille Castiglioni oder → Matteo Thun gewann. Zu den bekanntesten Entwürfen Natalinis und Superstudios gehören die Tische «Quaderna 283» und «Quaderna 260» aus dem Jahr 1970, die heute bei der Firma → Zanotta in Produktion sind. Sie bestehen aus vielschichtigen Spanplatten und sind mit Plastiklaminat (→ Laminat) überzogen, das damals die Firma Abet Print (→ Abet Laminati) nach Entwürfen von Superstudio entwickelt hatte. Natalini schuf für die Tische ein Muster aus schwarzen und weißen Karos, das die Ecken und Kanten der streng funktionalen Tische optisch aufhob. Neben weiteren Möbeln aus Plastiklaminat entwarf Adolfo Natalini einen vielbeachteten Sekretär (dessen ausgeklappte Schreibplatte von zwei Bronzehänden gehalten wurde) aus Kirschbaumholz für die Firma Mirabili. Bei Up & Up sind u.a. derzeit Natalinis Tische «Antiquaria» und «Fanti» im Programm.

Nava, Paolo (*1943 Monza)

Nach einem Architekturstudium am Mailänder Polytechnikum und einer Ausbildung in Florenz als Industriedesigner arbeitete Nava ab 1966 in England. 1972 gründete er zusammen mit → Antonio Citterio ein eigenes Designstudio und begann 1973 eine intensive Zusammenarbeit mit der Firma → B&B Italia 1977 entwarf das Duo eine Serie von Kugelschreibern für Artvis, 1978/79 entwickelten sie die Sitzmöbel «Aria» und «Pasodoble» für Flexform. 1978 waren Citterio und Nava als Designberater für Snaidero tätig, 1979 arbeiteten sie für Boffi (Stuhlserie «Le Rosette»; Tischserie «Toscano»; 1979 mit dem → Compasso d'Oro ausgezeichnet). 1980 entwarfen sie für Boffi das «Factory»-Küchensystem und Möbel für Malobbia («Karan d'Arche»).

Navas populärste Möbel bei B&B Italia sind das Sofa «Baia» (1975; mit abnehmbaren Polstern) und der Bürostuhl-Klassiker «345»

Sessel «Amadeo» für Interprofil. Foto: Interprofil

(1977). Für die Firma → Interprofil entwarf Nava den Sessel «Amadeo» – eine Sitzschale mit konisch zulaufender Rückenlehne, die den kreisförmigen Überwurf (ihn gibt es unifarben, gesteppt oder mit Bordüren eingefaßt) aufnimmt. Ein Baukastensystem von Zusatzteilen (schwenkbare Tische, Hocker oder Armlehnen) macht den «Amadeo» überaus vielseitig. 1993 präsentierte Paolo Nava die Küche «Ókey» (für Binova), deren Fronten er mit dem von Warhol eingeführten «Campbell's»-Dekor versah.

Nelson, George (*1908 Hartford/Connecticut, †1986 New York)

Der amerikanische Industriedesigner, Architekt und Publizist George Nelson studierte von 1928 bis 1931 an der Yale University und an der Yale-Kunstschule. 1932 ging er nach Rom und studierte dort bis 1934 an der American Academy. 1935 kehrte Nelson in die USA zurück und gab u.a. von 1944 bis 1949 die Zeitschrift «Architectural Forum» heraus, die er mit Howard Myers, Henry Wright und Pal Grotz gegründet hatte. Nelson machte darin (wie auch im Magazin «Pencil Points») die europäische Avantgarde in den Vereinigten Staaten populär.
1946 wurde Nelson Designdirektor von → Herman Miller (er löste dort Gilbert Rhode ab) und entwickelte Produkte und Systeme, die die Auffassung vom Wohnen und Arbeiten bis heute beeinflußten (etwa das Konzept des L-förmigen Schreibtisches oder das Konzept der Aneinanderreihung modularer Sitzelemente). 1959 gestaltete Nelson die große amerikanische Ausstellung in Moskau, später die Chrysler-Ausstellung für die Weltausstellung in New York und 1983 die Ausstellung «Design since 1945» in Philadelphia.

«Marshmellow Sofa» (1956), reediert von Vitra. Foto: Vitra

Zu Nelsons frühesten Entwürfen gehören die «Slat Bench» (1945), der L-förmige Schreibtisch von 1949, die «Bubble Lamp» (1952), das «Modular Seating System» von 1955 und der Fiberglas-Stuhl «DAA-5» (1956).
Für die Möbelfirma → Vitra, für die Nelson in den siebziger Jahren als Berater tätig war, entwarf er bereits 1953 die Tische «5451–53» mit verstellbaren Gleitern, die zugleich als Büro- und Wohnmöbel konzipiert waren. Sie hatten ein einbrennlackiertes Metallgestell und eine Platte aus Hartbelag. Ein Möbel-Klassiker wurde Nelsons «Rolladen-Pult» (bei Vitra), das er 1965 entworfen hatte. Die tragenden Teile des Pults sind aus verchromtem Aluminium, der Korpus ist an den Seiten dunkel expoxidbeschichtet, die Rolladen sind Eiche natur oder schwarz gebeizt. Als Stehhilfe entwarf Nelson einen passenden Hocker mit Lederbezug.
Weitere wichtige Entwürfe Nelsons, die heute von der Firma Vitra reediert werden (→ Reedition), sind der Metalltisch «5559» (1955), das Sofa «Marshmellow» (aus 18 zylinderförmigen Polstern), der Stahlrohrstuhl «Coconut», das «CSS»-Regalsystem (bei Mobilier International) und mehrere Büromöbelsysteme, wie beispielsweise das «Action-Office» (1964). Für die Howard Miller Clock Company entwarf Nelson Leuchten, für die Firma → Olivetti gestaltete er 1968 die Schreibmaschine «Editor 2». Zu Nelsons bedeutendsten Publikationen gehören die Bücher «Tomorrow's House» (1945), «Living Spaces» (1952), «Chairs» (1953), «Problems of Design» (1957) und «How to See» (1977).

Neues Design

Unter Neuem Design versteht man die theoretischen Arbeiten und experimentellen Designentwürfe seit Ende der siebziger (bis Ende der achtziger) Jahre, die aus Opposition gegen den klassischen → Funktionalismus und den Begriff → Gute Form entstanden.
Die stilistische Bandbreite reicht dabei vom Anarcho-Design (→ Ron Arad, Heinz Landes, Danny Lane) über handwerklich hergestellte Objekte des Neobarock (Mattia Bonetti, Elisabeth Garouste) bis zu den reduzierten Entwürfen des → Minimalismus (→ Jasper Morrisson, Zeus). Gemeinsam ist den Designern eine Betonung des Kunsthandwerks (im Gegensatz zur industriellen Serienfertigung), Eigenproduktion sowie Eigenvertrieb in → Kleinserien oder Unikaten.
Die Bildung von Gestalter- und Produzentengruppen (wie beispielsweise → Studio Alchimia, → One Off Ltd. oder auch → Pentagon) war eine zwangsläufige Folge dieser Ideologie.

Neutra, Richard Josef (*1892 Wien, †1970 Wuppertal)

Der österreichische Architekt und Designer Richard Neutra besuchte von 1911 bis 1917 die Technische Hochschule in Wien. Nach dem Ersten Weltkrieg arbeitete er in der Schweiz, 1921 in Luckenwalde/Potsdam, wo er am städtischen Bauamt angestellt wurde. Mit Erich Mendelsohn, den Neutra dort kennenlernte, ging er nach Berlin und arbeitete mit ihm in einem gemeinsamen Büro. 1923 wanderte Neutra in die USA aus und arbei-

tete in Chicago mit den Architekten William Holabird und Martin Roche zusammen. 1926 gründete Neutra in Los Angeles ein eigenes Architekturbüro, 1928 die Akademie für Moderne Kunst, für die er später auch als Dozent tätig war.
Große Popularität erlangte Neutra mit dem Entwurf von «Haus Lovell» (1927–29) in Los Angeles, dessen Stahlskelett in nur vierzig Stunden errichtet wurde.
Richtungsweisend für seinen freien, internationalen Stil wurden ferner die Apartementhäuser «Strathmore» und «Landfair» (1938 in Los Angeles), «Haus Sidney Kahn» (1940 in San Francisco), «Haus John Nesbitt» (1942 in Brentwood/Kalifornien), «Haus Kaufmann» (1946 in Palm Springs/Kalifornien), das Wohnhaus «Warren Tremaine» (1947 in Santa Barbara/Kalifornien), das «Holiday House Motel» (1948 in Malibu), die Elementarschule in Los Angeles (1953), die Kapelle «Miramar» und das Haus der Ferro Chemical Company (1957 in Cleveland/ Ohio).
Korrespondierend zu seinen Architekturprojekten entwarf Neutra seit den dreißiger Jahren auch Möbel, die seit 1991 von der Firma Prospettive/→ Habit reediert (→ Reedition) werden.
Hierzu gehört der 64 cm hohe Freischwinger-Sessel «Cantilever Chair», ein Meisterstück des Modernismus, den Neutra 1923 für das «Haus Lovell» entworfen hat. Darüber hinaus entwarf er den höhenverstellbaren Tisch «Camel» (1940), den «Eßzimmerstuhl» (1947) sowie den würfelförmigen Clubsessel «Alpha».

Newson, Marc (*1963 Sydney)

Der australische Designer graduierte 1984 am Sydney College of Arts und arbeitete anschließend im Powerhouse Museum in Sydney und in der South Australian Art Gallery in Sydney.
Seine Entwürfe orientieren sich an einer organischen Formensprache, die ihn in die Nähe von → Ron Arad, → Massimo Iosa-Ghini oder → Luigi Colani bringt.
1987 ging Newson nach Tokio und entwarf dort den «Insect chair» und die «Super Guppy»-Leuchte. In London wurde im selben Jahr eine limitierte Kollektion seiner Uhren für die Firma POD herausgebracht. 1988 entwarf Newson seinen «Embryo»-Stuhl für das Powerhouse Museum und gestaltete den Innenraum des Andoni Shop in Sydney.
Zu den bekanntesten Entwürfen Newsons gehören die Couch «LC 1 Lockheed Lounge» (1985/86; reediert 1989 von Idée; aus vernietetem Aluminiumblech), der «Orgone»-Stuhl (1988), die «Mystery»-Uhr (1990 für POD), die Chaiselongue «Orgone» (1991 für → Cappellini), der «Event Horizon»-Tisch (1992 für POD) sowie die Sitzmöbel «Gluon» (1992) und «Bone» für → Moroso.
Weitere Arbeiten schuf er für die Firmen Cor Unum Ceramics, ICI und die italienische Leuchtenfirma → Flos.
Als Innenraumgestalter entwarf Newson die Pod Bar in Tokio (1989), die Hysterie-Boutique in Frankfurt (1992), die Claudio-Skoda-Boutique in Berlin (1992) und die Crocodile Boutique (1993) in Hong Kong.

New York Five → Graves, Michael

Niemeyer, Adelbert (*1867 Warburg, †1932 München)

Nach einem Studium der Malerei an der Düsseldorfer Akademie der bildenden Künste ging Adelbert Niemeyer nach München und später nach Paris, wo er die Académie Julian besuchte. 1892 war er Gründungsmitglied der Münchner Sezession, 1902 Gründungsmitglied der Münchner Werkstätten für Wohnungseinrichtung, 1907 Gründungsmitglied des → Deutschen Werkbunds. Im selben Jahr wurde er zum Leiter der Allgemeinen Klasse der Staatlichen Kunstgewerbeschule in München berufen. 1908 richtete ihm die Königlich Bayrische Porzellan-Manufaktur Nymphenburg ein Atelier ein, 1912 übertrug ihm → Richard Riemerschmidt die künstlerische Leitung für Töpferei und Glasgravur in der Staatlichen Kunstgewerbeschule in München.
Niemeyer entwarf seit der Jahrhundertwende Tapeten, Möbel, Porzellan, Bestecke, Stoffe und Glas. Er arbeitete u.a. für Nymphenburg, Meißen, Pirkenhammer und Johann Haviland. Für → Hutschenreuther entwarf er die Services «Empire» (1901), «Frauenlob» (1907), «Aida» (1924/25) und «Stephanie» (1925).

Nieuwelaar, Aldo van den
(*1944 Tilburg)

Der niederländische Designer Aldo van den Nieuwelaar wurde an der Akademie für bildende Künste St. Joost in Breda ausgebildet und arbeitete nach seinem Examen in verschiedenen Amsterdamer Architekturbüros. 1969 eröffnete er ein eigenes Designbüro, in dem er Entwürfe für Leuchten, Büro- und Wohnmöbel sowie Dekostoffe anfertigte.
Als Architekt gestaltete er die Amsterdamer U-Bahn-Station Waterloo-Pleint.
Aus dem Jahr 1969 stammt van den Nieuwelaars Tischleuchte «TC 6», die aus einem Metallkubus und einer kreisförmigen 40-Watt-Neonröhre besteht (derzeit in Produktion bei → Teunen & Teunen). Sehr populär wurden van den Nieuwelaars «Amsterdamer Schränke» (1978); Rolladenschränke aus Kunststoff, die heute von der Utrechter Firma → Pastoe hergestellt werden. Die «Amsterdamer» gibt es inzwischen in zahlreichen → Formen,

«A'Dammer Penguin» (1990) für Pastoe. Foto: Pastoe

Größen und Farben – z.B. als «A'dammer Sideboard» (1982), als «A'Dammer Penguin» (1990) oder in der Version «A'Dammer Mezza Luna» (1990).

1988 gewann van den Nieuwelaar einen langwierigen Urheberrechtsprozeß gegen die zahlreichen Nachahmer seiner «Amsterdamer Schränke».

Nizzoli, Marcello (*1887 Boretto, †1969 Camogli)

Marcello Nizzoli studierte von 1910 bis 1913 Architektur, Malerei und Grafik bei P. Baratta an der Akademie der Schönen Künste in Parma. Nach seinem Diplom arbeitete er bis 1918 als freier Designer und Grafiker mit den Futuristen in Mailand und Rom zusammen und gründete dann sein Nizzoli-Design-Studio. In den zwanziger Jahren entwarf Nizzoli vor allem Plakate, u.a. für die Firmen Maga, Campari und OM. 1923 zeigte er auf der Biennale in Monza Seidenschals im → Art-Déco-Stil, die zwei Jahre später auch auf der Pariser Weltausstellung zu sehen waren. Von 1931 bis 1936 kooperierte Nizzoli mit den Architekten Edoardo Persico und → Giuseppe Terragni und entwarf u.a. den Parker-Shop (1934) in Largo Santa Margherita, Mailand. Ab 1938 war Nizzoli für die Firma → Olivetti tätig und entwarf neben Werbegrafik vor allem Rechen- und Schreibmaschinen, die heute als Klassiker des modernen Industriedesigns (→ Industrial Design) gelten: etwa die «Summa»-Additionsmaschine (1940), den Kalkulator «Divisumma 14» (1947), die Schreibmaschinen «Lexikon 80» (1948), «Lettera 22» (1950) und «Lexikon 80 electric» (1950), den Kalkulator «Elettrosumma Duplex» (1954), die Rechenmaschine «Audit 202» (1955), den Kalkulator «Tetraktys» (1956) oder die Schreibmaschine «Diaspron 82» (1959). Populär wurden auch die von Nizzoli entworfenen Nähmaschinen «Mirella» (1957) und «Supernova Julia» (1961) für die Firma Necchi.

Als weitere wichtige Entwürfe Nizzolis gelten die Feuerzeuge für die Firma Ronson, Kopiergeräte für Sada-Olivetti (1959–61), der Armlehnstuhl für → Arflex (1960) und der Gaskocher für Agip (1960). Als Architekt baute Marcello Nizzoli von 1948 bis 1963 u.a. die Wohnsiedlungen für die Olivetti-Angestellten in Ivrea (1953–56), das Olivetti-Gebäude in Mailand (1954/55) sowie das Leonetto-Cappiello-Denkmal in Livorno (1961).

Noguchi, Isamu (*1904 Los Angeles, †1988 New York)

Der Designer und Künstler Isamu Noguchi begann 1917 eine Ausbildung als Kunsttischler in Chigasaki/Japan. 1918 siedelte er nach Amerika über, lernte Bildhauerei bei Gutzon Borglum und studierte von 1921 bis 1924 an der Columbia University. Anschließend war er für einige Jahre Assistent des Direktors der Leonardo-da-Vinci-Schule in New York. 1927 zog es Noguchi nach Paris, wo er auf Vermittlung von Alfred Stieglitz im Studio von Constantin Brancusi zum Bildhauer ausgebildet wurde. Seit 1932 lebte Noguchi in New York.

Als Architekt gestaltete der Japaner seit Ende der dreißiger Jahre zahlreiche Plätze und Gärten (wie den Skulpturengarten im Jeru-

salemer Nationalmuseum) und entwarf Brücken (wie die Friedensbrücke in Hiroshima). Darüber hinaus schuf er abstrakte Skulpturen aus Bronze, Granit, Travertin, Marmor oder Holz. Bekannt wurden sein Relief für das Gebäude der Associated Press (1938) im New Yorker Rockefeller Center und sein Museum auf Long Island (1976; mit Garten in typischer Zen-Tradition).
Als Designer ließ sich Noguchi Anfang der vierziger Jahre von → George Nelson für die amerikanische Möbelfirma → Herman Miller anwerben, für die er Tische entwarf, darunter den Klassiker «Coffee Table» (1945) mit Glasplatte und skulptural anmutendem Holzgestell. Neben Stühlen und Tischen (u.a. für die Firma → Knoll International) entwarf Noguchi 1937 ein vielbeachtetes, batteriebetriebenes Radio mit helmartigem Bakelitgehäuse (für die Zenith Radio Company) sowie seine berühmte Leuchte «Akari» (1952) aus Bambus und handgeschöpftem Papier, die heute von der Firma AEB in Burgstetten importiert wird.
Als Innengestalter entwarf Noguchi Bühnenbilder, Requisiten und Figurinen.

Noorda, Bob (*1927 Amsterdam)

Der niederländische Grafik- und Industriedesigner Bob Noorda studierte von 1944 bis 1947 Kunst in Amsterdam und arbeitete bis 1950 in Djakarta/Indonesien für die niederländische Regierung als Layouter. Wieder in Amsterdam, war er eine Zeitlang als unabhängiger Designer tätig, ehe er 1952 nach Mailand ging und als Grafikdesigner u.a. für die Firmen Alfa Romeo, Agip, Farmitalia, Feltrinelli, Mitsubishi, Montecatini, → Olivetti, → Philips, Remington Rand oder Stella-Artois arbeitete. 1961 wurde er Art-director bei der Firma Pirelli, für die er einige herausragende Werbeplakate entworfen hatte. 1965 gehörte Noorda zu den Mitbegründern der Unimark International Corporation for Design and Marketing, deren Vizepräsident er später wurde. Zusammen mit → Franco Albini entwarf er die Grafik (Beschilderung, Kartografie, Anzeigetafeln , Werbeposter) für die Mailänder U-Bahn «Metropolitano» sowie die Grafik für die Verkehrsnetze in New York und São Paulo. 1970 entwickelte Noorda zusammen mit Franco Mirenzi ein Büromöbelsystem für die Firma → Unifor, 1973 erhielt er den → Compasso d'Oro sowie die Goldmedaille auf der 12. Triennale in Mailand.

Noyes, Eliot (*1910 Boston, †1977 New Canaan/Connecticut)

Der amerikanische Industriedesigner und Architekt Eliot Noyes studierte von 1928 bis 1935 am Harvard College in Cambridge/Massachusetts und an der Harvard Graduate School of Design. Anschließend arbeitete er im Büro von → Walter Gropius und → Marcel Breuer in Cambridge. 1940 wurde er Leiter der Abteilung Industriedesign (→ Industrial Design) am New Yorker Museum of Modern Art, 1946 Design-Direktor bei der Firma → Norman Bel Geddes & Company. 1947 gründete Noyes sein Büro Eliot Noyes and Associates in New Canaan/Connecticut, das er bis zu seinem Tod leitete.

Schreibmaschine «IBM 72» für IBM.
Foto: IBM Deutschland

Von 1956 bis 1977 war Noyes Direktor für Corporate-Identity-Design beim → IBM-Konzern, dessen visuelles Erscheinungsbild er maßgeblich bestimmte. Seine Schreibmaschine «Model A», die er bereits 1948 für IBM entworfen hatte, blieb fast zwei Jahrzehnte lang Industriestandard.
Ebenso populär wurde die «IBM 72 Selectric» (1961), die als erste Kugelkopfmaschine der Welt gilt. Von 1964 bis 1977 arbeitete Noyes für die Mobil Oil Company (für die er erstmals Tankstellen mit glatten, funktionalen Zapfsäulen schuf) sowie als Designberater für Pan American Airways (1969–72) und Westinghouse Electric (1960–76).
Noyes' bekanntestes Architekturprojekt ist sein eigenes Haus in New Canaan, mit dem er 1954 den Design-Preis Progressive Architecture gewann.

Nurmesniemi, Antti (*1927 Hämeenlinna)

Der finnische Designer Antti Nurmesniemi studierte von 1947 bis 1950 Einrichtungsdesign am Institut für Industriekunst in Helsinki. Nach seinem Militärdienst (1950/51) arbeitete er bis 1956 im Architekturbüro von Viljo Rewell und gründete im selben Jahr ein eigenes Büro für Produkt- und Interieurdesign in Helsinki. Er konzipierte Inneneinrichtungen für zahlreiche öffentliche Gebäude in Finnland, beispielsweise für das Palace-Hotel in Helsinki (1952), für die Filialen der Finnischen Nationalbank, die Büros des → IBM-Konzerns, die Stadthalle in Lahti sowie für den Konferenzpalast in Bagdad.
Nurmesniemi entwarf Glas, Tapeten, Textilien (zusammen mit seiner Frau Vuokko Eskolin, die er 1953 geheiratet hatte), Möbel und Haushaltsgegenstände für die Firmen →

Artek, → Cassina, Lifjaama, Merivaara, → Tecta und Wartsila. Berühmt wurde sein Kaffeekessel «Finel» (bei der Firma Arabia) von 1958, der über eine Million mal verkauft wurde. 1968 kreierte Nurmesniemi eine Liege, die es in einer finnischen Version (bei Marimekko) und in einer deutschen (Modell «F 10» bei Tecta) gibt. Bei Tecta hat die Liege ein Stahlrohrgestell mit Peddigrohrgeflecht und ist etwas höher als die finnische Version, die aus Fiberglas, Schaumgummi und farbigen Canvasbezügen besteht. Aus dem Jahr 1970 stammt Nurmesniemis Liegesessel «Tuoli», der seit 1985 bei Cassina in Produktion ist. Der Sessel aus verchromtem Stahlgestell mit Stoffbezug kommt ohne Mechanik aus, da die Lehne durch die Spannung der Sitzfäche automatisch nach oben oder unten bewegt wird. 1986 entwarf Nurmesniemi vielbeachtete lackierte Holzstühle in streng geometrisch-funktionalen → Formen.
Der Designer erhielt zahlreiche internationale Auszeichnungen wie den Lunning-Preis und den Finnischen Designpreis und war u.a. in Helsinki, London und Tokio als Dozent tätig. Seit 1959 ist Antti Nurmesniemi Präsident der finnischen Design-Organisation Ornamo.

O

Objektmöbel

Im Gegensatz zu Möbeln für den privaten Wohnraum findet der Begriff Objektmöbel für Mobiliar Verwendung, das für öffentliche Gebäude (zum Beispiel Wartezonen) bzw. Büros konzipiert wurde. Diese Unterscheidung besaß weitgehend bis in die achtziger Jahre hinein Gültigkeit, zeigt jedoch seitdem Auflösungserscheinungen.

Odermatt, Karl (*1940 Stans)

Der Schweizer Möbeldesigner Karl Odermatt gehört neben dem Saarländer Franz Hero (*1933) zu den Mitbegründern der Team Form AG, einer Design-Werkstatt, die 1963 in Erlenbach bei Zürich ihre Arbeit aufnahm. Erste Erfolge hatten Hero und Odermatt 1963 mit der Schrankwand «S 40/40 SN», die heute von der Firma → Interlübke hergestellt wird und 1978 den zweiten Preis beim Busse Longlife Award gewann. Die Schrankwand bestand aus weißgrauen lackierten Spanplatten und Einlegeböden; Schubladen, Barfach, Klapptisch, Fernseherfach und Schuhroste konnten beliebig versetzt werden. In den achtziger Jahren wurde die Schrankwand von → Peter Maly überarbeitet und in eine modernere → Form gebracht.
Aus dem Jahr 1974 stammt das Kombinationsmöbel «Medium plus» aus kubischen Elementen (in Esche, Mahagoni oder Lack), das Odermatt und Hero für Interlübke entwarfen. Die offenen Fächer konnten in einer Art Baukastenprinzip waagerecht und senkrecht kombiniert werden. Die Abdeckplatten waren aus Holz, Lack, Granit und Travertin. Als Ergänzung zum «Medium plus» entwarfen Odermatt und Hero das moderne Sitzmöbelprogramm «Trio» für Interlübke.

Officina Alessi → Alessi

Ohl, Herbert (*1926 Mannheim)

Herbert Ohl studierte von 1947 bis 1949 Malerei und Grafik an der Akademie der bildenden Künste in Karlsruhe, anschließend Architektur (bei → Egon Eiermann) an der Technischen Hochschule, wo er 1952 sein Diplom machte. Bis 1956 arbeitete Ohl in einem Saarbrücker Architekturbüro, bis zum Ende der sechziger Jahre lebte er als freier Architekt und Designer in Ulm. Von 1964 bis 1968 war er Direktor an der → Hochschule für Gestaltung. Zusammen mit dem Architekten Gino Valle gründete Ohl 1966 in Mailand das Valle-Ohl Architektur- und Designbüro, das 1969 jedoch wieder aufgelöst wur-

«O-Line» (1974–79) für Wilkhahn. Foto: Wilkhahn

de. Von 1968 bis 1970 war Ohl Mitglied im Sachverständigenrat für Bauforschung in Bonn, von 1969 bis 1974 Direktor am Institut für Industrialisiertes Bauen und am Institut für Umweltgestaltung in Frankfurt.
Seit 1974 ist er im Rat für Formgebung und als Planungsleiter in der Gute-Form-Preis-Kommission in Bonn und Darmstadt tätig. Zwischen 1974 und 1983 entwickelte er ein spezielles Design-Berechnungssystem für den Rat für Formgebung. Seit 1984 lehrt er als Professor an der FH Pforzheim.
Als Industriedesigner (→ Industrial Design) entwarf Ohl zwischen 1973 und 1983 Automobile für Fiat (OSI 1/2/3, den BCCF und Auto-Bisensi-Trinic). Als Möbeldesigner arbeitete er von 1965 bis 1973 an seinem «Multipli»-Möbelsystem sowie von 1974 bis 1979 an einer Serie von Stühlen mit Namen «O-Linie» (bei → Wilkhahn). 1982 wurde ein Stuhl aus dieser Serie hergestellt, der aus einem verchromten, leicht gekrümmten Aluminiumgestell und einer Polyesternetzbespannung für Sitz und Rückenlehne bestand. Zur «O-Linie» gehören Stühle und Sessel in zwei Höhen. 1983 entwarf Ohl zusammen mit seiner Frau Jutta den Stuhl «Swing» (aus Federstahl und Aluminium) für die Firma → Interlübke. 1984 kreierte das Designerehepaar den Stuhl «Circo» aus hochverdichtetem Buchen-Schichtholz. Markant sind die kreisrunde Sitzfläche und die halbkreisförmige Rückenlehne. Ohl erhielt zahlreiche Preise, u.a. 1969 den New Yorker Low-Cost-Housing-Prize und 1983 den Gute-Form-Preis.

Ökodesign

Bezeichnung für ein → Design, das sich vornehmlich auf die Umweltverträglichkeit seiner Produkte konzentriert. Die umweltgerechten Intentionen des Ökodesigns richten sich dabei bereits auf einen energiesparenden, möglichst schadstoffarmen Herstellungsprozeß, wobei umweltfreundliche Materialien Verwendung finden.

Auch ein möglichst rückstandsfreies Recyclingverfahren der alten, ausgedienten Produkte gehört zu den grundsätzlichen Forderungen der Ökodesigner.
Ökologische Überlegungen im Design lassen sich bis in die frühen siebziger Jahre zurückverfolgen, sie standen allerdings lange Jahre unter heftigem Beschuß von etablierter bzw. offizieller Seite. Vor dem Hintergrund einer rasch fortschreitenden, globalen Umweltverschmutzung haben sich im Laufe der achtziger Jahre die Forderungen des Ökodesigns allgemein durchgesetzt.
Seit den neunziger Jahren ist ein Design ohne solides ökologisches Fundament nicht mehr denkbar.

Olbrich, Joseph Maria (*1867 Troppau, †1908 Düsseldorf)

Der österreichische Architekt, Designer und Grafiker Joseph Maria Olbrich studierte an der Staatsgewerbeschule in Wien bei Camillo Sitte und Julius Deininger, wo er 1886 sein Examen ablegte. Anschließend arbeitete er bei August Bartel in Troppau als Bauleiter und Architekt.
Von 1890 bis 1893 setzte Olbrich in Wien an der Akademie der bildenden Künste (bei Karl von Hasenauer) sein Architekturstudium fort, das er mit dem Prix de Rome beendete. Olbrich bereiste Italien und Nordafrika und arbeitete nach seiner Rückkehr bis zum Jahre 1898 im Büro von → Otto Wagner, wo er sich u.a. mit Stadtplanung befaßte.
Neben → Koloman Moser, → Josef Hoffmann und Otto Wagner gehörte Olbrich 1897 zu den Mitbegründern der → Wiener Secession, deren schlichtes Ausstellungsgebäude er 1898/99 entwarf. Am Secessions-Journal «Ver Sacrum» beteiligte er sich mit Grafik- und Layoutkonzepten.
1899 wurde Olbrich vom Großherzog Ernst Ludwig von Hessen in die Künstlerkolonie Mathildenhöhe nach Darmstadt berufen.
1900 nahm er mit einem «Wiener Interieur»-Raum an der Pariser Weltausstellung teil.
1901 organisierte Olbrich die erste Architekturausstellung der Welt, die Darmstadt-Mathildenhöhe-Ausstellung, auf der er u.a. sein eigenes Wohnhaus, das große und kleine Haus Glückert sowie den Bau für Flächenkunst präsentierte.
1907 war Olbrich Mitgründer des → Deutschen Werkbundes, 1908 stellte er den Hochzeitsturm in Darmstadt (ein Geschenk für den Großherzog Ernst Ludwig) fertig. Im selben Jahr gründete Olbrich in Düsseldorf ein weiteres Architekturbüro und begann mit dem Entwurf des neoklassizistischen Kaufhauses Tietz (heute Kaufhof), das 1909 fertiggestellt wurde.
Als Innenarchitekt gestaltete Olbrich für die Internationale Ausstellung moderner dekorativer Kunst in Turin (1902) das «Blaue Zimmer», ein Schlafzimmer und einen Teesalon mit Möbeln der Firma Glückert.
Er gestaltete und möblierte für den Großherzog von Hessen das große Musikzimmer (1902/03) im Neuen Palais in Darmstadt, sowie dessen Privatgemächer (1906/07) im Gießener Schloß.
Darüber hinaus entwarf Olbrich ein Spielhaus für die junge Prinzessin Elisabeth von Hessen im Garten der Wolfsgartener Sommerresidenz.
Als Designer entwarf Olbrich Möbel (für die Firma Gebrüder Schöndorff), Kunstgewerbeartikel, Stickereien, Gläser, Bestecke (bei den Firmen → WMF und Eduard Hueck/Lüdenscheid) sowie Keramik für die Wächtersbacher Steingutfabrik.

Olivetti

Die Firma wurde 1908 von Camillo Olivetti gegründet und von seinem Sohn Adriano zu einem Weltunternehmen aufgebaut. Adriano Olivettis Sinn für → Design ist es zu verdanken, daß die Firma bereits in den dreißiger Jahren eine Art → Corporate Identity anstrebte, die von Alexander Schawinsky verantwortet wurde. Als Designberater arbeiteten später → Marcello Nizzoli, → Ettore Sottsass und → Hans von Klier (verantwortlich für die Corporate Identity seit 1969), der u.a. den Architekten → Egon Eiermann für den Bau der deutschen Unternehmenszentrale von Olivetti gewann.
1911 produzierte die Firma mit der «MI» Italiens erste Schreibmaschine und brachte 1932 das von Aldo und Alberto Magnelli entworfene Portable «MPI» heraus, dessen Korpus das Schreibmaschinendesign fast aller internationalen Hersteller beeinflußt hat. Als Ikonen bei Olivetti gelten die «Studio 42» (1935) von Alexander Schawinsky, die «Lexikon 80» (1948 entworfen von Marcello Nizzoli – in grauem Metallgehäuse mit schwarzen Kunststofftasten), «Lettera 22» (1950 entworfen von Nizzoli), die Kofferschreibmaschine «Valentine» (1969 von → Perry A. King und Ettore Sottsass – mit einem Gehäuse aus rotem Kunststoff und einem gleichfarbigen, robusten Schubkoffer) und die «A 5» (1974) von Ettore Sottsass. Zukunftsweisende und außergewöhnliche Designs schufen für Olivetti ferner → Franco Albini, → Gae Aulenti, → Mario Bellini, → Rodolfo Bonetto, → Michele de Lucchi, → Vico Magistretti, → Carlo Scarpa und → Marco Zanuso.
Ende der siebziger Jahre, als Olivetti aufgrund einer überalteten Produktlinie mechanischer und elektromechanischer Schreibmaschinen rote Zahlen schrieb, übernahm Carlo de Benedetti den Firmenvorsitz und forcierte die Produktion von elektronischen Schreibsystemen. Durch Arbeiten von Bellini, de Lucchi (vor allem durch den elektronischen Tischrechner «Divisumma 18» von 1973 – in längsrechteckiger Form, mit abgerundeten Kanten und einem maisgelben Gummimantel, der als wirkungsvoller und optisch attraktiver Staubschutz diente) und Sottsass behielt Olivetti weiterhin seine unverwechselbare ästhetische Linie. 1983 verkaufte Benedetti 25 Prozent der Firmenanteile an die amerikanische Firma AT&T, was neben einem verstärkten Engagement im Bereich der Büroautomation zum Einstieg in die Telekommunikation führte.
Olivetti Synthesis, seit 1930 eine Unterabteilung von Olivetti und seit 1978 eine selbständige Firma, bot von Beginn an Lösungen im Büromöbelbereich an. Überaus erfolgreich war die «Spazio»-Linie (1961) von Belgio-

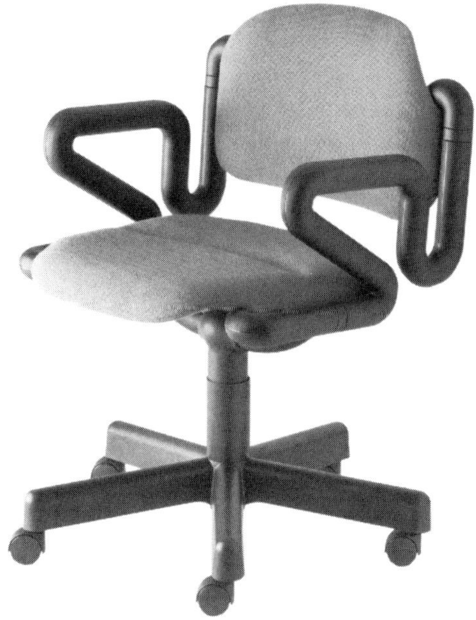

**Bürostuhl «Flexa» von Charles Pollock und William Jarenco.
Foto: Olivetti Synthesis**

ioso/Peressutti/Rogers und die «Serie 45» (1973) von Ettore Sottsass.
In den achtziger Jahren entwickelte Hans von Klier die Linien «Edys» (1980), «Linea Direzionale» (1981) und «Illuminazione» (1989). Von Michele de Lucchi und Ettore Sottsass stammen die Systeme «Icarus» (1982), deren hervorstechendes Merkmal in der unterschiedlichen Konfiguration von Trennwänden liegt, und «Delphos» (1986). → Charles Pollock und William Jarenko entwarfen 1987 den mehrfach ausgezeichneten Bürostuhl «Flexa», dessen kurvige Tragstruktur aus mit Integral-Polyurethan verkleidetem Stahlrohr besteht.
Zu den aktuellsten Produkten von Olivetti Synthesis gehört der 1991 von Hans von Klier gestaltete «Astrea»-Stuhl, die avantgardistische Büromöbelkollektion «Sangirolamo» (1991) von Michele de Lucchi aus Kirschholz bzw. Palisander und Tischbeinen aus abgerundetem Gußeisen sowie das formschöne Bürosystem «Ephesos» (1992) von Antonio Citterio.

Olivetti Synthesis → Olivetti

O-Luce

Die italienische Leuchtenfirma wurde 1963 gegründet und machte sich vor allem in den sechziger und siebziger Jahren einen Namen mit Entwürfen von → Joe Colombo, → Bruno Gecchelin und → Lodovico Magistretti, der als Art-director für O-Luce tätig ist.
Zu den Klassikern der O-Luce-Produktion zählen die 1968 von Joe Colombo entworfene Plexiglas-Tischleuchte «281», die Leuchte «Spider» und das Modell «6226» (1972) – die erste auf dem italienischen Markt erschienene und seitdem mehrfach kopierte Halogenstehleuchte. Ins Hamburger Museum für Kunst und Gewerbe wurden die Leuchten «Idomeneo 121», «Kuta 250» (beide von Magistretti) und «Otello 640» (von Gecchelin) aufgenommen. Mit dem → Compasso d'Oro wurde 1979 Magistrettis Tischleuchte «Atollo 233» ausgezeichnet. Sie befindet sich auch in den Sammlungen des New Yorker Museum of Modern Art und in der Neuen Sammlung des Museums München.
Weitere Entwürfe für O-Luce stammen von → Tito Agnoli (Stehleuchte «Agnoli 387»), Mauro Canfori (Stehleuchte «Mantide 315») und Riccardo Dalisi (Leuchte «Sister 365»).

Omega-Werkstätten

Die Künstler- und Handwerkervereinigung Omega-Werkstätten wurde 1913 vom Kunstkritiker und Mentor des Postimpressionismus, → Roger Fry in London gegründet. Fry studierte von 1885 bis 1888 Naturwissenschaften in Cambridge, bevor er sich verstärkt der Kunstgeschichte zuwandte. Er war Mitgründer des «Burlington Magazine» und von 1905 bis 1910 Direktor des Metropolitan Museum in New York. 1910 organisierte Fry eine Ausstellung postimpressionistischer Malerei in der Grafton-Galerie.
Fry schwebte eine Art Wiederbelebung der → Wiener Werkstätten bzw. des Studio Mar-

tine vor, um junge Künstler für das → Design von Möbeln, Interieurs, Teppichen, Textilien, Keramik und Buntglas zu gewinnen. Tatsächlich brachten Künstler wie → Paul Nash, Vanessa Bell, Frederick Etchells, Duncan Grant, Wyndham Lewis, David Bomberg, Nina Hammett, Edward Wadsworth, Edward Woolfe, William Roberts oder Edward McKnight Kauffer ein breites Spektrum von Stilen (vom Fauvismus bis zum Kubismus) in die Omega-Werkstätten ein. Eine solide technische Fertigung der Produkte wurde dabei oft zugunsten einer auf Effekten beruhenden Entwurfsphilosophie vernachlässigt, was den Omega-Produkten teilweise den Ruf des semiprofessionellen Handwerks eintrug. 1914 präsentierte Fry im Seventh Salon der Allied Arts Association eine Raumausstattung mit dem Titel «Postimpressionismus, praktisch umgesetzt in Dekoration und Mobiliar». Bekannt wurden darüber hinaus die Inneneinrichtungen der Omega-Werkstätten für Frys Haus bei Guildford sowie die Wohnhäuser von Vanessa Bell und Duncan Grant in Charleston bei Sussex. Zu den erfolgreicheren Arbeiten der Gruppe gehörten auch die Textilentwürfe, Teppiche, Vorhänge und bemalten Wandschirme von Duncan Grant und Vanessa Bell sowie Frys Keramik und sein kubistischer Textilentwurf «Amenophis». Aufgrund interner Streitigkeiten und ausbleibender kommerzieller Erfolge wurden die Omega-Werkstätten 1921 geschlossen.

OMK → Kinsman, Rodney

One Off Ltd. → Arad, Ron

Oppenheim, Meret (*1913 Berlin, †1985 Basel)

Meret Oppenheim ging 1932 nach Paris, schrieb sich für kurze Zeit an der Académie de la Chaumière ein, bildete sich dann aber weitgehend autodidaktisch als Malerin weiter. Sie war mit André Breton befreundet und pflegte intensive Kontakte zu Joan Miró, Salvador Dalí, René Magritte, Marcel Duchamp und Man Ray, dem sie mehrfach Modell stand. 1933 wurde sie von Alberto Giacometti und → Hans Arp zur Surrealistenausstellung «Salon des Sur. indépendants» eingeladen. Zu ihren berühmtesten Werken zählt die Tasse mit Pelzbesatz («Le Déjeuner en Fourrure») aus dem Jahre 1936, die heute im Museum of Modern Art in New York ausgestellt ist. Ebenfalls aus dem Jahr 1936 stammen ihre Damenschuhe «Ma gouvernante» in Hühnchenform. Meret Oppenheim kehrte 1937 nach Basel zurück und studierte bis 1939 an der dortigen Kunstgewerbeschule. Im selben Jahr steuerte sie ihren Tisch mit Vogelfüßen und vergoldeter Platte zu einer Ausstellung futuristischer Möbel bei. 1959 inszenierte sie auf der Exposition Internationale du Surréalisme ihr «Frühlingsmahl» auf dem Körper einer nackten Frau. Anfang der sechziger Jahre fanden erste größere Ausstellungen ihrer Werke in Basel, Mailand, Paris, New York, Stockholm, Oslo und Genf statt. 1973 zog es Meret Oppenheim erneut für eine Weile nach Paris, wo sie künstlerisch tätig war. Eine Retrospektive ihrer Arbeiten wurde 1974/75 in Solothurn, Winterthur und Duisburg gezeigt.

1972 erhielt Meret Oppenheim den Kunstpreis der Stadt Basel, 1982 den Großen Kunstpreis Berlins. 1981 publizierte sie in der Baseler Edition Fanal den Gedichtband «Sansibar», zu dem sie auch Siebdrucke beigesteuert hatte. Ihre Werke sind heute im New Yorker Museum of Modern Art, im Pariser Centre Beaubourg, im Stockholmer Moderna Museet und in verschiedenen Museen in der Schweiz ausgestellt.

Organisches Design

Als organisches → Design werden manchmal stilistische Formulierungen bezeichnet, die sich an organischen → Formen der Natur orientieren, d.h., dynamische Rundungen und kraftvolle Wölbungen treten als augenfällige Merkmale hervor. Das organische Design steht im Gegensatz zu geometrischen, sachlichen Stilrichtungen, wie sie beispielsweise durch den → Funktionalismus repräsentiert werden.
In der Entwicklung der modernen Produktgestaltung finden sich von Zeit zu Zeit immer wieder organische Tendenzen. Beispielsweise zeigt der 1946 vorgestellte Vespa-Motorroller von Piaggio eine stromlinienförmig gewölbte Karosserie. Auch der berühmte, aus Fiberglas gefertigte Armlehnstuhl «Dax» (1949/51) von → Charles Eames weist organische Stilmerkmale auf. Gegenwärtig gelten → Ron Arad, → Luigi Colani, → Massimo Iosa-Ghini und → Philippe Starck als Vertreter des organischen Designs.

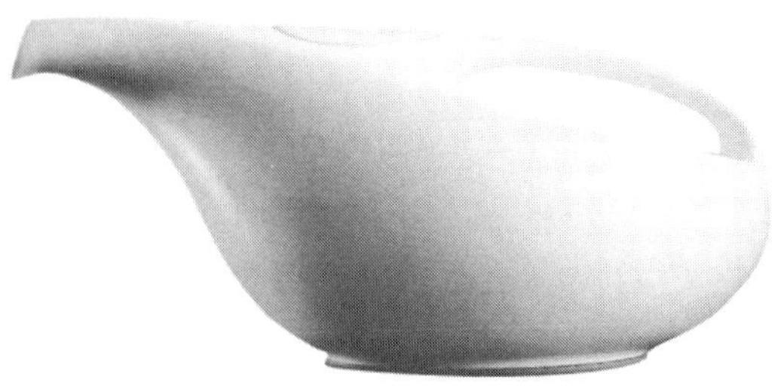

Teeservice «Drop» (1974) von Luigi Colani für Rosenthal. Foto: Rosenthal

Ornament (von lat. ornare = schmücken)

Oberbegriff für alle → Formen der Verzierung. Ornamente treten als schmückende und gliedernde Elemente hauptsächlich in Architektur, → Kunstgewerbe, (Möbel-) Design und Buchkunst auf.
Das Ornament kann aufgemalt, eingraviert oder reliefartig erhöht erscheinen. Es kann sparsam einen Gegenstand akzentuieren oder diesen in reicher Fülle vollständig überwuchern. Grundsätzlich unterscheidet man geometrische, in die Abstraktion mündende Ornamente von vegetabilen, naturalistisch-stilisierenden, die sich an Vorbildern der Natur orientieren. Wichtige Gestaltungsprinzipien stellen Symmetrie und Reihung dar. Ergibt sich ein reihenförmiger Verlauf (ein sog. Fries), spricht man von einem Bandornament, dehnt sich das Muster in verschiedene Richtungen aus, von einem Flächenornament.
Das Ornament zählt zu den frühesten künstlerischen Erscheinungen. Bereits im Jungpaläolithikum finden sich ornamentale Gravierungen auf Knochen und Elfenbein,

während die Keramik des Neolithikum geometrische Muster in großer Zahl und Variation kennt. Die griechische Antike schuf ab 1000 v. Chr. mit dem geometrischen Mäanderfries und später mit den stilisierten Pflanzenformen Akanthus und Palmette wesentliche Grundlagen der Ornamentik.
In der gesamten europäischen Kulturentwicklung erfuhren diese Formen immer wieder eine Neubelebung. Sogar in jüngster Zeit wurden sie durch die → Postmoderne rezipiert und neu verwandelt.
In der Geschichte des Ornaments kommt dem rankenden Tierstil der Völkerwanderungszeit besondere Bedeutung zu. Während sich die Renaissance antiker Ornamente bediente, entwickelte das Barock einen reichhaltigen, plastisch verschlungenen Ornamentstil, der in der muschelförmigen Rocaille des Rokoko seinen Kulminationspunkt erreichte. Die puristische Ästhetik des Klassizismus stellte der überbordenden Fülle von Barock und Rokoko das einzelne, sparsam eingesetzte Ornament entgegen (z.B. in Gestalt von Kränzen, Festons oder Vasen).
Das 19. Jahrhundert ist von einem bisher unbekannten Stilpluralismus gerade auch im Bereich des Ornaments gekennzeichnet, wobei eine beliebige Verwendung und ein inflationärer Gebrauch zu beobachten sind. Die industrielle Produktion von Ornamenten jeglicher Art trug ihren Teil zu einer inhaltlichen Entleerung bei.
Erst ab 1890 gelang es dem → Jugendstil ansatzweise, neue, allgemein verbindliche Ornamente zu schaffen. Die pflanzenartig rankende, dynamische Linie bildet die wesentliche formale Substanz des Jugendstildekors, das sich beispielsweise im Möbeldesign und Kunstgewerbe, in der Plakatkunst und sogar der (Innen-)Architektur findet.
Mit dem Anbruch des 20. Jahrhunderts traten zunehmend Strömungen auf, die dem Ornament den Kampf ansagten. Funktionalistische Tendenzen in der Architektur forderten energisch das Ende jeglicher Ornamentik, so z.B. → Adolf Loos in seinem berühmten Artikel «Ornament und Verbrechen» (1908).
Im Bereich des Designs setzte sich in den zwanziger Jahren rasch der sachliche, funktionale Stil des → Bauhauses durch, der weitgehend auf das Ornament verzichtete – eine Auffassung, die nach dem Zweiten Weltkrieg an der Hochschule für Gestaltung, Ulm, radikalisiert wurde.
Erst mit der → Pop Art in den sechziger Jahren vollzog sich langsam ein grundsätzlicher Wandel. Bunte Farben und ein spielerisch-unbeschwertes Formenvokabular fanden – unter dem Eindruck von Werbung und Massenmedien – Eingang in die Entwürfe avantgardistischer Designer, die sich in den siebziger Jahren zunehmend vom ornamentlosen → Funktionalismus befreiten.
Von richtungsweisender Bedeutung für die Wiederentdeckung des Ornaments war vor allem das italienische → Design, wie z.B. → Radical Design, → Studio Alchimia und in besonderer Weise → Memphis, das dem Ornament zu einem nicht mehr für möglich gehaltenen, internationalen Durchbruch verhalf. Große Wirkung hatten dabei die Dekors der Laminate (→ Abet Laminati), vor allem «Bakterios» (von → Ettore Sottsass) mit seinen Kokken, Spirillen und Sporen.
Aber auch in der bildenden Kunst treten seit den späten siebziger Jahren dekorative Tendenzen in Erscheinung, wie z.B. die italienische Transavantgarde, das amerikanische Pattern Painting oder etwa das Neo Geo, das in der zweiten Hälfte der achtziger Jahre im deutschsprachigen Raum verbreitet war. Seit den späten achtziger Jahren machen sich im Design neue minimalistische (→ Minimalismus) Gruppierungen wie z.B. Zeus als Gegenströmung zur lebhaften Ornamentflut von Memphis bemerkbar.

Oud, Jacobus Johannes Pieter

(*1890 Purmerend, †1963 Wassenaar)

Der niederländische Architekt und Designer J. J. P. Oud besuchte von 1904 bis 1907 die Schule für dekorative Kunst in Amsterdam. Nach seinem Diplom arbeitete er im Büro der Architekten Cuypers und Stuijt. Von 1909 bis 1910 studierte Oud an der Amsterdamer Zeichenschule, wo er Hendrik Petrus Berlage kennenlernte, der ihn später mit dem Werk → Frank Lloyd Wrights bekannt machte. Von 1910 bis 1912 war Oud Gasthörer an der Delfter Technischen Hochschule und arbeitete als freier Architekt in Purmerend. Er war einige Monate lang Assistent im Büro von Theodor Fischer in München, ging aber 1913 nach Leiden und arbeitete dort mit W. M. Dudok zusammen. 1917 gehörte er neben Theo van Doesburg und Piet Mondrian zu den Mitbegründern der Bewegung → De Stijl. 1918 wurde Oud durch Vermittlung von Berlage zum Rotterdamer Stadtbaumeister ernannt und bekleidete bis 1933 diese Position. 1920 gründete er die Gruppe «Opbouw». Ein Jahr darauf lernte er in Weimar → Walter Gropius und → László Moholy-Nagy kennen. Kurz darauf kam es zum Bruch mit van Doesburg und De Stijl. 1923 nahm Oud an der → Bauhauswoche und an der Internationalen Architekturausstellung teil. 1926 veröffentlichte er sein wichtiges Buch «Holländische Architektur». Berufungen an die Düsseldorfer Kunsthochschule (1928) und an die Harvard University (1936) lehnte Oud ab. 1932 nahm er als einziger niederländischer Architekt an der Ausstellung Modern Architecture im Museum of Modern Art in New York teil. 1954 erhielt er die Ehrendoktorwürde der TH Delft.
Zu den wichtigsten Architekturprojekten Ouds zählen das Volksbadehaus in Purmerend (1915), das De-Geus-Haus (1916), die Villa Allegonda in Katwijk aan Zee (1917), das Ferienhaus De Vonk in Noordwijkerhout (1917), die Rotterdamer Wohnsiedlungen Tusschendijken (1920), das Oud Mathenesse und das Bauleiterhaus (1922–24), Hoek van Holland (1924–27), Kiefhoek (1927–30), das Café De Unie in Rotterdam (1924) und die Reihenhäuser der Weißenhofsiedlung Stuttgart (1927). Die Wohnsiedlungen in Rotterdam wurden europaweit zum Vorbild für Stadtbebauungspläne. Das im Krieg zerstörte und in den achtziger Jahren wiederaufgebaute Café De Unie in Rotterdam gilt bezüglich Farbgebung und Grundriß als exemplarisch für die Theorien von De Stijl.
Zu Ouds Spätwerk, das durch einen manierierten Formalismus geprägt ist, zählt das umstrittene Gebäude für den Shell-Konzern in Den Haag (1938–42) sowie das Kindererholungsheim Bio (1952–60) in Arnheim.
Als Designer entwarf Oud einige wenige Möbel als Ergänzung zu seinen Architekturprojekten, wie die Eßzimmereinrichtung (mit blau lackiertem Metallgestell und schwarz gestrichenem Holz), die heute von der Firma → Ecart International hergestellt wird.

P

Pankok, Bernhard (*1872 Münster, †1943 Baierbrunn)

Bernhard Pankok studierte von 1889 bis 1891 Malerei an der Akademie in Düsseldorf und bis 1892 in Berlin. Im selben Jahr ließ er sich in München als freier Maler nieder, wo er ab 1896 für die Zeitschriften «Jugend» und «Pan» Grafiken entwarf. 1897 nahm Pankok an der Münchner Glaspalast-Ausstellung teil und gehörte zu den Mitbegründern der Münchner → Vereinigten Werkstätten für Kunst im Handwerk. 1899 schuf er Möbel für Hermann Obrists Münchner Villa.
1900 erhielt Pankok den Auftrag, den Hochzeitsraum des Dessauer Rathauses zu dekorieren. 1901 wurde er zum Leiter der Königlichen Lehr- und Versuchswerkstätte in Stuttgart berufen und entwarf einen vielbeachteten Armlehnstuhl aus Mahagoni und Kirschbaum, der von den Münchner Werkstätten ausgeführt wurde. Im selben Jahr entwarf er einen Damenschreibtisch und eine Vitrine aus Kirschbaum mit Schnitzereien und flügelartigen Beinen, die heute im Kunstgewerbemuseum in Berlin steht. 1902 entwarf Pankok einen Kleiderschrank aus Kirschbaumholz auf furnierter Eiche, der durch seine Rahmung und die intarsierten Jugendstilmotive (→ Jugendstil) große Beachtung fand (er steht heute im Westfälischen Landesmuseum für Kunst und Kunstgeschichte in Münster). Darüber hinaus entwarf Pankok Tapeten und Metallobjekte. 1908 trat Pankok in den → Deutschen Werkbund ein, von 1913 bis 1937 war er Direktor der Stuttgarter Kunstgewerbeschule.

Panton, Verner (*1926 Gamtofte)

Der Däne Verner Panton studierte von 1944 bis 1947 Architektur und → Design an der Technischen Hochschule in Odense, anschließend an der Königlichen Akademie der Schönen Künste in Kopenhagen, wo er 1951 sein Examen ablegte. Von 1951 bis 1953 arbeitete Panton im Büro des Architekten und Designers → Arne Jacobsen, zwischen 1953 und 1955 unternahm Panton ausgedehnte Studienreisen in die Niederlande, nach Deutschland, Frankreich, Italien und in die Schweiz, wo er sich als freier Architekt und Designer

V-Sessel «8800» für Fritz Hansen.
Foto: Fritz Hansen

Modell «276» (1968) für Thonet.
Foto: Thonet

niederließ. Zu Pantons wichtigsten Architekturprojekten zählen sein Kartonhaus in Fyn (1957), sein Plastikhaus und das Sphärische Haus in Dänemark (1960), die Kölner Ausstellungsschiffe «Visiona 1 und 2» (1968/70), die Varna-Restaurants in Aarhus (1971), die Kasino-Einrichtung in Goslar (1973) sowie das «Spiegel»-Haus und das Gruner + Jahr-Pressehaus in Hamburg (beide 1974).

Als Designer entwarf Panton Möbel u.a. für die Firmen → Fritz Hansen, → Herman Miller, → Cassina, → Thonet, → Vitra, Beleuchtung für Louis Poulsen, das Holmegård Glaswerk und Yamagiwa, außerdem Textilien für die → Vereinigten Werkstätten Deutschland, für Unika-Vaev und die Mira-X AG.

Bekannt wurde Verner Panton Anfang der sechziger Jahre vor allem durch seine atmosphärischen Wohnlandschaften, wie die «Flying Chairs» (1963 für die Firma Kill), die mit Seilen an der Decke befestigt waren, oder mit dem Anbausystem von 1967, das aus Fliesen, Hockern, Stühlen, Sesseln und Sofas im Grundmaß von 72 x 72 cm bestand. Vielbeachtet war Pantons futuristische Rauminszenierung «Visiona» (1968), die er in einem Rheinschiff installiert hatte. 1978 präsentierte der Designer im belgischen Kortrijk eine Wohnland(wirt)schaft aus Stroh mit dem Titel «Die Kunst, mit der Natur zu leben».

Zu Pantons bekanntesten Sitzmöbeln gehört der aus gebogenem Stahldraht hergestellte «V-Sessel» (bei Fritz Hansen; derzeit nicht in Produktion) und der «Panton Chair», den der Designer bereits 1955 konzipiert hatte. Dem 82 cm hohen Stuhl, der aus einem Stück geformt ist (→ Kragstuhl), gingen zahlreiche Experimente mit Materialien wie Schichtholz oder Glasfasern voraus, ehe 1967 eine Version aus ABS-ähnlichem Spritzguß auf den Markt kam. Er galt als Sensation und wurde mit zahlreichen Preisen ausgezeichnet. Einer der ersten Stühle steht heute in der Ausstellung des Museum of Modern Art in New York. Seit 1990 gibt es den «Panton Chair» (aus lackiertem PUR-Integralschaum) in neuen Farben (schwarz, grau, weiß, gelb, blau, rot) bei der Firma Vitra. Einen ähnlich geformten Stuhl wie den «Panton Chair» entwarf der Designer 1960 für Herman Miller. Der stapelbare Stuhl, der aus glasfaserverstärktem Polyester bestand, ist heute bei der Firma → WK im Programm.

Zu Pantons erfolgreichen Leuchtenentwürfen gehören die Modelle «Panthella» und «Fun» sowie eine Hängeleuchte aus Muschelplättchen. Die Hängeleuchte «Flowerpot» (1968; bei Poulsen) aus emailliertem Metall wurde über 200 000mal verkauft und erhielt 1972 den Bundespreis → Gute Form.

Panton erhielt für seine Entwürfe zahlreiche Preise, u.a. den International Design Award.

Papanek, Victor (*1925 Wien)

Victor Papanek emigrierte nach einem kurzen Aufenthalt in Großbritannien 1939 in die Vereinigten Staaten, wo er 1946 die amerikanische Staatsbürgerschaft annahm. Von 1942 bis 1948 studierte er Industriedesign (→ Industrial Design) und Architektur an der Cooper Union in New York sowie Maschinenbau am Massachusetts Institute of Technology. Darüber hinaus betrieb er intensive Studien der Anthropologie, Ethnologie, Psychologie und Biologie.
Bekannt wurde Papanek vor allem durch sein Engagement für die Entwicklungsstaaten und sein daraus abgeleitetes Low-Tech-Design, wie das kerzenbetriebene Blechradio für die UN in Indonesien (1967) und den solarbetriebenen Kühlschrank für die World Health Organisation (1982), für die er auch als Designberater tätig war. 1981 entwarf Papanek für die Regierung von Tansania und Nigeria den preisgünstigen Walkman «Batta-Koya», der in erster Linie für die Übermittlung von Informationen über Gesundheit und Geburtenkontrolle konzipiert war. Seine theoretischen und praktischen Vorschläge für ein → Design in den Entwicklungsländern belegte Papanek 1969 in seinem Buch «Design for the Real World». In seinem Buch «Design for Human Scale» (1983) führte er seine Gedanken über ein human-ökologisches Design weiter.
Eine Sammlung seiner Arbeiten befindet sich heute im Centre Georges Pompidou in Paris.

Pastoe

Die holländische Möbelfirma wurde 1913 gegründet und machte sich seit den fünfziger Jahren durch ihre schlichten, funktionalen Möbel weltweit einen Namen. Ausgezeichnet wurden der «Amsterdamer Schrank» (1978) von → Aldo van den Nieuwelaar sowie die Modelle «A'dammer Sideboard» (1982), «A'dammer Pinguin» (1990), «A'dammer Mezza Luna» (1990). An die Stilrichtung des → Memphis sind die Sitzmöbel von Rob Eckhardt angelehnt, wie die Chaiselongue «Karel Doorman» (1983), der Sessel «From Holland with Love» (1984), der Sessel «Pouffe Garni» (1986) oder der Tisch «Table & Stone» (1983), dessen Fuß von einem Naturstein beschwert wird. → Shiro Kuramata schuf die Stahlrohr- und Aluminiumstühle «Apple Honey» (1985), «Armchair R 401» (1986) und «Sing Sing Sing» (1985). Weitere Entwürfe stammen von Arnold Merckx und Shigeru Uchida («Lamp L100»).

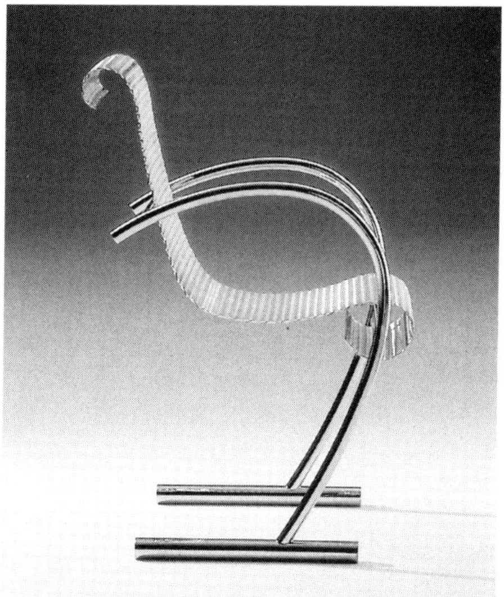

Stuhl «Sing Sing Sing» von Shiro Kuramata. Foto: Pastoe

Paul, Bruno (*1874 Seifhennersdorf/Oberlausitz, †1968 Berlin)

Der Designer, Architekt und Maler Bruno Paul studierte von 1886 bis 1894 an der Kunstgewerbeschule in Dresden und bis 1897 an der Münchener Akademie. Während dieser Zeit arbeitete er u.a. als Illustrator für die Zeitschriften «Simplicissimus» und «Jugend». 1898 gehörte Paul zu den Mitbegründern der Münchner → Vereinigten Werkstätten für Kunst und Handwerk, für die er neben → Peter Behrens, → Bernhard Pankok und → Richard Riemerschmid als Designer tätig war. 1907 gehörte er zu den Mitbegründern des → Deutschen Werkbunds und ging als Leiter der Unterrichtsanstalt des Kunstgewerbemuseums nach Berlin. 1924 wurde er Direktor der Vereinigten Staatsschulen für freie und angewandte Kunst in Berlin, ehe ihn 1932 die Nationalsozialisten von seinem Amt enthoben. Paul setzte seine Arbeit als Designer jedoch in einem eigenen Büro in der Mark Brandenburg fort und wurde 1955 Ordentliches Mitglied der Akademie der bildenden Künste in Berlin.
Als Architekt und Inneneinrichter gestaltete Paul zwischen 1903 und 1906 drei Räume für Schloß Faber-Castell in Nürnberg sowie den Entwurf eines Herrenzimmers in Schloß Stein, das von den Vereinigten Werkstätten ausgeführt wurde. Darüber hinaus entwarf er Gesellschaftsräume und Luxuskabinen für einige Schiffe des Norddeutschen Lloyd, wie beispielsweise die «George Washington», «Derfflinger», «Prinz Friedrich Wilhelm» oder «Kronprinzessin Cäcilie».
Zu Pauls wichtigsten Bauwerken gehören das Haus Feinhals in Köln (1908, begonnen von → Joseph Maria Olbrich), das Asiatische Museum in Berlin (1914), das Palais Mendelssohn-Bartholdy in Berlin (1916) und das Kathreiner-Hochhaus in Berlin (1927/28).
Als Designer entwarf Paul 1908 den Tisch «Washington» mit schwarzem Granitfuß, Gestell und Platte aus dunkelgrau lackiertem Holz. Der Tisch wurde von den Vereinigten Werkstätten hergestellt (heute bei → ClassiCon), ebenso wie das Modell «Westend» (1911), das aus fünf gedrechselten Säulen und einer mit Walnußfurnier eingelegten Holzplatte bestand. Als → Reedition produziert ClassiCon Pauls Stuhl «St. Louis» (1905), der durch einen einfachen Handgriff zur Leiter ausgeklappt werden kann. Seit 1913 entwarf Paul auch für → Rosenthal und für die Karlsruher Majolika-Manufaktur.

Pelikan

Die Firma wurde 1838 von Carl Hornemann als Werkstatt zur Herstellung von Künstlerfarben und Malzubehör gegründet.
1863 trat Günther Wagner in das Unternehmen ein und ergänzte das Lieferprogramm um Tinten, Tuschen und Leim. 1878 entwikkelte er den berühmten Pelikan als Markenzeichen.
Nach der Jahrhundertwende weitete die Firma ihr Produktsortiment aus und entwickelte u.a. Schreibbänder, Kohlepapier und Kopierprodukte. 1929 nahm Pelikan Schreibgeräte und technischen Zeichenbedarf in sein Programm auf; in den dreißiger Jahren kamen Bürodrucker (Vervielfältigungsgeräte) hinzu, in der Nachkriegszeit Büroprodukte sowie Schul- und Hobbyerzeugnisse. Gegenwärtig umfaßt das Sortiment der Firma ca. 3000 Produkte für Büro und Schule, die in mehreren Werken hergestellt werden.

Pelikan-Füllhalter der achtziger Jahre.
Foto: Pelikan

Als Designer arbeiteten für Pelikan u.a. → Erich Slany und → Wilhelm Wagenfeld, der die berühmte Pelikan-Tintenflasche entwarf. Vom Industrie-Forum Design Hannover wurde 1990 der von Knut Bliesener entworfene Tageslichtprojektor ausgezeichnet. Zahlreiche Grafiker und Künstler gestalteten seit Ende des 19. Jahrhunderts die Pelikan-Firmendrucksachen, Verpackungen und vor allem Plakate, unter ihnen Otto Bunzel, Oskar Hermann, Werner Hadank, Ludwig Hohlwein, → El Lissitzky, Kurt Schwitters und Lucian Zabel.

Pelikan-Design → Gammelgaard, Niels

Pentagon

Zu der 1985 in Köln gegründeten Architekten- und Designergruppe, die aus der Künstlervereinigung «Unikate» (gegr. 1982) hervorging, gehören Wolfgang Laubersheimer (*1955), Reinhard Müller (*1957), Detlef Meyer-Voggenreiter (*1954), Gerd Arens (*1943) und Ralph Sommer (*1955). Die fünf Mitglieder entwarfen vor allem Metall- und Möbelkonstruktionen, die heute bei der Firma Laubersheimer in Produktion sind (derzeit u.a. die «Neonstele» von 1987 und die «Bogenleuchte» von 1990).
Pentagon-Entwürfe sind humorvoll-ironisch oder ernsthaft und verstehen sich als «Verteiler für die Gedankenspiele der Postmoderne», wie z.B. die Kistenskulptur «Mai 68» von Meyer-Voggenreiter, die aus drei sich einander verneigenden Obstkisten auf dünnen Metallfüßen besteht. Originell ist auch der Schrank «Wagon-lit» von 1987, der aus

neun hohen, schlanken Einzelteilen besteht (aus Stahl und Ahornfurnier), die mit Balgen aus gummiertem Stoff verbunden sind. 1987 nahm Pentagon an der 8. documenta in Kassel teil und wandelte eine ehemalige Diskothek in ein Café um. Das Ergebnis war das vielbeachtete «Casino» – mit einer runden Wandbank aus gekantetem Stahlblech und dazu passenden Aluminiumstühlen. Die Tische des «Casino» nannten sie «Bauhaus-Klassiker mit Ahornplatte im No-name-Design».

PER

→ Tusquets Blanca, Oscar

Perriand, Charlotte (*1903 Paris)

Die französische Architektin und Designerin Charlotte Perriand studierte von 1920 bis 1925 Inneneinrichtungsdesign an der Ecole l'Union Centrale des Arts Décoratifs in Paris. Von 1927 bis 1937 arbeitete sie im Büro von → Le Corbusier und dessen Vetter Pierre Jeanneret. 1929 präsentierte das Designertrio auf dem Pariser Herbstsalon den berühmten «Einwohnraum», der bereits mit eigenen Möbelentwürfen ausgestattet war. Sein Schlaf- und Badezimmer, das nur durch eine niedrige Kachelwand getrennt war, enthielt den Stahlrohrsessel «Fauteuil à dossier basculant» und einen mit Frottee bespannten Hocker, die heute von der Firma → Cassina reediert (→ Reedition) werden.

Charlotte Perriand war an vielen Möbelentwürfen Le Corbusiers maßgeblich beteiligt, z.B. am Glasplattentisch «LC 6» (1925/28), an der Chaiselongue «LC 4» (1928) und am Sessel «LC 3» (1928). Sie entwarf aber auch eigene Objekte, wie Stühle und Sessel aus Eschenholz («Méribel», «Courchevel», «Chamrousse») oder Hocker («Orsières»), die bei der Firma Sentou in Produktion sind. Nachdem Charlotte Perriand 1937 das Atelier Le Corbusiers verlassen hatte, arbeitete sie eine Zeitlang als Architektin an Wintersportzentren und ging 1938 auf Einladung der japanischen Regierung nach Tokio, wo sie bis 1945 als Kunstgewerbeberaterin tätig war. 1946 kehrte sie nach Frankreich zurück und beteiligte sich als Co-Designerin an → Jean Prouvés seriellen Möbeln aus Blech. Als Architektin wurde sie durch Arbeitsgemeinschaften mit Fernand Léger und Paul Nelson bekannt. Ende der siebziger Jahre betreute sie bei Cassina die → Reedition der Le-Corbusier-Möbel, 1983/84 war sie Vorsitzende der Jury des Internationalen Büromöbelwettbewerbs des französischen Kultusministeriums. Zu Perriands späteren Arbeiten zählen Entwürfe für Air France.

Sofa «LC 3» (1928; zusammen mit Le Corbusier und Pierre Jeanneret); reediert bei Cassina. Foto: Cassina

Pesce, Gaetano

(*1939 La Spezia)

Der italienische Architekt und Designer Gaetano Pesce, der als einer der wichtigsten Vertreter des italienischen Konzeptdesigns gilt, studierte von 1959 bis 1965 Architektur an der Universität Venedig sowie am dortigen Institut für Industriedesign.

Neben seinem Studium war er als unabhängiger Künstler und Filmemacher in Padua tätig, wo er sich bis 1967 mit programmatischer, kinetischer und serieller Kunst befaßte. Bekannt wurden seine skulpturalen Wandgestaltungen «Fioreinbocca» aus quadratischen hochreliefartigen Platten. 1959 war er Gründungsmitglied der «Gruppe N» in Padova, wodurch er mit den Künstlergruppen «Zero» (Deutschland) und «T» (Mailand) in Kontakt kam.

Ab 1968 entwarf Pesce für → B&B Italia, wobei vor allem seine Möbelserie «UP» mit dem Sesselklassiker «UP 5» (1969) großen Erfolg hatte. Die Sessel aus Polyurethanschaumstoff (mit bunten, flexiblen Bezügen) wurden in flachen Schachteln verkauft und entfalteten erst beim Auspacken ihre → Form und Größe. Die Modelle «UP 1» und «UP 2» hatten Kugelformen, der Sessel «UP 5» wurde mit einer runden Fußstütze geliefert.

Seit 1968 entwarf Pesce zahlreiche Sessel, die durch ihre weichen, gesteppten Bezüge auffielen, wie beispielsweise das Modell «Yeti» oder der Sessel «Feltri» (1987; mit kragenförmig gestaltetem Rückenteil), der heute bei → Cassina hergestellt wird, für die Pesce ab 1971 arbeitete.

Ebenfalls für Cassina entwarf Pesce schrill-asymmetrische Schaumstoff-Unikatmöbel (z.B. «Carenza», 1980; «Dalila II», 1980) und die bunte Sitzreihe «Cannaregio» aus kombinierbaren Elementen; ferner Tischserien aus

Armsessel «UP 5» und Fußstütze «UP 6» für B&B Italia. Foto: B&B Italia

farbigem Polyesterharz, Gittermetall oder Epoxyharz (z.B. «Sansone», 1980, und «Sansone due», 1987).

Pesces Stuhlserie «Dalila I, II und III» von 1980 gilt als Manifest der Individualisierung von Serienproduktion. Es basiert auf einer Idee von Kunststoffverarbeitung die – in vorgegebener Toleranzbreite – Zufallsformen

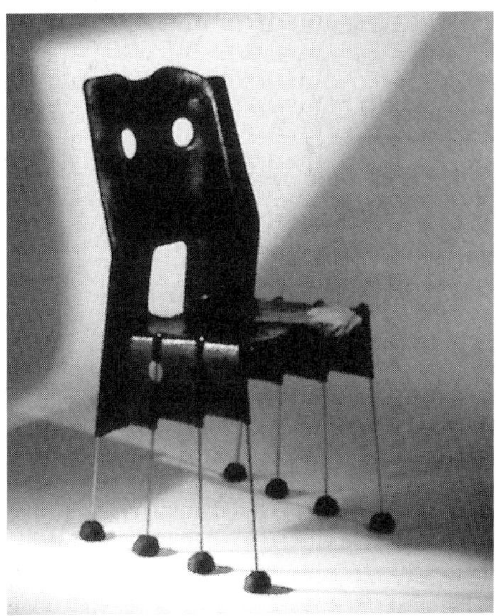

«Green Street Chair» (1984–87) für Vitra

produziert. Pesces 1983 entstandene Serie «Pratt Chairs» zeigt den Übergang (durch Variierung der Festigkeit) vom Gestaltlosen zur Form. 1987 kreierte Pesce seinen modernistisch-verspielten «Greene Street Chair» (bei → Vitra), der auf acht dünnen Metallbeinen steht und mit seinen schmalen Segmenten wie eine Raupe aussieht. Weitere Entwürfe kreierte Pesce für G. B. Bernini (Serie «Luigi» oder «Mi amate voi?», zu der Wandschirme, Regale, Raumteiler sowie Klapptische aus Ahorn und buntfarbigem Sperrholz gehören), Bracciodiferro (Leuchte «Moloch», 1972) und Venini.

Pevsner, Sir Nikolaus (*1902 Leipzig, †1983 London)

Nikolaus Pevsner, der neben Siegfried Giedion und Reyner Banham als einer der bedeutendsten Architektur- und Designtheoretiker des 20. Jahrhunderts gilt, studierte Kunstgeschichte in Leipzig, München, Berlin und Frankfurt. Von 1924 bis 1928 arbeitete er als Assistenz-Kurator in der Dresdener Galerie, bis 1933 war er Dozent für Kunstgeschichte und Architektur an der Göttinger Universität. 1934 floh Pevsner vor den Nationalsozialisten nach England. 1941 wurde er Professor an der Londoner Universität, wo er durch seine effizienten Lehrmethoden populär wurde und der englischen Kunstgeschichte einen größeren wissenschaftlichen Stellenwert verlieh. Von 1949 bis 1955 lehrte Pevsner in Cambridge, ab 1968 in Oxford. Als Autor schrieb Pevsner seit Anfang der vierziger Jahre für die «Architectural Review» und zeigte sich als Befürworter des Modernismus in Architektur und → Design. Zu seinen wichtigsten Büchern gehören die Werke «Wegbereiter moderner Formgebung. Von William Morris zu Walter Gropius» (1936), «Europäische Architektur von den Anfängen bis zur Gegenwart» (1943), «Architektur und Design. Von der Romantik zur Sachlichkeit» (1968), «Der Beginn der modernen Architektur und des Design» (1968) und «Lexikon der Weltarchitektur» (1971).

Philips

Die 1891 von Gerald Philips in Eindhoven gegründete Firma entwickelte sich im Laufe von nur wenigen Jahrzehnten zu einem Weltkonzern, der nicht nur Unterhaltungselektronik, Hörsysteme, Elektro-Haushaltsgeräte und Glühlampen produziert, sondern auch in den Bereichen Büro- und Telekommunikation, elektronische Bauelemente (Bildröhren, Kondensatoren, Leiterplatten), medizinische Geräte (Tomographie, Röntgengeräte, Ultraschallgeräte) und Elektronik für Wissenschaft und Industrie aktiv ist.

In den Anfangsjahren stellte Philips Glühlampen für den Wohnbereich her (ab 1914 auch Projektions- und Scheinwerferlampen für Automobile). Ab 1918 begann die Firma, ihr Sortiment zu erweitern, und produzierte Konsumartikel, vor allem Radios, Lautsprecher und Grammophone.
Die 1926 gegründete Deutsche Philips AG präsentierte 1928 die Rundfunkempfänger «Paladin 5» und «Paladin 20», 1934 den legendären «Aachen Super» mit der Typenbezeichnung D 45 und D 46.

Fernsehgerät «Your TV». Foto: Philips

Louis Kalff, der 1925 die künstlerische Leitung der Anzeigen- und Produktionsabteilung übernahm, schuf 1926 das berühmte → Logo (mit vier Sternen und drei Wellenlinien), das drei Dekaden lang alle Philips-Produkte kennzeichnete. Mit Kalff begann zugleich die Ära des → Designs bei Philips, die sich in Produkten wie dem professionellen Filmprojektor von 1934 und dem Elektrorasierer von 1939 zaghaft andeutete, nach Ende des Zweiten Weltkriegs aber erst voll zur Geltung kam, etwa mit → Raymond Loewys Elektrorasierer von 1948 oder dem Radio «Philetta 1949» (mit Bakelitgehäuse und Flutlichtskala).
In den fünfziger Jahren stellte Philips neben Kalff den Architekten Rein Veersema, der 1954 die Designergruppe AV (Apparaten Vormgeving) gründete. Die jungen Designer, die größtenteils von der Akademie für Industrielle Formgebung in Eindhoven kamen, entwickelten bis 1960 Produkte für Philips, die neueste Stiltendenzen und Materialien vereinten. Im Bereich der Unterhaltungselektronik wurde 1952 das erste Philips-Autoradio («ND 491 V») vorgestellt, 1955 die erste Philips-Hi-Fi-Anlage («System 9710» mit Zehnerplattenwechsler, Diamant-Tonkopf und Spezialverstärker). Mit der Einführung der «Philips Minigroove 45» (1953), der ersten Schallplatte für 45 Umdrehungen, revolutionierte Philips weltweit den Tonträgermarkt; vier Jahre später stellte die Firma die erste Stereo-Schallplatte der Welt vor. In den fünfziger Jahren forcierte Philips auch die Produktion von Haushaltsgeräten, vor allem Elektro- und Batterie-Rasierer (Trockenrasierer «Infraphil», 1950, oder «Ladyshave»), Staubsauger und Stabmixer.
Anfang der sechziger Jahre schrieb das Philips-Management dem Design eine immer größere Bedeutung zu und drängte Veersema zur Gründung einer firmenunabhängigen Einrichtung, die 1961 in Form des Industrial Design Bureaus Gestalt annahm.
Im Bereich der Haushaltsgeräte überraschte Philips in den sechziger Jahren mit dem ersten Mikrowellengerät für den deutschen Markt (1961) und einem System mit drei Scherköpfen bei Elektrorasierern («Philishave 3», 1967). Als bahnbrechende Erfindungen dieser Ära galten die kompakte Audio-Kassette (1963) und das erste Bildaufzeichnungsgerät für den Hausgebrauch, Modell «LD 1000» (1968).
1971 führte Philips das Video-Kassettenrecordersystem «VCR» (1979 das System «Video 2000») und das Bildplattensystem «VLP» ein, das zur Basis aller späteren laseroptischen Systeme wurde. 1978 stellte Philipos das Compact-Disk-System und den Bildschirm-Informationsdienst (später Btx) vor. Nach Einführung der ersten Philips-Kaffeemaschine, der «Coffee Cona» von 1964, wurde die Produktpalette dieser Geräte in den siebziger Jahren weltweit ausgeweitet und in den achtziger Jahren formal überarbeitet. Mit dem neuen «Global Design» hatten vor allem die Modelle «Café Duo» (1984), «Café Lait», «Café Therm» (1986 – mit integrierter Ther-

CD-Spieler «AZ 6819». Foto: Philips

moskanne), «Café Duo Select» (1987), «Espresso Duo» und die mehrfach ausgezeichnete Kaffeemaschine «Café Gourmet» (1988) großen Erfolg.
1985 gelang Philips ein neuartiges Design mit der Rasierer-Serie «Tracer I» und «Tracer II» (1987), entworfen von Philips-Incorporate-Design (CID). Im Hi-Fi-Bereich entwickelten Murray Camens und Graham Hinde Anfang der achtziger Jahre das «Roller Radio», das durch seine runden Lautsprecher und den funktionalen Tragegriff gefiel. Der Firma gelang dadurch der Einstieg in einen an Jugendlichen ausgerichteten Markt, der bis heute zu gewagten Designentwürfen führte, etwa in Form der «Moving Sound»-Serie (1988), die von der Grundfarbe Gelb getragen war. Ab 1988 widmete Philips auch dem Dekor seiner Produkte eine besondere Aufmerksamkeit und beauftragte damit die Designer Marcel Heijen und Tom Batussen. Große Erfolge errang Philips zu Beginn der neunziger Jahre mit dem CD-Spieler «AZ 6819» (CID), der eine drahtlose UKW-Übertragung in mehrere Räume ermöglichte, mit dem säulenförmigen CD-Sound-System «AZ 9712» (Design: CID), dem Fernseher «Sensual», der mobilen Kommunikationseinheit «FM 1000» und dem Diktiergerät «LFH 560» bzw. dem Modell Pocket Memo «593».
1991 brachte Philips in der sog. Design Edition die von → Massimo Iosa-Ghini entworfene Kollektion «Futurama» heraus – eine Kombination von 16:9-Breitwandfernseher und Videorekorder in einem dem → Art Déco ähnlichen Stromlinienlook. Die «Philips Design Edition Nr. 2» hat → Ettore Sottsass kreiert: das System «Magic Media Container» (1993) aus rotlackiertem Wurzelholz mit golden farbigem Unterbau, in das alle modernen Abspiel- und Aufnahmegeräte integriert werden können. Ebenfalls 1993 erschien das «Boudoir des elektronischen Zeitalters» von → Andrée Putman, eine Art Sekretär für ein Frauen-Zimmer, in dem sich jede Art von Unterhaltungselektronik unterbringen läßt.

Phönix Design

Das Designbüro wurde 1987 von Axel Haug und Tom Schönherr in Stuttgart gegründet und produzierte seitdem Industriedesign (→ Industrial Design), das in der Tradition von → Frogdesign stand.

Für → AEG entwickelte Phönix das PC-Gehäuse «Olystar 80», für Hansgrohe eine spezielle Munddusche und die Badserie «Allegroh» (vom Handtuchhalter bis zur Mischerserie mit Bügelgriff und verstellbarem

Parabolstrahl). Für → Kaldewei schufen Haug und Schönherr die Komfortbadewanne «Rondostar». Mehrfach ausgezeichnet wurde die TV-Linie für Loewe, u.a. 1990 mit dem «IF» der Guten Industrieform Hannover. Phönix Design arbeitete darüber hinaus für die Firmen → Duravit, → Gaggenau, → Lamy, NCR, Loewe und Revox.

Pintori, Giovanni (*1912 Nuoro/Sardinien)

Der italienische Designer Giovanni Pintori arbeitete von 1927 bis 1929 als Schriftsetzer und studierte von 1930 bis 1936 → Design am Istituto Superiore per le Industrie Artistiche in Monza. 1936 begann Pintori als Werbedesigner bei → Olivetti in Mailand und wurde 1950 Chef der dortigen Werbeabteilung (bis 1967). Er entwarf u.a. das Werbeplakat für den «Elettrosumma 22»-Kalkulator und «Tekne 3», kreierte das Olivetti-Logo (→ Logo) und gestaltete Ausstellungen für die Firma.
1967 verließ Pintori Olivetti und gründete 1968 in Mailand ein eigenes Designbüro, das u.a. grafische Entwürfe für die Magazine «Stile Industria» und «Fortune» lieferte. 1957 erhielt Pintori den Großen Preis der Mailänder Triennale.

Piretti, Giancarlo (*1940 Bologna)

Giancarlo Piretti studierte am Istituto Statale d'Arte in Bologna und wurde anschließend Designdirektor beim Möbelhersteller → Castelli in Mailand, für den er zahlreiche Möbel entwarf. Großen Erfolg hatte Pirettis Klappstuhl «Plia» (1967) mit verchromtem, lackiertem oder beschichtetem Metallgestell sowie Sitz und Lehne aus Cellidor-Kunststoff. Der Stuhl hat ein Gelenk aus drei Metallscheiben und läßt sich auf eine Stärke von nur 5 cm zusammenklappen. 1973 erhielt der «Plia» die Auszeichnung → Gute Form. Darüber hinaus wurde er in die ständige Sammlung des New Yorker Museum of Modern Art übernommen. Weitere bedeutende Entwürfe für Castelli schuf Piretti mit Anbausystemen und Tischen, beispielsweise mit dem Modell «Dilungo» (1985) mit Beinen aus Teleskopschienen auf Nylonrollen sowie Verlängerungsplatten aus Aluminium und verschiedenfarbigem PVC-Belag.
Mit → Emilio Ambasz gestaltete Piretti u.a. den Stuhl «Vertebra» und die Leuchte «Osiris» (für die Firma → Erco).

Piva, Paolo (*1950 Adria)

Der Architekt und Designer Paolo Piva studierte von 1968 bis 1973 Architektur in Venedig, wo → Carlo Scarpa zu seinen Lehrern zählte. Seit 1970 beschäftigte sich Piva mit Industriedesign (→ Industrial Design), vor allem aber mit Möbelentwürfen, die er gelegentlich als → Mikroarchitekturen im Stil Andrea Palladios konzipierte.

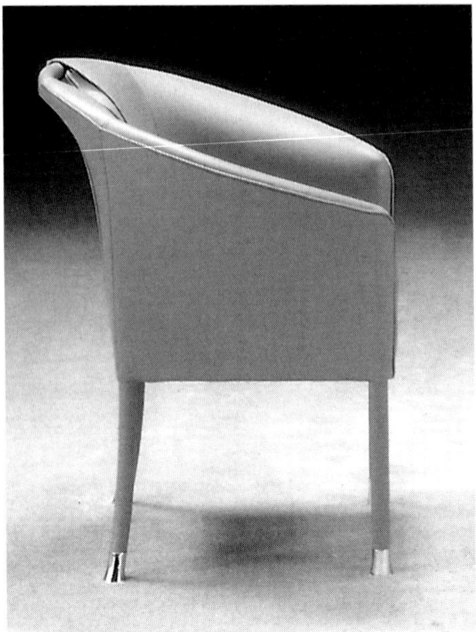

Stuhl «Aurella» für Wittmann.
Foto: Wittmann

Aus dem Jahre 1980 stammt Pivas Sofa «Alanda», das von → B&B Italia in drei verschiedenen Größen hergestellt wird. Es hat einen Korpus aus Stahlprofilen, der mit Polyurethanschaum überzogen ist. Die Polster sind aus Dacron oder Polyurethanschaum und mit Stoff oder Leder bezogen. Die Rükken- und Seitenteile lassen sich mit einem einfachen Handgriff herunterklappen. Ebenfalls bei B&B sind Pivas Sofas «Domina», «Arca» und «Isola Ovale» im Programm; sie gehören zur «Artema»-Kollektion.
1984 entwarf Piva für den österreichischen Möbelhersteller → Wittmann den Sessel «Aura», im gleichen Jahr gestaltete er für das Unternehmen einen großen Showroom in Wien. 1985 entwickelte Piva für B&B eine Stuhlserie unterschiedlich konzipierter Rükkenlehnen (mit Polyurethanschaum ummanteltes Stahlrohr): «Arcadia», «Arcosa», «Arcella», «Arcara» und «Arcalta». Weitere Entwürfe schuf Piva für die Firmen Burelli (Kücheneinrichtungen, 1974), Fama (Anrichte «Airone», 1971; Bett «Daniel», 1972), Felice Rossi, Danzer (Regal «Arcana», 1981), Mobel (System «Because», 1974), Prearo (Leuchten «Cona» und «Prearo», 1972), Lumenform (Kollektion «Open», 1973), → Wittmann (Sessel «Riva», 1977 und «Tabarett», 1979 sowie «Alta», «Aura», «Aurella», «Coupole» und «Wien Wien») und → WK (Verwandlungssofa «WK alice 578»).

Platner, Warren (*1919 Baltimore)

Warren Platner studierte an der Architekturfakultät der Cornell University in Ithaca, wo er 1941 sein Diplom ablegte. Anschließend arbeitete er u.a. in den Architekturbüros von → Raymond Loewy (1945–50) und → Eero Saarinen (1950–65). Nach Saarinens Tod arbeitete Platner mit der Nachfolgefirma von Kevin Roche und John Dinkeloo zusammen. 1967 gründete er seine Firma Warren Platner Associates in North Heaven, Connecticut. Bereits seit 1953 war Platner mit Entwürfen von Tischen und Stühlen beschäftigt, wobei er von der Graham Foundation unterstützt wurde. Das Resultat seiner Arbeit waren die für Platner typischen Entwürfe mit enggliedrigen Drahtgestellen, die wie eine Art Käfig anmuten. Die Möbel, die an die Modelle → Harry Bertoias erinnern, aber dekorativer wirken, werden heute von → Knoll International hergestellt. 1966 präsentierte Platner bei Knoll eine Reihe von Sesseln, Hockern und Tischen mit Gestell aus vernickeltem

«Platner Kollektion» (1966) für Knoll.
Foto: Knoll International

Drahtgestell. Die Sessel und Hocker hatten Sitzschalen aus Fiberglas oder aus geschäumtem Kunststoff. Darüber hinaus entwarf Platner für die Firma → Georg Jensen. Als Inneneinrichter gestaltete Platner neben Clubs und Privathäusern die Chefetage des MGIC-Plaza-Gebäudes in Milwaukee (deren Möbel heute ebenfalls bei Knoll im Programm sind) und das Restaurant «Windows of the World» (auf dem Dach des World Trade Centers – zusammen mit → Milton Glaser). In den achtziger Jahren entwickelte Platner zunehmend einen dezent-ornamentalen Stil, was u.a. am Gebäude der Sea Containers Corporation in London augenfällig wird.

Poggenpohl

Die Firma wurde 1892 von Friedemir Poggenpohl gegründet und fertigte in den Anfangsjahren Küchen, Schlaf- und sog. Tochterzimmer. Nach der Jahrhundertwende begann die Firma, sich im → Design von Vorbildern vergangener Stilepochen abzulösen, und entwickelte – begünstigt durch den → Jugendstil – ein eigenes Küchenbild. Mit der «Frankfurter», der «Wiener» und der «Stuttgarter» Küche kreierte Poggenpohl in den zwanziger Jahren erstmals Prototypen der Anbauküche. 1928 baute man die erste «Reformküche», die aus Elementen wie Buffet, Spüle, Geschirr- und Vorratsschrank bestand und mit Elektrogeräten und weiteren Zusatzmöbeln kombinierbar war. Als sog. Markenküche wurde dieser Typus über den Möbelfachhandel vertrieben und blieb bis 1950 im Programm. 1950 stellte Poggenpohl die erste bundesdeutsche Anbauküche in Serienfertigung vor – die «Form 1000», die bis Ende der fünfziger Jahre modifiziert und ergänzt wurde. 1962 brachte Poggenpohl mit der «Form 2000» eine Griffleistenküche heraus, die in abgewandelter Form 1979 den Bundespreis → Gute Form und 1980 den International Product Design Award errang. 1983 stellte Poggenpohl das Programm

«Form 2000 CM» und das Nischenprogramm «Dimension 75» vor, das vom Design Center Stuttgart ausgezeichnet wurde. Seit 1987 gehört das Unternehmen zum schwedischen Konzern Skane Gripen AB.
Die Poggenpohl-Modellpalette zeichnet sich durch eine große Bandbreite von An- und Einbauelementen aus, die sich in ihrem Design jeweils dem aktuellen Zeitgeschmack anpaßt und die Kombination individueller Ausstattungsdetails wie Arbeitsplatten, Fronten, Oberflächen, Griffen und Farben zuläßt. Zu den aktuellsten Produkten gehören die Serie «2000 PC», die Serie «2000 SC» (mit den Fronten «Intarsie» und «Geometrie») und die «Form 2400» (mit postmodernen Giebelregalen sowie halbrunden Auszugsschränken und Kochmulden aus Edelstahl).

Pollock, Charles (*1930 Philadelphia)

Nach seinem Studium in Detroit und parallelen Arbeiten als Grafikdesigner für die Chrysler Corporation machte Charles Pollock 1953 am Pratt Institute in New York sein Diplom als Industriedesigner. Nach seinem Militärdienst arbeitete er ab 1955 mit → George Nelson zusammen. 1959 stellte das Design Center in New York Pollocks Skulpturen, Modedesigns und seine grafischen Arbeiten aus.
Pollocks berühmtester Entwurf ist der «Poltrona Chair», den er 1965 für → Knoll kreierte und der zu einem der meistkopierten Stühle der Welt gehört. Für → Castelli entwarf er den «Penelope Chair» (1982; Gestell aus gehärteter Stahllegierung; Netz aus Stahldraht, mit thermoplastischem Kunstharz beschichtet, Armlehnen aus Integral-Polyurethan), für → Olivetti-Synthesis den Bürostuhl «Flexa» (1987).

Poltrona Frau

Die italienische Firma wurde 1912 von Renzo Frau gegründet, der als Wegbereiter des klassischen Polstermöbels gilt. Er machte «La Poltrona Frau» zum Synonym für lederbezogene Sesselklassiker, gestaltete aber bis Mitte der zwanziger Jahre auch Inneneinrichtungen von Salons und Luxusschiffen.
Der Sektor für Spezialanfertigungen wurde seit Mitte der dreißiger Jahre kontinuierlich zugunsten einer modernen, industriellen Produktion zurückgenommen, Poltrona Frau bzw. die eigens gegründete Firma Poltrona Frau Contract konnte jedoch mit Ausstattungsarbeiten (etwa der Restaurierung und Einrichtung des ehemaligen Pfarrsaals der Kirche San Gregoriuccio in der Synagoge Spoleto oder der Restaurierung des Teatro Comunale in Macerata) weltweite Anerkennung erringen.
Mit Poltrona Frau Car und Poltrona Frau Aviation engagieren sich seit den achtziger Jahren zwei eigenständige Firmen bei der Ausstattung luxuriöser Fahrzeuge und setzten Zeichen im Bereich der Konstruktion von Flugzeugsitzen.
Als Polstermöbelhersteller hatte die Firma 1965 mit der Serie «Dezza» von → Giovanni Ponti großen Erfolg sowie mit zeitgenössischen Arbeiten von → Tito Agnoli (Sessel «THF» und «Europa 80»; Sitzgruppe «Ca-

Sofa «Pausa» von Pierluigi Cerri.
Foto: Poltrona Frau

panelle», «Petronico» und «Serenade»; Tische «Boulevard» und «IDC»; Bett «Rondo»), → Mario Bellini («Billardtisch»), Pinifarina (Büromöbelkollektion «Ego»; mit eingebauter Verstellsteuerung), → F. A. Porsche (Liegesessel «Antropovarius»; mit speziell dem Körper angepaßten Wirbeln), → Lella und Massimo Vignelli (Tisch «Calice»; Sitzmöbelgruppe «Intervista») und → Marco Zanuso («Sitzgruppe «Interlude»).
Weitere Entwürfe stammen von Pierluigi Cerri (Sitzgruppe «Ouverture»), Mario Marenco, Giovanni Michelucci (Tisch «Convivio»), Vatne Møbler, Franco Perrotti (Stuhl «Audentia») und Eduard Wimmer.

Ponti, Giovanni (*1891 Mailand, †1979 Mailand)

Der italienische Architekt, Designer und Publizist Giovanni Ponti studierte von 1918 bis 1921 Architektur in Mailand und arbeitete nach seinem Diplom im Büro der Architekten Mino Fiocchi und Emilio Lancia. Von 1923 bis 1930 entwarf Ponti Porzellan für die Keramikmanufaktur Richard Ginori in Doccia. 1926 gestaltete er für Tony Bouilhet, den Chef der Silberschmiedemanufaktur Christofle, ein Wohnhaus.
1928 gründete Ponti die Architektur- und Designzeitschrift «Domus», die zum vielbeachteten Forum des Internationalen Stils in Italien wurde. 1932 rief Ponti die Firma → Fontana Arte ins Leben, ein Jahr später war er Mitbegründer der Mailänder Triennale.
Von 1936 bis 1961 hatte Ponti einen Lehrstuhl für Architektur am Mailänder Polytechnikum und schrieb zahlreiche Bücher über Kunst, → Design und Architektur, u.a. sein künstlerisches Manifest «Amate l'Architettura» (1957), das über 300 Aufsätze über Architektur und Design enthält.
Zu Pontis wichtigsten Architekturprojekten zählen das Karmeliterkloster Sant' Elia in San Remo, die Mathematische Fakultät der Universität Rom (1934) sowie zwei Bürotürme des Montecatini-Verwaltungsgebäudes

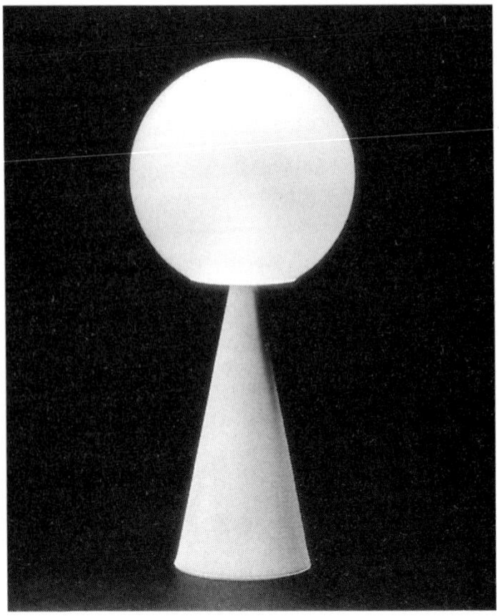

Leuchte «Bilia» für Fontana Arte.
Foto: Fontana Arte

in Mailand (1936/1951). Pontis Hauptwerk ist das 34stöckige Pirelli-Hochhaus in Mailand (1956–58) mit sich nach oben hin verjüngenden Pfeilern auf einem bootsförmigen Grundriß. Die Skelettbetonkonstruktion des Hochhauses, das als Prototyp des Internationalen Stils gilt, stammt von Pier Luigi Nervi. Als Designer arbeitete Ponti seit den dreißiger Jahren für zahlreiche internationale Firmen, darunter → Arflex, Altamira, Arredoluce, Candle, Fontana Arte (Leuchten «Bilia», 1931, und «Pirellone»; Tisch «Tavolini»), Ferrania (Büromöbel, 1939), Pavoni (Espressomaschine, 1948/49), → Cassina (Stühle «Chiavari» und «Lotus»), Giordano Chiesa, Olivari (Tür- und Fenstergriff «Lama», 1956), Nordiska Kompaniet, → Poltrona Frau, → Zanotta («Pontina»-Stuhl), La Pavone und Singer. Als Pontis bekanntester Möbelentwurf gilt der Stuhl «Superleggera», der seit 1957 bei Cassina in Produktion ist. Der 83 cm hohe Stuhl besteht aus Eschenholz und geflochtenem spanischen Rohr (Sitz) und ist trotz seines geringen Gewichts überaus stabil. Bei → Tecta sind derzeit Pontis Sitz- und Schreibtischelemente «Triposto» im Programm. Zanotta produziert seinen 1947 entworfenen Stuhl «Pontina».
Zu Pontis bekanntesten Leuchten zählt die 1931 für Fontana Arte entworfene Hängeleuchte «0024» aus klarem Kristallglas, die es auch aus satiniertem Glas (Modell «0024 S») gibt. Elf runde, um einen Glaszylinder gruppierte Scheiben streuen das Licht unaufdringlich und lassen die Leuchte luftig und transparent erscheinen.
Giovanni Ponti erhielt zahlreiche internationale Preise, u.a. 1956 den → Compasso d'Oro und 1968 die Goldmedaille der Académie d'Architecture Paris. 1958 wurde ihm die Ehrendoktorwürde des Royal College of Art verliehen.

Pop Art

Unabhängig voneinander entstand im Laufe der fünfziger Jahre in England und in den USA als Reaktion auf den gegenstandslosen Abstrakten Expressionismus die Pop Art (engl. pop = Knall; auch von: popular art = populäre Kunst), die sich in den sechziger Jahren zur international bestimmenden Kunstrichtung entwickelte. Die Prägung des Begriffs wird dem englischen Kunstkritiker Lawrence Alloway zugeschrieben.
Ein wesentliches Merkmal besteht in der Hinwendung zu den banalen Gegenständen des Alltags und den Konsumobjekten der Massengesellschaft, die als Bildmotive bzw.

Objekte auftreten und somit eine elementare Realitätsannäherung bedeuten.
Die Pop Art erzielt so eine Verbindung von Kunst und Leben, wie sie beispielsweise John Cage in den fünf-ziger Jahren nachdrücklich postuliert hatte.
Während in den USA die New Realists Jasper Johns und Robert Rauschenberg den Boden für die Entstehung der Pop Art bereiteten, spielte in England in den frühen fünfziger Jahren für Richard Hamilton und Eduardo Paolozzi das Feld der Massenmedien und -unterhaltung (Comics, Film, Kitschromane, Regenbogenpresse, Science Fiction, Werbung) eine entscheidende Rolle und besaß wichtige Anregerfunktion.
Eine zweite Entwicklungsphase (1958–61) wurde unter Peter Blake und Richard Smith eingeleitet, eine dritte (1961–65), die den Durchbruch der englischen Pop Art bedeutete, von David Hockney, Allen Jones, Ronald B. Kitaij u.a. Für die Anfangsjahre der Pop Art um 1960 ist außerdem die Rückbesinnung auf den Dadaismus Marcel Duchamps von entscheidender Bedeutung.
Als kennzeichnendes Merkmal kommt eine distanzierte, kühl berechnende Haltung des Künstlers hinzu, die beispielsweise jede die Persönlichkeit verratende Pinselspur sorgfältig vermeidet.
In Bildern der bekannten Pop-Art-Künstler Roy Lichtenstein, James Rosenquist, Andy Warhol oder Tom Wesselmann stellt sich eine für die Pop Art typische Ambivalenz von emotionalen Motiven und sachlich-kühler Darstellung ein. Die aus der Werbegrafik entnommenen Farbwerte zeigen in ihrer scheinbaren Heiterkeit einerseits und entleerten Glätte andererseits einen für die moderne Massengesellschaft bezeichnenden Widerspruch.
Eindringliche Beispiele sind die Katastrophenbilder Andy Warhols, die höchst emotionale Motive (etwa Autounfall, Flugzeugabsturz, elektrischer Stuhl) mit einer gerasterten, entindividualisierten Darstellungsform (Siebdruck), verbunden mit serieller Motivwiederholung, konfrontieren.
Auch seine berühmten Portraits (z.B. «Marilyn», 1962) spielen mit der Ver- und Entfrem-dung des durch die Massenmedien zum Klischee erhobenen, auf eine bestimmte Rolle fixierten Idols.
Roy Lichtenstein verfolgt mit den stilistischen Mitteln des Comics eine raffiniert monumentalisierte Bildsprache, deren Inhalte formelartig verkürzt sind. An der amerikanischen Westküste reagierten Mel Ramos, Edward Ruscha oder Wayne Thiebaud in kritisch-ironischer Distanz auf die Klischees der Werbegrafik.
Auch in Deutschland zeigte die Pop Art großen Einfluß, wie beispielsweise Arbeiten von Konrad Klapheck, Sigmar Polke oder Gerhard Richter belegen.
Wenngleich sich die bildende Kunst von der Werbegrafik inspirieren ließ, verlief ein wichtiger Austausch auch in anderer Richtung: Für das → Design war die Pop Art von zentraler Bedeutung, insofern sie die Grenzen zur alltäglichen Warenästhetik öffnete, wodurch sich das Design mit ersten, vorsichtigen Schritten von der Doktrin des → Funktionalismus abwenden konnte. Wie das italienische → Radical Design belegt, rückten dekorative Gesichtspunkte in den Vordergrund.
Arbeiten von → De Pas/D'Urbino/Lomazzi (Sessel «Blow»), → Ettore Sottsass, → Elio Fiorucci oder Peter Murdoch («Paper Chair», 1965) spiegeln beispielsweise die spielerische Haltung der Pop Art wider.

Porsche Design Studio → Porsche, Ferdinand Alexander

Porsche, Ferdinand Alexander

(*1935 Stuttgart)

Der Automobil- und Industriedesigner Ferdinand Alexander Porsche, Enkel des ersten Porsche-Konstrukteurs Ferdinand Porsche (*1875 †1951), absolvierte bei der Firma Bosch in Stuttgart eine Lehre in Maschinenbau. 1957 nahm er ein Studium an der → Hochschule für Gestaltung in Ulm auf, arbeitete jedoch schon 1958 als Designberater bei der Porsche AG in Stuttgart-Zuffenhausen, deren Direktor er 1961 wurde. Porsche entwickelte für seine Firma die Automodelle «904 Carrera» (1963) und «911» (1969) und gründete 1972 das Porsche Design Studio. Ab Mitte der siebziger Jahre vernachlässigte Porsche das Automobildesign und kreierte in seinem Entwurfsbüro Lifestyle-Produkte wie Motorräder, Surfbretter, Skizubehör, Brillen (z.B. für die Firma Carrera), Schreibutensilien und Uhren, die betont sportlich erschienen und auf die Kaufkraft der oberen Mittelschicht abzielten.

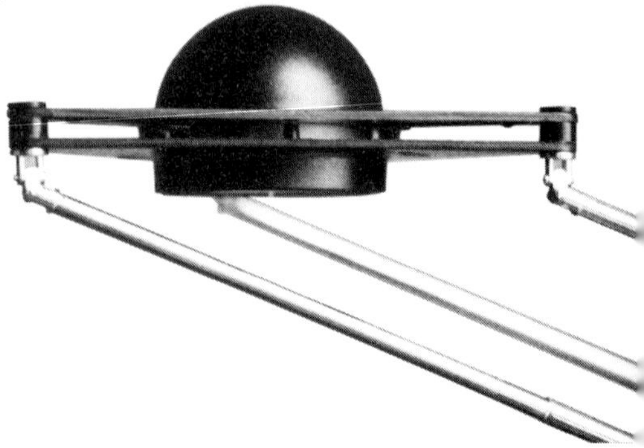

Strahlerkopf der Leuchte «Kandido» für Luci. Foto: René Zey

Für → Artemide entwarf Porsche Ende der achtziger Jahre den Metalldampfstrahler «Choreograph I», die Leuchte «Möve» und das Niedervolt-System «Mikado» (für Artemide Litech). In Zusammenarbeit mit Dirk Schmauser und dem Porsche Design Studio realisierte er für → Castelli den repräsentativen, multifunktionalen Chef-Schreibtisch «F. A. Porsche». Charakteristisches Element der Schreibtischarchitektur ist ein verchromter Säulenfuß.

Weitere Entwürfe schuf Porsche für die Firmen IWC (aufklappbare Kompaßuhr, 1976; «Titan Chronograph», «Ocean 2000», «Reiseuhr» und «Titan Automatic», 1993 – mit 18karätiger Goldlunette), → Grundig (Fernseher «Monolith 55-911»), Luci, NEC, PAF (Leuchte «Jazz», 1987), Luci (Tischleuchten-Klassiker «Kandido» – mit drei ausfahrbaren

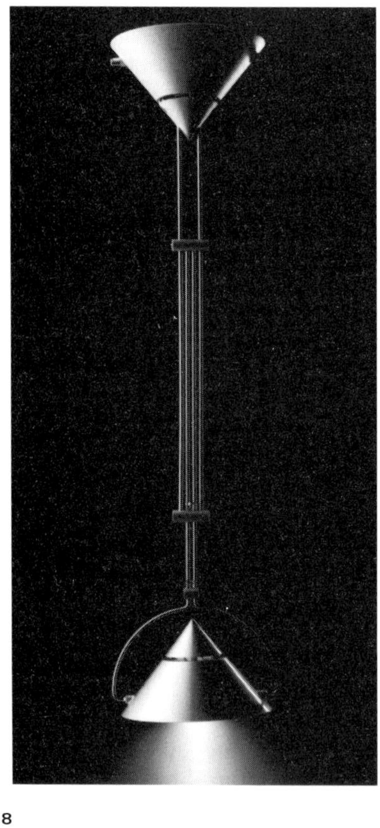

«Mikado»-Leuchte für Artemide. Foto: Artemide

Teleskopstangen), → Poltrona Frau (Liegesessel «Antropovarius»), Römer (Motorradhelm «Römer CP 3», 1978), Yashica und Zettler (Telefon mit integriertem Anrufbeantworter, 1991). Porsche erhielt für seine Entwürfe zahlreiche internationale Auszeichnungen, so 1979 den österreichischen Designpreis. Arbeiten von ihm befinden sich u.a. im Kunstgewerbemuseum in Zürich und im Museum of Modern Art in New York.

Portoghesi, Paolo (*1931 Rom)

Der italienische Architekt, Designer und Publizist Paolo Portoghesi schloß 1957 sein Architekturstudium an der Universität Rom ab und gründete 1958 sein eigenes Büro. Von 1962 bis 1966 lehrte er als Professor in Rom, anschließend am Polytechnikum in Mailand und ab 1981 abermals an der Universität in Rom; seit 1964 arbeitete Portoghesi mit Vittorio Gigliotti zusammen.
Paolo Portoghesi ist Mitherausgeber der Fachzeitschriften «Controspazio» (seit 1969), «Itaca» (seit 1977) und «Eupalino», darüber hinaus hat er sich als Autor zahlreicher Bücher über Architektur, u.a. mit seinem sechsbändigen Werk «Dizionario enciclopedico di architettura e urbanistica» (1968), einen Namen gemacht. Zu Portoghesis architektonischen Hauptwerken zählen der Internationale Flughafen von Khartoum (1973), der Königliche Hof von Amman (1974) sowie das Islamische Zentrum mit Moschee (1976) in Rom. Als Designer schuf Portoghesi für die Firma → Poltrona Frau das zweisitzige Sofa «Gruppo Liuto» sowie einen passenden Beistelltisch mit Glasplatte. Für → Alessi kreierte er 1983 ein Silberservice für die limitierte Serie «Tee & Coffee Piazza». Das sechsteilige Service besteht aus 925/1000-Silber, hat gravierte Streifenmuster und Griffe aus Elfenbein. Den Kerzenhalter «Achphat» (1988 – ebenfalls bei Alessi) widmete er dem architektonischen Thema ineinandergreifender, freier Bögen. Der Sockel des «Achphat» ist einer kleinen, lichtdurchlässigen Kuppel nachempfunden. Stellt man den Kerzenhalter auf den Kopf, verwandelt sich diese Kuppel in einen Korb zur Aufnahme einer kugelförmigen Kerze und wird damit zu einem völlig neuen Objekt. Als Beispiel für Portoghesis Vorliebe für lineare → Formen gilt der Kerzenhalter «Tlemcen» (1988 bei Alessi) mit vier sich nach oben vereinenden schlanken Säulen. Weitere Arbeiten schuf Portoghesi u.a. für die Firmen Ceccotti (Schreibtisch «Rabirio», 1985), → Ritzenhoff (Milchglas, 1992) und Officina Romana del Disegno (Tisch «Aldebaran», 1986).

Milchgläser der 1. Kollektion (1992) für Ritzenhoff. Foto: Sieger Design

Porzellanmanufaktur Kopenhagen → Royal Kopenhagen

Postmoderne

Der Begriff Postmoderne stammt ursprünglich aus der Architekturtheorie und wurde 1975 von dem amerikanischen Architekturtheoretiker Charles Jencks in die Diskussion eingebracht. Der Gebrauch des Begriffs wurde rasch in vielen Bereichen der Kultur üblich (bildende Kunst, → Design, Literatur, Philosophie), deren gemeinsamer Nenner in der Ablehnung des Diktats der Moderne nach ständiger Neuerung und statt dessen in der Hinwendung zu Geschichte und Tradition bestand. Der inflationäre Gebrauch des Begriffs hat allerdings dessen präziser Bedeutung geschadet, die heute schwammig erscheint.

In der Architektur richtete sich die Postmoderne gegen den dogmatisch erstarrten → Funktionalismus, dessen rationales, zu uniformer Einheitlichkeit führendes Vorgehen (Internationaler Stil) strikt abgelehnt wurde. Statt dessen griff man auf das Formenrepertoire (→ Form) der Architekturgeschichte zurück, um sich in Stilzitaten historischer Elemente zu bedienen, die vielfach miteinander kombiniert und bisweilen ironisch konfrontiert werden. Eines der wichtigsten Beispiele postmoderner Architektur ist die Piazza d'Italia in New Orleans, erbaut 1975–1979 von Charles Moore. Überhaupt hatte die Postmoderne in der Architektur ihre bedeutendsten Auswirkungen und wurde in den achtziger Jahren stilbildend. Der spielerische Umgang mit der Vielfalt an imitierten historischen Bauformen, oft in leuchtenden Farben bunt kombiniert, stellt sich wie eine Befreiung von der Jahrzehnte andauernden strengen Ordnung des Funktionalismus dar. Kritiker warfen der Postmoderne einen würdelosen Umgang mit der Geschichte und eine unwirkliche, kulissenartige Bauweise mit beliebiger Stilvermischung vor. Als wichtige Architekten der Postmoderne sind → Michael Graves, → Hans Hollein, Josef Paul Kleihues, Rob Krier, Charles Moore, → Aldo Rossi, James Stirling und → Robert Venturi hervorzuheben.

In der bildenden Kunst ist der Einfluß der Postmoderne seit den späten siebziger Jahren in Form von Zitaten und unbeschwerten Stilkombinationen deutlich wahrzunehmen, doch tritt er nicht so ausgeprägt und ausschließlich auf. Die wichtigsten postmodernen Strömungen finden sich zu Beginn der achtziger Jahre in der italienischen Arte Cifra und dem amerikanischen New Image Painting. Charakteristisch ist insbesondere die Verwendung unterschiedlicher Stile und Handschriften innerhalb eines einzigen Œu-

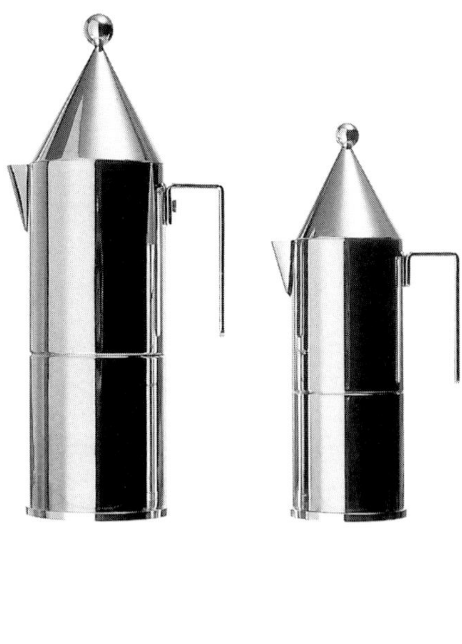

Espressokanne «La Conica» von Aldo Rossi für Alessi. Foto: Alessi

Kollektion «Mix-Italia» (1993; Design: King Kong) für Alessi. Foto: Alessi

vres und zwar zur selben Zeit, manchmal sogar in einem einzigen Kunstwerk. Somit zeigt sich der postmoderne Pluralismus, der alle Formen (beliebig) gestattet, nicht nur allgemein in der Kunst, sondern auch im Schaffen eines einzelnen Künstlers.
Als zentrale Arbeiten postmodernen Designs gelten die Möbelentwürfe des italienischen → Studio Alchimia (1976–81) und → Memphis (1981–88). Ihre Mitglieder → Ettore Sottsass, → Alessandro Mendini, → Andrea Branzi, → Michele de Lucchi u.a. (alle zunächst Alchimia, dann Memphis) vereinten Stilanleihen aus allen Epochen der Kulturgeschichte und pflegten eine Vorliebe für Farbe, Dekor und antifunktionalistische Formgebung.
Die Postmoderne kennt aber auch herausragende Möbelentwürfe von Architekten, wie z.B. das Sofa «Marilyn» (1981) von Hans Hollein, den Frisiertisch «Plaza» (1981) von Michael Graves oder etwa den Stuhl «Art Déco» (1984) von Robert Venturi.

Premsela, Benno (*1920 Amsterdam)

Der Niederländer Benno Premsela studierte von 1937 bis 1941 Inneneinrichtungsdesign an der Amsterdamer Neuen Kunstschule. Von 1949 bis 1951 arbeitete er als Schaufensterdesigner im Amsterdamer Kaufhaus De Bijenkorf. Von 1951 bis 1953 entwarf Premsela im Florentiner Büro von Bueno Mesqita Textilien sowie für Eva Kann in Mailand grafische Muster. Seit 1956 arbeitete er mit dem Innenarchitekten Jan Vonk zusammen, mit dem er 1972 das Büro Premsela-Vonk und 1973 die Architekturfirma Premsela-Vonk-BV in Amsterdam gründete. Das Duo entwarf seitdem Möbel für Spectrum in Bergeyk, Teppiche für die Kononklijk-Fabrieken in Bergoss sowie Produkte für Gerns + Gahler in Freilassing und Leo Schellens in Eindhoven. Arbeiten von Premselas befinden sich im Amsterdamer Stedelijk-Museum und im Israelischen Museum in Jerusalem.

Prototyp (griech. prototypos = Urbild)

Als Prototyp wird in Technik und → Design das erste gebrauchsfähige Exemplar eines Produkts bezeichnet, dem eine Nullserie folgt. Es handelt sich um ein Probemodell unmittelbar vor dem Beginn der Serienproduktion, wobei die Nullserie letzten Praxistests dient und noch nicht für den Markt bestimmt ist. Auf den internationalen Automobilmessen wird zum Beispiel mit Prototypen futuristischer Autos das öffentliche Interesse an neuen Design- oder Technologiekonzepten getestet.

Prouvé, Jean (*1901 Paris, †1984 Nancy)

Jean Prouvé, Sohn des Malers und Kunsthandwerkers Victor Prouvé, lernte von 1916 bis 1919 das Kunstschmiedehandwerk bei Emile Robert. Bis 1921 war er Lehrling bei dem Kunstschmied Szabo in Paris und führte dort eigenverantwortlich erste Schmiedearbeiten aus, z.B. Gestelle für Emile-Gallé-Vasen, die heute im Musée de l'Ecole in Nancy ausgestellt sind. Nach Absolvierung des Militärdienstes eröffnete Prouvé 1923 eine eigene Werkstatt in Nancy und fertigte erste Möbel, wobei er u.a. als Material bereits dünnes Stahlblech einsetzte. Auf der Ausstellung Exposition Internationale des Arts Décoratifs 1925 in Paris lernte Prouvé Robert Mallet-Stevens, Pierre Jeanneret und → Le Corbusier kennen. 1930 gehörte Prouvé zu den Mitbegründern der Union des Artistes Modernes (UAM) und rief im selben Jahr (zusammen mit A. Schotte) seine Firma Les Ateliers Jean Prouvé ins Leben. In dieser Zeit experimentierte er intensiv mit dem Profilieren von dünnem Stahlblech, um selbsttragende Konstruktionen zu ermöglichen. Von 1931 bis 1939 arbeitete Prouvé mit den Architekten Tony Garnier, Eugène Beaudouin und Marcel Gabriel Lods zusammen. 1932 entwarf Prouvé Türen und Mobiliar für die Universität Nancy, 1933 Operationssäle und Fenster für die Klinik Grange-Blanche in Lyon, ein Jahr darauf Möbel für die Freiluftschule in Suresnes. Mit Beaudouin und Lods konstruierte er 1935 den Luftfahrtklub Roland Garros in Buc als Fertigbau, außerdem den Prototyp des Wochenendhauses «BLPS». Im Jahre 1937 konstruierte Prouvé eine Schultisch-Stuhl-Kombination für Kinder von 5 bis 15 Jahren aus einem Stück. 1939 entwarf er 800 Baracken für die französische Armee, 1940 Holzgaszylinder für Autos und den Fahrradrahmen «Monopoutre» aus Stahlblech. Bis 1944 war Jean Prouvé in der Résistance aktiv, betrieb mit Lods aber weiterhin Studien für Fertighäuser und Fahrradrahmen. 1944 konstruierte Prouvé über 1000 zerlegbare Häuser

«Fauteuil métallique» (1927), reediert von Tecta. Foto: Tecta

für Obdachlose in Lothringen und in den Vogesen. 1947 baute Prouvé Schulen in Croismare und auf Martinique sowie eine Feuerwehrkaserne in Bordeaux, 1952 erhielt Prouvé den Großen Preis des Cercle d'Etudes Architecturales (CEA) für die Fassaden und Curtain-walls des Gebäudes, das er für die Fédération du Bâtiment gebaut hatte. Als 1953 die Aluminiumfirma Pechiney die Anteilsmehrheit seines Unternehmens erlangte und neue Betriebsstrukturen durchsetzte, kündigte Prouvé als Direktor und gründete ein Jahr später ein Designbüro in Paris. 1955 hob er zusammen mit Michel Bataille das Unternehmen Les constructions Jean Prouvé aus der Taufe. In Kooperation mit → Charlotte Perriand entwarf Prouvé Mitte der fünfziger Jahre vor allem Blechmöbel. 1958 war er Berater für die französischen und luxemburgischen Pavillons auf der Expo in Brüssel, 1960 wurde er Vizepräsident des CEA, 1971 dessen Präsident und war maßgeblich an den Planungen des Centre Georges Pompidou in Paris beteiligt, wobei er den umstrittenen Entwurf von Renzo Piano und Richard Rogers durchsetzen konnte.

1976 erhielt Prouvé die Ehrendoktorwürde der Ecole Polytechnique in Lausanne, 1982 den Großen Architekturpreis der Stadt Paris. Zu Prouvés wichtigsten Architekturprojekten gehören das Etagenhaus am Square Mozart in Paris (1952), die nukleare Aufbereitungsanlage St. Egrève (1954), Haus Abbé Pierre in Evian (1955/56), die zerlegbaren Schulbauten in Val-de-Marne (1957), das Universitätsgebäude in Lyon (1961), die nukleare Aufbereitungsanlage in Pierrelatte (1961), Häuser in Saint-Dié und Beauvallon (1962), der Bahnhof in Orléans (1963), die Fassade des Rathauses von Grenoble (1966), die Fassade der Erasmus-Universität Rotterdam (1968), die Fassade der Freien Universität Berlin und die Architekturschule in Nancy (beide 1969), Haus Saint-Gobain in Paris (1970), das Lyzeum in Béziers (1971), die Schule in Trappes (1973) sowie die Radarstation in Ouessant/Bretagne (1980).

Als Designer machte sich Prouvé durch den verstellbaren Sessel Modell «D 80» (Fauteuil de grand repos; heute bei → Tecta) einen Namen, den er 1930 entworfen hatte. Das

«Fauteuil de grand repos» (1930), reediert von Tecta. Foto: Tecta

Gestell besteht aus abgekantetem Stahlblech (vernickelt oder pulverbeschichtet), die Bezüge sind aus Leder oder Kavallerietuch. Zwei Zugfedern erlauben es, den Sitz, der an zwei Kugellagern an der Rahmeninnenseite läuft, in verschiedene Liege- oder Sitzstellung zu bringen. Bei Tecta werden derzeit der Stuhl «Chaise inclinable en tôle d'acier» (1924), der Sessel «Fauteuil métallique Cité Universitaire» (1927), der «Table Aeronautique» (1924), die Kragstuhlserie (→ Kragstuhl) «Tube Aplati» (1924), der «Chaise Pliant» (1924), der Bar-Kragstuhl «B 30» (1924) sowie der Tisch «4568» (1950) reediert. Der «4568» ist 2,26 m lang und 70 cm breit und hat ein epoxylackiertes Stahlgestell. Die Tischplatte gibt es aus Glas oder aus schwarz bzw. weiß gebeiztem Eschenholz.

Puppa, Daniela (*1947 Mailand)

Nach ihrem Studium am Polytechnikum Mailand arbeitete Daniela Puppa von 1970 bis 1972 bei → Nizzoli Associati, wo auch → Alessandro Mendini beschäftigt war. Von 1972 bis 1976 war sie Redakteurin der Zeitschrift «Casabella», von 1977 bis 1983 Redakteurin der italienischen Designzeitschrift «Modo». 1980 arbeitete sie mit Mendini an der Ausstellung «L'oggetto banale», seit 1979 kooperierte sie mit dem Modedesigner Gianfranco Ferré.
Für die Leuchtenfirma → Fontana Arte realisierte Puppa zahlreiche Entwürfe, darunter die Modelle «Plutone», «Ondina», «Olampia» (Glas geschliffen und sandgestrahlt) und «Ullisse», die Serie «Altair» sowie die Badezimmer-Kollektionen «Pierre» und «Ritz» (zusammen mit Franco Raggi). Bei → Ligne Roset sind derzeit ihre Polstergruppe «Karina» (1987) sowie ihre Recamiere und ihr Sofa «Helix» (1990) im Programm, das sie ebenfalls zusammen mit Raggi entwarf.

Sofa «Helix» (1990/91 – zusammen mit Franco Raggi) für Ligne Roset. Foto: Ligne Roset

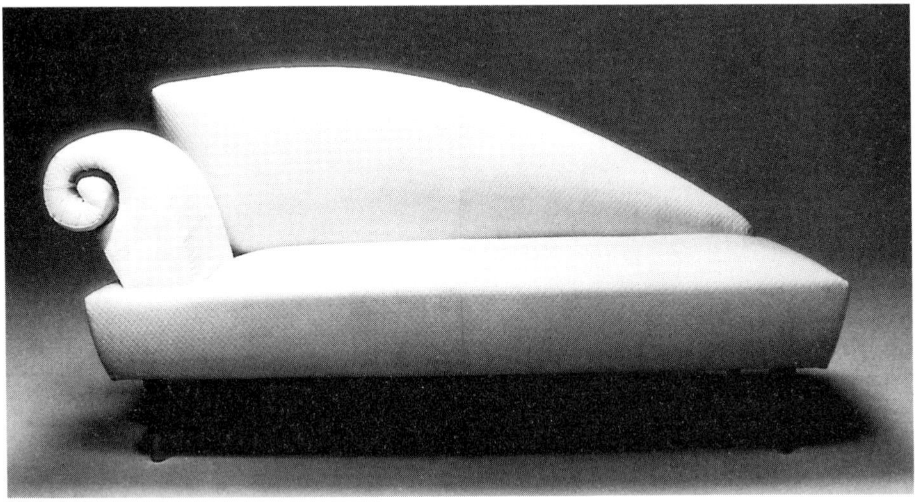

Putman, Andrée Christine (*1925 Paris)

Die französische Designerin und Innenarchitektin Andrée Putman studierte Klavier bei François Poulenc am Pariser Konservatorium und arbeitete von 1950 bis 1952 als Journalistin für die Zeitschrift «Femina», bis 1958 für «Elle». Seit 1960 beschäftigte sich Andrée Putman autodidaktisch mit Industriedesign (→ Industrial Design) und gründete 1971 zusammen mit → Issey Miyake und Jean-Charles de Castelbajac die Firma Créateurs et Industriels. 1978 hob Andrée Putman ihre Firma → Ecart International aus der Taufe und produzierte neben eigenen Möbelentwürfen (und denen Sascha Ketoffs) → Reeditionen von Michel Duffet, → Eileen Gray, → Antoni Gaudí, → René Herbst, Henri Lartigue, → Charles Rennie Mackintosh, → J. J. P. Oud, Jacques und Robert Mallet-Stevens. Als Innenarchitektin machte sie sich vor allem mit der Einrichtung der New Yorker Diskothek «Palladium» (1984 – zusammen mit → Arata Isozaki) einen Namen. Darüber hinaus gestaltete sie in New York das St. James Club Hotel (1987) sowie den Pariser Schönheitssalon Carita (1989). Andrée Putman richtete Boutiquen für Thierry Mugler in Tokio, Hongkong, Paris und Brüssel ein, außerdem sämtliche Läden für den Modeschöpfer → Karl Lagerfeld in Rom, Monaco, Paris und Tokio. Weitere Inneneinrichtungen entwarf sie für → Yves Saint-Laurent, Cristobal Balenciaga, Fendi, Coco Chanel, Tan Guidicelli und Charles Kammer. Im Jahre 1990 gestaltete sie die Menschenrechtsstiftung im Pariser Grande Arche de la Defense. Bei → Ligne Roset ist gegenwärtig Putmans Teppich «Fleurville» (1990) im Programm. 1993 schuf sie für die «→ Philips Design Edition Nr. 3» – den Sekretär «Boudoir des elektronischen Zeitalters».

R

Rabanne, Paco (*1934 San Sebastián)

Paco Rabanne (eigentlich: Francisco Rabaneva-Cuervo) emigrierte 1939 nach Frankreich und studierte von 1952 bis 1964 an der Ecole Nationale Supérieure des Beaux-Arts in Paris. Parallel arbeitete Rabanne ab 1960 als Designer von Handtaschen, Schuhen und Brillen u.a. für die Modehäuser Balenciaga, Givenchy und → Dior. 1967 eröffnete er ein eigenes Modehaus und machte sich einen Namen durch die Verarbeitung ungewöhnlicher Materialien. «Untragbares» hieß seine erste Kollektion aus Aluminium- und Plastikkleidern, die gefolgt wurde von Modellen, die aus Plastikscheiben bestanden oder Plastikdiamanten auf weißem Krepp zeigten. 1969 provozierte Rabanne durch enganliegende Kettengewänder und Kleidung in silbern gefärbtem Leder. Seit 1970 entwarf Rabanne zeitlose, weniger spektakuläre Mode. Der Grund mag darin liegen, daß er sein Unternehmen in den weltweit operierenden Konzern Groupe Liaison Commerciale International eingliederte.
Erfolgreich vermarktete Rabanne in den siebziger und achtziger Jahren seine Parfumkreationen (u.a. «Calandre») sowie Möbel. Als Kostümdesigner war er u.a. für die Ausstattung der Filme «Two for the Road» (1967), «Barbarella» (1968) und «The Last Adventure» (1968) tätig.

Race, Ernest (*1913 Newcastle-on-Tyne, †1964)

Der englische Möbel- und Textildesigner Ernest Race besuchte bis 1932 die St. Pauls School in London und studierte bis 1935 Innenarchitektur an der Londoner Bartlett School of Architecture.
Von 1936 bis 1937 arbeitete Race neben A. B. Read als Designer bei der Beleuchtungsfirma Troughton & Young. 1937 bereiste er Indien, wo er Textilien entwarf.
Nach seiner Rückkehr nach England gründete er eine eigene Textildesign-Firma in London, die jedoch 1939 wieder geschlossen wurde. Nach dem Zweiten Weltkrieg war Race für die Architekten Colcutt und Hamp als Modelldesigner tätig, 1946 gründete er zusammen mit Noel Jordan und H. O. Hayward die Möbeldesign-Firma Ernest Race Limited in London. Der erste große Erfolg der Firma war der 1946 entworfene Aluminiumstuhl «B. A. 3», der 1954 auf der Mailänder Triennale mit einer Goldmedaille ausgezeichnet wurde. Am bekanntesten wurde Race durch seine Möbeldesigns für das Festival of Britain im Jahre 1951, das er mit seinen Stahlrohrstühlen «Antelope» und «Gazelle» ausstattete.
Weitere populäre Möbel von Ernest Race sind der «Springbok»-Stuhl (1951), der Lehnstuhl «Flamingo» (1959) und der Sofastuhl «Sheppey» (1963).
Race fertigte auch Entwürfe für die → Isokon Company und arbeitete seit 1953 unter Vertrag als Möbeldesigner für die Schiffahrtsgesellschaften P & O Orient Lines und Royal

Netherlands Lines. In den letzten beiden Jahren seines Lebens arbeitete Ernest Race vor allem als Designberater für Isokon. Race erhielt für seine Arbeiten zahlreiche Auszeichnungen, neben Preisen der Triennale gewann er 1959 und 1961 den Londoner Design Centre Award, 1962 die Goldmedaille der California State Exhibition.

Radical Design

Bezeichnung für eine Strömung des italienischen Designs, die sich in den sechziger und siebziger Jahren des 20. Jahrhunderts von der Doktrin des → Funktionalismus und des etablierten Geschmacks – in Italien verkörpert durch das Bel Design – lossagte. Durch die Umsetzung von Gestaltungsprinzipien der → Pop Art gewannen dekorative und künstlerische Gesichtspunkte an Bedeutung. Die Produkte des Radical Design nehmen eine politisch-gesellschaftlich motivierte, gegen den Konsum gerichtete Haltung ein.
Zu den wichtigsten Vertretern rechnen die Gruppen → Archizoom (1966–74) mit ihren Gründern → Andrea Branzi und → Paolo Deganello sowie die Architektengruppe → Superstudio, deren bekanntestes Produkt der Tisch «Quaderna» (1970) darstellt. Er folgt einem minimalistischen (→ Minimalismus), orthogonalen Bauprinzip und ist mit einem Kunststofflaminat mit aufgedrucktem Quadratmuster versehen. Auch → Gaetano Pesce ist zu den herausragenden Persönlichkeiten des Radical Design zu rechnen; seine Möbelserie «Up» (1969) zeigt einen antifunktionalen, konzeptionellen Charakter.
Das Radical Design übte entscheidenden Einfluß auf die nachfolgenden italienischen Strömungen → Studio Alchimia und → Memphis aus, wenngleich diese das gesellschaftliche Veränderungsbestreben des Radical Design ablehnten.

Rams, Dieter (*1932 Wiesbaden)

Dieter Rams studierte von 1947 bis 1953 Architektur und Inneneinrichtung an der Werkkunstschule Wiesbaden. Von 1948 bis 1951 unterbrach er sein Studium und machte eine Tischlerlehre in Kelkheim. Nach seinem Examen arbeitete Rams bis 1955 im Frankfurter Büro des Architekten Otto Apel, wo er u.a. mit den amerikanischen Architekten Skidmore, Owings und Merrill zusammenarbeitete. Seit 1955 ist Rams bei der → Braun AG in Kronberg tätig, seit 1956 als Produktdesigner, seit 1961 als Direktor der Abteilung Produktdesign, seit 1980 als Mitglied der Geschäftsleitung und seit 1988 als Generalbevollmächtigter. Rams ist Vorstandsmitglied im Rat für Formgebung, dessen Präsidentschaft er 1987 als Nachfolger von Philip Rosenthal annahm. Seit 1981 ist Rams Professor für Industriedesign (→ Industrial Design) an der Hochschule für bildende Künste in Hamburg.
Als Chefdesigner der Braun AG entwickelte Dieter Rams zusammen mit → Hans Gugelot und → Herbert Hirche ein modernes Corporate Design (→ Corporate Identity), das bis heute vorbildlich ist. Orientiert an den Theorien der → Hochschule für Gestaltung, Ulm, entwarf er eine neue Generation von Elektro-

Türdrücker «rgs 1» für FSB von Dieter Rams. Foto: FSB

geräten, die weltweit große Beachtung fand. Zu seinen bekanntesten Designs gehört der Plattenspieler «Phonosuper SK 4» (1954; im Volksmund «Schneewittchensarg» genannt) mit weißem Gehäuse und transparenter Kunststoffhaube, den Rams zusammen mit Hans Gugelot entworfen hatte. Als herausragende Entwürfe gelten darüber hinaus die Küchenmaschine «KM 321» (1957), der Weltempfänger «T 1000» (1962), der Verstärker «CSV 255» (1966), die Taschenrechner «ET 44» (1977, zusammen mit Dietrich Lubs) und «Control ET 55» (1981) sowie Rasierapparate, Kameras und Heizlüfter. 1971 und 1974 präsentierte Rams die Feuerzeuge «Linear» und «Weekend» (Drucktaste mit schwarzer Düseneinfassung). 1977 entwarf Rams die Hi-Fi-Kompaktanlage «PC 4000», bei der Verstärker, Plattenspieler, Radio und Kassettendeck in einem mattschwarzen Metallgehäuse mit Klappdeckel aus getöntem Kunstglas untergebracht waren. Als Möbeldesigner entwickelte Rams 1957 das Regal- und Schranksystem «571/72», das heute bei der Firma Vitsoe produziert wird. Es besteht aus Buchenholz mit lichtgrauen Fronten und flexiblen Elementen wie Schiebe- und Flügeltüren, Einlegeböden, Schubladen, Stapelkörbe und Schreibplatten. 1960 entwarf Rams das Regalsystem «606» (bei Vitsoe) mit Aluminiumleisten und Kästen aus Spanplatten. Anfang der sechziger Jahre schuf Rams darüber hinaus für Vitsoe den Sessel «601» (1960) sowie das Sesselprogramm «620» (1962) und das Konferenztischprogramm «850». Für die Firma → De Padova entwickelte Rams das «606 Universal Shelving System», für → FSB entwarf er die Türdrücker-Serien «rgs 1–3». Die Variante «1138» hat einen Hals aus Aluminium, der zugleich den Drehpunkt markiert. Das Griffteil aus Thermoplast trägt eine deutlich sichtbare Zeigefingerkuhle.
Für seine Entwürfe erhielt Rams zahlreiche internationale Preise, z.B. 1964 die Goldmedaille der Mailänder Triennale und dreimal den Gute-Form-Preis der Stadt Wien. 1968 ernannte ihn die Royal Society of Arts zum Royal Designer for Industry. Eine Sammlung von Rams' Arbeiten befindet sich heute im Museum of Modern Art in New York.

Rasch

Die Tapetenfabrik Rasch, die 1896 gegründet wurde, ist einer der führenden Anbieter auf dem Gebiet textiler Wandbekleidung. Das Sortiment der Firma umfaßt mehr als 2000 Artikel an Papier-, Präge-, Relief- und Vinyltapeten sowie Tapeten-Stoff-Kollektionen.
In den zwanziger Jahren brachte Rasch eine Kollektion mit Künstlertapeten auf den

Markt (Art-Déco-Muster), die u.a. von der Herzogin Sophie Charlotte von Oldenburg entworfen wurde. 1928 nahm Rasch Kontakt mit Hannes Meyer (dem Nachfolger von → Walter Gropius) am Dessauer → Bauhaus auf und regte die Entwicklung der «Bauhaus»-Tapeten an. Der Entwurf wurde der Werkstatt für Wandmalerei übertragen, die in Dessau und später in Berlin der Leitung von Hinnerk Scheper unterstellt war. Zusammen mit → Josef Albers, Ludwig Hilbersheimer und Joost Schmidt bildete Scheper einen Ausschuß, der anschließend einen Wettbewerb unter den Bauhaus-Studenten (u.a. Hans Fischli) veranstaltete.
1930 lag die erste Tapetenkarte mit insgesamt 14 Mustern vor – von verschwimmenden Querschraffuren, vertikalen und horizontalen Strichelungen über feinste Rasterungen und Gitterungen bis hin zu klaren Kammzugwellen. Drei Farbnuancen eines Pastelltons bildeten jeweils ein Muster, das an der Wand optisch verschwamm und lediglich den Gesamtton zum Schwingen brachte. 1931 wurden die Bauhaus-Tapeten auf der Großen Berliner Bauausstellung mit einem Ehrenpreis ausgezeichnet. Nach Auflösung des Bauhauses übertrug → Ludwig Mies van der Rohe die Rechte der Bauhaus-Tapeten an Rasch, was eine Produktion auch während der Ära der Nationalsozialisten ermöglichte. Bis heute werden bei Rasch die Bauhaus-Kollektionen herausgegeben, so 1992 die Kollektion «bauhaus 95», die Dessins u.a. nach Entwürfen von Walter Gropius und Hermann Fischer einschließt. Bei der Aktualisierung bzw. Umsetzung der Dessins in die neue Relief-Technik wirkte Tina Han mit.
In den dreißiger Jahren brachte Rasch unter dem Titel «Wiener Künstler-Tapeten» eine Kollektion heraus, die an die erste Generation von Künstertapeten (die im Umfeld des → Jugendstils kreiert worden war) anknüpfte und in den Ateliers von → Josef Hoffmann entstanden war. An ihr waren auch die Künstlerinnen Maria May und Tea Ernst beteiligt. Ab 1950 produzierte die Firma die «Rasch-KÜNSTLER-Tapeten», an denen neben Ernst, Hoffmann und May die Designerin Hildebrand, der Bildhauer Shinkichi Tajiri («Paris») und die Architekten Fritz August Breuhaus und Hans Schwippert («Akustik») beteiligt waren. Später kamen Kreative aus verschiedenen Zweigen der freien und angewandten Kunst hinzu: Bele Bachem, Salvador Dalí, Lucienne Day, Hein Heckroth, Cuno Fischer («Kathedrale»), → Bruno Munari, Bernhard Schultze, Renée Sintenis («Fohlen») oder Pietro Zuffi.
In den achtziger Jahren bat Rasch die internationale Design-Avantgarde, das Produkt Tapete neu zu interpretieren und stellte 1992

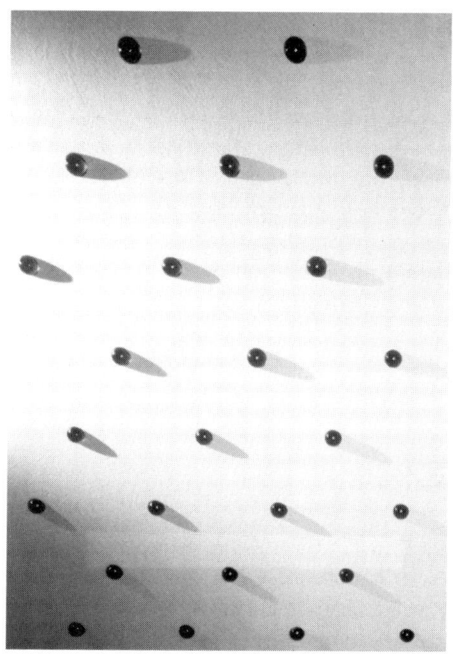

Künstlertapete «ZED» (1992) von Borek Šipek. Glashalbkugeln mundgeblasen. Ø 3,6 cm. Foto: Hans Hansen, Hamburg

Arbeiten von neun Designern mit insgesamt elf verschiedenen Dessins in 18 Farbstellungen vor. Zu den Entwerfern gehörten → Berghof/Landes/Rang («Fries oder stirb»), Nathalie du Pasquier («Piacenta»), Ginbande Design (Klaus Achim Heine/Uwe Fischer, mit «B 100»), → Wolfgang Laubersheimer («Tapete»), → Alessandro Mendini («Luna» und «Colonna»), → Borek Šipek («Zed»), → Ettore Sottsass («Arabia Felix» und «Ercolano»), → George J. Sowden («Mention») und → Matteo Thun («Early Eighties»).

Re-Design

Bezeichnung für die Überarbeitung bzw. für die Neugestaltung alter Designprodukte. Bereits in den späten zwanziger und frühen dreißiger Jahren veränderte → Raymond Loewy in den USA mit der neuen Methode des Styling das → Design von Autos, um dadurch den stockenden Absatz anzukurbeln. Bedeutung erreichte das Re-Design auch innerhalb des → Studio Alchimia. Wie schon der Name besagt, ging es um eine alchimistische Verwandlung, um eine Neuinterpretation von Klassikern des Designs. So wurden Designprodukte des → Bauhauses auf diese Weise in ihrer scheinbar uneingeschränkten Gültigkeit relativiert. Bekannt wurden die mit einem den Bildern Wassiliy Kandinskys entlehnten Muster überzogenen Kommoden aus den fünfziger Jahren (1980/81) von → Alessandro Mendini oder dessen Re-Design des Thonet-Stuhls.

Reedition (von engl. to reedit = neu herausgeben)

Als Reedition bezeichnet man die Wiederauflage eines alten Designprodukts, zumeist im Bereich des Möbeldesigns. Das Ziel der Reedition liegt – im Gegensatz zum → Re-Design – in der Bemühung um größtmögliche Originaltreue. Seit den sechziger Jahren nahmen verschiedene Firmen Reeditionen von Möbelklassikern in ihr Programm auf. 1962 führte Dino Gavina mit Möbeln von → Marcel Breuer erste Reeditionen ein. → Cassina produzierte Möbel von → Le Corbusier, → Gerrit Rietveld und → Charles Rennie Mackintosh. Die Firma → Knoll ließ Möbel von → Cini Boeri und → Tobia Scarpa bei Dino Gavina herstellen. Und → Zanotta legte den «Follia»-Stuhl (1935) von → Giuseppe Terragni sowie den «Mezzadro»-Stuhl (1957) von → Achille Castiglioni wieder auf.

Reim Interline

Die Firma wurde 1974 in München gegründet und produziert dekorative Einzelmöbel, Polstermöbel, Leuchten und → Accessoires im Stil einer modernen Eleganz. Neben Arbeiten von → Paolo Nava (Sofa «Scala»), Thorsten Neeland (Konsolentisch «Arthur», Spiegel «Gallus»), Ulf Moritz und Peter Preller ragen vor allem die Entwürfe von → Peter

Tisch «Fides» von Andreas Weber.
Foto: Reim Interline

Maly und Andreas Weber hervor, der als einer der wichtigsten Vertreter des High-Tech-Design (→ High-Tech) in Deutschland gilt. Weber schuf für Reim Interline u.a. das Schranksystem «Museo» (mit asymmetrischem Korpus und konkav geformten Türen), den Sideboard «Visiona» (mit Rolladen und bernsteinfarbigen Türen), den Edelstahltisch «Stratus», den Konsolentisch «Aura», den Sessel «Phyllis» und die Leuchtenserie «Felicitas». Peter Maly entwarf die Schrankserie «Facades» mit postmodern gestalteten Fronten, die ihre Entsprechung in systematisch gegliederten Giebelfronten haben. Zu den fünf Fassaden- und Inneneinteilungsvarianten gehören «Nike» (Front aus hochglänzendem schwarzem Polyesterlack), «Luna II» (Lackfront in verschiedenen Farben oder in Bolivar-Furnier Carrée, Beschläge messingpoliert), «Cubic» (kubistische Grundform, Front aus Birnbaumfurnier), «Minos» und «Pallas». Malys Programm «Art Déco Nova» besteht aus einer Gruppe individuell gestalteter Möbelelemente, die aus der Formensprache (→ Form) des → Art Déco entwickelt wurden.
Zu den jüngsten Produkten von Reim Interline gehört das Programm «Quadrat Nova» (1993) von Peter Maly – eine Weiterführung des 1980 entwickelten Programms «Quadrat» sowie das Anbauprogramm «Galleria» (1993) von Andreas Weber – Design, das durch seine Leichtigkeit besticht. Der Zentralbereich des Schrankkorpus bietet einen 80 cm breiten Stauraum, der durch vorgehängte Schiebetüren verschlossen ist. Die sich seitlich anschließenden Achsen können nach Belieben als offenes Regal, als Glasvitrine, als weiterer Stauraum mit lackierten Schwenktüren, mit CD-Fächern oder mit Schubladenelementen ausgestattet werden. Die Schiebetüren, die es in Bolivarholz mit Streifenrelief (als Blockstreifen- oder Rundstab-Relief) oder wahlweise mit einer seidenmatt glänzenden Edelstahl-Oberfläche gibt, schweben vor dem Bolivarholzrahmen, der den schwarz lackierten Korpus umschließt.

Riemerschmid, Richard (*1868 München, †1957 München)

Der Architekt und Designer Richard Riemerschmid, der als einer der führenden Vertreter des → Jugendstils gilt, studierte von 1888 bis 1890 Malerei an der Akademie der Bildenden Künste in München. 1897 gehörte er zu den Gründern der Münchner → Vereinigten Werkstätten für Kunst im Handwerk. 1900 nahm er an der Pariser Weltausstellung mit seinem «Raum für einen Kunstsammler» teil, vier Jahre später präsentierte er in St. Louis

ein von ihm gestaltetes Direktionsbüro. Von 1902 bis 1905 lehrte Riemerschmid an der Kunstgewerbeschule in Nürnberg, ab 1902 arbeitete er mit den Dresdner Werkstätten für Handwerkskunst zusammen. 1907 war er einer der Mitinitiatoren des → Deutschen Werkbundes. Von 1912 bis 1924 war Riemerschmid Leiter der Kunstgewerbeschule in München, von 1920 bis 1926 Leiter des Deutschen Werkbundes und von 1926 bis 1931 Direktor der Kölner Werkschule.
Als Architekt baute Richard Riemerschmid Fabriken, Holzfertighäuser und Wohnungen und entwarf Schiffseinrichtungen und Ausstellungsräume. Als Hauptwerk der Jugendstilarchitektur gelten die Kammerspiele im Münchner Schauspielhaus (1901) sowie die Gartenstadt Hellerau bei Dresden, mit deren Planung er 1909 begonnen hatte. Weitere wichtige Projekte sind die Fabrik der Deutschen Werkstätten in Hellerau (1909), der Friedhof Gräfeling bei München (1913) sowie das Münchner Funkhaus (1928).
Als Designer entwarf Riemerschmid ab 1890 Möbel, Teppiche und Glas. Sein Stuhl aus Mooreiche (mit harmonisch in die Rückenlehne übergehender Diagonalstrebe), den er 1899 für die Kunstausstellung in Dresden entworfen hatte, steht heute im Museum of Modern Art in New York.
Richard Riemerschmids Möbel werden heute z. T. von der Firma Larsen Furniture hergestellt, so ein polster- oder lederbezogener Armlehnstuhl aus massiver Buche mit Polsternägeln aus Messing und ein Musikzimmerstuhl aus den gleichen Materialien.
Im Museum für Industriekultur in Nürnberg sind Riemerschmids Schrank aus eisenbeizebehandelter Buche (1900) und sein Stuhl mit ornamentaler Rückenlehne (1900) ausgestellt. Im Hamburger Museum für Kunst und Gewerbe ist Riemerschmids «Propellertisch» aus Mahagoni zu sehen, den er 1905 für das Empfangszimmer der «Einrichtung III» der Dresdner Werkstätten entworfen hatte.
Weitere Möbel Riemerschmids (wie sein Armlehnstuhl aus massiver Buche, mit Polsternägeln aus Messing oder sein Musikzimmerstuhl) werden heute von der Firma Larsen Furniture reediert (→ Reedition).
Einige Teppichdesigns in floraler Ornamentik (→ Ornament) wurden 1991 in der «Classic»-Linie der Firma → Vorwerk herausgebracht.

Rietveld, Gerrit Thomas (*1888 Utrecht, †1964 Utrecht)

Der niederländische Designer, Architekt und Maler Gerrit Rietveld, der als einer der wichtigsten Vertreter der → De Stijl-Bewegung gilt, besuchte nach einer Tischlerlehre von 1904 bis 1908 Abendkurse am Museum für Kunstgewerbe in Utrecht und lernte beim Architekten P. J. C. Klaarhamer.
1911 trat Rietveld der Utrechter Künstlergruppe «Kunstliefde» bei, ein Jahr darauf stellte er erstmals seine Gemälde aus. 1917 zog Rietveld nach Utrecht, wo er eine eigene Möbelwerkstatt gründete, in der Gerard van der Groenekan zahlreiche Entwürfe Rietvelds ausführte. Ab 1918 machte Rietveld die Bekanntschaft mit Robert van't Hoff, Theo van Doesburg und weiteren Mitgliedern der De-Stijl-Bewegung und trat 1919 der Gruppe bei. Im selben Jahr arbeitete er mit → J. J. P. Oud und van Doesburg an der Siedlung Spangen in Rotterdam mit. 1928 gehörte Rietveld zu den Mitbegründern des Congrès International de l'Architecture moderne (CIAM).
Ab 1921 folgten zahlreiche Architektur- und Inneneinrichtungsprojekte wie das Juwelier-

Stuhl «Zig-Zag» (1934), reediert von Cassina. Foto: Cassina

geschäft G. Z. C. in Amsterdam (1921), die Arztpraxis Dr. Hartog in Maarssen (1922), das Rietveld-Schröder-Haus in Utrecht (1924), Haus Lommer in Wassenaar (1927), mehrere Reihenhäuser («Row-Houses») in Utrecht (1930/31, 1934), Ladengeschäfte in den Niederlanden und in Deutschland (wie z.B. Zaudy in Wesel, 1928), der Niederländische Pavillon auf der Biennale in Venedig (1954), die Bildhauerreihe im Rijksmuseum Kröller-Müller, Otterloo (1955), oder das Rijksmuseum Vincent van Gogh in Amsterdam (1955).

Als Möbeldesigner zeigte sich Rietveld als Vertreter der streng konstruktivistischen (→ Konstruktivismus) Gestaltungsprinzipien des De Stijl, die er exemplarisch an seinem berühmten Stuhl «Red and Blue» aus dem Jahr 1919 umsetzte.

Der Buchenholz-Stuhl, der heute von der Firma → Cassina produziert wird, hat einen blauen Sitz, eine rotlackierte Rückenlehne und gelbe Schnittkanten; das Gestell und die Armlehnen sind schwarz anilingebeizt. Rietfeld kommentierte den streng geometrisch konstruierten Stuhl mit den Worten: «Aus zwei Brettern und einer Anzahl Latten bestehend, wurde dieser Stuhl zu dem Zwecke entworfen, zu zeigen, daß sich etwas Schönes, ein räumliches Objekt, aus nichts mehr als geraden, rein maschinell vorgefertigten Teilen herstellen läßt ...»

Ein Original des «Rot-Blau» befindet sich heute im Amsterdamer Stedelijk Museum. Zwei ähnliche Exemplare sowie ein Prototyp sind – zusammen mit dem «Berlin-Stuhl» von 1923 – in der New Yorker Friedman Gallery ausgestellt.

Als formales Meisterwerk gilt Gerrit Rietvelds Buchenstuhl «Zig-Zag» (1934), der aus vier Flächen besteht, die in rhythmischer, geschrägter Abfolge zusammengesetzt sind (heute bei Cassina). Rückenlehne, Sitz, Stützelement und Basis bilden ein stumpfes und zwei spitze Dreiecke, die die Flächen in dünne,

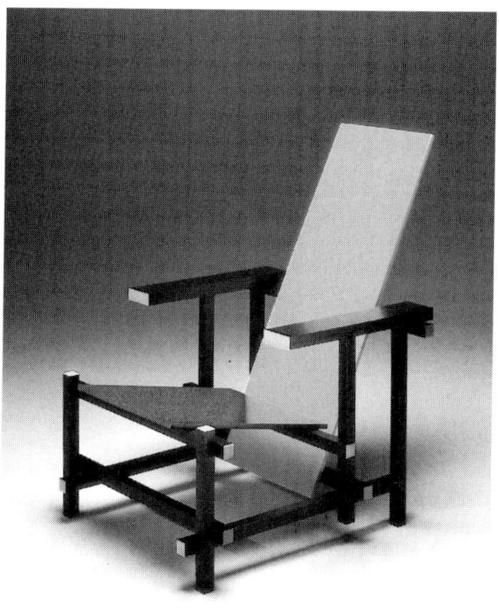

Stuhl «Red and Blue» (1919), reediert von Cassina. Foto: Cassina

flüchtige Linien einbinden. Neben einigen Stahlrohrmöbeln, die Rietveld Ende der zwanziger Jahre für die niederländische Firma Metz & Co. entwarf, schuf er Regale, Tische (Beistelltisch «Schröder 1»), Schreibtische, Hocker (Serie «Crate 1–7») und Sessel («Utrecht»), die teilweise bei der Firma Cassina erhältlich sind.

Ein bekannter Leuchtenentwurf Rietvelds ist die Hängeleuchte «L 40» von 1920, die der Designer für die Arztpraxis des niederländischen Arztes Dr. Hartog in Maarssen entworfen hatte. Die Leuchte, die bei der Firma → Tecta im Programm ist, besteht aus sechs Acrylglas-Röhren, an denen sich drei Soffitten mit je 40 Watt befinden.

Ritzenhoff

Die Glashütte Ritzenhoff, die seit dem frühen 18. Jahrhundert Gebrauchsgläser produziert, wurde nach Ende des Ersten Weltkriegs durch Diversifikation im Sortiment und durch eine größere Produktpalette zu einem der bedeutendsten Anbieter auf dem internationalen Glasmarkt. Der Betrieb verfügte in den zwanziger Jahren bereits über eine eigene Glasmalerei und eine eigene Fein- und Tiefschliff-Abteilung. 1957 wurde die Produktion um die Herstellung von Beleuchtungsgläsern erweitert; in den siebziger Jahren initiierte Klaus Ritzenhoff neue Verarbeitungs- und Veredelungsprozesse, wie beispielsweise eine Druckerei für keramische Abziehbilder. Zu den Hauptaktivitäten der Marsberger Glaswerke zählen heute neben der Kelchglasfertigung (unter der Marke RC Ritzenhoff Cristal) die Herstellung von Gläsern für die Sanitär- und Leuchtenindustrie sowie die Produktion von mundgeblasenen Glasobjekten unter der neuen Marke «Ritzenhoff», für die sich der Designer → Dieter Sieger verantwortlich zeigt (u.a. die Vasen «Giacomo», «Emmy» und «Rotonda», die Schalen «Cellini» und «Florence» oder die Karaffenserie «Lolita»).

1992 erregte Ritzenhoff internationales Aufsehen durch den Aufruf an 50 Designer, Architekten und Modeschöpfer, ihre Interpretationen zum Thema «Milch» in → Form eines Dekors zu visualisieren, das anschließend als Milchglas produziert wurde (1992 wurde das Projekt vom Designzentrum NRW mit dem «Roten Punkt» für höchste Designqualität ausgezeichnet). Zu den Künstlern, deren Gläser seit 1992 in den Handel kamen, gehören u.a. Volker Albus, → Ron Arad, → Andrea Branzi, Clare Brass, Aldo Cibic, Coop Him-

Milchgläser der 1. Kollektion (1992) von Coop Himmelblau (links) und Massimo Iosa-Ghini (rechts). Foto: Sieger Design

melblau, Riccardo Dalisi, → Massimo Iosa-Ghini, → Michael Graves, → Tassilo von Grolman, Trix und → Robert Haussmann, Rolf Heide, → Toshiyuki Kita, → Alessandro Mendini, Meiré und Meiré, → Jasper Morrison, David Palterer, Nathalie du Pasquier, → Paolo Portoghesi, → Sieger Design, → George J. Sowden, → Oscar Tusquets, Shigeru Uchida und Hannes Wettstein. 1993 brachte Ritzenhoff eine Glaskollektion von → Massimo Iosa-Ghini («Amphora», «Cave canem» und «De bello») auf den Markt.

Rizzatto, Paolo (*1941 Mailand)

Der italienische Architekt und Designer Paolo Rizzatto studierte Anfang der sechziger Jahre am Polytechnikum in Mailand und arbeitete nach seinem Examen (1965) einige Jahre an der Freien Universität in Pescara. 1968 eröffnete er ein eigenes Atelier in Mailand, wo er eng mit → Alberto Meda zusammenarbeitete. Von 1973 bis 1976 war er Mitarbeiter am Lehrstuhl für Gestaltung der «Libera Università degli Studi Abruzzese» in Pescara. 1978 gründete er zusammen mit Riccardo Sarfatti die Firma → Luceplan.
Als Architekt nahm Rizzatto zusammen mit Antonio Monestiroli an verschiedenen Wettbewerben teil, z.B. an der Ausschreibung für Les Halles in Paris und für das Theater in Udine. Zu seinen bedeutendsten Architekturprojekten zählen die Kinderkrippe in Segrate (1972), Einfamilien-Ferienhäuser auf Formentera (1972), das Wohnviertel in Feltre (1973), die Vorortvilla in Bazzano (1976), Zweifamilienhäuser in Montesiro (1985) und das Bürgerhaus in Torricella Peligna (1986).
Als Designer entwarf Rizzatto ab 1969 vor allem Leuchten, darunter das vielbeachtete Modell «265», das von der Firma → Arteluce hergestellt wird. Die Metalleuchte wird mit einer dreieckigen Halterung an der Wand befestigt und ermöglicht durch ihren 2,05 m langen Arm eine überaus flexible Streuung des Lichts. Zudem ist der Reflektor in alle Richtungen schwenkbar. Eine breite Lichtstreuung ermöglicht auch die Deckenleuchte «D 7» (bei Luceplan), die Rizzatto 1981 zusammen mit Sandro Colbertaldo entworfen hat und für die er 1982 den → Compasso d'Oro gewann. Die Leuchte hat einen 2,08 m langen Aluminiumarm, der an einem Stahllagergelenk mit pneumatischem Gasdruckdämpfer sitzt. Gemeinsam mit Alberto Meda konstruierte Rizzatto 1985 die Leuchte «Titania» und die Schreibtischleuchte «Berenice D 12» für Luceplan, die aus schwarz lackiertem Aluminium (mit verstärkten Nylonge-

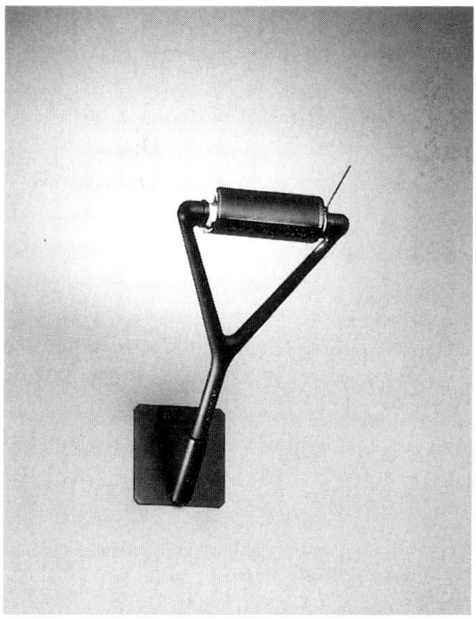

Wandleuchte «Lola» (zusammen mit Alberto Meda) für Luceplan. Foto: Luceplan

lenken) und einem runden, haubenförmigen Parabolreflektor (wahlweise aus Glas oder Aluminium) besteht. Ebenfalls bei Luceplan sind die Stehleuchte «Lola» (Kopf aus thermoplastischem Polyester mit chemisch photograviertem Metallreflektor) im Programm, die Leuchte «Costanzina» (1992) sowie die Serie «E 1» und das «BAP system». Für → Alias entwarf Rizzatto den Stuhl «Tree» und den dazugehörigen Tisch (Gestell aus druckgegossenem, lackiertem Aluminium; Platte aus Schiefer oder Holz).

Robbe und Berking

Das von Nicolaus Robbe und Robert Berking gegründete Familienunternehmen, das seit 1985 in fünfter Generation von Oliver Berking geführt wird, gilt als größter deutscher Hersteller von Silberbestecken und Tafelgerät. Eine stilreine, zeitlose Formgebung (→ Form) und eine quantitativ erstaunlich breite Produktpalette kennzeichnen die Kollektion der Firma. Viele der Bestecke wurden in der höchsten international anerkannten Silberqualität (925-Sterling-Silber) gefertigt oder sind in versilberter Ausführung im Programm. Eine Besonderheit der Firma stellt die 150-g-Massiv-Versilberung dar, die sich durch größere Gleichmäßigkeit und besondere Härte auszeichnet. Alle Dekore der Firma schmücken nicht nur die Vorder-, sondern auch die Rückseite der Bestecke.
Zu den Klassikern von Robbe und Berking zählen die Bestecke «Alt-Chippendale», «Alt-Spaten», «Arcade», «Avenue» (mit Rippendekor), das japanisch inspirierte «Edo» (1984 von Bibs Hosak-Robb entworfen), «Navette»

Silberkollektion «Alta» von Wilfried Moll. Foto: Robbe & Berking

(mit sanft geschwungenem, lilienförmigen Stiel) und «Viva» (mit plastisch ausgearbeitetem, zweiadrigem Stiel). Mit dem Design-Plus-Preis (1984) und dem Form '88 (1988) wurde die Kollektion «Alta» (1983) des Hamburger Silberschmieds Wilfried Moll ausgezeichnet – ein Entwurf, der durch seine klare und spannungsreiche Form besticht. Kennzeichnend für die Kollektion ist die Materialverarbeitung im Stiel, der im schlanken Mittelteil (unterhalb der Laffe) mehr als doppelt so stark ist wie am breiten Stielende. Seit 1987 gibt es passend zum Besteckdesign eine Serie von Tafelgeräten, die jedes Jahr um einige Teile erweitert wird und heute u.a. Kannen, Schüsseln und Schalen umfaßt.

Zu den jüngsten Produkten der Firma gehört das Besteck «Topos», das Heinrich Meldau, der u.a. für → Knoll und für die Firma Lübke tätig war, 1991 entworfen hat. Das Markante an diesem Besteckentwurf ist der sehr breite und völlig gerade laufende Stiel, dessen Oberfläche auf Vorder- und Rückseite sich von beiden Seiten zur Mitte hin wölbt. Das Stielende ist das Segment eines Kreisbogens. Dieses Kreissegment wiederholt sich am Übergang der konkaven Stielwölbung zur konvexen Laffenmulde am oberen Ende des Stiels. «Topos» wurde 1992 vom Design-Zentrum Nordrhein-Westfalen und auf der Internationalen Frankfurter Messe «Ambiente» mit dem Design-Plus-Preis ausgezeichnet.

Rosenthal

Die deutsche Porzellanfirma wurde 1879 als Werkstatt zur Dekoration von Weißporzellan von Philipp Rosenthal in Erkersreuth bei Selb gegründet. In den ersten Jahren dekorierte die Firma Sprudelbecher, Souvenirtassen und Wallfahrtsartikel, baute aber bereits 1889/90 eine eigene Porzellanfabrik in Selb, die Qualitätsporzellan produzierte (u.a. das Service «Versailles», 1894, oder die Mokkatasse «Modell No. 53», 1891) und bereits Bunt- und Stahldruckverfahren in ihrer Malereiabteilung anwendete.
Die gestalterische Dynamik des → Jugendstils (und gleichzeitige Abkehr vom → Historismus) erfaßte die Gebrauchsporzellangestaltung bei Rosenthal ab 1899, was sich in neuen Gefäßsilhouetten, am Reliefzierrat, in neuen Dekortechniken und nicht zuletzt in Servicebezeichnungen wie «Flora» (1899), «Pâte sur pâte» (1899), «Iris» (1900), «Pensée» (1901) oder «Secession» (1901) zeigte. Im Gegensatz zu Firmen wie Meißen oder Nymphenburg verzichtete Rosenthal Anfang

Kaffeeservice «Suomi» (1976) von Timo Sarpaneva. Foto: Rosenthal

des 20. Jahrhunderts noch auf namhafte Designer. Erst 1914 entstand ein Service nach Entwürfen des Künstlers → Bruno Paul (Teeservice «Antik»), das jedoch ohne Angabe des Künstlernamens auf den Markt gebracht wurde. Bei der Zierporzellananfertigung konnte Rosenthal dagegen schon ab 1900 Namen bekannter Künstler aufweisen, darunter K. W. Diefenbach, Karl Gross oder Adolf Opel. 1910 richtete Rosenthal eine spezielle Kunstabteilung für Ziergefäße und figürliches Porzellan ein, die von → Julius-Vilhelm Guldbrandsen bis 1924 geleitet wurde. Charakteristisch für das Zierporzellan in der Zeit vom Ende des Ersten Weltkriegs bis Mitte der zwanziger Jahre war die qualitätsvolle Bemalung. So entwarf Guldbrandsen das kobaltblaue Blüten- und Rankenmotiv «Rosari» und Kurt Wendler farbenprächtige Aufglasurdekore. Mitte der zwanziger Jahre begann in der Kunstabteilung des Werkes Selb, zum einen bedingt durch den Weggang Gulbrandsens, zum anderen, um auf den geänderten Zeitgeschmack, den nun aktuellen «sachlichen Stil» einzugehen, eine Abwendung von der starken Farbigkeit. Die wichtigsten Designer dieser Jahre waren neben Hölzer-Defanti die Bildhauer Dorothea Charol («Pierrot», 1925), Gerhard Schliepstein («Prinz», «Prinzessin», «Musik», 1926/27), Gustav Oppel und Grete Zschäbitz («Fantasievogel», 1926). Die Geschirrabteilung der Firma Rosenthal brachte in den zwanziger Jahren neben neubarocken Formen eine Reihe moderner Service heraus, u.a. nach Entwürfen des Münchner Kunstgewerblers Friedrich Fleischmann (Kaffeeservice «Madeleine») und Georg A. Matheys, der mit seinem Hotelgeschirr «760» (mit dezentem Randliniendekor) ideal dem sachlichen Stil der ausgehenden zwanziger Jahre entsprach. Typisch für die Rosenthal-Produktion der dreißiger Jahre war das Nebeneinander von Moderne und Neubarock, das sich in der Kunstabteilung durch Entwürfe koketter Re-

Geschirr «Avenue» (1992), entworfen von Frogdesign. Foto: Rosenthal

Porzellanskulptur «Onda Costrutta» von Marcello Morandini. Foto: Rosenthal

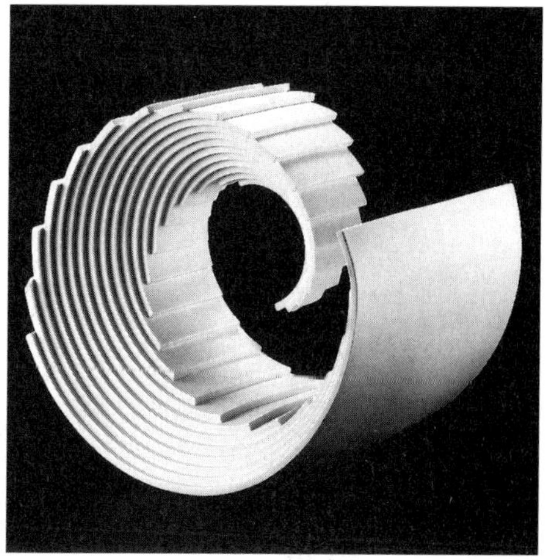

vuegirls oder schlicht naturalistischer Aktfiguren und Tierdarstellungen zeigte. Die Ziergefäß- und Dekorabteilung in Selb wurde ab 1934 durch Fritz von Stockmayer geprägt, der die Leitung der Kunstabteilung bis 1940 innehatte. In der Geschirrabteilung entstanden in den dreißiger Jahren u.a. die Service «Daphne» (von → Wilhelm Wagenfeld) und «Schönheit der Arbeit» (von → Heinrich Löffelhardt).
In der Nachkriegszeit begann Rosenthal, die unkritisch übernommene Produktion der dreißiger und vierziger Jahre zugunsten einer innovativen Formensprache und Farbgebung aufzugeben und sich einem mehr «organischen» → Design zuzuwenden (das sich anfänglich jedoch nur schwer gegen die Tradition des → Bauhauses und des → Deutschen Werkbundes durchsetzen konnte). Mit dem «New Look», wie die neue Rosenthal-Kollektion von 1955 hieß, unternahm die Firma den Versuch, Bauhaus-Tradition und «Nierentisch-Stil» zu verbinden, und brachte in der Kunstabteilung u.a. Werke von Hans Wohlrab («Vase mit engem Hals»), Beate Kuhn (Dose «K 2202» und Vase «K 2644») heraus. Als wegweisend stellte sich die Zusammenarbeit mit dem amerikanischen Designer → Raymond Loewy (zwischen 1951 und 1955) – er entwarf u.a. das Kaffeeservice «2000» – und dem Keramiker Jan Bontjes van Beek heraus, der die Vasenserie «K 2637» schuf. Ein oft kopierter Verkaufserfolg wurden die asymmetrische Vase von Fritz Heidenreich sowie die Modelle von Hanns Hoffmann-Lederer. Wilhelm Wagenfeld kreierte 1953 zwei Reliefschalen für die neue «Rosenthal-Linie» sowie ein Kaffee- und Speiseservice für das Zweigwerk Thomas in Marktredwitz. Erfolgreiche Service schufen bis Ende der fünfziger Jahre → Hans Theo Baumann (Teeservice «Berlin», 1959), Elsa Fischer-Scharrer, Otto Koch (Koffergeschirr «20:1»), Rudolf Lunghard (Mokkaserie «Oval», 1951), Richard Scharrer und → Bjørn Wiinblad (Kaffeeservice «Romanze», 1951).
1960 eröffnete Rosenthal die ersten «Studio-Häuser» für zeitgemäßes Design, 1961 führte die Firma die Rosenthal «Studio-Linie» ein, die eine Vielfalt künstlerischer Erzeugnisse präsentierte, über deren Aufnahme bis heute eine unabhängige Jury von Designexperten mitentscheidet.
In den ersten Jahren prägten vor allem die skandinavischen Designer die Entwürfe der «Studio-Linie»: → Tapio Wirkkala (Service «Variation», 1962; «Composition», 1963; «Tea for two» – auch als «Porcellaine noire» bekannt –, 1963; «Modulation», 1967; «Assam», 1968) und Bjørn Wiinblad (Service «Lotus», 1964; «Zauberflöte», 1968; «Century», 1969, mit einer dem chinesischen Reiskornmuster ähnlichen Oberflächenstruktur, Bügelgriffe aus Metall an Kannen und Terrinen).
Meilensteine in der Entwicklung der Rosenthal-«Studio-Linie» war die Einführung der Rosenthal-Relief-Reihe 1968 (ab Mitte der siebziger Jahre «Rosenthal Limitierte Kunst-

Künstler-Sammeldose «Nr. 7» (1993) von Johan van Loon. Foto: Rosenthal

reihen»), die limitierte Objekte in den Werkstoffen Porzellan, Keramik und Glas – entworfen von international anerkannten Künstlern wie Otto Herbert Hajek, Henry Moore, → Marcello Morandini («Onda Costrutta», 1980), Günther Uecker, Paul Wunderlich, Niki de Saint-Phalle (Keramikobjekt «Nana», 1973), Victor Vasarely oder Salvador Dalí beinhaltete. Großen Erfolg hatte auch das Teeservice «TAC I» (1969) von → Walter Gropius.

Für die Kollektion der «Künstler-Sammeltassen» (1988) entwarfen 24 Künstler und Designer, darunter Otmar Alt, Barbara Brenner, Dorothy Hafner, Johan van Loon, Marcello Morandini, Gilbert Portanier, Otto Piene und Paul Wunderlich.

Für die Künstler-Espressotassen (die auf der Form «Cupola» basieren) entwarfen ebenfalls mehr als 20 Künstler, darunter der Niederländer Maarten Vrolijk (Tasse Nr. 21, 1993) und der indonesische Designer Yang (Tasse Nr. 22, 1993). Darüber hinaus produzierte Rosenthal in der «Studio-Linie» Gläser (von Michael Boehm, Richard Latham oder Wolf Karnagel) sowie Bestecke.

Hans Theodor Baumann schuf das mit dem holländischen Designpreis Gulden Vorm ausgezeichnete Besteck «Berlin», Bjørn Wiinblad entwarf das verspielte «Asimetria» und die rustikalen Modelle «Brotzeitbesteck» und «Grillbesteck» (mit Griffen aus Hartporzellan). Von Tapio Wirkkala stammen die Klassiker «Composition» (alle Teile plastisch aus einem Stück herausgearbeitet), «Kurve» und «Taille». Marcello Morandini zitierte mit seinem 1993 entworfenen Besteck «Cambio» die klassische Moderne und überraschte mit einem extravaganten Detail: treppenartig abgestuften Gabelzinken. Das Besteck «Maestro» (1993) von Harald Lampert zeigte an den Griffen eine Art-Déco-Ornamentik (→ Ornament).

Zu den aktuellen Entwürfen gehören Dekore (1993) von → Gianni Versacre, die Porzellanservices «Blue hour» von Johan van Loon, «Scenario» von Barbara Brenner (eine künstlerisch geprägte Stadtlandschaft en miniature mit architektonisch anmutenden Kannen, Tellern, Tassen, Gießern und Dosen), «Mythos» von Paul Wunderlich, «Spirit» (1993) von Dorothy Hafner und die → Frogdesign-Kreation «Avenue» (in sieben Dekoren, u.a. «Paris» und «New York»), die als Leitmotiv die Schräge hat. Im Relief vorgegeben setzt sie ihre auf- und abwärtsstrebende Bewegung in den parallel verschobenen Henkeln fort und läßt die Tellerfahnen mit einem markanten Schwung ansteigen.

In der Serie der Künstler-Sammeltassen erschien die Dose «Nr. 7» (1993) von Johan van Loon – ein Kleinobjekt, das einem Miniaturtempel ähnelt und sich durch offene und geschlossene Elemente sehr spannungsreich präsentiert.

Bei den limitierten Kunstobjekten ragten Arbeiten von Otmar Alt («Elefant auf Brautschau» und «Rübennase», 1993), Rainer Fetting («Der Pelikan», 1993) und Tom Wesselmann («Landscape», 1993) heraus.

Roset

Die französische Möbelfirma Roset wurde 1860 von Antoine Roset in Montagnieu gegründet und stellte in den ersten Jahrzehnten Spazierstöcke und Holzgriffe für Regenschirme, später auch Stilmöbel her. 1936 produzierte Roset seine ersten gepolsterten Möbel, 1946 gründeten Emile und Jean Roset die Veuve A. Roset S.A.R.L. und widmeten sich dem modernen Sitzmöbel- und Objektbedarf mit Entwürfen für Schulen, Universitäten und Krankenhäuser. In den späten sechziger Jahren begann Roset mit der Fertigung von Polster- und → Systemmöbeln mit anspruchsvollem → Design und brachte 1968 das erste Sitzmöbel aus Vollschaum auf den Markt, das weltweit ein großer Erfolg wurde. 1973 entstand die Marke «Ligne Roset» (heute mit Exklusivgeschäften in über 25 Ländern), für die bedeutende internationale Designer ihre Entwürfe anfertigten.
Von Claude Bisson stammt der Sofa-Klassiker «Multy» (1987 – mit Lendenkissen und optionalen, schwenkbaren Beistelltischen), das Sofa «Shogun» (1989), die Sitzlandschaft «Zoom» (1988), die Tische «Arche» (1989), «Flap» (1985; Sockel aus Kiesbeton) und «Telesco» (1988; höhenverstellbar durch Gasdruckfeder im Tischfuß), das Bett «Oniris» (1986) und der Freischwinger-Sessel «Zen» (1986; Rückenlehne aus federnden Schichtholzlatten, verbunden durch Spezialgewebe; Unterfederung aus Pullmaflexstahlfedern mit ummanteltem Polyätherschaum).
Der Modemacher Charles de Castelbajac entwarf 1981 für Ligne Roset eine eigene Teppichkollektion («Morning Mail», «Stripe Dialogue», «Your Face») sowie den Stuhl «My Funny Valentine». → De Pas/D'Urbino/Lomazzi schufen das Sofa «Flou-Flou» (1982), den Stuhl «Larry» (1991; mit drei unterschiedlichen Rückenlehnen), die Tische «Cone» (1988) und «Cable» (1986) sowie den spiralförmigen Kleiderständer «Sospiro» (1988).
Annie Hieronimus entwarf den Sofa-Klassiker «America» (1983), der sich mit wenigen Handgriffen vom Sitzmöbel zum Bett verwandeln ließ; ferner die Sitzlandschaften «Scala» (1988) und «Hiero» (1990).
Mit außergewöhnlichen Designs fiel auch das Designer-Duo Pagnon/Pelhaître auf, das 1988 für Ligne Roset das Programm «Domus» entwarf (bestehend aus Stühlen, Tisch, Spiegelgarderobe, Bar, Wandkonsole und Servierwagen). Zu Klassikern der Moderne wurde ihr «Domus»-Sekretär (mit Rolladen aus mahagoni- oder birnbaumfarbenem Holz) und das dazu passende Bücherregal (ebenfalls mit Rolladen).
Einer der produktivsten Designer für Ligne Roset ist → Peter Maly, der neben Systemmöbeln («Variations», 1984–90; Schrank- und Kastensystem «Quartz», 1986; Schlafzimmerprogramm «Onde», 1991) die Elementgruppe «Koga» (1991; mit Keilkissen

Sekretär «Domus» (1988) von Pagnon/Pelhaître. Foto: Ligne Roset

aus Superbultex und Kissen aus Comforell) und die Sofas «Prao» (1985; mit herunterklappbaren Seitenpolstern und aufsteckbaren Rückenkissen; Stahlrohrrahmen mit Schichtkufen) und «Antares» (1989, aus einfachen Formen wie Kubus, Quader, Zylinder oder Halbkreis) schuf. Berühmt wurden sein «Peter Maly Bett» von 1983 und seine 1990 entworfene «Eßgruppe», die aus dem Tisch «Agora» (Tischplatte als schwarze Schalenkonstruktion), dem Stuhl «Hera» und der Anrichte «Variations» besteht.
Weitere Entwürfe für Ligne Roset schufen François Benard (Tisch «Squada», 1989), Jean-Pierre Caillères (Tisch «J. P. Caillères», 1991; aus matt geschliffenem Glas, Füße aus Buche massiv, Lack aluminiumgrau), Michel Ducaroy (Sofa-Klassiker «Togo», 1973; mit muldenförmiger Rückenlehne und großzügig mit Dacron aufgepolsterter Sitzfläche), Jean Nouvel (Stuhl «Saint James», 1991; Sessel «Elementaire», 1991; Sofa «Profils», 1991), → Daniela Puppa/Franco Raggi (Polstergruppe «Karina», 1987; Recamiere und Sofa «Helix», 1990; mit thermogeformtem Rükkenteil), → Andrée Putman (Teppich «Fleurville», 1990) und Michel-Louis Tortel (Sessel «Daydream»).

Rossi, Aldo (*1931 Mailand)

Der italienische Architekt und Designer Aldo Rossi, der als einer der Hauptvertreter der → Postmoderne gilt, studierte am Polytechnikum in Mailand, wo er 1959 graduiert wurde. Bis 1964 arbeitete er als Journalist für die Zeitschriften «Casabella-Continuità» und «Il Contemporaneo» als Journalist. Anfang der sechziger Jahre fertigte Rossi Sanierungsentwürfe für das Mailänder Stadtviertel um die Via Sarini und plante ein Geschäftszentrum in Turin. 1963 war er Mitarbeiter von Lodovico Queroni an der Urbanistik-Schule in Arezzo, außerdem assistierte er bei Carlo Aymonino an der Universität Venedig.
1964 übernahm Rossi gemeinsam mit Luca Meda die Organisation und Planung für die 13. Triennale in Mailand und errichtete dort eine eigenwillig konstruierte Zugangsbrücke. 1966 veröffentlichte Rossi sein Buch «Die Architektur der Stadt», in dem er seine Überlegungen zu einer archaisch reduzierten Architektur jenseits von organischem und funktionalem Stil (→ Organisches Design) darlegte. Rossis historische Studien und Stadttheorien ließen ihn zu der Erkenntnis gelangen, daß die Begründung der Architektur in ihrer Fähigkeit liegt, «typische Formen» zu erzeugen. 1969 wurde Rossi Professor am Polytechnikum in Mailand, wo er bis 1972 lehrte. Von 1972 bis 1975 unterrichtete Rossi als Professor an der Eidgenös-

Espressomaschine «La cupola» (1990) für Alessi. Foto: Alessi

sischen Technischen Hochschule. Seit 1983 ist er Direktor der Abteilung Architektur der Biennale.
Zu Rossis bedeutendsten Architekturprojekten gehört der Rathausplatz mit Gedächtnisbrunnen (1965) in Segrate bei Mailand, das «Teatrino Scientifico» (1978), der Friedhof in San Cataldo (1980, zusammen mit Gianni Bragheri) und das «Teatro del Mondo», das er 1980 für die Biennale in Venedig entwarf. 1984 beteiligte er sich an der Internationalen Bauausstellung in Berlin, wo er einen Wohnblock für die südliche Friedrichstadt vorstellte, und gewann später die Ausschreibung für das Deutsche Historische Museum in Berlin. 1989 baute er das Hotel «Il Palazzo» im japanischen Fukuoka, wofür er mit dem Pritzker-Preis ausgezeichnet wurde.
Als Designer arbeitete Aldo Rossi seit 1979 für → Alessi an deren «Programm 6», an dem auch Künstler wie → Robert Venturi, Charles Jencks, → Michael Graves und → Richard Meier beteiligt waren. 1983 kreierte er für Alessi ein Tee- und Kaffeeservice aus 925/1000er Silber mit blau emaillierten Bändern an den Kannen und Quarzkugeln auf den Deckeln. Das Service wird mit einer dazugehörigen Vitrine (mit Batterieuhr und Kupferfahne auf dem Giebel) geliefert.
1982 entwarf Rossi seine Espressokanne «La conica» (ebenfalls für Alessi), zu der er 1986 einen Stahlkessel sowie Milchkännchen, Zuckerdose und Löffel gesellte. Zu einem Klassiker des → Table Top Designs wurde die Espressokanne «La cupola» (1988), die es aus poliertem Gußaluminium (mit Knopfen und Griffen aus schwarzem oder blauem Polyamid) und seit 1990 auch aus schwarzem, silikonharzlackiertem Gußaluminium gibt.
Sehr populär wurden auch Rossis «Pressofilter» (1986) und die dazugehörigen Tee- und Kaffeetassen (1991). Für die Firma → Molteni entwarf der Designer 1989 die Sitzmöbel-Serie «Capitolo» (zwei- oder dreisitziges Sofa und Sessel; Gestell aus Metall, polyurethanbeschichtet; Beine aus Holz, gedrechselt) und «Teatro» sowie den lackierten Holzschrank «Cabina Armadio» und den Sekretär «Carteggio». Für → Unifor kreierte er den Ledersessel «Parigi».

Röthlisberger

Die Schweizer Firma wurde 1929 gegründet und bis Ende der siebziger Jahre ausschließlich als Schreinerei geführt (sie produzierte u.a. für Wohnbedarf Zürich die → Knoll-Möbel). 1977 rief Ernst Röthlisberger, der Schwiegersohn des Gründers, die «Kollektion Röthlisberger Schweiz» ins Leben mit dem Ziel, innovative Möbel herzustellen, die keinen produktionstechnischen oder Know-how-bedingten Einschränkungen unterworfen waren.
Die erste Edition der «Kollektion» enthielt Entwürfe von Susi und Ueli Berger, Hans Eichenberger, Trix und → Robert Haussmann («Rolladenschrank»-Serie), Teo Jakob, Koni Ochsner und Ulrich Wiesner. Für die vierte Edition (1987) gewann die Firma Designer wie Silvio Schmied, Martin Schweizer und Stefan Zwicky.
1991 beteiligte sich Röthlisberger zum vierten Mal an der Mailänder Möbelmesse und stellte zwei neue Modelle von Trix und Robert Haussmann vor: «Sesam», ein seitlich verspiegelter Schrank mit Türen, die sich durch einen speziellen Beschlag in engem Bogen um den rechten Winkel abdrehen ließen, und die «Kommoden 5, 6, 7» (Schubladen mit bombierter Front).

Rotring

Die deutsche Firma wurde 1928 von Wilhelm Riepe in Hamburg gegründet und betrieb in den ersten Jahren ausschließlich ein Versandgeschäft für den legendären Tintenkuli. Anstelle der bis dahin im Füllhalter üblichen Schreibfeder besaß der «Tintenkuli» ein kleines, pipettenartiges Schreibröhrchen (ähnlich dem amerikanischen Vorbild «Stylograph»). Mitte der dreißiger Jahre stellte die «Tiku GmbH» (ab 1936 «Riepe-Werke») den Tintenkuli, der bis dahin in den USA produziert wurde, in Eigenproduktion her. Bis Ende des Zweiten Weltkriegs erweiterte die Firma ihr Sortiment nur geringfügig (etwa um einen Vierfarbstift) und variierte lediglich das Dekor des «Tintenkulis» (ihn gab es u.a. dreifarbig marmoriert). 1945 übernahmen Erich Barthe und Helmuth Riepe die Geschäftsleitung der Firma und stellten 1954 mit dem «Rapidograph» eine Weiterentwicklung des Tintenkulis vor. Aus dem Röhrchen des neuen Schreibgeräts floß anstelle von Tinte nun Zeichentusche, was erstmals das Ziehen von konstanten, randscharfen Linien ermöglichte. Als «Repi» bzw. «Rapido» wurde der «Rapidograph» zum Gattungsbegriff. Sein Tuschetank wurde in den sechziger Jahren durch ein auswechselbares, variables System ersetzt, was zu den Modellen «Variant» und «Narioscript» führte. Anfang der sechziger Jahre entwickelte Wilhelm Hartkopf ein international einheitliches Markenzeichen (die schreibende Hand) und den unverwechselbaren Schriftzug «rotring» (mit rotem Ring um das «o») für die rotring-werke Riepe KG. Gleichzeitig begann die Entwicklung des «rotring micronorm m» – ein Röhrchentuschefüller mit Doppelfunktion, der sowohl zum Zeichnen als auch zum Beschriften konzipiert wurde. Mit der Markeneinführung des «micronorm» (1968) brachte die Firma auch die dazu passenden Schriftschablonen im Zett-Profil auf den Markt. Anfang der siebziger Jahre baute Rotring seine Produktpalette aus (etwa um den «graphos», um Tuschen, Zirkel und Schablonen). 1975 präsentierte die Firma das Rotring-Schulzeichengeräte-Programm, 1976 den technisch verbesserten Röhrchentuschefüller «rotring 2000 isograph». In den achtziger Jahren entwickelte Rotring u.a. Feinminenstifte («Tikky»), den «Tri-Pen» (drei Schreibgeräte in einem: Kugelschreiber in Blau und Rot; Fein-

Serie «rotring 900».
Foto: Rotring Werke Riepe KG

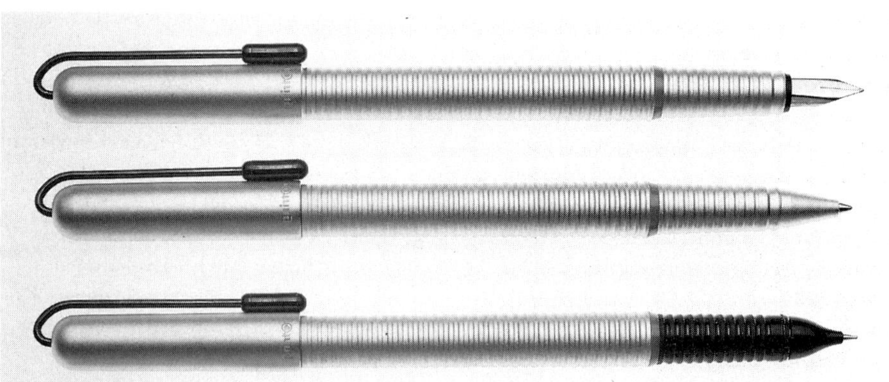

minenstift 0,7 mm), den «Art Pen» (mit 13 verschiedenen Federn für kalligrafisches Schreiben) und Varianten des Tintenkulis (etwa die erfolgreiche Serie «altro»).
In den neunziger Jahren präsentierte Rotring ein umfangreiches Angebot technischer Zeichengeräte (Zirkel sowie die überarbeiteten Schnellzeichenplatten für die Papierformate DIN A3 und DIN A4). Neben der «altro»-Serie hat Rotring derzeit die Serie «rotring 600» im Programm (aus matt verchromtem Messing in Schwarz und Silber, mit Facettenschliff im Griffbereich).
Die Serie «rotring 900» präsentiert sich in hochglänzendem oder matt verchromtem Messing (mit gewellter Griffzone und Drahtclip). Der Kugelschreiber und der Feinminenstift sind mit einer «Side-Knock-Mechanik» ausgestattet, die die Mine durch kurzes Drücken ein- oder ausfährt.
Ein ausgesprochen exklusives → Design haben die «Art Pen»-Serie (1991 ergänzt durch den «Art Pencil») und die «rotring Multipens» (aus verchromtem Messing in unterschiedlichen Farbvarianten, Griffzone mit Facettenschliff).

Rowland, David (*1924 Los Angeles)

Nach Ende des Zweiten Weltkriegs studierte Rowland am Principia College of Liberal Art in Elsah, Illinois, und an der Cranbook Academy of Art in Bloomfield Hills, wo er 1951 mit Diplom abschloß. Von 1951 bis 1953 war er Assistent beim Industriedesigner → Norman Bel Geddes, ehe er 1954 sein eigenes Büro eröffnete und Einrichtungen für private und öffentliche Auftraggeber schuf.
1963 kreierte er den berühmten Stapelstuhl «GF 40/4» (mit Gestell aus nickelverchromtem Stahlrohr, Rücken aus PVC-beschichtetem Preßstahl oder aus Holz), für den er 1964 den Großen Preis auf der Mailänder Triennale bekam. Der von der dänischen Firma Seid International vertriebene Stuhl steht heute u.a. im New Yorker Museum of Modern Art, im Pariser Musée des Arts Décoratifs und in der Neuen Sammlung in München. 1971 meldete Rowland ein Patent für einen von ihm entwickelten Werkstoff («Soflex») an, ein dünnes, elastisches Material, das speziell für die Konstruktion von Stuhlsitzen entwickelt wurde.

Royal Copenhagen

Die dänische Gruppe Royal Copenhagen fusionierte zwischen 1985 und 1987 mit der 1775 gegründeten Porzellanmanufaktur Kopenhagen, der Porzellanmanufaktur Bing & Gröndahl (gegründet 1853), den Glaswerken Holmegaard (gegründet 1825) und der → Georg Jensen Silberschmiede (gegründet 1904).
Unter den Kollektionen – darunter das erste Tafelgeschirr der Porzellanmanufaktur Kopenhagen («Musselmalet», 1775) – ragen vor allem die Entwürfe der Glaskünstler Michael Bang (Serie «Fontaine»), Darryle Hintz (Glasserie «Neptun» mit markanter plastischer Welle am oberen Stiel), Anja Kjær (Glasserie «Attica» mit hohem Stiel und klaren oder dunkelblauen Glasringen am Kopf des Stiels) und Per Lütken (Glasserie «Alsace»; Glasschalen «Provence») hervor.

Geschirr «Blaukant» (1962) von Grethe Meyer. Foto: Royal Copenhagen

Ein moderner Klassiker ist das 1962 von der Architektin Grethe Meyer entworfene Porzellanservice «Blaukant», das 1965 mit dem dänischen Ehrenpreis für gutes industrielles → Design ausgezeichnet wurde. Eine feine dunkelblaue Linie auf der Kante der hellgrauen Fayence hat dem Geschirr seinen Namen gegeben. 1971 entwarf Grethe Meyer das robuste Porzellanservice «Weisstopf», das heute vorwiegend in Restaurants Verwendung findet. 1991 schuf Meyer das Edelstahlbesteck «Copenhagen», das aus 17 Teilen besteht und derzeit in matter oder glänzender Ausführung erhältlich ist.

Royal Selangor → Teunen & Teunen

S

Saarinen, Eero (*1910 Kirkkonummi/Finnland, †1961 Ann Arbor/Michigan)

Der Architekt und Designer Eero Saarinen studierte von 1929 bis 1930 Bildhauerei an der Académie de la Grande Chaumière in Paris und Architektur an der Yale University, wo er 1934 mit Examen abschloß. Im selben Jahr gewann Saarinen ein Reisestipendium, das ihn bis 1936 durch Europa führte. Ein Jahr später trat Saarinen in das Architekturbüro seines Vaters Eliel in Ann Arbor, Michigan, ein und wurde 1941 (zusammen mit J. Robert Swanson) dessen Partner. Nach dem Tode → Eliel Saarinens gründete Eero 1951 die Nachfolgefirma Saarinen & Associates in Birmingham, Michigan, deren Leiter er bis 1961 war.
Zu Eero Saarinens wichtigsten Architekturprojekten zählen das Technische Zentrum der General-Motors-Werke in Warren, Michigan (1950–56), die Eishockeyhalle David S. Ingalls in der Yale University (1953-59), die USA-Botschaften in London (1956-62) und Oslo (1959), das John Deere and Company Administration Center in Moline, Illinois (1957-63), der Dulles International Airport in Washington D.C. (1958-62), das TWA-Terminal des John F. Kennedy International Airport in New York (1962), das Gateway Arch in St. Louis (1962-67) und das CBS-Gebäude in New York (1963-66). Seinen ersten großen Erfolg als Designer hatte Saarinen 1941, als er zusammen mit → Charles Eames den Wettbewerb «Organic Design in Home Furnishings» gewann, den das Department of Industrial Design des New Yorker Museum of Modern Art ausgeschrieben hatte. Preisgekrönt wurden die Tische der Designer, ihr Schrankanbausystem und ihr weich geschwungener Schalensessel aus Schichtholz. 1943 lernte Saarinen das Ehepaar Hans und → Florence Knoll kennen, die den Designer eng an ihre Firma banden und zahl-

«Saarinen Kollektion» (1956) für Knoll. Foto: Knoll

reiche Möbel Saarinens herstellten, wie beispielsweise den «Womb Chair» (1948). 1956 entwarf Saarinen den «Stuhl Nr. 151», der als «Tulpenstuhl» (mit und ohne Armlehnen) zum Design-Klassiker wurde. Das Modell besteht aus risanbeschichtetem Leichtmetall und einer formgepreßten Polsterschale (mit losem Schaumstoffkissen). Der 80 cm hohe Stuhl mit seinem charakteristischen Trompetenfuß wird heute bei der Firma Knoll hergestellt.
Als Ergänzung zum «151» entwarf Saarinen 1956 den Tisch «173», der ebenfalls nur einen Mittelfuß aufwies.

Saarinen, Eliel (*1873 Rantasalmi/Finnland, †1950 Bloomfield Hills, Michigan)

Der finnische Architekt, Designer und Maler Eliel Saarinen nahm 1893 an der Universität Helsinki ein Studium der Malerei und später am Polytechnikum ein Architekturstudium auf. Von 1896 bis 1923 arbeitete er als freier Architekt, u.a. mit seinen Kollegen Herman Gesselius und Armas Lindgren zusammen. Für die Pariser Weltausstellung 1900 gestaltete das Trio den finnischen Pavillon. 1902 baute Saarinen in Hvitträsk ein Studiohaus, das schon bald zum Anziehungspunkt für Kunst und junge Künstler wurde und zu den wichtigsten Zeugnissen des sog. Nationalen Romantizismus wurde, eines Wohnstils, der in finnischer Version die Ideale von → Arts

«Tee-Service mit Samowar» (1933/34), 1987 reediert von Alessi. Foto: Alessi

and Crafts umsetzte. Zwischen 1910 und 1914 baute Saarinen den Hauptbahnhof von Helsinki, der deutlich von der Architektursprache → Joseph Maria Olbrichs beeinflußt war, den Saarinen 1907 in Darmstadt kennengelernt hatte. 1922 gewann Saarinen den zweiten Preis beim Wettbewerb um die Neugestaltung des Verwaltungsgebäudes des «Herald Tribune». 1923 ging er in die Vereinigten Staaten, wo er als Architekt arbeitete und seit 1924 an der Architekturfakultät der University of Michigan in Ann Arbor lehrte. 1926 wurde Eliel Saarinen von George und Ellen Booth, den Inhabern der «Detroit News», mit dem Bau der Cranbrook Academy of Art beauftragt (der 1943 fertiggestellt wurde). In den zwanziger und dreißiger Jahren plante Saarinen die urbanistische Ansiedlung der Cranbrook-Anhänger und realisierte die Cranbrook School for Boys (1925), das Saarinen House (1928–30) und die Kingswood School for Girls (1929–31). Die Zusammenarbeit Saarinens mit seinem Sohn Eero markiert eine Phase des Modernismus, die mit der First Christian Church von Columbus (1939–42) begann und sich bis zum Technical Center (1945–56) der General Motors Werke in Warren erstreckte. 1948 wurde Saarinen zum Direktor der Architekturabteilung der Cranbrook Academy berufen, wo er u.a. → Charles Eames, → Harry Bertoia und → Florence Knoll ausbildete. Ergänzend zu seinen Architekturprojekten entwarf Saarinen seit 1902 auch Möbel, Interieurs und Beleuchtung, wobei er oft Stilelemente des Modernismus und des → Art Déco kombinierte. Zu seinen bekanntesten Möbeln gehören der Stuhl «Haus Saarinen» (1908) und das Ensemble «Sitzmöbel und Tisch aus dem Saarinen-Haus» (1929/39), die heute als → Reeditionen von der Firma Adelta Oy hergestellt werden.
Die Firma Adelta hat Saarinens Armlehnstühle «Black Villa» (1908; aus Eiche massiv mit Messinggestänge), «Hannes» (1908) und «Blue Suite» (1929; aus z.T. blattvergoldeter Birke), den Eßzimmerstuhl «Saarinen House Dining Chair» aus Ahorn massiv (1929) sowie den Sessel «Saarinen House Armchair» (1929/30) im Programm. Bei der Firma Arkitektura werden der Klubsessel «Saarinen House Lounge Chair» sowie die Anrichte «Saarinen House Credenza» (beide 1929) hergestellt.
Bei → Alessi ist derzeit Saarinens «Tee-Service mit Samovar» im Programm, das er zwischen 1933 und 1934 für die International Silver Company entworfen hatte und das durch die weichen → Formen der Kugel und des Zylinders gekennzeichnet ist.

Saint-Laurent, Yves (*1936 Oran)

Der französische Modedesigner Yves (Henri Donat Mathieu) Saint-Laurent studierte 1953 wenige Monate lang an der Pariser Ecole de la Chambre Syndicale de la Couture und machte sich anschließend selbständig. Von 1954 bis 1957 war er Designer von → Christian Dior, von 1957 bis 1960 dessen Nachfolger und Chefdesigner (er entwarf hier u.a. die berühmte «Trapez»-Linie).
1962 gründete Saint-Laurent seine eigene Firma und hatte große Erfolge mit seinem «Mondrian»-Look, der in den sechziger Jahren mehrfach kopiert wurde. 1966 zeigte er sich von der → Pop Art inspiriert, 1969 entwarf Saint-Laurent vielbeachtete Maxi-Hemden und -Mäntel. In den siebziger Jahren verblaßte Saint-Laurents Einfluß (mit Ausnahme seiner «Carmen»-Kollektion von 1976

und den an Picasso orientierten Dessins von 1979). Seine Hauptaktivitäten lagen in diesen Jahren auf dem Entwurf von Konfektionskleidung, die er mit Erfolg in seinen «Rive Gauche»-Boutiquen vermarktete. Anfang der siebziger Jahre kreierte er zwanglose Herrenmode (mit raffinierten Blasern) und begann mit der Diversifikation seiner Produkte (u.a. kreierte er Parfums – 1992 «Kouros» , → Accessoires und Bettwäsche). 1993 wurde dem Designer für seine bisher kleinste Kollektion von nur 60 Modellen (für die er knappe, mit Spitzenbordüre verlängerte Röcke und Knickerbocker im Flanell entwarf) der «Goldenen Fingerhut» (zusammen mit Per Spook) der Pariser Schneiderinnung verliehen. Seit 1962 entwarf Saint-Laurent auch Filmkostüme, so für Blake Edwards «Pink Panther» (1964), für Luis Buñuels «Belle de Jour» (1967) oder «Hello Goodbye» (1970).

Sakashita, Kiyoshi (*1933 Osaka)

Kiyoshi Sakashita studierte von 1953 bis 1957 Industriedesign an der Universität Tokio und arbeitete seit 1957 als Designer für die Sharp Corporation in Osaka. Von 1963 bis 1966 war er Leiter der Forschungs- und Marketingabteilung bei Sharp in New York, von 1966 bis 1973 Chefdesigner der Audio-Abteilung und verantwortete das Corporate Design des Konzerns. Seit 1975 ist Sakashita Mitglied in der Industrial Designer's Association in Tokio; seit 1979 gehört er der Japan Package Design Association an.
Zu Sakashitas zahlreichen Entwürfen für Sharp gehören u.a. die Farbfernseher «18C-D13E», «Q16C-B12E» und«14C-B12E», die Videorekorder «VC 180» und «VC-240», der Stereo-Receiver «SA-V500», das Kassettendeck «RT-V500», der Plattenspieler«RP-V500», die Lautsprecher «CP-V500», der Rasierapparat «SS-209», die Heizlüfter «OK-263V» und «OF-453W», die Word-Processor «WD-800» und «WD-2400», die Taschenrechner «EL-860», «EL-861», «EL-862», «EL-863», «EL-8152» sowie die Kopierer «SF-755» und «SF-900».
Eine Sammlung von Sakashitas Entwürfen befindet sich im Museum of Modern Art in New York.

Santa & Cole

Die spanische Möbelfirma wurde 1986 von Javier Nieto Santa und Gabriel Ordeig Cole gegründet und spezialisierte sich vor allem auf → Reeditionen von Entwürfen der sechziger und siebziger Jahre. International erfolgreich wurden die Reeditionen «Lampara de Sobremesa» (1957) von Antoni de Moragas Gallissà, «Zeleste» (1968; entworfen für die Bar «Angel Jové» in Barcelona, aus marmoriertem Alabasterglas) von Angel Jové und Santiago Roqueta, die Hängeleuchte «Colilla» (1976; ein transparenter Stab mit 20 kleinen Neonbirnen darin) von Carlos Riart und ältere Entwürfe von → Antoni Gaudí und Domenech i Montaner.
In der Kollektion «Fondo Contemporaneo» präsentiert Santa & Cole u.a. Leuchten der spanischen Designer Carlos de la Puente («Aro»), Pete Sans («Lamparaprima»), Gabriel Ordeig (Leuchtenserie «La bella dur-

miente»; mit Dekoren von Francesca Llopis, Gabriel Ordeig, Perico Pastor, Peret und Vincenç Viaplana) und Mariona Raventós/ Jordi Mirabell («Arco», 1983; an einem vertikalen Zugseil fixiert).

Darüber hinaus produziert die Firma Santa & Cole Tische, Objekte (Eisenskulpturen «Plantarium», 1981; von Alicia Nuñez/Guillem Bonet) und Badezimmerserien (von Jorge Pensi, 1990).

Sapper, Richard (*1932 München)

Der Produkt- und Industriedesigner Richard Sapper studierte von 1952 bis 1956 Philosophie, Anatomie, Grafik und Ingenieurwissenschaften in München. Nach seinem Examen arbeitete er bis 1957 in der Design-Abteilung bei Mercedes-Benz und ging anschließend nach Italien, wo er in den Mailänder Studios von → Giovanni Ponti, → Marco Zanuso und Alberto Rosselli mitarbeitete. Von 1959 bis 1961 fertigte Sapper Entwürfe für die italienische Kaufhauskette Rinascente, bis Ende der sechziger Jahre war er für zahlreiche italienische Firmen als Designer tätig.
1970 gründete Sapper sein eigenes Atelier in Stuttgart, 1972 rief er zusammen mit → Gae Aulenti eine Forschungsgruppe für Nahverkehrssysteme ins Leben. Von 1970 bis 1976 war Sapper als Designberater in der Versuchswagen-Abteilung des Autoherstellers Fiat und in der Forschungsabteilung beim Reifenhersteller Pirelli beschäftigt. 1980

Leuchte «Tizio» (1970) für Artemide.
Foto: Artemide

Wasserkessel «9091» (1983) für Alessi. Foto: Alessi

wurde Sapper beratender Designer des → IBM-Konzerns. Nach verschiedenen Gastdozenturen in Wien und Brissago wurde er 1986 zum Professor an der Kunstakademie in Stuttgart ernannt.
Als Designer gewann Sapper 1960 einen → Compasso d'Oro für seine Tischuhr «Static» (für Lorenz). 1963 entwarf er mit Marco Zanuso (mit dem er bis 1977 erfolgreich zusammenarbeitete) den ersten Kunststoffstuhl für die Firma → Kartell («K-1340») sowie den Stuhl «Lambda» für die Firma Gavina. Darüber hinaus kreierten Sapper und Zanuso das klappbare Kunststoffradio «TS 502» (1964 für → Brionvega), das klappbare Telefon «Grillo» (1966 für Siemens) sowie die tragbaren Fernseher «Algol» (1965) und «Black 12» (1969) für Brionvega.
Als Sappers berühmtester Entwurf gilt die Niedervolt-Halogenleuchte «Tizio» (1970; bei → Artemide) – eine flexible Arbeitsleuchte mit drei Gelenken, die jeweils mit der Gegenseite im Gleichgewicht pendeln. Die «Tizio» besteht aus Metall und Kunststoff und hat einen Aktionsradius von maximal 108 cm. Es gibt sie in zwei Größen und zwei Farben (mattschwarz und weiß) sowie als Stehleuchte (mit einer 70 cm hohen Aluminiumsäule). Bei Artemide sind derzeit auch Sappers Deckenleuchte «Aretusa» und seine Tischuhr «Tantalus» (1975) im Programm. Für → Alessi entwarf Sapper 1983 seinen postmodernen (→ Postmoderne) Flötenkessel «9091» (mit Zweiklang-Signal) und seine Espressomaschine «Nr. 9090» (1979) mit Klappdeckel, die 1979 den Compasso d'Oro und 1983 die Auszeichnung Design Plus erhielt. Die «9090» wurde so konstruiert, daß sie mit einer einzigen Hand zerlegbar ist, durch den verbreiterten Sockel die Herdwärme effektiver nutzt und gleichzeitig den Henkel vor Erwärmung schützt. Bei Alessi ist derzeit auch Sappers Kaffee- und Teeservice von 1982 im Programm, das er für die Großgastronomie entwarf. Für → Knoll entwickelte Sapper 1979 eine eigene Bürostuhlserie, für → B&B den Armstuhl «Nena» (1984) und das Bücherregal «Genia» (1973). Für → Castelli realisierte er das Büromöbelsystem

Espressomaschine «9090» (1979) für Alessi. Foto: Alessi

«Von Neun bis Fünf», dessen dreieckige Metalltraverse als unsichtbare Führung von Kabeln und zusätzlich als Achse für die in der Höhe verstellbare Arbeitsplatte dient. Weitere Entwürfe schuf Sapper für die Firmen Heuer (Stoppuhr «Microsplit», 1978), Italora («Minitimer», 1974), Telefunken («Match»-Radio, 1971), Terrailon und → Unifor (Büromöbelsystem «Misura», 1974; «Secretaire»). Sapper erhielt für seine Designs zahlreiche internationale Preise, u.a. sechsmal den Compasso d'Oro, zweimal den Gute-Form-Preis (1969 und 1983) sowie zwei Goldmedaillen der Biennale für Industriedesign in Ljubljana (1973 und 1979).
1992 wurde Sapper in Bonn von der → Raymond Loewy Stiftung der Lucky Strike Designer Award '92 verliehen. Zahlreiche Entwürfe Sappers befinden sich u.a. in der ständigen Ausstellung des New Yorker Museums of Modern Art sowie im Philadelphia Museum of Art.

Sarfatti, Gino (*1912 Venedig, †1985 Mailand)

Gino Sarfatti schrieb sich 1930 an der Universität Genua ein, um Ingenieur für Flugzeugbau zu werden, mußte seine Studien aber später aufgrund finanzieller Schwierigkeiten abbrechen. Einer Aushilfsarbeit in einer Leuchtenfabrik folgten erste eigene Entwürfe, 1939 dann die Gründung der Firma → Arteluce (deren Fabrik im Zweiten Weltkrieg zerstört wurde). 1945 begann Sarfatti mit dem Wiederaufbau von Arteluce und richtete in Mailand ein Leuchtengeschäft ein, das zum Treffpunkt vieler Designer der Moderne wurde (u.a. → Franco Albini, Vittorio Vigano und → Marco Zanuso). Mit dem Verkauf von Arteluce an → Flos (1974) zog sich Sarfatti aus seiner Firma zurück, blieb aber als Designer weiterhin aktiv.
Zu Sarfattis bekanntesten Entwürfen gehört der Kronleuchter «2097/30» (1952), an dessen Metallarmen Miniaturbirnen mit lose hängenden Kabeln befestigt wurden. 1966 präsentierte Sarfatti die Stehleuchte «600 P» (bei Flos) mit einem Fuß aus Skai und Sockel und Schirm aus lackiertem Metall.

Sawaya & Moroni

Die italienische Firma wurde 1984 von den Architekten William Sawaya und Paolo Moroni gegründet und konnte sich innerhalb weniger Jahre einen Namen durch Entwürfe von innovativen Designern machen, wie → Ron Arad (Sessel «Crust»), Pierangelo Caramia (Sofaklassiker «Sitting on the moon»), Jeannot Cerrutti (Schreibtisch «Folio», 1993), Charles Jencks (Kassettenschrank «Slide Skyscraper»), J. Mancini/ G. Dorell (Stuhl «Karina»), → Michael Graves (Stehleuchte «Ingrid»), → Marcello Morandini (Stuhlklassiker «Birne»; mit schwarz-weißem Streifendekor), Luigi Serafini (Stühle «Suspiral», Sessel «Fusion» und Garderobenständer «Ermetico»; Stahlrohr mit blauen Knäufen), Kazuo Shinohara (Armsessel «Highnoon»; mit überdimensionaler, zweiteiliger Rückenlehne in Weiß und Schwarz), → Borek Šipek (Vasen «Neboy», «Jen si dej», «Jen Aby» und «Skoro Nic») und Oswald M. Ungers (Sofa, Sessel, Leuchte und Tischserie «Cubo»; Tisch «Quadra», 1993). Von Firmengründer William Sawaya stammen die Stuhlklassiker «La bête» und «La belle» (aus Stahlrohr und gebogenem Schichtholz), die Sitzgruppe «Osvaldo», der Schreibtisch «Teco», das Regal «Illuminata» (1993), der Stuhl «Patty Diffusa» (1993) sowie der höhenverstellbare Tisch «Pari».

Scarpa, Afra (*1937 Montebelluna) und Tobia (*1935 Venedig)

Das Designer-Ehepaar Afra Scarpa (geborene Bianchin) und Tobia Scarpa studierte an der Universität Venedig und arbeitete ab 1960 im Atelier in Montebelluna. 1966 baute das Duo das Gebäude der Firma Benetton in Ponzana bei Treviso, 1968 die Fabrik des Möbelherstellers C&B.
Als Designer entwarfen die Scarpas vor allem Möbel und Beleuchtung, wobei sie natürliche Materialien wie Holz, Leder und Marmor bevorzugten. Tobia Scarpa arbeitete seit 1956 für die Glasbläserei → Venini, entwarf für die Weltausstellung 1958 in Brüssel und für die Triennale 1960 in Mailand.

Zu den frühen Designs des Duos zählt das Bett «Vanessa» (1961) für die Firma Gavina und das Sofa «Bastiano» (1961), das heute bei → Knoll International im Programm ist. Die rundum sichtbare Holzstruktur des «Bastiano» verleiht dem Sofa eine modern-rustikale Aura. Bei der Firma Stildomus ist die Vitrine «Torcello Noce 12049» im Programm, die Afra und Tobia Scarpa 1965 entworfen haben. Das 1,65 m hohe Möbel besteht aus Nußbaum und Glas und wurde als Raumteiler konzipiert (im würfelförmigen Rastermaß von 42 x 42 cm). Ergänzend zum «Torcello» gibt es eine Serie von Kommoden und Schrankelementen. 1968 entwarf das Designer-Duo die Leuchte «Briagio» (bei → Flos), deren Marmorblock manuell geschliffen wurde. Der Prototyp der «Briagio» wurde von der Werkstatt Cidonia in Pietrasanta hergestellt, die auch für die Bildhauer Henry Moore und César arbeitete. Das jüngste Produkt der Scarpas ist die 50 cm hohe Tischleuchte «Pierrot» (bei → Flos) mit Schirm und Sockel aus Polymer und einem 87 cm langen, stromleitenden Arm. Ebenfalls für Flos entwickelte Scarpa die Leuchtenserie «Ariette» (1973; mit Diffusor aus synthetischem Stoff), die Wandleuchte «Bollo» (1978), den Tischleuchten-Klassiker «Perpetua» (1982; mit richtbarem Reflektor aus Resal und eingebautem Ladegerät) und die Stehleuchte «Papillona» (1976; mit Diffusor aus prismatischem, metallisierendem Glas).

Stuhl «Africa» (1975) für B&B. Foto: B&B

Für → Molteni schuf das Duo die Anbaumöbel «Miro» und «Mount», die Tischserien «Campos», «Marcus» und «Mou» sowie die Stühle «Miss» und «Mastro». Bei → B&B realisierten sie das Sofa und den Sessel «Coronada» (1966), den «Bonanza»-Sessel (1970), den Tisch «Piediferro» (1979) und die Stühle «Pozzetto» (1971) und «Dialogo» (1973). Weitere Entwürfe schuf das Duo für die Firmen → Arteluce, Casas, → Cassina, Gavina, Goppion (Stahlvitrine «Bisante», 1981/84), Maxalto, → Molteni (Doppelbett «Marlo 3»), → Teunen & Teunen (Salatbesteck, 1980), → Unifor (Stapelstuhl «Filo», Tisch-/Stuhlkombination «Menu» und Bürosystem «Master») und die Firma Venini.

Scarpa, Carlo (*1906 Venedig, †1978 Tokio)

Carlo Scarpa studierte Architektur an der Akademie der Schönen Künste in Venedig, wo er 1926 mit Diplom abschloß. Bis 1927 arbeitete er als Assistent bei Guido Girilli an der Architekturfakultät in Venedig, danach machte er sich als freier Architekt und Designer selbständig.

Bis 1930 war Scarpa künstlerischer Berater der Glaswerke Murano Cappelin & Co, von 1933 bis 1947 beriet er die → Venini-Glaswerke, für die er auch als Designer tätig war. Seit 1941 arbeitete Scarpa als Gestalter für die Biennale in Venedig sowie als Ausstellungsdesigner (u.a. für die Paul-Klee-Ausstellung in Venedig, 1948, und für die Frank-Lloyd-Wright-Ausstellung in Mailand, 1960). In den fünfziger und sechziger Jahren realisierte Scarpa Architekturprojekte (Bauten und Inneneinrichtungen). 1962 wurde er zum Professor für Architektur am Institut für Architektur der Universität Venedig ernannt, 1972 zum Leiter desselben Instituts, wo er bis 1976 unterrichtete.

Als Architekt machte sich Scarpa einen Namen durch die Umgestaltung des Museo Correr (1953–60) und des La Foscari-Palastes in Venedig (1954–56). Gemeinsam mit Ignazio Gardella und Giovanni Michelucci gestaltete er von 1954 bis 1956 die ersten sechs Säle der Uffizien in Florenz und verantwortete von 1955 bis 1957 die Erweiterung des Canova-Museums in Possagno. Zwischen 1955 und 1961 realisierte Scarpa das Haus Veritti in Udine, 1957/58 schuf er die Ausstellungs- und Verkaufsräume der Firmen → Olivetti (in Venedig) und Gavina (in Bologna). 1964 schloß er den Umbau des Castelvecchio-Museums in Verona ab und baute nach Reisen in die Vereinigten Staaten und Japan im Auftrag von Rino Brion einen Friedhof in San Vito di Altivole bei Treviso. Zwischen 1973 und 1980 entstand in Zusammenarbeit mit Arrigo Rudi das letzte größere Architekturprojekt von Scarpa – die Banca Populare di Novara in Verona.

Als Designer präsentierte Scarpa 1934 seine ersten Holzmöbel, die heute von G. B. Bernini hergestellt werden, wie die Serie «Franzo», die aus Stühlen, Kommoden, Schränken und Bücherregalen besteht. Bei → Knoll ist Scarpas Sitzgruppe «Bastiano» sowie der Ausziehtisch «Nibay» (1968) aus Eiche und Walnuß im Programm. Aus dem Jahre 1972 stammt der Tisch «Valmarana», der heute ebenso wie der Tisch «Doge» und das Bett «Toledo» von Simon International vertrieben wird. Bernini produziert Scarpas Bücherregal «Libreria Serie 1935», das zwischen Decke und Fußboden gespannt werden kann. Aus dem Jahr 1974 stammt Scarpas Vitrine «Zibaldone» (bei Bernini) aus Nußbaum, mit Türen aus grünem Kristallglas.

Schiaparelli, Elsa (*1890 Rom, †1973)

Nach ihrem Studium der Philosophie ging Elsa Schiaparelli 1920 nach Paris, wo sie sechs Jahre später die Modewelt mit einem selbstentworfenen, taillenlangen Jumper für sich einnahm. 1928 eröffnete sie ihren Modeshop «Pour le Sport», 1929 gründete sie ihre eigene Modefirma.

In den dreißiger Jahren gehörte Elsa Schiaparelli zu den erfolgreichsten Pariser Modeschöpfern, was nicht zuletzt in ihrer Zusammenarbeit mit dem Textilmagnaten Colombet begründet lag, der sie mit ausgefallenen Stoffkreationen belieferte. Ein Begriff wurden Schiaparellis neu eingeführte Farbe «Shocking Pink» sowie ihr gleichnamiges Parfum aus dem Jahr 1938.

Populär wurde Elsa Schiaparelli aber auch durch ihre surrealistischen Modeentwürfe seit Mitte der dreißiger Jahre, bei denen sie eng mit Salvador Dalí, Jean Cocteau und Christian Bérard zusammenarbeitete.

Aus der Arbeit mit Dalí entstanden z.B. ihre hummerförmigen Knöpfe in der Kollektion von 1938, der schwarze Samtschuh mit pinkfarbenem Absatz sowie das «Fetzenkleid» aus rosafarbenem Seidenkrepp von 1938. In den späten dreißiger Jahren kreierte Schiaparelli ihre Kollektionen nach Themen. So präsentierte sie 1937 ihre «Musik-Kollektion», 1938 die «Zirkus-Kollektion» (mit Clown- und Zirkuspferdmotiven, die Bérard und Lesage entworfen hatten) oder die «Heiden-Kollektion» mit Insekten- und Fruchtmotiven sowie Schnallen in Raupenform. In ihre «Astrologie-Kollektion» (1938) brachte Schiaparelli Tierkreiszeichen und aufgestickte Sternenhimmel ein. Zu ihren bekanntesten Modeaccessoires gehören Handtaschen in → Form von Vogelkäfigen und Telefonapparaten sowie Halsketten aus durchsichtigem Kunststoff, in denen Plastikinsekten eingelagert waren.

1940 verließ Elsa Schiaparelli Paris und ging nach Amerika. Nach Ende des Zweiten Weltkriegs eröffnete sie ihr Geschäft in Paris wieder und war bis 1954 als Designerin aktiv.

Schinkel, Karl Friedrich (*1781 Neuruppin, †1841 Berlin)

Der Architekt, Designer und Maler Karl Friedrich Schinkel studierte in Berlin Architektur bei Friedrich Gilly. Von 1803 bis 1805 bereiste er Italien, Frankreich und Deutschland und malte von 1807 bis 1815 Panoramen und Dioramen sowie Bühnenbilder (bis in die dreißiger Jahre entwarf er Ausstattungen für mehr als 40 Aufführungen, darunter «Die Zauberflöte» und«Undine») und Landschaftsbilder, vielfach mit gotischen Kirchen. 1810 erhielt Schinkel eine Anstellung bei der Verwaltung der Preußischen Baubehörde, 1815 wurde er Geheimer Oberbaurat im Staatsbauamt, 1830 zu deren Leiter ernannt. Schinkels Hauptwerke entstanden zwischen 1816 und 1830, darunter die Neue Wache in Berlin (1817/18, durch H. Tessenow zum Ehrenmal umgestaltet), das Schauspielhaus am Berliner Akademieplatz (1818-21), Schloß Tegel in Berlin (1822-24), das Alte Museum in Berlin (1822-28) und die Friedrichswerdersche Kirche (1821-30).

Zu Schinkels Spätwerken gehören die Nikolaikirche in Potsdam (1830-37), Schloß Charlottenhof (1826/27) und das Römische Bad in Potsdam (1833), ferner seine Entwürfe für ein Königsschloß auf der Akropolis (1834) und Schloß Orianda auf der Krim (1838). Als

Bank «D 60/2» (1825), reediert von Tecta. Foto: Tecta

Designer entwarf Schinkel vor allem Möbel, die als Ergänzung zu seinen Bauwerken entstanden. Ein prägnantes Möbel Schinkels ist der «Armlehnstuhl» aus schmiedeeisernen Stäben und Gußeisen, der um 1825 von der Königlichen Eisengießerei Saynerhütte gefertigt wurde. Heute ist der Stuhl bei → Tecta als «D 60» (und als Bank-Version «D 60/2») als → Reedition im Programm.

Schlagheck, Norbert (*1925 Wegberg)

Nach einer handwerklichen Ausbildung (1940 bis 1947) studierte Norbert Schlagheck von 1949 bis 1954 an der Essener Folkwangschule für Gestaltung. Von 1954 bis 1967 arbeitete er bei Siemens in München, wo er Leiter der Gestaltungsgruppe Hausgeräte war. 1967 gründete er zusammen mit dem Industriedesigner Herbert H. Schultes (*1938 Freiburg) die Firma Schlagheck & Schultes.

Von 1967 bis 1970 leitete Norbert Schlagheck den Lehrbereich → Industrial Design an den Kölner Werkschulen, seit 1972 ist er Professor für Industrial Design an der Fachhochschule München.

Zu den Kunden von Schlagheck & Schultes gehören die Firmen Agfa (Super-8-Filmkamera «Movexzoom 10»), Acutec, Astor (Flaschen der Herrenpflegeserie «Care»), Big Pack, Britax-Kolb, BMW, → Bulthaup, Ess-Skibindungen, Gervais-Danone, Kneissl, Loewe Opta, Osram («Maxi-Spot»), Siemens (diverse Lichtschaltsysteme), Silhouette, Schneider, Wilkens und → Wilkhahn.

Bei → ClassiCon sind derzeit der Stehleuchten-Klassiker «Orion» (zusammen mit Herbert H. Schultes; mit dreh- und schwenkbarem Kopf), die Gelenkleuchte «Orbis» und die Stehleuchte «Olymp» (Schirm mit blauem Glaseinsatz) im Programm.

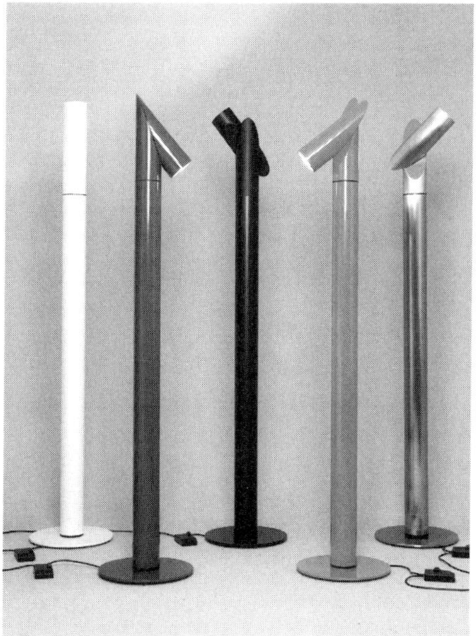

Stehleuchte «Orion» für ClassiCon. Foto: ClassiCon

Schönherr, Tom → Phönix Design

Seitz, Hans-Wilhelm (*1945 Anten)

Nach einer Lehre als Keramikmodelleur bei der Firma → Rosenthal in Marktredwitz trat Hans-Wilhelm Seitz 1962 in die Staatliche Höhere Fachschule für Porzellan in Selb ein und wurde zum staatlich geprüften Formenentwerfer ausgebildet. Von 1966 bis 1968 arbeitete er in der Abteilung Formgestaltung bei Ford in Köln, ab 1968 bei Rosenthal, in deren Auftrag er bis 1971 in Kapstadt bei einer südamerikanischen Vertragsfirma tätig war und dort u.a. ein Hotelservice gestaltete. Nach seiner Rückkehr aus Südafrika (1972) war er als Modelleur in mehreren Werken der Rosenthal AG tätig, 1973 arbeitete er im Design-Studio Baumann mit, 1975 ließ er sich als freier Entwerfer für Porzellan in Marktredwitz nieder und ist seitdem u.a. für die Porzellanfabrik → Arzberg und andere Werke der Hutschenreuther-Gruppe tätig. Seitz gestaltete Vasen, Geschenkartikel sowie Gastronomieformen (für Bauscher und Weiden). Für Arzberg entwarf er das Service «Swingline» (1983), den «Taubenleuchter» (1978), mehrere Porzellandosen sowie das berühmte Stövchen «Form 9961» (1984; in verschiedenen Fondglasuren), das Ulrike Bögels Teeservice «Teaworld» ergänzt.
In Kooperation mit Arzberg entstand 1990 die → Alfi-Kunststoffkanne «Daily» – passend zum Arzberg-Service.

Serien Raumleuchten

Die deutsche Firma, die 1983 von Marc da Costa und Manfred Wolf in Rodgau gegründet wurde, setzte von Beginn an auf die Produktion von Leuchten in einer architektonisch dominierten Gestaltauffassung. Die Funktionsteile der meisten Modelle sind nicht in einem ergonomisch optimierten Gehäuse versteckt, sondern treten offen zutage. Schrauben, Stecksysteme, Stromführung oder Leuchtmittelhalterungen werden damit zu einem bestimmenden Teil der ästhetischen Aussage. Ein weiteres Charakteristikum von Serien Raumleuchten ist die Verwendung geometrischer Grundformen und die Miniaturisierung, die eine formale und proportionale Eleganz ausstrahlt.

Tischleuchte «Birdie» von Jean-Marc Pereira da Costa. Foto: Serien Raumleuchten

Prägnante Entwürfe der Firma sind die Steh- und Wandleuchten «Status» und «Basis» (da Costa), die Halogen-Tischleuchte «Unit-Tisch» (Wolf) aus vernickeltem Stahl und Aluminium, der Tischleuchten-Klassiker «Birdie» (da Costa) aus gefaltetem, lackierten Stahlblech sowie die Leuchtenserie «Pax» (Wolf) aus mattiertem Verbundglas und mit vier speziell entwickelten Glühlampen (mit spiralförmigem Glühfaden). Aufsehen erregten da Costa/Wolf mit ihrer digitalen Pendeluhr, die nach dem Prinzip hin und her bewegter Leuchtdioden die Uhrzeit als «Nachbild» in alphanumerischer Form erzeugt.

Sieger Design → Sieger, Dieter

Sieger, Dieter (*1938 Münster)

Der deutsche Designer, Architekt und Unternehmer Dieter Sieger machte 1964 sein Staatsexamen für Architektur an der Werkkunstschule in Dortmund und gründete 1965 ein eigenes Architekturbüro in Dortmund. Bis 1976 beschäftigte sich Sieger mit der Planung von Einfamilienhäusern, Industriegebäuden und Siedlungen (u.a. in Griechenland, Spanien, USA und Saudi Arabien), von 1976 bis 1982 gestaltete er Interieurs für Segel- und Motoryachten (u.a. für die «Trintella 42» im Auftrag der holländischen Werft Anne Weven und für die «Ocean 21»).
Als Industriedesigner machte sich Sieger 1981 durch das «Lavarset» für die Firma Alape einen Namen sowie 1984 durch den für Dornbracht entwickelten Einhandmischer «Domani», der inzwischen zu einem Klassiker des Badezimmerdesigns geworden ist und u.a. in die Sammlung des Münchner Museums für angewandte Kunst aufgenommen wurde. Seit Mitte der achtziger Jahre setzte Sieger durch seine Arbeiten für diverse deutsche Sanitärproduzenten Maßstäbe, unter ihnen Alape («Carmobil», 1984; Waschbecken «Lavabo», 1986; Waschtische «Primavera», 1986, «Point», 1987, und «Fontana», 1987; Doppelwaschtisch «Point», 1988; Badezimmerprogramm «Lavargrande», 1988), Düker (Badewanne «Domani», 1986), → Duravit (Hochschrank und Waschtisch «Giamo», 1987; Doppelwaschtisch und Badmöbel «Dellarco», 1989; Waschtisch «Bagnella», 1991; Badserie «Lavillette», 1992), Dornbracht (Einhandmischer «Point», 1987, und «Fino», 1989; Edition «Obina», 1993), → Hoesch (Badewanne «Giamo», 1987) und Vorberg (Waschtischbatterie «Metamorphosen 1», 1987, und der futuristische Zweigriffmischer «Schwan», 1990).

Zweigriffmischer «Schwan» (1990) für Vorberg. Foto: Sieger Design

Darüber hinaus entwarf Sieger Fliesenserien («Carrée», «Picto») für Agrob, Badteppiche («Coltello», «Materia», «Squadra», 1989), Leuchten für GKS (u.a. Tisch- und Stehleuchte «Bird», 1989; Tischleuchten «Kido», «Becco», «Bolero», 1990; Wandleuchten «Becco» und «Poppio», 1990), Glaswaren für → Ritzenhoff (Serviettenringe, Schalen, Etageren und Vasen sowie die Milchkaraffen

«Luna» und «Cow Cow», 1992), Spiegelschränke für Twick & Lehrke (1993) sowie die Kaffeeautomaten «Cafemat» und «Programat 4» (1992) für → WMF. Seit 1988 firmiert Dieter Siegers Büro unter dem Markenzeichen «Sieger Design». Es teilt sich in die Bereiche Architektur und Design (geführt von Dieter Sieger und seinem Sohn Michael) und Consulting (betreut von Christian Sieger).

Silvestrin, Danilo (* 1942 Bozen)

Nach einem Studium der Architektur in Mailand, Florenz und Düsseldorf sowie Bildhauerei an der Folkwangschule in Essen (1966/67) arbeitete Danilo Silvestrin eng mit den Künstlern Günther Uecker und Heinz Mack zusammen.
Als Architekt der formalen Askese bemühte Silvestrin sich in seinen Entwürfen vor allem um Funktion und um eine perfekte Verarbeitung des Materials. In den achtziger Jahren hat er sich durch ein → Design der neuen Einfachheit (z.B. durch den Eßtisch «1202» für → Draenert) oder Möbelserien wie «Hommage an Eileen Gray» oder «Hommage à Mondrian» (1983) einen Namen gemacht. Zu seinen herausragenden Arbeiten (für Draenert) gehören der «Pyramidenschrank 4501», der 1990 in die ständige Sammlung des Stadtmuseums München aufgenommen wurde, sowie der Stuhl «2085» (1986). Weitere Entwürfe schuf Silvestrin für → ClassiCon (das dreiteilige Kaminset «Vulcanus»), Lambert (Kleiderbügel «Points», 1967), → Rosenthal (Tischobjekt «Hommage à Rietveld», 1982), → Up & Up (Konsole «Amanta») und → WMF (Champagner-Kühler «Frac»).

**Stuhl «2085» (1990) für Draenert.
Foto: Draenert Studios**

Sinclair, Clive (*1940 Richmond/Surrey)

Der englische Industriedesigner Clive Sinclair spezialisierte sich ab 1957 auf die Miniaturisierung elektronischer Geräte. Er arbeitete eine Zeitlang als Technikjournalist und gründete sein Versandhaus Sinclair Radionics, wo er Radio- und Verstärkeranlagen vertrieb. Bekannt wurde Sinclair 1972 durch seinen Entwurf des ersten Mini-Taschenrechners der Welt (er steht heute im New Yorker Museum of Modern Art) und durch den Entwurf der Plastikuhr «Black Watch» mit LC-Anzeige. Ende der siebziger Jahre beschäftigte sich Sinclair mit Computertechnologie und präsentierte 1980 den preiswerten und leicht zu handhabenden Heimcomputer «ZX80», an den ein Fernseher als Monitor angeschlossen werden konnte. Als kommerzieller Fehlschlag erwies sich Sinclairs Elektro-Auto «C 5», das er 1985 vorstellte. 1986 gründete er die Cambridge Computer Company und ist seitdem in erster Linie auf dem Gebiet der Forschung aktiv.

Šipek, Borek (*1949 Prag)

Nach einer Ausbildung als Möbeldesigner an der Kunstgewerbeschule in Prag (1964–68) und einem Architekturstudium an der Hochschule für bildende Künste in Hamburg (1969–73) arbeitete Borek Šipek als Assistent am Lehrstuhl für → Industrial Design an der Universität Hannover. Von 1979 bis 1983 war er Dozent für → Designtheorie an der Universität Essen; 1984 gründete er gemeinsam mit David Palterer die Designfirma Alterego. Seit 1990 hat er eine Professur für Architektur an der Hochschule für angewandte Kunst in Prag inne.

Šipeks Objekte befinden sich in den Sammlungen bedeutender europäischer und amerikanischer Museen, darunter im Kunstgewerbemuseum in Prag, dem Kunstmuseum in Düsseldorf, dem Vitra Design Museum in Weil, dem Stedelijk Museum in Amsterdam und dem Museum of Decorative Arts in New York. 1983 erhielt er den Deutschen Architekturpreis.

Šipek gilt als einer der wichtigsten Vertreter des Neo-Barock und leitete durch seine eigenwillige Formensprache (→ Form) Anfang der achtziger Jahre eine neue Ära im Glasdesign ein. Für → Driade schuf er die Vasen «Amelia» (1990) und «Marcel», die Glasserie «Enrico», den Kerzenleuchter «Simon», das Besteck «Alix» (1989) sowie das Service «Albertine» (1989); ferner die Leuchtenserie «Luigi» und Stühle wie «Prorok» (1988), «Jansky», «Anebo Tak», «Dora» (1991) oder «Sedni». Sehr populär wurden auch das Sofa «SNI» und der Schrank «J. K.» (1991) – beide für Driade. Für → Sawaya & Moroni schuf Šipek die Vasen «Jen si dej», «Jen Ahy», «Neboy» und «Skoro-Nic», für → Wittmann das Möbelprogramm «Pro J. P.» (1992). Bei → Rasch erschien 1992 seine Tapetenkollektion «ZED» (mit mundgeblasenen Glashalbkugeln in Rot, Blau und Grün).

Für → Vitra entwickelte Šipek das «Šipek Office» (1992) – eine Arbeitstisch-Konfiguration aus unterschiedlichen Ebenen (in Muschel- und Flügelform) mit Container und

Vase «Marcel» (1989) für Driade.
Foto: Emilio Tremolada

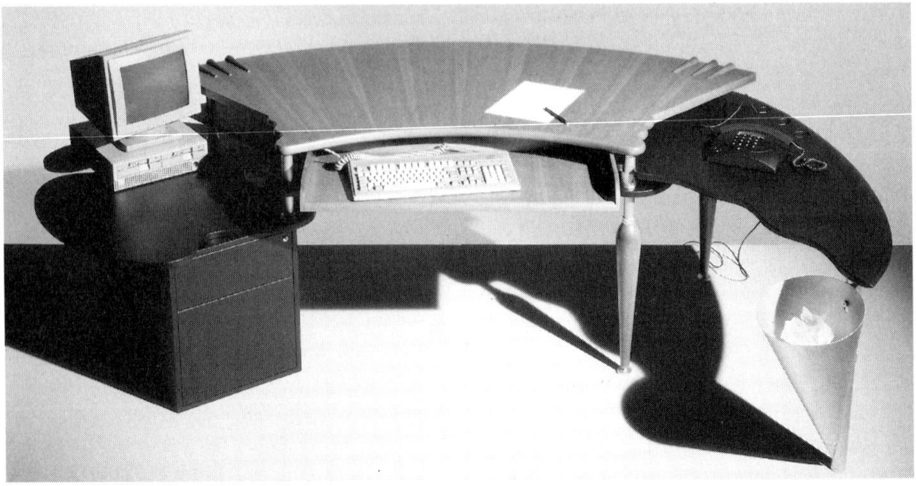

«Šipek Office» für Vitra. Foto: Vitra

Papierkorb, Stehpult und Schreibtisch. Für seinen Stuhl «Sedlak» (1992) verwendete Šipek bewußt gegensätzliche Materialien wie Holz, Aluminium und Kunststoff. Die seitlichen Einbuchtungen des Sitzes nehmen die Beine des Stapelstuhls auf; die leicht verformte Sitzfläche und die Materialflexibilität bieten höchsten Sitzkomfort. Zudem sind die Elemente des Stuhls demontier-, recycel- und austauschbar. In der «Vitra-Edition» befinden sich derzeit Šipeks «Papierkorb» (1989; mit in den Ecken fixierten Messingtropfen), seine «Garderobe» (1989; mit dreibeinigem, hammerschlaglackiertem Metallgestell, gedrechselten Holzellipsen und wahlweise integrierter Halogenleuchte) sowie sein Stuhl-Klassiker «Ota Otanek» (1988; aus Holz, Stahl und Kupferblech).

Slany, Erich (*1926 Wiesenthal)

Nach seinem Ingenieurexamen (1948) arbeitete Erich Slany u.a. in der Designabteilung bei Daimler Benz und bei → Heinrich Löffelhardt (als Gestalter für Jenaer Glas und → Arzberg). 1956 gründete er die Slany Design GmbH, die sich auf die Entwicklung von Autozubehör, Elektrowerkzeuge, Küchengeräte, Serviergeschirre, Reinigungsgeräte und Kameras spezialisierte. 1985 wurde Slany Honorarprofessor an der Hochschule der Künste in Berlin, 1986 wurde er an die Staatliche Akademie der Bildenden Künste in Stuttgart berufen. Slany ist Gründungsmitglied des VDID, des DWB und des VDI und arbeitete u.a. für Firmen wie Electrolux-Progress, Edding, Eisenmann (Haarschneidemaschine «Forfex 300», 1967), ITT-Nova, Kärcher, Leifheit (zusammenklappbarer Einkaufsroller, 1984), Scintilla und Silit. Für → Bosch entwarf er verschiedene Elektro- und Druckluftwerkzeuge für den Heimwerkermarkt, darunter Bohrmaschinen wie den «Bosch Hammer» und den Schwingschleifer «Pex 125 AE».

Sommer, Ralph → Pentagon

Sony

Die japanische Firma wurde 1946 von Masaru Ibuka und Akio Morita gegründet und produzierte in den ersten Jahren professionelle Studioausrüstungen für die japanische Rundfunkgesellschaft NHK. 1950 brachte Sony mit dem Modell «Type G» das erste japanische Tonband auf den Markt, das 1951 eine Modifikation als «Type M» (portable Version) erfuhr. 1955 fertigte Sony das erste Transistorradio der Welt («TR-55»), 1959 den ersten Transistor-Fernseher («TV8-301»), der aufgrund der neuen Technik mit einem nur 8 Zoll großen Bildschirm ausgestattet war (eine 5-Zoll-Version kam 1962 mit dem «TV5-303» auf den Markt). Zwei weitere herauragende Produkte der sechziger Jahre waren das 31mm x 58mm x 18mm große Taschenradio «ICR-100» (mit integrierten Schaltkreisen anstelle von Transistoren) und der Farb-Videorekorder «CV-2000» (1966) für den Heimbedarf.
1970 wurde die Deutsche Sony GmbH in Köln gegründet, die mit ihrem «Digitalen Uhrenradio» (die Ziffern standen auf kleinen Blättchen, die mit der Drehung des Uhrwerks nach vorn fielen), dem «Electret Kondensator-Mikrophon» und den Farbfernsehern mit Triniton-System große Erfolge feierte. 1972 brachte Sony das wassergeschützte Radio «Sports 11» und den legendären Weltempfänger «Captain 55» heraus, 1973 das Diktiergerät «TC-55» (das eine Dekade lang zum Standard für Journalisten wurde) und den Video-Großbildprojektor «VPP-2000». 1974 kaufte Sony die Firma Wega, die als kleine Radio- und Fernsehmarke vor allem wegen ihres Designs großes Ansehen genoß (1980/81 entwickelte → Hartmut Esslinger seine erfolgreiche Frog-Line-Serie für Wega). 1979 kam mit dem «TPS-L2» der erste Walkman der Welt auf den Markt, der in den folgenden Jahren das Lebensgefühl und den Musikkonsum einer ganzen Generation beeinflußte und bis heute zu zahllosen Modellvarianten geführt hat, u.a. «Sports-Walkman» (mit spritzwassergeschütztem Gehäuse), Walkman mit Radio (Modelle «WM-FX 40», «WM-F 2041»), Walkman im Pultdesign («WM-EX 90») oder bewußt gestylte Designobjekte wie den «WM-EX 88».
Anfang der achtziger Jahre überraschte Sony durch die Still Video Camera «Mavica», die anstelle eines Rollfilms eine löschbare Diskette enthielt, auf der die Bilder digital gespeichert werden konnten. Gleichzeitig baute die Firma das Marktsegment «Consumer Video» aus und präsentierte 1980 den tragbaren Betamax-Rekorder «SL-3000», 1983

Sony-Telefon «IT-A 850» (1990).
Foto: René Zey

Sony Discman «D-T 115». Foto: Sony Deutschland

den Camcorder «Betamovie». 1985 verhalf Sony dem Camcorder durch das speziell entwickelte 8-mm-Format und die Einführung des CCD-Chips zum Durchbruch, zunächst durch die Modelle «CCD-V8» (1985) und «CCD-V90» (1987 – im Handycam-Format), dann durch die extrem kleinen Modelle «CCD-TR55» (1989) und «CCD-TR805» (1992; mit Steady-Shot-Funktion gegen unbeabsichtigtes Verwackeln).
1984 präsentierte Sony (zusammen mit → Philips) die CD-Technologie und lotete in den folgenden Jahren konsequent die Möglichkeiten der Bild- und Datenträgertechnologie aus, was 1987 zur Präsentation des DAT-Rekorders führte und im Bereich der Bildkommunikation zum «Watchman» (1988) und zum Data-Discman «DD-1EX» (1991), dem sog. elektronischen Buch (ein portables Ablesegerät für sie standardisierte 8-Zentimeter-CD-ROM).
Mitte der achtziger Jahre begann Sony mit Hilfe internationaler Designer und des firmeninternen Design-Teams seinen Produkten eine klare, schnörkellose Linienführung zu geben und sie mit neuen Farben (wie beispielsweise «Champagner») zu versehen. Bedienungselemente wurden hinter Klappen versteckt, verbliebene Knöpfe und Tasten ergonomisch überarbeitet und auf eine leichte, schnell zu begreifende Bedienung ausgerichtet. Besonders gelungen war die mehrfach ausgezeichnete «Traveller»-Linie, die «Sony Marine»-Serie (Unterwassergehäuse für Camcorder), der aufklappbare Video-Walkman «GV-S50E» sowie die bewußt designorientierte «Sony Discman»-Serie (allen voran die Modelle «D-211», «D-515» und «D-350»). Bei den Sony-Radios ragen die «Weltempfänger»-Serie («ICF-SW 55» und «ICG-SW 1S» – beide im Hartschalenkoffer) und die Serie der Taschenradios («ICF-380» und «ICF-M350S») und Weckuhren heraus, vor allem das Würfelradio «ICF-C 103» und die Halbkugel «ICF-C 790».

Sottsass Associati → Sottsass, Ettore

Sottsass, Ettore (*1917 Innsbruck)

Ettore Sottsass studierte von 1935 bis 1939 Architektur am Polytechnikum in Turin und gründete nach Ende des Zweiten Weltkriegs ein eigenes Studio in Mailand, wo er sich mit Architektur, Keramik, Malerei, Schmuck-, Möbel- und Industriedesign (→ Industrial Design) beschäftigte. Darüber hinaus gestaltete er Ausstellungen in Mailand, Turin, Paris und San Francisco. 1956 arbeitete Sottsass bei → George Nelson in New York, 1958 wurde er Designberater bei der Firma → Olivetti, wo er bis 1980 u.a. mit → Mario Bellini und → Rodolfo Bonetto zusammenarbeitete. 1973 gehörte Sottsass zu den Mitbegründern der Vereinigung «Global Tools» – ein Zusammenschluß der Gruppen → Archizoom, 9999, → Superstudio sowie der Designer Ugo La Pietra und → Gaetano Pesce, die als Gegenbewegung zum industriellen Produktionsapparat das → Radical Design (die Verwendung natürlicher Materialien) forderten. 1976 war Sottsass Mitinitiator der avantgardistischen Designergruppe → Studio Alchimia, zu der auch → Alessandro Mendini, → Michele de Lucchi sowie Trix und → Robert Haussmann gehörten. Die Vereinigung verstand sich als «Laboratorium für neue Ikonographie», das rein funktionalen und formalistischen Entwürfen entgegenarbeitete. 1980 gründete Sottsass zusammen mit Johanna Grawunder, James Irvine, Mario Milizia, Mike Ryan und Marco Zanini die «Sottsass Associati», die in den Bereichen Architektur, Inneneinrichtung, Grafik- und Industriedesign tätig war. Die Gruppe arbeitete für Firmen wie Apple, → Alessi, Coca-Cola, → Cassina, Mitsubishi, Matsushita und Olivetti und galt international als eines der innovativsten und avanciertesten Studios für Forschung, Entwicklung und Ikonografie. 1981 setzte sich Sottsass vom zunehmend verschlossener und elitärer werdenden Studio Alchimia ab und gründete u.a. mit Aldo Cibic, → George James Sowden, → Matteo Thun und Marco Zanini die Designgruppe und Möbelfirma → Memphis (sie wurde 1988 aufgelöst), mit der er sich einem breiteren Publikum öffnen wollte. Die provokanten und farbenfrohen Möbel der Firma wurden noch im selben Jahr auf der Mailänder Möbelmesse vorgestellt, wo sie als Sensation gefeiert wurden. 1985 zog sich Sottsass von Memphis zurück und knüpfte mit verschiedenen Architekturprojekten an das umfangreiche Werk seines Vaters an, der ebenfalls Architekt war.

Als Designer kreierte Sottsass seine ersten wichtigen Entwürfe für Olivetti, darunter den Computer «Elea 9003» (1959), die Schreibmaschine «Praxis 48» (1964, zusammen mit → Hans von Klier), «Tekne 3» (1964) und «Valentine» (1969, zusammen mit → Perry A. King). Seit den frühen sechziger Jahren entwarf Sottsass Einzel- und → Systemmöbel, wie die Serie «Synthesis 45» (1973) oder den Tisch «Le strutture tremano» (1978, bei → Belux), die bereits Merkmale der späteren → Postmoderne aufwiesen. So waren die Eisenbeine des «Strutture tremano» verschiedenfarbig lackiert, der Holzsockel mit → Laminat bezogen. Für die erste Memphis-Kollektion entwarf Sottsass 1981 die Regale «Carlton» (erstmals mit dem ty-

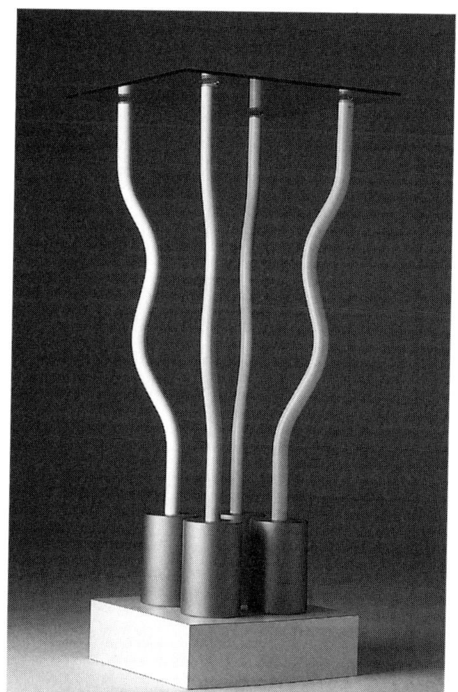

Memphis-Tisch «Le strutture tremano» (1979), reediert von Belux. Foto: Belux

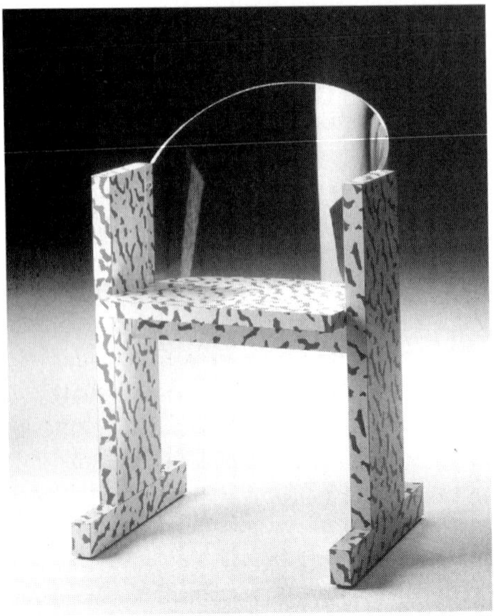

Sessel «Teodora» (1986/87) in der Vitra Edition. Foto: Vitra

pischen Memphis-Dekor «Bakterios») und «Casablanca» sowie die Leuchten «Ashoka», «Treetops» und «Tahiti».
Belux vertreibt heute die Memphis-Möbel «Primavera» (1980; ein Aluminiumtisch mit beschichtetem Holzsockel), «Capodanno» (1979; eine Tischleuchte mit Holzsockel und zwei Lichtsäulen aus Messing), den Stuhl «Seggiolina da Pranzo» (1980) und das legendäre Bücherregal «Factotum» (1980). Für → Artemide schuf Sottsass den Stehleuchten-Klassiker «Callimaco» (mit vertikal montiertem Griff und überdimensioniertem Standfuß) und die Tischleuchte «Pausania» (Verteilerschirm aus grünem Acryl, umfaßt von verchromtem Lochblech). Für → Alessi realisierte Sottsass → Table Top-Entwürfe wie Pfeffermühlen, Käse- und Trüffelschneider, Servierplatten und Bar-Shaker sowie seinen berühmten Weinkühler «5052» (1979) mit Ständer (Stange aus dunkelbraun harzlackiertem Stahl und texturierter Stellfläche). Für → Rasch entwarf er 1992 die Künstlertapeten «Arabia Felix» und «Ercolano». 1993 kreierte er für die «→ Philips Design Edition Nr.2» den «Magic Media Container».
Weitere Entwürfe schuf Sottsass für die Firmen Anthologie Quartett, → Driade, → Fontana Arte (Tabletts, Vasen und den Tisch «Aspic»), Glass Design (Standspiegel «Etrusco», 1992), → Knoll (Sessel «Eastside» und «Westside», 1983; Tische «Spyder» und «Shift»; Stuhl «Mandarin»), NTT (Elektronisches Notizbuch, 1992), → Olivetti Synthesis (Bürostuhl «Dattilo», 1972, und die Büromöbelserien «Icarus», 1982, und «Delphos», 1986), → Poltrona Frau (Tisch «Lotorosso», 1965), Skipper, → Ultima Edizione (Marmorbank «Rococo»), → Up & Up (Bank «Hydebarad», Spiegeltisch «Specchiera damecuta»; Tisch «Jaipur»), Vistosi, → Vitra (Stuhl «Teodora», 1987) und → Zanotta (Eckregal «Cantone», 1981; Kommode «Mombasa», 1989; Tisch «Ospite», 1989; Hausbar «Nairobi», 1989; Schreibtisch «Litta», 1989).

Sowden, George James (*1942 Leeds)

Der englische Architekt und Designer George James Sowden studierte von 1960 bis 1964 und von 1966 bis 1968 am Gloucestershire College of Art, bevor er nach Mailand ging und dort ab 1970 als Designberater in der Computerabteilung der Firma → Olivetti arbeitete. Sowden war dort gemeinsam mit → Ettore Sottsass mit Entwürfen von Rechnern, Computersystemen und Forschungen im ergonomischen Bereich (vor allem Arbeits-

platzgestaltung) beschäftigt. 1980 eröffnete Sowden ein eigenes Designbüro in Mailand, ein Jahr später war er einer der Mitbegründer von → Memphis, für die er Möbel (etwa den Schrank «D'Antibes», 1981) und Interieurs entwarf (z.T. in Zusammenarbeit mit Nathalie du Pasquier).
Auf der zweiten Memphis-Ausstellung 1982 war Sowden mit dem Kleiderschrank «Luxor» (mit markantem Muster in rosa und blauen Pastelltönen) vertreten. Zwischen 1983 und 1986 kreierte Sowden Teppiche für die Firma Palmisano («10 tappetti moderni»), von denen insbesondere das Modell «India» (eine Mischung von Quadraten und Dreiecken mit weich geschwungenen kurvigen Mustern) herausragt. Für die Firma Bodum entwarf Sowden Metallwaren, so 1987 eine Fruchtschale aus Stahl mit ausgestanzten Mustern, die stark an die typischen Memphis-Muster der Spirillen, Sporen und Spirochäten erinnern. Für Sarri Ceramiche schuf er 1988 die «Vase 1», für → Rasch entwickelte er 1992 die Künstlertapete «Mention» (in sieben verschiedenen Farbkombinationen). Weitere Arbeiten schuf Sowden für die Firmen Artifort, Lorenz, → Ritzenhoff und → Olivetti (u.a. ein Telefon und ein Telefaxgerät, das 1991 den → Compasso d'Oro gewann).

Staff

Die Firma wurde 1945 von Alfred Staff in Lemgo gegründet und gehört zu den Wegbereitern der Lichttechnik in Deutschland. Die Produktpalette des Unternehmens umfaßt heute Lichtrohr-, Lichtdecken- und Außenleuchten-Systeme, Stromschienen, Strahler, Ausstattungsleuchten sowie Ein- und Anbau-Downlights. Zahlreiche Auszeichnungen dokumentieren das Engagement für gutes → Design, das sich darüber hinaus durch die 1987 von Alfred Staff ins Leben gerufene Stiftung «Design und Licht» zeigt.
Staff führte 1967 als erste Firma in Deutschland das Stromschienen-System ein und erzielte weltweit Beachtung durch die Strahlerserie «Discus» (Hartmut S. Engel), die neue Wege in der Lichtplanung und architektonischen Gestaltung erschloß. Der Leuchtenausleger der «Discus» ist im Adaptergelenk um 360° drehbar, das Gehäuse des sehr flachen Modells ist um 180° bzw. 360° schwenkbar. Erfolgreich waren auch die Strahlerserien «Uno», «Duo», «Midistar» und das «Multitec-System» (mit einer Niedervolt-Steckverbindung).
Anfang der achtziger Jahre brachte Staff das Lichtrohr-System «Orion» auf den Markt, ein modulares System aus runden, ovalen und dreieckigen Elementen und vielfältigen, kompatiblen Bauteilen.

Stam, Mart (*1899 Purmerend/Holland, †1986 Goldbach/Schweiz)

Der niederländische Architekt und Designer Mart (Martinus Adrianus) Stam studierte von 1917 bis 1919 Zeichnen an der Amsterdamer Rijksnormaal School voor Tekenonderwijs und arbeitete als Praktikant in verschiedenen Architekturbüros in Amsterdam, Zürich und Rotterdam. 1922 zog es Stam nach Berlin, wo er bei den Architekten Max

Freischwinger «S 32» für Thonet.
Foto: Thonet

Taut und Hans Poelzig tätig war und → El Lissitzky kennenlernte. Nach einigen Jahren in der Schweiz, wo er Mitherausgeber der Zeitschrift «ABC» war, beteiligte sich Stam mit Stahlrohrmöbeln an der Werkbundausstellung von 1927. Neben → Gerrit Rietveld und Hendrik Berlage gehörte er zu den Mitbegründern des CIAM (Congrès International d'Architecture Moderne), der 1928 im Schweizerischen Château de la Sarraz ins Leben gerufen wurde. Von 1929 bis 1930 war Stam Gastdozent am → Bauhaus, von 1930 bis 1934 lebte und arbeitete er in der UdSSR, wo er gemeinsam mit dem Architekten Ernst May auf dem Gebiet der Stadtplanung tätig war. Nach Amsterdam zurückgekehrt, arbeitete er zusammen mit seiner Frau Lotte Beese als freier Architekt und gab die Zeitschrift «Open Oog» heraus. Stam war Direktor des Amsterdamer Instituts für angewandte Kunst und Mitinitiator des Instituts Goed Wonen. Von 1948 bis 1950 war er Direktor der Akademie der Bildenden Künste in Dresden, von 1950 bis 1953 leitete er die Kunstakademie Berlin-Weißensee. Nach der Niederschlagung des Arbeiteraufstandes in der ehemaligen DDR kehrte Stam 1953 in die Niederlande zurück und eröffnete 1956 ein eigenes Studio. 1966 zog er sich in die Schweiz zurück. Als Möbeldesigner wurde Mart Stam vor allem durch die Konstruktion des ersten freischwingenden, hinterbeinlosen Stahlrohrstuhls (auch → Kragstuhl genannt) berühmt, den er 1926 vorstellte. Den Prototyp hatte er aus Gasrohren und rechtwinkligen Muffen gebaut und 1927 in Stuttgart bei der Werkbundausstellung gezeigt. Der «S 33», der heute in vielen Versionen bei der Firma → Thonet in Frankenberg produziert wird, besteht aus einem (endlosen), mehrfach gebogenen Stahlrohr, wobei das auf dem Boden liegende «U» die Funktion der sonst üblichen vier Stuhlbeine übernahm. Ebenfalls von Thonet werden der Stuhl «S 32» und der Freischwinger «S 43/1» (Sitz- und Rückenlehne aus Formsperrholz, Stahlrohrgestell verchromt oder pulverbeschichtet) hergestellt.

Starck, Philippe Patrick (*1949 Paris)

Nach seiner Ausbildung an der Ecole Nissim de Camondo in Paris (1965–67) gründete Philippe Starck 1968 eine Firma für aufblasbare Objekte. 1969 wurde er Art-director bei → Pierre Cardin. Ab 1975 widmete sich Starck eigenen Projekten und spezialisierte sich auf ausgefallenes Produktdesign und die Einrichtung von Bars, Cafés, Diskotheken

Wasserkessel «Hot Bertaa» (1990) für Alessi. Foto: Alessi

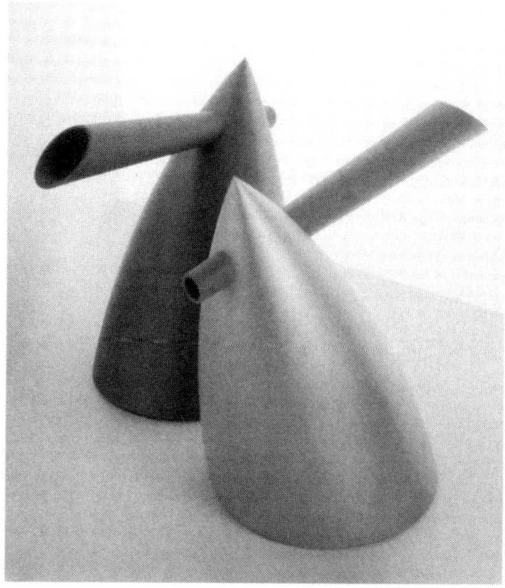

und öffentlichen Gebäuden. Stilprägend wurden dabei die Interieurs seiner Nachtbars La Main Bleu (1976) und Les Bains Douches (1978). 1979 gründete er seine Firma Starck Product, 1985 die Möbelfirma «XO» (zusammen mit Gerard Mialet). Im Auftrag des französischen Präsidenten Mitterand entwarf Starck zwischen 1982 und 1983 die Inneneinrichtung des Elysée-Palastes in Paris. 1984 gestaltete er das vielbeachtete Pariser Café Costes.

Zu seinen bedeutendsten Interieurprojekten seit Mitte der achtziger Jahre gehören das Hotel Royalton in New York (1988), das Hotel Paramount in New York (1990), das Restaurant Teatriz in Madrid (1990), das Asahi-Gebäude in Tokio (1990) sowie das Mehrzweckgebäude Nani Nani in Tokio (1990). 1991 entstand nach Starcks Entwürfen eine Reihe von Privathäusern (in Madrid, Los Angeles und Paris, wo ein kompletter Straßenzug – La Rue Starck – gebaut wurde). Außerdem beteiligte er sich 1991 an der architektonischen Konzeption des Museums Groningen in den Niederlanden.

Als Produktdesigner entwarf Starck vor allem Möbel und Gebrauchsgegenstände, wobei er durch seine organische Formensprache (→ Form, → Organisches Design) und seine eigenwillige Farbgebung (bevorzugt schwarz, silber oder türkis) Kontur gewann.

Neben ästhetisch spannungsreichen Formen kontrastierte Starck bewußt Materialien wie Kunststoff oder Aluminium bei seinen Entwürfen. So hat er eine besondere Vorliebe für geblasenes Polypropylen, das seinen Stühlen eine besondere Flexibilität verleiht. Zu Starcks bekanntesten Entwürfen zählt der Stuhl «Costes» (für → Driade), den Starck 1982 für das gleichnamige Café entworfen hat. Der Stuhl hat ein schwarz lackiertes Stahlrohrgestell, eine Rückenlehne aus formgepreßtem Schichtholz und lederbezogene Sitzkissen. Die prägnante, im Profil abgeschrägte Holzschale des «Costes» erinnert an frühe Art-Déco-Möbel. Populär wurden auch

Sieb «Max le Chinois» für Alessi. Foto: Alessi

Stuhl «Louis 20» für Vitra. Foto: Vitra

Starcks Möbel für das Royalton-Hotel in New York (heute ebenfalls bei Driade), zu denen ein samtbezogener Sofa-Sessel, ein Recamier mit abnehmbarem Samtbezug und ein zweisitziges Sofa gehören («Royalton», 1988–91). Ein markanter Starck-Entwurf ist auch der Tisch «Tippy Jackson» (1982 bei Driade), auf dessen Stahlrohrgestell eine dunkelgraue, metallic-lackierte Stahlblechplatte lose aufliegt. Die Beine des Tisches sind in verschiedenen Radien gebogen und lassen sich über ein Gelenk unter der Tischmitte flach zusammenlegen. Weitere Möbel für Driade: die Stühle «von Vogelsang» (1985), «Archer» (1987), «Pratfall» (1982), «Sedia» (1988), «Sarapis» (1986), «J (Serie Lang)» (1987) und «Placide of Wood» (1989) sowie die Tische «M (Serie Lang)» (1987), «Titos Apostos» (1985), «Mickville» (1985), «Clown» (1988), «Lola mundos» (1988) und «Psiche» (1989). Darüber hinaus sind bei Driade das Bett «Shepard» und das Bücherregal «Howard» im Programm.
Für → Alessi entwarf Starck 1987 das Stahlsieb «Max le chinois», 1990 die Fruchtpresse «Juicy Salif» (aus Gußaluminium, Füße aus Polyamid), den Wasserkessel «Hot Bertaa» (aus silikonharzlackiertem Gußaluminium, Griff und Tülle aus Polyamid), die rechteckigen Schalen «Voilà Voilà» (1992; mit spitzen Füßen aus grünem Polyamid) und die Käsebox aus ABS «Mister Meu-meu» (1992; mit zwei ironisch-verspielten Hörnern an den Seiten).
Bei → Flos sind Starcks stromlinienförmiger Leuchtenklassiker «Arà» (1988), die Wandleuchte «Luci Fair» (1989; Diffusor aus geblasenem, satiniertem Opalglas) und die Tischleuchte «Miss Sissi» (1991; aus farbigem Technopolymer) im Programm. Für → Vitra entwickelte Starck 1992 den «W. W. Stool» – eine 97 cm hohe Skulptur aus Aluminium-Sandguß, die als Hocker oder Stehhilfe genutzt werden kann. Der Stuhl «Louis 20» (1992 bei Vitra) ist zweiteilig aufgebaut: ein Kunststoffkörper, aus dem Rücken, Sitz und Vorderbeine geformt sind, und eine Aluminiumbrücke für die Hinterbeine schmiegen sich formschlüssig ineinander. Bei → Kartell sind gegenwärtig seine Tischklassiker «Miss Balù» (aus thermoplastischem, durchgefärbtem Material), die stapelbaren Armlehnstüh-

le «Dr. Glob» und der Hocker «Hi Glob» im Programm. Für → FSB entwarf Starck ein Griffprogramm, aus dem die Serien «PS 1» (mit rundem Türschild und nach oben geschwungenem Griff) und «PS 2» (in organischen Karottenformen und umspritzem, farbigem ABS-Kunststoff auf silbrigem Aluminiumkern) herausragen.

Weitere Entwürfe schuf Starck für die Firmen → Alfi, Baleri (Metalltisch «Costes», 1982; Wandregal «Mac Gee/PS 209», 1983; Sessel «Richard III/PS 215», 1985), Daum, Decaux, Disform (Hocker «Miss Wirt», 1983; mit Segeltuch-Rücken; Wandregal «Jon Ild», 1982), Fluocaril, Glacier (Mineralwasserflaschen), Idée und Vuitton.

Stelton of Denmark

Das dänische Unternehmen wurde 1960 gegründet, um Edelstahlprodukte der Firma Dansk Rustfrit zu vertreten (hauptsächlich Saucieren, Schalen und Schüsseln), konnte jedoch 1962/63 bereits mehr als 70 eigene Artikel aufweisen, von denen einige noch heute im Programm sind.

1967 präsentierte die Firma die «Cylinda-Line» von → Arne Jacobsen – eine Edelstahlserie, für deren straffe, zylindrische → Form eigens neue Maschinen und Schweißtechniken entwickelt wurden. Das ausgewogene und funktionelle → Design machte die Produktfamilie (Kannen, Saucieren, Servierplatten u.a.), die bis 1971 kontinuierlich erweitert wurde, schnell populär und brachte ihr u.a. den ID-Preis und den International Design Award ein. Einzelne Stücke der «Cylinda-Line» befinden sich in den ständigen Sammlungen des New Yorker Museum of Modern Art, des Londoner Victoria and Albert Museum und des Kunstindustriemuseums Kopenhagen.

1975 gewann Stelton den dänischen Designer → Erik Magnussen, der 1977 Aufsehen mit seiner «Thermoskanne in Edelstahl» erregte, die später auch aus rotem, blauem und schwarzem ABS-Kunststoff hergestellt wurde). Die schlanke, zylindrische Form und die spezielle Verschlußautomatik machten die Kanne zu einem Design-Klassiker der Moderne, der u.a. mit dem dänischen Industriedesign-Preis ausgezeichnet wurde. Als weiteres → Table Top Design für Skelton schuf Magnusson u.a. Kerzenhalter, einen Weinkühler, eine Pfeffer- und Salzmühle, ein Fonduekarussell, eine Gießkanne sowie vier Petroleumleuchten aus Edelstahl (Modelle «1001–04»).

Kanne der «Cylinda-Line» von Arne Jacobsen. Foto: Stelton of Denmark

Stern, Robert A. M. (*1939 New York)

Der amerikanische Architekt und Designer Robert Stern studierte an der Columbia University in New York und arbeitete nach seinem Diplom (1965) als Designer und Stadtplaner mit → Richard Meier zusammen. 1969 gründete Stern mit John S. Hagmann ein eigenes Büro und realisierte verschiedene Architekturprojekte, u.a. die Jerome Green Hall an der Columbia University (1975–77), die Westchester Residence (1974–76) ein Wohnhaus in Millneck (1981/82), die Observatory Hill Dining Hall an der University of Virginia (1982–84), den Point West Place in Framingham (1983–85), die Gebäude der Mexx International BV in Voorschoten, Niederlande (1987) sowie das Bürogebäude der New-England-Versicherung in Boston.

Als Theoretiker wurde Stern durch seine historischen und kritischen Schriften über Architektur und → Design, z.B. «New Directions in American Architecture» (1969) oder «Modern Classicism» (1989) sowie durch seine vielbeachtete Fernsehreihe über amerikanische Architektur bekannt. Seit 1970 lehrt er Architektur an der Columbia University und leitet das Temple Hoyne Buell Center for the Study of American Architecture.
Als Designer entwarf Robert Stern für die Firma Swid Powell den Teller «Majestic» und den versilberten Kerzenleuchter «Century, Metropolitan». Von seinen Möbelentwürfen wurde vor allem der geschwungene Kirschbaumstuhl «Bodleian» populär.

Studio Alchimia

Das Design- und Architekturstudio Alchimia wurde 1976 von den Architekten Alessandro und Adriana Guerriro in Mailand gegründet. Es war zunächst als eine Art Experimentierlabor und Ausstellungsraum ins Leben gerufen worden, in dem kunsthandwerkliche Produkte hergestellt und vertrieben werden sollten. Der Name Alchimia sollte das Ansinnen der Gruppe deutlich machen, Produkte in einer Art Transmutation zu veredeln. Prominente Mitglieder von Alchimia waren → Andrea Branzi, → Michele de Lucchi und → Ettore Sottsass. Ihr wichtigster Vordenker und späterer Leiter, → Alessandro Mendini, propagierte das → Re-Design. Er interpretierte sogenannte Designklassiker neu, indem er sie mit Kugeln, kleinen Wimpeln u.ä. versah. Durch die angestrebte radikale Infragestellung des funktionalistischen (→ Funktionalismus) Designs wurde die Gruppe zum Wegbereiter der → Postmoderne. Die erste Kollektion wurde 1979 als «Bau.Haus 1» und «Bau.Haus 2» präsentiert. In ironischer Banalisierung wurden dort Bauhaus-Möbel (→ Bauhaus) und Stilmöbel mit Kunststoffbeschichtung und expressiver Formgebung (→ Form) vorgestellt. 1980 war Mendini mit seiner Gruppe an der Gestaltung der Ausstellung «Forum Design» in Linz beteiligt, bei der Sottsass Möbel zeigte, die er semiotisch-kunsthistorisch interpretierte – als Ikonografie eines anti-nützlichkeitsorientierten Kulturbewußtseins. Seine Objekte sollten als Denkmale → Unikat-Charakter aufweisen. 1981 verließ Sottsass das Studio Alchimia und gründete → Memphis.
Als international bedeutendste Designergruppe war Alchimia Ende der siebziger und Anfang der achtziger Jahre weltweit an zahlreichen Ausstellungen beteiligt.

Studio Linie → Rosenthal

Studio Per

Die spanische Industriedesign- und Architektengruppe Studio Per wurde 1965 in Barcelona von Pep Bonet, Christián Cirici, Lluís Clotet und → Oscar Tusquets gegründet. Die Mitglieder stammten alle aus Barcelona und studierten dort bis 1965 an der Escuela Técnica Superior de Arquitectura. Zu den wichtigsten Bauten der Gruppe gehören das Fullá-Haus in Barcelona (1967–70), die El-Colomer-Apartments in Gerona (1968–76), das Penina-Haus in Barcelona (1968/69), das Gil-Sala-Haus in Barcelona (1968–71), das Regás-Haus in Gerona (1971/72), das Salvador-Dalí-Museum in Figueras (1974), die Mozart-Fortuny-Apartments in Barcelona (1972–74), das Pentelleria-Haus in Pentelleria/Italien (1972–75), die Cerdanyola-Apartments in Barcelona (1978/79), das Golf-Klubhaus Santa Cristina d'Arco in Gerona (1979) sowie das Gebäude für die Firma B. D. Ediciones in Barcelona (1979).

Auf dem Gebiet des Designs entwarf das Studio Per u.a. Sitzmöbel, Regalsysteme, Eisenwaren für Küchen- und Wohnbedarf, ein Briefkastensystem sowie Badezimmer-Armaturen. Sämtliche Entwürfe der Gruppe werden heute von der spanischen Firma B. D. Ediciones de Diseño hergestellt. Zu den herausragenden Entwürfen von Studio Per zählt der «Sevilla»-Tisch mit Stuhl, der 1976 mit einem Delta-Preis in Gold ausgezeichnet wurde. Ein weiterer markanter Entwurf der Gruppe ist die Chaiselongue «Duchamp» aus Stahl, die auf zwei Rädern steht und daher leicht umgestellt werden kann.
Studio Per ist darüber hinaus auf dem Gebiet des Grafikdesigns aktiv, dem sich besonders Oscar Tusquets und Lluís Clotet verschrieben haben. Sammlungen ihrer Arbeiten befinden sich im Pariser Centre George Pompidou sowie im New Yorker Museum of Modern Art.

Styling (engl. style = Stil)

Styling bedeutet die formalästhetische Überarbeitung eines Produkts im Sinne einer Verschönerung mit dem Ziel besserer Verkäuflichkeit. Funktionale Verbesserungen werden dabei nicht angestrebt.
Das Styling entwickelte sich in den späten zwanziger und frühen dreißiger Jahren in den USA, als durch die Wirtschaftskrise der Automobilabsatz stockte. Geringfügiger, äußerlicher Feinschliff sollte den Absatz wieder ankurbeln. Zu den bedeutenden Vertretern dieser Jahre zählen → Raymond Loewy und Harley Earl. Seitdem breitete sich das Styling auf alle Produktgruppen aus. Der → Funktionalismus kritisierte das Styling als oberflächlich und nicht von einer funktionalen Notwendigkeit getragen. Auch das → Design der → Postmoderne (z.B. → Memphis) wurde in Zusammenhang mit dem zumeist abwertend verwendeten Begriff Styling gebracht.

Superstudio → Natalini, Adolfo

Swatch

Die Swatch AG, die 1983 im schweizerischen Biel gegründet wurde, gehört zum Schweizer Konzern SMH (Schweizerische Gesellschaft für Mikroelektronik und Uhrenindustrie AG), dem auch die Uhrenmarken Longines, Omega, Rado und Tissot unterstehen. Swatch verstand es weltweit als erste Firma, Uhrenkollektionen zu entwickeln, die zum Synonym für Zeitgeist und Lifestyle wurden und bewußt figürliche Elemente, Linien, Effekte, Lichtspiele oder Zitate aus der Kunst des 20. Jahrhunderts in → Form und Dekor einfließen ließen.
Die ersten Prototypen der legendären Kunststoff-Quarzuhrenserie «Swatch» (eine Abkürzung für «Swiss Watch») entwickelten 1980 Jack Müller und Elmar Mock für den Uhrenhersteller ETA. Das Modell «Popularius» bestand aus einem auf 54 Bestandteile reduzierten Uhrwerk, durch Mikroinjektionen geformtem Gehäuse und ultraschallverlötetem Uhrglas. Ende 1981 präsentierte ETA das → Design der ersten Swatch-Kollektion mit 25 Modellen, ein Jahr später wurden die ersten 12 Uhren serienmäßig hergestellt und zunächst in den USA (Testverkäufe in der Warenhauskette Sanger Harris) auf den Markt gebracht. Im März 1983 wurde die Swatch offiziell in Europa eingeführt.
Der relativ konventionellen Armband- und Ziffernblattgestaltung der 83er-Kollektion folgten 1984 Modelle, die erstmals von einer Designergruppe entworfen waren. Den unifarbenen Armbändern wurden Zifferblätter in den Stilrichtungen «Classic», «Fashion», «Hi-Tech» und «Sport» zugestellt, von denen insbesondere die Uhren «Grey Memphis», «Dont't be too late», «Computech» und die Damenuhr «Squiggly» (mit → Memphis-Dekor) zu modernen Klassikern wurden.
1985 beschloß Swatch, eine engere Bindung mit der Kunst einzugehen, und beauftragte Kiki Picasso mit dem Entwurf einer Uhr, die als «Kiki Picasso» das erste Modell der «Swatch Art Collection» wurde. 1986 erschienen die Graffiti-Uhren von Keith Haring (u.a. «Mille Pattes», «Serpent» und «Blanc sur noir»), 1987 stieß Jean Michel Folon zu Swatch, der surreale Mondlandschaften auf das Zifferblatt brachte.
Herausragende Uhren wurden zudem die Modelle «Pol Bury», «Valerio Adami» und «Pierre Alechinsky» der Foundation Maeght und das avantgardistische Modell «Mimmo Paladino». Weitere Entwürfe stammten von Tadanori Yokoo, Niklaus Troxler, Felice Va-

Oben: Modell «Rara Avis» (1991) von Matteo Thun. Unten: Modell «Valerio Adami»; entworfen von Valerio Adami für die Sonderserie der Foundation Maeght. Fotos: Swatch AG, Schweiz

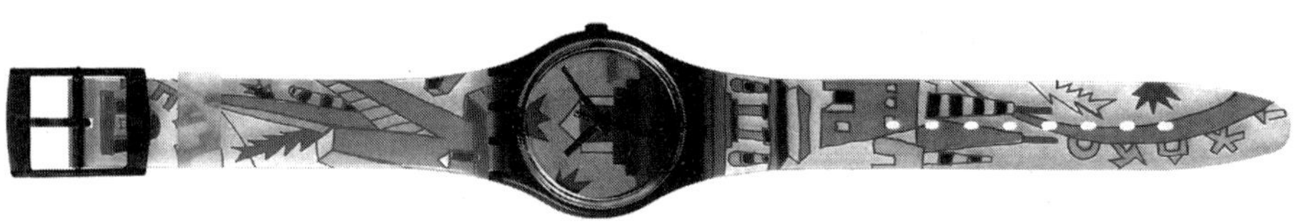

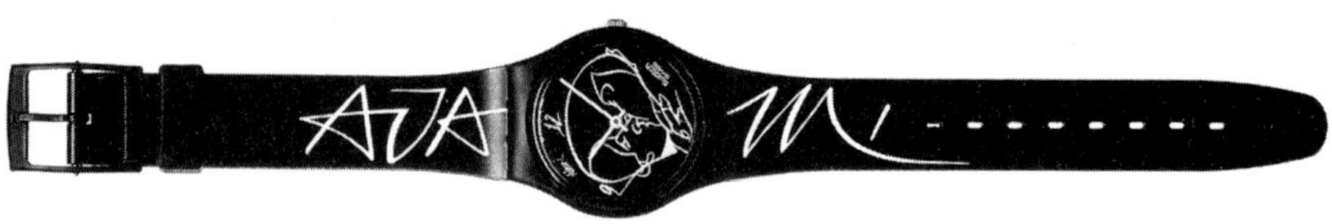

Pop-Swatch: Modell «Red Eye» der Kollektion «Hard Days Nights». Foto: Swatch AG, Schweiz

rini, → Alessandro Mendini («Cosmesis», «Metroscape», 1990) und → Matteo Thun («Thun's», 1991). Berühmt wurden die Modelle «Velvet Underground» (mit über das Armband gezogenen Netzen; auf 500 Exemplare limitiert), «Lime-light», «Lots of Dots» und die 1988 in der Schweiz erschienenen «Puff»-Uhren – sechs limitierte Modelle, deren Zifferblatt mit Angorahaaren umgeben ist. 1987 begann Swatch erstmals, seine Uhren auch mit originellen und kunstvoll entworfenen Armband-Dekoren zu produzieren. Den Anfang machten die Modelle «Kasimir» (im Malewitsch-Stil), «Mackintosh» (mit schwarz-weißen Quadern in verschiedenen Größen) und «Bandos Diver» (mit eigenwilligen Perforationen).
1988 entsprach Swatch erstmals dem Wunsch nach Klassik und Tradition und kombinierte synthetischen Werkstoff mit Leder und Metallgehäusen («Black Hawk», «Albatross», «Tiger Moth»); im selben Jahr kreierte die Firma auch die «Pop Swatch» – eine große, auffällig grafisch betonte Uhr mit breitem Armband. Zu einem der begehrtesten Modelle wurden die perlenbesetzte «Haute Couture», «Pop Diva» und «Coco noir».
Bei den «Pop Specials» ragen die von Alfred Hofkunst entworfenen Modelle «Gu(h)rke», «Bonju(h)r» und «Verdu(h)ra» heraus.
In den neunziger Jahren etablierte Swatch die Kollektion «Chrono» (mit drei zusätzlichen Meßfunktionen, u.a. Alarm, Stoppuhr und Tachometer) sowie die wasserdichten, tauchfähigen Uhren der Kollektion «Scuba 200». Die «Swatch MusiCall» (1993) weckte ihren Besitzer mit sphärischen Klängen des französischen Musikers Jean Michel Jarre. Der «Swatch BeepUp» (1993) machte seinen Besitzer innerhalb des Cityruf-Dienstes überall erreichbar. Mit dem «Twin Phone» (mit integrierter Sprech- und Höreinheit; Modelle «Limelight», «Pink Jelly», «Blue Lagoon» und «Numerica» aus transparentem Kunststoff) und den Swatch-Brillen (Basisgestell mit mehr als 100 verschiedenen Fassungen zum Kombinieren) etablierte sich Swatch auch in anderen Sparten des Freizeitmarktes.

Systemmöbel

Unter Systemmöbeln versteht man Möbel, deren einzelne (modulare) Bestandteile beliebig kombinierbar sind. In den fünfziger Jahren hat → George Nelson mit seinem «Modular Seating System» das Konzept der Aneinanderreihung modularer Sitz- und Tischeinheiten populär gemacht. Bis heute erfolgreich ist das Büromöbelsystem «USM Haller» aus dem Jahr 1962 (→ Fritz Haller). Der Designer → Norman Foster entwarf in den achtziger Jahren das vielbeachtete System «Nomos».

T

Table Top Design

Sammelbezeichnung für Tischschmuck und Tischgerätschaften jeder Art. Zum Table Top Design zählen beispielsweise Vasen, Tischlampen, Aschenbecher, Kerzenleuchter, Schalen, Porzellan etc. Zwei der führenden internationalen Hersteller von Table Top Design sind die schwedische Firma → Kosta Boda und die italienische Firma → Alessi.

Takahama, Kazuhide (*1930 Nobeoka)

Der japanische Architekt und Designer Kazuhide Takahama studierte von 1949 bis 1953 Architektur an der Kogyo-Daigaku-Universität in Tokio. 1957 war er verantwortlich für den japanischen Pavillon auf der 11. Triennale in Mailand, wo er den Möbelfabrikanten Dino Gavina kennenlernte. Von 1957 bis 1963 lehrte Takahama an der Architekturfakultät der Universität Kumamoto, ab 1963 arbeitete er für Gavinas Firma Simon International in Bologna als Möbeldesigner.

Aus dem Jahre 1969 stammt Takahamas Stuhl «Kazuki», ein Allroundstuhl, der im wesentlichen aus Sperrholzplatten bestand, die mit Lack oder glänzendem Pigment-Polyester gestrichen waren. 1970 entwarf Takahama für die Firma → B&B Italia die kombinierbare Lackmöbelserie «Olinto», zu der auch Regalsysteme und Vitrinen gehörten. Ebenfalls aus dem Jahre 1970 stammt der Sessel «Saghi» (bei Simon) mit Rundstahlgestell und Polsterung aus Schaumgummi und Bezügen aus synthetischer Wollfaser (Samt oder Leder).

Weitere Entwürfe schuf Takahama für B&B Italia (Stuhl «Miabi», 1981), → Knoll (Kollektion «Suzanne», 1963), Simon International (Schrank «Bramante», 1975; Holztisch «Antella», 1977) und Sirrah (Leuchte «Kaori», 1975).

Stuhl «Miabi» (1981) für B&B Italia.
Foto: B&B Italia

Tallon, Roger (*1929 Paris)

Der französische Industriedesigner Roger Tallon studierte von 1947 bis 1950 Elektrotechnik in Paris; von 1951 bis 1953 arbeitete er als Designer im Pariser Studio Avas. Anschließend richtete er ein eigenes Entwurfsbüro in Paris ein und arbeitete für das Design-Unternehmen Technès, bei dem Tallon 1960 Forschungsleiter wurde. Von 1957 bis 1964 war Tallon als beratender Designer für General Motors, seit 1970 als Designer und Berater für die französischen Staatsbahnen SNCF tätig. Unter anderem entwarf er hier die «Corail»-Lokomotive und den Hochgeschwindigkeitszug «TGV Atlantique». 1973 gründete Tallon seine Designfirma Design Programmes S. A. in Paris und kooperierte eng mit der Designfirma Vignelli Associates in New York. Zu Tallons Auftraggebern gehören Firmen wie Blaupunkt, Certina, Cineco, Edition Lacloche, Elf-Petroleum-Company, Erco, Goupil, Salomon, Société Buyss oder die französische Post.
Zu Tallons bedeutendsten Entwürfen zählen die Kaffeemühlen für den Peugeot-Konzern (1957/58), seine Leuchten für die Firma → Erco, die Filmkamera «Veronique» (1957) für SEM, die Schreibmaschinen (1961) für Japy sowie seine postmodernen (→ Postmoderne) Kunststoffuhren für die Firma Lipp, die er in den siebziger Jahren kreierte.
Tallon war mit seinen Designs an zahlreichen internationalen Ausstellungen beteiligt, z.B. 1968 und 1969 im Musée des Arts Décoratifs in Paris und 1970 in der Londoner Whitechapel Gallery. 1960 erhielt er die Silbermedaille auf der Triennale in Mailand, 1973 ernannte ihn die Royal Society of Arts, London, zum Royal Designer for Industry.

Tapiovaara, Ilmari (*1914 Tampere)

Ilmari Tapiovaara absolvierte eine Lehre in Otto Korhonens Möbelfabrik, wo auch die Möbel → Alvar Aaltos hergestellt wurden, und nahm anschließend ein Studium der Innenarchitektur an der Schule für angewandte Kunst in Helsinki auf, das er 1937 mit Diplom abschloß. Im selben Jahr nahm Tapiovaara eine Stelle in der Asko-Avonius-Möbelfabrik an, wo er für die → Corporate Identity verantwortlich war. Wenige Monate später arbeitete er in Paris im Büro von → Le Corbusier. Nach dem Zweiten Weltkrieg schuf Tapiovaara schlichte, funktionale Möbel aus natürlichen Materialien, die in streng finnischer Tradition standen, sich jedoch durch ausgeklügelte, technische Feinheiten abhoben. Er gestaltete zahlreiche Ausstellungen und Interieurs (wie beispielsweise 1954 einen Showroom für → Olivetti und die Flugzeuginneneinrichtung für Finnair) und war u.a. an Projekten in den Ländern der Dritten Welt beteiligt (1959 in Paraguay). Von 1952 bis 1953 lehrte Tapiovaara am Art Institute of Chicago, ab 1965 an der Technischen Universität in Helsinki.
Zu seinen bekanntesten Entwürfen gehört der «Domus»-Stuhl von 1947, der bis 1965 über 750 000mal verkauft wurde. Der Erfolg des Stuhls brachte dem Designer in den fünfziger Jahren zahlreiche Aufträge für Schulen, Universitäten und öffentliche Gebäude ein. Weitere wichtige Entwürfe Tapiovaaras sind der Stuhl «Wilhelmina» (1959) und die Möbelserie «Kiki» – leder- bzw. stoffüberzogene Stahlmöbel, die stapelbar und gut zu kombinieren waren. Weitere Entwürfe schuf Tapio-

vaara für Asko, Hackman, Lukkiseppu, Oy Skanno AB und → Thonet.
Der Designer erhielt u.a. viermal die Goldmedaille der Mailänder Triennalen (1951, 1954, 1957, 1966) sowie den American Interior Design Award (1963). 1969 erklärte die Royal Society of Arts in London Tapiovaara zum Royal Designer for Industry.

Teague, Walter Dorwin (*1883 Decatur/Indiana, †1960)

Der amerikanische Industriedesigner Walter Dorwin Teague studierte bis 1907 an der Art Students League in New York. Anschließend arbeitete er in einer Werbeagentur, und machte sich 1911 mit einem Atelier für Grafikdesign selbständig.
1926 gründete Teague in New York ein eigenes Büro und verhalf dem amerikanischen → Design – neben → Raymond Loewy, → Henry Dreyfuss und → Norman Bel Geddes zu internationaler Bedeutung.
Teague entwarf Kameras im seinerzeit neuartigen Stromliniendesign für Kodak (beispielsweise «Baby Brownie», 1935, und «Bantam Special», 1936), Pianos und Flügel für die Firma Steinway, Tankstellen für den Texaco-Konzern, Glas für die Firma Steuben sowie Autokarosserien, Eisenbahnwaggons, Kühlschränke und Interieurs von Supermärkten. Zu seinen größten Auftraggebern gehörten die Firmen NCR, Westinghouse, DuPont und US Steel. 1939 gestaltete Teague auf der New Yorker Weltausstellung sechs Pavillons, ein Jahr später veröffentlichte er sein Buch «Design This Day. The Technique of Order in the Machine Age», in dem er seine Vorstellungen einer Symbiose von traditioneller Ästhetik mit dem Modernismus darlegte.
Nach dem Zweiten Weltkrieg arbeitete Teague eng mit seinem Assistenten Frank del Giudice zusammen. Ihr bekanntestes Projekt wurde Ende der fünfziger Jahre das Interieur für das Flugzeug Boeing 707. Später gestalteten sie für Boeing die Maschinen 727, 737, 747, 757 und 767.
Teague war Gründer und erster Präsident der Society of Industrial Designers, die 1944 ins Leben gerufen wurde. Seine Firma wird heute von seinem Sohn Walter Dorwin Teague Jr. fortgeführt.

Team Form AG → Odermatt, Karl

Tecno

Die italienische Möbelfirma, die seit 1927 besteht, wird seit 1953 von → Osvaldo Borsani unter dem Namen Tecno geführt und machte sich mit Einrichtungs- und Sanierungsprojekten (u.a. Theologische Pontifikalfakultät in Neapel, Auditorium in Taormina oder Banca popolare della Murgia in Gravina) sowie → Systemmöbeln einen Namen. Sehr erfolgreich wurden das 1968 von Borsani entwickelte Bürosystem «Graphis» (u.a. mit Schreibtischen, Konferenztischen, Registraturschränken und Trennwänden) sowie die Serien «Armadio», «Modus», «Riunioni» (mit vielfältig kombinierbaren Holztischen, lackiert, furniert, lederbezogen – oder aus Granit), «Imbotti 1/2» und «Ianus» (Design:

Luca Scacchetti). Von → Norman Foster stammt das 1984 entwickelte und mehrfach ausgezeichnete System «Nomos» (mit teleskopartigen Beinen, die als Schub- und Zugsystem das statische und visuelle Gleichgewicht des Systems gewährleisten).
Als Hersteller von → Objektmöbeln produzierte Tecno seit 1953 Möbel von klassischen Architekten und Designern in der Kollektion «ABV Disegno» und Entwürfe von Künstlern in der «ABV Collezione». Zu den wichtigsten Entwürfen der «ABV Disegno» gehören der höhenverstellbare Kleiderständer «AT 16» (1961), das Sofa «D 70» (1954), der Liegesessel «P 40» (1955) und der Dreibeinstuhl «P 31» (1963) von Osvaldo Borsani, der Armsessel «P 28» (1958; aus Aluminiumguß mit lederbezogener Polyurethanschaumpolsterung) und das Bar-Mobil «B 106 – Jamaica» (1966) von Eugenio Gerli, der Tisch «T 147» (1971; mit acht Schubladen, oben aus Glas, unten Edelstahl satiniert), die Stuhlserie «Qualis» von → Emilio Ambasz, der Rattansessel «TLINKIT» (1991), das Organisationsmöbel «Totem» (1992) und die Tischserie «Kum» (1992) von → Gae Aulenti sowie der Klappstuhl «P 08» (1991) von Justus Kolberg.
In die «ABV Collezione» wurden Arbeiten von Getulio Alviani (Tische «1/2/3/4/5»), Agenore Fabbri (Sitzbank «Nastro di galas»; aus Stahlblech), Carlo Mo (Massivholzsitz «Chips»), François und Frédéric Morellet (Tisch «Détabilisation No. 1»), Arnaldo Pomodoro (Sitz- und Schreibtischelemente «Triposto»), Man Ray («Sessel aus Mahagoni-Sperrholz»), Jeffrey Steele (dreiteiliges Para-vent «Orlando», Ausführung aus serigraphiertem → Laminat) und Luigi Veronesi (Schreibtisch «Costruzione») aufgenommen.

Tecnolumen

Die deutsche Firma wurde 1980 gegründet und machte sich sehr schnell einen Namen durch ihre → Reeditionen von Beschlägen und Leuchten aus der ersten Jahrhunderthälfte.
Tecnolumen produziert u.a. die 1923 von Gyula Pap für die Metallwerkstatt im Staatlichen → Bauhaus in Weimar entworfene Stehleuchte «No. 7» (mit mattierter Glasplatte oben und sichtbarer Glühlampe auf vernickeltem, 160 cm hohem Rohr), die legendäre «Wagenfeld-Tischleuchte» von 1924 (mit opalüberfangenem Glas), die «Mehrzweckleuchte» von → Wilhelm Wagenfeld (als → Re-Design nach Originalzeichnungen von 1930), die Wagenfeld-«Teedose» (1924) und den Wagenfeld-«Teewärmer» (1928; aus lichtdurchlässigem Opalglas und vernickelten, runden Metallteilen), die «Obstschale» von → Josef Albers sowie Aschenbecher und Leuchten von → Marianne Brandt und Hans

Wasserkessel «WAK 28» (1928) von Wilhelm Wagenfeld, reediert von Tecnolumen. Foto: Tecnolumen

Przyrembel. Eine separate Kollektion bilden die Beschläge (mit Tür- und Fenstergriffen von → Walter Gropius und Wagenfeld sowie → Art-Déco-Modellen aus dem ehemaligen Programm der Firma S. A. Loewy) und → Art-Déco-Teppiche («L'escalier», «La source», «Le cercle» und «Domino»; nach Originalen aus einer Genfer Villa).
Weitere bedeutende Re-Designs sind die «Trinkgläser» von → Josef Hoffmann, die «Büro-Gelenkleuchte» von Eduard-Wilfrid Buquet, die «De Stijl-Klavierleuchte» (1928), die Art-Déco-Stehleuchte «Lampe de Travail» (mit nach oben offenem, opalem Glasschirm und verchromtem Fuß/Rohr), der für die Weltausstellung in Brüssel entworfene «Deckenstrahler» von → Egon Eiermann (1958) und das «Salatbesteck» (1975) von → Knut Holscher (aus verformtem Edelstahldraht). Zu den aktuellen Designs gehören Arbeiten von Rosi Findeisen und Jo Kähne (Wandleuchten in Art Déco), Benedict Tonon (Wand-/Deckenleuchte «WBT 77», 1977), Klaus Brand («Eckleuchte» aus Lochblechen, 1984) und Walter Schnepel («Vorhangsystem» aus Messing, 1990).
Der japanische Designer → Toshiyuki Kita entwarf für Tecnolumen eine Reihe von Möbeln und Schreibtischutensilien, denen eine besondere Recycling-Philosophie zugrunde liegt: Es wurden ausschließlich Rohstoffe verwendet, die entweder in der Natur abbaubar sind oder mit Hilfe von Sonnenenergie aufbereitet werden können (Holz, Glas, Leder, Gummi und eloxiertes Aluminium, das bei 660° schmilzt). Hierzu gehören der dreibeinige Stuhl-Klassiker «Kita Chair 89», der halbrunde Wandtisch «Kit SPT 88» sowie die Wanduhr «Kit WC 88», die Tischuhr «Kit TC 88» und Schreibgeräte-Ständer und -Schalen. Als Reedition produziert Tecnolumen die in den achtziger Jahren von Kita entworfene Tischgeräte-Serie «Ceremony» aus lackiertem Holz.

Tecta

Die deutsche Möbelfirma wurde 1956 gegründet und wird seit 1972 von Werner und Axel Bruchhäuser geführt. Tecta machte sich durch werkgetreue → Reeditionen (auch mit → Bauhaus-Signet) und → Re-Design (in Zusammenarbeit mit Stefan Wewerka) einen Namen als Bewahrer der funktionalistischen (→ Funktionalismus) Möbeltradition.
Das Programm der Firma umfaßt derzeit die Kollektionen «Tische», «Stühle», «Sessel/Sofas» und «Container/Leuchten».
Prägnante Entwürfe stammen von Erich Brendel (Eßtisch auf Rollen «M 10», 1924; Eßtisch «M 10–4», 1924/1984; Tee-Tisch auf Rollen «K 10», 1924/1985), → Marcel Breuer (Edelstahlcontainer des Drehtisches «M 20», 1924; Glastisch «K 40», 1927/28; Schreibtisch für die Werkbundausstellung Neubühl «M

Hocker «C 3» (1988), nach einer Idee von Otto Schwaya. Foto: Tecta

«Tischlein Deck Dich» (1993). Foto: Tecta

45E», 1932; → Kragstuhl «D 40», 1928; Sessel «D 4» mit Eisengarngurten, 1927; Vitrine für die Bauhaus-Ausstellung Weimar «S 40», 1925; Büchergestell für Haus Clarté «S 44», 1932; Edelstahlcontainer-Serie «S 41–43», 1924; Rückenlehnstuhl «B 40», 1926), George Carwardine (→ «Angelpoise»-Leuchte, 1933), → Walter Gropius (Sessel und Sofa für das Fagus-Werk «D 51», 1911; Sessel und Sofa «F 51», 1920 für das Bauhaus Weimar), → El Lissitzky (Rekonstruktionen aus der Figurinenmappe 1923: «Tisch des Ansagers», 1930; Sperrholzstuhl für die Hygieneausstellung Dresden «D 61», 1930; Sessel für die Pressa Ausstellung in Köln «D 62», 1928; → Re-Design «Scheren-Lampe», 1923), Peter Keler (Sessel «D 1», 1925; «Wiege nach Wassily Kandinsky», 1922), Hans Könecke (Schreibtischstuhl «D 49», 1953/69; mit transparenten Kunststofflehnen), → Peter Maly (Glastisch «M 70», 1976), Sebastian Niebler («Eisengarnsofa», 1988; Schwenkregal «S 69», 1989), → Ludwig Mies van der Rohe (Freischwinger «B 42», 1927), → Jean Prouvé («Grande Table», 1950; «Table principe Aeronautique», 1924; «Chaise Pliant», 1924; «Fauteuil Metallique», 1927; «Fauteuil de grand repos», 1930; stufenlos verstellbar), Peter Preller (Sofa «F 66/4», 1968), → Gerrit Rietveld («Hängeleuchte für Dr. Hartog», 1920), Heinz Rasch («Klapptisch mit Stabkreuz-Gestell», 1930), → K. Friedrich Schinkel (Bank «D 60/2», 1825; Sessel «D 60», 1825; ursprünglich von der Königlichen Eisengießerei Saynerhütte hergestellt), Alison & Peter Smithson («Sammlertisch», 1983; Rollsessel «Trundling Turk», 1954), Tecta (Hocker «C 3», 1988 – nach der Idee von Otto Schwaya; → Kragstühle «→ aplati», 1987; nach der Idee von Jean Prouvé; Federtisch «M 22», 1990; «Tischlein Deck Dich», 1993) und → Stefan Wewerka (Tisch «M 1», 1979; Tisch «M 5/1», 1982; Asymmetriestuhl «B 1», 1979; Einschwinger «B 5», 1982; Freischwinger «B 3», 1981–83; «Sessel «D 2», 1982; der legendäre «Küchenbaum», 1984).

Terragni, Giuseppe (*1904 Meda, †1943 Como)

Der italienische Architekt und Designer studierte in Como am Technischen Institut, wo er 1921 sein Architekturdiplom ablegte. Am Mailänder Polytechnikum setzte er seine Studien fort und promovierte 1926. Im selben Jahr gründete er zusammen mit Luigi Figini, Sebastiano Larco, Ubaldo Castagnoli, Guido Frette, Gino Pollini und Carlo Enrico Rava die rationalistisch orientierte Architektenvereinigung «Gruppo 7». 1927 eröffnete Terragni gemeinsam mit seinem Bruder Attilio ein Studio in Como. Zu seinen ersten Arbeiten zählte der vielbeachtete Entwurf für ein Gaswerk, den er auf der Biennale in Mon-

Armlehnstuhl «Sant'Elia» (1936) für Zanotta. Foto: Zanotta

za präsentierte, sowie der Bau des Wohnkomplexes Novocomum in Como (1927/28) – ein fünfstöckiges Haus mit Glassegmenten und gerundeten Ecken.
Weitere wichtige Bauten Terragnis sind die Casa del Fascio (1932–36), die er als Prisma in weißem Marmor anlegte, das Künstlerhaus am See (1. Mailänder Triennale 1933), der Kindergarten Antonio Sant'Elia in Como (1936) und die Villa Bianca in Seveso (1936/37). Als architektonisches Spätwerk Terragnis gilt das Haus Frigerio in Como, das 1939/40 entstand.
Seit 1930 entwarf Terragni (z.T. gemeinsam mit seinem Kollegen Pietro Lingeri) Möbel, wobei er vorwiegend Industriematerialien (wie Stahlrohr und Sperrholz) bevorzugte, die eine Serienproduktion ermöglichten. Für die spanische Möbelfirma B. D. Ediciones entwarf Terragni u.a. den Beistelltisch «Novocomum» (1929) aus Palmholz und den Sessel «Monza» (1930) aus gebogenem Schichtholz. 1936 präsentierte der Designer seinen Stuhl «Lariana», den er für die Casa del Fascio entworfen hatte (heute bei der Firma → Zanotta). Der Freischwinger hat ein Gestell aus Inox-Stahlrohr; Sitz und Lehne sind aus naturfarbigem oder schwarz gebeiztem Buchensperrholz gefertigt. Für Zanotta kreierte Terragni darüber hinaus den Chromsessel «Benita» und den Stuhl «Follia» aus schwarz lackiertem Massivholz und Stahl.

Teunen & Teunen

Die 1981 von Mieke und Jan Teunen gegründete Firma spezialisierte sich auf den Import hochwertiger Gebrauchsgegenstände und die → Reedition vom Markt verschwundener Produkte. Hierzu gehören die «Silberschale» (1971) von → Franco Albini und Franca Helg, die «Wanduhr» (1957) von → Max Bill, die «Tischuhr CK» (1987) von Wouter Botman, die «Papierschere» (1958) und «Geflügelschere» (1960) von Antonia Campi (seit 1965 in der ständigen Sammlung des New Yorker Museum of Modern Art), der Naßrasierer «Razor» (1987) von Flemming Bo Hansen, die «Spielkarten» (1978) von Takenobu Igarashi, das Kaminbesteck «Maceline» (1980) von Ann Maes, die Aluminiumfigur «Cobi» (1988) von → Javier Mariscal, die «Japanische Gartenschere» (1926) von Genji Sakai, die «Pillendose» (1970) von Antonia Piva oder das «Salatbesteck» (1980) von → Afra und Tobia Scarpa.
Besondere Aufmerksamkeit verdient die 1976 von Bruno Ninabo van Eyben entworfene Halsuhr aus Aluminium (mit Langzeitbatterie und Kautschukschnur), die er eloxiert hat und dann mit einer schwarzen, strapazierfä-

higen Schicht umgab. Die Uhr befindet sich in der ständigen Sammlung des New Yorker Museum of Modern Art und gilt ebenso als Schmuck-Klassiker wie die «Armbanduhr» (1973) – mit Edelstahl-Element und drei auswechselbaren Perspex-Elementen – und die «Titan-Uhr» (1984), die 1985 mit dem Industrial Design Award ausgezeichnet wurde.
Im Vertrieb von Teunen & Teunen sind darüber hinaus Produkte der Designgruppe Designum mit Arbeiten von Wouter Botman (Spot «Pico», 1984), Herman Hermsen, Jan Kokke, Annelies de Leede, Paul Schudel (Uhr «Pillow», 1991) und Ine van der Sluis sowie die «→ Erik Magnussen Collection» der Firma Royal Selangor, eines der führenden Hersteller von Zinnwaren.
Die italienische Firma Nava Design ist mit Entwürfen von Giulio Confalonieri (Immerwährender Wandkalender aus schwarz lackiertem Metall und Monatsmarkern aus rotem ABS), Aaron Fuest, → Perry A. King (Schreibmappe mit Unterlage und Kugelschreiber), Norbert Linke, Santiago Miranda, Bob Noorda, → Sottsass Associati (Kalender/Adreßbuch), Marco Zanuso (Briefmappen) und vor allem Kuno Prey vertreten. Prey entwarf die 1991 mit dem Design-Plus-Preis und dem IF Design Award Hannover ausgezeichnete Schreibunterlage «Maus», sowie die Schreibtischunterlagen «Area» und «Teatro» (beide 1988), die durch ihre Noppenstruktur und integrierten Ablagerillen gefallen. Darüber hinaus schuf Prey für Nava ein Fotoalbum mit magnetischen Fotohaltern, Ablageboxen sowie diverse Kredit- und Visitenkartentaschen.

«Japanische Gartenschere» (1926) von Genji Skai. Foto: Teunen & Teunen

Thonet

Die Firma wurde 1819 als Tischlerei von → Michael Thonet in Boppard am Rhein gegründet, der früh erkannte, daß schichtverleimtes Holz der traditionellen Möbelbauweise technisch und ästhetisch überlegen war. Es war haltbarer und vor allem auch leichter formbar (dünne Holzstäbe wurden in Leim gekocht, gebündelt und in eine Hohlform eingelegt und getrocknet) und bildete die Grundlage zur späteren Serienfertigung. 1842 empfahl Fürst Metternich Thonet bei Hofe und holte ihn nach Wien, wo er die kompliziert gebogenen Parkettfußböden des Palais Liechtenstein und von 1843 bis 1846 seine «Liechtensteiner Stühle» anfertigte. 1853 übertrug Thonet die Firma auf seine fünf Söhne (August, Josef, Jakob, Franz und Michael jr.) und gründete die «Gebrüder Thonet». Auf Ausstellungen in München (1854) und Paris (1855) machte die Firma ihre Bugholzstühle einem größeren Publikum bekannt und begann Ende der fünfziger Jahre mit der industriellen Massenproduktion, die mit Thonets berühmtem «Sessel No. 14» begann, dem ersten wirklichen «Konsumstuhl» und dem kommerziell erfolgreich-

Schreibtischfauteuil Nr. 9 (Version von 1966). Foto: Till Leeser, Hamburg

sten Möbel des 19. Jahrhunderts. Wachsende Nachfrage und Holzknappheit in Wien veranlaßte die Gebrüder Thonet, 1856 zur Errichtung ihrer ersten Möbelfabrik in Koritschan, 1861 folgte die zweite in Bystritz. In Frankenberg an der Eder wurde 1889 die siebte und bis dato letzte Produktionsstätte gegründet. Die Thonet-Stühle drangen in diesen Jahren in alle Bereiche vor – in Theater, Restaurants, Cafés, öffentliche Gebäude, Krankenhäuser und Kirchen – und führten zur Gründung von Verkaufsniederlassungen in allen großen Städten der Welt.

Zwischen 1860 und 1900 entwickelte August Thonet das Möbelprogramm seines Vaters weiter und schuf eine Vielzahl innovativer Bugholz-Modelle, darunter auch Tische, Toilettenspiegel, Garderoben, Kinderwiegen und Notenständer.

Um die Jahrhundertwende ließen Architekten wie → Josef Hoffmann, → Adolf Loos, Marcel Kammerer, → Koloman Moser oder → Otto Wagner Bugholzmöbel bei Thonet produzieren. Die Formensprache (→ Form) von → Jugendstil und Buchenholz vereinigte sich dabei zu Stuhlklassikern wie dem Schreibtischfauteuil «Nr. 6081», dem Dreibeiner «225», dem vornehmen «241» (mit medaillenförmiger Rückenlehne) oder dem «676» (1910), der durch seine strengen Linien und geometrischen Figuren von → Charles Rennie Mackintosh beeinflußt schien. Der berühmteste Entwurf dieser Jahre war der «Postsparkassensessel Nr. 247» (1904) von Otto Wagner.

In den zwanziger Jahren suchten neben → Walter Gropius vor allem → Marcel Breuer (Sessel «S 35», 1928/29), → Mart Stam (Freischwinger «S 32», 1930) und → Mies van der Rohe die Zusammenarbeit mit Thonet, deren schönster Beweis der elegante Stahlrohr-Freischwinger «S 533» (1927; Mies van der Rohe) mit charakteristischem Vorderfußbogen und durchgehendem, rohrgeflochte-

Sessel aus dem Programm «S 3000» von Christoph Knierim. Foto: Thonet

nem Sitz (bzw. geteilter Sitz- und Rückenlehne aus Kernleder) war. → Le Corbusier zeigte 1925 das «Fauteuil Nr. 9» in seinem berühmten Pavillon de l'Esprit Nouveau in Paris und entwarf (zusammen mit Pierre Jeanneret und → Charlotte Perriand) u.a. den Stahlrohr-Sessel «B 301», die ledergepolsterten Stühle «B 302» und «B 303» sowie die berühmte Liege «B 306»; außerdem die Tische «B 307» und «B 308». Weitere Entwürfe schufen in den dreißiger Jahren André Lurçat, Hans Luckhardt («S 36 P», 1931; für den Maharadscha-Palast «Manik Bagh»), der Architekt Bewe sowie A. Guyot und Emile Guillot. In den fünfziger, sechziger und siebziger Jahren produzierte Thonet neben Basismodellen Varianten älterer Modelle und arbeitete mit Designern wie Joe Atkinson, Hanno von Gustedt (Vierkant-Stahlrohr-Serie «S 800») und Pierre Paulin. → Verner Panton schuf mit den Modellen «271» (1966) und «276» (1968) zwei Klassiker des modernen Stuhldesigns.

In den achtziger Jahren produzierte Thonet den modernen Klassiker «S 320» (1984) von Ulrich Böhme und Wulf Schneider. Der Stuhl wurde aus Bugholz und Stahlrohr gefertigt und gehört zu einem erweiterten Programm aus ausziehbaren Eß- und/oder Besprechungstischen, Beistelltischen und einem niedrigen Sessel. Böhme und Schneider kreierten 1986 auch das «Programm 6000» – Sitzelemente mit quadratischer und rhombischer, um acht Grad vom rechten Winkel abweichender Grundfläche. Weitere herausragende Entwürfe der achtziger Jahre stammten von Josef Gorcica (Freischwinger «S 73» und die Varianten «S 74 FRW» mit Drehgestell und Wippmechanik für den Bürobereich), Torben Skov (Liege «S 828») sowie → Gerd Lange («Flex»-Stuhl – mit Seitenteilen aus Buchenholz und einer Kunststoffwanne als Sitz). Zu den jüngsten Kreationen der Firma Thonet gehört das am → Bauhaus orientierte «Sesselprogramm 3000» (1990), das Christoph Knierim aus gebogenem Stahlrohr (Gestell), gebogenem Schichtholz (Sitzschale) und Latex (Polster) geschaffen hat, sowie Tischprogramme von Simon Desanta, Georghe Bauer, Josef Gorcica, Christiane von Savigny oder Marius van den Wildenberg.

Als → Reeditionen produziert Thonet neben den Bugholzstühlen «214» und «215» gegenwärtig den Armlehnstuhl «247 P», den Otto Wagner 1904 als Konferenzstuhl für den Sitzungssaal der Wiener Postsparkasse schuf, den Jugendstilstuhl «225 P» (1905) und einige Bauhaus-Klassiker, darunter den Freischwinger «S 32» und «S 43/1» von Mart Stam, den Stahlrohr-Schreibtisch «S 285» und die Satztische «B 9» von Marcel Breuer.

Thonet, Michael (*1796 Boppard, †1871 Wien)

Michael Thonet, der als Begründer der industriellen Bugholztechnik gilt, eröffnete nach einer Schreinerlehre 1819 in Boppard eine eigene Möbeltischlerei. Ab 1830 begann er, mit schichtverleimtem Holz zu experimentieren, das der traditionellen Möbelbauweise technisch und ästhetisch überlegen war. Als Ergebnis seiner Versuche präsentierte er 1836 den ersten Bugholzstuhl, dem zwischen 1836 und 1840 zahlreiche Varianten (mit und ohne Armlehnen, etwa «Bopparder Sessel») folgten. Zwischen 1840 und 1842 gelang es Thonet, die Einzelteile für einen Bugholzstuhl von bis dahin zehn auf fünf zu reduzieren. So schuf er beispielsweise den Sitzrükken nur aus einem einzigen schichtverleim-

Stuhl «No. 14» (1859). Foto: Thonet

ten Stück Holz. Fürst Metternich empfahl Thonet 1842 bei Hofe und holte ihn nach Wien, wo er den Auftrag zur Ausführung der komplizierten gebogenen Parkettfußböden des Palais Liechtenstein erhielt. Für die Prunkräume des Palais fertigte er von 1843 bis 1846 die berühmten «Liechtensteiner Stühle» an, die – wie die meisten Möbel Thonets – dem Biedermeier zugerechnet werden. Ihnen folgte der Stuhl für das Palais Schwarzenberg (1850) – der spätere «Sessel No. 1» und der «Sessel No. 4» für das Café Daum am Wiener Kohlmarkt, der seitdem weltweit die Kaffeehauskultur bestimmte.
1853 übertrug Thonet seine Firma an seine Söhne und begann mit der Vervollkommnung seiner Bugholzmöbel. Er arbeitete mit massiv gebogenem Holz (die Verschraubung ersetzte die zeitaufwendige Verleimung) und ebnete mit seinem «Sessel No. 14» den Weg zur industriellen Massenproduktion. Die durchdachte Formgebung (→ Form), die Einfachheit der Konstruktion und der niedrige Verkaufspreis machten den Stuhl zu einem Konsumsessel par excellence und zum erfolgreichsten Möbel des 19. Jahrhunderts. 1860 entwarf Thonet den ersten Schaukelstuhl, der sein Vorbild in den Eisenmodellen hatte, die 1851 im Londoner Kristallpalast ausgestellt waren. Von Thonets zahlreichen Tischentwürfen, die vom Eßzimmer-, Servier- und Satztisch bis zum Spiel- und Spiegeltisch reichten, ragt das schlichte Modell «1053» (mit geschwungenen Beinen und stabilisierendem Bogenkreuz am Fuß) hervor. Die Firma Gebrüder Thonet produziert gegenwärtig den Bugholzstuhl «214», der als direkter Nachfahre des legendären Modells «No.14» gilt. In der Variation «214 F» bietet dieser Stuhl höheren Sitzkomfort durch zusätzliche Armlehnen und eine breitere Sitzfläche. Der Bugholzstuhl «215 R» hat ein Rückenmedaillon aus Rohrgeflecht.

Thun, Matteo (*1952 Bozen)

Der Südtiroler Designer Matteo Thun (eigentlich Matthäus Graf Thun-Hohenstein) studierte von 1973 bis 1976 in Salzburg an der Oskar-Kokoschka-Akademie und an der Architekturfakultät in Florenz. Ab 1978 arbeitete er mit → Ettore Sottsass zusammen, zunächst als Assistent, ab 1980 als Partner der Sottsass Associati. 1981 gehörte er neben

Stahlschrank «Settimanale» für Bieffeplast. Foto: Bieffeplast

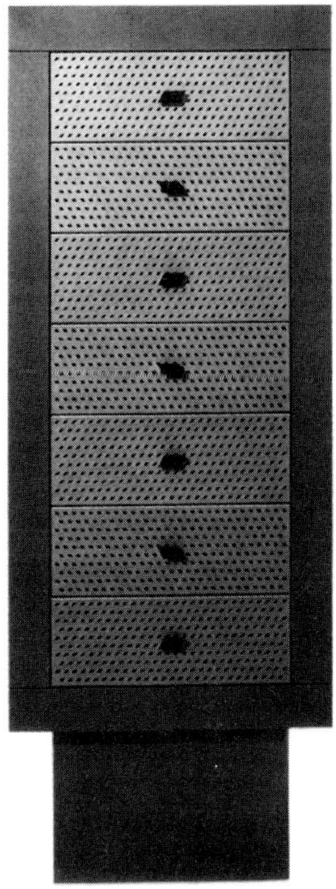

Ettore Sottsass zu den Initiatoren der Designer-Gruppe → Memphis. Seit 1982 lehrt Matteo Thun Produktdesign an der Hochschule für angewandte Kunst in Wien. 1984 gründete er ein eigenes Studio für Design, Grafik und Kommunikation in Mailand. 1985 arbeitete er als Form- und Dekorgestalter für die Porzellanfabrik → Arzberg.
Thun, der auch als Creativ-Direktor für den Schweizer Uhrenhersteller → Swatch und als Designberater für → WMF tätig ist, gilt als einer der profiliertesten Designer der postmodernen (→ Postmoderne) Strömung, der die traditionellen Kategorien des Industriedesigns (→ Industrial Design) in Frage stellte und das sogenannte → Styling propagierte. Zu Thuns bekanntesten Arbeiten zählen die Kanne «Corvus Corax» (1982 für Memphis), die Kanne «Cuculux Canorus» (1983 für Anthologie Quartett) und die Vasenserie «Castelli in Fiore» (1986 bei Anthologie Quartett). Für WMF rief er die Kollektion «La Galleria» ins Leben, für die er junge und noch wenig bekannte Designer wie Jo Laubner, Vito Noto oder Mario Vivaldi gewann. Bei einem WMF-Workshop kreierte Thun das Besteck «Hommage an Madonna», das mit ringförmiger Ornamentik (→ Ornament) an den Griffen an die schmuckbeladenen Hände des italienischen Pop-Stars erinnern sollte. Außerdem schuf er für WMF die «Walking Coffee Pots» (1987) und eine Espressomaschine, ein Tee-Set sowie einen Wasserkessel für die «Edition King».
Bei → Bieffeplast sind Thuns Metallschränke «Cassettiera», «Settimanale» (mit rautenförmigem, perforiertem Muster) und «Settimanale Golden» (mit perforierten Spielkartenmotiven) im Programm, ferner die Tischleuchten «Topolino» und «Valigetta». Weitere Entwürfe schuf Thun für die Firmen → Arteluce (Stehleuchte «Pao», 1991), Arzberg (Service «Tea for one», 1987; Service «Le petit café» – bestehend aus Kaffeekanne, Tassen, Zuckerdose und Gießer, 1987; «Sale-

«Le petit café» (1987) für Arzberg. Foto: Arzberg

pepe» und «Ei Ei», 1987), Bulgari, → Kartell (Konsole «Naxos»; Spiegel «Olympia», «Segesta», «Delphi» und «Sounion»), Keramag, Stoll («Kollektion/L», 1993, zusammen mit Michael Lammel), Swatch (Herrenuhren «Rara Avis» und «Pink Avis»; Damenuhr «Montebello»), → Rasch (Künstlertapete «Early Eighties»), → Up & Up (Brunnen «Colleoni») und → Vorwerk (Teppich in der Kollektion «Dialog», 1988).

Thygesen, Rud (*1932 Hobro)

Rud Thygesen wurde an der Kunsthandwerkerschule in Kopenhagen ausgebildet, wo er 1966 sein Diplom machte und anschließend mit dem Designer Johnny Sørensen ein Entwurfsbüro in Kopenhagen gründete. Das Designerduo entwarf Möbel und Haushaltsgeräte aus natürlichen Materialien wie Holz, Wolle oder Baumwolle und stand in handwerklicher Tradition von → Kaare Klint und → Børge Mogensen.

Ein früher und erfolgreicher Möbelentwurf von Thygesen/Sørensen ist der Sessel «Königsmöbel» aus dem Jahr 1969. Der rustikal wirkende Sessel (Gestell aus Eiche oder Khaya-Mahagoni, Sitz und Rücken aus französischem Rohrgeflecht) wird mit einem dreibeinigen Hocker geliefert und von der dänischen Firma Botium in Serie hergestellt. Er gewann beim Architektenwettbewerb der Kopenhagener Tischlerinnung den 1. Preis. Ihre Vorliebe für gebogenes Buchenholz dokumentierten Thygesen/Sørensen 1970 mit ihrem runden Ausziehtisch «MO 4555», den sie für die dänische Firma Magnus Olesen entwarfen. Der Tisch hat eine Furnier- bzw. Linoleumplatte und besteht aus zwei halbrunden Flächen mit Auszug für zwei Einlegeplatten. Ebenfalls für Magnus Olesen entwarfen die Designer 1974 den Stapelhocker «BO 4550» aus laminierter Buche mit Eichenfurnier und schwarz gebeiztem Sitz. Der Hocker erinnert an → Alvar Aaltos «Hocker Nr. 7», wirkt allerdings eleganter, weil die Sitzsegmente und Schichtholzbeine eine harmonische Einheit bilden.

Ein weiteres Olesen-Produkt ist der «Karmstuhl Mo 4551» mit Ledersitz und Gestell aus laminierter Buche.

Tiffany, Louis Comfort (*1848 New York, †1933 New York)

Der amerikanische Künstler und Designer Louis Comfort Tiffany studierte von 1866 bis 1868 Malerei in New York und 1869 in Paris bei Léon Bailly. Im Jahre 1870 bereiste Tiffany Spanien, Nordafrika und Ägypten.

1879 gründete er zusammen mit Lockwood de Forest, Samuel Colman und Candace Wheeler die Firma Louis C. Tiffany & Associated Artists, die Inneneinrichtungen ausführte (z.B. Räume im Weißen Haus in Washington, 1882/83) und Tapeten, Möbel, Leuchten und Buntglas entwarf bzw. herstellte. 1880 schuf Tiffany – mit Unterstützung eines venezianischen Glasbläsers – erstmals «künstlerisches Glas» für das Heidt-Glashaus in Brooklyn und meldete bald darauf das mehrfarbig irisierende Favrile-Glas (ein Lüsterglas, das mit Metall- oder Edelmetallpuder, später auch mit oxidhaltigen Dämpfen behandelt wurde) zum Patent an.

1886 gründete er die Tiffany Glass Company, die Vasen, Dekorationsgegenstände und vor allem die berühmt gewordenen Tiffany-Leuchten produzierte. Diese Leuchten hatten Schirme aus kunstvoll gefertigtem Bunt- und Bleiglas in orientalisch beeinflußter Mosaik-Ornamentik (→ Ornament) über modellierten Bronzefüßen. Mit ihrem gedämpften Licht und ihren markanten Motiven (Mohnblüten, Libellen, Pfauen, Seerosenblätter u.ä.) gehörten sie stilistisch zum → Jugendstil. 1895 schuf Tiffany, zusammen mit den Künstlern Bonnard, Vuillard, Sérusier und Toulouse-Lautrec im Auftrag von Samuel Bing zehn Buntglasfenster für die Maison de L'Art Nouveau in Paris. 1902 gewann Tiffany auf der Pariser Ausstellung eine Goldmedaille mit seiner Jugendstilleuchte «Lily Light», die mit zwölf Armen und zwölf Glühbirnen bestückt war, die sich aus dem kunstvoll gearbeiteten Bronzefuß wie die Äste eines Baumes verzweigten. Die Schirme der Leuchte waren aus golden irisierendem Opalglas gearbeitet. 1902 übernahm Louis Comfort Tiffany nach dem Tod seines Vaters Charles Louis Tiffany die Firma Tiffany & Company, die er als künstlerischer Leiter bis zu seinem Tod führte.

Tigerman, Stanley (*1930 Chicago)

Der amerikanische Architekt und Designer Stanley Tigerman studierte am Massachusetts Institute of Technology in Cambridge sowie am Institute of Design in Chicago und an der Yale University, bevor er 1964 ein eigenes Büro gründete. In den sechziger Jahren entwarf Tigerman Megastrukturen aus Stahl, wie z.B. die «Instant City» (1968), die er in ein Spannungsfeld zwischen den Konzepten von Superstudio und denen → Ludwig Mies van der Rohes setzte. Seine teilweise

«Tee- und Kaffeeservice in fünf Teilen» (1993) für Alessi. Foto: Alessi

verspielt-phantastischen Zeichnungen sind als versteckte Architekturanspielungen zu verstehen. 1980 gehörte Tigerman zu den Begründern der Architektengruppe «Chicago Seven», die programmatisch nach neuartigen Konzepten mit einer individuellen Architektursprache suchte, ohne dabei den klassisch-modernen Chicago Style aufgeben zu wollen. Zu Tigermans wichtigsten Bauten in Chicago zählen das Hot-Dog-Haus (1975/76), das Daisy-Haus (1976/77), das Hard-Rock-Café (1985) und das One-Pool-Haus (1987).

Als Designer entwarf Tigerman Möbel und Gebrauchsgegenstände, 1984 kreierte er den klassizistischen Doppel-Liegestuhl «Tête-à-tête» mit hoher, geschwungener Rückenlehne für die Firma Formica. In Zusammenarbeit mit Margaret McCurry entwarf er im gleichen Jahr den Teller «Sunshine» für die Firma Swid Powell. Auch die italienische Firma → Alessi hat ein Tigerman-Design im Programm – das fünfteilige «Kaffee- und Teeservice» (1983) aus 925/1000er Silber mit Handgriffen, Knauf und Schnabel aus einem Guß.

Tschichold, Jan (*1902 Leipzig, †1974 Berzona/Tessin)

Der Buchkünstler und Grafikdesigner Jan Tschichold studierte von 1916 bis 1919 am Lehrerkolleg in Grimma bei Leipzig und beschäftigte sich parallel als Autodidakt mit Grafik und Typografie. Von 1919 bis 1921 studierte Tschichold Grafikdesign bei Hermann Delitsch an der Akademie für Grafische Künste und Buchgewerbe in Leipzig. 1921 lernte er bei Heinrich Wieynck in Dresden und war bis 1923 Meisterschüler von Walter Tiemann in Leipzig. Im selben Jahr machte sich Tschichold als Grafiker und Typograf selbständig und arbeitete für Fischer & Wittig und den Insel-Verlag, ab 1926 pendelte er zwischen Berlin und München und entwarf Filmplakate für das Münchner Kino Phoebe-Palast. Von 1926 bis 1933 war er Dozent für Schrift und Typografie an Paul Renners Meisterschule für Buchdrucker in München. Mit seinen Veröffentlichungen («Die neue Typografie», 1928; «Typografische Gestaltung», 1935) schuf er die Grundlagen der heutigen modernen Typografie. Unter dem Eindruck von → El Lissitzky, → László Moholy-Nagy und → Herbert Bayer propagierte Tschichold vor allem die serifenfreie, funktionale Schrift und ein asymmetrisches Layout. 1931 entwarf er die Druckschrift Saskia, 1964 die Schrift Sabon. 1933 emigrierte Tschichold nach Basel, wo er als freier Grafikdesigner für die Verlage Benno Schwabe, Holbein und Uhertype arbeitete; gleichzeitig lehrte er in Basel an der Kunstgewerbeschule. 1946 ging Tschichold nach Großbritannien, wo er bis 1949 Designchef bei den Londoner Penguin Books wurde und eine typografische Neugestaltung des Verlagsprogramms durchsetzte. Tschichold entwarf bei Penguin über 500 Titel. Von 1950 bis 1955 lebte und arbeitete Tschichold wieder in Basel und fertigte Entwürfe für Baseler und deutsche Verlage. Bis 1967 war er Designberater beim Baseler Pharmakonzern Hoffmann-La Roche, ein Jahr darauf zog er nach Berzona bei Locarno und fertigte nur noch gelegentlich Entwürfe.

Jan Tschichold erhielt mehrere Auszeichnungen, so 1954 die Goldmedaille des American Institute of Graphic Arts in New York und 1965 den Leipziger Gutenberg-Preis. 1966 wurde er Ehrenmitglied der Westberliner Akademie der Künste. Sammlungen von Tschicholds Arbeiten befinden sich heute u.a. im Victoria and Albert Museum in London.

Tusquets Blanca, Oscar

(*1941 Barcelona)

Der Architekt und Designer Oscar Tusquets, einer der Initiatoren des Neuen Designs in Spanien, studierte bis 1965 an der Escuela Tecnica de Arquitectura in Barcelona und arbeitete noch als Student im Büro des Architekten Alfonso Milá. 1965 gründete Tusquets gemeinsam mit Pep Bonet, Christián Cirici und Lluís Clotet die Architektengruppe → Studio Per, die sich einer kommunikativen, postmodernen (→ Postmoderne) Architektursprache verschrieben hatte. Darüber hinaus ist er Gründungsmitglied der spanischen Möbelfirma B. D. Ediciones de Diseño, die neben Entwürfen zeitgenössischer Designer auch → Reeditionen von → Antoni Gaudí und → Charles Rennie Mackintosh im Programm hat. Tusquets' Villa Belvedere Regás (1972) gilt als eines der international ersten Bauwerke der → Postmoderne. Zu seinen weiteren Architekturprojekten zählen Entwürfe von Wohnungsanlagen, der Ausbau der Medizinischen Hochschule in Barcelona sowie die Erweiterung eines Wohnblocks in der Carrer de Sant Màrius. Von 1982 bis 1989 restaurierte Tusquets in Kooperation mit dem Architekten Carlos Díaz i Gómez den Palau de la Música Catalana in Barcelona. Als Designer entwarf Tusquets vor allem Möbel, Schmuck und Gebrauchsgegenstände. Für die Firma → Alessi entwarf er 1983 ein vierteiliges Teeservice aus 925/1000er Silber (1983), für Casas kreierte er das Teppichsofa «Ali Baba» (1983) und den Stuhl «Varius» (1983). 1987 entwarf Tusquets den Holzstuhl «Gaulino» und ein Bücherregal, das auf der «documenta 8» in Kassel zu sehen war.

Geschirr «Victoria» in der Kollektion «Follies» für Driade. Foto: Leo Torri

Für → Driade entwarf Tusquets das Geschirr «Victoria» und das gleichnamige Besteck. Für die Kollektion «Aleph Solaria», die er zwischen 1988 und 1991 für Driade realisierte, schuf er die Stühle «Abanica» (1989) und «Lucas» (1989) sowie die Tische «Gacela» (1991), «Astrolabio» (1988) und «Tabula Magna» (1991). Zu Tusquets' jüngsten Entwürfen gehört ein Objekt in der 1993er Milchglas-Kollektion von → Ritzenhoff. Oscar Tusquets verfaßte zahlreiche Schriften zur Kunstgeschichte, z.B. «Gotische Architektur Kataloniens» (1968), die dem katalanischen → Design und der Architektur zu einer nationalen Identität verhalfen. Tusquets' Designentwürfe wurden 1974, 1979 und 1980 vom ADI FAD ausgezeichnet, 1988 wurde sein Gesamtwerk mit dem Premio Nacional de Diseño geehrt.

Twergi → Alessi

U

Ultima Edizione

Die italienische Firma wude 1986 gegründet und spezialisierte sich auf die Wiederverwendung antiken Marmors (Bruch- und Abrißstücke aus der ganzen Welt) für das → Design avantgardistischer Objekte und Möbel. In der Kollektion «Architectural Marbles» präsentiert Ultima Edizione Entwürfe von → Gae Aulenti (Marmorbank «Panca»), Giusti und Di Rosa (Marmorbrunnen, Waschbecken und Marmorbalustraden), → Ettore Sottsass (Marmorbank «Rococo»), Guido Venturini (Marmorbank «Selfportrait with Monkeys») und Marco Zanini (u.a. Marmorwanne «Atlantide», Marmorportal «Colonne o Colonnine» und Balustraden «1/2»).
Die Kollektion «Interiors» enthält Arbeiten von Aldo Cibic (Tisch «Gastone»), → Massimo Iosa-Ghini (Tisch «Berlino»), Ettore Sottsass (Tische «Francoforte» und «Colonia»; beide limitiert auf 16 Exemplare; Tisch «Primavera» sowie die auf 30 Exemplare limitierten Spiegel «Barbara», «Isa», «Ursula», «Gail» und «Deldiavolo»), Giusti und Di Rosa (Tische «Cristallo», «Ottagono» und «Solferinoquadro»), Marco Zanini (Tische «Orlando» und «Metelo») und → Marco Zanuso (Tische «Side» und «Coffee»).
Leuchten schufen für Ultima Edizione Aldo Cibic («Botero Piccola»), Cappelli & Ranzo («Quore»), Ugo Marano («Ucello di Ferro») und Marco Zanuso («Olivella»); Objekte aus Marmor (zum Teil in limitierter Auflage) stammen u.a. von Martine Bedin, Aldo Cibic («Weel»), Johanna Grawunder, Gregotti Associati («Schale «Base»), Massimo Iosa-Ghini (Schalen «Portafrutta 2» und «Portapenne 2»), → Vico Magistretti (Schale «Lazy Susy»), Mike Ryan, Ettore Sottsass (Schale «Portafrutta» sowie Objekte «Microarchitetture» und «Perlione Piccolo»), Marco Zanini (Kerzenleuchter «Portacandela») und Marco Zanuso (Vasen «Gabriele 1–3»).

Unifor

Die aus dem Unternehmen → Molteni hervorgegangene italienische Firma Unifor wurde 1970 gegründet und hat sich vor allem durch technisch ausgereifte Büromöbelsysteme (u.a. «Modula 3», «Progretto 25» oder «Misura») einen Namen gemacht. Zu den ausgereiftesten Systemen gehören die Serien «Master», das Tisch- und Schreibtischsystem«Mats» (von → Afra und Tobia Scarpa), «Misura ST» (von Luca Meda), «Mood» (von Fernando Urquijo/Giorgio Macola) und «I Satelliti» (von F & L Design; mit speziellen, höhenverstellbaren Computertischen und modularen Anbauelementen wie farbigen Schreibunterlagen oder Bildschirmständern). Weitere Entwürfe stammen von Bob Noorda, Franco Mirenzi, Luca Meda, Tobia und Afra Scarpa (Stapelstuhl «Filo»; Tisch-/Stuhlkombination «Menu»), → Richard Sapper («Secrétaire»; mit PC-Workstation) und → Aldo Rossi («Sofa und Armsessel «Parigi»; mit sichtbarer Aluminiumstruktur).

Unikat (von lat. unicus = einzig)

Im Gegensatz zum Prototyp, der einer industriellen Serienproduktion vorausgeht, wird mit Unikat ein von vornherein als Einzelstück geplanter Gegenstand bezeichnet, der keine weitere Produktion nach sich zieht. Ein Unikat ist ein Original, von dem keine Kopie existiert. Unikate finden sich vornehmlich im → Kunsthandwerk.

Unit One → Nash, Paul

Up & Up

Die italienische Marmor- und Steinverarbeitungsfirma wurde 1968 von Volferro Tonlorenzi gegründet, der bis dahin über 25 Jahre lang für → Olivetti gearbeitet hatte. Die ersten Produkte waren Entwürfe der beiden Architekten Giusti und Di Rosa, denen sich später die Designer → Sergio Asti, Klaus Hacke und J. Wichers anschlossen. International erfolgreich war die Firma in den sechziger Jahren mit der Kollektion «Oggetti inutili» («Unnütze Objekte») und später mit Entwürfen von → Michele de Lucchi, → Ettore Sottsass, → Matteo Thun und Marco Zanini, die in erster Linie Tische aus Marmor schufen.
Mit dem Ausscheiden von Giusti und Di Rosa übernahm 1985 → Adolfo Natalini die künstlerische Leitung der Firma und verantwortete eine Produktpalette, die von Marmorkaminen, Brunnen und Marmorbänken bis hin zu Sanitärobjekten reichte. So kreierten → Mario Bellini, Michele de Lucchi oder Ettore Sottsass u.a. Kamine oder → Andrea Branzi eine Duschkabine, die zusammen mit seiner Marmorbank erfolgreich auf der Ausstellung «Il dolce stil nuovo» im Palazzo Strozzi in Florenz gezeigt wurde. Gegenwärtig präsentiert Up & Up die Kollektionen «Tavoli e console», «Tavolinetti librerie» und «Fontane, Camini, Panche».
Herausragende Entwürfe stammen von Sergio Asti (Tisch «Alice's»), Andrea Branzi (Tisch «Quadro», Brunnen «Martina»), Mario Bellini (Bank «Forte Rosso»), H. U. Bitsch, → Achille Castiglioni (Tische «Ovale del Giardiniere» und «Ipaz»; Brunnen «Fontana» und «Fontina»), Klaus Hacke (Tisch «Hacke Scrivania»), Michele de Lucchi (Tisch «Kampur»; aus weißem und schwarzem Marmor, Tisch «Calcutta»; Bank «Delhi»), G. Lazzotti, → Alessandro Mendini (Tische «Tempiello Alto» und «Libreria»), Alberto Natalini (Tische «Antiquaria» und «Fanti»), Giusti und Di Rosa (Tisch «Brugiana»; Blumenständer «Colonnina»), Luca Scacchetti (Kamin «Camino»), → Danilo Silvestrin (Konsole «Amanta»), Ettore Sottsass (Spiegeltisch «Specchiera damecuta»; Tisch «Jaipur»; Bank «Hydebarad»), T. Valentyn, Matteo Thun (Brunnen «Colleoni») und Marco Zanini (Tische «Mesarosso» und «Mesaverde»).

USM Haller → Haller, Fritz

V

Vallien, Bertil (*1938 Stockholm)

Der schwedische Glasdesigner Bertil Vallien wurde von 1957 bis 1961 am National College of Art, Craft and Design in Stockholm ausgebildet. Aufgrund eines Stipendiums bereiste er von 1961 bis 1963 die USA und Mexiko und arbeitete ab 1963 für → Kosta Boda. Sammlungen seiner Arbeiten wurden ins Stockholmer National Museum, ins New Yorker Corning Museum, ins Londoner Victoria and Albert Museum sowie ins Pariser Musée des Arts Décoratifs aufgenommen. Vallien verwendet bei seinen Entwürfen verschiedene Techniken (er gießt, bläst oder sandstrahlt), mischt sie bisweilen mit anderen Materialien oder spielt mit Netz- und Linieneffekten. Berühmt wurden seine bootförmigen Glasskulpturen mit mythologischen Motiven und seine Glasserien für Kosta Boda (zusammen mit Ulrica Hydman-Vallien), wie «Antikva», «Birdy», «Meridian», «Network», «Open Minds» oder «Wind Pipes». 1993 entwarf Vallien für Kosta Boda die Flaschen- und Schüsselserie «Satellite».

Kollektion «Meridian» für Kosta Boda. Foto: Kosta Boda

Velde, Henry Clément van de (*1863 Antwerpen, †1957 Zürich)

Der niederländische Architekt, Maler und Designer Henry van de Velde studierte von 1881 bis 1884 Malerei an der Académie des Beaux Arts in Antwerpen, von 1884 bis 1885 bei Carolus Duran in Paris. 1889 wurde van de Velde Mitglied der avantgardistischen Künstlervereinigung «Les Vingt». Nach einer kurzen Phase als nachimpressionistischer Maler wechselte er 1890 unter dem Einfluß der Theorien → William Morris' zur Architektur und zum → Kunsthandwerk über und entwarf seitdem zahlreiche Interieurs. Seit 1893 illustrierte er die Zeitschrift «Van nu en straks» und entwarf Schriften und Buchschmuck als Beitrag zum → Jugendstil. 1901 wurde van de Velde künstlerischer Berater des Großherzogs von Sachsen-Weimar, von 1906 bis 1914 war er Leiter der Kunstgewerblichen Lehranstalten in Weimar, die er 1902 als Seminar initiiert hatte und aus denen später das → Bauhaus hervorging.
1907 zählte van de Velde neben → Hermann Muthesius, → Peter Behrens, → Bruno Paul und → Richard Riemerschmid zu den Mitbegründern des → Deutschen Werkbundes. Van de Velde emigrierte 1917 in die Schweiz, und zog 1921 in die Niederlande, wo er u.a. für das Ehepaar Kröller-Müller arbeitete und erste Entwürfe für das heutige Kröller-Müller-Museum in Otterloo zeichnete. 1925 gründete van de Velde in Brüssel das Institut Supérieure d'Architecture et des Arts Déco-

ratifs, das er bis 1935 als Direktor leitete; gleichzeitig unterrichtete er Architektur an der Universität in Gent. 1937 und von 1939 bis 1940 entwarf van de Velde in Zusammenarbeit mit Victor Bourgeois und Léon Stijnen die belgischen Pavillons für die Weltausstellung in New York. Seit 1947 lebte Henry van de Velde wieder in der Schweiz.
Zu van de Veldes architektonischen Hauptwerken gehören das Haus «Bloemenwerf» in Uccle bei Brüssel (1892–95), die Innenausstattung des Karl-Ernst-Osthaus-Museums in Hagen (1900–02), das Werkbundtheater in Köln (1914), das Museum Kröller-Müller in Otterloo (1936–54) sowie die Universitätsbibliothek in Gent (1935–40). Als Innenausstatter gestaltete van de Velde das Tabakgeschäft der Habana Compagnie (1899), den Friseursalon «Haby» (1901) in Berlin sowie die Villa Hohenhof und Haus Springmann in Hagen, Haus Esche in Lauterbach/Thüringen, Haus Fröse in Hannover, Haus Türckheim und Haus Henneberg in Weimar.
Als Designer entwarf van de Velde Möbel, Gebrauchsgegenstände, Bucheinbände und Glas, die in ihrer neuen werk- und materialgerechten Prägung maßgeblich auf den Jugendstil einwirkten. Beim Möbelentwurf, meist parallel zu seinen Interieurdesigns, setzte er auf konstruktiven Aufbau, feingeschwungene Linienführung und ausgewogene Komposition der Elemente. Für sein Haus in Uccle entwarf van de Velde 1895 einen Eßzimmerstuhl aus Eiche, der heute im Museum Bellerive in Zürich ausgestellt ist. 1896 richtete er für die Galerie «La Maison de L'art Nouveau» des Kunsthändlers Samuel Bing in Paris vier Ausstellungsräume ein. Für die Ausstellung der Münchner Sezession 1899 gestaltete er ein «Arbeitszimmer» mit Schreibtisch, Stühlen, Akten- und Grafikschrank und Paravent. Im Trondheimer Nordenfjeldske Kunstindustrimuseum ist heute van de Veldes Lehnstuhl aus Padukholz von 1899 zu sehen, der erstmals in der Pariser Galerie «La Maison Moderne» ausgestellt worden war. Der bequeme, harmonisch geformte Sessel hat einen Batikbezug des niederländischen Malers Jan Thorn-Prikker, der die Konstruktionsprinzipien des Möbels auf grafische Weise wiederholt. Im Jahre 1904 entwarf van de Velde einen Schaukelstuhl aus Mahagoni mit Lederpolsterung, heute ausgestellt im Museum für Kunsthandwerk in Frankfurt am Main. Für das Speisezimmer in Haus Esche in Lauterbach entwarf er 1908 Möbel aus weißem Schleiflack sowie eine große Anrichte mit zwei runden Glasvitrinen, Eßtisch und -stühlen.
Henry van de Velde, der neben Möbeln auch → Art-Déco-Glas für die niederländische Leerdam-Company sowie Tapetenmuster entwarf, verfaßte wichtige theoretische Schriften, z.B 1925 «Les Formules d'une esthétique moderne» und 1931 das Buch «Le nouveau style», das 1955 auf deutsch erschien. 1962 wurde seine Biographie «Geschichte meines Lebens» veröffentlicht.

Venini, Paolo (*1895 Venedig, †1959 Venedig)

Der italienische Designer Paolo Venini gründete nach Abschluß seines Jurastudiums 1921 gemeinsam mit Giacomo Cappellin, Andrea Rioda und Vittorio Zecchin die Venini-Glaswerke in Venedig, die er ab 1925 allein führte. In den dreißiger Jahren begann der Designer, Glasentwürfe mit farbigen Effekten und Details zu versehen, meist in Form von dünnen weißen oder farbigen Linien, die in Klarglas eingebettet waren. Diese ersten mo-

derneren Objekte zeigte Venini 1933 auf der Mailänder Triennale.
Darüber hinaus verwendete Venini alte venezianische Techniken (oder modernisierte sie), um die Glassorten «Latticino», «Millefiori», «Vetro pulagoso» (klar, mit eingeschlossenen Luftblasen, 1928), «Vetro corroso» (1933), «Vetro sommerso» (1934) und «Vetro inciso» zu kreieren.
Zu Veninis berühmtesten Entwürfen zählt die «Fazzoletti-Vase» aus dem Jahre 1954, die auch als «Taschentuch-Vase» bekannt wurde. Sie besteht aus Vetro-a-filli-Glas, das über eine Form gegossen wurde, die man ab einem bestimmten Zeitpunkt entfernte, so daß das Glas leicht zusammensackte und die typische, blütenähnliche → Form entstand.
Ab 1948 arbeitete Venini mit F. Bianconi zusammen und entwickelte die Techniken «Vetro pezzato» und «Zanfirico». Als weitere Designer, die für Venini arbeiteten, sind → Giovanni Ponti, → Carlo und → Tobia Scarpa, → Franco Albini, Eugene Berman, → Tapio Wirkkala, Timo Sarpaneva, Ken Scott und → Massimo Vignelli zu nennen.
Nach dem Tod Veninis wurde die Firma von seinem Schwiegersohn Ludovico de Santillana erfolgreich weitergeführt.

Venturi, Robert (*1925 Philadelphia)

Der amerikanische Architekt und Designer Robert Venturi studierte von 1943 bis 1950 in Princeton und von 1954 bis 1956 an der American Academy in Rom. Nach seinem Studium arbeitete er bei → Eero Saarinen und Louis Kahn und lehrte an zahlreichen Architekturschulen (beispielsweise von 1957 bis 1965 an der Architekturfakultät der Pennsylvania University). 1958 gründete Venturi gemeinsam mit J. Rauch ein Büro in Philadelphia.

«Kaffee- und Teeservice» aus 925/1000er Silber (1983) für Alessi. Foto Alessi

Als Theoretiker machte sich Venturi vor allem durch seine beiden Schriften «Complexity and Contradiction in Architecture» (1966) und «Learning from Las Vegas» (1971) einen Namen, in denen er sich gegen den Internationalen Stil wendete und eine postmoderne (→ Postmoderne) Architektur- und Entwurfssprache propagierte. In «Contradiction» verfolgte Venturi einen semiotischen Ansatz und begriff Architektur als Zeichen, die nicht auf sich selbst, sondern auf etwas anderes verweisen. Dieses Erklärungsmodell nimmt auch in seiner Schrift «Learning from Las Vegas», die Venturi zusammen mit Denise Scott Brown und Steven Izenour verfaßt hatte, breiten Raum ein.
Zu Venturis architektonischen Hauptwerken zählen das Hauptquartier der North Penn Visiting Nurse Association (1960, mit W. Short), das Alterswohnheim Guildhouse in Philadelphia (1960-63, mit J. Rauch, P. Cope und H. M. Lippincott), das Haus für seine Mutter Vanna Venturi in Chestnut Hill (1961), die Benjamin-Franklin-Gedenkstätte in Philadelphia (1972) sowie das Humanities Building und Social Sciences Building der State University of New York (1970–77, mit J. Rauch). Als Designer entwarf Venturi 1983 für → Alessi das «Kaffee- und Teeservice» aus 925/1000er Silber, das Tablett «Campidoglio» und die Gläser «Dashes» für die Firma Swid Powell. Zu Venturis bekanntesten Möbelentwürfen gehören die Stühle «Biedermeier», «Gothic», «Art Déco» und «Art Nouveau» (alle bei → Knoll), die aus Bugholz und laminiertem bzw. furniertem Holz gefertigt wurden. Jedes Modell wies eine Rückenlehne mit durchbrochenem Gotik-, Biedermeier-, Jugendstil- oder Art-Déco-Motiv auf. Weitere Möbel bei Knoll sind die Stühle «Queen Anne» und «Sheraton» sowie der «Cabriole Leg Table» und «Urn Table».

Vereinigte Werkstätten für Kunst und Handwerk

Dieses Unternehmen für Möbeldesign und Inneneinrichtung ging 1898 in München aus mehreren Handwerksbetrieben hervor. In den Anfangsjahren, die ganz im Zeichen des → Jugendstil standen, waren international führende Künstler für die Vereinigten Werkstätten tätig, z.B. → Peter Behrens, Hermann Obrist, → Bernhard Pankok, → Bruno Paul, → Richard Riemerschmid, Paul Schultze-Naumburg. 1907 wurde das Unternehmen, zu dessen Programm neben Möbeln auch Textilien und Lampen gehörten, in eine Aktiengesellschaft verwandelt. Im selben Jahr unterstützten die Mitglieder tatkräftig die Gründung des → Deutschen Werkbunds. Die Vereinigten Werkstätten existierten bis 1991, als sie schließlich aus wirtschaftlichen Gründen aufgelöst werden mußten.
Die Produktpalette war stets auf ein wohlhabendes Publikum ausgerichtet, wobei einem entsprechend konservativen Geschmack Rechnung getragen wurde.
Die schweren, eleganten Möbel von Paul Ludwig Troost, die in den zwanziger Jahren bevorzugt zur Innenraumgestaltung von Ozeandampfern herangezogen wurden (sog. Dampferstil), stellen ein charakteristisches Beispiel dar. Eine gewisse Ausnahme bilden dagegen die «Typenmöbel» (1908) von Bruno Paul, die solide Qualität zu einem günstigen Preis für breite Bevölkerungskreise offerierten.
In den achtziger Jahren kooperierten die Vereinigten Werkstätten mit verschiedenen Avantgarde-Designern, wodurch sich das Ende jedoch nicht abwenden ließ.

Versace, Gianni (*1946 Reggio Calabria)

Gianni Versace studierte nach einer technischen Ausbildung von 1964 bis 1967 Architektur. Parallel beschäftigte er sich als Autodidakt mit Modedesign. Von 1968 bis 1972 war Versace Modeeinkäufer in London und Paris und ging anschließend nach Mailand, wo er für Modehäuser wie Calaghan, Complice und Genny entwarf. 1978 gründete er in Mailand ein eigenes Studio und präsentierte im selben Jahr seine erste Damenkollektion. Ende der siebziger Jahre eröffnete Versace seine erste Boutique in Mailand, von denen es heute weltweit mehr als 125 Geschäfte gibt. 1981 präsentierte der Designer sein erstes Parfum. Seit Anfang der achtziger Jahre arbeitete Versace als Kostümdesigner (u.a. für die Mailänder Scala, für Maurice Béjart und ab 1989 für William Forsythe). 1992 entwarf er das Plattencover-Konzept der Elton-John-CD «The One».
Gianni Versaces Modestil gilt als romantisch-verträumt und zeigt sanfte, unaufdringliche Formen. In der Wahl seiner Stoffe gibt sich der Designer experimentierfreudig; so verwendete er in den letzten Jahren Kettenpanzer oder provokantes Latex. 1993 entwarf Versace für die → Rosenthal-«Studio-Linie» vier Dekore: «Le roi soleil» und «Le voyage de Marco Polo» auf Tellern und Tassen der Form «Polygon» sowie «Medusa» und «Barocco» auf «Mythos»-Tellern und -Tassen. Die bildhaftesten Darstellungen finden sich auf den Platztellern, die zu jeder Ausführung gehören. An römische Mosaiken, pompejanische Wandmalereien und nicht zuletzt an seine voluminösen Seidentücher erinnern die Motive. «Le voyage de Marco Polo» zeigt Chinoiserien, Pfauen und Pfauenfedern und – beinahe verborgen in die Fahnenornamentik eingebunden – Kamelreiter. «Barocco» erinnert an kunstvoll geschmiedete Tore barocker Schloßanlagen.
Gianni Versace nahm mit seinen Entwürfen an zahlreichen internationalen Ausstellungen teil, 1982 erhielt er für seine Damenkollektion den Golden Eye Award, ein Jahr darauf den Cutty Sark Award. Versaces Modedesigns sind im Museo Civico, Parma, im Rijksmuseum Amsterdam und im Metropolitan Museum of Art in New York ausgestellt.

Vignelli, Massimo (*1931 Mailand) und Lella (*1936 Udine)

Der italienische Grafiker und Designer Massimo Vignelli studierte von 1954 bis 1957 Architektur in Venedig. 1957 heiratete er Elena (Lella) Valle, die am Massachusetts Institute of Technology in Cambridge und in Venedig Architektur studiert hatte. Das Ehepaar gründete 1960 in Mailand ein gemeinsames Studio, wo sie Möbel, Glas, Schmuck, Plakate, Firmenlogos sowie Layouts für Zeitschriften und Bücher entwarfen. 1965 gingen die Vignellis nach New York, wo sie im selben Jahr die Firma Unimark International und 1971 ihre Firmen Vignelli Design und Vignelli Associates gründeten, die heute auch Büros in Mailand und Paris haben. Massimo Vignelli arbeitete darüber hinaus als Dozent in Mailand und Venedig sowie an der Columbia University in New York, am Illinois Institute of Technology in Chicago und am Philadelphia College of Art.
Als Grafikdesigner wurden die Vignellis vor allem durch die → Corporate Identity für die Firmen → Knoll (1971 bis 1972), Lancia und die Hotelkette Ciga bekannt. → Logos kreier-

Sessel «Intervista» von Lella und Massimo Vignelli für Poltrona Frau. Foto: Poltrona Frau

ten sie für die American Airlines, für Bloomingdale's und die Zigarettenfirma True. Als Innengestalter entwarfen sie u.a. die New Yorker Showrooms für → Artemide sowie Räume des Minneapolis Institute of Fine Arts (1975) und der St. Peter's Church in New York. Als Designer schufen die Vignellis 1964 das Sofa «Saratoga D 85/2», das heute bei der Firma → Poltrona Frau im Programm ist. Das 1,50 m breite Sofa hat einen betont rechteckigen Holzrahmen und gilt mit seiner Polyester-Hochglanzlackierung als das erste Lackmöbel überhaupt. Ergänzend zum «Saragota» entwarfen die Vignellis Lack-Kommoden, -Regale und -Schränke sowie einen Sessel. Für Poltrona Frau kreierte das Designer-Duo seinen Sessel-Klassiker «Intervista» und den Tisch «Calice». Für Knoll entwarfen sie den Bürostuhl «Handkerchief» (1990). Weitere Entwürfe fertigten sie für die Firmen Acerbis (Tisch «Sevenissimo», 1985), Heller (Besteck «Max 1», 1972), Morphos, → Rosenthal, Sasaki Crystal und Sunar.
Massimo und Lella Vignelli nahmen mit ihren Designs an vielen internationalen Ausstellungen teil. Sie erhielten u.a. 1964 den → Compasso d'Oro, 1973 den Preis für Industriekunst des American Institute of Architects und 1983 die Medaille des American Institute of Graphic Arts (AIGA).

Villeroy & Boch

Das Unternehmen wurde 1748 von François Boch als kleine Töpferwerkstatt in Audun-le-Tiche gegründet und produzierte erfolgreich rustikales Gebrauchsgeschirr. 1936 fusionierte die Familie Boch mit Villeroy, was zur Erweiterung des Absatzmarktes und zur Diversifikation in der Produktion führte. 1842 begann man mit der Herstellung von Fliesen,

1843 wurde eine Cristallerie an der Saar gegründet, um das Angebot der Tischkultur zu vervollständigen. 1856 kaufte man eine Mosaikfabrik in Mettlach, in der mehrere Jahrzehnte lang erfolgreich Steinfliesen für Wandverkleidungen hergestellt wurden.
Um die Jahrhundertwende kamen die Produktion von Waschgeschirren und die Sanitärabteilung hinzu, die Objekte aus Feuerton (schamotthaltige Keramik) herstellte. Bis Mitte der dreißiger Jahre produzierte Villeroy & Boch Geschirr, Gefäße, Stürzformen, Zierkeramik (Figuren, Vasen, Leuchter, Wandteller u.ä.), aber auch Waschtische, Toilettenschüsseln oder Baukeramik (vor allem Wandfliesen und Fliesengemälde).
Ab 1930 ließ man einige der traditionellen Geschirrformen und Dekore entweder im werkseigenen Atelier oder durch externe Designer wie Jean Beck oder → Hermann Gretsch umgestalten. Gretsch überarbeitete beispielsweise die bewährte «Kugelform» von Villeroy & Boch und schuf mit den → Formen «3480» (zylindrische Form, oben und unten abgerundet, Schottenmuster mit gelben, roten und dünnen schwarzen, sich rechtwinklig kreuzenden Streifen) und «3460» zwei Geschirre, die den Leitlinien des → Deutschen Werkbundes ideal entsprachen.
In der Nachkriegszeit arbeitete Villeroy & Boch mit Designern wie Helen von Boch, Federigo Fabbrini, Michèle Bernard, Isabelle de Borchgrave, Maggy Chamsaur, → Luigi Colani oder → Frogdesign zusammen. Colani schuf 1973 die «Kollektion Colani» – mit organisch (→ Organisches Design) gestalteten Sanitärkörpern (u.a. Waschtisch, Handwaschbecken, Bidet, Klosett, Eck- und Sitzduschwanne). Frogdesign entwickelte die Kollektionen «Stratos», «Helios» und «Zenith» (mit der Form des Halbzylinders und einem metallisierten Bügel als wiederkehrenden Elementen sowie einem spektakulären Duschtower aus Edelstahl). In den «Editionen» (seit 1988) von Paloma Picasso stellte Villeroy & Boch Keramik für Badezimmer vor (in der «Edition No. 1» mit weißen Relieffliesen in Kassettenform und ausdrucksstarken Reliefbordüren; in der «Edition No. 2» mit dekorativen Themen aus der Renaissance und einem metallisch grün glänzenden Löwenkopf im Patina-Look). In den «Editionen» von Wolfgang Joop finden sich Fliesenkollektionen mit Perlmuttschimmer, Gold- und Platineffekten oder im Trompe-l'œil-Stil (Serie «Prestige»).
Im Bereich «Geschirr/Kristall» bat Villeroy & Boch 1987/88 Studenten der Meisterklasse für Keramik und Produktgestaltung an der Wiener Hochschule für angewandte Kunst (Leitung: → Matteo Thun), eine Geschirrkollektion zu entwerfen, die unter dem Motto «Spirit of the USA» stand. In limitierter Auflage (maximal 50 Exemplare pro Serie) wurden 1988 zehn Geschirr-Editionen produ-

Service «American Football» in der Kollektion «Spirit of the USA». Entwurf: Johanna Schmeiser. Foto: Villeroy & Boch

Säulenwaschtisch des Programms «Zenith», entworfen von Frogdesign. Foto: Villeroy & Boch

ziert, darunter Arbeiten von Sascha Eselböck, Margit Deuz («Liberty»), Maria Wiala («Catch the Line»), Renate Hattinger, Klara Obereder, Johanna Schmeiser («American Football»), Ali Scherhaufer, Richard Schütz und Michaela Lange. Einen ähnlichen Wettbewerb schrieb Villeroy & Boch auch unter dem Motto «Spirit of Europe» aus. Zu den jüngsten Produkten von Villeroy & Boch gehört die Badkollektion «Tiora» (1993), entwickelt von Frogdesign (und 1993 vom Design-Zentrum Nordrhein-Westfalen ausgezeichnet mit dem Roten Punkt für höchste Designqualität), sowie eine neue Generation schneidbarer Waschtische aus Keramik («Virage», 1993).
Hervorstechendes Designelement der von Reiner Moll entworfenen Kollektion ist die Asymmetrie beim Einzelwaschtisch und die sich wieder ergebende Symmetrie beim Doppelwaschtisch. Der spiralförmige Schwung im Beckenverlauf ist nicht nur das ästhetische Hauptmerkmal, sondern zugleich eleganter Funktionsträger.
Die in das Becken verlaufende Spirale ermöglicht es, eine nicht sicht-bare Stelle mit dem Überlaufloch zu versehen und damit die Ästhetik nicht zu beeinträchtigen.

Vitra

Die Firma Vitra, die sich aus dem 1934 von Willi Fehlbaum gegründeten Ladenbauunternehmen Graeter entwickelte, wurde 1950 in Weil am Rhein gegründet und stellte in den ersten Jahren vorwiegend Stühle her. 1957/58 wurde die Lizenzproduktion der → Herman Miller Collection mit Möbeln von → Charles und Ray Eames sowie → George Nelson aufgenommen. (Modelle der Designer werden heute in einer eigenen Kollektion reediert (→ Reedition), darunter die «Segmented»- und «ContractTables» (1964) von Ray und Charles Eames, der «Fiberglass Chair», die «Plywood Group», der «Lounge Chair», die «Soft Pad Group», die «Aluminium Group» und das Sitzsystem «Tandem Seating». In der Nelson Kollektion werden derzeit das «Marshmallow»-Sofa (1956), der «Coconut»-Stuhl (1956) und diverse Tische von George Nelson angeboten.
Ab 1967 produzierte Vitra serienmäßig den ersten Vollkunststoff-Stuhl, den vom dänischen Designer → Verner Panton entwickelten «Panton Chair». 1976 präsentierte Vitra die erste eigene Bürostuhl-Entwicklung: Der von Wolfgang Müller-Deisig entworfene Stuhl «Vitramat» gilt als einer der ersten deutschen ergonomischen Bürostühle (der-

zeit als «Vitramat 100» und in den Varianten «200» bis «500» im Programm).
In den siebziger und achtziger Jahren forcierte Rolf Fehlbaum, der Sohn des Gründers, die Zusammenarbeit Vitras mit Avantgarde-Designern und internationalen Architekten, darunter → Emilio Ambasz, → Ron Arad, → Mario Bellini (der heute eine eigene Möbel-Kollektion bei Vitra hat), → Antonio Citterio, Ginbande Design, → Frank O. Gehry oder Dieter Thiel. 1982 wurde das «Dorsal»-Programm eingeführt, ein universelles System von Objekt- und Arbeitsstühlen, das speziell für die Arbeitswelt entworfen wurde. 1986 übernahm Vitra alle Rechte an den Eames- und Nelson-Modellen für Europa und den Nahen Osten. 1987 gründete die Firma die «Vitra Edition», die bewußt für die Kleinserienfertigung (→ Kleinserie) konzipiert war und Freiraum für Experimente mit neuen Materialien und Technologien ließ. 1989 eröffnete Vitra das von Frank O. Gehry entworfene «Vitra Design Museum», das seitdem Worshops und Ausstellungen in Zusammenarbeit mit internationalen Museen und Institutionen durchführt. Mit über 1500 Objekten bietet die Vitra-Sammlung eine der weltweit wichtigsten Dokumentationen des Möbeldesigns im 19. und 20. Jahrhundert. Auf dem Vitra-Firmengelände realisierte Tadao Ando 1993 einen Konferenzpavillon, → Zaha Hadid das Vitra-Feuerwehrhaus und Alvaro Siza eine neue Fabrikhalle.
Gegenwärtig produziert Vitra die Kollektionen «Vitra Office» mit Arbeiten u.a. von Emilio Ambasz/→ Giancarlo Piretti («Dorsal»-Programm), Mario Bellini (Bürostuhl-Familie «Persona», «Figura», «Imago» und Büromöbelprogramm «Metropol») und Antonio Citterio (Wartezonen-System «Area»; zusammen mit Glen Oliver Loew). Darüber hinaus produziert Vitra diverse Einzelkollektionen: «Bellini Collection» (u.a. Freischwinger «Onda» und Stahlrohrstuhl «Summa»), «Citterio Collection» (stufenlos verstellbare Bürostühle «AC 1/2», Freischwinger «AC 3»), «Gehry Collection» (Wellkarton-Möbel «Side Chair», «Wiggle Side Chair», «Dining Table», «Low Table Set» – alle 1972/1992), «Morrison Collection» («Sofa», 1992; «Benches», 1992), «Šipek Collection» («Šipek

«Persona»-Gruppe von Mario Bellini. Foto: Vitra

«W. W. Stool» von Philippe Starck.
Foto: Hans Hansen

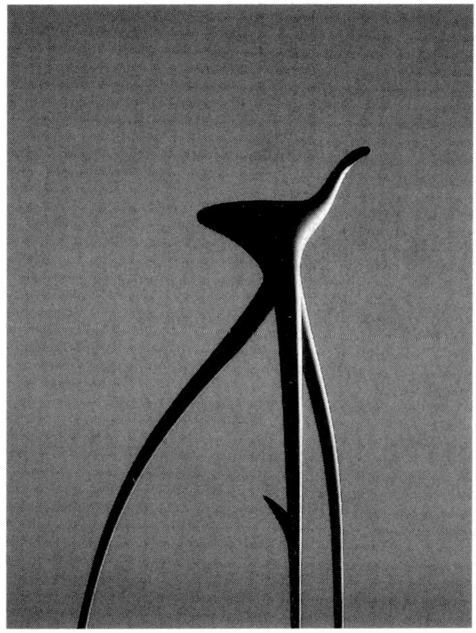

Office», 1992 – eine Arbeitstisch-Konfiguration aus unterschiedlichen Ebenen in Muschel- und Flügelform; Sideboard/Stehpult mit Rolladen, 1992; Stuhl «Sedlak», 1992) und die «Starck Collection» (Stuhl «Louis 20», 1992, Rücken, Sitz und Vorderbeine aus Kunststoff, Hinterbeine aus Aluminium). Roy Fleetwood schuf für Vitra sein dreisitziges Sofa «Wing» – auf einem freitragenden Stahldraht-Trägergestell (matt verchromt) mit zwei beweglichen Glasablagen.
In der «Vitra Edition» finden sich Möbel von Ron Arad («Well-Tempered-Chair», 1986/87; aus gefaltetem und zusammengeschraubtem Stahlblech; «School Chair», 1987/88; aus Aluminiumbändern; «Schizzo», 1989; aus geformten Multiplex-Profilteilen, verbunden durch Stahlrohre), Richard Artschwager (Zwei-Personenstuhl «Chair/Chair», 1986/87), Coop Himmelblau («Vodöl», 1989), → Paolo Deganello («Documenta Chair», 1987), Frank O. Gehry (Wellkarton-Sessel «Little Beaver», 1987), Ginbande Design («Tabula Rasa»; durch Scherenmechanik verbundene Sitzbank und Tischkonstruktion), → Shiro Kuramata (Sessel «How high the moon»; aus verchromtem, verformtem Streckmetall-Netz, 1986/87), → Alessandro Mendini (Sessel und Sofa «Maracuta», 1988), → Jasper Morrison («Ply Chair», 1987; «Ply Table», 1990), → Gaetano Pesce («Green Street Chair», 1984/86; mit fiberglas-armiertem Sitz-/Rückenteil und acht höhenverstellbaren Metallstangen mit Kunststoffüßen), → Borek Šipek (Stuhl «Ota Otanek», 1988; mit Rückenteil aus gehämmertem Kupferblech; Skulptur «Wardrobe», 1989/91; «Papierkorb» aus Stahlblech, 1989), → Ettore Sottsass (Stuhl «Teodora», 1986/87; mit weiß-grau beschichtetem Kunststoff-Laminat und ergonomisch geformtem Plexiglasrücken) und → Philippe Starck (Hocker «W. W. Stool», 1992; aus Aluminium-Sandguß, mit drei schlanken, organisch geschwungenen Beinen, die sich nach oben hin zu einer Sitzfläche mit Armstütze verbinden).

Vorwerk

Die 1883 gegründete Firma, die vor allem durch ihre traditionellen Teppichböden und Staubsauger bekannt wurde, stellte erstmals 1988 mit ihrer Kollektion «Dialog» Teppichentwürfe von namhaften Künstlern und Architekten vor, darunter Hans-Ullrich Bitsch, → Coop Himmelblau, → Arata Isozaki, Sam Francis, Milton Glaser, Roy Lichtenstein,

Teppichentwurf in der Kollektion «Dialog» von Michael Graves. Foto: Vorwerk

Peter Littmann, Sol LeWitt, → Norman Foster (pastellfarbenes Stufenmuster in drei Farbstellungen), David Hockney (mit Mustern, die wie zufällige Pinselstriche wirken), → Michael Graves (Blütenmuster in der Manier von Tapetenentwürfen des späten 18. Jahrhunderts), Gerhard Richter, Oswald Mathias Ungers (Dessins im Trompe-l'œil-Effekt, mit perspektivischen Türmen, deren Fensteröffnungen Licht und Schatten erzeugen) und → Matteo Thun (Muster aus amorphen Ringelementen, die durch ihre grelle Farbgebung Tiefe gewinnen). Diese Kollektion wurde durch hochwertige Werksentwürfe flankiert («Projection 1 und 2» sowie «Modena») und 1990 durch «Dialog 2» ergänzt (Entwürfe u.a. von → Milton Glaser, Jean Nouvel, → Richard Meier, Mimmo Paladino und → Zaha Hadid).
1991 präsentierte Vorwerk die Edition «Classic» mit Arbeiten von → Peter Behrens, → Josef Hoffmann, → Koloman Moser, → Joseph Maria Olbrich, → Richard Riemerschmid und → Henry van de Velde.
Die «Arterior»-Kollektion von Vorwerk ermöglichte es, sich David Hockneys tanzende Chiffren, die lyrischen Abstraktionen von Sam Francis, Richard Longs systematische Fußspuren, Günther Förgs intensive Rot-Orange-Malerei, Klaus Rinkes warmtonigen Farb-Form-Dialog oder Josef Paul Kleihues' reizvoll zusammengedrängte Flächenkomposition ins Haus zu holen.
Zu den aktuellen Kollektionen gehören die Serie «Graphic» (1993 – mit Arbeiten von Hans Kollhoff, → Michele de Lucchi, → Ettore Sottsass und → Oscar Tusquets), die Serie «Basic» (1993; u.a. mit Arbeiten von Rolf Heide) und die Serie «Woven» (1993; mit Entwürfen des Hamburger Architekten Jan Wichers).

Votteler, Arno (*1924 Freudenstadt)

Nach seinem Studium der Innenarchitektur an der Kunsthandwerksschule in Bonndorf (1948 bis 1951) arbeitete Arno Votteler bis 1954 als Designer bei Walter Knoll in Herrenberg, nahm dann aber erneut ein Studium auf (an der Kunstakademie Stuttgart), das er 1955 bei → Herbert Hirche als Innenarchitekt und Möbeldesigner abschloß. Von 1956 bis 1960 arbeitete er als freier Mitarbeiter bei Gutmann in London; 1959 war er Gründungsmitglied des Verbandes Deutscher Industriedesigner (VDID). 1961 nahm er eine Berufung an die Kunsthochschule Braunschweig als Professor für Industriedesign (→ Industrial Design) an und gründete im selben Jahr ein eigenes Designbüro (mit Schwerpunkt Schiffsausbau und Möbeldesign). Nach verschiedenen Gastdozenturen in Rio de Janeiro, Ahmedabad und Columbus wurde er 1975 an die Kunstakademie Stuttgart berufen, wo er 1980 das Institut für Innenarchitektur und Möbeldesign gründete. Als Leiter des Instituts war er mit unterschiedlichen Forschungsaufgaben beschäftigt und erarbeitete zahlreiche Publikationen zur Designgeschichte. Zu Vottelers erfolgreichsten Entwürfen gehören die Sessel «333 M» (1952) und «350» (1952) für → Knoll, die als Klassiker des Fünfziger-Jahre-Designs gelten; fener die Bürostuhlserie «H» (1980) und die Arbeits- und Besprechungsgruppe «Kollektion D» (1980) für Martin Stoll. Für die RTR-Büromöbelfabrik entwarf er 1984 das Chefbüro «Ponte».

Wagenfeld, Wilhelm (*1900 Bremen, †1990 Stuttgart)

Wilhelm Wagenfeld studierte von 1915 bis 1918 an der Kunstgewerbeschule in Bremen und von 1919 bis 1921 an der staatlichen Zeichenakademie in Hanau. 1923 ging er ans Weimarer → Bauhaus, wo er bis 1924 in der Metallwerkstatt bei → László Moholy-Nagy ausgebildet wurde. Ein Jahr darauf wurde er Assistent der Bauhochschule in Weimar, die er 1929 als Lehrer und Leiter übernahm. Seit 1930 war Wagenfeld freiberuflich als Designer u.a. für die Jenaer Glaswerke tätig, 1931 ging Wagenfeld nach Berlin, wo er bis 1935 auch als Dozent an der Staatlichen Akademie der Schönen Künste lehrte. 1935 wurde er künstlerischer Leiter der Lausitzer Glaswerke in Weißwasser, wo er – als erster Designer überhaupt – Glasobjekte für die großindustrielle Produktion schuf.

Wagenfeld führte bis dato unbekannte Qualitätsstandards ein und verhalf dem Berufsstand der Glasbläser zu neuem Ansehen. Von 1947 bis 1949 lehrte er an der Hochschule der Bildenden Künste, Berlin.

1950 zog Wagenfeld nach Stuttgart, wo er das Referat für Industrielle Formgebung im Württembergischen Landesgewerbeamt übernahm. 1954 gründete er dort die «Werkstatt Wagenfeld», ein Versuchs- und Entwicklungsatelier für Industriemodelle, das er bis 1978 betrieb.

Wagenfelds berühmtester Entwurf ist die «Tischleuchte WG 24», die er 1924 zusammen mit Karl J. Jucker für das Bauhaus entworfen hatte (heute in → Reedition bei der Firma → Tecnolumen). Die 36 cm hohe Leuchte, die in idealer Art und Weise dem Bauhaus-Grundsatz entspricht, Funktion, Materialgerechtigkeit und Form in Einklang zu bringen, hat eine Kuppel aus weißem Opalglas; Fuß, Säule und Einfassung sind aus

Streuer-Garnitur «Max und Moritz» und Eierbecher (um 1955), reediert bei WMF. Foto: WMF

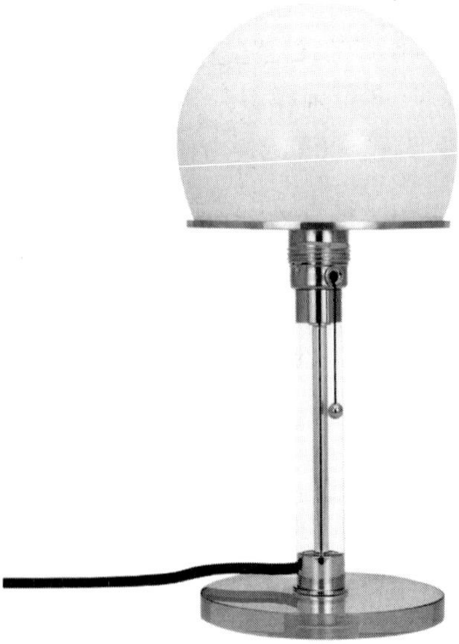

Tischleuchte von 1924, reediert von Tecnolumen. Foto: Tecnolumen

Metall und mit Klarglas umfangen. Ein weiterer prägnanter Entwurf von Wagenfeld ist der «Türdrücker Nr. WD 28 N», den er 1928 für die Firma S. A. Loewy in Berlin entworfen hatte (heute ebenfalls bei Tecnolumen im Programm). 1925 entwarf er eine Teedose (bei Tecnolumen), deren Metallzylinder in einem abgerundeten Schüttrand auslief. 1928 entwarf er einen Teewärmer aus lichtdurchlässigem Opalglas, im selben Jahr, während seiner Tätigkeit an der Bauhochschule Weimar, konstruierte er einen Wasserkessel (beide Objekte heute ebenfalls bei Tecnolumen). Für die Jenaer Glaswerke kreierte Wagenfeld 1931 ein Teeservice aus Glas, für die Lausitzer Glaswerke entwarf er die Trinkgläserserie «Tiefurt» (1937) sowie das 17teilige, stapelbare Geschirr «Kubus» (1938) aus farblosem Preßglas. 1952 präsentierte die Firma → WMF Wagenfelds Stahlgeschirr, u.a. verschieden große Tabletts, Salz- und Pfefferstreuer und eine Sauciere, 1961 die Vasenserie «7100». Weitere Entwürfe fertigte Wagenfeld für Adler (Schreibmaschine, 1955), Baumann, → Braun (Kofferradio «Combi», 1954), Hengstenberg, Hünersdorff-Bührer (Bowlenlöffel, 1955), Fürstenberg, Lausitzer Glaswerke (Pelikan»-Tintenfaß in Z-Form), Lindner, Lufthansa (Serviertabletts, 1955), Peill & Pulitzer, Walter & Walter sowie WMF. Für → Rosenthal entwarf er 1937 das Speiseservice «Daphne». Die Schüsseln hatten einen stark eingezogenen Standring und horizontal angebrachte Bandgriffe. Für Thomas entwarf Wagenfeld anläßlich des 50jährigen Bestehens der Fabrik das Service «Gloriana», das von 1953 bis 1961 produziert wurde. Wilhelm Wagenfeld erhielt eine Vielzahl von Auszeichnungen, z.B. zwei Große Preise der Pariser Exposition International, drei Medaillen der Mailänder Triennalen, 1968 die Heinrich-Tessenow-Medaille der Technischen Universität Hannover und 1969 den Gute-Form-Preis Hannover. Eine Sammlung von Wagenfelds Entwürfen befindet sich heute im Philadelphia Museum of Art.

Wagner, Otto (*1841 Wien-Penzing, †1918 Wien)

Otto Wagner studierte von 1857 bis 1863 in Wien und Berlin Architektur. Anschließend sammelte er erste Erfahrungen im Büro des Architekten Ludwig von Förster. Von 1894 bis 1912 war Wagner Professor an der Wiener Kunstakademie, von 1899 bis 1905 Mitglied der → Wiener Secession.
Zu Wagners wichtigsten Architekturprojekten zählen die Synagoge in Budapest (1871), das Haus am Schottenring in Wien (1877),

Postsparkassensessel (1904) für Thonet. Foto: Thonet

die Hochbauten und Stationen der Wiener Stadtbahn (1894/97), die Mietshäuser Linke Wienzeile (1899), der Ausstellungsraum der Tageszeitung «Die Zeit» in Wien (1902), die Landes-Heil- und Pflegeanstalt am Steinhof mit Kirche in Wien (1904–07), das Wiener Postsparkassenamt (1904–06), die Wiener Mietshäuser Neustiftgasse (1910) und Döblergasse (1912) sowie die Lupus-Heilstätte in Wien (1910–13).
Als Designer entwarf Wagner seit 1890 vor allem Möbel (ergänzend zu seinen Bauten), Gebrauchsgegenstände, Textilien, Silber, Glas und Schmiedearbeiten (Gitter für die Wiener Stadtbahn).
Ein prägnanter Entwurf ist seine Deckenleuchte «Tramway WTR 2» (1900). Die Leuchte, die heute bei der Firma Woka hergestellt wird, hat eine runde Messingfassung (30 cm Durchmesser) und eine Kuppel aus Milchglas. Wagners Möbelentwürfe sind heute z.T. bei der Firma → Thonet im Programm, wie beispielsweise der Tisch «Wiener Postsparkasse» (1900) aus schwarz gebeizter Buche mit polierten Messingbeschlägen und der Hocker «Postsparkasse» (1904), dessen Beine und Sitzrahmen aus gebogener Ulme bestehen (Sitz aus formgepreßtem Sperrholz).

Wallroth, Martin → Mawa

Wanscher, Ole (*1903 Kopenhagen, †1985 Kopenhagen)

Der dänische Möbeldesigner Ole Wanscher war nach einer Architektenausbildung Schüler und Mitarbeiter (1925–27) von → Kaare Klint. 1955 wurde Wanscher Professor an der Möbelschule der Kunstakademie in Kopenhagen.Wanschers berühmtester Entwurf ist der am Kolonial- und Shaker-Stil orientierte Sessel «PJ 149» (aus Mahagoni, Kirsche, Palisander und Esche, mit Lederkissen und geflochtenem Sitz aus gespaltenem Rohr). Ergänzend zum «PJ 149» hat Wanscher einen Hocker, ein zwei- und dreisitziges Sofa sowie einen Tisch entworfen. 1961 kreierte Wanscher für das Haus der Schriftstellerin Tania Blixen in Rungstedtlund den Stuhl «PJ 34» und den Tisch «PJ 24» (mit zwei Einlegeplatten). 1961/62 entwarf er den Sessel «PJ 301» mit grazilen Armlehnen und Rohrgeflecht in der Rückenlehne.
Wanschers Möbelentwürfe werden heute ausschließlich von der dänischen Firma P. J. Jeppensen hergestellt.

Wedgwood

Die Firma wurde 1759 von Josiah Wedgwood gegründet und stellte zunächst Steingutgeschirr her (u.a. «Queen's Ware»; mit grünen Blumenreliefs auf Goldgrund). 1774 fertigte Wedgwood für die Kaiserin Katharina II. von Rußland ein Eß- und Dessertservice mit 952 Teilen, das mit 1244 verschiedenen englischen Szenen handbemalt war. In dieser Zeit arbeitete die Firma eng mit Thomas Bentley zusammen, was zur Entwicklung der sog. schwarzen Basaltware führte, die Wedgwood für Reliefs, Büsten, Medaillons und Kameen, aber auch für Vasen und Tafelgeschirr verwendete. Später erfand Wedgwood das «Jasper» (oder «Jaspis»), ein gebranntes, feines Steingut ohne Glasur, das er blau, grün, lila, gelb, kastanie oder schwarz färbte, um einen wirkungsvollen Hintergrund für weiße Reliefs oder Porträts zu bekommen. Nach Josiah Wedgwoods Tod am 3. 1. 1795 sah sich das Unternehmen mehrmals durch wirtschaftliche Schwierigkeiten bedroht, konnte aber durch den Einsatz neuer Anlagen, durch die Einführung der ersten farbigen Steingutmasse oder durch die Herstellung von Knochenporzellan wichtige produktionstechnische Fortschritte erzielen. 1938 legte Josiah Wedgwood V. den Grundstein für ein neues Werk in der Nähe von Barlaston, das nach dem Zweiten Weltkrieg seine Produktion aufnahm (und bis heute Steingutwaren, Porzellangeschirr, Glaswaren, Vasen, Wandteller, Figuren u.ä. fertigt). Die fortschrittlichen Herstellungsverfahren, die dort möglich waren, wurden durch aktive künstlerische Gestaltung ergänzt.
So arbeiteten u.a. Glenys Barton, Edward Bawden, Richard Guyatt, Eric Ravilous, Arnold Machin, Keith Murray, Eduardo Paolozzi oder Rex Whistler für Wedgwood.

Wega → Sony

Wegner, Hans Jorgensen (*1914 Tønder/Jütland)

Der dänische Architekt und Designer Hans Wegner machte von 1927 bis 1931 eine Tischlerlehre in Tønder und studierte bis 1938 am Technologischen Institut in Kopenhagen Möbeldesign bei O. Moelgaard. Von 1938 bis 1943 arbeitete Wegner in den Kopenhagener Büros der Architekten → Arne Jacobsen und Erik Moeller. 1943 eröffnete er ein eigenes Architekturbüro in Gentofte, in dem er auch Möbel, Leuchten und Tapeten entwarf und dabei eng mit mehreren dänischen Werkstätten zusammenarbeitete, darunter Carl Hansen & Söhne sowie P. P. Møbler. Von 1946 bis 1953 lehrte Wegner darüber hinaus → Design am Technologischen Institut in Kopenhagen. Als Designer entwarf Wegner vor allem Stühle, wie den «Windsorstuhl» (1947), den man wegen seines fächerförmigen Rückenteils aus Holzstreben auch «Pfauenstuhl» nannte. 1949 entwarf Wegner den zusammenklappbaren Stuhl «JH 512», der heute bei der Firma Johannes Hansen im Programm ist. Der Klappstuhl besteht aus einem Eichengestell; Sitz und Rückenlehne sind mit Papierkordelgeflecht bespannt. 1951 gewann der «JH 512» auf der Mailänder Triennale den Großen Preis. 1970 kreierte Wegner den Stuhl «JH 701» (bei Johannes Hansen), dessen Gestell aus Stahlrohr besteht (Sitz und Lehne aus Esche natur). Weitere

Stuhl «4283» für Fritz Hansen.
Foto: Fritz Hansen

Entwürfe schuf Wegner für die Firmen A. P. Stolen, Andreas Tuck, Carl Hansen (Stuhl «Ypsilon», 1951; Stühle «CH 44» und «CH 47»), → Fritz Hansen («China»-Stuhl, 1944–50 in mehreren Varianten), Getama, I. Christiansen, → Knoll, Nordisk Andels-Eksport (Schaukelstuhl «J 16»), 1947), Ove Lander, P. Nielsen, P. P. Møbler (Stuhl «62», 1975), Ry-Mobler, Erhard Rasmussen und Salesco. Wegner erhielt für seine Entwürfe zahlreiche internationale Preise wie den Lunning-Preis oder die Eckersberg-Medaille sowie den Titel «Honorary Royal Designer for Industry». Exemplare seiner erfolgreichsten Stühle stehen heute im Kunstgewerbemuseum Kopenhagen, im Londoner Victoria and Albert Museum, im Nationalmuseum Stockholm, in der Nationalgalerie Melbourne und im New Yorker Museum of Modern Art.

Weil, Daniel (*1953 Buenos Aires)

Der Argentinier Daniel Weil studierte Architektur in Buenos Aires und Industriedesign (→ Industrial Design) in Großbritannien (von 1978 bis 1981 am Londoner Royal College of Art). Hier lernte er Gerard Taylor kennen, mit dem er seit 1985 zusammenarbeitet. Als einer der ersten Entwerfer, die die Veränderung der Designaspekte durch die Mikroelektronik berücksichtigten, entwarf Weil 1981 eine Reihe von Digitaluhren und -radios für die Firma Parenthesis. 1982 kreierte er das Radio «Andante» für Anthologie Quartett und machte durch skurril-verspielte und oft provokante Entwürfe wie das Radio «Small Door» von sich reden, das er in bunte Klarsichtfolie verpackte und an einen Drahtbogen hängte. Weitere Entwürfe schuf Weil für → Alessi, → Driade und → Knoll.

Wewerka, Stefan (*1928 Magdeburg)

Nach seinem Studium der Architektur Ende der vierziger Jahre und Projekten wie dem Entwurf der Bonner Jugendherberge (1951) und Konzepten für eine sog. Erdarchitektur beschäftigte sich Stefan Wewerka Anfang der sechziger Jahre mit Bildhauerei und Malerei.

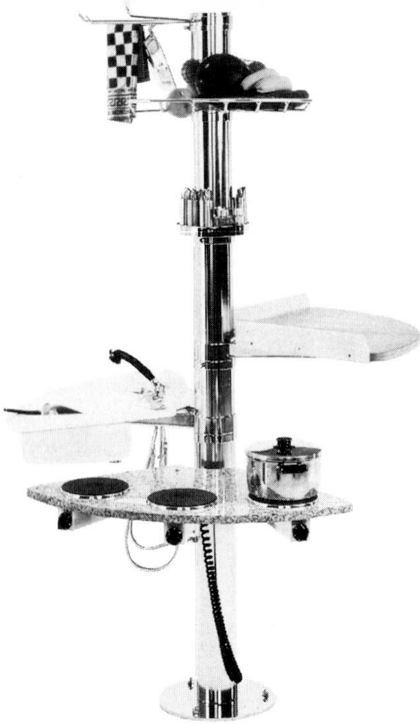

«Küchenbaum» (1984) für Tecta.
Foto: Tecta

In dieser Zeit stand er der Fluxus-Bewegung nahe und arbeitete mit den Künstlern Nam June Paik und Wolf Vostell zusammen. Seit 1970 beschäftigte sich Wewerka auch mit dem Medium Film.
Als Designer machte er erstmals Anfang der siebziger Jahre durch seine «Verfremdungen» – künstlerische Neueditionen von Stühlen, die er als ironisch verfremdete Kommentare verstand (z.B. «Klassenzimmerstühle», die in grotesker Schräglage einer imaginären Ohrfeige ausweichen sollten, oder seine «besitzbaren und nichtbesitzbaren Objekte») auf sich aufmerksam. Ab 1974 fertigte Wewerka zahlreiche Entwürfe für die Firma → Tecta in Lauenförde, z.B. den asymmetrischen fächerförmigen Eschentisch «M 1» (1979) und die dazugehörigen Stühle der Serie «B 1» («Asymmetriestühle»). 1982 entwarf er für Tecta den Stuhl «Einschwinger B 5», der aus einem 3,20 m langen Stahlrohr besteht, das ein Schwingen nach allen Seiten ermöglicht. Mit der Wohneinheit «Cella» und dem «Küchenbaum» (bei Tecta, 1983; eine stammähnliche Konstruktion aus Stahl, die auf sechs höhenverstellbaren und frei drehbaren Ebenen u.a. drei Herdplatten, eine Spüle, eine Ablage sowie Gewürzständer und Obst- und Gemüseschale beinhaltet) setzte Wewerka seine Designphilosophie um, auf kleinstem Raum maximal viele Funktionen zu bieten. Neben weiteren Entwürfen für Tecta (Tisch mit Container «M 2», 1979; Freischwinger «B 3», 1981) schuf er ein Besteck für → Alessi und Silberschmuck für Cleto Munari.

Wiener Secession (von lat. secessere = abspalten)

1897 spaltete sich in Wien eine Gruppe progressiver Künstler, Architekten und Designer unter Gustav Klimt, → Koloman Moser und → Otto Wagner von dem etablierten, zur Doktrin erstarrten → Historismus ab, vertreten durch das Wiener Künstlerhaus.
Statt dessen propagierte die Wiener Secession, die bezeichnenderweise auch «Genossenschaft der Jugend» genannt wurde, den → Jugendstil, so daß sich Wien innerhalb weniger Jahre zu einem seiner Hauptzentren entwickelte. Der Jugendstil wird in Österreich durch seine enge Verbindung mit der Wiener Secession auch als Sezessionsstil bezeichnet. Die wichtigsten Anregungen wurden durch das englische → Arts and Crafts Movement unter → William Morris und John Ruskin vermittelt, deren Arbeiten wiederum durch

eine von der Wiener Secession 1900 organisierte Ausstellung einem breiten Publikum bekannt gemacht wurden.
1898 kam es zur Gründung der Zeitschrift «Ver Sacrum», 1899 konnte das von → Joseph Maria Olbrich für die Wiener Secession entworfene Gebäude bezogen werden. 1903 ging aus der Secession die → Wiener Werkstätte hervor, deren umfangreiche Produktpalette vor allem → Kunstgewerbe in großer Bandbreite umfaßte. Nachdem Gustav Klimt, Koloman Moser, → Joseph Hoffmann u.a. die Wiener Secession 1905 verlassen hatten, verlor sie bald an Bedeutung.
Neben der Société des Indépendants (gegr. Paris 1884) und der Münchner Sezession (gegr. 1892) zählt die Wiener Secession zu den wichtigsten Sezessionsbewegungen in Europa, die sich gegen Ende des 19. und zu Beginn des 20. Jahrhunderts von den die alten Strukturen der Kunst repräsentierenden, traditionellen Künstlervereinigungen lossagten. Statt dessen leisteten sie durch ihre in die Zukunft gerichtete Haltung wertvolle Beiträge für die Entwicklung der Moderne. Sezessionen bestanden beispielsweise auch in Berlin (gegr. 1898), Dresden (1919–23) oder Darmstadt (1919–23).

Wiener Werkstätten

Diese Gemeinschaft von Künstlern und Kunsthandwerkern wurde 1903 in Wien von dem Architekten → Joseph Hoffmann, dem Maler → Koloman Moser und dem Bankier Fritz Wärndorfer ins Leben gerufen. Die Wiener Werkstätte ging aus der → Wiener Secession hervor, an deren geometrisches Formenvokabular (→ Form) des → Jugendstils sie unmittelbar anknüpfte. Neben der Herstellung von wertvollem → Kunstgewerbe, Gold- und Silberschmuck, Mode und Buchkunst wurden Möbel produziert und komplette Inneneinrichtungen durchgeführt. Das übergeordnete Ziel bestand in der künstlerischen Gestaltung aller Lebensbereiche, verbunden mit der wechselseitigen Durchdringung der Künste.
1905 kam Gustav Klimt von der Wiener Secession hinzu; die Wiener Werkstätte umfaßte in diesem Jahr bereits 100 Mitglieder. Das 1905 bis 1911 errichtete Palais Stoclet in Brüssel gilt als eines der wichtigsten Beispiele für den alle Ausstattungsbereiche umfassenden, frühen Stil der Wiener Werkstätte. An der sich durch eine geometrische, kubische Sachlichkeit auszeichnenden Gestaltung waren beispielsweise Gustav Klimt, Michael Powolny, Berthold Löffler, → Carl Otto Czeschka sowie die Bildhauer Richard Luksch und Franz Metzner beteiligt. 1907 führte die Wiener Werkstätte nach Plänen Hoffmanns den Bau und die Innenraumgestaltung des Theaters und Kabaretts «Fledermaus» in Wien durch. Auch die zugehörigen Plakate, Einladungskarten und Programmhefte zeigen die charakteristischen Stilmerkmale der Wiener Werkstätte, die sich im gleichen Jahr an der Gründung des → Deutschen Werkbunds beteiligte.
1908 traten Eduard Josef Wimmer und 1915 der Architekt und Designer Dagobert Peche ein, unter deren Einfluß sich die künstlerische Ausrichtung von geometrisch bestimmter Funktionalität in einen phantasievollen Ornamentstil (→ Ornament) veränderte, der sich von der praktischen Zweckmäßigkeit entfernte. 1914 wurde nach dem Ausscheiden Wärndorfers das Unternehmen in eine Aktiengesellschaft verwandelt, wobei die Bankiers Primavesi die Hauptanteile erwarben.

Die ungewöhnliche Linienstruktur und überbordende Ornamentik Peches wurden für die Wiener Werkstätte von nun an stilbildend. Unter Peche, Wimmer und Max Scuischek kam in den frühen zwanziger Jahren dem Mode- und Textildesign immer größere Bedeutung zu, sie hatten am Weltruf der Wiener Werkstätte maßgeblichen Anteil. Doch zunehmend war das verspielte, luxuriöse Dekor einer wachsenden Kritik ausgesetzt, die 1927 in einem scharfen Angriff des Architekten → Adolf Loos gipfelte. Bereits 1926 trat durch den Konkurs der Familie Primavesi eine erhebliche wirtschaftliche Schwächung der Wiener Werkstätte ein, die schließlich 1932 geschlossen werden mußte. 1939 erfolgte die Streichung aus dem Handelsregister. Während der sachliche, funktionale Stil Hoffmanns und Mosers dem Deutschen Werkbund und dem → Bauhaus wichtige Impulse verlieh, übten die dekorativen Gestaltungsprinzipien Peches und Wimmers auf das französische → Art Déco einen wichtigen Einfluß aus. Die Wiener Werkstätte zählt zu den bedeutendsten Zentren des → Kunsthandwerks im frühen 20. Jahrhundert.

Wiinblad, Bjørn (*1918 Kopenhagen)

Der dänische Illustrator, Bühnenbildner und Designer Bjørn Wiinblad studierte von 1940 bis 1943 an der Königlichen Kunstakademie in Kopenhagen. Von 1946 bis 1956 war er für die dänische Fayence-Fabrik Nymølle tätig. 1952 gründete er ein eigenes Atelier in Kopenhagen und schuf neben Kostümentwürfen für Theater- und Ballettinszenierungen sowie Bühnenbildern Entwürfe für Keramik, Tapeten, Textilien, Möbel und Geschenkartikel. 1972 erhielt er in Florenz eine Goldmedaille

Kaffeeservice «Romanze» (1959) für Rosenthal. Foto: Rosenthal

für eine → Rosenthal-Vasenserie, 1973 stellte er die gewebten Scheherazade-Teppiche für die Apparel Mart in Dallas fertig.
Für Rosenthal war Wiijnblad seit 1957 als freier Mitarbeiter tätig und schuf Entwürfe für Services und Dekore der «Studio Linie» (u.a. «Asimetria», «Zauberflöte» und «Scheherazade 1001 Nacht»), für Glasservice, Ziergläser und Bestecke (u.a. «Asimetria»).
Wiijnblad kreierte ferner eine Möbeledition («Die vier Himmelsrichtungen») und eine Keramikserie mit Vasen, Blumenübertöpfen und Leuchtern sowie Keramikentwürfe für die Rosenthal-Domus GmbH.
1975 schuf er den Künstlerteller Nr. 7, 1993, für die Sammelserie «Weihnachtslieder auf Porzellan» (bei Rosenthal), den Teller «Alle Jahre wieder».

Wilkhahn

Die Firma wurde 1907 von Christian Wilkening und Friedrich Hahne in Eimbeckhausen gegründet und stellte zunächst Stühle her, die dem Geschmack der wilhelminischen Zeit entsprachen. Erste Schritte zu einem designorientierten Unternehmen tat Wilkhahn Anfang der fünfziger Jahre, als sie mit Walter Heyn, dem Leiter der Deutschen Werkstätten, zusammenarbeitete und ihn mit der Entwicklung der «DeWe»-Kollektion beauftragte. Weitere Wegbegleiter der Firma zu einem Pionier zeitgemäßer Möbelgestaltung waren Tomás Gonda (Stuhl «227»; mit Sitzschale aus glasfaserverstärktem Polyester), → Herbert Hirche (Sessel «486»), Helmut Lohmeier (Stuhl «411»), Georg Leowald (Stuhl «351»), Roland Rainer («Stuhl «702»; aus Spezialstahlrohr) und Walter Papst.
In den sechziger Jahren suchte Fritz Hahne (der die Firma von 1946 bis 1982 leitete) eine stilistische Neuorientierung und fand mit Jupp Ernst, dem Leiter der Werkkunstschule Wuppertal, einen Designer, mit dessen innovativer Produktgestaltung sich das Programm der Firma wesentlich änderte. Tomás Gonda, Bernd Franck und Rolf Müller erarbeiteten ein neues visuelles Erscheinungsbild für Wilkhahn, das für mehrere Jahre Grundlage für die Gestaltung von Drucksachen, Messeständen u.ä. blieb. Ab 1960 begann eine sehr konstruktive Zusammenarbeit mit der → Hochschule für Gestaltung in Ulm. Friso Kramer entwarf 1965 das «Banksystem 120» (zweisitzige Schalen aus glasfaserverstärktem Polyester, Seitenteile Aluminiumguß), Hans Peter Piehl entwickelte 1966 das «Programm 300» (Tische, Stühle und Sessel aus

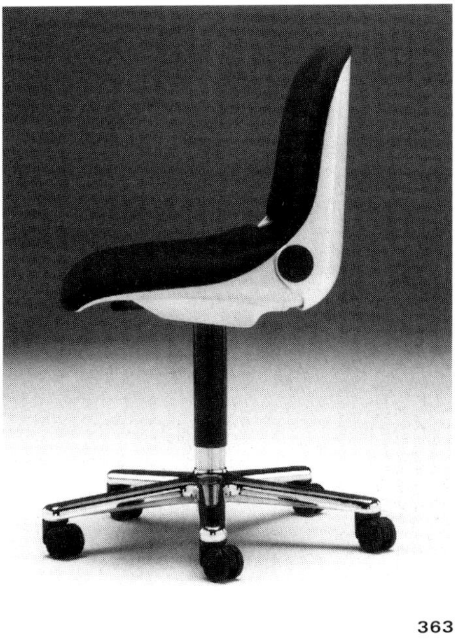

Drehstuhl «232» (1970) von Wilhelm Ritz. Foto: Wilkhahn

Stehhilfe «Stitz 2» von Produktentwicklung Roericht, Ulm. Foto: Wilkhahn

massivem Buchenholz, ausgezeichnet mit dem Bundespreis → Gute Form), die Gruppe «Delta-Design» – Michael Conrad, Detlef Unger und Henner Werner – entwarf 1968 das «Programm 2000».

1971 kam Klaus Franck als Leiter zu Wilkhahn, der noch im selben Jahr die «Wilkhahn-Designabteilung» gründete und mit dem Drehstuhl «232» von Wilhelm Ritz einen neuen Branchentrend einleitete. Der «232» hatte eine geteilte Sitzschale aus glasfaserverstärktem Polyester mit Gelenk zur stufenlosen Einstellung der Rückenlehnenneigung und wurde u.a. vom Haus Industrieform Hannover und vom Design Center Stuttgart ausgezeichnet. Ebenfalls erfolgreich war in den siebziger Jahren das «Programm 190» von der Gruppe → Studio Per (1976). 1980 wurde die von Klaus Franck und Werner Sauer entworfene «FS-Linie» (u.a. mit Drehstuhl «211», Freischwinger «212» und Besuchersessel «220») zum Vorbild für eine neue Bürostuhlgeneration.

1982 schuf → Herbert Ohl die «O-Line», zu der Stühle und Sessel in zwei Höhen sowie hohe und niedrige Tische gehörten. Darüber hinaus entwickelte Wilkhahn die Programme «Raum 900», «Pelerine» (Studio Per), das Sitzprogramm «Basis» (von Klaus Franck/Werner Sauer), die Tischserien «Lamina» (Franck/Sauer), «Thema» (Wiege-Design) und den Stapelstuhl «333» von Burkhard Schmitz (aus Rundholzstäben in Verbindung mit einer perforierten Polypropylenschale). Unter der Leitung von Rüdiger Lutz entstand ab 1990 ein Programm, das den Stuhl «Picto» (1992; Burkhard Schmitz und Frank Biggel), den Tisch «Palette» (1992; Wiege-Design) und die Stehhilfe «Stitz» (1991/92; Produktentwicklung Roericht) hervorbrachte.

Wirkkala, Tapio (*1915 Hanko, †1985 Esbo)

Der finnische Industriedesigner Tapio Wirkkala studierte von 1933 bis 1936 Bildhauerei an der Werkkunstschule in Helsinki. Nach dem Zweiten Weltkrieg arbeitete er als Glasdesigner bei Karhula-Iittala; von 1951 bis 1954 war er künstlerischer Leiter der Werkkunstschule Helsinki, 1955/56 Mitarbeiter im Designbüro von → Raymond Loewy in New York. 1955 gründete Wirkkala sein eigenes Designbüro und entwarf vor allem Glas, aber auch Leuchten, Bestecke und Steingut bzw. Porzellan (u.a. für die Porzellanfabrik Arabia in Helsingfors sowie seit 1956 für → Rosenthal). Als freier Designer arbeitete er außerdem für die → Venini-Glaswerke (seit 1959), für die Silberschmiede Christofle in Frank-

Kaffeeservice «Composition» (1961) für Rosenthal. Foto: Rosenthal

reich sowie für Airam, Hackman und Soinne & Knif (für die er 1951 seine mehrfach ausgezeichneten Holzbretter- und -tabletts schuf).

Bekannt wurde Wirkkala durch seine organischen (→ Organisches Design) Glasentwürfe, die oftmals Skulpturen ähnelten und den Zweck zugunsten der → Form zurückdrängten. So schuf er 1946 für Iittala- Glassworks seine «Kanttarelli»-Vasen, die mit ihrer gerippten Struktur und markanten Vasenöffnung der Natur nachempfundenen Blütenkelchen ähnelten. 1950 entwarf Wirkkala seine Eisblock-Vasen «Jäävuori» und «Jääpala», später die Glasobjekte «Paaderin Jää», die 1962 auf der Mailänder Triennale eine Goldmedaille gewannen.

Für Rosenthal schuf Wirkkala zahlreiche Schalen und Vasen (etwa «Aphrodite») in Porzellan und «Porcelaine noire» sowie Trinkgläser und Keramiken. Für die «Studio-Linie» entwarf er die Bestecke «Century», «Composition» und «Taille» sowie die Service «Century» und «Polygon». 1978 entwickelte er eine Wodka-Flasche für die Spirituosenfirma Finlandia. Für seine Arbeiten erhielt Wirkkala zahlreiche internationale Auszeichnungen, darunter 1951 den Luning-Preis, 1971 die Ehrendoktorwürde des Londoner College of Art und 1980 die Stockholmer Prinz-Eugen-Medaille. Seine Entwürfe befinden sich u.a. in den Staatlichen Kunstsammlungen Dresden, im Kunstgewerbemuseum Zürich, außerdem im Londoner Victoria and Albert Museum.

Besteck «Composition» (1961) für Rosenthal. Foto: Rosenthal

Wittmann

Die österreichische Firma wurde 1873 in Etsdorf gegründet und stellte in den ersten Jahrzehnten vorwiegend hochwertige Schaukelpferde her. Erst 1954 entstanden die ersten Sitzmöbel und 1956 eine → Kleinserie mit Polstermöbeln. In den sechziger Jahren entwickelte Wittmann das Schlafsofaprogramm «Denise» (mit patentierter Mechanik) und arbeitete mit Designern wie Werner Blaser, → Joe Colombo (Sitzgruppe «Central Living»), Ernst Deltinger, Jørgen Kastholm und Bruno Egger zusammen.

Anfang der achtziger Jahre entwickelte Wittmann zusammen mit Ärzten, Therapeuten und Baubiologen das von Gottfried Tschaiker überarbeitete «Grüne Bett» und die Kollektion «Grünes Schlafen», deren Möbel nach neuesten ökologischen Erkenntnissen hergestellt wurden.

In der Kollektion «Möbel Kunst Stücke» präsentierte die Firma Arbeiten von Andreas D. Christoforou (Verwandlungssofa «Clic»), Stefan Heiliger, Jochen Hoffmann, → Toshiyuki Kita (Tisch, Bistrostuhl und Sofaserie «Hop», Polstermöbelprogramm «Step», Tisch und Stühle «Vip»), → Peter Maly (Sessel und Sofa «Contur»), Torstein Nielsen, Gerald Nührig (Sessel «Santos»), → Paolo Piva (Sessel «Alta», «Aura», «Auretta», «Coupole» und «Wien-Wien»), Christian Ploderer, Boris Podrecca (Hochlehner, Sessel und Sofa «Atlantis») und Franz Rudl (Sofa «Colli»).

→ Borek Šipek entwarf Anfang der neunziger Jahre das Möbelprogramm «Pro J. P.» (eine Hommage an den Designer, Architekten und → Otto-Wagner-Schüler Joze Plecnic), das aus einem niedrigen und hohen Fauteuil, einer Bank und kombinierbaren Einzelelementen (mit Zwischentisch) besteht. Originell ist das Clipboard mit passendem Glas, das an die Holzknöpfe der Einzelelemente angesteckt werden kann. Das Gestell der Möbelserie besteht aus Schichtholzteilen aus Birne natur oder Buche schwarz (gebeizt und lackiert). Darüber hinaus produziert Wittmann in der Kollektion «Recreation Josef Hoffmann» Möbel nach Originalentwür-

Polstermöbelprogramm «Hop» von Toshiyuki Kita. Foto: Wittmann

fen des österreichischen Architekten, darunter die Polstergruppe für die Villa Gallia (1913), den Armsessel für das Palais Stoclet (1905), den Armsessel und das Sofa «Kubus» (1910), die Polstergruppe «Cabinet», die Stühle «Armlöffel» (1908), «Purkersdorf» (1903), «Villa Ast» (1910), «Biach Interview» (1905), «Fledermaus» sowie diverse Tische (die von Josef Hoffmann zwischen 1901 und 1907 entworfen wurden).

WK

Die 1912 von Arthur Schubert gegründete Interessengemeinschaft Deutsche Werkstätten für Wohnkunst begann als Zusammenschluß führender Einrichtungshäuser. 1913 schuf man die Marke «Deutsche WK-Möbel» und produzierte in den ersten Jahren Schlaf-, Arbeits- und Speisezimmer (u.a. Entwürfe von Lotte Klopsch). In den zwanziger Jahren gewann WK Paul Gießer als künstlerischen Berater, der 1927 das WK-Aufbaumöbelprogramm entwickelte. Besonders erfolgreich wurden in diesen Jahren die Möbelsysteme «WK 18», «WK 22» und «WK 27» (in kanadischer Birke, mit Birnbaum). In den dreißiger Jahren arbeitete WK mit Designern wie A. Lambrecht, C. Fischer, R. Frank (Programm «WK 85») oder B. Pfau zusammen. Nach dem Zweiten Weltkrieg begann eine mühsame Aufbauarbeit der WK-Gruppe, die 1948 in einer Gründungsversammlung zur Nachfolge des WK-Verbandes mündete. Ein erfolgreicher Neubeginn erfolgte dann mit dem von Otto Beringer entworfenen Programm «WKS 1» (1949), den sog. Sozialwerk-Möbeln – mit 25 verschiedenen Möbeltypen. Geschichte machte auch das «WK-Satink»-Wohnprogramm (1952) von Georg Satink, das erste zerlegbare Möbelprogramm «WKS 8 – Constructa» (1952) und die erste zerlegbare Küchenausstattung «WKS-Novita». Im Programm «WKS 2» (Eduard Levsen) machte der erste Schreib- und Zeichentisch mit höhenverstellbarer, neigbarer Schreibtischplatte von sich reden. Ende der fünfziger Jahre etablierte sich bei WK eine neue Designergeneration, unter ihnen der Schweizer Werner Buchser, der 1959 das vielseitig kombinierbare Korpus-System «WK mira» schuf.
Eine besonders wichtige Designer-Patenschaft begann 1963 mit Dieter J. Reinhold, der mit dem Programm «WK 470» einen langanhaltenden Trend schuf. Erfolgreich war auch das Regalsystem «WK 299» (1961) von Jürg Bally und die Küche «Triennale» (1960, von Antoine Philippon und Jacqueline Lecoq). Um breitere Zielgruppen anzusprechen, gründete WK 1960 die Tochtergesellschaft «Einrichtungsbedarf», die u.a. 1967 das

Sessel «WK chess 618» von Jan Armgardt. Foto: WK Wohnen

modulare Kindermöbelsystem «björn» von Hans W. Moje produzierte. 1965 wurde das Entwurfsatelier «WK Textil» gegründet, das unter Leitung von Fred Jörgens sämtliche Textilien herstellte, die im innenarchitektonischen Bereich Verwendung fanden. 1967 begann bei WK eine Ära designorientierter Kunststoffstühle (u.a. «WK unica» von André Vandenbeuck); im selben Jahr entwickelte Ernst Martin Dettinger das Kubussystem «WK 478». Die zum Teil mit Türen und mit Klappen versehenen Würfel waren weiß lackiert und hatten Griffleisten aus farbig gebeiztem Eschenholz. Mit der Element-Sitzgruppe «WK 550» machte Dettinger die Idee der Wohnlandschaft populär.
Ein weiteres Kubus-Programm («WK 444») kam 1975 von Dieter J. Reinhold auf den Markt: eine verfeinerte Einzelmöbel-Idee mit vielen perfekten Details (Oberflächen aus lichtgrauem Lack, Ostindisch-Palisander und Tabasco-Mahagoni, das bis heute produziert wird). 1979 entwickelte Dieter J. Reinhold das Anbauküchensystem «WK domina» (1979 mit dem Bundespreis → Gute Form ausgezeichnet), das ein Jahrzehnt lang stilbildend wurde. 1982 entwarf Volker Laprell mit «WK nova» eines der erfolgreichsten Programme in der WK-Firmengeschichte. Systematik und → Design ermöglichten eine maßgenaue und optimale Anpassung an verschiedene Raumsituationen. Falttüren, Drehtüren, Schiebetüren und Sesamschränke unterstrichen dabei auch die technische Sonderklasse dieser Programmentwicklung.
Außerdem machten in den achtziger Jahren Designer wie Gerard van den Berg, Jochen Hoffmann («WK jambus»), Heinz Klein (Möbelprogramm «WK columna»), Karsten Krebs (Sessel «WK sevilla»), Bert Lieber (Stuhl «WK 539»), → Paolo Piva (Sofa «WK alice»; Sitzmatte und Doppelbett mit integrierter Polstermatte als Zudecke in einem), Dieter J. Reinhold (Sitzmöbel «WK pilaster» und «WK kubus»), Luca Scacchetti (Möbelprogramm «WK le piazze»), F. Weigand (Stuhl «WK 704») oder André Vandenbeuck auf sich aufmerksam.
Zu den neuesten Kreationen von WK gehört das von → Kurt Ziehmer entworfene Programm «DeWe trion», das aus strengen kubischen Schränken (mit Regalböden), einem Sideboard (mit Rolladen) und Einzelmöbeln wie dem Sessel «Paris» oder dem Sofa «London» besteht. Für WK arbeiteten außerdem Thomas Althaus (Tische «WK 808»), Jens Juul Eilersen, A. Bruchhäuser, Stefan Heiliger (Sofa «WK jolly 550», Sessel «WK chess 618» und «WK spot 698»), → Rolf Heide, Manfred Maurer, Antonella Mosca, → Danilo Silvestrin, Paul Tuttle, Claude Verney und das → DeSede Design Team.

WMF

Die deutsche Metallwarenfirma wurde 1853 von Daniel Straub (zusammen mit den Gebrüdern Schweizer) in Geislingen gegründet und erhielt bereits 1862 auf der Londoner Weltausstellung eine Goldmedaille für die Herstellung silberplattierter Tafel- und Serviergeräte. 1880 schloß sich die Firma mit der A. Ritter & Co., Esslingen, zur «Württembergischen Metallwarenfabrik» (WMF) zusammen und verbesserte die Qualität ihrer Produkte durch das neue galvanische Versilberungsverfahren; 1892 ließ man sich das Hartsilberverfahren patentieren, das bis heute weiterentwickelt wurde.
Infolge des Ersten Weltkriegs verlor WMF zahlreiche Niederlassungen und Zweigbe-

Teekanne (1989) in Cromargan-Ausführung von Matteo Thuin. Foto: WMF

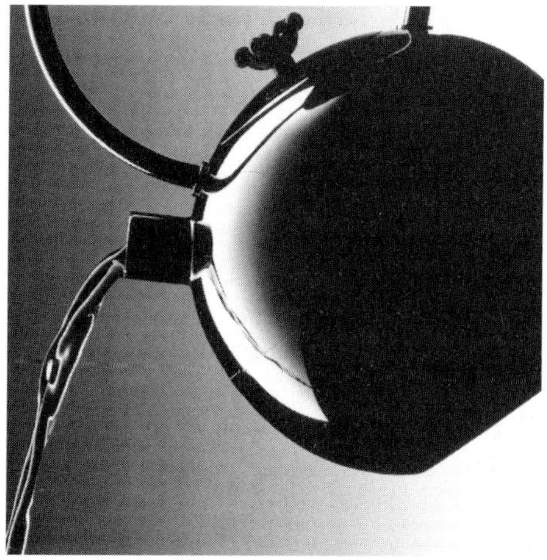

triebe, nahm jedoch 1919 bereits wieder die Produktion von Haushaltsartikeln und Kochgeschirren auf. Eine der entscheidenden Neuerungen für WMF war in dieser Zeit die Sicherung der Alleinverwendung des von Krupp entwickelten V2-A-Stahls zur Herstellung von Haus- und Küchengeräten (für diese Produkte wurde das Warenzeichen «Cromargan» eingetragen, das seitdem zum Synonym für rostfreien Edelstahl wurde). 1927 führte WMF die erste Großkaffeemaschine für die Gastronomie ein, 1932 das erste Cromargan-Besteck. In den fünfziger Jahren erlebte die Firma durch Cromargan-Tafel- und -Serviergeräte sowie neu entworfene Cromargan-Bestecke einen großen Aufschwung. Besonders erfolgreich war während dieser Zeit die Zusammenarbeit mit → Wilhelm Wagenfeld, der u.a. Butterdosen, Eierbecher, Servierplatten und -schüsseln sowie die legendären Pfeffer- und Salzstreuer «Max und Moritz» schuf. Seit den sechziger Jahren wurde die WMF-Produktpalette ausgebaut und um Trinkgläser, Vasen, Leuchter, Kochgeräte (u.a. Schnellkochtöpfe), Küchenhilfsgeräte und Kaffeemaschinen für die Gastronomie ausgebaut.
In den späten achtziger Jahren strebte WMF unter Leitung von Willi Wilhelm eine neue → Corporate Identity an, die mit einer verstärkten Designorientierung einherging. So produzierte WMF die Kollektion «Design International» (inzwischen u.a. ausgezeichnet vom Industrie Forum Design Hannover und vom Design Center Nordrhein-Westfalen) mit Arbeiten von → Pierre Cardin (Tafelbesteck «Maxim's Rue Royale»), Idea Design (Messerserie «Red Line»), Jo Laubner (Warmhaltegerät «Rotonda», Fondue «Allegro» und Schnellkochtopf «Perfect»), Makio Hasuike (Isolierkanne «Thermo plus»), Ole Palsby («Tee-Set» und «Wasserkessel»), Ulrich Volp, Ingrid Weigle, Mario Vivaldi und Walter Wenzl. → Matteo Thun schuf in dieser Serie die «Edition King» (bauchige Espressomaschine, Tee-Set und Wasserkessel).

Besteck «Maxim's de Paris» (1989) von Pierre Cardin. Foto: WMF

Populär wurde auch sein Tablett aus der Serie «La Galleria». 1992 entwarf → Dieter Sieger für WMF die beiden gewerblichen Kaffeeautomaten «Cafemat» und «Programat 4». Zu den jüngsten Produkten von WMF gehört die Kollektion «Concept» (1993) des Dänen Ole Palsby (der für → Alfi den Design-Klassiker «Modern Classic No. 1» entwickelt hat). Ausgehend von den Grundformen Kreis und Ellipse hat er ein klares und funktionales Gebrauchsdesign geschaffen: eine Butterschale, einen Milch- und Zucker-Set, Salz- und Pfefferstreuer sowie eine Marmeladenschale und einen Eierbecher. Eine Reihe individueller und phantasievoll gestalteter Einzelartikel enthält die Serie «Impulse» (1993) der in Norwegen lebenden dänischen Designerin Pernille Bache. Ihre Spargelplatte gefällt durch die wellenförmigen Durchbrüche im Einsatz und durch die rund angeschnittene Form, die die strenge Geometrie der Platte auflockern. Wie Skulpturen wirken die Tafelgeräte des spanischen Designers Josep Lluscá (Kollektion «Sculptura», 1993), der sich dem Wirken des Jugendstilarchitekten → Antoní Gaudí verpflichtet weiß.

Wolf, Manfred → Serien Raumleuchten

Wright, Frank Lloyd (*1869 Lebanon/Ohio, †1959 Phoenix/Arizona)

Der amerikanische Architekt und Möbeldesigner Frank Lloyd Wright absolvierte von 1885 bis 1887 eine Ingenieurausbildung an der University of Wisconsin in Madison. 1888 trat er in das Chicagoer Architekturbüro von Dankmar Adler und Louis Sullivan ein, wo er bis 1893 an Wohnhausprojekten mitarbeitete und mit der Theorie der organischen Architektur bzw. der Philosophie des → Arts and Crafts Movement in Berührung kam. 1893 machte sich Wright als Architekt in Oak Park/Chicago selbständig.

Von 1909 bis 1911 bereiste Wright Europa und gründete nach seiner Rückkehr in Wisconsin die Gemeinschaft «Spring Green». Das 1911 gebaute Haus Taliesin wurde 1932 zur Schule der organischen Architektur.

Zu Wrights wichtigsten Bauten zählen die Präriehäuser Willits-House in Chicago (1902), das Martin-House in Buffalo/New York (1904), das Larkin-Bürohaus in Buffalo/New York (1904/05), das Coonley-House in Riverside/Illinois (1907/08), das Robie-House, in Riverside/Illinois (1908/09), das Imperial-Hotel in Tokio (1915–23), das Millard-House in Pasadena (1921–23), das Verwaltungsgebäude der Fabrik Johnson-Wax in Racine/Wisconsin (1936–39), das Haus über dem Wasserfall in Bear Run/Pennsylvania (1937–39), der Morris-Shop in San Francisco (1948), das Price-Hochhaus in Bartles/Oklahoma (1953–56) und das Guggenheim-Museum in New York (1956–60).

Wrights Möbel, die er in streng geometrischen → Formen entwarf, sind heute zum Teil als → Reeditionen bei der Firma → Cassina im Programm, so der rustikale Stuhl «606 Barrel», den er 1904 für das Martin-Haus in Buffalo und 1937 in modifizierter Form für das Wingspread-Haus in Racine/Wisconsin entworfen hatte.

Der 81 cm hohe Stuhl (mit Rückenlehne aus gebogenen Dauben und Leisten) besteht aus Kirschbaum-holz und einem leder- bzw. stoffbezogenen Sitzpolster.

Die gitterförmigen Holzstreben im Gestell des «606 Barrel» finden sich im Kirschbaumtisch «606 Allen» wieder, den Wright 1917

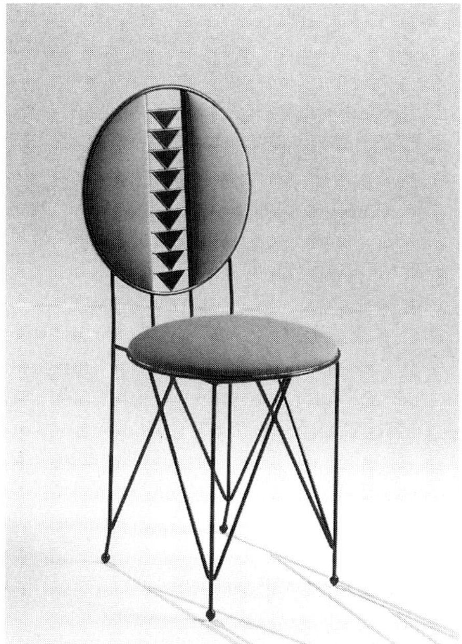

Stuhl «Midway 2» (1914), reediert von Cassina. Foto: Cassina

für das Präriehaus Allen in Wichita/Kansas kreiert hatte.
Als weitere Wright-Möbel sind bei Cassina im Programm: der Stuhl «601 Robie» (1908) mit hoher Rückenlehne, der Kirschbaumstuhl «Midway 1» (1914) mit sechseckiger Rückenlehne, der Stuhl «Midway 2» (1914; aus glanzlackierten Stahlrundstäben und polyurethanschaumgepolsterter Rückenlehne), der Stahltisch «Midway 3» mit quadratischer oder runder Kristallglasplatte, der Sessel «Taliesin» aus furnierter Kirsche mit Polyurethanpolsterung, der Tisch «Taliesin 2» (1925), der Stuhl «Coonley» (1906) und das Sofa «Robie 3» (1906). Bei der Firma Heinz & Co. ist Wrights Service «Imperial Hotel Dinnerware» (1922) lieferbar, bei → Tiffany das «Imperial Coffee Service», das Wright 1922 für das Imperial-Hotel in Tokio entworfen hat. Ebenfalls bei Tiffany & Co. werden Wrights «Kerzenleuchter» und seine «Skyscraper Vase» (1907) reediert (→ Reedition). Die amerikanische Firma Schumacher hat Wrights Stoffe, Teppich- und Tapetenentwürfe im Programm. Nicht mehr lieferbar sind die «Wax»-Möbel (Schreibtisch und Stuhl), die Wright 1936 bis 1939 für das Verwaltungsgebäude SC Johnson & Son entworfen hat.

Zanotta

Die italienische Möbelfirma wurde 1954 von Aurelio Zanotta gegründet und gilt heute als einer der wichtigsten Impulsgeber des internationalen Möbeldesigns. 1958 begann die Firma – in Zusammenarbeit mit Mario Schleichenbauer – designorientierte Kollektionen zu produzieren, die funktional und ästhetisch weltweit als vorbildlich galten. Hierzu gehörte der Trecker-Sitz «Mezzadro» (1957) von → Achille und Pierluigi Castiglioni, der aufblasbare Stuhl «Blow» (1967) von → De Pas/D'Urbino/Lomazzi, der berühmte Sitzsack «Sacco» (1968) von → Gatti/Paolini/Teodoro oder die Tische «Quadena» (1970; mit Oberflächen aus schwarz-weiß kariertem Schleiflack) von der Gruppe → Superstudio. Zahlreiche Produkte der Firma befinden sich heute in den Designsammlungen des Museum of Modern Art in New York und des Londoner Victoria and Albert Museum. Allein dreimal wurde Zanotta der → Compasso d'Oro verliehen.
Zu den prominentesten Designern, die für Zanotta entwarfen, gehören → Gae Aulenti (Klappsessel «Tripolina» und Klappsessel «April», 1964; Tisch «Cardine», 1983; Couchtisch «San Marco», 1984; Kommode «Isi», 1990), → Max Bill (Hocker «Sgabillo», 1950), → Andrea Branzi (Sessel und Sofa «Berlino», 1986; Couchtisch «Catai», 1991), Piero Bottoni (Stuhl «Lira», 1929), Achille und Pierluigi Castiglioni (Stühle «Sella», 1957, «Allunaggio», 1965, und «Primate», 1970; Tisch «Cumano», 1978; Klappstuhl «Rosacamuna», 1982; Gestell aus Stahlrohr und Walzstahl, Sitzfläche aus Nylon, mit Kernleder bezogen; Paravent «Servento», 1986; Drehregal «Joy», 1989; Kommode «Isi», 1990), → Joe Colombo (Spieltisch «Poker», 1968; aus Inox-Stahl und grünem Filztuch; Barhocker «Brillo», 1971), Pierluigi Cerri (Sofa «Undula», 1989), → Hans Coray (Stapelstuhl «Spartana», 1938; Gestell aus kanadischer Aluminiumlegierung), De Pas/D'Urbino/Lomazzi (zusammenfaltbarer Klei-

Tisch «Ginepro» (1990) von Enzo Mari. Foto: Zanotta

derständer «Sciangai», 1973; Hocker «Giotto», 1975; Tisch «Festival», 1975; mit roten oder schwarzen Zugstangen; Sessel «Campiello», 1984; Tisch «Rio», 1988), → Paolo Deganello (Stuhl «Regina», 1991), → Enzo Mari (Tische «Ginepro» und «Acanto», beide 1990; Kleiderständer «Museo», 1991), → Alessandro Mendini (Couchtisch «Papilio», 1985; Platten aus handgeschnittenem und geschliffenem Kristall, Beine aus brüniertem Stahl oder gedrehtem anodisiertem Aluminium; Tisch «Macaone», 1987), Carlo Mollino (Kommode «Carlino»), → Gabriele Mucchi (Liege «Genni», 1935; Sessel «Susanna», 1983), David Palterer (Stuhl «Fauno», 1987), → Giovanni Ponti (Stuhl «Pontina», 1947), → Sottsass Associati (Vasenständer «Ettore», 1988), → Ettore Sottsass (Eckelement «Cantone», 1981; Platte aus Sperrholz, mit Abet-Print «Bakterio» belegt, Vorderbeine aus versilbertem Messing mit Gummifüßen, Eckhinterbein aus Holz; Tisch «Ospite», 1984; mit Wurzelholzfurnier), → Giuseppe Terragni (Armlehnstuhl «Sant'Elia» und Stuhl «Lariana», beide 1936), → Oscar Tusquets (Servierwagen «Carrito», 1988) und → Marco Zanuso (Tisch «Eta Beta», 1977; Klappstuhl «Celestina», 1978). Weitere Entwürfe stammen von → Sergio Asti, Stefan Casciani, Riccardo Dalisi, Gilles Derain, Leonardo Fiori, Gregotti/Meneghetti/Stoppino, Max Huber, Willie Landels, Ugo la Pietra, → Angelo Mangiarotti, → Bruno Munari, Giancarlo Pozzi, → Ilmari Tapiovaara und Joe Tilson.

Zanuso, Marco (*1916 Mailand)

Marco Zanuso studierte von 1935 bis 1939 Architektur am Polytechnikum in Mailand und arbeitete ab 1945 als freier Architekt, Designer und Städteplaner. Von 1946 bis 1947 war er (zusammen mit Ernesto Rogers) Chefredakteur derZeitschrift «Domus», von 1947 bis 1949 Redakteur bei «Casabella». Als Industriedesigner entwarf er Möbel, Radio- und Fernsehgeräte, Telefone, Näh- und Kaffeemaschinen, außerdem kleine Gebrauchsgegenstände wie u.a. Füllfederhalter, Küchenwaagen und -uhren, Feuerzeuge und Messerschleifer. Beim Entwurf zeigte sich Zanuso stets aufgeschlossen gegenüber neuen Materialien, 1964 zeichnete er für die Firma → Kartell ein zerlegbares Kinderstühlchen als eines der ersten Kunststoffmöbel, das heute aber nicht mehr in Produktion ist. Als Präsident der Gesellschaft für Industriedesign (ADI), deren Mitbegründer er war, fungierte Zanuso zwischen 1956 und 1959 sowie zwischen 1966 und 1974. Seit 1976 ist Zanuso als Professor am Polytechnikum in Mailand tätig.

Zu Zanusos bekanntesten Architekturentwürfen gehören das Fabrikgebäude für die Firma → Olivetti in Buenos Aires und in São Paulo (1955–57), die Büros in Pavia (1958 für

Sitzblock «Tripoltrona» (1971) für Arflex. Foto: Arflex

die Firma Necchi) sowie Fabrikgebäude für → IBM (1974–82 in Segrate, Mailand und Palomba) sowie der Kongreßpalast in Grado (1972–74).
Zu einem Design-Klassiker wurde Zanusos aufklappbares Kunststoffradio «TS 502», das er 1964 (zusammen mit → Richard Sapper) für → Brionvega entwarf. Das batteriebetriebene Radio (mit Teleskopantenne) wird – technisch weiterentwickelt – bis heute produziert und erhielt 1966 in Ljubljana die Goldmedaille und 1969 den Bundespreis → Gute Form. Für Brionvega schuf Zanuso darüber hinaus die TV-Geräte «Doney 14» (1964), «Algol» (1964) und «Black Box» (1969) – ein schwarz getönter Acrylglaskasten, der seine Identität nur beim Einschalten preisgibt. Unter den zahlreichen Möbelentwürfen ragt der Sessel «Woodline» hervor, den Zanuso 1964 zusammen mit Richard Sapper für die Firma → Arflex entworfen hatte. Der Sessel hat ein Gestell aus gebogenem Sperrholz, in das elastische Metallbänder eingehängt sind, die Sitz und Rückenkissen verbinden. 1970 entwarf Zanuso den quadratischen Tisch «Marcuso» für die Firma → Zanotta (mit Beinen aus rostfreiem Stahl, die ohne Rahmen direkt auf eine 1,5 cm starke Glasplatte geklebt sind).
Weitere Entwürfe schuf Zanuso für die Firmen Arflex («Lady Chair»; 1951; mit gestanztem Stahlgestell, elastischer Federung und Schaumgummipolsterung; Sessel «Martingala», 1954; Sofa «Sleep-o-matic», 1954; Anbauschrank «Cambridge», 1962; Sitzkombination «Tripoltrona», 1971), Artelano, Aurora (Füllhalter «Hastil», 1970; Kugelschreiber «Thesi», 1970), → B&B Italia, (Sofa «Lombrico», 1967), → De Padova (Servierwagen «Trolley»), Gavina, Italo Bosa (Vase «Cedar»), Lumenform, Fusital, Kartell, Olivetti, → Poltrona Frau (Sitzgruppe «Interlude»), Siemens (Telefon «Grillo», 1966; zusammen mit Richard Sapper), Teraillon, → Unifor, → Ultima Edizione (Tische «Side» und «Coffee», Leuchte «Olivella», Vasen «Gabriele 1–3»), → Villeroy & Boch, Vortice Elletrosociale (Ventilator «Ariante», 1973; mit diagonal verlaufenden Lüftungsrillen) und Zanotta (Chaiselongue «Maggiolina», 1947; Tisch «Marcuso 254», 1971, und «Laveno», 1986; Couchtisch «Eta Beta», 1977; Klappstuhl «Celestina», 1978; Holztisch «Mastro», 1988).
Marco Zanuso erhielt für seine Designs u.a. sechs Medaillen der Mailänder Triennalen, viermal den → Compasso d'Oro, zwei Goldmedaillen auf der Industriedesign-Biennale in Ljubljana und das Goldene Siegel in Florenz (1965). Seine populärsten Entwürfe sind im Museum of Modern Art in New York und im Philadelphia Museum of Art ausgestellt.

Zapf, Otto (*1931 Ober-Roßbach/Tschechische Republik)

Otto Zapf studierte an der Johann-Wolfgang-Goethe-Universität in Frankfurt Mathematik und Physik. Ab 1956 entwarf er (anfangs zusammen mit Rolf Schmidt, → Dieter Rams und Günther Kieser) Möbel. In den sechziger Jahren gründete Zapf eine eigene Fabrik in Obbornhofen. Bekannt wurde der Designer in den sechziger Jahren durch seine → Systemmöbel (etwa die Kissenlandschaft «Pilorama» oder «Softline»: Schränke, Regale und Messestände mit abnehmbarer Oberfläche), vor allem aber durch das «Zapf Office System» für die Firma → Knoll (ein offenes System wandschirmartig abgetrennter Arbeitsplätze). Gegenwärtig hat Knoll auch die «Office Chair Collection» (1976)

«Zapf Bürostuhlkollektion» (1976) für Knoll. Foto: Knoll International

von Zapf im Programm. 1977 entwarf Zapf das «Management Office», das heute bei der Firma → Vitra im Programm ist – ein Regalsystem mit Tragschienen aus Aluminium, in die u.a. Kastenelemente eingehängt werden können. Die Befestigung geschieht unauffällig (durch optische Anpassung der Formteile an die Tragschienen); sichtbare Schrauben oder Stützen konnten vermieden werden.

Ziehmer, Kurt (*1944 Saarbrücken)

Nach seinem Architekturstudium gründete Kurt Ziehmer 1968 ein eigenes Designstudio. Von 1977 bis 1981 war er Lehrbeauftragter an der Fachhochschule Düsseldorf, seit 1992 ist er Inhaber der Produktionsfirma ACA. Zu Ziehmers prägnantesten Entwürfen gehören die Chaiselongue «DS-137» für → De-Sede sowie das Möbelprogramm «DeWe trion» für → WK. Für die Firma → Classi-Con schuf er die Tischleuchte «Puck» (mit verstellbarem Reflektor aus poliertem Aluminium), den Tisch «Pontos» (Gestell aus geschliffenem, matt verchromtem Stahl, Gelenke, Auflagepunkte und Füße vergoldet, mit dreiteiliger, ausklappbarer Platte in Klar- oder Parsolglas) sowie den Stuhl «Pontos» (Gestell aus geschliffenem, matt verchromtem Stahl, Verbindungsleiste und Füße vergoldet, Polster in weißem oder schwarzem Leder).

Firmen- und Personenregister

Bei Firmen und Personen, die mit einem eigenen Artikel im Lexikon vertreten sind, erscheint im Register zusätzlich die kursiv gekennzeichnete Seitenzahl.

F

L

M

W

Register «Design-Klassiker»

Liegen

Möbelprogramme

Modekollektionen

Nähmaschinen

Schreibtische

Sekretäre

Service

Servierwagen

Sessel, Sitzgruppen, Sitzmöbelkollektionen

Sideboards

Sofas

Spiele und Spielobjekte

Stehpulte

Stühle (auch: Stuhlserien, Bürostühle, Freischwinger)

Manfred Brauneck
Klassiker
der Schauspielregie
Positionen und Kommentare
zum Theater
im 20. Jahrhundert
ro
ro
ro

Rockmusik und populäre Kultur

Louis Armstrong
dargestellt von Ilse Storb
(rororo bildmonographien 443)

Joachim-Ernst Berendt (Hg.)
Die Story des Jazz *Vom New Orleans zum Rock Jazz*
(rororo sachbuch 7121)

Robin Denselow
The Beat goes On *Popmusik und Politik. Geschichte einer Hoffnung*
(rororo sachbuch 8849)

Albert Goldman
John Lennon *Ein Leben*
(rororo 13158 und als gebundene Ausgabe im Wunderlich Verlag)
Als John Lennon erschosssen wurde, endete eine Epoche. Die Musik der Beatles stand für das Lebensgefühl einer ganzen Generation. Albert Goldman aber deckt nun in seiner schockierenden Biographie die verborgenen Seiten eines Musikgenies auf. Eine Biographie, die man «wie einen spannenden Krimi verschingt». *FAZ*

Charlotte Greig
Will You Still Love Me Tomorrow?
Mädchenbands von den 50er Jahren bis heute
(rororo sachbuch 8854)

Bernward Halbscheffel / Tibor Kneif
Sachlexikon Rockmusik
Instrumente, Stile, Techniken, Industrie und Geschichte
(rororo sachbuch 6334)
Ob Amplifier oder Achtelnote, Heavy Metal oder House, Kadenz oder Klirrfaktor, Riff oder Reggae, Synthesizer oder Scratching - dieses Lexikon klärt auf.

rororo sachbuch

Martin Kunzler
Jazz-Lexikon
Band 1: AABA-Form bis Kyle
(rororo sachbuch 6316)
Band 2: La Barbera bis Zwingenberger
(rororo sachbuch 6317)

Carsten Laqua
Wie Micky unter die Nazis fiel
Walt Disney und Deutschland
(rororo sachbuch 9104)

Michael Naura
Jazz-Toccata *Ansichten und Attacken*
(rororo sachbuch 9162)

Sämtliche Bücher und Taschenbücher zum Thema finden Sie in der *Rowohlt Revue*. Jedes Vierteljahr neu. Kostenlos in Ihrer Buchhandlung.

3506/1